Die Daimler-Benz AG in den Jahren 1933 bis 1945

Zeitschrift für Unternehmensgeschichte

hervorgegangen aus: Tradition,
Zeitschrift für Firmengeschichte und
Unternehmerbiographie

Herausgegeben von
Hans Pohl und Wilhelm Treue

Beiheft 47

Franz Steiner Verlag Wiesbaden GmbH
Stuttgart 1986

Hans Pohl/Stephanie Habeth/
Beate Brüninghaus

Die Daimler-Benz AG
in den Jahren 1933 bis 1945

Eine Dokumentation

Franz Steiner Verlag Wiesbaden GmbH
Stuttgart 1986

CIP-Kurztitelaufnahme der Deutschen Bibliothek

Pohl, Hans:
Die Daimler-Benz-AG in den Jahren 1933 bis 1945: e. Dokumentation /
Hans Pohl; Stephanie Habeth; Beate Brüninghaus. – Stuttgart:
Steiner-Verlag-Wiesbaden-GmbH, 1986.
  (Zeitschrift für Unternehmensgeschichte:
  Beiheft; 47)
  ISBN 3-515-04733-6
NE: Habeth, Stephanie:; Brüninghaus, Beate:; Zeitschrift für Unternehmens-
geschichte / Beiheft

Satz: Peter Götz, Darmstadt-Eberstadt
Druck: Rheinhessische Druckwerkstätte, Alzey

Printed in the Fed. Rep. of Germany

INHALTSVERZEICHNIS

Vorwort: Themenstellung, Forschungsstand und Quellenlage 1

Einführung: Die deutsche Wirtschaft unter dem Nationalsozialismus 7

1. Unternehmensführung 15
1.1. Organisation 15
1.2. Vorstand 16
1.2.1. Parteimitgliedschaften der leitenden Führungskräfte 18
1.2.2. Vorstandsbesetzung nach dem Tode Dr. Kissels im Jahre 1942 23
1.2.3. Kontakte zur politischen Führung 25
1.2.3.1. Dr. e.h. Wilhelm Kissel 27
1.2.3.2. Dr. Ing. Wilhelm Haspel 31
1.2.3.3. Jakob Werlin 35
1.3. Aufsichtsrat 41
1.4. Mitgliedschaften in und Beiträge der Daimler-Benz AG an Verbände und
    Parteiorganisationen 48
1.4.1. Der Reichsverband der Automobilindustrie 49
1.4.2. Nationalsozialistisches Kraftfahr-Korps 54
1.4.3. Zuwendungen an andere Verbände und Parteiorganisationen 56

2. Produktion 60
2.1. Einflußnahme des Staates auf die Produktion von Kraftfahrzeugen 60
2.1.1. Vereinheitlichung der Kraftfahrzeugtypen vor Kriegsausbruch 65
2.1.2. Einschränkung der Produktion während des Krieges 66
2.1.3. Einflußnahme des Staates auf die Produktion von Flugmotoren und
    Triebwerken 68
2.2. Zivile und militärische Produktpalette der Daimler-Benz AG 69
2.3. Produktionsstätten 77
    – Werk Untertürkheim 77
    – Werk Sindelfingen 78
    – Werk Mannheim 78
    – Werk Gaggenau 78
    – Werk Marienfelde 79
    – Werk Königsberg 79
    – Daimler-Benz Motoren GmbH, Genshagen 80
    – Daimler-Benz GmbH, Kolmar 82

– Daimler-Benz GmbH, Neupaka/Protektorat 83
– Flugmotorenwerk Reichshof GmbH (Debag Ostwerke GmbH) 84
– Flugmotorenwerke Ostmark GmbH, Wien 85
– Werk Backnang 88
– Verlagerungen von Produktionsstätten 88
2.4. Zusammenarbeit der Daimler-Benz AG mit der deutschen Automobil-
und Motorenindustrie 92
2.4.1. 4,5-to-Lkw 93
2.4.2. 3-to-Opel ,,Blitz'' 94

3. Forschung und Entwicklung 98
3.1. Motoren 98
3.1.1. Flugmotoren 98
3.1.2. Marinemotoren 100
3.1.3. Luftschiffmotoren 101
3.2. Militärische Fahrzeuge 102
3.3. Rennwagen 107

4. Absatz 113
4.1. Allgemeine Entwicklung 113
4.2. Export von Erzeugnissen und ,Know-How' 114

5. Finanzielle Geschäftsentwicklung 120
5.1. Kapital und Aktien 120
5.2. Umsatz 125
5.3. Investitionen 128
5.4. Geschäftsergebnis/Ergebnisverwendung 132

6. Personal 135
6.1. Mitarbeiterzahlen 135
6.2. Löhne und Gehälter 138
6.3. Zwangsarbeiter und angeworbene Fremdarbeiter 144
6.3.1. Fremdarbeiter 144
6.3.2. Kriegsgefangene 156
6.3.3. Konzentrationslagerhäftlinge 158
6.4. Arbeitsbedingungen 166

7. Sozialleistungen 172
7.1. Gesetzliche Sozialleistungen 172
7.2. Freiwillige Sozialleistungen 173
7.2.1. Unterstützungsfonds 174
7.2.2. Betriebliche Renten- und Pensionszahlungen 175

7.2.3. Wohnungsbau 176
7.2.4. Sonstige Sozialleistungen 178

Schlußbetrachtung 181

Abkürzungsverzeichnis 185
Dokumentenverzeichnis 189
Dokumentenanhang 193
Tabellenverzeichnis 358
Quellen- und Literaturverzeichnis 360
Länder- und Ortsregister 385
Personenregister 388
Sachregister 391

VORWORT

THEMENSTELLUNG, FORSCHUNGSSTAND UND QUELLENLAGE

Als die Daimler-Benz AG 1983 beschloß, ihre eigene Geschichte während der Zeit der nationalsozialistischen Herrschaft erforschen zu lassen, wußte keiner der an diesem Projekt Beteiligten, welche Ergebnisse diese Untersuchung hervorbringen würde. Im Werksarchiv waren zwar Aktenbestände aus den Jahren 1933 bis 1945 vorhanden, aber eine systematische Erfassung und Aufarbeitung war bis dahin nicht erfolgt.

Die Ergebnisse unserer Untersuchung, die im März 1986 abgeschlossen wurde, haben wir in der vorliegenden Dokumentation zusammengefaßt. Sie behandelt die Themenkreise Unternehmensführung, u.a. die Entwicklung von Vorstand und Aufsichtsrat, Produktion, Produktionsstätten und Produktpalette, Forschung und Entwicklung, Absatz, Finanzierungsfragen, Personalentwicklung und Sozialleistungen jeweils unter den besonderen Bedingungen, die für das Unternehmen, seine Führungskräfte und übrigen Beschäftigten auf Grund der nationalsozialistischen Politik gegeben waren. Von den genannten Fragekomplexen werden die technische, absatzmäßige, finanzielle und soziale Entwicklung knapp behandelt. Dies liegt zum einen am Quellenmaterial — so sind etwa Aussagen zur Finanzierung oder zur innerbetrieblichen Situation auf Grund der vorhandenen Akten kaum möglich — zum anderen erschien uns eine ausführliche Darstellung der technischen Entwicklung, wofür es Unterlagen gibt, angesichts bereits vorhandener Veröffentlichungen hier nicht erforderlich. Die Berücksichtigung des Problemkreises Zwangsarbeiter im Rahmen des Kapitels über die Beschäftigten war von vornherein vorgesehen, also lange bevor das Thema in der öffentlichen Diskussion aufgegriffen wurde[1].

Der zu Beginn dieser Untersuchung geplante Vergleich der Unternehmensgeschichte der Daimler-Benz AG 1933 bis 1945 mit anderen Automobilunternehmen und Motorenproduzenten in dieser Zeit war anhand von Sekundärliteratur nur selten möglich. In den entsprechenden Firmenschriften wird die Zeit des Nationalsozialismus zumeist ausgespart[2].

Daß es möglich ist, unternehmensgeschichtlichen Fragen unter dem Nationalsozialismus nachzugehen, zeigen allerdings einige neuere Publikationen[3]. Es gibt aber in

---

1 Da das Thema Zwangsarbeiter nicht im Vordergrund dieser Dokumentation stand, wird dieser Frage in einem besonderen Forschungsvorhaben inzwischen genauer nachgegangen.
2 Eine Ausnahme ist z.B. das Buch von Mönnich, Schallmauer.
3 Fiereder, Reichswerke; Karner, Bemühungen; Seebold, Stahlkonzern; Yano, Hüttenarbeiter.

öffentlichen Archiven und Unternehmensarchiven noch viel ungesichtetes Material zur Entwicklung einzelner Unternehmen in den Jahren 1933 bis 1945, dessen vollständige Bereitstellung für und Erschließung durch die Wissenschaft dringend erwünscht ist.

Das in diesem Jahr stattfindende Jubiläum ,,100 Jahre Automobil'' spielte bei den Überlegungen der ,ältesten Automobilfabrik der Welt' eine Rolle, auch diesen Bereich ihrer Geschichte wissenschaftlich aufarbeiten zu lassen. In den bisherigen Firmendarstellungen ist auch bei Daimler-Benz die Zeit des Dritten Reiches nur kurz behandelt worden[4]. ,,Eine glaubwürdige Auseinandersetzung mit der Unternehmensgeschichte wäre nicht möglich, wenn man die Entwicklung des Hauses in dieser Zeit schweigend oder distanziert übergehen würde und nach über 40 Jahren nicht bereit wäre, sich offen diesem Thema zu stellen''[5].

Die Forschungen der Gesellschaft für Unternehmensgeschichte waren von Anfang an auf eine Veröffentlichung der Ergebnisse angelegt, weil wir der Meinung sind, daß nur durch die exakte wissenschaftliche Aufarbeitung der Vergangenheit — auch der problematischen Jahre des Dritten Reiches — das bisweilen in der Öffentlichkeit und in Publikationen aller Art skizzierte einseitig negative Bild der unternehmerischen Wirtschaft differenzierter und damit objektiver gezeichnet werden kann.

So haben wir auch die Unternehmensleitung der Daimler-Benz AG davon überzeugen können, daß nur eine sich eng an den aufgefundenen Quellen ausgerichtete dokumentarische Darstellung und der Abdruck wichtiger Quellen in einem Dokumententeil das Untersuchungsziel sein können. Da es für eine derartige Dokumentation bei anderen Unternehmen kein Vorbild gibt, hoffen wir, mit dieser Produktion andere Unternehmen zu ähnlichen Untersuchungen anzuregen.

Die Geschichte des Dritten Reiches, auch die Wirtschaftsgeschichte, findet in den letzten Jahren zunehmendes Interesse in Forschung und Öffentlichkeit. Gesamtdarstellungen über die Wirtschaft unter dem Nationalsozialismus gibt es bereits seit den sechziger Jahren[6]. Publikationen über einzelne Unternehmen und Branchen sind da-

4 Eine Ausnahme ist Kruk/Lingnau, 100 Jahre, die auf dieses Kapitel der deutschen Geschichte ausführlicher eingehen.

5 Dr. Bernd Gottschalk, Leiter der Öffentlichkeitsarbeit der Daimler-Benz AG, anläßlich der Pressekonferenz am 20. Januar 1986 zur Vorstellung der Publikationen der Daimler-Benz AG zum hundertjährigen Jubiläum des Automobils.

6 Eine Auswahl: Blaich, Wirtschaft; Bleyer, Staat; Bleyer u.a., Deutschland; Boelcke, Wirtschaft; Braunbuch; Broszat, Staat Hitlers; Czichon, Wer verhalf; Czollek u.a., Monopole; Eichholtz/Schumann, Anatomie; Eichholtz, Geschichte Band 1 und 2; Erdmann, Deutschland; ders., Weimarer Republik; ders., Zweiter Weltkrieg; Faingar, Entwicklung; Federau, Weltkrieg; Fischer, Wirtschaftspolitik; Forstmeier/Volkmann, Wirtschaft; Gruchmann, Zweiter Weltkrieg; Herbst, Totaler Krieg; Hildebrand, Drittes Reich; Janssen, Ministerium Speer; Kehrl, Kriegswirtschaft; Klein, Germany's Economic Preparations; Lochner, Die Mächtigen; Meinck, Hitler; Milward, Kriegswirtschaft; ders., Weltkrieg; Neebe, Industrie; Petzina, Autarkiepolitik; ders., Hitler; ders., Vierjahresplan; ders., Wirtschaft; Schweitzer, Big Business; ders., Wiederaufrüstung; Tormin, Machtergreifung; Volkmann, Außenhandel; ders., NS-Wirtschaft; ders., Verhältnis; Wagenführ, Industrie.

gegen selten, sieht man einmal von denen über die I.G. Farbenindustrie AG und die Montanindustrie ab[7].

Die wissenschaftliche Diskussion konzentrierte sich insbesondere auf das Problem, welchen Einfluß die Wirtschaft auf die Politik und die Politik auf die Wirtschaft hatten[8]. Vor allem geht es um die Fragen: Wie umfangreich ist die Industrie nach 1933 von den Nationalsozialisten gefördert worden und in welchem Ausmaß hat die Industrie den nationalsozialistischen Staat in den zwölf Jahren seines Bestehens unterstützt?

Die unmittelbar nach Kriegsende unter dem Eindruck der Nürnberger Prozesse entstandene Meinung sah einen direkten Bezug zwischen den Geldmitteln der Industrie und der Machtergreifung. Die marxistisch orientierte Forschung vertritt weiterhin, gestützt vor allem von Czichon, die These, daß die Mehrheit deutscher Industrieller, Bankiers und Großagrarier Hitlers Kanzlerambitionen unterstützt habe[9]. Die nichtmarxistische Forschung übernahm einige dieser Thesen, korrigierte jedoch, besonders durch die Veröffentlichungen Turners[10], diese Ansicht und konstatierte überwiegend eine zurückhaltende Unterstützung Hitlers durch die Industrie[11].

Das Beispiel der Daimler-Benz AG scheint eher die vorsichtig wertende Meinung Erdmanns zu bestätigen: ,,Es wäre also falsch, die Unternehmerschaft als ganze oder auch nur ihren überwiegenden oder wirtschaftlich bedeutendsten Teil direkt dafür verantwortlich zu machen, daß Hitler Kanzler wurde. Es besteht jedoch eine indirekte Verantwortung, und zwar darin, daß sie dem letzten Versuch, Hitler den Weg zur Macht zu versperren, ihre Unterstützung versagten‘‘[12].

Die Industrie konnte, zumindest in den Jahren 1933 bis 1936, noch eine relative Selbständigkeit wahren, wenngleich sie allmählich auf die Rüstungsproduktion umgestellt werden mußte. Mit der Veröffentlichung des Vierjahresplans 1936 ging diese Autonomie zwar nicht ganz verloren, aber eine Mißachtung staatlicher Direktiven hätte unmittelbar die Produktionsbeschränkung bzw. die Auflösung des Unternehmens zur

---

7 Vgl. z.B. Stratmann, Chemische Industrie; Seebold, Stahlkonzern; Yano, Hüttenarbeiter.

8 Vgl. dazu und zum folgenden besonders: Hildebrand, Drittes Reich, S. 147—161, wo der Forschungsstand zur Geschichte des Dritten Reiches bis Ende der siebziger Jahre zusammengefaßt ist.

9 Czichon, Wer verhalf, S. 54.

10 Vgl. besonders: Turner, Großunternehmer.

11 Das Aufeinandertreffen dieser beiden Forschungsrichtungen ist nachvollziehbar in der Diskussion zwischen Henry A. Turner und Dirk Stegmann: Stegmann, Kapitalismus; ders., Personalisierung; ders., Verhältnis; Turner, Großunternehmer; ders., Großunternehmertum. Interessant erscheint hier auch der Hinweis auf die Auseinandersetzung um die Publikation von Abraham, Collapse, zu dieser Thematik. Vgl. dazu besonders: Nocken, Weimarer Geschichte(n), und die Antwort darauf: Abraham, Business Wars.

12 Erdmann, Deutschland, S. 59.

Folge gehabt. Auch die unter den Nationalsozialisten propagierte ,Blitzkriegstrategie' brachte nicht die völlige Eingliederung der Industrieunternehmen in die nationalsozialistische Rüstungspolitik, wenn auch, wie im Falle der Automobilindustrie z.B. ab 1939 Personenwagen nicht mehr für einen privaten Käuferkreis produziert werden durften. Eine vollkommene Einspannung der deutschen Industrie in die Rüstungspolitik kann man erst ab 1942 unter Reichsminister Albert Speer erkennen, der bis Ende 1944 seine längerfristigen Rüstungskonzepte weitgehend durchzusetzen vermochte.

Die DDR-Forschung hat den Einfluß der nationalsozialistischen Politik auf die Wirtschaft ausführlich untersucht. Eichholtz z.B. kommt zu dem Ergebnis, daß die Wirtschaft die Kriegsziele des nationalsozialistischen Regimes ausschlaggebend beeinflußte. In der westlichen bzw. nicht marxistisch orientierten Forschung hingegen wird die These vertreten, daß Hitler zu keiner Zeit seine Kriegsziele wirtschaftlichen Interessen und Überlegungen untergeordnet habe[13].

Neben den allgemeinen Darstellungen zur Wirtschaftsgeschichte des Nationalsozialismus waren für die Bearbeitung dieses Themas hauptsächlich automobilhistorische Studien interessant. Abgesehen von zeitgenössischen[14] und einigen wenigen neueren Publikationen[15] kann man im wesentlichen nur auf das Standardwerk von Seherr-Thoss[16] zurückgreifen. Darüber hinaus gibt es zwar z.T. reichbebilderte Typenbücher[17] und Festschriften[18], für unsere Themenstellung boten sie aber kaum Material.

Die wichtigsten für diese Arbeit benutzten ungedruckten Bestände befinden sich im Archiv der Daimler-Benz AG. Wir erhielten Einsicht in alle verfügbaren Aktengruppen. Vor allem wurden die Aktenbestände der damaligen Vorstandsvorsitzenden Dr. Kissel und Dr. Haspel, des Vorstandsmitglieds Werlin und Teile der Bestände Werksangehörige, DBAG, Werke, sowie die Vorstands-, Aufsichtsrats- und Präsidialprotokolle aus den Jahren 1933 bis 1945 durchgesehen, soweit sie erhalten sind.

Darüber hinaus standen uns die Ergebnisse des ,Oral-History-Programms' der Daimler-Benz AG zur Verfügung. Dr. Friedrich Forstmeier († 1984) und seine Nach-

---

13 Eichholtz, Geschichte Band 1 und 2; Hildebrand, Drittes Reich.
14 Aufstieg der Kraftfahrzeugwirtschaft; Dohrn, Personenkraftwagenmarkt; Der Lastkraftwagen; Matzner, Entwicklung; Maurer, Zusammenschlußproblem; Meurer, 40 Jahre Automobil-Rennsport; Minden, Vorbereitung; Stirl, Kraftverkehrswirtschaft.
15 Doleschal, Wohin läuft VW; Hopfinger, Volkswagen Story; Kirchberg, Typisierung.
16 Seherr-Thoss, Automobilindustrie.
17 Kens/Nowarra, Flugzeuge; Mohrdieck, Ketten- und Räderfahrzeuge; Oswald, Kraftfahrzeuge; von Senger und Etterlin, Panzer; Spielberger/Wiener, Panzerkampfwagen; Windecker, Handbuch Band 1 und 2.
18 Werk Untertürkheim; Hauser, Opel; Adolf Hitler. Eine Gabe der Auto Union; 40 Jahre Lastwagenbau; 50 Jahre Nutzkraftwagenbau; MTU, Erinnerungen; Nadolny, Bayerische Motoren-Werke; Opel 1862–1962; Opel im Sport; Rosellen, Wunder; Chronik der Mercedes-Benz Fahrzeuge; VW-Chronik.

folgerin Dr. Sibylle Grube-Bannasch haben ehemalige Daimler-Benz Mitarbeiter in-
terviewt, die seit den dreißiger Jahren für das Unternehmen tätig waren. Bei aller Problematik, die Befragungen von Zeitzeugen bieten, angefangen von Erinnerungslücken
und Verdrängungen bis hin zur Rechtfertigung und Beschönigung, sind sie doch eine
wertvolle Quelle. Die Interviews waren sehr hilfreich zur Einschätzung des Nationalsozialismus durch die Vorstandsmitglieder, bestätigten aber im wesentlichen Erkenntnisse, die auf Grund des Aktenmaterials gewonnen wurden.

Neben den Arbeiten im Archiv der Daimler-Benz AG wurde versucht, das Material
öffentlicher Archive für die Unternehmensgeschichte von Daimler-Benz in dieser Zeit
möglichst vollständig zu erfassen. Hauptsächlich sind Quellen im Bundesarchiv Koblenz und im Bundesarchiv-Militärarchiv Freiburg i. Br. eingesehen worden. Darüber
hinaus wurden aber auch das Hauptstaatsarchiv Stuttgart, das Generallandesarchiv
Karlsruhe, das Staatsarchiv Ludwigsburg sowie die Stadtarchive in Mannheim und
Stuttgart besucht, die aber kein oder nur wenig Material für unser Thema enthalten.

Im Berlin Document Center und im Imperial War Museum in London sind Akten
zur Geschichte der Daimler-Benz AG vorhanden; hauptsächlich handelt es sich im
letztgenannten Archiv um die CIOS − (Combined Intelligence Objectives Sub-
Committee) und BIOS − (British Intelligence Objectives Sub-Committee) Bestände,
sowie einige Akten aus der sogenannten ,Speer-Collection'.

Für das Zentrale Staatsarchiv der DDR wurde eine Benutzungserlaubnis erteilt. Es
konnten aber nur ,,Sekundärquellen'' und zwar ,,Akteneinheiten des Bestandes
Reichswirtschaftsministerium sowie die Presseausschnittsammlungen der Bestände
Reichslandbund, Deutsche Arbeitsfront, Deutsches Auslandswissenschaftliches Institut und Deutsche Reichsbank'' eingesehen werden[19].

Wenn auch das gefundene Archivmaterial sicherlich nicht vollständig ist, so schien
es uns doch aufschlußreich genug, um eine Dokumentation über ,,Die Daimler-Benz
AG in den Jahren 1933 bis 1945'' zu erstellen. Dabei werden die wichtigsten Dokumente aus dem Daimler-Benz-Archiv und den öffentlichen Archiven im vollen Wortlaut im Dokumentenanhang abgedruckt. Sie werden größtenteils erstmals publiziert.

An den Vorarbeiten für die Dokumentation war Frau Marion Hüchtermann M.A.
maßgeblich beteiligt. Ihr möchten die Verfasser ganz besonders danken. Sie hat einen
Großteil der Aktenbestände im Archiv der Daimler-Benz AG durchgesehen und auch
nach der Beendigung ihrer Tätigkeit für die Gesellschaft für Unternehmensgeschichte
jederzeit die Arbeit an der Dokumentation unterstützt.

Unser Dank gilt auch den Herren Professoren Dr. Klaus Hildebrand (Rheinische
Friedrich-Wilhelms-Universität Bonn) und Dr. Henry A. Turner (Yale University) für
die kritische Durchsicht des Manuskriptes und zahlreiche wichtige Hinweise zu seiner
Verbesserung. Ebenso danken wir Frau Dr. Frauke Schönert-Röhlk (Rheinische

---

19 Brief der Staatlichen Archivverwaltung des Ministerrats der DDR an Professor Dr. Hans
Pohl vom 23.8.1984.

Friedrich-Wilhelms-Universität Bonn) und Frau Dr. Sibylle Grube-Bannasch (Stuttgart) für sachkundige Hilfe und Anregungen.

Besonderen Dank schulden wir den Mitarbeitern der im Quellenverzeichnis genannten Archive, besonders Herrn Dr. Wilhelm Lenz und Frau Hedwig Singer vom Bundesarchiv in Koblenz, für vielfältige Hinweise und die Zustimmung zum Abdruck der Dokumente. Dieser Dank gilt auch dem Imperial War Museum London. Auch die Mitarbeiter des Daimler-Benz-Archives haben unsere Arbeit in jeder Hinsicht unterstützt.

Bedanken möchten wir uns schließlich bei Frau Martina Mundorf, die das Manuskript in Reinschrift übertrug, und bei Frau Barbara Hopmann für die Erstellung der Register.

EINFÜHRUNG

DIE DEUTSCHE WIRTSCHAFT UNTER DEM NATIONALSOZIALISMUS

Mit dem verstärkten Rückzug des nur kurzfristig gewährten ausländischen Kapitals aus der deutschen Wirtschaft seit Herbst 1930 geriet das Wirtschaftssystem der Weimarer Republik, das durch Inflation, Währungszusammenbruch und Reparationsverpflichtungen vorbelastet war, zunehmend unter Druck. Bereits unter dem SPD-Reichskanzler Hermann Müller (Mai 1928 bis März 1930) hatte sich 1928/29 die drohende Finanz- und Haushaltskrise abgezeichnet: Die Weiterentwicklung des Sozialproduktes stockte, industrielle Investitionen sanken ebenso wie die Steuereinnahmen, während die Arbeitslosenzahl anstieg.

Die nachfolgende Regierung unter dem Zentrumspolitiker Heinrich Brüning (März 1930 bis Mai 1932) fand zunächst die Unterstützung von Großagrariern und Industriellen, u.a. weil zum einen die Zölle für landwirtschaftliche Erzeugnisse heraufgesetzt, zum anderen Sozialleistungen abgebaut werden sollten. Da die parlamentarische Mehrheit zur Durchsetzung des Wirtschaftsprogramms fehlte, wandte Brüning Artikel 48 der Weimarer Verfassung an, um mit Hilfe von Notverordnungen sein wirtschaftliches Programm durchzusetzen. Mit seiner ‚restriktiven Finanzpolitik' wollte Brüning die Staatsausgaben verringern und Inflationstendenzen entgegenwirken. In erster Linie beabsichtigte er aber, das Deutsche Reich von den Reparationszahlungen zu entlasten[1].

Die Zahl der Arbeitslosen erhöhte sich bedrohlich, von über drei Millionen im Winter 1929/30 auf über sechs Millionen im Winter 1931/32. Im Jahr 1932 sank diese Zahl nie unter fünf Millionen und steigerte sich nochmals im Winter 1932/33 auf fast sechs Millionen[2]. Bereits unter Brüning waren erste Maßnahmen für ein — allerdings geringfügiges — Arbeitsbeschaffungsprogramm (Straßen- und Wasserstraßenbau sowie landwirtschaftliche Meliorationen) getroffen worden[3].

Brünings Nachfolger als Reichskanzler, Franz von Papen (Mai 1932 bis Dezember 1932) und Kurt von Schleicher (Dezember 1932 bis Januar 1933), übernahmen diese Arbeitsbeschaffungspläne und erhöhten die dafür erforderlichen Mittel. Die Einführung von Steuergutscheinen, ein Mittel indirekter staatlicher Kreditschöpfung, sollte die volkswirtschaftliche Nachfrage steigern. Eine Entlastung des Staatshaushaltes

---

1 Petzina, Wirtschaft, S. 96—98 und 101—105; Hentschel, Deutsche Wirtschafts- und Sozialpolitik, S. 54—56.
2 Erdmann, Weimarer Republik, S. 237, 274, 285 und 293; Hillgruber, Auflösung, S. 203.
3 Boelcke, Wirtschaft, S. 22.

brachte darüber hinaus die Konferenz von Lausanne im Juni/Juli 1932, die die Reparationszahlungen des Deutschen Reiches aussetzte[4].

Die Wirtschaftskrise wirkte sich seit August 1929 auch deutlich auf die Automobilindustrie aus. Ausländische Kredite fielen aus, der private und öffentliche Automobilkauf ging zurück. Der Geschäftsbericht der Daimler-Benz AG für das Jahr 1931 bezeichnet die Konjunkturlage in der Automobilbranche als kritisch und weist auf den scharfen Wettbewerb hin. Der Verkauf von Kraftfahrzeugen sank Anfang der dreißiger Jahre stark, die Belegschaft des Unternehmens mußte von 14.281 Personen im Jahre 1928 auf 8.850 Ende 1932 reduziert werden. Für Daimler-Benz war 1932 „ein Jahr des Tiefstandes in der Erzeugung und im Absatz von Personen- und Lastwagen", denn „im Jahre 1932 stand die gesamte Automobilindustrie unter dem zermürbenden Druck der sich zuspitzenden Krisis und Wirtschaftsnot, verstärkt durch eine Politik, welche die Bedeutung des Kraftfahrzeuges verkannte". Der Gesamtverlust des Unternehmens betrug 1932 13 Millionen RM[5].

Die Entwicklung bei den Bayerischen Motorenwerken verlief ähnlich. Obwohl sie durch das Motorradgeschäft und den ‚Dixi‘, der zu den fünf billigsten Autos in Deutschland zählte, nicht so große Einbußen hinnehmen mußten wie die Stuttgarter Konkurrenz, sank der Umsatz Anfang der dreißiger Jahre auf den Stand von 1927. Entlassungen bzw. Lohnkürzungen waren die Folgen. Auch die Flugmotorenproduktion ging zurück. Generaldirektor Franz-Josef Popp erzählte später: „Die Weltwirtschaftskrise erreichte bald ihren Höhepunkt, die Jahresproduktion der deutschen Autoindustrie sank auf etwa 400.000 Stück, und daher kamen Stillegungen, Sanierungen und Konkurse auf die Tagesordnung. Wer war der nächste in diesem Zusammenbruch?"[6]

Ende 1932 waren aber bereits Ansätze einer Wiederbelebung des Personenwagengeschäfts erkennbar. Daimler-Benz baute erstmals Schwingachsen in Personenwagen ein und konnte durch diese Qualitätsverbesserung den Absatz erhöhen[7]. Bei Adolf Hitlers ‚Machtübernahme‘ am 30. Januar 1933 war der wirtschaftliche Tiefpunkt bereits überwunden. Der Trend der Wirtschaftsentwicklung wies weltweit nach oben. Darüber hinaus konnte Hitler auf die wirtschaftlichen Maßnahmen der letzten Weimarer Regierungen zurückgreifen, so auf das Steuergutscheinsystem zur Kreditschöpfung und die Arbeitsbeschaffungsprogramme. Letztere wurden durch den Reinhardt-Plan vom 1. Juni 1933 ergänzt und durch steuerliche Anreize für die Privatwirtschaft aufgewertet. Ziel dieses Programms, das nur zivile Projekte förderte, war, etwa eine Million Arbeitslose wieder zu beschäftigen.

Darüber hinaus wurde die kommerzielle Bautätigkeit unterstützt, wurden Ehestandsdarlehen gewährt, Arbeitslose in der Landwirtschaft gegen geringe Bezahlung

---

4 Ebenda, S. 24—27; Erdmann, Weimarer Republik, S. 302; Hentschel, Deutsche Wirtschafts- und Sozialpolitik, S. 57.
5 Werk Untertürkheim, S. 71f.; GB 1932/33, S. 4f. und 12.
6 Mönnich, Schallmauer, S. 152, 154 und 157 (Zitat).

beschäftigt und Schutzmaßnahmen für Landwirtschaft und Außenhandel ergriffen. Das ‚zweite Gesetz zur Verminderung der Arbeitslosigkeit' vom 21. September 1933 förderte durch Steuersenkung und staatliche Beihilfen den privaten Wohnungsbau und die Landwirtschaft. Zusätzlich gab es Sonderprogramme für die Reichsbahn und die Reichspost.

Geldmittel in Höhe von mehr als einer Milliarde RM wurden für Straßen-, Reichsautobahn-, Flugplatz-, Kasernenbau und landwirtschaftliche Meliorationen zur Verfügung gestellt. Da diese Maßnahmen vor allem der Beschaffung von Arbeitsplätzen dienen sollten, durften Maschinen nur herangezogen werden, wenn ihr Einsatz unumgänglich war[8].

Den Umfang dieser staatlichen Eingriffe, die unter den Weimarer Regierungen wenig Erfolg gezeigt hatten, steigerte Hitler beträchtlich. Für die gesteigerte Kreditschöpfung war er auf Unterstützung und Absicherung angewiesen. Am 17. März 1933 trat Hjalmar Schacht als Reichsbankpräsident — er hatte dieses Amt bereits von 1923 bis 1930 inne — die Nachfolge Hans Luthers an, dessen zurückhaltende Einstellung zur Kreditgewährung Hitlers Pläne behinderte. Schacht dagegen hatte einerseits Hitlers Vertrauen gewonnen und diente ihm bereits vor 1933 als Vermittler zu Großindustrie und Banken. Andererseits genoß Schacht in der Öffentlichkeit hohes Ansehen, was der Vertretung der nationalsozialistischen Wirtschaftspolitik nach außen dienlich war. An die Spitze der Reichsbank und des Reichswirtschaftsministeriums (1934) sollte, so Hitler, ein ,,beweglicher Mann'' kommen, d.h. jemand, der die Kreditschöpfungspläne der Nationalsozialisten unterstützte[9].

Noch bevor die nationalsozialistische Wirtschaftspolitik Erfolge zeigen konnte, ging die Zahl der Arbeitslosen bereits um mehr als eine Million Personen zurück (31.1.1933 = 6.013.613 Personen, 30.6.1933 = 4.856.942 Personen)[10].

Die betriebliche Mitbestimmung erlitt einen schweren Schlag durch die Ausschaltung der Gewerkschaften am 2. Mai 1933 und die Gründung der Deutschen Arbeitsfront (DAF) am 10. Mai 1933. Durch den Einsatz der ‚Treuhänder der Arbeit' am 19. Mai 1933 lag die Tarifautonomie ausschließlich in staatlicher Hand. Arbeitgeber und Arbeitnehmer verloren ihr Mitspracherecht bei den Tarifentscheidungen, Einzelarbeitsverträge und Betriebsordnungen gewannen an Bedeutung. Vom Staat wurden zunächst Mindestlöhne festgesetzt, um ein weiteres Unterschreiten der bisher ausgezahlten Löhne zu vermeiden. Die Überwachung der staatlichen Lohnstopps oblag auch den ‚Treuhändern der Arbeit'.

Das ‚Gesetz zur Ordnung der nationalen Arbeit' vom 20. Januar 1934 brachte die völlige Auflösung bestehender Mitspracherechte der Arbeitnehmer: Verlust des

---

7 Werk Untertürkheim, S. 71.
8 Petzina, Wirtschaft, S. 108f. und 112f.; Boelcke, Wirtschaft, S. 29; Erdmann, Deutschland, S. 131f.
9 Erdmann, Deutschland, S. 132f.; Petzina, Wirtschaft, S. 109f.; Turner, Großunternehmer, S. 175f. und 292f.
10 Erdmann, Deutschland, S. 132; Tormin, Machtergreifung, S. 37.

Streik- und Versammlungsrechts und die endgültige Aufhebung der Tarifhoheit und der betrieblichen Mitbestimmung. Der Betriebsrat wurde durch den ‚Vertrauensrat‘, ein im wesentlichen rechtloses Gremium ersetzt. Er durfte lediglich beraten und war dem ‚Betriebsführer‘, der der ‚Gefolgschaft‘ vorstand, als letzte Entscheidungsinstanz unterstellt[11].

Innerhalb der Partei herrschten auch nach der Machtübernahme nur vage Vorstellungen über ein spezifisches Wirtschaftsprogramm. Parteirichtlinie war, das Regime zu festigen und die Aufrüstung in Gang zu setzen. Zurückhaltung war zunächst angebracht, um einen Handlungsspielraum für die verschiedenen Interessengruppen innerhalb des Reiches offen zu halten. Hitler selbst äußerte sich lediglich zur Arbeitsbeschaffung und zur Entlastung der Landwirtschaft. Darüber hinaus hielt er die private Bauwirtschaft und den Straßenbau für besonders förderungswürdig. Anläßlich der Internationalen Automobil- und Motorradausstellung in Berlin im Februar 1933 kündigte er eine umfassende Motorisierung Deutschlands an. Einige Initiativen der nationalsozialistischen Machthaber zur Förderung der deutschen Automobilwirtschaft waren z.B. die Fahrzeugsteuerbefreiung für die Käufer von Neuwagen seit dem 1. April 1933 und die Senkung der Fahrzeugversicherungsprämien[12].

Hitler selbst führte Mitte 1933 den ersten Spatenstich zum Bau der neuen Reichsautobahn Frankfurt/Main - Darmstadt aus. Doch entstammte auch der Autobahnbau nicht Hitlers Überlegungen, sondern ging auf Initiativen der letzten Weimarer Regierungen zurück. Bereits im Jahr 1932 war die Autobahn Köln — Bonn dem Verkehr übergeben worden[13].

Seit 1934 wurden der Devisenverkehr streng kontrolliert und bilaterale Handelsverträge abgeschlossen. Staatliche Stellen legten Dumpingpreise für Exportgüter fest, um die Ausfuhr zu steigern und dadurch Devisen für dringend benötigte Rohstoffe zu erhalten. Besondere Steigerungsraten waren bei der Investitions- und Produktionsgüterindustrie zu verzeichnen, da Anreize durch steigendes Unternehmereinkommen und staatlich verordnete Lohnstopps geboten wurden.

In den ersten Jahren der nationalsozialistischen Herrschaft, zwischen 1933 und 1936, konnten sich Großindustrie und Banken noch eine relativ große Selbstbestimmung und Unabhängigkeit bewahren. Den Unternehmen gelang es zumindest bis zum Vierjahresplan 1936, staatliche Eingriffe weitgehend abzuwehren. Diese Aussage trifft auch für die Automobilindustrie, insbesondere für den Produktionsbereich, zu. In der Festlegung der Kraftfahrzeugtypen war die Daimler-Benz AG sogar bis 1938/39 relativ autonom[14].

---

11 Gladen, Geschichte, S. 106—108; Prinz, Sozialpolitik, S. 224—226.

12 Ludwig, Strukturmerkmale, S. 50—52; Petzina, Wirtschaft S. 110f.; Hentschel, Deutsche Wirtschafts- und Sozialpolitik, S. 59; vgl. zum Thema Motorisierung Kapitel 2.1.

13 Petzina, Wirtschaft, S. 112; Tormin, Machtergreifung, S. 37; Broszat, Staat Hitlers, S. 328f.; Hildebrand, Drittes Reich, S. 11f.

14 Petzina, Wirtschaft, S. 113f.; Erdmann, Deutschland, S. 137 und 141f.; Hildebrand, Drittes Reich, S. 11f., 47 und 156—158.

Ab 1936 nahm der staatliche Einfluß zu; die Wirtschaftspolitik wurde zunehmend von den Zielen Autarkie und Wiederaufrüstung bestimmt. Deutlich wird das z.B. am Anteil der Wehrmachtsausgaben an den öffentlichen Ausgaben, die von 4 % 1933, über 18 % 1934, 39 % 1936 auf 50 % 1938 anstiegen. Zur Durchsetzung dieser Ziele griff der Staat verstärkt in die Wirtschaft ein, nicht zuletzt um die Rohstoffverteilung zugunsten der Rüstungsindustrie zu lenken und den Privatverbrauch zu beschränken. Nicht der allmählich steigende Privatbedarf bestimmte die Produktion, sondern der Staatsbedarf. Finanziert wurde die Aufrüstung durch zunehmende staatliche Kreditschöpfung, z.B. durch die von Schacht 1933 eingeführten Mefo-Wechsel. Als der Reichswirtschaftsminister die Gefahren dieser Kreditwirtschaft erkannte und sie zu begrenzen versuchte, verlor er Hitlers Gunst und mußte seine Ämter zugunsten von Walther Funk zur Verfügung stellen[15].

Der Vierjahresplan vom August 1936 griff unmittelbar in die Wirtschaft ein und beendete die relative Unabhängigkeit, ohne daß Industrie und Banken dagegen protestierten. Petzina beschreibt den Plan als ,,ein auf Teilbereiche der Industrie konzentriertes wehrwirtschaftliches Autarkieprogramm, zum anderen ein in sich widersprüchliches Bündel von Programmen und Maßnahmen, die in alle Bereiche der Wirtschaft eingegriffen haben, in die Preispolitik ebenso sehr wie in die Arbeitskräfte- und Rohstofflenkung und in die Agrarpolitik"[16]. Außen- und Binnenhandel wurden strikt kontrolliert und, falls es sich um rüstungswichtige Erzeugnisse handelte, eingeschränkt, die heimische Grundstoffindustrie, z.B. die Förderung von Kohle und Eisenerz ausgebaut, selbst wenn sie nicht gewinnbringend war. Die Investitionen in die Ersatzstoffindustrie, z.B. in die Produktion von Buna und synthetischen Treibstoff, und die Förderung der Landwirtschaft hatten zum Ziel, die Autarkie des nationalsozialistischen Staates zu sichern. Konsum- und Exportgüterproduktion wurden zugunsten der Rüstungsindustrie zurückgestellt. Die Organisation dieser vielfältigen Maßnahmen lag bei Hermann Göring, dem ,Beauftragten für den Vierjahresplan'.

Die Wirtschaftsentwicklung bis zum Jahr 1942 läßt sich in drei Phasen einteilen, die auf dem Vierjahresplan basieren:

1. Vom Herbst 1936 bis zum Sommer 1938 wurde die Roh- und Grundstoffindustrie in möglichst breitem Ausmaße gefördert.
2. Vom Sommer 1938 bis August 1939 wurden schwerpunktmäßig Entwicklung und Produktion kriegswichtiger Ersatzstoffe und Metalle gesteigert.
3. Vom Kriegsausbruch bis Frühjahr 1942 war die Rüstungsproduktion breitgefächert auf den ,Blitzkrieg' ausgerichtet.

War die Industrieproduktion vorrangig auf die Rüstungsproduktion abgestimmt, so sollte, auf ausdrücklichen Wunsch Hitlers, der zivile Konsum nicht übermäßig ein-

---

15 Petzina, Wirtschaft, S. 117f.; Erdmann, Deutschland, S. 134f.; Hildebrand, Drittes Reich, S. 12.
16 Petzina, Wirtschaft, S. 137.

geschränkt werden. Erst kurz vor Kriegsausbruch, am 27. August 1939, wurden — allerdings nur geringfügige — erste Maßnahmen zur Rationierung von Konsumgütern getroffen. Hitler wollte durch eine solche unpopuläre Maßnahme sein Ansehen nicht gefährden. Außerdem ging damals Hitler noch von der ‚Blitzkriegsstrategie‘ aus, weshalb ihm eine Umstellung auf eine totale Kriegswirtschaft nicht notwendig erschien. Die Kontrolle des Geld- und Kapitalmarktes unterlag zunehmend staatlicher Aufsicht, um die Rüstungsfinanzierung zu sichern und zu lenken. Neben der durch den Vierjahresplan kontrollierten Rohstoffverteilung fand eine staatliche Investitionslenkung statt, d.h. alle größeren Investitionen mußten seit Ende 1936 genehmigt werden[17].

Aktiengesellschaften durften maximal 6 % Dividende ausschütten. Die Einführung eines neuen Gesellschaftsrechtes stattete den Vorstand gegenüber dem Aufsichtsrat mit weitreichenden Vollmachten aus. Die Aktiengesellschaften wurden durch die Nationalsozialisten gefördert, ,,erwies [die AG] sich als eine Unternehmensform, die für den durch Rüstung verstärkten Kumulationsprozeß der Wirtschaft unentbehrlich war‘‘[18].

Neben staatlichen Restriktionen traten Subventionen sowie Absatz- und Gewinngarantien für die Unternehmen. Pflichtgemeinschaften und Staatsunternehmen (z.B. die Reichswerke Hermann Göring) sollten zur Produktionssteigerung beitragen.

Das Wirtschaftssystem während des Nationalsozialismus ist nicht eindeutig zu charakterisieren und ambivalent: Die Autonomie der Wirtschaft wurde einerseits durch staatliche Eingriffe eingeschränkt, dennoch kann man das Wirtschaftssystem nicht ohne Einschränkung als ‚staatliche Planwirtschaft‘ bezeichnen. Andererseits ist auch die Charakterisierung als ‚liberale Marktwirtschaft‘ nicht zutreffend, wies doch das nationalsozialistische Programm ,,sowohl vorliberale, merkantilistische wie spätkapitalistische, monopolistische Merkmale auf‘‘[19]. Nach Hildebrand waren ,,die Übergänge zwischen staatlicher Lenkung und privater Initiative, zwischen Regime und Wirtschaft (...) im Zeichen der von Hitler verordneten Rüstungsproduktion fließend (...). Die politische ‚Gleichschaltung‘ der mächtigen Repräsentanten der Wirtschaft wurde nunmehr vollzogen, während ihre ökonomische Privilegierung vorläufig noch fortbestand‘‘[20].

Dennoch ist seit 1937 erkennbar, daß die Industrie dem Führungsanspruch von Staat und Partei untergeordnet wurde und daß sie sich auf Kriegsproduktion einstellte. Auch die Unternehmen, die dank ihrer Produktpalette am Aufschwung direkt und überproportional beteiligt waren, mußten mit ihren Erzeugnissen immer mehr Zugeständnisse an die nationalsozialistischen Machthaber machen. Aber auch hier waren

---

17 Hildebrand, Drittes Reich, S. 47—49 und 54—56; Erdmann, Deutschland, S. 139; Petzina, Wirtschaft, S. 124f., 132 und 135.
18 Erdmann, Deutschland, S. 143.
19 Petzina, Wirtschaft, S. 136 und 140 (Zitat); Hildebrand, Drittes Reich, S. 47f.
20 Hildebrand, Drittes Reich, S. 48.

noch Freizügigkeiten möglich, zumal sich die militärischen, parteiamtlichen und zivilen Behörden zunehmend in ‚Kompetenzrangeleien' verstrickten, was die Unternehmen wiederum zu nutzen wußten[21].

Bis 1936 lagen die Wochenlöhne unter dem Stand von 1928. Lohnerhöhungen entstanden lediglich durch längere Arbeitszeiten und zunehmende betriebliche Sozialleistungen. Die Kaufkraft war gering, obwohl sich der Lebensstandard allmählich verbesserte. Mit Erreichung der Vollbeschäftigung etwa im Jahre 1937 verstärkte sich der Facharbeitermangel. Hinzu kam die Einberufung von Fachkräften zum Wehrdienst und für militärische Bauvorhaben, wie z.B. den Westwallbau. Der Facharbeitermangel wurde fortan zu einem Hauptproblem der Industriebetriebe. Die Automobilindustrie versuchte, auf den entstandenen ‚grauen Markt' mit Lohnerhöhungen durch übertarifliche Bezahlung zu reagieren und dadurch Facharbeiter an sich zu binden. Prinzipiell blieben die Löhne und Gehälter aber weiterhin eingefroren, während die Lebenshaltungskosten stiegen[22].

Bei Kriegsausbruch war die Industrie zwar strukturell auf eine Rüstungsproduktion eingestellt, aber einer ,,gut geölten Militärmaschine" nicht vergleichbar. Bis 1942 wurde an der sogenannten ‚Blitzkriegsstrategie' festgehalten. Nicht die ‚Tiefenrüstung' für einen Abnutzungs- und Materialschlachtkrieg stand im Vordergrund der Pläne, sondern die ‚Breitenrüstung'[23].

Der relativ gesicherte Privatkonsum blieb zunächst auch nach Kriegsbeginn erhalten. Die Beschäftigung von Frauen war 1939 kaum verbreitet, da sie mit dem nationalsozialistischen Frauenleitbild von der Frau als Mutter nicht vertretbar war. Durch rigorose Beschränkung des privaten Verbrauchs und sofortige Steigerung der Frauenarbeit wäre die Kriegsproduktion unmittelbar forcierbar gewesen. Aber bis 1942 behielten die Nationalsozialisten ihre ‚friedensähnliche Kriegswirtschaft' bei. Erst dann wurde die deutsche Industrieproduktion auf die Kriegsbedingungen umgestellt.

Nach dem Scheitern des Blitzkrieges 1942 und dem nun notwendig werdenden Abnutzungs- und Materialkrieg änderte sich unter Albert Speer das Wirtschaftskonzept. ‚Hitlers Architekt und Baubeauftragter' trat die Nachfolge des am 8. Februar 1942 bei einem Flugzeugabsturz getöteten Reichsministers für Bewaffnung und Munition, Fritz Todt, an und setzte die bereits unter Todt begonnenen Maßnahmen fort. Speer rationalisierte die Rüstungsproduktion und steigerte sie beträchtlich. Fehlende Arbeitskräfte stellte seit März 1942 der ‚Generalbevollmächtigte für den Arbeitseinsatz', Fritz Sauckel, zur Verfügung. Er organisierte den Einsatz zwangsdeportierter Fremdarbeiter, die SS war für den Einsatz von Konzentrationslagerhäftlingen in deutschen Industrieunternehmen verantwortlich.

21 Erdmann, Deutschland, S. 144; Petzina, Wirtschaft, S. 141.

22 Erdmann, Deutschland, S. 146f.; Petzina, Wirtschaft, S. 144f. und 147; Hildebrand, Drittes Reich, S. 51; Hentschel, Deutsche Wirtschafts- und Sozialpolitik, S. 59f. und 66f.

23 Blaich, Wirtschaft und Rüstung, S. 285; Hildebrand, Drittes Reich, S. 50; Petzina, Wirtschaft, S. 151f.

Trotz mangelnder Rohstoffe, zunehmenden Kompetenzenwirrwarrs und alliierter
Luftangriffe gelang es Speer, Produktionshöchstleistungen im Sommer und Herbst
1944 aus der Industrie herauszupressen. Er bildete für die einzelnen rüstungswichtigen
Industriezweige Ausschüsse, in denen sowohl Vertreter des Militärs und der Industrie
als auch Behördenvertreter saßen. Die Gesamtleitung oblag dem Ausschuß für ‚Zentrale Planung‘.

Eine totale Kriegswirtschaft erreichte aber auch Albert Speer nicht. Die Weigerung
Sauckels, verstärkt deutsche Frauen in den Fabriken einzusetzen — der Anteil der industriellen Frauenbeschäftigung in Deutschland lag auch 1944 unter dem vergleichbaren Anteil in England — und der zunehmende Rohstoffmangel trugen dazu bei.

Die Kriegsführung wurde vorrangig durch Steuergutscheine, Reichsschatzwechsel
und Schatzanweisungen finanziert, langfristige Kreditnahme erfolgte auch auf private
Sparkassen-, Versicherungs- und Bankguthaben. Mit Kriegsende war der Staat bankrott. Die Reichsschulden beliefen sich auf 380 bis 400 Milliarden RM[24].

---

24 Blaich, Wirtschaft und Rüstung, S. 286; Petzina, Wirtschaft, S. 151—155; Erdmann,
    Zweiter Weltkrieg, S. 123—126 und 128f.; Hildebrand, Drittes Reich, S. 76; Hentschel,
    Deutsche Wirtschafts- und Sozialpolitik, S. 69f.

1. UNTERNEHMENSFÜHRUNG

1.1. ORGANISATION

Die Daimler-Benz Aktiengesellschaft besaß bis Kriegsende 1945 neben dem Stammwerk Untertürkheim Zweigwerke in Mannheim, Gaggenau, Sindelfingen, Berlin-Marienfelde und Königsberg; hinzu kamen Kraftfahrzeugverkaufsniederlassungen und Reparaturwerkstätten im In- und Ausland[1]. Außerdem gehörten dem Unternehmen 100 %ige Tochtergesellschaften, nämlich die Werke Daimler-Benz Motoren GmbH,Genshagen, Daimler-Benz GmbH, Kolmar (Elster GmbH, Kamenz), Debag Ostwerke GmbH, Reichshof, Daimler-Benz Ges.mbH, Neupaka, und die Holzindustrie Bruchsal GmbH, Bruchsal, sowie die Kraftfahrzeugverkaufsgesellschaften und Reparaturwerkstätten Mercedes-Benz Automobil AG, Zürich, Mercedes-Benz Automobil AG, Budapest, Mercedes-Benz Automobilgesellschaft mbH, Wien, und British Mercedes-Benz Ltd., London[2].

Der Sitz der Daimler-Benz Aktiengesellschaft war noch vor der Fusion der Daimler-Motoren-Gesellschaft und der Benz & Cie Motorenwerke im Jahre 1926 aus steuerlichen Gründen nach Berlin verlegt worden. 1937 wurde dieses geändert und der Hauptgeschäftssitz der Gesellschaft nach Stuttgart-Untertürkheim zur dortigen Zentralverwaltung zurückverlegt[3].

Produziert wurden in den Jahren 1933 bis 1945 hauptsächlich Personenkraftwagen, Lastkraftwagen, Spezial- und Nutzfahrzeuge, Panzerwagen, Flug- und Marinemotoren[4].

---

1 Im einzelnen: Aachen, Augsburg, Baden-Baden, Berlin, Braunschweig, Bremen, Breslau, Chemnitz, Cottbus, Darmstadt, Dortmund, Dresden, Düsseldorf, Duisburg, Erfurt, Frankfurt a.M., Freiburg i. Br., Gera, Gleiwitz, Halberstadt, Halle, Hamburg, Hannover, Kiel, Koblenz, Köln, Königsberg, Krakau, Landau i.d. Pfalz, Leipzig, Magdeburg, Mainz, Mannheim, München, Nürnberg, Paris, Plauen, Ravensburg, Regensburg, Reutlingen, Rostock, Säckingen, Schneidemühl, Schweinfurt, Stuttgart, Ulm/Donau, Weimar, Wien, Würzburg, Wuppertal, Zwickau. Vgl. dazu Handbuch der Dt. Aktiengesellschaft, Jg. 45, S. 4390f.

2 Alle Quellen ohne Archivangabe befinden sich im Archiv der Daimler-Benz AG. Hoppe 4,23 (Übersetzung des Daimler-Benz Fragebogens, übergeben von Capt. A. Joseph, German Economie (sic!) Department Foreign Office, London am 27. August 1945 — Anlage zu Frage 1); vgl. auch Hoppe 11,40. Im Handbuch der Dt. Aktiengesellschaften, Jg. 45, S. 4391 darüber hinaus angeführt: ,,Codra Companie des Diesel Rapides S. A. Paris''; vgl. zu den einzelnen Werken auch Kapitel 2.3.

3 Werk Untertürkheim, S. 63.

4 Hoppe 4,23 (Übersetzung des Daimler-Benz Fragebogens, übergeben von Capt. A. Joseph,

Verantwortlich für die Geschäftsführung der Aktiengesellschaft war der Gesamtvorstand, kontrolliert vom Aufsichtsrat. Entgegen nationalsozialistischen Bestimmungen über das ‚Führerprinzip im Betrieb‘, wonach — so eine zeitgenössische Quelle — ,,wie im völkischen Staat, in der völkischen Gemeinschaft, nicht eine anonyme
Mehrheit die völkischen Geschicke bestimmt, so soll auch im Betriebe eine Persönlichkeit, ein verantwortlicher und verantwortungsbewußter Führer das Schicksal der Betriebsgemeinschaft leiten‘‘[5], leitete bei der Daimler-Benz AG der Gesamtvorstand von
der Zentrale Stuttgart-Untertürkheim aus während der gesamten nationalsozialistischen Zeit als ‚ein Führer‘ sämtliche Werke und Verkaufsstellen.
Noch 1942 beschwerte sich NSDAP-Abschnittsleiter Dickwach darüber: ,,Bei
Daimler-Benz liegt nun aber Willensbildung und Verantwortung (...) bei einem kollektiven Zusammenschluß, der nichts weiter als ein demokratisches Gremium ist.‘‘
,,Es besteht also sichtlich keine Neigung, eine dem Wesen des Nationalsozialismus
entsprechende organisch geordnete Führungseinheit aufzubauen‘‘[6].

1.2. VORSTAND

Laut Satzung der Daimler-Benz AG wurde der Vorstand vom Aufsichtsrat bestellt
und sollte aus mindestens zwei Personen reichsdeutscher Staatsangehörigkeit beste-
hen. In der Regel vertraten zwei Vorstandsmitglieder oder ein Vorstandsmitglied gemeinsam mit einem Prokuristen die Gesellschaft[7].
Dem Vorstand der Daimler-Benz AG gehörten in den Jahren 1933 bis 1945 14 Herren an (vgl. Tabelle 1).
Einschneidende Umbesetzungen fanden im Daimler-Benz-Vorstand nicht statt. Mit
Ausnahme der Aufnahme von Jakob Werlin, der 1933 wegen seiner Kontakte zu den
Nationalsozialisten in den Vorstand berufen wurde, und des Ausscheidens von Dr.
Hoppe im Jahre 1942[8], erfolgten personelle Veränderungen nur durch Todesfälle
bzw. durch Ressorterweiterungen.
Dr. Wilhelm Kissel erhielt 1938 den Titel ‚Vorstandsvorsitzender‘, nachdem er die-
ses Amt bereits seit 1926 de facto bekleidet hatte[9]. Nach Dr. Kissels Tod 1942 über-
nahm sein Vorstandskollege und enger Mitarbeiter, Dr. Wilhelm Haspel, den Vor-

German Economie (sic!) Department Foreign Office, London am 27. August 1945 — Anlage zu Frage 1); vgl. auch Hoppe 11.40.
5 Kinkel, Unternehmer, S. 57f.
6 Vgl. Dokument 5.
7 Kissel I, 8 Satzung der Daimler-Benz Aktiengesellschaft Stuttgart (27.5.1938), §§ 5, 6, 7.
8 Vgl. dazu Kapitel 1.2.2.
9 In der Aufsichtsratssitzung vom 23. Februar 1938 beantragte der Aufsichtsratsvorsitzende
   von Stauß, Dr. Kissel ,,auch formell‘‘ zum Vorstandsvorsitzenden zu bestimmen. Diesem
   Antrag wurde zugestimmt. Vgl. dazu Protokoll der Aufsichtsratssitzung vom 23.2.1938.
   Nach Werk Untertürkheim, S. 65 soll Dr. Kissel bereits im Jahre 1937 Vorstandsvorsitzender gewesen sein, ebenso bei Seherr-Thoss, Wilhelm Kissel, S. 686.

Tabelle 1: Vorstandsmitglieder der Daimler-Benz AG 1930–1945

Name	1930	1931	1932/1933	1934	1935	1936	1937	1938	1939	1940	1941	1942	1943	1944	1945
Eckenberg, Dr. Wilhelm	—	—	—	—	—	—	—	—	—	—	—	seit 4.12.	†31.7.	—	—
Haspel, Dr. Wilhelm	—	—	—	—	x	x	x	x	x	x	x	x	x	x	x[a]
von Hentig, Wolfgang	—	—	x	x	x	x	x	x	x	x	x	x	x	x	x[b]
Hoppe, Dr. Otto	x	x	x	x	x	x	x	x	x	x	x	bis 4.12.	—	—	x[c]
Huschke, Hans	—	—	—	—	—	—	x	x	x	x	x	x	x	x	x[b]
von Jungenfeld, Arnold Gedult	—	—	x	x	x	x	x	x	x	x	x	x	x	x	x[b]
Kissel, Dr. Wilhelm	x	x	x	x	x	x	x	x	x	x	x	†18.7.	—	—	—
Lang, Richard	x	—	—	—	—	—	—	—	—	—	—	—	—	—	—
Müller, Karl C.	—	—	—	x	x	x	x	x	x	x	x	x	x	x	x[d]
Nallinger, Dr. Fritz	—	—	—	—	—	—	—	—	x	x	x	x	x	x	x[e]
Nibel, Dr. Hans	x	x	x	†25.11.	—	—	—	—	—	—	—	—	—	—	—
Sailer, Max	—	—	—	—	x	x	x	x	x	x	x	ausge-schieden	—	—	—
Schippert, Carl	x	x	x	x	x	x	x	ausge-schieden	—	—	—	—	—	—	—
Werlin, Jakob	—	—	x	x	x	x	x	x	x	x	x	x	x	x	x[b]

Quelle: GB 1930, S. 3; 1931, S. 3; 1932/33, S. 3; 1934, S. 2; 1935, S. 2; 1936, S. 2; 1937, S. 2; 1938, S. 2; 1939, S. 2; 1940, S. 2; 1941, S. 3; 1942, S. 4; 1943/44, S. 4; 1945–47, o.S.

a) Mit Unterbrechung vom 26.10.1945 bis 31.12.1947. GB 1945–47, o.S.
b) Bis Oktober 1945. Ebenda.
c) Am 1.5.1945 erneut bestellt. Ebenda.
d) Bis Oktober 1945, ab 31.5.1948 erneut bestellt. Ebenda.
e) Bis Oktober 1945, ab 28.4.1948 erneut bestellt. Ebenda.

standsvorsitz, den er auch nach Kriegsende, mit zweijähriger Unterbrechung während seines Entnazifizierungsverfahrens, bis zu seinem Tode, Anfang 1952, beibehielt.

Die Vorstandsmitglieder der Daimler-Benz AG sind nicht eindeutig bestimmten Ressorts zuzuordnen. Die meisten Herren saßen aufgrund ihrer Verantwortlichkeit für die Werke bzw. Tochtergesellschaften in diesem Gremium: Dr. Wilhelm Eckenberg (Flugmotorenwerke Ostmark GmbH, Wien), Dr. Wilhelm Haspel (Untertürkheim), Wolfgang von Hentig (Berlin-Marienfelde), Dr. Otto Hoppe (Untertürkheim), Hans Huschke (Untertürkheim), Arnold Gedult von Jungenfeld (Gaggenau), Dr. Wilhelm Kissel (Untertürkheim), Karl C. Müller (Daimler-Motoren GmbH, Genshagen) und Carl Schippert (Untertürkheim/Sindelfingen). Dr. Hans Nibel und sein Nachfolger Max Sailer gehörten als Verantwortliche für Konstruktion und Versuch dem Vorstand an, Dr. Fritz Nallinger leitete die Entwicklungsabteilung. Hans Huschke, der erst 1942 Betriebsführer von Untertürkheim wurde, kümmerte sich darüber hinaus um Fragen der Verkaufsorganisation besonders im Exportbereich, Carl Schippert zusätzlich um den Ausbau der Auslandsfilialen. Jakob Werlin gehörte dem Vorstand ohne besonderen Geschäftsbereich an[10].

1.2.1. Parteimitgliedschaften der leitenden Führungskräfte[11]

Dr. Wilhelm Haspel, Dr. Otto Hoppe, Dr. Fritz Nallinger und Carl Schippert waren keine Mitglieder der NSDAP[12], was für Vorstandsmitglieder in derart exponierter Stellung während der damaligen Zeit nicht die Regel war. Haspel und Hoppe waren sogar direkt von der nationalsozialistischen Rassenpolitik betroffen, da sie die Auflösung ihrer Ehen mit ,jüdisch versippten' Frauen ablehnten, wodurch ihnen große Nachteile erwuchsen[13]. Alle übrigen Vorstandsmitglieder waren Parteimitglieder, doch ist — wahrscheinlich bis auf Jakob Werlin — keines vor der Machtübernahme der Nationalsozialisten am 30. Januar 1933 in die NSDAP eingetreten (vgl. Tabelle 2).

Da bis zur nationalsozialistischen Machtergreifung erst 850 000 Personen in die NSDAP eingetreten waren[14], die Parteimitgliedsnummern der Daimler-Benz Vor-

---

10 Vgl. z.B. DBAG 95 Werke, Fabrikationsprogamm, Verkaufsorganisation und Reparaturwerkstätten im In- und Ausland der Daimler-Benz Aktiengesellschaft; Werksangehörige 4 (Eckenberg), 8 (von Hentig), 9 (Hoppe), 10 (Huschke und von Jungenfeld), 16 (Müller), 17 (Nallinger), 20,1 (Nibel), 25 (Sailer), 27 (Schippert).

11 Vgl. dazu besonders: Berlin Document Center, Parteiakten über Wilhelm Eckenberg, Wolfgang von Hentig, Hans Huschke, Arnold G. von Jungenfeld, Wilhelm Kissel, Karl C. Müller, Hans Nibel, Max Sailer und Jakob Werlin sowie die Sonderakte Daimler-Benz.

12 Für Carl Schippert liegen keine Parteiakten im Berlin Document Center vor, was vermuten läßt, daß er der NSDAP nicht angehörte. Auch von Fritz Nallinger gibt es keinerlei Parteiunterlagen. Über Dr. Haspel und Dr. Hoppe informiert die Sonderakte Daimler-Benz im Berlin Document Center.

13 Vgl. dazu Kapitel 1.2.3.2.

14 Schoenbaum, Braune Revolution, S. 68.

Tabelle 2: Mitgliedschaften der Vorstandsmitglieder der Daimler-Benz AG in der NSDAP und
deren angeschlossenen Organisationen

Vorstands-mitglieder	Partei-eintritt	Andere Mitgliedschaften und Beförderungen (soweit bekannt)
Eckenberg, Dr. Wilhelm	1.5.1933	
Haspel, Dr. Wilhelm	–	DAF; NSV (1934); Reichsluftschutzbund (1938)
von Hentig, Wolfgang	1.7.1940	SA (Nov. 1933); NSKK (1.11.1935); KV (1.4.1936); Wehrwirtschaftsführer 1938
Hoppe, Dr. Otto	–	NSKK (1933)
Huschke, Hans	1.5.1933	NSKK; Mit Führerbefehl Nr. 30 zum NSKK-Brigadeführer befördert.
von Jungenfeld, Arnold G.	1.11.1933	NSKK (1933); Mit Führerbefehl Nr. 30 zum NSKK-Standartenführer befördert; Wehrwirtschaftsführer (30.1.1940)
Kissel, Dr. Wilhelm	1.3.1934	SS (1933?); NSKK (1933); Wehrwirtschaftsführer 1937
Müller, Karl C.	1.5.1933	DAF; NSFK; NSV; Nationalsozialistischer Bund Deutscher Technik; Reichsluftschutzbund; Wehrwirtschaftsführer 1937
Nallinger, Dr. Fritz	–	Wehrwirtschaftsführer[a]
Nibel, Dr. Hans	Datum unbekannt	NSKK (1933)
Sailer, Max	1.5.1933	NSKK
Schippert,[b] Carl	–	NSKK (1933)
Werlin, Jakob	1932 oder 1933	SS-Mitglied seit 1932 (Nr. 266.883)

Quelle: Tabelle zusammengestellt aus den unter Anmerkung 11 angegebenen Akten und aus Haspel 25,9 Abschrift Spruchkammerurteil vom 12.5.1947; Werlin 8 Spruchkammerurteil vom 30.7.1947.
  a) Vgl. zu Fritz Nallinger auch: Braunbuch, S. 57.
  b) Vgl. zu Carl Schippert auch: Deutsches Führerlexikon, S. 414.

standsmitglieder aber oberhalb der Zweimillionenmarke lagen[15], wäre der Schluß möglich, daß die betreffenden Herren erst relativ spät der Partei beitraten. Man kann aber nicht die Mitgliedsnummern zur Bestimmung des Eintrittsdatums heranziehen, denn z.B. Jakob Werlin, der wahrscheinlich im Dezember 1932 in die NSDAP aufgenommen wurde, hatte die Mitgliedsnummer 3.208.977, während Dr. Kissels Parteiausweis die Nummer 2.009.653 trug, obwohl er erst am 1. März 1934 in die Partei eintrat.

Vier Vorstandsmitglieder traten am 1. Mai 1933 augenscheinlich kollektiv in die NSDAP ein. Ob in allen Fällen eine Vordatierung der Aufnahmedaten vorgenommen wurde, wie z.B. bei Dr. Kissel, ist nicht nachweisbar. Sicher ist, daß solche Praktiken üblich waren, wie das Beispiel Arnold Gedult von Jungenfelds zeigt: Er beantragte erst im Frühjahr 1934 die Parteiaufnahme. Nur durch die Fürsprache von Rudolf Heß, dem Stellvertreter des Führers, wurde von Jungenfeld trotz Aufnahmesperre Mitglied der NSDAP. Sein Eintrittsdatum wurde aber offiziell mit dem 1. November, also nach der Aufnahmesperre, angegeben[16].

Wolfgang von Hentig beantragte erst sehr spät, am 31. Mai 1940, die Parteiaufnahme, nachdem die Aufnahmesperre 1939 wieder aufgehoben worden war. Am 1. Juli 1940 trat er in die NSDAP ein, nachdem ihn der Herzog von Coburg dafür vorgeschlagen hatte. Wolfgang von Hentig, aktiver Offizier von 1910 bis 1921, ausgezeichnet mit mehreren Kriegs- und Friedensorden, wurde 1937 zum Major der Reserve befördert[17].

Enge Verbindung zum Militär hatte auch Hans Huschke, der noch im Juli 1942 im militärischen Rang eines Obersten im Stab des Reichsmarschalls Hermann Göring tätig war[18]. Hans Huschkes Parteieintritt erfolgte am 1. Mai 1933. Er gehörte damit ebenfalls nicht zu den ,frühen Parteimitgliedern', obwohl seine Einstellung zum Nationalsozialismus 1942 linientreu erscheint: ,,Wir freuen uns Alle (sic!) auf die Dinge, die jetzt in der Entwicklung sind, und wissen, dass auch diesmal alle Aufgaben, die uns braunen Spiegeln zufallen, gemeistert werden. Das Jahr 1942 wird das Jahr der Sondermeldungen sein''[19].

Max Sailer war von November 1915 bis April 1933 Mitglied der Loge ,Schwabentreue' in Esslingen, zuletzt im Amt des Altedelerzes. Da Sailer bis April 1933 dieser Freimaurerloge angehörte, die wie alle Freimaurerlogen von den Nationalsozialisten verboten wurde, und nicht vor dem 30. Januar 1933 ausgetreten war, wurde 1935 sein Parteieintritt vom 1. Mai 1933 für nichtig erklärt. Gnadengesuche Sailers zur Wiederaufnahme 1938 und 1940 wurden endgültig 1943, nachdem sich das oberste Parteige-

---

15 Vgl. Parteiakten Berlin Document Center.
16 Berlin Document Center, Parteiakte Arnold Gedult von Jungenfeld.
17 Ebenda, Parteiakte Wolfgang von Hentig; vgl. zu von Hentig auch: Deutsches Führerlexikon, S. 186; Aleff, Drittes Reich, S. 67.
18 BA NS 24/243 Kraus an Huschke (27.7.1942).
19 Ebenda, Huschke an Kraus (26.6.1942).

richt der NSDAP damit beschäftigt hatte, anscheinend durch ‚Führerentscheid' abgelehnt[20].

Der Vorstandsvorsitzende der Daimler-Benz AG, Dr. Wilhelm Kissel, wurde ebenfalls trotz Parteiaufnahmesperre auf Antrag von Rudolf Heß noch nach 1933 in die NSDAP aufgenommen. Dr. Kissel zahlte 3,— RM Aufnahmegebühr, einmalig 50,— RM Werbebeitrag sowie 10,— RM Monatsbeitrag[21].

Über seine Zugehörigkeit zur Partei war sich der Vorstandsvorsitzende selbst zunächst wenig im klaren. Im Dezember 1933 schrieb er, daß er nicht wisse, ob er formell der NSDAP angehöre oder nicht. Er sei zwar Mitglied der SS und habe eine entsprechende SS-Nummer, aber keine NSDAP-Parteinummer, so daß es seiner Ansicht nach möglich sei, daß er als SS-Mann nicht noch einmal ausdrücklich als Parteimitglied unter einer besonderen Nummer geführt werde. Diese Unkenntnis läßt den Schluß zu, daß Dr. Kissel zumindest den formalen Parteiangelegenheiten recht gleichgültig gegenüberstand[22].

Die SS-Zugehörigkeit Dr. Kissels sah wie folgt aus[23]:

	Eintrittsdatum nicht bekannt
Dez. 1933	Beförderung zum SS-Obertruppführer[24]
Nov. 1936	Übersendung des SS-Ehrendolches durch den SS-Standartenführer des SS-Abschnittes X, von Alvensleben
Nov. 1938	Beförderung zum SS-Sturmbannführer
Jun. 1939	Verleihung des SS-Totenkopfringes
Nov. 1940	Beförderung zum SS-Obersturmbannführer. Dr. Kissels SS-Dienstrang ‚Obersturmbannführer' entsprach dem militärischen Rang eines Oberstleutnants[25].

Über Jakob Werlins Parteieintritt geben die Parteiakten keine klare Auskunft. Einerseits wird das Jahr 1933 angegeben, andererseits 1932, doch kann es sich hier um eine Verwechslung mit Werlins SS-Eintritt handeln.

Sicher ist, daß trotz der engen Beziehung zu Adolf Hitler seit den zwanziger Jahren, Werlin nicht schon frühzeitig in die Partei eintrat[26]. Dennoch erhielt Werlin 1942[27] das goldene Parteiabzeichen, das eigentlich laut Parteistatut nur an Erstmitglieder

---

20 Berlin Document Center, Parteiakte Max Sailer.

21 Ebenda, Parteiakte Wilhelm Kissel.

22 Vgl. Dokument 1.

23 Kissel XIV, 25a Kissel an Brandes (11.12.1933); Kissel an von Alvensleben (17.11.1936); Kissel an Kaul (10.11.1938 und 16.6.1939); Kissel an Lansche (11.11.1940).

24 Dieser Dienstrang wird bei Reitlinger, SS, S. 8 nicht angegeben. Wahrscheinlich ist Dr. Kissel zum Obersturmführer befördert worden und das Beförderungsschreiben ist fehlerhaft.

25 Kogon, SS-Staat, S. 64 u. Reitlinger, SS, S. 8.

26 Berlin Document Center, Parteiakte Jakob Werlin.

27 Im Spruchkammerurteil vom 30. Juli 1947 wird 1941 als Verleihungsjahr angegeben. Werlin selbst gibt in seinem Schlußwort zur Spruchkammerverhandlung am 30. Juli 1947 das Jahr 1942 an (in: Werlin 8).

mit einer Mitgliedsnummer bis 100.000 verliehen werden sollte. Werlin erhielt es von Hitler anläßlich seines 55. Geburtstags als Auszeichnung für seine Verdienste um die Kraftfahrzeugwirtschaft[28].

Jakob Werlin galt als ‚ein persönlicher Freund des Führers‘[29]. In einem SS-Personalbericht wird er als ein Mann mit gefestigter nationalsozialistischer Weltanschauung und als untadelig in seinem Auftreten und Benehmen innerhalb und außerhalb des Dienstes geschildert[30].

Höhepunkt in Werlins politischer Karriere war die Ernennung zum ‚Generalinspektor des Führers für das Kraftfahrwesen‘ am 16. Januar 1942 durch Führererlaß[31]. Dieses Amt war für Werlin geschaffen worden, damit er für seine Aufgabe, Reparaturwerkstätten im Osten, so in Pleskau, Riga, Stablak, Minsk, Gumbinnen, Zülichau und Gleiwitz, einzurichten, direkt Hitler unterstellt war. Dadurch standen ihm alle organisatorischen Möglichkeiten offen, ohne den langen Behördenweg einhalten zu müssen.

Werlin durchlief folgende SS-Laufbahn[32]:

1932	Aufnahme in die SS
Dez. 1934	SS-Untersturmführer
1.1.1935	SS-Obersturmführer im 1. SS-Stab
1.4.1936	SS-Obersturmführer im Oberabschnitt Süd
9.11.1936	SS-Hauptsturmführer im Oberabschnitt Süd
1.3.1938	SS-Sturmbannführer im SS-Hauptamt
20.4.1939	SS-Obersturmbannführer im SS-Hauptamt
1.9.1940	SS-Standartenführer im SS-Hauptamt
30.1.1942	SS-Oberführer beim Reichsführer-SS[33].

Beförderung und Rangerhöhung waren für Jakob Werlin mit weiteren Auszeichnungen verbunden: Am 10. April 1938 wurde ihm z.B. der ‚Degen der SS‘ verliehen, im Juli 1939 die ‚Österreich-Medaille‘. Diese Auszeichnungen und die SS-Ehrenmitgliedschaft wurden in Werlins Entnazifizierungsverfahren nicht als bela-

---

28 Ebenda.
29 Vgl. dazu Kapitel 1.2.3.3.
30 Berlin Document Center, Parteiakte Jakob Werlin.
31 Vgl. Dokument 2.
32 Berlin Document Center, Parteiakte Jakob Werlin, vgl. auch: 100 Jahre Daimler-Benz — kein Grund zum Feiern, S. 6. Die ‚SS-Karrierelisten‘ Kissels und Werlins sind dort unvollständig.
33 Dem SS-Standartenführer entspricht der militärische Rang eines Obersten, der SS-Oberführer dem eines Brigadekommandeurs, während der folgende Rang, der SS-Brigadeführer, dem Generalmajorsrang entspricht. Jakob Werlin bekleidete also innerhalb der SS-Hierarchie 1942 eine relativ hohe Stellung. Kogon, SS-Staat, S. 64; Reitlinger, SS, S. 8.

stend angeführt, scheinen demnach also in gewissem Umfang persönlichen Auszeichnungscharakter gehabt zu haben[34].

1.2.2. Vorstandsbesetzung nach dem Tode Dr. Kissels im Jahre 1942

Die offenkundigste Einflußnahme der politischen Führung auf die Daimler-Benz AG war bei der Neubesetzung des Vorstandes nach dem plötzlichen Tod des Vorstandsvorsitzenden Dr. Kissel (18. Juli 1942) zu verzeichnen. Nach dem Vorschlag des Aufsichtsrats sollte das Vorstandsmitglied Dr. Haspel die Nachfolge antreten. Die Parteiführung, z.B. Hitler, Göring, Speer und Generalfeldmarschall Milch, wurde um Zustimmung zu dieser Neubesetzung gebeten. Dies war insofern kritisch, als die Vorstandsmitglieder Haspel und auch Hoppe mit nichtarischen Frauen verheiratet waren.

Vermittler in dieser Angelegenheit war das Vorstandsmitglied Jakob Werlin. Nachdem er Göring am 10. August 1942 von der Vorstandsumbesetzung und der Ernennung des Vorstandsmitgliedes Hans Huschke zum Betriebsführer des Werkes Untertürkheim berichtet und die Zustimmung eingeholt hatte, führte er Haspel bei Speer ein. Am Tag darauf reiste Werlin dann zum Führerhauptquartier, wo Adolf Hitler selbst sein Einverständnis zur Neubesetzung des Vorstandes gab[35].

Daraufhin wurde Dr. Haspel als Vorsitzender des Vorstandes der Daimler-Benz AG am 19. August 1942 offiziell bestätigt[36]. Doch fühlte sich die Deutsche Arbeitsfront, vertreten durch den Abschnittsleiter der NSDAP, Dickwach, übergangen und fürchtete, unter dem neuen Vorstand an Einfluß zu verlieren. Deshalb wandte sich Dickwach an den Aufsichtsratsvorsitzenden der Daimler-Benz AG, Staatsrat Dr. Georg von Stauß. Seiner Ansicht nach wäre es besser gewesen, wenn ein enger Mitarbeiter Dr. Kissels, Direktor Werner Romstedt, verantwortlich für das Personalwesen der Daimler-Benz AG und überzeugter Nationalsozialist, Haspels Stelle eingenommen hätte[37]. An Stelle von Direktor Romstedt, den der Vorstand intern ablehnte und dessen menschliche Eigenschaften vielfach auf Kritik stießen[38], würde nun nach Meinung Dickwachs aber ein ‚jüdisch versippter Vorstand‘ (Dr. Haspel, verheiratet mit einer Halbjüdin, Dr. Hoppe und Direktor Werner, verheiratet mit Volljüdinnen) einen ‚nationalsozialistischen Musterbetrieb‘ leiten, wodurch die Betriebsführung ‚in national-

---

34 BA NS 19 neu/775 Wolff an Werlin (10.4.1938) und ? an Werlin (20.7.1939).
35 Protokoll der Vorstandssitzung vom 14.8.1942; IfZ MA 144/4, S. 7907.
36 Protokoll der Aufsichtsratssitzung vom 19.8.1942.
37 Vgl. Dokument 3.
38 Protokoll der Vorstandssitzung vom 14.8.1942; Kissel XIV,7 Auszug aus dem Brief vom 4. Oktober 1930 der Verkaufsstelle Weimar; Haspel 26 Erklärung Walter Gassmann vom 30.4.1947.

sozialistischem Sinne' nicht mehr gewährleistet sei[39].

Unverständlich war Dickwach, wie die Direktoren Hans Huschke und Jakob Werlin dieser Besetzung zustimmen konnten. Gerade Jakob Werlin habe doch bereits 1938 für ,,eine Bereinigung der Frage Dir. Werner, Dr. Haspel und Dr. Hoppe'' plädiert[40]. Die Betriebsführung in Händen eines linientreuen Nationalsozialisten, wie z.B. des Parteigenossen Direktor Romstedt, hätte die Arbeit der DAF erleichtert und ihren Einfluß gestärkt. Jetzt aber lag die Firmenleitung beim Vorstand, einem ,demokratischen Gremium', dem ein Nichtparteimitglied vorstand[41]. Damit wurde eindeutig gegen das ,nationalsozialistische Führerprinzip' verstoßen, wonach die Unternehmensleitung in Händen eines linientreuen Nationalsozialisten liegen sollte.

Im wesentlichen schloß sich die SS dieser Argumentation an und bezweifelte, ,,ob bei einer solchen Besetzung die DAF, und damit die Partei, etwas zu sagen hat, oder ob die Besetzung nach alten Grundsätzen durch den Vorstand, ganz gleich wie er zum Dritten Reich eingestellt ist, erfolgen kann''[42].

Ende August 1942 forderte Reichsführer-SS Heinrich Himmler telegraphisch Jakob Werlin zur Stellungnahme und zur Abänderung auf. Jakob Werlin antwortete in einem Fernschreiben[43]: Direktor Werner, Betriebsführer des Werkes Mannheim, gehöre dem Vorstand nicht an, während Dr. Hoppe bereits seit 1930 Vorstandsmitglied sei; Dr. Haspel sei auf Veranlassung Dr. Kissels 1936 als stellvertretendes Mitglied in den Vorstand aufgenommen worden. Aufgrund der herausragenden Qualifikation von Haspel, besonders im luftfahrttechnischen Bereich, habe die Oberste Parteiführung (Führer und Reichsmarschall) seiner Ernennung zugestimmt. ,,Jede andere Entscheidung würde schwerste Gefährdung der Produktion befürchten lassen''.

Dem Drängen der Nationalsozialisten wurde insofern nachgegeben, als Hoppe aus dem Vorstand entlassen wurde. Dies war jedoch eher ein taktisches Zugeständnis, um wenigstens den Vorstandsvorsitzenden Haspel in seiner Position zu stützen[44]. Dafür sprechen folgende Tatsachen:
1. Dr. Hoppe erhielt nach seiner Entlassung die vollen Vorstandsbezüge weiter[45].
2. Nach dem Austritt aus dem Vorstand beschäftigte Werlin Hoppe weiter[46].

---

39 Vgl. Dokumente 3 und 4. Direktor Werner (Werk Mannheim) wurde in dieser Korrespondenz mitberücksichtigt, obwohl er nicht dem Vorstand der DBAG angehörte.
40 Vgl. Dokument 3.
41 Vgl. Dokumente 5 und 6.
42 Vgl. Dokument 4.
43 Vgl. Dokument 7 und BA NS 19 neu/776 Himmler an Werlin (25.8.1942).
44 Vgl. Dokument 8. Über das genaue Datum der Entlassung Dr. Hoppes aus dem Vorstand sind mehrere Angaben zu finden. Er selbst datiert seine Entlassung auf den 1.9.1942, vgl. dazu: Hoppe 11,40. Aus dem Protokoll der Aufsichtsratssitzung vom 4.12.1942 geht hervor, daß Dr. Hoppe im Dezember 1942 aus dem Vorstand ausschied.
45 Haspel 26 Anlage 1 zur Erklärung von Walter Gassmann vom 30.4.1947; vgl. auch: Erlebnisse, S. 45.
46 Vgl. Dokument 9; vgl. auch: BA NS 19 neu/776 Aktennotiz für Ch. P. (14.11.1942).

3. Nach seiner Entlassung nahm Hoppe auf Einladung des Daimler-Benz Vorstandes an einem gemeinsamen Essen teil[47].

Direktor Werner sollte — so die Daimler-Benz-Firmenleitung — in absehbarer Zeit ersetzt werden, was aber letztendlich nicht geschah[48].

Die Vorstandsumbesetzung 1942 war also im wesentlichen im Sinne der Daimler-Benz AG und gegen den Willen einiger Parteiorganisationen erfolgt. Es war ausgesprochen ungewöhnlich, daß ein Nichtparteimitglied, das zudem mit einer nichtarischen Frau verheiratet war, zu dieser Zeit in eine so exponierte Stellung kommen konnte. Der Vorgang zeigt die starke Stellung des Daimler-Benz Vorstands und Aufsichtsrats, dem mit Hans Rummel ab 1943 ebenfalls ein Nichtparteimitglied vorstand. Beiden Gremien gelang es weitgehend, sich in der Unternehmensführung nationalsozialistischer Einflußnahme zu entziehen.

1.2.3. Kontakte zur politischen Führung

Adolf Hitler war von Mercedes-Autos begeistert. Er war, wie es Jakob Werlin, Kontaktmann der Daimler-Benz AG zum Reichskanzler, ausdrückte, ,,ein Autonarr, noch mehr als das, er war ein Mercedesnarr"[49]. Bemühungen der Auto-Union AG, Hitler für ihre Fahrzeuge zu interessieren, blieben erfolglos. Werlin berichtet von einem Geschenk eines neuesten 8-Zylinder-Wagens der Auto-Union zu Hitlers Geburtstag, ,,den die Belegschaft in Überstunden für ihren geliebten Führer" angefertigt hatte. ,,Er blieb trotzdem bei Mercedes und hat nie einen anderen Wagen gefahren. Das tat er nicht mir zuliebe, sondern weiles (sic!) eben der beste war"[50].

Auch Daimler-Benz schenkte Adolf Hitler Kraftfahrzeuge, da der Reichskanzler nach der Machtübernahme damit einer der prominentesten Werbeträger des Unternehmens wurde. Im Jahre 1936 erhielt Hitler anläßlich seines Geburtstages einen offenen 5,4 l- und einen geschlossenen 5,0 l-Wagen. Der 50.000ste 1,7 l, der Verkaufsschlager der Daimler-Benz AG in den dreißiger Jahren, wurde ihm anläßlich der Internationalen Automobil- und Motorradausstellung am 17. Februar 1939 geschenkt. Hitler nahm den 1,7 l an, stellte den Wagen aber für einen ,guten Zweck' zur Verfügung[51].

---

47 Vgl. Dokument 6.
48 Vgl. Dokument 7 und BA NS 19 neu/776 Himmler an Werlin (25.8.1942).
49 Werlin 8 Schlußwort Werlin zur Spruchkammerverhandlung (30.7.1947); vgl. auch: Kirchberg, Typisierung, S. 117. Laut Charlier/Launay, Eva Hitler, S. 12 u. 20 soll sich Hitler während seiner Festungshaft mit Zeichnungen für ein aerodynamisches Profil von Mercedes-Kraftfahrzeugen beschäftigt haben, die er dem Unternehmen nach seiner Entlassung zur Verfügung gestellt habe. Die Autoren vermuten diese Skizzen im Archiv der DBAG. Im Daimler-Benz-Archiv sind aber solche Entwürfe Hitlers nicht gefunden worden.
50 Werlin 8 Schlußwort Werlin zur Spruchkammerverhandlung (30.7.1947).
51 Kissel XIV, 28 Kissel/Werlin an (Hitler) (20.4.1936); Aktennotiz Dr. Kissel vom 9.3.1939.

Andere Mercedes-Autos kaufte Hitler, wobei man ihm bei der Daimler-Benz AG Rabatte bis zu 25 % einräumte[52]. Den im Januar 1931 gekauften Wagen, Typ W 07 offen, zahlte Hitler in Raten von 10.000,— RM und 3.000,— RM. Um den verbleibenden Restbetrag sollte sich Jakob Werlin persönlich kümmern und dafür Sorge tragen, daß ein Teil mit Anzeigen im ‚Völkischen Beobachter' verrechnet werde[53]. Nach der Machtübernahme kaufte Adolf Hitler weiterhin Mercedes-Autos, so ein 19/100 Cabriolet[54] und einen 2,9 l-Zweisitzer als Geschenk für Leni Riefenstahl[55]. Auch für Wartungsarbeiten und Benzin stellte Daimler-Benz Rechnungen aus, die von der Adjutantur des Führers beglichen wurden[56].

Hitler ließ auch repräsentative Mercedes-Wagen als Staatsgeschenke überreichen. So schenkte er General Franco anläßlich dessen 50. Geburtstag am 4. Dezember 1942 eine Mercedes-Benz Pullmann-Limousine Typ „W 150". Den Wagen und Hitlers Glückwunschschreiben überreichte der deutsche Botschafter in Spanien, Dr. von Stohrer, u.a. in Anwesenheit des Daimler-Benz-Vorstandsmitglieds von Hentig[57].

Ein äußerst säumiger Zahler, aber reger Automobilbesteller, war Hermann Göring. Obwohl ihm die Geschäftsleitung bereits 50 % Rabatt einräumte[58], förderte das nicht seine Zahlungsmoral. Bei einem Motorbootkauf wollte sich die Daimler-Benz AG schließlich lediglich mit dem Selbstkostenpreis der Motoranlage zufrieden geben. Einen 3,8 l-Wagen gab man Göring „quasi leihweise zur Benutzung"[59].

Namhafte Partei- und Regierungsmitglieder fuhren Daimler-Benz Autos: Neben Göring besaßen z.B. der Reichsminister für Volksaufklärung und Propaganda Joseph Goebbels, Albert Speer, Reichsleiter Martin Bormann, der Reichsleiter der Deutschen Arbeitsfront Dr. Robert Ley und NSKK-Führer Adolf Hühnlein Mercedes-Wagen[60].

52 Vgl. dazu Dokument 10.
53 Vgl. Dokumente 11, 12 und 13. Es entstehen erhebliche Differenzen zwischen Verkaufspreis und geleisteten Zahlungen. Bei einem Preis von 38.000,— RM, einer Anzahlung von 10.000,— RM und einer Ratenzahlung von 3.000,— RM verbleiben noch 25.000,— RM Restschuld. In den Schreiben vom Dezember 1932 ist aber die Rede von 12.000,— RM Restschuld. Hitler hatte demnach zwei weitere Raten à 10.000,— RM bzw. 3.000,— RM bezahlt oder sie sind ihm erlassen worden. Zahlungsschwierigkeiten Hitlers im Jahre 1932 bestätigen auch die Aussagen seines Pressechefs Dietrich, wonach Hitler in diesem Jahr unter starken Geldnöten litt; vgl. Dietrich, 12 Jahre, S. 186f.
54 BA R43II/1093a ? an Lammers (17.8.1933) und Notiz vom 31.10.1933, daß Geld an die DBAG angewiesen ist.
55 Vgl. Dokument 10; dazu auch: Dietrich, 12 Jahre, S. 182.
56 Vgl. z.B. BA NS 10/119.
57 Archiv des AA, Botschaft Madrid/Geheim 6/4, Bd. 1, vgl. z.B. Staatsminister und Chef der Präsidialkanzlei an von Stohrer (19.9.1942) und von Stohrer an Dörnberg (5.12.1942).
58 Vgl. Dokument 10.
59 Vgl. dazu Kissel XIV,27; bes. Dokumente 14 und 15.
60 Kissel XIV, 10 Werlin an Vorstand DBAG (30.7.1936); Kissel XIV,27 DBAG an Goebbels (18.2.1939); Prominente Besitzer 24 und 25 Regierung Hitler und Mitglieder der NSDAP;

Bereits im September des Inflationsjahres 1923 hatte Adolf Hitler für die NSDAP einen Pkw (10/30 PS) mit offenem Aufbau für 93.333.332.400 Mark in der Münchner Benz-Filiale gekauft.

Zeit seines Lebens war Hitler Mercedes-Kunde und oft verschenkte er von ihm bestellte Fahrzeuge weiter[61]. Im Jahre 1936 „benützt(e)" Hitler drei verschiedene Daimler-Benz-Fahrzeuge, einen 5,0 l ,Nürburg', einen 5,4 l und einen 7,7 l, den ,Großen Mercedes'. Photos zeigen Hitler auch in einem 4 l-Tourenwagen (15/ 70/ 100 PS) und in einem G 4, einem Geländewagen. Weiter wurden ihm ein 7,7 l (155/ 230 PS) Baujahr 1938 und ein ,Großer Mercedes Cabriolet „F" ' des gleichen Baujahres geliefert[62].

Zu den Propagandaauftritten der NS-Führung gehörten auch Werksbesichtigungen. So besuchte Hitler am 28. Oktober 1933 das Werk Sindelfingen[63]. Das Werk Untertürkheim besichtigten der Führer der Deutschen Arbeitsfront Robert Ley (26.10.1933), der Generaldirektor der Deutschen Reichsbahn und Reichsautobahn Dr. Julius Dorpmüller (13.2.1934), Hermann Göring (28.4.1942) und die Reichsminister Albert Speer und Johann Ludwig Schwerin von Krosigk (6.4.1943 bzw. 14.1.1944)[64].

1.2.3.1. Dr. e.h. Wilhelm Kissel[65]

Dr. Kissel (22.12.1885 – 18.7.1942) hat die Geschicke der Daimler-Benz AG nach der Fusion 1926 bis zu seinem Tode zunächst als Vorstandsmitglied und dann als Vorstandsvorsitzender entscheidend mitbestimmt. Eine eindeutige Beurteilung der Einstellung Dr. Wilhelm Kissels zum Nationalsozialismus ist schwierig.

BA R3/1735, S. 77; BA NS 24/107 Handschriftliche Auflistung über Kfz-Verteilung und NS 24/121 DBAG an Kraus (6.12.1935).

61 Vgl. z.B. Dokument 10; auch: Prominente Besitzer 23 Adolf Hitler; Werlin, 7 (Benz-Verkaufsbüro München?) an NSDAP, München (15.9.1923).

62 Vgl. Dokument 16. Bei zwei der genannten Fahrzeuge handelt es sich um die Fahrzeugtypen, die Hitler wenige Tage später als Geburtstagsgeschenk erhalten sollte. Ob Hitler diese Wagen bereits bekommen hatte und dann vom Unternehmen auf eine Bezahlung verzichtet wurde, bleibt offen. Vgl. auch Prominente Besitzer 23 Adolf Hitler.

63 Vgl. Dokument 17, in dem der Leiter des Werkes Sindelfingen, Dr. Haspel, beeindruckt diesen Besuch schildert. Am 12. Juli 1935 besuchte Hitler z.B. auch die Bayerischen Motorenwerke München, vgl. dazu: Mönnich, Schallmauer, S. 182f.

64 Leipner, Chronik, S. 72 und 99; Handbuch der Dt. Aktiengesellschaften, Jg. 45, S. 4388; Werksbesuche 2, 7 und 8; vgl. auch: Kissel XIV,27 Abschrift aus ,Der Motorist' (25.3.1936).

65 Vgl. zu Kissel auch: Seherr-Thoss, Wilhelm Kissel, S. 685 – 687.

Laut einer Aussage seines Nachfolgers Dr. Haspel war Dr. Kissel vor Hitlers Machtübernahme im Januar 1933 ein erklärter Gegner der Nationalsozialisten. Dies habe er
auch öffentlich bekundet[66].

Nach der Machtübernahme vertrat und förderte Dr. Kissel jedoch den ,neuen Kurs'
der Nationalsozialisten. Es läßt sich aber nicht eindeutig belegen, ob das Eintreten
Kissels für das nationalsozialistische Gedankengut tatsächlich seiner persönlichen
Überzeugung entsprach oder ob es im Hinblick auf das Gedeihen der Daimler-Benz
AG, für das er sich verantwortlich fühlte, taktisch zu werten ist. Für beides gibt es
Hinweise.

Kissel trat 1933 in die SS und 1934 in die NSDAP ein und scheint diese Mitgliedschaften nicht nur pro forma besessen zu haben, da es sowohl von ihm als auch über
ihn eine Reihe von Aussagen gibt, die auf ein aktives Eintreten für den Nationalsozialismus hinweisen. So betonte er bereits 1934 seine ,,jahrelange Verbundenheit mit der
nationalsozialistischen Bewegung''[67] und seine Verbindung mit ,,meiner lieben SS''[68].

1941 äußerte sich Dr. Kissel der DAF gegenüber dahingehend, daß er ,,schon seit
Jahren sehr hinterher'' sei, ,,die Führerschaft und Unterführerschaft unseres Betriebes zweckmässig auszubauen und in enge Verbindung mit dem Arbeitsprozess und
dem arbeitenden Menschen zu bringen, wie auch mit der Partei immer mehr zu verbin-
den und zu verschmelzen''[69]. Auch in seiner Einstellung zum Krieg zeigte sich Kissels
Zeitgebundenheit. Deutschland sei der Krieg von England und Frankreich ,,aufge-
zwungen'' worden[70], deshalb müsse man ,,um das Ansehen und um die Durchsetzung
der Rechte unseres Reichs kämpfen''[71]. Zum Feldzug gegen Rußland äußerte er sich,
daß ,,wenn man dem Bolschewismus jetzt nicht schon das Rückgrat gebrochen hätte,
wir Schlimmes zu erwarten hätten. Ebenso bin ich der Auffassung, dass er total vernichtet werden muss''[72].

Ein Daimler-Benz-Angestellter beschuldigte Dr. Kissel, er habe keine Gelegenheit
vorübergehen lassen, für den Nationalsozialismus zu sprechen und für den Eintritt in
Partei und SS zu werben. Der ,,Parteirummel'' habe erst unter seinem Nachfolger Dr.
Haspel nachgelassen[73].

Hauptsächlich in der Korrespondenz mit Parteiorganisationen, wie z.B. der DAF,
oder in Publikationen und Interviews bediente sich der Vorstandsvorsitzende der ,of-
fiziellen Ausdrucksweise'. Zur Entwicklung zwischen Betriebsführung und Gefolgschaft äußerte sich Dr. Kissel 1935: ,,Es freut mich ganz besonders, berichten zu kön-

66 Haspel 26 Erklärung Dr. Wilhelm Haspel betr. Spenden der Daimler-Benz Aktiengesell-
    schaft an die Partei (9.4.1947).
67 Kissel XIV, 25a Kissel an Krecke (31.1.1934).
68 Ebenda, Kissel an von Alvensleben (17.11.1936).
69 Kissel XIII,2 Kissel an Dickwach (11.6.1941).
70 Kissel XIV,28 a Kissel an Glunk (14.11.1939).
71 Ebenda, Kissel an Enzenhauser (27.9.1939).
72 Ebenda, Kissel an Leschke (18.12.1941).
73 Haspel 26 von Kirn an Spruchkammer (5.5.1947).

nen, dass dieser Geist innerer Verbundenheit und des Zusammenstehens in Freud' und Leid, als Ausdruck nationalsozialistischen Gemeingutes, festen Fuss in unseren Reihen gefasst hat. Wir sehen in der Pflege dieses Geistes vor allem die Grundlage gegenseitigen vollen Vertrauens, auf der sich letzten Endes allein überragende Leistungen und Erfolge aufbauen lassen"[74]. Auch die Bemühungen Hitlers um die Wiederbelebung der Kraftfahrzeugwirtschaft lobte Dr. Kissel: „Fast 50 Jahre mußten vergehen bis zu dem Tage, an dem unser Führer und Kanzler Adolf Hitler der Automobilindustrie wie der ganzen Kraftverkehrswirtschaft den Weg zu einer größeren und machtvolleren Entfaltung freimachte. Die in knapp zwei Jahren erzielten Erfolge in der Motorisierung Deutschlands sind einzigartig. Was erreicht wurde, ist der vielversprechende Anfang einer neuen Epoche, ist das Auffangen einer Rückwärtsbewegung und die Überwindung des Stillstandes"[75].

Beispiele der genannten Art lassen sich fortführen, so daß es durchaus möglich ist, Kissel als einen überzeugten Nationalsozialisten zu charakterisieren. Nicht nachzuweisen ist, ob er die politische Komponente tatsächlich über die wirtschaftliche stellte. Nach Ansicht des Abschnittsleiters der NSDAP Dickwach, habe Dr. Kissel „wirtschaftliches und soziales Denken ganz bewußt dem politischen Denken untergeordnet". „Betriebsführer Dr. Kissel verlangte von seinen Unterführern wiederholt, daß sie sich an der Gemeinschaftsarbeit der Partei und damit an der Gemeinschaftsarbeit unseres Volkes beteiligten. Er erklärte öffentlich, daß er Unterführer nicht gebrauchen könne, die von der Partei abgelehnt werden". „Dr. Kissel hatte sein ganzes Wirken auf die Zusammenarbeit mit Partei und DAF. abgestellt und dabei mancherlei Widerstände seiner Kollegen im Vorstand überwinden müssen"[76].

Eine andere Meinung vertrat Dr. Haspel, der jahrelang mit Kissel im Vorstand zusammengearbeitet hatte. 1946 äußerte er sich positiv über das Verhalten Kissels während der NS-Zeit[77]. Allerdings ist seine Aussage mit gewissen Fragezeichen zu versehen: Das nationalsozialistische Regime war inzwischen zusammengebrochen, und alle führenden Wirtschaftsleute hatten ein Entnazifizierungsverfahren durchzustehen. Außerdem lag zu diesem Zeitpunkt der Tod Kissels schon einige Jahre zurück, so daß möglicherweise das Urteil Haspels über ihn in der Erinnerung milder ausfiel, als es zu seinen Lebzeiten ausgefallen wäre. Haspel betonte die außerordentlichen Verdienste Kissels für das Unternehmen, dieser werde „politisch, sehr einseitig betrachtet", er sei ein „ganz anderer" gewesen. In wirtschaftlicher Hinsicht sei er „Liberalist" gewesen und geblieben, die Eigenständigkeit des Unternehmens habe ihm am Herzen gelegen und er habe immer darauf geachtet, die Daimler-Benz AG „nicht in Reichsabhängigkeit kommen zu lassen", dies vor allem in finanzieller Hinsicht. Der Einfluß

---

74 Kissel XII,3 Abschrift eines Interviews mit Dr. Kissel vom 29.1.1935; vgl. auch Dokument 18.

75 Kissel, Treibstoffragen, S. 882.

76 BA NS 19 neu/776 Dickwach an von Stauß (20.8.1942); Dokumente 3 und 6.

77 Zum folgenden: Haspel 11 a Haspel an Rosemann (5.7.1946) (Vermerk auf dem Schreiben: Nicht abgesandt).

der Partei sei von ihm immer bereits auf dem „Vorfeld" abgewehrt worden, die ‚inneren Lebensbezirke' der Gesellschaft seien nicht betroffen gewesen.

Haspel sah also das Engagement Dr. Kissels für den Nationalsozialismus im nachhinein als größtenteils vorgeschoben an, um einen wirklichen Einfluß der Partei auf die Daimler-Benz AG so gering wie möglich zu halten.

Werlin urteilte 1938 über Dr. Kissel: Dieser sei ein Mann von ‚schwankendem Charakter', der zwar das Parteiabzeichen „mit so grossem Eifer" trage, es aber wegen seiner Haltung zum Nationalsozialismus eigentlich ablegen müsse. Im Interesse der Daimler-Benz AG habe er, Werlin, über die „frühere Einstellung" Dr. Kissels beim Führer geschwiegen. Er bezeichnete Dr. Kissel als seinen ‚grössten Unterdrücker' vor der Machtübernahme. Der Vorstandsvorsitzende habe vor 1933 nicht mit den Nationalsozialisten sympathisiert und auch sein späteres Engagement für die Partei habe nicht unbedingt seiner inneren Überzeugung entsprochen, sondern sei von ihm im Interesse des Unternehmens für opportun gehalten worden[78]. Gegen diese Einschätzung spricht allerdings, daß Kissel ebenso wie der technische Direktor des Werkes Mannheim, Karl Werner, bereits vor 1933 den Nationalsozialisten Kraftfahrzeuge kostenlos zur Verfügung gestellt haben[79].

Sicherlich kann man den Vorstandsvorsitzenden nicht als linientreuen Parteigänger bezeichnen. Besonders hinsichtlich der nationalsozialistischen Rassenpolitik wich Dr. Kissel vom Parteikurs ab. Deutlich wird dies durch seinen Einsatz für leitende Angestellte seines Unternehmens, die ‚jüdisch versippt' waren, wie Dr. Haspel und Karl Werner. Auch zu ehemaligen nichtarischen Mitarbeitern der Daimler-Benz AG unterhielt er weiterhin Kontakte und setzte sich für sie ein, wie z.B. für Wilhelm Kleemann[80] und Justizrat Korsch. Letzterer war mit einer nichtarischen Frau verheiratet und sollte aus dem Unternehmen ausscheiden. Dr. Kissel war jedoch daran interessiert, mit ihm in „irgend einer Form" ein neues Abkommen zu treffen, um ihn bei Daimler-Benz zu halten, was wohl letztendlich nicht gelang[81]. Auch 1939 bestand noch Kontakt zu Justizrat Korsch, denn der Vorstandsvorsitzende bemühte sich, Korschs Tochter über seinen Vorstandskollegen Karl C. Müller, Geschäftsführer der Daimler-Motoren GmbH Genshagen, eine Arbeitsmöglichkeit zu verschaffen. Innerhalb der Daimler-Benz AG wollte er die junge Frau nicht beschäftigen, „da wir . . . bezüglich der Arierfrage . . . schon gewisse Sorgen haben"[82].

Auch für einen jüdischen Freund, Richard Levi, setzte sich Dr. Kissel ein: Levis Kinder planten, nach Palästina auszuwandern. Er selbst wollte 1935 eine Studienreise dorthin unternehmen, u.a. um sich in diesem Land nach eventuellen Arbeitsmöglichkeiten umzusehen. Kissel gab ihm ein Empfehlungsschreiben an einen Bankier in Jerusalem, der mit dem Unternehmen zusammenarbeitete, mit auf die Reise[83].

78 Werlin 4,36 und 4,46 Werlin an von Stauß (25.2.1938).
79 OMGUS Deutsche Bank, S. 71.
80 Kissel XIV, 67 Kleemann an Kissel (8.9.1934) und Kissel an Krempien (11.9.1934).
81 Kissel XIV, 12 Schippert/Kissel an Jahr (24.10.1933) und Kissel an Jahr (24.1.1934).
82 Kissel XIV, 67 Kissel an Karl C. Müller (7.7.1939).
83 Ebenda, Levi an Kissel (15.3.1935) und Kissel an Levi (19.3.1935).

Zusammenfassend kann gesagt werden, daß sich Dr. Kissel nachweislich zwischen 1933 und 1942 nach außen hin aktiv für den Nationalsozialismus eingesetzt hat, inwieweit dabei allerdings persönliche Motive oder das Wohl des Unternehmens eine Rolle gespielt haben, bleibt offen.

1.2.3.2. Dr. Ing. Wilhelm Haspel

Über Dr. Haspel (29.4.1898 – 6.1.1952), den Nachfolger Dr. Kissels im Amt des Vorstandsvorsitzenden, läßt sich im Vergleich zu anderen Führungskräften der Daimler-Benz AG in Bezug auf seine Einstellung zum Nationalsozialismus das eindeutigste Urteil abgeben.

Haspel ist während seiner ganzen Vorstandstätigkeit nicht in die NSDAP eingetreten. Er war mit einer halbjüdischen Frau verheiratet, doch eine ihm wiederholt nahegelegte Ehescheidung lehnte er konsequent ab. Damit befand er sich im Gegensatz zu offiziellen partei- und rassenpolitischen Auffassungen, und man setzte ihn und seine Familie persönlichen Nachteilen und Angriffen aus[84]. Dennoch konnte Haspel während der gesamten nationalsozialistischen Herrschaft seine Tätigkeit bei der Daimler-Benz AG ausüben, während z.B. Claus Detlof von Oertzen, Vorstandsmitglied der Auto-Union AG, wegen seiner ,jüdisch versippten' Ehefrau auswanderte und in Südafrika bei der Auto-Union South Africa (Pty) Ltd., Johannesburg, tätig wurde[85].

Über Dr. Haspels Einstellung zum Nationalsozialismus gibt es einige Aussagen von Mitarbeitern und ihm bekannten Personen, die ihn während seines Entnazifizierungsverfahrens entlasteten[86]. 1946 wurde das Verfahren gegen ihn durchgeführt, das alle während des ,Dritten Reiches' in der Industrie führenden Persönlichkeiten zu durchlaufen hatten. Bei diesen Aussagen ist allerdings zu berücksichtigen, daß sie zum einen aus der Erinnerung heraus gemacht wurden und zum anderen nicht immer abgeschätzt werden kann, inwieweit sie nicht auch zur eigenen Entlastung der Zeugen dienen sollten.

Eine Reihe von ehemaligen (und nach dem Krieg auch weiterhin beschäftigten) Daimler-Benz-Mitarbeitern bezeugte in eidesstattlichen Erklärungen, daß ihnen als rassisch und politisch Verfolgten Schutz durch Dr. Haspel gewährt worden war[87].

Der spätere Daimler-Benz Direktor Rolf Staelin, der ,Mischling ersten Grades' war und in der Mercedes-Niederlassung Stuttgart arbeitete, wurde 1943 ,,aus persönlicher Gehässigkeit seines Vorgesetzten dem Arbeitsamt für einen anderweitigen Arbeitseinsatz gemeldet''. Auf Veranlassung von Dr. Haspel wurde er dann aber in die Betriebswirtschaftliche Abteilung in die Zentrale nach Untertürkheim übernommen, in der er

---

84 Haspel 25 Urteilsspruch Spruchkammer Esslingen vom 12.5.1947.
85 Brunn, Mann, S. 158.
86 Vgl. dazu: Haspel 25 und 26.
87 Haspel 26 vgl. Anlage 1 und 2 zu der Erklärung von Walter Gassmann vom 30.4.1947.

unbehelligt bis Ende 1944 weiterarbeiten konnte. Der Verhaftung durch die Gestapo und der Einweisung in ein Zwangsarbeitslager konnte er sich entziehen[88].

Dem Prokuristen Wilhelm Weller, der bis zur Auflösung der SPD 1933 dieser Partei angehörte, gewährte Dr. Haspel wiederholt Schutz. Er konnte auch verhindern, daß Wilhelm Weller in das Konzentrationslager Heuberg (Württemberg) eingeliefert wurde[89].

In mehreren anderen Fällen sorgte Dr. Haspel durch ständige Versetzungen von politisch und rassisch verfolgten Personen innerhalb der Werke der Daimler-Benz AG dafür, daß die Gefährdeten sich dem Zugriff der staatlichen Stellen entziehen konnten (z.B. Karl Peter Lukas, Revisor in der Verkaufsabteilung; Robert Reska, Sohn des Mercedes-Benz-Vertreters in Prag, der wegen seiner akuten Gefährdung in Prag 1942 im Daimler-Benz Werk Mannheim eingestellt wurde; Wilhelm Benzler, Abteilungsleiter in Sindelfingen, ab 1944 in Untertürkheim)[90].

Dr. Haspel wurde bescheinigt, daß er in persönlichen Gesprächen „keinen Hehl" aus seiner Abneigung dem Nationalsozialismus gegenüber gemacht habe[91], dem Nationalsozialismus „objektiv-kritisch und zurückhaltend" gegenüber gestanden[92] und eine ablehnende Haltung gezeigt habe[93]. Haspel stand also dem Nationalsozialismus sehr distanziert gegenüber, was auch in Parteikreisen bekannt war.

Als Ehemann einer nichtarischen Frau wurde Dr. Haspel 1934 aus seiner Burschenschaft ausgeschlossen. Aus diesem Grunde wurde er auch für „nicht wehrfähig" erklärt[94]. Seine ‚jüdische Versippung' war der Anlaß für seine Abberufung als Leiter des Werkes Sindelfingen Ende 1935. Ein anonymer Briefschreiber hatte sich über Haspel beschwert. Laut einer Aussage einer damaligen Mitarbeiterin hatte sich der Kreisleiter der NSDAP geweigert, das Sindelfinger Werk zu betreten, solange Dr. Haspel dort Leiter war[95].

Dr. Haspel wurde nach Untertürkheim versetzt, da er dort weniger nach außen in Erscheinung trat. Am 28. Februar 1936 wurde er zum stellvertretenden Vorstandsmitglied ernannt. Die Abberufung Haspels aus Sindelfingen war allem Anschein nach ei-

---

88   Haspel 26 Anlage 1 zu der Erklärung von Walter Gassmann vom 30.4.1947; vgl. auch: Erlebnisse, S. 45.
89   Haspel 26 Anlage 2 zu der Erklärung von Walter Gassmann vom 30.4.1947. Die Tatsache, daß vor 1933 ein SPD-Mitglied Prokurist bei Daimler-Benz war, spricht für die liberale Einstellung des Unternehmens in Bezug auf die Parteizugehörigkeit leitender Mitarbeiter.
90   Haspel 26 Anlage 1 zu der Erklärung von Walter Gassmann vom 30.4.1947.
91   Haspel 25 Urteilsspruch Spruchkammer Esslingen vom 12.5.1947; vgl. auch: Haspel 26 Christ an Rossmann (27.12.1946).
92   Haspel 26 Eidesstattliche Erklärung von von Viebahn für Haspel (27.4.1947).
93   Haspel 26 Siebertz an Haspel (9.10.1945).
94   Haspel 25 Urteilsspruch Spruchkammer Esslingen vom 12.5.1947.
95   Haspel 26 Eidesstattliche Erklärung Lola Löber (30.4.1947); Haspel 25 Protokoll über die Spruchkammerverhandlung vom 13.9.1946.

ne Konzession an die Partei zur Beruhigung der regionalen ‚Parteiprominenz'. Seine Versetzung nach Untertürkheim und seine Wahl in den Vorstand zeigen, daß die Firma an ihm festhielt und auf seine Kompetenz nicht verzichten wollte[96].

Seine Wahl zum Vorstandsvorsitzenden 1942 gründete sich wesentlich auf seine fachlichen Qualifikationen. Eine große Rolle spielte aber auch die Erwartung des Aufsichtsrats und des übrigen Vorstands, daß Dr. Haspel die geeignete Persönlichkeit sei, eine möglichst weitgehende Unabhängigkeit der Firma von Parteieinflüssen zu gewährleisten. Der Aufsichtsratsvorsitzende Dr. von Stauß sah in ihm „den einzigen Mann (...), der neben dem rein Geschäftlichen auch die Erhaltung derjenigen Kräfte in der Daimler-Benz AG sicherstelle, die man später dringend brauche"[97]. Diese in ihn gesetzte Erwartung hat er erfüllt.

Schwierigkeiten wurden Dr. Haspel trotz seiner exponierten Stellung als Vorstandsvorsitzender des Unternehmens auf unterer und mittlerer Parteiebene gemacht, d.h. im Bereich der Ortsgruppe, Gauleitung und auch der Deutschen Arbeitsfront gemacht. Mit diesen Stellen hatte Haspel bei seiner täglichen Arbeit zu tun. So wurde z.B. 1941 den Offizieren des Flugplatzes Nellingen bei Stuttgart verboten, mit Dr. Haspel gesellschaftlich zu verkehren, und 1942 durfte er kein deutsches Dienstmädchen mehr beschäftigen[98].

Auch die Einschätzung Dr. Haspels durch die Partei und deren Organisationen macht deutlich, daß er kein Nationalsozialist gewesen ist. Der Gauleiter von Württemberg, Murr, nannte ihn 1943 einen „reaktionären Juden" und hielt es für einen „Skandal, dass wir uns diesen Kerl seit 10 Jahren bieten lassen, der macht immer genau das, was wir nicht wollen"[99].

1944 schlug Direktor Werlin Dr. Haspel zum Wehrwirtschaftsführer vor. Die Ernennung wurde jedoch abgelehnt, denn die Gauleitung Württemberg-Hohenzollern nahm dazu wie folgt Stellung: „Der Ernennung des Dr. Ing. Wilhelm Haspel zum Wehrwirtschaftsführer muss ich meine Zustimmung versagen. Dr. Haspel gehört weder der NSDAP noch einer ihrer Gliederungen an und zeigte sich der Bewegung gegenüber bisher interesselos. Er ist nicht in der Lage als Wehrwirtschaftsführer im nationalsozialistischen Sinne auf die Gefolgschaft einzuwirken. Die Ehefrau des Dr. Haspel ist jüdischer Mischling I. Grades"[100].

Gefahr drohte Dr. Haspel vor allem von der Gestapo. Im Jahre 1943 wurde er auf Anordnung der Gestapo, Industriestelle Berlin, beobachtet. Es wurde versucht, Personen, die ihn kannten, über seine politische Einstellung zu befragen, so z.B. Dr. Doppelfeld, Regierungsrat im Reichsluftfahrtministerium, ab 1940 im Vorstand der

96 Haspel 25 Protokoll über die Spruchkammerverhandlung vom 13.9.1946; Werksangehörige 7 Haspel W. 3. Ausarbeitung des Herrn Paul Siebertz über Herrn Dr. Wilhelm Haspel (anläßlich der Trauerfeierlichkeiten im Werk Sindelfingen).
97 Haspel 26 Eidesstattliche Erklärung von Konsul Bernhard (3.5.1947).
98 Haspel 25 Urteilsspruch Spruchkammer Esslingen vom 12.5.1947.
99 Vgl. Dokument 19.
100 Haspel 25 Chef des Rüstungsamtes an Werlin (11.7.1944).

Pittler Werkzeugmaschinenfabrik. Nach dessen Aussage war es die Absicht der Gestapo, Dr. Haspel mit Roland Freisler, dem Präsidenten des Volksgerichtshofes, „bekanntzumachen"[101].

Dr. Haspel wurde mehrfach bei der Gestapo vorgeladen. 1944 drohte ihm die Einziehung zu einem „Sondereinsatz der OT". Dieser „Sondereinsatz" erwies sich als Einweisung zum Arbeitseinsatz in das Konzentrationslager Wolfenbüttel. Dieser Gefahr entging Haspel durch den persönlichen Einsatz verschiedener Personen für ihn (Aufsichtsratsmitglied Blessing, Hauptausschußleiter für Kraftfahrzeuge Schaaf), in erster Linie aber durch die wochenlangen Bemühungen seines Vorstandskollegen Jakob Werlin[102]. Schließlich stellte ein vermutlich in diesem Zusammenhang ergangener Erlaß Hitlers Dr. Haspel und Direktor Carl Werner, Leiter des Werkes Mannheim, unter Schutz[103].

Dieses Beispiel zeigt ebenso wie die Vorgänge bei der Ernennung Dr. Haspels zum Vorstandsvorsitzenden, daß er von führenden Nationalsozialisten toleriert und sogar geschützt wurde. Vor allem scheint er unter besonderer Obhut des Reichsministers Speer gestanden zu haben, da sein Name auf eine Freiliste des Rüstungsministeriums gesetzt wurde, die insgesamt 300 Personen vor Zugriffen bewahrte.

Der ehemalige Leiter des Jägerstabes, Hauptdienstleiter Saur, berichtete, daß Dr. Haspel ihm am 9. März 1945 mitgeteilt habe, er wolle sich wegen zunehmender Schwierigkeiten vor allem mit der Ortsgruppe der NSDAP und der Deutschen Arbeitsfront aus seinen Ämtern auf dem Rüstungssektor zurückziehen. Er, Saur, habe ihn — bestätigt von Reichsminister Speer — von diesem Vorhaben abgebracht, denn „scheide er bei uns aus, sei es für uns wesentlich schwieriger, ja vielleicht unmöglich, ihn und seine Familie zu decken und vor dem willkürlichen Zugriff dritter Stellen zu schützen"[104].

Dr. Haspel war also während des Dritten Reiches auf Grund seiner ablehnenden Haltung zum Nationalsozialismus und seiner ‚jüdischen Versippung' erheblichen persönlichen Nachteilen und Gefahren ausgesetzt. Vor ernstlichen Folgen, die möglicherweise sogar lebensbedrohend waren, wurde er einerseits durch Daimler-Benz, insbesondere durch seinen Vorstandskollegen Jakob Werlin, geschützt, andererseits wurde er von führenden Personen des Nationalsozialismus wie Speer und Göring, ja sogar Hitler selbst, toleriert. Letzteres war vermutlich auf Dr. Haspels fachliche Qualifikationen zurückzuführen, auf die die politische Führung nicht verzichten wollte oder konnte.

Vielfach finden sich in den Jägerstabprotokollen auch belobigende und anerkennende Aussagen von Hauptdienstleiter Saur und Generalfeldmarschall Milch zur Tä-

---

101 Haspel 26 Auszug aus der eidesstattlichen Erklärung Dr. Doppelfeld (17.5.1947).
102 Haspel 25 Protokoll über die Spruchkammerverhandlung vom 13.9.1946; ebenda, Persönliches zur Behandlung meines Falles (von Haspel) (13.8.1946); Haspel 26 Erklärung von Wilhelm Schaaf vom 4.12.1946.
103 Vgl. Dokument 20.
104 Werksangehörige 7/2 Saur: Erinnerungen an Dr. Haspel (7.5.1953).

tigkeit Dr. Haspels. Seine Ernennung zum Leiter der Hauptgruppe Triebwerke im September 1944 bestätigt das positive Bild[105].

Heftige Kritik trug Dr. Haspel allerdings die Führung der Flugmotorenwerke Ostmark Wien ein, für die er mitverantwortlich war. Die mangelhafte Produktionsausbringung war aber weniger auf Dr. Haspels Unvermögen, als auf Materialversorgungsschwierigkeiten und Konkurrenzneid, so z.B. von Generaldirektor Meindl von der Firma Steyr, die die Produktion an sich ziehen wollte, zurückzuführen[106].

Auch die Angriffe Generalfeldmarschall Milchs in Zusammenhang mit dem P 320, einem Flugmotor, den Auto-Union und Daimler-Benz gemeinsam konstruieren sollten, richteten sich mehr gegen die Daimler-Benz AG als Gesamtheit, weniger gegen Dr. Haspel persönlich. Die ,,Firmeneinstellung'', für die Haspel mitverantwortlich war, wurde in Frage gestellt. Der Daimler-Benz AG fehle ,,Mannschaftsgeist'' und damit die Fähigkeit, ,,eine grosse Aufgabe'' zu erfüllen. In Zukunft sei das Unternehmen nichts anderes mehr als ,,eine Massenfertigungsanstalt für die geistigen Produkte anderer Leute''[107].

Trotz dieser Kritik wurde Dr. Haspel bis Kriegsende in seinen Funktionen belassen.

1.2.3.3. Jakob Werlin

Eine eindeutige Beurteilung der Einstellung des Vorstandsmitglieds Jakob Werlin (10.5.1886 – 23.9.1965) zur NSDAP und ihren Organisationen ist problematisch.

Jakob Werlin bezeichnete sich selbst als ,alten Nationalsozialisten'[108], und seine Kontakte zu Parteiangehörigen, besonders zu Adolf Hitler, bestanden bereits seit den zwanziger Jahren. Man könnte daraus schließen, Jakob Werlin sei ein überzeugter Nationalsozialist gewesen. Seine Verbindung zur nationalsozialistischen Bewegung scheint sich aber in erster Linie auf eine große persönliche Verehrung und Bewunderung Adolf Hitlers gegründet zu haben, den er in München kennenlernte[109].

Dort leitete Jakob Werlin die Benz-Niederlassung, die in demselben Haus untergebracht war wie die Druckerei der NSDAP-Zeitung ,Völkischer Beobachter'. Hitler besuchte regelmäßig diese Druckerei und schaute sich bei dieser Gelegenheit die neuesten Auto-Modelle an. Bereits 1923 wurden anläßlich eines Autokaufs Kontakte zwischen

---

105 Vgl. z.B. BA R3/1749, S. 46f.; BA R3/1757, S. 75, 90, 185; Haspel 25 Urteilsspruch Spruchkammer Esslingen vom 12.5.1947.

106 Vgl. z.B. BAMA RL 3/50, S. 563 – 570, 572 – 579; RL 3/60 Besprechung mit Göring vom 13.5.1943, S. 1 – 4.

107 BAMA RL 3/40, S. 76 – 80.

108 Werlin 3,38 Werlin an Braunschweig (15.6.1938).

109 Z.B.: BA NS 10/187 ? an Raubenheimer (25.4.1935): ... ,,Herr Direktor Werlin i/Firma Daimler-Benz AG München, Dachauerstr. 110 – 112, der sich fast ständig in der Begleitung des Führers befindet, gefällt das Bild [von Hitler] ausserordentlich gut. Er wäre Ihnen dankbar, wenn Sie den betreffenden Fotografen veranlassen würden, ihm ein Bild in derselben Ausführung gegen Berechnung an seine Münchner Adresse zu senden''.

Werlin und Hitler geknüpft. Aus der Festungshaft in Landsberg orderte Hitler dann ein weiteres Auto bei Jakob Werlin. Der Verkaufsstellenleiter selbst soll Hitler dann im Dezember 1924 in Landsberg abgeholt haben[110], was jedoch nicht belegbar ist.

Hitlers großes Interesse an Kraftfahrzeugen förderte die Beziehung zwischen ihm und Werlin. Das meiste, was Hitler über Fahrzeuge wußte, kam von Werlin, der sicherlich auch Hitlers Mercedes-Leidenschaft förderte. Hitler sah in Werlin einen Freund und Vertrauten. Er gehörte zu den wenigen, die jederzeit Zugang zu ihm hatten, ein Privileg, das noch nicht einmal allen Ministern gewährt wurde[111].

Ein Urteil darüber, wie eng der Kontakt zwischen Hitler und Werlin letztendlich war, ist schwierig. In bedeutenden Hitler-Biographien[112] oder z.B. in den Lebenserinnerungen von Albert Speer[113] wird die Beziehung zwischen Hitler und Werlin nicht erwähnt; sie kann also nicht von überragender Bedeutung gewesen sein[114]. Unumstritten aber ist, daß Werlin ein enger Vertrauter Hitlers war[115].

Der Daimler-Benz Direktor hielt sich immer wieder in Hitlers Nähe auf[116]. So soll er z.B. bei der Besetzung Österreichs zum „engsten Gefolge Hitlers" gehört haben und sich unmittelbar nach dem Einmarsch um Kontakte mit der österreichischen Automobilindustrie bemüht haben[117]. Werlin verstand es, seine Sonderstellung zu nut-

---

110 Hopfinger, Volkswagen-Story, S. 67f.; Hitler, Sämtliche Aufzeichnungen 1905—1924, S. 1270f.; Brunn, Mann, S. 153; vgl. auch: Becker, Porsche, S. 19; Müller, Porsche, S. 99; Laut Aussage der Söhne Werlins, Hans und Otto Werlin, holte nicht ihr Vater, sondern der Verleger des ‚Völkischen Beobachters', Müller, Hitler in Landsberg ab. Gespräch Habeth/Karnowski mit Hans und Otto Werlin am 3.9.1985.
111 Hopfinger, Volkswagen-Story, S. 67; Charlier/Launay, Eva Hitler, S. 79. Zum freien Zutritt Werlins bei Hitler auch: Nelson, Volkswagen-Story, S. 56; Overy, Cars, S. 469 Anmerkung 3; Müller, Porsche, S. 100. Müller bezeichnet Werlin als ‚Altparteigenossen', ohne diese Äußerung konkret zu belegen.
112 Vgl. z.B.: Bullock, Hitler; Fest, Hitler.
113 Speer, Erinnerungen.
114 Brunn, Mann, S. 153. Laut Brunn sollen Werlin, wie er mit Stolz erzählt habe, und Photograph Heinrich Hoffmann die einzigen Personen gewesen sein, die Hitler duzen durften. Die Söhne Hans und Otto Werlin halten diese Aussage für falsch. (Vgl. Anm. 110 Gespräch).
115 Vgl. z.B.: Charlier/Launay, Eva Hitler, S. 79 und 132. Wie sehr sich Werlin nach 1945 gegen die Bezeichnung „Freund des Führers" wehrte, zeigt seine Stellungnahme zum Spruchkammerverfahren in: Werlin 8. Er gibt seiner Beziehung zu Hitler rein geschäftlichen Charakter. Daß aber Werlins Aussage geschönt ist, zeigen seine Bemerkungen zu seinem SS-Eintritt, den er auf 1935/36 datiert (Ebenda), obwohl er nachweislich 1932 eingetreten und mehrfach bis 1936 befördert worden war. Vgl. Kapitel 1.2.1.
116 Vgl. dazu auch Anmerkung 109.
117 Brunn, Mann, S. 245f.; Hans und Otto Werlin sind aber anderer Ansicht. (Vgl. Anm. 110 Gespräch).

zen, indem er an entsprechender Stelle zu gegebener Gelegenheit auf seine enge Verbindung zum Reichskanzler hinzuweisen pflegte[118].

Hilfreich war ihm dieser Kontakt bei der Durchsetzung seiner Pläne im Bereich der Automobilindustrie. Werlin rückversicherte sich bei Hitler und setzte seine Pläne in die Tat um. So geht die Gründung der ‚Exportgemeinschaft deutscher Automobilfabriken AG' auf die Initiative Werlins zurück, der bis zu deren Auflösung 1939 deren Vorsitzender war. Außerdem plante Werlin die Errichtung von Gemeinschaftswerkstätten der Automobilfabriken im Ausland. Es entstanden jedoch nur zwei Reparaturbetriebe in Belgrad und Warschau[119]. Obwohl die Verwirklichung dieser Pläne insgesamt wenig erfolgreich war, litt Werlins Ansehen bei Hitler nicht darunter.

Eine enge Verbindung zwischen Werlin und Hitler entstand durch die Realisierung der Volkswagenpläne. Dieses ‚Lieblingskind' des Reichskanzlers förderte Werlin aus ganzen Kräften, was Hitler anläßlich der Grundsteinlegung der Volkswagenfabrik ausdrücklich hervorhob[120]. In allen diesen Fällen, so auch bei der Diskussion um den Bau des ‚Hauses der Deutschen Kraftfahrt' in Berlin[121], ist auffällig, daß Werlin seine Bestrebungen starr auf die Automobilwirtschaft unter besonderer Berücksichtigung ‚seines' Unternehmens, der Daimler-Benz AG, ausrichtete. Er fand bei Hitler mit seinen Konzepten große Anerkennung, so daß er seinerseits keine Kritik am Reichskanzler übte.

Werlin war natürlich stolz auf seinen Kontakt zum ‚ersten Mann des Reiches'. Seine Anwesenheit bei Empfängen mit ausgewählten Teilnehmern, z.B. auf Hitlers Berghof, wertete sein Ansehen in den entsprechenden Kreisen deutlich auf[122].

Sein später Parteieintritt (1932, vermutlich aber erst 1933) lassen ihn nicht als einen Nationalsozialisten erscheinen, der sich schon früh mit der Bewegung identifiziert hat. Seine „unverständliche Einstellung" zu Parteiorganisationen, wie z.B. der Deutschen Arbeitsfront, wurde von Abschnittsleiter Dickwach kritisiert: Werlin lege der Deutschen Arbeitsfront gegenüber eine ablehnende Haltung an den Tag, er halte die Organisation sogar für überflüssig und habe sich dementsprechend über die Funktion des Betriebsobmannes geäußert, daß dies ein „Kriegsbeschädigter" oder ein anderer „Hiesel" übernehmen könne. Diese Bemerkung nahm Dickwach zum Anlaß, grundsätzlich an der parteipolitischen Einstellung des „Pg. Werlin" zu zweifeln[123].

Seine Stellung bei der Daimler-Benz AG — 1933 wurde er Vorstandsmitglied — verdankte Jakob Werlin mit Sicherheit hauptsächlich seinen guten Verbindungen zu Adolf Hitler, zur NSDAP und zu verschiedenen Behörden. Bereits wenige Monate nach der Machtübernahme im Jahre 1933 setzte die Geschäftsführung der Daimler-Benz AG den Leiter der Münchner Niederlassung bewußt als Verbindungsmann zu

118 Brunn, Mann, S. 154.
119 Ebenda, S. 212f.
120 Vgl. Dokument 21. Vgl. dazu auch Kapitel 1.4.1.
121 Brunn, Mann, S. 249—251.
122 Charlier/Launay, Eva Hitler, S. 112.
123 Vgl. Dokument 6.

Regierung bzw. Partei ein, um Werlins Kontakte für das Unternehmen zu nutzen. Er selbst bezeichnete sich als „persönlicher Vertrauensmann" des Führers „in allen Kraftfahrzeugfragen"[124].

Jakob Werlin wurde im Juli 1933 offiziell mit seiner neuen Funktion als Verbindungsmann beauftragt. Für diese Aufgabe wurde ihm ein relativ hohes Monatsgehalt von 2.000 RM ab 1. Juli 1933 sowie die Ernennung zum Prokuristen zugesagt[125]. Mit letzterem war Werlin jedoch nicht einverstanden. Er strebte eine Position als gleichberechtigtes Vorstandsmitglied an. Jakob Werlin konnte wohl deshalb so selbstbewußt auftreten, weil er offensichtlich Rückendeckung „von einer der Reichskanzlei nahestehenden Seite" hatte, wie er es selbst formulierte[126]. Der Aufsichtsrat der Daimler-Benz AG bestätigte Jakob Werlin im November 1933 als Vollmitglied des Vorstandes und gab damit offenbar dem Wunsche Jakob Werlins und offizieller Seite nach[127].

Die Firmenleitung achtete allerdings darauf, Werlin zwar mit den notwendigen Informationen zu versorgen, ihn aber nicht zu detailliert zu unterrichten. Werlin beschwerte sich verschiedentlich über ungenügenden Informationsfluß und mangelnde Kooperation: „Es ist unmöglich, dass man mir nur die Beziehungen zum Führer als wertvoll anrechnet und mich im übrigen nur nebenher mitlaufen lässt"[128]. Er kündigte an, daß er an entscheidender Stelle über diese Zustände berichten würde, falls sich an der Form der Zusammenarbeit nichts ändere[129].

Die mangelnde Unterrichtung Jakob Werlins läßt den Schluß zu, daß die Firmenleitung darauf bedacht war, Werlin einen möglichst geringen Einblick in die Belange des Unternehmens zu gestatten, um einen denkbaren Einfluß von Partei und Regierungsseite zu verhindern.

Wie sehr die Geschäftsführung Wert auf die Abstimmung innerhalb des Gesamtvorstandes legte, zeigt folgender Vorfall: Als Werlin 1935 eine eigenmächtige Stellungnahme in einer Zeitschrift abgab, erhielt er eine deutliche Rüge: „Diese Erklärung, die als eine Ergänzung zu dem am 16. Februar veröffentlichten Börsenprospekt aufgefasst wurde, ist, wie festgestellt, von Herrn Direktor Werlin ohne jede Fühlungnahme mit den übrigen Vorstandsmitgliedern abgegeben worden und hat in der Öffentlichkeit erhebliche Unruhe und Erstaunen hervorgerufen, insbesondere weil die Darstellung den Eindruck erweckt, als ob mit einer Dividende zu rechnen sei, während im Prospekt selbst seitens des Vorstandes nach sehr sorgfältiger Überlegung von jeder Stellungnahme zur Dividendenfrage Abstand genommen worden war". Der Aufsichtsratsvorsitzende Dr. von Stauß warf Werlin „einen Mangel an Disziplin und Kameradschaftsgeist" vor. Seine Eigenmächtigkeit sei ein eindeutiger Affront gegen den

---

124 Unternehmensarchiv Protokolle, Werlin an von Stauß (21.1.1935).
125 Kissel XIV, 10 Kissel an Werlin (19.7.1933).
126 Ebenda, Werlin an Kissel (27.7.1933).
127 Protokoll der Aufsichtsratssitzung vom 24.11.1933.
128 Unternehmensarchiv Protokolle, Werlin an von Stauß (21.1.1935).
129 Ebenda, Werlin an Kissel (5.3.1935).

Gesamtvorstand. Werlin entzog sich dieser Rüge durch unentschuldigtes Fernbleiben von dieser Sitzung[130].

Das Tätigkeitsfeld Jakob Werlins umfaßte die Anbahnung und Abwicklung der Geschäftsbeziehung zur NSDAP und deren Organisationen sowie zu Reichs- und Kommunalbehörden und die Vertretung des Unternehmens bei Partei- und Behördenveranstaltungen. Zudem behielt er die Leitung der Niederlassung München. Nicht in seinen Arbeitsbereich gehörten die Geschäftsbeziehungen zur Reichsbahn und zu ‚Gruppenbildungen‘ (z.B. Lastwagen-Vereinigungen u.ä.) und die Kontakte zur Reichswehr. Für erstere war Dr. Kissel, für letztere Wolfgang von Hentig zuständig[131]. Obwohl Werlin schon weitgehende Vollmachten besaß, wollte er auch diese Geschäftsbeziehungen zugesprochen bekommen und damit seine Stellung weiter ausbauen. Sein Ziel war, eine Art ‚Generalbevollmächtigter‘ für den Umgang mit allen Behörden zu werden und sämtliche Geschäfte in seiner Hand zu konzentrieren. Damit hätte er eine Aufsicht über die einzelnen Werke erhalten, die die entsprechenden Aufträge ausführten. Dem Aufsichtsratsvorsitzenden Dr. von Stauß gegenüber wies Werlin darauf hin, daß der Führer selbst es als ,,selbstverständlich voraussetzt", daß er, Werlin, alle diese Aufgaben übernehme[132].

Gegen Dr. Kissel, der diese Bestrebungen nicht befürwortete, konnte Direktor Werlin sich mit seinen Absichten offensichtlich aber nicht durchsetzen. Kissel begründete seine Ablehnung in erster Linie mit der zu erwartenden Arbeitsüberlastung Werlins. Hinter Kissels Ablehnung stand aber vorrangig die Absicht, den Einflußbereich Werlins nicht so auszudehnen, daß er alleinverantwortlich Entscheidungen treffen konnte. Die Unstimmigkeiten in geschäftlichen Dingen waren hauptsächlich auf die unterschiedlichen Charaktere und die ‚Hitzköpfigkeit‘ der beiden Männer zurückzuführen, weniger auf persönliche Aversionen. Werlin und Kissel pflegten intensiven privaten Kontakt. Ihre Ehefrauen waren sogar eng befreundet[133].

Daß Dr. Kissel nicht immer mit Werlin übereinstimmte, zeigt auch das Beispiel ‚Haus der Deutschen Kraftfahrt‘, dem Kissel ablehnend gegenüberstand. Er versuchte den Bau zu verzögern, weil er gegen die seiner Meinung nach unnötigen Kosten war. Werlin drängte jedoch auf die Verwirklichung dieses Plans, indem er auf seine Unterhaltungen mit Hitler verwies, was eine allen Beteiligten ,,sattsam" bekannte Methode war[134].

130 Protokoll der Sitzung des Aufsichtsratspräsidiums und des Vorstandes der Daimler-Benz AG am 20.2.1935.
131 Kissel XIV, 10 Kissel an von Stauß (11.12.1933) und Kissel an Lewinski (5.12.1933).
132 Unternehmensarchiv Protokolle, Werlin an von Stauß (21.1.1935).
133 Kissel XIV, 10 Notiz Kissel vom 2.11.1935. Vgl. auch BA NS 19 neu/775 Medizinischer Untersuchungsbericht über Werlin vom 27.11.1942, der zeigt, daß Werlin überlastet war. Zum privaten Kontakt zwischen Dr. Kissel und Werlin vgl. Gespräch Habeth/Karnowski mit Hans und Otto Werlin am 3.9.1985.
134 Brunn, Mann, S. 250f.

Es läßt sich nicht nachweisen, daß Jakob Werlin seine Stellung als Vorstandsmitglied der Daimler-Benz AG dazu nutzte, um die Maßnahmen der Unternehmensführung entscheidend im nationalsozialistischen Sinne zu beeinflussen. Es gibt eher Beispiele dafür, daß er unter Ausnutzung seiner Verbindungen sich bemüht hat, Versuche nationalsozialistischer Stellen zu verhindern, in persönliche Bereiche Einfluß zu nehmen. So griff er z.B. ein, als Dr. Haspel die Einweisung in ein Konzentrationslager drohte[135] und erreichte in wochenlangen Bemühungen, dieses Schicksal abzuwenden. Im Falle der Heirat der Tochter Dr. Hoppes, die als ‚jüdisch versippt' 1939 eine Heiratserlaubnis benötigte, versuchte er ebenfalls zu vermitteln, wahrscheinlich aber erfolglos; ebenso setzte er sich 1942 für Hoppe selbst ein[136].

Auch ist es vermutlich Werlins Einfluß zu verdanken, daß die Vorstandsumbesetzung 1942 weitgehend im Sinne der Daimler-Benz AG durchgeführt werden konnte. Seine persönlichen Interventionen bei Hitler, Göring und Speer stellten sicher, daß Dr. Haspel das Amt des Vorstandsvorsitzenden erhielt und daß Hans Huschke durch Reichsmarschall Göring vom Militärdienst freigestellt wurde, um die Leitung des Werkes Untertürkheim zu übernehmen[137].

Werlins Stellung in einem der angesehensten deutschen Industrieunternehmen und seine Kontakte zur Regierungsspitze fanden auch in Regierungs- und Parteikreisen Anerkennung. Das Ansehen Werlins im Nationalsozialistischen Kraftfahr-Korps z.B. nahm mit seiner Berufung zum „Generalinspektor des Führers für das Kraftfahrwesen" am 16. Januar 1942 erheblich zu[138].

Nachdem er bereits durch die sogenannte „Werlin-Aktion" die Errichtung von Reparaturwerken in Minsk unter Federführung der Daimler-Benz AG, Pleskau unter Leitung der Adam Opel AG und Dnjepropetrowsk unter der Klöckner-Humboldt-Deutz AG mit Unterstützung Dr. Kissels organisiert hatte, wurde er im Frühjahr 1943 zum „Beauftragten für das Kraftfahrzeuginstandsetzungswesen" bestimmt[139]. Auf eigene Anregung hin, mit Unterstützung Speers, versuchte Werlin, Wehrmachtsfahrzeuge nicht mehr in reichseigenen Reparaturbetrieben instand setzen zu lassen, sondern diese Wartungsaufgaben der Kraftfahrzeugindustrie zu übertragen. Bis zum Juni 1944 bemühte sich Werlin, die „Übernahme des Instandsetzungswesens von Heimatkraftfahrzeugen durch die Industrie" zu organisieren, scheiterte aber offenbar, denn

---

135 Vgl. dazu Kapitel 1.2.3.2.

136 Kissel XIV, 25 Werlin an Kissel (13.9.1938); DBAG an Reichsminister Frick (9.11.1938); Kissel an Werlin (8.9.1938); BA NS 10/442 Werlin an Schaub (24.2.1939); ebenda, Schaub an Werlin (7.3.1939); vgl. auch Kapitel 1.2.2.

137 Vgl. dazu Kapitel 1.2.2. und BA NS 24/241 Huschke an Kraus (4.8.1942).

138 BA NS 24/241 Hösl an Kraus (17.2.1942); Kraus an Hösl (10.3.1942). Vgl. auch Dokument 2.

139 Kissel XIV,61 Kissel an die Leitung der Phänomen-Werke (16.4.1942); Kissel an Vomag Maschinenfabrik (15.4.1942); Kissel XIV,62 Luer an Werlin (29.5.1942).

Speer setzte Werlin Mitte August 1944 ab und übertrug einem Mitarbeiter der Organisation Todt diese Aufgabe[140].

Die Rückverlagerung von Reparaturwerkstätten war 1945 wieder in die Hände des „Generalinspektors des Führers für das Kraftfahrwesen" gelegt worden. Unter Berufung auf Werlin, der über eine „Sondergenehmigung des Führers für die Rückverlagerung der Reparaturwerkstätten" verfügte, bat die Daimler-Benz AG im Februar 1945 um die Zusammenfassung südwestdeutscher Reparaturbetriebe in einem Reparaturwerk-Süd und um Übernahme der Verlagerungskosten durch staatliche Stellen. Werlins Sondergenehmigung fand in diesem Fall aber keine Anerkennung, und Daimler-Benz wurde im März auf den üblichen Behördenweg verwiesen[141].

Jakob Werlin verfügte also zweifelsohne über enge Beziehungen zur Parteispitze. Für ihn selbst brachten diese Beziehungen persönliche Vorteile, z.B. die Ernennung zum Vorstandsmitglied von Daimler-Benz. Einerseits nutzte er seine Kontakte zu Hitler für die Daimler-Benz AG, andererseits setzte er aber firmengegebene Vorteile zugunsten der NSDAP ein. So hat er z.B. bereits vor der Machtübernahme durch kostenlose Wagengestellung die NSDAP „jahrelang" unterstützt[142].

1.3. AUFSICHTSRAT

Laut Satzung bestand der Aufsichtsrat der Daimler-Benz AG aus mindestens drei reichsdeutschen Mitgliedern. Beschlußfähig war das Gremium bei Anwesenheit von drei Mitgliedern, darunter dem Vorsitzenden oder einem seiner Stellvertreter. Zur Beschlußfassung genügte die einfache Stimmenmehrheit, bei Stimmengleichheit entschied das Votum des jeweiligen Vorsitzenden[143].

Folgende Vorstandsgeschäfte waren an die Zustimmung des Aufsichtsrates gebunden[144]:
— Prokuraerteilungen,
— Ankauf und Verfügung über Grundstücke und Grundstücksrechte mit einem Wert von über 100 000,— RM,
— An- und Verkauf von Patenten und Lizenzen mit einem Wert von über 100 000,— RM,
— Investitionen mit einem Wert von über 200 000,— RM,
— Aufnahme längerfristiger, das Finanzprogramm übersteigende Kredite sowie generell Anleihen,
— Einrichtung und Auflösung von Zweigniederlassungen sowie von Beteiligungen,
— Beitritt zu einem Syndikat und der Anschluß an eine Interessengemeinschaft.

---

140 BA R3/1737, S. 36; R3/1739, S. 125; R3/1740, S. 76.
141 BA R3/1826, S. 277f.
142 BA NS 10/188 ? an Werlin (8.7.1933).
143 Kissel I,8 Satzung der Daimler-Benz Aktiengesellschaft Stuttgart (27.5.1938), §§ 8—11.
144 Ebenda, § 12.

Der Aufsichtsrat der Daimler-Benz AG setzte sich in den Jahren 1933 bis 1945 aus jeweils 16 bis 18 Mitgliedern zusammen. Aufsichtsratsvorsitzender war fast ununterbrochen von 1926 bis zu seinem Tode am 11. Dezember 1942 Dr. Emil Georg von Stauß, der ab 1933 Aufsichtsratsmitglied der Deutschen Bank war. Sein Nachfolger als Aufsichtsratsvorsitzender wurde Hans Rummel, Vorstandsmitglied der Deutschen Bank, des Hauptaktionärs der Daimler-Benz AG. Dem Aufsichtsrat der Daimler-Benz AG gehörten während der nationalsozialistischen Herrschaft folgende Mitglieder an:

Tabelle 3: Aufsichtsratsmitglieder der Daimler-Benz AG 1931–1945

Aufsichtsrats-mitglied	1931	1932/33	1934	1935	1936	1937	1938	1939	1940	1941	1942	1943/44	1945
von Stauß, Dr. Emil Georg	V[a]	V	V	V	V	V	V	V	V	V	†11.12.	–	–
Rummel, Hans	–	–	–	StV	StV	StV	StV	StV	StV	StV	StV	V	V[b]
Blessing, Karl	–	–	–	–	–	–	–	–	–	–	–	StV	StV[c]
Blinzig, Alfred	–	StV	StV	–	–	–	–	–	–	–	–	–	–
Jahr, Dr. Carl	StV	StV	StV	StV	StV	StV	StV	StV	StV	StV	StV	X	StV[d]
Busch, Alfred	–	–	X	X	X	X	X	X	X	X	X	ausgesch. 8.6.43	–
Carp, Werner	X	X	X	X	X	X	X	X	X	X	X	X	X[c]
von Doertenbach, Dr. Georg	X	X	X	X	X	X	X	X	X	X	X	†28.1. 1943	–
Eltze, Hans	X	X	–	–	–	–	–	–	–	–	–	–	–
Fahr, Dr. Otto	–	–	–	–	–	–	–	–	–	–	–	X	X[e]
Fischer, Otto	X	X	X	X	X	X	X	X	X	X	X	ausgesch. 8.6.43	–
Gutmann, Herbert M.	X	X	–	–	–	–	–	–	–	–	–	–	–
Harter, Carl	X	X	X	X	X	X	X	X	X	X	X	†29.1. 1944	–
Kleemann, Dr. Wilhelm	X	–	–	–	–	–	–	–	–	–	–	–	–

Aufsichtsratsmitglied	1931	1932/33	1934	1935	1936	1937	1938	1939	1940	1941	1942	1943/44	1945
Koehler, Hermann	X	X	X	X	X	X	X	X	X	X	X	†Nov. 1943	—
Lang, Richard	X	X	X	—	—	—	—	—	—	—	—	—	—
Lohrmann, Dr. Felix	X	X	—	—	—	—	—	—	—	—	—	—	—
Marx, Dr. H. A.	X	X	—	—	—	—	—	—	—	—	—	—	—
Merck, Wilhelm	—	—	—	X	X	X	X	X	X	X	X	X	X^d)
Nallinger, Dr. Friedrich	X	X	X	—	†17.2.	—	—	—	—	—	—	—	—
Popp, Franz-Josef	—	X	X	X	X	X	X	X	X	X	X	X	X^e)
Quandt, Dr. Günther	—	—	—	—	—	—	—	—	X	X	X	X^e)	
Rohde, Paul	X	X	X	X	X	X	X	X	X	†17.4.	—	—	—
Rosin, Dr. Albert	X	—	—	—	—	—	—	—	—	—	—	—	—
Schayer, J.	X												—
Schippel, Dr. Hans	—	—	X	X	X	X	X	X	X	X	X	X	X^a)
Schippert, Carl	—	—	—	—	—	—	X	X	X	X	X	X	X^f)
Schmid, Max H.	—	X	X	X	X	X	X	X	X	X	X	X	X^c)
Siedersleben, Rudolf	—	—	—	—	—	—	—	X	X	X	X	X	X^g)
Wessig, Max	—	—	X	X	X	X	X	X	X	X	X	X	X^e)
Wolff, Otto	X	X	X	X	X	X	X	X	†22.1.	—	—	—	—

Quelle: GB 1931, S. 2, zusätzlich vom Betriebsrat delegiert: Konrad Haas und Emil Kirschbaum; GB 1932/33, S. 2; 1934, S. 2; 1935, S. 2; 1936, S. 2; 1937, S. 2; 1938, S. 2; 1939, S. 2; 1940, S., 2; 1941, S. 3; 1942, S. 3; 1943/44, S. 2; 1945—47, o. S.

a) V = Aufsichtsratsvorsitzender, StV = Stellvertretender Aufsichtsratsvorsitzender, X = Mitglied des Aufsichtsrates.

b) Tätigkeit unterbrochen vom November 1945 bis Oktober 1947.

c) Bis September 1945, neugewählt am 15.6.1948.

d) Vom November 1945 bis 15.6.1948 geschäftsführender Vorsitzender.

e) Bis September 1945. f) Bis 14.6.1948. g) Verstorben am 1.8.1946.

Dr. Emil Georg von Stauß (6.10.1877 – 11.12.1942), Bankdirektor und bis 1932 Vorstandsmitglied der Deutschen Bank und Disconto-Gesellschaft Berlin, gehörte bereits dem Aufsichtsrat der Daimler-Motoren-Gesellschaft (DMG) an. Er übernahm nach der Fusion der DMG und der Benz & Cie. Rheinische Automobil- und Motorenfabrik zur Daimler-Benz AG im Jahre 1926 den Aufsichtsratsvorsitz dieses neuen Unternehmens, ebenso den Vorsitz im Aufsichtsrat der Bayerischen Motorenwerke, München[145]. Nach seinem Ausscheiden aus dem Vorstand der Deutschen Bank und dem Wechsel in den Aufsichtsrat, mußte von Stauß ein halbes Jahr den Aufsichtsratsvorsitz bei der Daimler-Benz AG an Alfred Blinzig, aktives Vorstandsmitglied der Deutschen Bank, abtreten. Aber bereits in der Aufsichtsratssitzung vom 4. Juli 1933 verzichtete Blinzig auf dieses Amt, und von Stauß wurde erneut Vorsitzender in diesem Gremium. Blinzig wurde stellvertretender Vorsitzender[146].

Die Frage, warum es Anfang Juli 1933 zu dieser Umbesetzung kam, ist anhand des vorliegenden Aktenmaterials nicht zu beantworten. Von Stauß' erneuter Aufsichtsratsvorsitz stieß sicher auf die Zustimmung bei den neuen Machthabern, denn er hatte bereits vor 1933 Kontakte zu Adolf Hitler, Joseph Goebbels und Hermann Göring. Als DVP-Mitglied war er Abgeordneter im Reichstag, schloß sich aber zunehmend der nationalsozialistischen Fraktion an. Er nutzte seine gesellschaftlichen Beziehungen, um Treffen zwischen führenden Nationalsozialisten und einflußreichen Persönlichkeiten zu arrangieren. Er soll außerdem „beträchtliche Geldmittel" an Göring gegeben haben. Als von Stauß der NSDAP beitreten wollte, lehnte Göring ab: Den Nationalsozialisten sei er als DVP-Mitglied nützlicher. 1933 wurde er, obwohl er nicht NSDAP-Mitglied war, Preußischer Staatsrat und 1934 Reichstagsvizepräsident.

Seine guten Beziehungen zur deutschen Luftfahrtindustrie – er war Aufsichtsratsmitglied der Deutschen Lufthansa AG und ein Jagdgenosse Ernst Heinkels – eröffneten der Daimler-Benz AG die Möglichkeit der Anknüpfung von Geschäftskontakten, so daß die Wiederwahl mit Vorteilen für das Unternehmen verbunden war[147].

Die Bestimmung von Dr. Emil Georg von Stauß zum Aufsichtsratsvorsitzenden der Daimler-Benz AG blieb nicht die einzige Veränderung in diesem Gremium nach der nationalsozialistischen Machtergreifung. Acht, zum Teil langjährige Aufsichtsratsmitglieder, verließen in den Jahren 1933 und 1934 den Aufsichtsrat der Daimler-Benz AG[148].

---

145 Seherr-Thoss, Automobilindustrie, S. 117 und 136f. Rosellen, Wunder, S. 598f. Rosellen, S. 600f. führt von Stauß noch 1945 als Aufsichtsratsvorsitzenden bei BMW, obwohl er bereits im Dezember 1942 gestorben ist.
146 Vgl. Dokumente 22 und 23; auch: Protokoll der Aufsichtsratssitzung vom 16.12.1932; auch in Kissel I,3.
147 Turner, Großunternehmer, S. 174 – 176, 180 und 384; Bericht über die Ermittlung, S. 6, 9 und 33f., dasselbe in OMGUS, S. 16 und 45f.; Heinkel, Leben, S. 102, 277 und 284; laut OMGUS, S. 46 war von Stauß NSDAP-Mitglied.
148 Vgl. Tabelle 3. Richard Lang wird im GB 1934, S. 2 noch als Aufsichtsratsmitglied aufgelistet, obwohl er Mitte 1934 bereits aus dem Gremium ausschied (s.u.).

Kommerzienrat J. Schayer[149], Dr. Arthur Rosin, Geschäftsinhaber der Darmstädter und Nationalbank K.G.a.A. Berlin[150] und Dr. Wilhelm Kleemann, Vorstandsmitglied der Dresdner Bank Berlin[151] waren bereits Mitte der 20er Jahre in den Aufsichtsräten der Interessengemeinschaft der DMG und Benz & Cie[152]. Kleemann legte ebenso wie Rosin sein Aufsichtsratsmandat im Juni 1933 nieder. Kleemann fügte sich, scheinbar widerstandslos, dem Wunsche, einem aktiven Vorstandsmitglied der Dresdner Bank den Aufsichtsratssitz bei der Daimler-Benz AG abzutreten[153]. Auch bei den Bayerischen Motorenwerken schied Kleemann 1933 aus dem Aufsichtsrat aus[154]. In Wirklichkeit war Kleemann als ‚Nichtarier' in Deutschland gefährdet. Er ging ins Ausland und lebte zunächst in Holland. Er war ein guter Bekannter Dr. Kissels, der ihn nach dessen Ausscheiden aus dem Aufsichtsrat noch unterstützte, indem er z.B. den Daimler-Benz Niederlassungsleiter in Amsterdam bat, Wilhelm Kleemann behilflich zu sein[155].

Etwa ein Jahr später wurden die Herren Hans Eltze, als Generaldirektor von Rheinmetall bereits Aufsichtsratsmitglied der DMG[156], Herbert M. Gutmann, Vorstandsmitglied der Dresdner Bank Berlin[157], Hofrat Dr. Hermann Aaron Marx, Bankier im Bankhaus Marx & Goldschmidt, Mannheim[158], Dipl.-Ing. Richard Lang, ehemaliges Vorstandsmitglied der DMG[159], und Dr. Felix Lohrmann, ehemaliger Direktor des Daimler-Benz Werkes Gaggenau[160], aus dem Aufsichtsrat des Unternehmens entfernt. In inhaltlich gleichlautenden Schreiben an die Aufsichtsratsmitglieder Lang, Lohrmann und Marx teilte der Aufsichtsratsvorsitzende von Stauß mit, daß infolge einer anstehenden Aufsichtsratsverkleinerung bzw. der Besetzung der Mandate mit aktiv Tätigen, ihre Wiederwahl nicht vorgesehen sei[161]. Diese erzwungenen Verzichte kamen nicht ohne vorhergehende Spannungen zustande. Im Falle von Hofrat Marx wird deutlich, daß die Aufsichtsratsverkleinerung bzw. -umbesetzung vorgeschoben war, um einen Juden aus dem Aufsichtsrat des Unternehmens zu entlassen.

---

149 GB 1930, S. 2.

150 Ebenda.

151 Ebenda.

152 Seherr-Thoss, Automobilindustrie, S. 118.

153 Kissel XIV,12 Kleemann an Blinzig (24.6.1933); Kissel XIV,13 Blinzig an Vorstand der DBAG (26.6.1933).

154 Seherr-Thoss, Automobilindustrie, S. 275.

155 Kissel XIV,67 Kleemann an Kissel (8.9.1934) und Kissel an Krempien (11.9.1934).

156 GB 1930, S. 2; Seherr-Thoss, Automobilindustrie, S. 118.

157 GB 1930, S. 2.

158 Ebenda; Seherr-Thoss, Automobilindustrie, S. 118.

159 Seherr-Thoss, Automobilindustrie, S. 118.

160 Ebenda, S. 176.

161 Kissel XIV,12 von Stauß an Kissel (29.6.1934), von Stauß an Dr. Marx (29.6.1934), von Stauß an Lang (29.6.1934), von Stauß an Lohrmann (29.6.1934).

Für die einzelnen Fälle kann nicht mit letzter Sicherheit festgestellt werden, ob die Entfernung der Aufsichtsratsmitglieder auf direkte Interventionen von seiten der Regierung oder der NSDAP zurückzuführen waren oder ob die Daimler-Benz AG es für ratsam hielt, die genannten Herren von sich aus abzulösen. Für die Aufsichtsratsumbesetzung 1942/43 ist jedoch sicher, daß die Umbildung nicht auf Initiative der Daimler-Benz AG vorgenommen wurde. Verschiedene Staats- und Parteistellen versuchten 1942, Einfluß auf die Besetzung der Aufsichtsräte deutscher Unternehmen zu gewinnen, so etwa das Reichsministerium für Bewaffnung und Munition und das Reichsjustizministerium sowie die Deutsche Arbeitsfront und die NSDAP, vor allem Reichsleiter Bormann. Bankenvertreter und Juristen sollten in den Aufsichtsräten zurückgedrängt und stattdessen Vertrauensmänner der Partei zugewählt werden. Reichsminister Speer strebte eine stärkere Beteiligung von Technikern an[162].

Es war ein Gesetzentwurf in Vorbereitung, der wesentliche Änderungen der Bestimmungen des Aktiengesetzes über den Aufsichtsrat vorsah. Doch setzte sich dieser Entwurf nicht durch; es gab lediglich eine ‚ministerielle Empfehlung', Vertrauensmänner der Partei in Aufsichtsräte und Vorstände der Unternehmen aufzunehmen[163]. Den Wirtschaftsunternehmen sollte es überlassen bleiben, im Sinne der behördlichen Vorstellungen die Aufsichtsratsbesetzung neu zu regeln[164].

Bei Daimler-Benz bemühte man sich, den gestellten Anforderungen zu entsprechen. Der stellvertretende Aufsichtsratsvorsitzende Hans Rummel mußte in der Präsidialsitzung des Aufsichtsrates im April 1943 darauf hinweisen, daß von ,,massgeblicher Stelle" die Daimler-Benz AG als ,,Musterbeispiel für eine solche Neuordnung ... vorgesehen" war. Mit Werlin war bereits ein ,,parteiwürdiger" Mann im Vorstand von Daimler-Benz[165].

Der Vorstandsvorsitzende Dr. Haspel und der stellvertretende Aufsichtsratsvorsitzende Hans Rummel hatten bereits nach Bekanntwerden der staatlichen Bestrebungen Ende 1942 über mögliche Zuwahlen zum Aufsichtsrat beraten. Haspel schlug Dr. Ing. Otto Fahr vor, der Betriebsführer der Firma Werner & Pfleiderer und Wehrwirtschaftsführer war und in Stuttgarter ,,Partei- und Wirtschaftskreisen eine sehr grosse Rolle spielt(e)". Er war laut Haspel von ,,charakterlicher Festigkeit" und zudem privatwirtschaftlich orientiert, eine Haltung, an der man bei Daimler-Benz besonders interessiert war, da der privatwirtschaftliche Charakter des Unternehmens unbedingt aufrechterhalten werden sollte[166].

Auf Vorschlag von Rummel sollte Karl Blessing, Vorstandsmitglied der Kontinentalen Öl AG, Berlin, Mitarbeiter im Reichswirtschaftsministerium und Angehöriger

---

162 Protokoll der Präsidialsitzung vom 12.4.1943; Haspel 23 Haspel an Rummel (13.11.1942).
163 Protokoll der Präsidialsitzung vom 12.8.1943; Haspel 23 Haspel an Rummel (13.11.1942) und Naumann an Haspel (21.1.1943).
164 Protokoll der Präsidialsitzung vom 12.4.1943.
165 Ebenda; Haspel 23 Naumann an Haspel (21.1.1943).
166 Haspel 23 Haspel an Rummel (13.11.1942); Protokoll der Präsidialsitzung vom 12.4.1943.

des ‚Freundeskreises des Reichsführer-SS Heinrich Himmler', in den Aufsichtsrat der Daimler-Benz AG kommen[167]. Hans Rummel hatte Karl Blessing, 1958 bis 1969 Präsident der Deutschen Bundesbank, wahrscheinlich in Berliner Bankenkreisen kennen- und schätzengelernt.

Werlin hatte als dritten möglichen Kandidaten für den Aufsichtsrat den Oberberghauptmann und Ministerialdirigenten im Wirtschaftsministerium Dr. Gabel von sich aus aufgefordert, dem Aufsichtsrat beizutreten. Obwohl Dr. Gabel in der Präsidialsitzung vom 12. April 1943, ebenso wie die beiden Mitbewerber, als ein Mann bezeichnet wurde, der „auf Grund [seiner] Persönlichkeit, [seiner] Stellung im wirtschaftlichen und politischen Leben und [seiner] beruflichen Qualitäten den Anforderungen der Zeit" entspräche und keine Bedenken gegen ihn bestünden, wird in Schriftwechsel zwischen Rummel und Dr. Haspel deutlich, daß man ihn für wenig geeignet hielt. Durch die Zuwahl eines solchen aktiven Beamten könnte der privatwirtschaftliche Charakter des Unternehmens beeinträchtigt werden. Dr. Gabel wurde schließlich nicht gewählt[168].

Dagegen kamen Karl Blessing und Dr. Otto Fahr Mitte 1943 in den Aufsichtsrat. Blessing wurde in der Präsidialsitzung vom 12. August 1943 sogar zum stellvertretenden Aufsichtsratsvorsitzenden gewählt anstelle des Bankvertreters Dr. Jahr. Obwohl das Gesetz zur Beschränkung der Bankenvertreter im Aufsichtsrat wegen des Krieges nicht in Kraft trat, folgte die Geschäftsführung der Daimler-Benz AG der staatlichen Empfehlung. Blessing wurde als kompetent und für die Geschäftsinteressen nützlich erachtet: „... dessen Persönlichkeit durch seine frühere Tätigkeit als Generalreferent im Reichswirtschaftsministerium, als Mitglied des Reichsbankdirektoriums, als Mitarbeiter von Herrn Dr. Schacht und im Vorstand der Unilever hinreichend bekannt sei. Im übrigen sei Herr Blessing kürzlich auf Wunsch von Herrn Reichsminister Funk und Herrn Präsident Kehrl zum Vorsitzer des Aufsichtsrates des Berghütte-Konzerns gewählt worden. Die vielseitigen wirtschaftlichen Erfahrungen und schliesslich auch seine landsmannschaftliche Verbundenheit mit Daimler-Benz lassen also Herrn Blessing für die Stelle als stellvertretenden Vorsitzers im Aufsichtsrat als besonders geeignet erscheinen"[169].

Durch den Tod des Aufsichtsratsmitglieds der Deutschen Bank Dr. von Stauß im Dezember 1942 wurde der Aufsichtsratsvorsitz der Daimler-Benz AG vakant. Mit der Wahl Hans Rummels, Vorstandsmitglied der Deutschen Bank seit 1933, der kein Parteimitglied war, zum Vorsitzenden des Aufsichtsrats am 8. Juni 1943 hatte man allerdings den Bestrebungen der Staats- und Parteistellen nicht entsprochen. Da die Deutsche Bank jedoch die führende Konsortialbank war, entschloß sich das Präsidium des Aufsichtsrats in seiner Sitzung vom 12. April 1943, den Vorsitz einem Vertreter der

167 Protokoll der Präsidialsitzung vom 12.4.1943; Braunbuch, S. 43f. und S. 49.
168 Protokoll der Präsidialsitzung vom 12.4.1943.
169 Protokoll der Aufsichtsratssitzung vom 8.6.1943; Protokoll der Präsidialsitzung vom 12.8.1943 (Zitat S. 4).

Deutschen Bank zu belassen. Auch ein weiterer Vertreter dieses Geldinstitutes, Hermann Koehler, durfte im Aufsichtsrat verbleiben[170].

Durch den Tod von Dr. von Doertenbach im Januar 1943 war bereits ein Bankenvertreter aus dem Aufsichtsrat ausgeschieden. Ferner mußte die Dresdner Bank einen ihrer Vertreter, Alfred Busch, zurückziehen, so daß als Bankenvertreter verblieben Hans Rummel (Vorsitzender) und Hermann Koehler von der Deutschen Bank, Carl Harter von der Commerzbank und Dr. Hans Schippel von der Dresdner Bank, sowie Dr. Jahr, der jedoch auf Grund seiner langen Zugehörigkeit zum Aufsichtsratsmitglied ad personum (sic!) erklärt wurde und formal nicht als Bankenvertreter galt. Jahr hatte bereits dem Aufsichtsrat der Firma Benz & Cie. angehört[171].

Mit dieser Umbesetzung verringerte der Aufsichtsrat, der Anfang 1943 insgesamt 18 Mitglieder zählte, die Zahl seiner Bankenvertreter von sechs auf vier und ersetzte die ausgeschiedenen Repräsentanten der Banken durch Vertreter der Industrie. Den Vertretern der Banken war damit jedoch noch großer Einfluß gesichert, zumal das Amt des Vorsitzenden von einem Bankier besetzt war.

Anfang 1944 umfaßte der Aufsichtsrat der Daimler-Benz AG noch 13 Mitglieder. Ausgeschieden waren die Herren Otto Fischer und Alfred Busch am 8. Juni 1943, verstorben Dr. Georg von Doertenbach (28.1.1943) und Carl Harter (29.1.1944). Hermann Koehler, Direktor der Deutschen Bank, Filiale Stuttgart, wurde am 8. Oktober 1943 vom Volksgerichtshof in Berlin zum Tode verurteilt und wenige Wochen später hingerichtet. Koehler wurde vorgeworfen, sich in der Öffentlichkeit entrüstet über die herrschenden politischen Verhältnisse geäußert zu haben. Nach seiner Verurteilung wies er Hilfeangebote strikt zurück, ebenso lehnte er es ab, seine Äußerungen zu widerrufen[172].

1.4. MITGLIEDSCHAFTEN IN UND BEITRÄGE DER DAIMLER-BENZ AG AN VERBÄNDE UND PARTEIORGANISATIONEN

In den für die Daimler-Benz AG bedeutenden Wirtschaftsverbänden bzw. -vereinigungen war das Unternehmen vertreten. Es war während des gesamten Zeitraumes 1933 bis 1945 oder für einige Jahre Mitglied u.a. in folgenden Verbänden und Fachgruppen[173]:

170 Protokoll der Präsidialsitzung vom 12.4.1943; Protokolle der Aufsichtsratssitzungen vom 29.4.1943 und 8.6.1943. Hans Rummel wurde auch zum Aufsichtsratsvorsitzenden bei BMW gewählt, vgl. Bericht über die Ermittlung, S. 105; Haspel 26, Eidesstattliche Erklärung von Hans Rummel vom 11.5.1947; vgl. auch: OMGUS, S. 331ff.
171 Protokolle der Präsidialsitzungen vom 12.4.1943 und 29.4.1943; Seherr-Thoss, Automobilindustrie, S. 118.
172 Vgl. Dokumente 24 und 25.
173 Zusammengestellt nach: Handbuch der Dt. Aktiengesellschaften, Jg. 40, S. 8166; Jg. 42, S. 5223; Jg. 43, S. 6919; Jg. 45, S. 4391; Jg. 48, S. 6117.

- Reichsverband der Automobilindustrie (RDA);
- Normenausschuß der deutschen Industrie (auch: Deutscher Normenausschuß (DNA);
- Deutsch-Amerikanischer Wirtschaftsverband;
- Reichsstand der deutschen Industrie;
- Reichsverband der Deutschen Luftfahrtindustrie;
- Wirtschaftsgruppe: Fahrzeugindustrie, Fachgruppe: Automobilindustrie, Fachuntergruppen: Personenwagen und Lastwagen;
- Wirtschaftsgruppe: Luftfahrtindustrie, Fachgruppe: Flugmotorenbau;
- Wirtschaftsgruppe: Maschinenbau, Fachgruppe: Landmaschinen, Kraftmaschinen, Fachuntergruppe: Verbrennungsmotoren;
- Exportgemeinschaft Deutscher Automobilfabriken AG;
- Deutsche Automobil-Treuhand GmbH, Berlin (DAT);
- Vereinigung Deutscher Nutzkraftwagenfabriken, Berlin;
- Verein Deutscher Gießereifachleute;
- Deutsche Gesellschaft für Mineralölforschung;
- Deutsche Versuchsanstalt für Luftfahrt (DVL).

Außerdem gehörte Daimler-Benz auch einer Parteiorganisation an. 1939 trat das Unternehmen als „korporatives Mitglied" dem Nationalsozialistischen Kraftfahr-Korps mit einem Jahresbeitrag in Höhe von RM 10.000,— bei. Dieser Beitrag wurde — so Dr. Kissel an ein Vorstandsmitglied von Opel — „uns (...) von prominenter Seite nahegelegt".

Dr. Kissel hoffte, durch die NSKK-Mitgliedschaft von zukünftigen Sonderabgaben und Spenden für das NSKK befreit zu sein[174]. Ob diese Erwägung auch bei den Bemühungen Kissels, das Unternehmen als Kollektivmitglied der NSDAP beitreten zu lassen, eine Rolle spielte, ist offen. Jakob Werlin, zur Erkundung dieses Eintritts vorgeschickt, wurde ein abschlägiger Bescheid erteilt. Das Unternehmen konnte nicht korporatives Mitglied der Partei werden[175]. Allerdings stand es jedem Daimler-Benz Mitarbeiter frei, genehmigten Vereinigungen anzugehören.

1.4.1. Der Reichsverband der Automobilindustrie

Der 1901 gegründete Verein Deutscher Motorfahrzeug-Industrieller (VDMI) wurde im April 1923 in Reichsverband der Automobilindustrie (RDA) umbenannt und war eine Interessengemeinschaft der Automobilfirmen. Die Schwerpunkte des Arbeitsgebietes des RDA lagen bis etwa zum Beginn des Zweiten Weltkrieges im wirtschaftspolitischen Bereich; der Verband hatte marktregelnde Aufgaben und kümmerte sich um

---

174 Kissel XIV,26 Kissel an Bangert (14.6.1939).
175 Kissel XIV,26 Kissel an Werlin (4.2.1937) und Werlin an Kissel (22.2.1937).

Forschung, Ausstellungswesen, Normierung sowie um die Beratung und Information seiner Mitglieder[176].

Als Automobilproduzent war die Daimler-Benz AG Mitglied des Reichsverbandes der Automobilindustrie. Der Vorstandsvorsitzende Dr. Kissel hatte dort seit Dezember 1930 den Posten eines Vorstandsmitgliedes inne[177], 1935 wurde er in die Finanzkommission des RDA gewählt[178]. Daher war Kissel über die Aktivitäten des Reichsverbandes informiert und erkannte, daß der Verband seit Mitte der dreißiger Jahre zunehmend an Einfluß verlor. Nach seiner Einschätzung führte der RDA „nur noch ein beschränktes Dasein", die Industrie sei dagegen viel mehr abhängig von den Wirtschaftsgruppen[179].

Die Bedeutung des Reichsverbandes der Automobilindustrie nahm gegenüber der Wirtschaftsgruppe Fahrzeugindustrie (WIGRUFA) ständig ab; er stand sogar zeitweise vor der gänzlichen Auflösung bzw. vor der Überführung in die Wirtschaftsgruppe Fahrzeugindustrie (1939/1940)[180]. In Verhandlungen mit den zuständigen Stellen (Reichswirtschaftsministerium, Wirtschaftsgruppe Fahrzeugindustrie) konnte der Präsident des Reichsverbandes, Geheimrat Dr. Allmers, den Verband jedoch erhalten. Allerdings übernahm die Wirtschaftsgruppe die bisherigen wirtschaftlichen Funktionen des Reichsverbandes; dem RDA verblieben lediglich repräsentative Aufgaben sowie die Pflege der Forschung und des Kraftfahrsports[181].

Diese Lösung befürwortete auch Dr. Kissel, der sich gegen eine vollständige Auflösung des Reichsverbandes ausgesprochen hatte, da er der Ansicht war, der Reichsverband müsse weiterhin der Kraftfahrzeugindustrie nutzbar gemacht werden[182].

Die wichtigste Aktivität des Reichsverbandes während des Dritten Reiches war die Ausführung des Volkswagen-Projektes in den dreißiger Jahren, an dem zunächst auch die Daimler-Benz AG beteiligt war.

Hitler wollte im Rahmen seiner Motorisierungspläne einen preiswerten Kleinwagen, der für das gesamte Volk erschwinglich war, also einen Volkswagen, haben. Der Konstrukteur Dr. Ferdinand Porsche arbeitete bereits an der Entwicklung eines Kleinwagens und reichte im Januar 1934 ein diesbezügliches ,Exposé, betreffend den Bau eines deutschen Volkswagens', beim Reichsverkehrsministerium ein. Porsche stellte sich einen vollwertigen „Gebrauchswagen mit 1,25-l-Boxermotor im Heck und 26 PS/3500,

176 Seherr-Thoss, Automobilindustrie, S. 25, 200 und 323.
177 Kissel V,28 Allmers an Kissel (2.10.1933) und undatierte Notiz über die Vorstandsbesetzung des RDA.
178 Kissel V,30 undatierte Notiz über die Berufung Dr. Kissels in die Finanzkommission des RDA.
179 Kissel XIV,10 Kissel an Werlin (16.12.1939).
180 Kissel V,31 Kissel an Allmers (27.6.1940), auch: Popp an Kissel (1.7.1940).
181 Kissel V,31 Allmers an (Kissel) (6.8.1940), betr. Forschungsgesellschaft, Allmers an Kissel (einschl. Anlagen) (13.1.1941), Satzung des Reichsverbandes der Automobilindustrie e.V. Berlin vom 10.6.1941; Seherr-Thoss, Automobilindustrie, S. 323.
182 Kissel V,31 Kissel an Allmers (27.6.1940).

Vollschwingachsen, Radstand 2,50 m, Leergewicht 650 kg, Höchstgeschwindigke t 100 km/h, Bergsteigefähigkeit im 1. Gang 30 % und 8 l Verbrauch auf 100 km" vor. Den Verkaufspreis veranschlagte er auf 1500,— RM[183].

Das Vorstandsmitglied der Daimler-Benz AG, Jakob Werlin, stimmte, wie in vielen Automobilfragen, mit Hitler überein und setze sich engagiert für das Volkswagenprojekt ein. Im Frühjahr 1934 wurden während einer Zusammenkunft von Hitler, Werlin und Porsche in Berlin die Weichen für den Volkswagen gestellt. Hitler bekundete sein Interesse an Porsches Plänen, mit denen er sich im wesentlichen einverstanden erklärte. Abgesehen von einigen technischen Detailfragen bestand Hitler aber auf der Änderung des Verkaufspreises, der maximal 1000,— RM betragen sollte[184].

Stand der RDA dem Volkswagen-Projekt zunächst skeptisch gegenüber[185], so förderte er seit April 1934[186] „das Verlangen des Führers"[187], obwohl dieser niemals einen formellen Auftrag über den Bau eines Volkswagens an den RDA oder ein Automobilunternehmen erteilt hat.

Ein Volkswagen bedeutete allerdings eine erhebliche Konkurrenz für die Automobilfirmen. Eine eindeutig ablehnende Haltung nahm z.B. der damals führende Kleinwagenhersteller, die Adam Opel AG ein, die das Kleinwagengeschäft gerne in eigene Regie übernommen und bestehende Pläne in die Tat umgesetzt hätte[188]. Auch die Führungsspitze der Daimler-Benz AG zeigte sich — mit Ausnahme von Jakob Werlin — nicht begeistert von dem Projekt[189], zumal das Unternehmen mit dem 1,3-l einen eigenen Kleinwagen auf den Markt bringen wollte. Darüber hinaus war mit dem 1,7-l ein weiterer ‚Kleiner Mercedes' geplant. Auch BMW bemühte sich, mit dem 2-l-Wagen im unteren Pkw-Mittelklassebereich Fuß zu fassen[190]. Da es sich jedoch abzeichnete, daß sich an einem übergreifenden VW-Projekt nichts mehr ändern würde, hielt es anscheinend auch die Daimler-Benz AG für opportun, sich dafür einzusetzen.

Am 22. Juni 1934 erhielt Dr. Ferdinand Porsche vom Reichsverband der Automobilindustrie den Auftrag, innerhalb von zehn Monaten für 200 000,— RM einen Volkswagen zu entwickeln[191]. Laut Dr. Haspel war auch die Daimler-Benz AG, an Form und Konstruktion der Porsche-Karosserie in hohem Maße beteiligt"[192].

183 VW-Chronik, S. 2; Seherr-Thoss, Automobilindustrie, S. 320 (Zitat).
184 Seherr-Thoss, Automobilindustrie S. 320.
185 Vgl. Dokument 26.
186 Kissel VII,5 Kissel an Württembergisches Landesgewerbeamt, Landesgewerbemuseum (5.7.1934).
187 Kissel VII,6 Niederschrift über die am 5.6.1936 in den Berliner Räumen der Vereinigten Stahlwerke geführte Besprechung, Volkswagen betreffend.
188 Kissel VII,5 Nachtrag zur Niederschrift der Fabrikantensitzung am 28. Mai 1934 ..., betr. Volkswagen.
189 Protokoll der Vorstandssitzung vom 29.8.1934.
190 Mönnich, Schallmauer, S. 183.
191 VW-Chronik, S. 3f.; Seherr-Thoss, Automobilindustrie, S. 320.
192 Kissel VII,5 Schippert/Hoppe an von Stauß (31.7.1935).

Ferner wurden Kalkulationen durchgeführt sowie Material und Teile bereitgestellt. Im Geschäftsbericht der Daimler-Benz AG von 1934 heißt es: ,,Das Problem des Volkswagens, von unserem Führer und Kanzler wiederholt besonders herausgestellt, harrt seiner Lösung. In Anbetracht der Größe und Bedeutung der Aufgabe hat die deutsche Automobilindustrie unter Führung ihres Reichsverbandes schon im Mai 1934 den Beschluß gefaßt, den Volkswagen in gemeinsamer Arbeit zu schaffen. Die für die Vorarbeiten erforderlichen Mittel wurden von dem RDA zur Verfügung gestellt. Wir fördern die Arbeiten nach besten Kräften; so beteiligen wir uns auch an dem Bau des Versuchswagens durch Herstellung von wichtigen Einzelteilen und durch Lieferung der Karosserie. Es ist zu hoffen, daß der Versuchswagen in absehbarer Zeit seine Probefahrten aufnimmt"[193].

Diese Passage hatte eine Beschwerde der Adam Opel AG zur Folge, die kritisierte, die Daimler-Benz AG unternehme mit der Erwähnung des Volkswagens in ihrem Geschäftsbericht den Versuch, ihren Namen mit dem Volkswagen-Projekt an die Öffentlichkeit zu tragen[194]. Der RDA-Präsident lobte dagegen die Daimler-Benz AG 1935, in ,,vorbildlicher Weise" die Arbeiten am Volkswagen zu unterstützen[195], während der Adam Opel AG vorgeworfen wurde, sie setze sich nicht genug für die Arbeiten ein[196].

Die beiden Prototypen des Volkswagens wurden 1936 erprobt und wiesen beträchtliche Mängel auf. Erst die Erprobung dreier weiterer Fahrzeuge vom 10. Oktober bis 22. Dezember 1936 verlief erfolgreicher, so daß die Herstellung dieses Autos nun definitiv geplant wurde[197].

Von Hitler erhielt die Daimler-Benz AG — mit einiger Sicherheit auf Betreiben Werlins — den Auftrag, 30 Probefahrzeuge des Volkswagens zu bauen, die in Sindelfingen unter der Bezeichnung W 30 montiert wurden. Die Finanzierung dieser Wagen wollte Hitler zunächst selbst übernehmen[198]. Auch diese Autos wurden in Versuchsfahrten getestet und legten eine Gesamtstrecke von 2,4 Millionen km zurück[199].

Trotz des Führerentscheids für Daimler-Benz bewarben sich auch die Auto-Union und die Adler-Werke um den Bau der Versuchswagen, den sie jeweils auf eigene Kosten durchführen wollten. Dafür beantragten sie, die Porsche-Entwürfe ebenso wie die Daimler-Benz AG benutzen zu dürfen[200]. Im Vorstand des RDA wurde zwar be-

193 GB 1934, S. 5.
194 Kissel V,29 Adam Opel AG an RDA (3.7.1935) und Allmers an Adam Opel AG (22.7.1935).
195 Kissel VII,5 Allmers an DBAG (8.11.1935).
196 Ebenda, Allmers an Adam Opel AG (23.11.1935).
197 VW-Chronik, S. 5f.; Becker, Porsche, S. 21; Seherr-Thoss, Automobilindustrie, S. 260; vgl. auch Hundt, Probefahrt, S. 33.
198 Vgl. Dokument 27.
199 VW-Chronik, S. 8.
200 Kissel VII,5 Niederschrift über die Vorstandssitzung des RDA am 29.10.1936 und Dokument 27.

schlossen, diesem Antrag stattzugeben, Dr. Kissel weigerte sich aber, die Karosseriezeichnungen herauszugeben, ,,weil sie geistiges Eigentum der Firma Daimler-Benz und nicht der Dr. Porsche GmbH seien''[201]. Die Daimler-Benz AG würde die Zeichnungen nur mit dem Einverständnis des Führers herausgeben[202].

Offensichtlich war aber die gesamte Konstruktion des Volkswagens von zahlreichen Pannen begleitet[203], für die Daimler-Benz jedoch jegliche Verantwortung ablehnte, da diese beim Konstrukteur, also bei Dr. Porsche, liege. Nach außen hin wollte das Unternehmen weiterhin am ,Volkswagenprojekt' mitarbeiten, da ,,es bei der bisherigen Bearbeitung durch uns und bei unserer Verbundenheit mit dem Führer auf diesem Gebiet als eine öffentliche Ohrfeige angesehen werden müsste, wenn wir uns zurückzögen oder aus irgendwelchen Gründen herausgedrängt würden''[204]. Intern distanzierte sich die Geschäftsführung aber nach anfänglichem Engagement, die ,federführende Firma' zu sein[205], die ,,im Mittelpunkt dieser Angelegenheit'' stehen müsse[205], immer mehr von dem Projekt des Volkswagens. Anfang 1937 erklärte sogar Werlin, daß ,,die Verantwortung (...) [der Daimler-Benz AG] für den Volkswagen nur eine beschränkte sei. Man kann uns nicht verantwortlich machen für die Güte und Zweckmäßigkeit der Konstruktion, sondern nur für die Qualität der von uns ausgeführten Arbeiten''[207]. Auch Dr. Kissel wies darauf hin, daß der Daimler-Benz AG als ,,Lieferantin von Teilen'' und als ,,ausführendes Organ'' keine auftretenden Mängel angelastet werden könnten[208].

Prinzipiell skeptisch stand auch der mit Dr. Kissel eng befreundete BMW-Generaldirektor Franz Popp dem Volkswagenprojekt gegenüber. Zum einen hielt er den Omnibus für den einzig wahren Volkswagen, zum anderen fürchtete er, daß die Adam Opel AG aufgrund ihrer Produktionsmöglichkeiten den Konkurrenzkampf der deutschen Automobilindustrie um den Bau des Volkswagens für sich entscheiden könne[209].

Dennoch blieb auch Popp nach der Entscheidung für die Produktion des Kleinwagens nur noch die Möglichkeit der Fügung in das Unvermeidliche. Er und Dr. Kissel machten sich sogar Gedanken um die Finanzierung des Projektes: In den Produktionskosten eines Kraftfahrzeuges waren etwa 25 bis 30 % Steuern enthalten und im Listenpreis nochmals 20 % Verkaufsspesen. Wenn man diese Kosten einsparen könnte, würde ein Auto also nur noch 50 % des bisherigen Listenpreises kosten. Da der Preis eines Volkswagens von der Industrie auf 1 400 bis 1 500 RM eingeschätzt wurde,

201 Kissel VII,5 Niederschrift über die Vorstandssitzung des RDA am 29.10.1936.
202 Ebenda, Kissel an Allmers (6.11.1936).
203 Vgl. z.B.: Ebenda, Kissel an Werlin (22.12.1936).
204 Ebenda, Aktennotiz Kissel betr. Angelegenheit Volkswagen (15.12.1935).
205 Ebenda.
206 Protokoll der Vorstandssitzung vom 23.3.1934.
207 Protokoll der Vorstandssitzung vom 5.1.1937.
208 Kissel VII,5 Kissel an Werlin (22.12.1936).
209 Mönnich, Schallmauer, S. 183; vgl. auch: Dokument 28.

war ein Verkaufspreis von 1 000 RM durchaus im Bereich des Möglichen. Die finanzkräftige DAF sollte, so Popp und Dr. Kissel, das Volkswagenwerk finanzieren, das als gemeinnützige Gesellschaft ohne Gewinn produzieren und verkaufen könnte.

Die DAF lehnte zunächst diese Vorschläge ab, gab sie aber schließlich doch als ihre Idee aus und setzte sie in die Tat um. Ausschlaggebend hierfür war die Entscheidung der Automobilindustrievertreter auf einer RDA-Sitzung 1936, das Volkswagenprojekt endgültig dem Staat zu überlassen[210].

Am 28. Mai 1937 wurde die Gesellschaft zur Vorbereitung des Volkswagens mbH (GEZUVOR) gegründet, in die die DAF 50 Millionen RM einzahlte. Vertreten wurde die Gesellschaft von drei Geschäftsführern: Dr. Ferdinand Porsche, Dr. Bodo Lafferentz und Jakob Werlin. Sie waren verantwortlich für die Planung und technische Entwicklung des Volkswagens[211].

Am 26. Mai 1938 legte Hitler persönlich den Grundstein für das Volkswagenwerk im heutigen Wolfsburg in der Nähe von Fallersleben. Am 1. August wurde dann das KdF-Sparsystem ins Leben gerufen, womit sich jeder durch geringe monatliche Sparraten einen Volkswagen ersparen konnte[212].

Nachdem die Bauarbeiten am Volkswagenwerk zunächst zügig vorangegangen waren, stoppte der Kriegsausbruch den weiteren Ausbau. In den bereits errichteten Werkshallen wurden schließlich keine Volkswagen für die Zivilbevölkerung gebaut, sondern militärische Weiterentwicklungen. Von diesen Kübel- und Schwimmwagen wurden bis Kriegsende ca. 70 000 Stück gebaut. Die Volkswagenproduktion selbst wurde erst nach Kriegsende unter englischer Besatzung aufgenommen[213].

1.4.2. Nationalsozialistisches Kraftfahr-Korps

Offiziell von Hitler am 1. April 1930 gegründet, sollte das ‚Nationalsozialistische Automobil-Korps‘ (NSAK) vorrangig dazu dienen, die Mobilität der NSDAP, sei es für Personen- und Sachtransporte oder für Kurierdienste zu erhöhen. Dafür stellten die Parteimitglieder ihre Privatfahrzeuge zur Verfügung.

Am 20. April 1931 in ‚Nationalsozialistisches Kraftfahr-Korps‘ (NSKK) umbenannt, unterstand die Organisation, die bis Juni 1934 der SA angeschlossen war, Adolf Hühnlein, Major a.D. und Mithäftling Hitlers in Landsberg. Hauptaufgabe nach 1933 war die technische und fahrpraktische Schulung der Korpsmitglieder. Da-

---

210 Mönnich, Schallmauer, S. 183–186; Seherr-Thoss, Automobilindustrie, S. 330; VW-Chronik, S. 8.

211 VW-Chronik, S. 9; Becker, Porsche, S. 23; Seherr-Thoss, Automobilindustrie, S. 300.

212 VW-Chronik, S. 11–14; Seherr-Thoss, Automobilindustrie, S. 333. Anläßlich der Grundsteinlegung fand der persönliche Einsatz Jakob Werlins durch Hitler besonders lobende Erwähnung, vgl. dazu: BA NS 1/368 Zeitungsausschnitt (V. B. ?) vom 27.5.1938.

213 VW-Chronik, S. 11–14.

neben wurden die Verkehrsregelung, die Organisationen von Motorsportveranstaltungen und Transportaufgaben übernommen. Der bis 1939 aufgebaute eigene Fahrzeugpark diente — auf Veranlassung Hitlers — zur fahrpraktischen Schulung älterer HJ-Mitglieder und beurlaubter Wehrmachtsangehöriger[214].

Als Automobilproduzent unterhielt die Daimler-Benz AG enge Kontakte zum NSKK. Das Unternehmen half bei der Einrichtung und Unterhaltung der Motorsportschulen und stellte seine Fahrzeuge bei besonderen Gelegenheiten zur Verfügung. Neben zahlreichen Angestellten und Arbeitern waren 1933 auch die Vorstandsmitglieder Dr. Kissel, Dr. Hoppe, Dr. Nibel, Carl Schippert und Freiherr von Jungenfeld Mitglieder des NSKK geworden.

Hauptansprechpartner der Kraftfahrzeugindustrie war innerhalb der NSKK-Organisation Erwin Kraus, zunächst ‚Inspekteur für technische Ausbildung und Gerät‘, ab 1942 Korpsführer als Nachfolger des verstorbenen Adolf Hühnlein. In der Korrespondenz von Kraus finden sich Schreiben von Daimler-Benz-Vorstandsmitgliedern, die auf engere Kontakte schließen lassen. Werlin z.B. verkaufte neue Kraftfahrzeuge an das NSKK und war kulant bei Reklamationen der NSKK-Führung. Außerdem versuchte er, seinen Einfluß geltend zu machen, und forderte z.B. von Korpsführer Hühnlein, „den Absatz ausländischer Kraftfahrzeuge zu unterbinden"[215].

Engagierter noch als Werlin war Freiherr von Jungenfeld, Leiter des Daimler-Benz Werkes Gaggenau, innerhalb des NSKK tätig[216]. Er demonstrierte z.B. durch Fahrzeugleihgaben und die Organisation eines Kameradschaftsabends im „nationalsozialistischen Sinne" seine Verbundenheit zum Korps[217]. 1937 rief Direktor von Jungenfeld zur Bildung von NSKK-Werksstürmen im Werk Gaggenau auf, stieß aber auf Ablehnung der Deutschen Arbeitsfront, die eine Verdrängung ihrer Werkscharen durch Werksstürme des NSKK befürchtete[218]. Von Jungenfelds Bemühungen um das NSKK wurden 1942 mit der Beförderung zum NSKK-Standartenführer belohnt[219].

Neben dem ‚privaten Engagement‘ einiger Daimler-Benz-Vorstandsmitglieder im NSKK gab es auch ‚geschäftliche‘ Verbindungen. Es war allgemein üblich, daß leitende Männer der Kraftfahrzeugindustrie Patenschaften für die NSKK-Motorsportschulen übernahmen. Von Daimler-Benz übernahmen die Direktoren von Hentig für die Reichs-Motorsportschule des NSKK Döberitz-Elsgrund, Werlin für die

214 Seidler, Nationalsozialistisches Kraftfahr-Korps, S. 625–628.

215 BA NS 24/107 diverse Schreiben; BA NS 24/123 diverse Schreiben; BA NS 24/124 diverse Schreiben; BA NS 24/121 Werlin an Hühnlein (15.10.1934).

216 BA NS 24/255 Kraus an von Jungenfeld (1.7.1938) und (24.1.1938); von Jungenfeld an Kraus (27.1.1938); BA NS 24/124 von Jungenfeld an Kraus (9.7.1938).

217 BA NS 24/250 von Jungenfeld an Kraus (30.1.1934); BA NS 24/251 von Jungenfeld an Kraus (10.9.1935).

218 BA NS 24/123 von Jungenfeld, betr.: Bildung von NSKK-Werksstürmen (8.5.1937); ebenda, von Jungenfeld an Silbermann (26.6.1937).

219 BA NS 24/258 von Jungenfeld an Kraus (18.11.1942).

Gebirgs-Motorschule Hochland in Kochel am See, von Jungenfeld für die Motorsportschule Kurpfalz-Saar in Achern und Dr. Kissel für die Motorsportschule Südwest in Tübingen solche Patenschaften[220].

Sicherlich lag es am persönlichen Einsatz der Paten, wie intensiv die Schulen unterstützt wurden, z.B. stiftete Werlin 1936 der Schule Hochland einen Omnibus[221]. Inwieweit es sich dabei um private Zuwendungen handelte, ist nicht feststellbar. Genaue Angaben über das Ausmaß der Spenden sind nicht möglich. Nach Dr. Kissel war das NSKK von allen Parteigliederungen der größte Geld- und Sachspendenempfänger[222]. Neben dem Jahresbeitrag und den laufenden Zahlungen an die Patenschulen stellte Daimler-Benz sowohl Schnittmodelle und anderes Anschauungsmaterial als auch Fahrzeuge für bestimmte Veranstaltungen zur Verfügung[223].

1.4.3. Zuwendungen an andere Verbände und Parteiorganisationen

Turner hat in seiner neuesten Publikation[224] den Anteil der gesamten Industrie am Aufstieg der Nationalsozialisten in der Endphase der Weimarer Republik gering veranschlagt. In der bisherigen wissenschaftlichen Diskussion richtete sich der Vorwurf der Unterstützung vor allem gegen die Schwerindustrie und die chemische Industrie, andere Branchen, wie die Automobilindustrie, werden nur am Rande erwähnt oder gar ausgenommen.

Für die Daimler-Benz AG gibt es nur wenige Angaben in den Quellen und in der Literatur zu dieser Thematik. Turner führt die Firma neben der Mannesmann AG als ein Beispiel für ein Unternehmen an, das politischen Aktivitäten während der Weimarer Republik indifferent gegenüberstand: ,,Die Führungskräfte von Firmen wie Mannesmann oder Daimler-Benz hielten sich in auffälliger Weise von jeder politischen Aktivität und sogar von einer aktiven Rolle in den größeren reichsweiten Verbänden fern''[225].

Die Daimler-Benz AG förderte zwar indirekt die Partei durch Anzeigen im ,Völkischen Beobachter' und im ,Stürmer'. Aber das Unternehmen inserierte nicht nur in

---

220 BA NS 24/162, Liste NSKK-Motorschulen, Delegierte des RDA u.a.; vgl. auch: Kissel XIV,26.
221 BA NS 24/202 Kraus an Höfle (22.7.1936).
222 Kissel XIV,25a Kissel an von Hentig (19.12.1938).
223 Z.B.: Kissel XIV,25 Kissel an Werlin (11.7.1939), Kissel an von Hentig (17.7.1933); Kissel XIV,26 Kissel an Kraus (10.12.1937), Kissel an Kraus (5.2.1938), Rauchfuß an Kissel (14.5.1936); BA NS 24/122 Kraus an DBAG, Gaggenau (2.1.1936); BA NS 24/123 Kraus an DBAG, Gaggenau (30.4.1937); BA NS 24/124 Kissel an Kraus (5.2.1938).
224 Turner, Großunternehmer.
225 Ebenda, S. 16.

nationalsozialistischen Zeitschriften, sondern auch in denen anderer Parteien, z.B. im ,Vorwärts'[226].

Dr. Haspel verneinte 1947 die Frage, ,,ob die Daimler-Benz A.G. vor 1933 an die Partei etwa Geldbeträge gegeben hat. Hierzu kann ich mit aller Bestimmtheit sagen, dass dies nicht der Fall gewesen ist, aus zwei Gründen, einmal, weil es in dieser Zeit der Firma so schlecht ging und die Aufsicht durch die Banken eine so scharfe war, als dass auch nur ein kleiner Geldbetrag für einen solchen Zweck in Frage gekommen wäre, zum anderen aber aus dem viel wichtigeren Grunde, weil nämlich die damalige Leitung des Hauses, repräsentiert durch Dr. Kissel und Karl Schippert, scharf gegen die NSDAP eingestellt war. Es kann jederzeit durch die beteiligten Zeugen erhärtet werden, daß der damalige wichtigste Mann im Vorstand, Dr. Kissel, im Winter 1932/33 die Verkaufstellenleiter zusammengerufen hatte und ihnen in einem längeren Vortrag, abgesehen von den geschäftlichen Anweisungen, ausführte, dass er die Feststellung gemacht habe, dass verschiedene Filialleiter offenbar mit einer politischen Partei sympathisierten oder gar Mitglieder geworden seien, deren Bestrebungen er, nicht zuletzt aus geschäftlichen Gründen und mit Rücksicht auf die Kundschaft der Gesellschaft — er dachte dabei an die jüdische Kundschaft — ablehnen müsse. Er verbäte sich aufs schärfste derartige Entgleisungen und er werde, wenn ihm in dieser Hinsicht die Aktivität eines Filialleiters zu Ohren komme, sich vorbehalten, den Betreffenden fristlos zu entlassen. Diese Rede dürfte ihm später große Sorgen gemacht haben, jedenfalls aber ist sicher, dass bis zu der sogenannten Machtergreifung seitens der Leitung der Gesellschaft eine durchaus ablehnende Haltung gegen den Nationalsozialismus eingenommen worden ist''[227].

Unbestritten ist, daß die Daimler-Benz AG nach der Machtübernahme Zuwendungen an Verbände und Parteiorganisationen gegeben hat. Bei den Zuwendungen muß unterschieden werden zwischen Zahlungen, die von Daimler-Benz freiwillig gemacht wurden, und solchen Spenden, von denen sich ein Unternehmen von der Größe der Daimler-Benz AG nicht ausschließen konnte. Bei den Zuwendungen gab es Geldbeträge und Sachwerte (z.B. Fahrzeuge).

Der Daimler-Benz-Vorstand beriet die Frage der Zuwendungen an die NSDAP erst relativ spät, nämlich erst rund 15 Monate nach der Machtübernahme. In der Sitzung vom 17. April 1934 beschlossen die Vorstandsmitglieder bei Partei-Stiftungen und Zuwendungen ,,Zurückhaltung'' zu üben[228]. Direktor Werlin sollte unter Ausnutzung seiner Kontakte jeweils für Aufklärung sorgen, ob die entsprechenden Zuwendungen unbedingt erforderlich waren bzw. von der Daimler-Benz AG erwartet wurden oder ob man sich die Spende sparen konnte. An den obligatorischen Spenden wie ,Winter-

---

226 Ebenda, S. 324; vgl. dazu auch: Werlin 8 Schlußwort zum Spruchkammerverfahren am 30.7.1947.

227 Haspel 26 Erklärung Dr. Haspel betr. Spenden der Daimler-Benz Aktiengesellschaft an die Partei (9.4.1947).

228 Protokoll der Vorstandssitzung vom 17.4.1934.

hilfswerk', ,,Adolf-Hitler-Spende' oder der Spende zum ,Tag der Nationalen Solidarität' hat sich Daimler-Benz wohl immer beteiligt, wie eine Zusammenstellung für die Geschäftsjahre 1936 und 1937 verdeutlicht[229].

Ein Zweck der ,Adolf-Hitler-Spende' war es, die Unternehmen von Zahlungen an die Partei und deren Organisationen zu entbinden. Die Höhe der Pflichtspende orientierte sich an den jährlichen Lohn- und Gehaltssummen: ,,Wir mussten jährlich 3 pro Mille aus der ausbezahlten Lohn- und Gehaltssumme des vorausgegangenen Jahres bezahlen, was bei unserer Firma einem Satz von etwa 1/2 bis 2/3 pro Mille des Umsatzes entsprach". Es war den Gliederungen der Partei vom Kuratorium der ,Adolf-Hitler-Spende' ausdrücklich verboten, sich an Firmen zu wenden, die sich bereits an dieser Pflichtspende beteiligt hatten. ,,Zu diesem Zweck wurde den betreffenden Firmen eine besondere Bestätigung überlassen zwecks Anbringung in den Geschäftsräumen"[230].

Trotzdem wandten sich immer wieder Ortsgruppen der NSDAP, des NSKK sowie verschiedener SS- oder SA-Abschnitte mit Spendenwünschen an Daimler-Benz; vielfach baten sie auch nur um die leihweise Überlassung von Fahrzeugen[231]. Insbesondere Dr. Kissel wurde in seiner Funktion als SS-Mitglied von zumeist örtlichen SS-Stellen um Zuwendungen angegangen[232].

Das Unternehmen hat an Organisationen der Partei sowie an SS- und SA-Abschnitte in erster Linie zweckgebundene Zahlungen geleistet, z.B. für ein Hitler-Jugend-Heim (5 000 RM) oder einen NS-Kindergarten (10 000 RM) und ein Freizeitheim für die Deutsche Arbeitsfront (10 000 RM)[233]. Kleinere (500 − 1 000 RM) und größere Summen (10 000 − 20 000 RM) gingen aber auch ohne Zweckbestimmung an die SS und die SA[234].

Die Daimler-Benz AG gewährte teilweise auch Zahlungen, obwohl Dr. Kissel vermutete, daß das Kuratorium der ,Adolf-Hitler-Spende' dagegen sein würde. In demselben Zusammenhang mahnte Kissel aber auch zur ,weitestgehenden Zurückhaltung'[235]. Er entschied bei Anfragen je nach Nützlichkeit[236] oder ließ Werlin in Erfahrung bringen, ob Spenden erwünscht waren oder nicht. Es sind auch Fälle zu belegen,

229 Vgl. Dokument 29; auch: Haspel 26 DBAG an Schwab (7.11.1946).
230 Haspel 26 DBAG an Schwab (7.11.1946).
231 Z.B. Kissel XIV,10 Kissel an Werlin (18.7.1933); Kissel XIV,25 Kissel/Sailer an den Reichsführer der Schutzstaffeln der NSDAP (21.12.1936); Kissel XIV,25a SS-Sturm 4/2/28 an Kissel (27.7.1933); Kissel XIV,26 Aktennotiz Kissel vom 27.5.1936.
232 Kissel XIV,25a Kissel an Allmers (12.10.1934).
233 Kissel XIV,25 Kissel an DAF, Fachamt Eisen und Metall (5.7.1939), Kissel an den Bürgermeister von Gaggenau (5.7.1939 − 2 Schreiben).
234 Kissel XIV,25 Kissel an Brigadeführer Dettmer (5.7.1939), Kissel an von Jungenfeld (8.11.1938), Kissel an von Jungenfeld (20.3.1937).
235 Kissel XIV, 28 Kissel an von Jungenfeld (27.5.1940).
236 Kissel XIV,25a Kissel an Allmers (20.10.1934); auch: Kissel XIV,10 Kissel an Werlin (31.8.1938).

in denen das Unternehmen eine Unterstützung gänzlich abgelehnt hat, so z.B. das Ersuchen des Nationalsozialistischen Deutschen Frontkämpfer-Bundes ‚Stahlhelm' zur Finanzierung seiner Auslandsorganisation[237].

Anläßlich des 50. Geburtstages von Adolf Hitler 1939 wurde von der Automobil- und Motorenindustrie eine Spende für das Deutsche Museum in München erwartet. Sie war die einzige Spende, die Hitler zu diesem Anlaß zugelassen hatte. Die Durchführung übernahm der Reichsverband der Automobilindustrie. Auf Daimler-Benz entfielen 12 000 RM, da die Firma ausdrücklich „an erster Stelle" der Spendenliste stehen wollte, demzufolge offenbar den größten Anteil beisteuerte[238]. An einer weiteren geplanten Spende der Reichswirtschaftskammer zu diesem Anlaß wollte sich das Unternehmen allerdings nicht mehr beteiligen[239].

Neben der leihweisen Überlassung von Fahrzeugen, z.B. für die Diplomatische Fahrbereitschaft, an das NSKK und an Gliederungen der Partei oder SS, gewährte die Daimler-Benz AG bei Wagenkäufen die üblichen Rabatte für Behörden und Parteiprominenz. Von seiten der Marktordnung der Deutschen Automobil Treuhand (DAT) waren allerdings lediglich bis zu 10 % Behördenrabatt vorgesehen[240]. Daimler-Benz gab jedoch teilweise wesentlich höhere Rabatte, so nachweislich Göring und Hitler[241]. Obwohl also Sonderrabatte gewährt wurden, legte die Daimler-Benz AG großen Wert auf die Eintreibung ihrer Außenstände und zeigte besonders gegenüber Parteiorganisationen wenig Toleranz, indem sie auf der fristgerechten Begleichung der Rechnungen bestand[242].

Neben den Parteiorganisationen erhielten auch Wissenschaft und Forschung Zuwendungen von Daimler-Benz. Das Forschungsinstitut für Kraftfahrwesen und Fahrzeugmotoren an der TH Stuttgart bekam 1936 z.B. den Festbetrag von 10 000 RM und eine Sonderzuweisung in Höhe von 20 000 – 25 000 RM[243]. Auch während des Krieges stellte Daimler-Benz noch Gelder zur Verfügung, so z.B. 1942/43 300 000 RM für die neugegründete Förderergemeinschaft der Deutschen Industrie[244].

237 Kissel XIV,26 Kissel/Brecht an den Nationalsozialistischen Deutschen Frontkämpfer-Bund ‚Stahlhelm' (22.5.1935).
238 Kissel I,9 Tagesordnung für die Vorstandssitzung am 12.4.1939.
239 Kissel XIV,28 Kissel an Allmers (23.5.1939).
240 Kissel V,3 1. Nachtrag zur Verpflichtungserklärung „H" vom 12.12.1933.
241 Vgl. Dokument 10.
242 Kissel IX,1 Aktennotiz von Hentig vom 3.11.1934; vgl. auch Dokument 30.
243 Vgl. z.B. Dokument 29 und Kissel XIV.10 Kissel an Werlin (1.7.1936).
244 Pohl, Zusammenarbeit, S. 517f.

2. PRODUKTION

2.1. EINFLUSSNAHME DES STAATES AUF DIE PRODUKTION VON KRAFTFAHRZEUGEN

Wenige Tage nach der nationalsozialistischen Machtergreifung kündigte Reichskanzler Adolf Hitler anläßlich der Eröffnung der Internationalen Automobil- und Motorradausstellung in Berlin am 11. Februar 1933 erste Maßnahmen zur Wiederbelebung der deutschen Kraftfahrzeugindustrie und damit zur ‚Volksmotorisierung' an. Steuerbefreiung und Gebührensenkung für neuzugelassene Kraftfahrzeuge sowie der Ausbau und die Instandsetzung des Straßennetzes gehörten ebenso zu diesem Programm wie die staatliche Förderung von Kraftfahrsportveranstaltungen. Das Auto sollte zum Gebrauchsgegenstand für jeden Deutschen werden und in Konkurrenz zur Reichsbahn treten[1].

Bald darauf folgten diesen Ankündigungen gesetzliche Maßnahmen: Alle ab 1. April 1933 neuzugelassenen Personenwagen waren von der Kraftfahrzeugsteuer befreit, vor diesem Datum angemeldete Autos konnten durch eine einmalige Zahlung von der Steuer befreit werden. Mit dem ‚Gesetz zur Verminderung der Arbeitslosigkeit' vom 1. Juni 1933 und der neuen Straßenverkehrsordnung vom 28. Mai 1934 wurden weitere Voraussetzungen zur Ankurbelung der Kraftfahrzeugwirtschaft geschaffen, ebenso durch den Bau der Reichsautobahnen, der sich indirekt auf die Automobilindustrie auswirken sollte. Direkten Einfluß auf die Automobilherstellung nahm Hitler dann auch durch seine Pläne, einen ‚Volkswagen' herstellen zu lassen[2].

Die Belebung der Automobilproduktion, die bereits nach der Überwindung des wirtschaftlichen Tiefs Ende 1932 eingesetzt hatte, war 1933 deutlich erkennbar:

Tabelle 4: Produktion von Automobilen (in Stück) in Deutschland

Jahr	Absolut	Index (1928 = 100)
1930	77 333	70,9
1931	62 563	57,5
1932	43 448	38,0
1933	92 226	82,3
1934	ca. 147 000	131,1
1935	205 092	k.A.
1936	244 289	k.A.

Quelle: Rasmussen, Konkurrenzfähigkeit, S. 28; Kroll, Weltwirtschaftskrise, S. 617.

---

1 Allmers, Kraftfahrt tut not, S. 10; Rasmussen, Konkurrenzfähigkeit, S. 25−27; Kirchberg, Typisierung, S. 117.
2 GB 1932/33, S. 17; Ludwig, Technik, S. 313f.; Seherr-Thoss, Automobilindustrie, S. 318f.

Im Vergleich zu anderen Wirtschaftszweigen erlebte die Kraftfahrzeugindustrie 1933 gegenüber 1932 einen überproportionalen Aufschwung. Die Produktionssteigerung der gesamten deutschen Industrie betrug ca. 23 %, die der Kraftfahrzeugindustrie 119 %. Übertroffen wurde dieser Produktionszweig nur noch von der Funkindustrie, die einen Zuwachs von 280 % verzeichnete. Andere Industriezweige, wie z.B. die Bauwirtschaft oder die Zementindustrie, steigerten ihre Produktion um 76 bzw. um 24 %[3].

Bei Personenwagen hatte die Daimler-Benz AG 1933 den dritthöchsten, 1934 den vierthöchsten Marktanteil; etwa jedes zehnte Auto, das 1933 in Deutschland verkauft wurde, war ein Mercedes.

Tabelle 5: Anteile am deutschen Personenwagengeschäft

Firma	Marktanteil (in %)	
	1933	1934
Opel	34,7	40,7
Auto-Union	20,1	21,9
Adler	9,1	7,8
Daimler-Benz	9,6	6,8

Quelle: Rasmussen, Konkurrenzfähigkeit, S. 29.

Die Automobilindustrie nahm also am allgemeinen Wirtschaftsaufschwung teil. Euphorisch verkündete die Daimler-Benz AG in ihrem Geschäftsbericht 1935: ,,Seit drei Jahren befindet sich die deutsche Kraftverkehrswirtschaft und mit ihr die Automobil- und Motorenindustrie in ununterbrochener Aufwärtsentwicklung. Der persönlichen Initiative unseres Führers und Reichskanzlers Adolf Hitler ist es zu danken, daß dieser Wirtschaftszweig nicht nur vor dem völligen Zusammenbruch gerettet wurde, sondern heute zu einem maßgebenden Faktor unserer gesamten Wirtschaft geworden ist''[4].

Bis 1938 stieg die Kraftwagenproduktion in Deutschland ständig an, bevor der Kriegsausbruch im Jahre 1939 die Verwirklichung der Motorisierungspläne von Hitler verhinderte[5].

3 Rasmussen, Konkurrenzfähigkeit, S. 29.
4 GB 1935, S. 3.
5 Ludwig, Technik, S. 318f.

Tabelle 6: Kraftwagenproduktion in Deutschland

Jahr	Pkw	Omnibusse	Nutzkraftwagen	Gesamt
1932	43 448	154	8 243	51 845
1933	92 226	433	3 008	105 607
1934	147 418	1 641	26 333	175 392
1935	205 606	2 677	40 809	249 092
1936	244 640	2 449	56 779	303 868
1937	269 396	3 442	59 935	332 773
1938	276 592	4 411	61 366	342 369

Quelle: GB 1938, S. 3.

Im internationalen Vergleich zeigt sich die Steigerung der deutschen Kraftfahrzeugproduktion besonders deutlich: Vom fünften Rang in der Welt 1932 verbesserte sie
sich auf den dritten Rang 1938; sie lag aber noch immer deutlich hinter Großbritannien und besonders hinter den USA zurück.

Tabelle 7: Kraftfahrzeugproduktion in verschiedenen Industrieländern 1932 und 1938 (in
1 000)

Land (1932)	Stück	Land (1938)	Stück	Steigerung in %
USA	1369	USA	2691	97
Großbritannien	233	Großbritannien	448	92
Frankreich	172	Deutschland	342	560
Kanada	61	Frankreich	207	20
Deutschland	52	Kanada	164	170
Italien	29	Italien	69	138

Quelle: GB 1938, S. 3

Die indirekten staatlichen Eingriffe in die Kraftfahrzeugproduktion nahmen mit
dem Vierjahresplan 1936 z.B. durch die staatlich gelenkte Rohstoffverteilung deutlich
zu. Der Mangel an Eisen und Gummi behinderte die Produktion so nachhaltig, daß
die Arbeitszeit bei einigen Firmen verkürzt werden mußte. Ein Ausweg, den Rohstoffmangel einzuschränken, bot sich den Firmen zum einen durch die Ausweitung ihrer
Exporte. Für eine Exportsteigerung wurden Rohstoffprämien zugeteilt, die wiederum
in der Produktion für den Inlandsmarkt eingesetzt werden konnten. Zum anderen bestand die Möglichkeit, für „Kontingentträger", z.B. die Wehrmacht, zu produzieren.

Die Rohstoffe für diese Staatsaufträge wurden nämlich aus gesonderten Beständen (Kontingenten) zugeteilt[6].

Für zivile Fahrzeuge bestimmte die Straßenverkehrszulassungsordnung vom 13. November 1937 modifizierte Normen, die bereits auf einen militärischen Einsatz ausgerichtet waren. So mußte z.B. bei einem nach dem 1. Januar 1936 zugelassenen Personenwagen mit einem Hubraum bis 1,5 l die Bodenfreiheit mindestens 190 mm betragen[7]. Geländegängige Lastwagen konnten unter bestimmten Bedingungen, z.B. wenn sie mit Übergrößenreifen, einem speziellen Getriebe mit Geländegang usw. ausgerüstet waren, als ,Sonderfahrzeug' eingestuft werden, was eine Kraftfahrzeugsteuererreduzierung von 33 1/3 % zur Folge hatte. Darüber hinaus wurde die Zusammenarbeit zwischen Wehrmacht und Industrie beim Bau militärischer Spezialfahrzeuge besonders gefördert.

Seit 1936 konkretisierten sich die Bestrebungen, die vielfältigen Kraftfahrzeugtypen zu beschränken und von staatlicher Seite bestimmte Produktionstypen festzulegen. Der Vorsitzende der Wirtschaftsgruppe Fahrzeugindustrie, der Generaldirektor der Adler-Werke Ernst Hagemeier, wurde beauftragt, ein Typenprogramm zu erstellen. Man wies darauf hin, wenn die Industrie sich nicht einigen könne, würden von staatlicher Seite Maßnahmen getroffen[8]. Der Vorstandsvorsitzende der Daimler-Benz AG, Dr. Kissel, wandte sich während der Sitzung der Wirtschaftsgruppe Fahrzeugindustrie am 18. November 1937 gegen die Vorschläge Hagemeiers[9]:

,,1.   Es widerspricht der Logik und Gerechtigkeit, daß vier Firmen (Adler, Auto Union, Daimler-Benz, Opel), die heute 82 % der in Deutschland zugelassenen Pkw herstellen, sich für 1938 mit 20 Typen begnügen sollen, während die restlichen fünf Firmen 14 Typen beanspruchen.

2.   Die Begrenzung auf wenige Typen ist nur tragbar, wenn Material in einem Ausmaß zur Verfügung steht, das es den Firmen ermöglicht, die Entwicklung und den Absatz der ihnen verbliebenen Typen mit aller Energie vorwärts zu treiben, um so den durch den Ausfall von Typen erlittenen Absatzverlust wieder ausgleichen zu können.

3.   Jede Typenverminderung hat nur dann Sinn, wenn die Gewähr besteht, daß nicht Firmen entstehen oder von anderen Stellen großgezogen werden, die neue Typen auf den Markt bringen, ohne daß die Industrie, die Möglichkeit hatte, das zu verhindern. Hierbei ist der Volkswagen selbstverständlich ausgenommen.

4.   Die Firma Daimler-Benz kann nicht damit einverstanden sein, daß die Typenlage, so wie sie bei der letzten Sitzung festgestellt worden ist, der Ausgangspunkt ist für die künftige Neuordnung des Typenprogramms. Die Firma Daimler-Benz

6   Kirchberg, Typisierung, S. 128—131.
7   Ebenda, S. 124. Kirchberg schätzt den militärischen Wert der deutschen Personenwagen äußerst gering ein, da ,,eine universale Verwendung auf der Straße und im Gelände unter extremen Belastungszuständen'' nicht möglich sei (S. 123).
8   Kirchberg, Typisierung, S. 119 und 124—127.
9   Zitiert nach: Kirchberg, Typisierung, S. 127.

jetziges schon aufs äußerste verminderte Programm nur als Grundlage für die künftige Entwicklung ansehen, wenn die Programme der übrigen Firmen entsprechend angepaßt werden.''

Da also eine Einigung innerhalb der Industrie nicht zustande kam, war es nur noch eine Frage der Zeit, wann staatliche Stellen die Initiative ergreifen würden. Am 15. November 1938[10] ernannte der Bevollmächtigte für den Vierjahresplan, Hermann Göring, Oberst Adolf von Schell zum Generalbevollmächtigten für das Kraftfahrwesen (GbK). In seinem Aufgabenbereich lag die Erstellung eines Kraftfahrzeugtypenprogramms, das er gemeinsam mit der Industrie erarbeiten sollte. Für die Einreichung der Vorschläge der Wirtschaftsgruppe Fahrzeugindustrie gab er nur eine Frist von einem Monat. Als Chef der ,Amtsgruppe Kraftfahrwesen' wurde von Schell mit weitreichenden Vollmachten ausgestattet. Es durften von der Industrie keine neuen Kraftfahrzeugtypen ohne seine Zustimmung entwickelt werden und kein ,,Bedarfsträger'', also z.B. die Wehrmacht, konnte ohne seine Erlaubnis eine Neuentwicklung oder Neukonstruktion in Auftrag geben.

Bereits am 2. März 1939 erließ Göring eine gesetzliche Verordnung zum Typenprogramm. Danach sollten im Personenwagenbereich die Typen verringert und auf die einzelnen Firmen verteilt bzw. konzentriert werden. Im Lastwagenbereich durften eigentlich nur noch 1,5-, 3,0-, 4,5- und 6,5-to-Fahrzeuge produziert werden, wobei eine Firma jeweils zwei Typen herstellen sollte[11].

Der GbK und die Industrie erzielten schließlich eine Einigung: Im Personenwagenbereich wurden von den bisher 52 Typen nur noch 30 produziert, im Lastwagenbereich von 133 nur noch 21[12].

Das sogenannte ,Schell-Programm' sollte am 1. Januar 1940 wirksam werden. Nach einem Übergangsjahr (1939) sollten nur noch für die festgelegten Typen Neuzulassungen erteilt werden. Das ,Schell-Programm' kam aber, bedingt durch den Kriegsausbruch, nicht mehr zum Tragen, denn bereits am 5. September 1939 wurde das ,Kriegsprogramm' in Kraft gesetzt[13].

10 Laut Thoennissen, Ausschnitt, S. 82 wurde der GbK am 23. November 1938 in sein Amt eingeführt. Die Differenz zwischen Thoennissen und Kirchberg, Typisierung, S. 131 kann durch die unterschiedlichen Bezeichnungen Amtseinführung und Ernennung entstanden sein.
11 Kirchberg, Typisierung, S. 131–136; Thoennissen, Ausschnitt, S. 82.
12 Kirchberg, Typisierung, S. 136; Kirchbergs Angaben werden bestätigt bei: Haspel 7,60 Die Ausrichtung der Automobilindustrie auf die Bedürfnisse (18.12.1942). Seherr-Thoss, Automobilindustrie, S. 336f. listet nur 19 Lastwagentypen, dafür aber 31 Personenwagentypen auf.
13 Kirchberg, Typisierung, S. 136–140; Thoennissen, Ausschnitt, S. 82.

2.1.1. *Vereinheitlichung der Kraftfahrzeugtypen vor Kriegsausbruch*

Wie bereits dargestellt, waren die Automobilfirmen bis 1938 bei der Gestaltung ihres Typenprogramms weitgehend selbständig. Die Daimler-Benz AG hatte im Dezember 1938 auf Aufforderung des GbK folgende Produktionswünsche geäußert[14].

Pkw[15]: 1,7 l V   Lkw: 1,5 to
2,3 l   2 – 2,5 to
3,2 bzw. der daraus   3 to
entwickelte 3,4 l   4,5 to
2,6 l D   6,5 to

Von Schell genehmigte bereits im Januar 1939 alle beantragten Personenwagentypen, einschließlich des 5,4 l und des 7,7 l. Bei den beantragten Lastwagentypen mußte Daimler-Benz allerdings zurückstecken. Die Firma durfte lediglich den 1,5 to mit Diesel- und Otto-Motor, den 3 to und den 4,5 to Lastwagen herstellen[16]. Insgesamt gelang es dem Unternehmen jedoch, fast sein komplettes Typenprogramm, vor allem im Pkw-Bereich, zu erhalten. Dieses ‚gute Abschneiden' ist mit einiger Sicherheit auch auf die im Unternehmen damals bereits erfolgte Konzeption zurückzuführen, durch Schaffung von einheitlichen Typengruppen eine rationellere Fabrikation zu erzielen[17].

Bei der Lkw-Produktion mußten andere Unternehmen, wie etwa Henschel oder Krupp, viel deutlichere Verluste hinnehmen, wie aus einigen Protestschreiben der Firmen hervorgeht[18]. Entsprechende Schreiben von Daimler-Benz liegen nicht vor.

Dr. Kissel beurteilte die Folgen der Typenbeschränkung für Daimler-Benz optimistisch, die Situation sei „noch einigermaßen tragbar", andere Firmen seien wahrscheinlich „sehr tief berührt"[19].

Anläßlich einer Aussprache über die Auswirkungen der Typenbeschränkung auf den Export wurde im Januar 1939 beschlossen, daß die Daimler-Benz AG zunächst auch ihren 2 bzw. 2,5 to-Lkw weiterbauen durfte, da gemeinsam mit der Firma Otto Wolff Handelsverträge mit China bestanden. Der Ausfall der Daimler-Benz-Produktion hätte erhebliche Devisenverluste zur Folge gehabt[20]. Diese Weiterbaugenehmigung für den 2 bzw. 2,5 to-Lkw wurde jedoch anscheinend Mitte 1939 wieder aufge-

14 Kissel VII, 1 Kissel/Schmidt an Wigrufa (5.12.1938).
15 Die Produktion größerer Personenwagen wird in dem unter Anmerkung 14 angegebenen Schreiben nicht erwähnt.
16 Kissel VII,1 Kissel/Huschke an von Schell (5.1.1939); Protokoll der Vorstandssitzung vom 12.1.1939.
17 Anlage zum Protokoll der Präsidialsitzung vom 18.6.1936.
18 Vgl. dazu: BA R7/3554.
19 Kissel VII,1 Kissel an von Jungenfeld (28.11.1938).
20 BA R7/3554, S. 36f. und 65 – 69.

hoben. Daimler-Benz mußte also auch diesen Typ aufgeben[21], endgültig auslaufen sollte er im März 1940[22].

Zur Vereinheitlichung der Reparaturen sollten außerdem die Ersatz- und Zubehörteile der Fahrzeuge aller Firmen einheitlich genormt werden. Intern äußerten Führungskräfte der Daimler-Benz AG zwar ihren Unmut über dieses Vorhaben und protestierten scharf gegen die Vereinheitlichung des Zubehörs, da sie die „Nivellierung unserer Erzeugnisse" bedeute[23]. Nach außen hin mußte sich das Unternehmen jedoch den Vereinheitlichungsbestrebungen beugen[24].

2.1.2. Einschränkung der Produktion während des Krieges

Unmittelbar nach Kriegsausbruch wurde ein Kriegsprogramm zur Typenbeschränkung konzipiert.

Tabelle 8: Anzahl der Personenwagentypen, die nach den verschiedenen Typisierungsprogrammen bei den Automobilfirmen gebaut werden durften

Unternehmen	Typen	Entwurf Hagemeier	Schell-Programm	Kriegs-Programm
Adler	5	4	3	—
Auto-Union	9	7	7	2
BMW	3	2	1	—
Borgward	5	3	1	—
Daimler-Benz	8	4	6	1
Ford	2	2	2	1
Hanomag	3	4	1	—
Maybach	2	—	1	—
Opel	5	5	4	—
Stoewer	4	3	1	1

Quelle: Kirchberg, Typisierung, S. 139.

Von Daimler-Benz wurde lediglich der 1,7 l als kriegswichtiger Personenwagen mit einem geplanten monatlichen Ausstoß von 1400 Stück in das Kriegsprogramm aufgenommen. Nach Kriegsausbruch durften keine Autos mehr an Privatkunden ausgeliefert werden, obwohl einige bestehende Bestellungen nach 1939 noch ausgeführt wur-

21 Kissel VII,1 Kissel an von Schell (6.5.1939).
22 Protokoll der Vorstandssitzung vom 5.12.1939.
23 Protokoll der Vorstandssitzung vom 24.3.1939.
24 Vgl. dazu: Kissel V,22 und 23.

den. Spätestens seit Anfang 1941 wurden Personenwagen nur noch an das Heer und die kriegswichtige Wirtschaft ausgeliefert[25].

Kriegswichtige Daimler-Benz-Lkw-Typen waren der 3 to- sowie der 4,5 to-Lastwagen. Der 4,5 to sollte zwar bis Anfang 1943 durch eine gemeinsame Konstruktion von MAN und Daimler-Benz ersetzt werden, was aber dann noch nicht durchgeführt wurde[26].

Auf Anweisung von Reichsminister Speer schloß Daimler-Benz einen Vertrag mit der Adam Opel AG über den Nachbau des ,3 to Opel-Blitz', da sich der Daimler-Benz 3 to-Lkw nicht bewährt hatte. Der Daimler-Benz Direktor Paulus, ein ehemaliger Opel-Mitarbeiter, wurde von Reichsminister Speer ohne Wissen des Vorstandes — mit Ausnahme von Jakob Werlin — beauftragt, die Nachbaumöglichkeiten in Mannheim zu prüfen. Dr. Kissel wurde von dieser Nachricht völlig überrascht und empfand die Entscheidung des Reichsministers zugunsten des Opel-Fabrikates als einen tiefgreifenden Eingriff in das Unternehmen[27].

Obwohl die Pkw-Produktion seit Kriegsausbruch erheblich eingeschränkt werden mußte, beschäftigte sich der Vorstand der Daimler-Benz AG Mitte 1941 bereits mit der Planung für die Nachkriegszeit im Pkw-Bereich: das Unternehmen sei gezwungen, sich wieder verstärkt dem Pkw-Mittelklasse-Bereich zuzuwenden, da der Volkswagen zum Konkurrenten des 1,7 l werden und Daimler-Benz vom Kleinwagenmarkt verdrängen könne[28]. 1942 stellte dann eine Anordnung Hitlers, veranlaßt von Reichsminister Speer, die Entwicklung und Fabrikation von Pkw weitgehend ein. Freiwerdende Automobilkonstrukteure sollten Panzer entwickeln. Der geplante Bau von Luxusfahrzeugen, wie z.B. der 12-Zylinder-Daimler-Benz, mußte völlig eingestellt werden[29]. Das Argument, ein solches Fahrzeug müsse für ,hochgestellte Persönlichkeiten' zur Verfügung stehen, fand keine Resonanz[30].

Die Produktion und Entwicklung für die Friedenszeit wurde grundsätzlich seit 1942 von höchster Stelle verboten[31]. Generalfeldmarschall Milch z.B. drohte Todesstrafe für diejenigen Verantwortlichen an, die für die Friedenszeit aus ,,Konkurrenzgründen" entwickeln und produzieren wollten[32].

Aber trotz Verbot arbeiteten noch im Juli 1943 Konstrukteure der Daimler-Benz AG an Automobilen für den Privatbedarf, wie Dr. Nallinger bei einer Besprechung indirekt zugab[33]. Speer äußerte sogar den Verdacht, daß der 12-Zylinder-Motor ei-

25 Protokoll der Vorstandssitzung vom 12.10.1939; Kissel XIV,25a Kissel an Schuster (20.2.1941); vgl. auch: Boelcke, Militärs; Kirchberg, Typisierung, S. 140.
26 Protokoll der Vorstandssitzung vom 12.10.1939; vgl. dazu auch Kapitel 2.4.1.
27 Protokoll der Vorstandssitzung vom 3.6.1942.
28 Zusatz-Protokoll für die Vorstandssitzung am 28.7.1941.
29 Boelcke, Deutschlands Rüstung, S. 86.
30 BAMA RL3/13 Bericht über GL-Besprechung vom 14.4.1942.
31 Vgl. Dokument 31.
32 BAMA RL3/13 Bericht über GL-Besprechung vom 14.4.1942.
33 BAMA RL3/23 Bericht über GL-Besprechung vom 27.7.1943.

gentlich konstruiert für Personenwagen, nur deshalb als Flakscheinwerfermotor verwendet werde, um nach Kriegsende sofort wieder einen Pkw-Motor zur Verfügung zu haben. Speer bestand darauf, den 12-Zylinder-Motor zugunsten ähnlicher Typen zurückzustellen[34].

Auch bei der Lkw-Produktion machte sich die Daimler-Benz AG bereits Gedanken über eine künftige Produktion nach Kriegsende. Die 4,5 to-Fabrikation in Gaggenau sollte unter allen Umständen rationell ausgebaut werden. Dr. Haspel untersuchte selbst eingehend die Verhältnisse im Werk, denn ,,das einzige Werk, das im wesentlichen ohne größere Umstellungen auf eine Friedensproduktion kommen könne, sei das Werk Gaggenau". Aus dieser ,,einzigartigen Situation" müsse die Firma einen Nutzen ziehen[35]. Im Frühjahr 1944 beauftragte Dr. Haspel Direktor Paulus mit vorbereitenden Arbeiten zur Überleitung auf die Friedenswirtschaft, was ein eindeutiger Verstoß gegen die Anordnungen der Regierung war[36].

2.1.3. Einflußnahme des Staates auf die Produktion von Flugmotoren und Triebwerken

Bei der Flugmotorenproduktion scheint der Daimler-Benz AG relative Selbstbestimmung gewährt worden zu sein, wobei staatliche Reglementierungen nicht ausgeschlossen waren.

So führte z.B. Daimler-Benz trotz staatlichen Verbotes die Entwicklung des DB 603 durch. Die Entwicklungsabteilung ließ ihn 1938 auf dem Prüfstand in Untertürkheim laufen und bot Generalluftzeugmeister Udet Ende 1939 den fertigen Motor an. Dies stieß zwar zunächst auf Unmut, fand dann aber im Zeichen der allgemeinen Luftaufrüstung im Kriege Anerkennung. Die Entwicklung des DB 603 wurde schließlich als lobenswerte Leistung der Daimler-Benz AG hervorgehoben[37].

Durch den Jägerstab, einen Zusammenschluß von Reichs- und Firmenvertretern zur Förderung der Flugzeugproduktion, unterlagen seit 1. März 1944 auch Flugmotoren- und Triebwerksproduktion sowie deren Einbau einer völligen Kontrolle. Welche Motoren produziert und dann in welche Flugzeugzellen eingebaut wurden, bestimmte diese Kommission. Der staatliche Einfluß ging soweit, daß der Jägerstab für die einzelnen Firmen Werksbeauftragte bestimmte. Auch die Firmen hatten ständige Vertreter im Reichsluftfahrtministerium bzw. dem Jägerstab[38].

Mitte 1942 ordnete das Reichsluftfahrtministerium bei Daimler-Benz den Bau sowie die Neuentwicklung von Triebwerken an. Dies sei ,,das schwierigste", was je ,,be-

---

34　BAMA RL3/30 Stenographischer Bericht über St/GL/-BuM-Besprechung vom 1.9.1943.

35　Protokoll der Vorstandssitzung vom 15./16.4.1944.

36　Haspel 25 Urteilsspruch der Spruchkammer Esslingen gegen Dr. Haspel vom 12.5.1947.

37　Kissel VIII,3 Notiz Betr.: Reise zur Fa. Heinkel, Werk Rostock am 5.10.1937; Kissel VIII,6 W 60 Protokoll Nr. 156 (21.11.1940); Protokoll der Vorstandssitzung vom 30.6./1.7.1942; BAMA RL3/14 Bericht über GL-Besprechung vom 9.6.1942.

38　Vgl. z.B.: BA R3/1756, S 196, 274, 292, 317; auch: Granier, Bundesarchiv, S. 319f.

fohlen worden sei, da Daimler-Benz zum einen auf diesem Gebiet noch nie gearbeitet habe, zum anderen mit Aufgaben im Bereich der Motorenherstellung außerordentlich ausgelastet sei[39]. Offensichtlich wurde daraufhin das Werk Backnang eingerichtet, dessen Aufgabe es war, Triebwerksentwicklungen auszuarbeiten[40].

2.2. ZIVILE UND MILITÄRISCHE PRODUKTPALETTE DER DAIMLER-BENZ AG

Gegenstand des Unternehmens war — laut Satzung — „Herstellung und Vertrieb von Motoren aller Art, sowie von Fahrzeugen und Maschinen aller Art, die durch Motoren angetrieben werden, und überhaupt von Maschinen, Werkzeugen, Geräten und sonstigen Artikeln, die zu dem Gebiet der Verbrennungsmotoren gehören"[41]. Konkret produzierte Daimler-Benz in den Jahren 1933 bis 1945[42]:
— Personenwagen
— Sport- und Rennwagen
— Lastwagen
— Lieferwagen
— Spezialfahrzeuge aller Art
    — Feuerwehrfahrzeuge
    — Omnibusse
    — Sattelschlepper
    — Krankenwagen
    — Kommunalfahrzeuge aller Art
    — Kipper
    — Kübelsitzwagen
— Schienenautomobile
— Acker- und Straßenschlepper
— Geländewagen
— Flugmotoren
— Luftschiffmotoren
— Schiffs- und Bootsmotoren
— Triebwagenmotoren
— Sonstige Motoren
— Panzerfahrzeuge
— Holzkohle- und Anthrazit-Generatoren

39 Protokoll der Vorstandssitzung vom 30.6./1.7.1942.
40 Vgl. Kapitel 2.3.
41 Kissel I,8 Satzung der Daimler-Benz Aktiengesellschaft Stuttgart vom 27.5.1938.
42 Zusammengestellt nach: Handbuch der Dt. Aktiengesellschaften, Jg. 40, S. 8161 und Jg. 45, S. 4385; Seherr-Thoss, Automobilindustrie, S. 317; Hoppe 11,40 Bericht der Daimler-Benz Aktiengesellschaft Stuttgart-Untertürkheim Anlage 2; DBAG 95 Werke, Fabrikationsprogramm, Verkaufsorganisation und Reparaturwerkstätten im In- und Ausland der Daimler-Benz Aktiengesellschaft.

Das Werk Sindelfingen hatte in den Jahren 1939 bis 1944 eine vielfältige Produktion, die in vier Großgruppen eingeteilt war[43]:

A) Kraftfahrzeug-Fertigung
B) Flugzeugzellen-Fertigung
C) Motorenaufrüstung und Teilefertigung
D) Sonderbau

Nach Kriegsausbruch wurde auch dieses Werk verstärkt für die Rüstungsproduktion eingesetzt: Zum einen wurden spezielle Aufbauten für Wehrmachtsfahrzeuge gebaut. Außerdem nahm die Teilefertigung für Messerschmitt-Flugzeuge deutlich zu. Schließlich erhielt die Abteilung ‚Sonderbau' einen Auftrag über Arbeiten an Hitlers V2. Diese angebliche Wunderwaffe sollte — so die offizielle NS-Propaganda — mit einem Schlag dem Krieg eine Wende zugunsten Deutschlands geben. Von den insgesamt fünf Großteilen der Rakete sollte die Daimler-Benz AG zunächst 175 Hecks fertigen, ehe Nachbaufirmen, wie z.B. die Luftschiffbau Zeppelin und später das ‚Mittelwerk', eine unterirdische Produktionsstätte im Harz, die Herstellung übernehmen würden[44].

Wie umfangreich die Mitarbeit der Daimler-Benz AG an der V2 war, ist nicht eindeutig zu klären. Mit Sicherheit hat die Firma Vorschläge zur Produktionsverbesserung der Heckteile gemacht, und wahrscheinlich wurden die Heckbauvorrichtungen bei Daimler-Benz entwickelt[45]. Offenbar trug sich das Reichsluftfahrtministerium auch mit dem Gedanken, die Großserienproduktion der Hecks an Daimler-Benz zu vergeben. Diese Pläne wurden jedoch anscheinend nicht realisiert.[46].

Mitte November 1942 fand eine Besprechung in Peenemünde statt, wo die Entwicklung und Erprobung der V2 unter Leitung von Dr. Wernher von Braun stattfand. Bei diesem Treffen übergab Daimler-Benz das zweite Heck, das nach Prüfung als ,,einwandfrei" bezeichnet wurde. Auch der endgültige Auslieferungstermin wurde festgelegt, zu dem die 175 Hecks fertig sein sollten, nämlich der 1. Juli 1943. Außerdem übergab Daimler-Benz für das Heck der V2 zwei konstruktive Änderungsvorschläge, welche die Herstellung der Rakete erheblich verbessern sollten. Falls die von Daimler-Benz vorgeschlagenen Konstruktionsänderungen durchgeführt würden, war vorgesehen, weitere 40 Hecks im Daimler-Benz Werk Sindelfingen produzieren zu lassen[47].

· In geringem Umfang stellte Daimler-Benz auch Munition und herkömmliche Waf-

---

43 Vgl. Dokument 32.
44 BAMA RH8/1254 Niederschrift über die Besprechung 23./24.10.1942 in Friedrichshafen (30.10.1942); Speer, Erinnerungen, S. 378f.
45 BAMA RH8/1254 Niederschrift über die Besprechung 23./24.10.1942 in Friedrichshafen (30.10.1942).
46 Ebenda, Niederschrift über die Besprechung am 18.11.1942 in Peenemünde mit Daimler-Benz (19.11.1942).
47 Ebenda.

fen her, so z.B. ab 1940 Torpedoteile im Werk Untertürkheim[48]. Die Produktion von Pistolen war für Untertürkheim und Königsberg vorgesehen[49]. Ebenfalls ab 1940 sollten im Werk Gaggenau Geschützrohre repariert und 15-cm Granaten hergestellt werden[50]. Dr. Kissel plante, durch die Munitionsproduktion das Werk Gaggenau in die Dringlichkeitsstufe I einordnen zu können, was Versorgungsvorteile für den Fahrzeugbau gebracht hätte. Ob allerdings tatsächlich in Gaggenau Granaten produziert wurden, kann aufgrund der Quellen nicht festgestellt werden[51].

Einige Produktionsbereiche seien in Form von Statistiken detaillierter dargestellt:

Tabelle 9: Personenwagen der Daimler-Benz AG in den Jahren 1933−1945

Typ	techn. Bez	Motor	Leistung in PS
130	W 23	Vierzyl.-Reihenmotor im Heck	26
150	W 30	Vierzyl.-Reihenmotor vor der Hinterachse	55
170	W 15	Sechszyl.-Reihenmotor	32
170 V	W 136	Vierzyl.-Reihenmotor	38
170 H	W 28	Vierzyl.-Reihenmotor im Heck	38
200	W 21	Sechszyl.-Reihenmotor	40 ab 1936 55
230	W 21, W 143, W 153	Sechszyl.-Reihenmotor	55
260 D	W 138	Vierzyl.-Reihenmotor Viertakt-Vorkammer-Diesel	45
290	W 18	Sechszyl.-Reihenmotor	60 ab 1935 68
320	W 142	Sechszyl.-Reihenmotor	78
380	W 22	Achtzyl.-Reihenmotor	90 ohne Kompressor 120−144 mit Kompressor
500	W 08	Achtzyl.-Reihenmotor	100 ab 1936 110
500 K	W 29	Achtzyl.-Reihenmotor	100 ohne Kompressor 160 mit Kompressor
540 K	W 129	Achtzyl.-Reihenmotor	115 ohne Kompressor 180 mit Kompressor
770	W 07	Achtzyl.-Reihenmotor	150 ohne Kompressor 200 mit Kompressor
	W 150	Achtzyl.-Reihenmotor	155 ohne Kompressor 230 mit Kompressor

Quelle: Oswald, Mercedes-Benz Personenwagen.

48 Kissel VI,9 DBAG an Rüstungs-Inspektion im Wehrkreis V (20.5.1941); Protokoll der Vorstandssitzung vom 16.8.1940.
49 Vgl. Dokument 33.
50 Kissel VI,5 Aufstellung betr.: Produktion des Werkes Gaggenau ab 1.7.1940.
51 Ebenda, Kissel/Hoppe an Leitung Werk Gaggenau (19.1.1940).

Tabelle 10: Lastwagen der Daimler-Benz AG in den Jahren 1933−1945.

Typ	techn. Bez.	Nutzlast in to	Motor	Leistung in PS
L 1100	L 70	1,1	OM 138	45
L 1500	L 70	1,5	M 138, OM 142	45
A + S	L 301		M 159	60
L 2000 l	L 81	2,0	M 142	65
L/Lo 2000	L 60	2,0	M 60, OM 59 GM 59	50−70
L/Lo 2500	L 60	2,5	M 60, OM 59 M 66, OM 59 GM 59	50−70
Lo 2600	L 60		M 66, OM 65	65
Lo 2750	L 59		M 66, OM 65 GM 65	60−70
L/Lo 3000	L 59	3,0	M 66, OM 65	65−70
A + S	L 66	3,1	M 66, OM 65	70−75
Lo 3100	L 59		OM 83, OM 67	70−80
Lo 3200	L 59		OM 67, GM 67	75−95
Lo 3500	L 64		M 68, OM 67	95
L/Lo 3750	L 64	3,5−4	M 68, OM 67 GM 67	75−100
L 4500 A + S	L 303	4,5	OM 67	112−120
L 5000	L 35	5,0	M 76, OM 77 M 78, OM 79	110−120
L 6500	L 54	6,5	OM 79, OM 54 OM 57, M 78 GM 79	95−150
L 8500	N 56	8,5	OM 54	150
L 10 000	N 56	9−10	OM 54, OM 57	150

Quelle: Oswald, Mercedes-Benz Lastwagen und Omnibusse.

Tabelle 11: Omnibustypen der Daimler-Benz AG in den Jahren 1933−1945.

Typ	techn. Bez.	Motor	Leistung in PS
O/Lo 1500	L 60	M 60, OM 59 OM 65	55−60
O/Lo 2600	L 60	M 66, OM 65	65−70
Lo 2750	L 59	M 66, OM 65 GM 65	60−65
Lo 3100	L 59	OM 83, OM 67	75−80
Lo 3200	L 59	OM 67, GM 67	75−95
Lo 3500	L 64	OM 67	95
O/Lo/Lo P/ OP 3750	L 64	OM 67	100
O 4000	N 2	OM 67, OM 77 OM 79	95−120
O 8500	N 56	OM 54	150
O 10 000	N 56	OM 54, OM 57	150

Quelle: Oswald, Mercedes-Benz Lastwagen und Omnibusse.

Tabelle 12: Mercedes-Benz-Flugmotoren[a] 1935–1945

Mercedes-Benz-Flugmotoren 1935–1945

Baumuster	Startleistg. PS	Volldr. Höhe	i Kurbelwelle	Untersetzg.	Hub mm	Bohrung mm	Hubraum l	Drehrichtg	Verdichtg	Baujahr	Gewicht	In Serie gebaut bei (bzw. Entwicklungsstand)	Bemerkungen
600 A	1000	—	2350	1.55	160	150	33.9	rechts	6.5	1935	545		12 Zyl. häng. V, Vergaser
600 B	1000	—	2350	1.88	160	150	33.9	rechts	6.5	1935	545		
600 C	850	4.0	2350	1.55	160	150	33.9	rechts	6.5	1935	555	W. 60, W. 90, Genshagen, Japan	
600 D	850	4.0	2350	1.88	160	150	33.9	rechts	6.5	1935	555		
600 G	950	4.0	2350	1.55	160	150	33.9	rechts	6.5	1935	565		
600 H	950	4.0	2350	1.88	160	150	33.9	rechts	6.5	1935	565		
601 A	1100	4.5	2400	1.55	160	150	33.9	rechts	6.5	1937	610	W. 90, Alfa Romeo, Japan.	Benzin-Einspritzmotor
601 B	1100	4.5	2400	1.88	160	150	33.9	rechts	6.5	1937	610	Genshagen	
601 N	1175	4.7	2600	1.55	160	150	33.9	rechts	8.2	1940	610	W. 90, Henschel, Nimo, Genshagen	
601 E	1350	4.8	2700	1.685	160	150	33.9	rechts	7.0/7.2	1940	660	Henschel, Genshagen, Nimo, Japan	
601 F	1350	4.8	2700	1.875	160	150	33.9	rechts	7.0/7.2	1940	660		
602	1320	—	1650		230	175	88.5	rechts	16.0	1933	2060	Ut.	16 Zyl. Diesel-Luftschiffmotor
603 A	1750	5.7	2700	1.93	180	162	44.7	rechts	7.3/7.5	1942	910	W. 90, Pomo, Steyr, Ostmark, Avia	
603 D	1750	5.7	2700	1.93	180	162	44.7	links	7.3/7.5	1943	970		
603 E	1820	7.0	2700	1.93	180	162	44.7	rechts	7.3/7.5	1944	925		wie A und D, größeren Lader
603 G	2000	7.4	2700	1.93	180	162	44.7	rechts	8.3/8.5	1944	930		
603 K	2000	7.4	2700	1.93	180	162	44.7	links	8.3/8.5	1944	990		
603 L	1825	11.0	2700	1.93	180	162	44.7	rechts		1944	1020	Werk 90	Doppellader, Dralldrossel
603 M	1825	10.2	2700	1.93	180	162	44.7	links		1944	1020		Doppellader, Dralldrossel
603 N	2400	10.4	3200	1.93	180	162	44.7	rechts	8.3/8.5	1944	1050		
603 AS	1580	7.7	2700	1.93	180	162	44.7	rechts	7.3/7.5	1944	915		603 A mit G-Lader
603 U	1710	13.1	2700	2.07	180	162	44.7		9.5	1944	1100		Hirth-Abgasturbolader
603 S	1750	13.8	2700		180	162	44.7	rechts	8.3/8.5	1944		Ut. — Versuch	Motor für HZ-Anlage
604 A	2500	7.1	3200	3.0	135	135	46.5	rechts	7.0	1942	1080	Ut. — Versuch	24 Zyl. X-Motor
604 B	2500	7.4	3200	3.0	135	135	46.5	links	7.0	1942	1080	Ut. — Versuch	
604	3500	11.0	3600		135	140	50.0			1942	1200	Ut. — Versuch	
605 A	1475	5.7	2800	1.685	160	154	35.7	rechts	7.3/7.5	1941	720		Weiterentwicklung 601 E
605 B	1475	5.7	2800	1.875	160	154	35.7	rechts	7.3/7.5	1941	720	Genshagen, Henschel, Nimo, Alfa-	
605 C	1475	5.7	2800	2.06	160	154	35.7	rechts	7.3/7.5	1941	720	Romeo, M. Weiss, Steyr, Fiat,	
605 D	1435	8.5	2800	1.685	160	154	35.7	rechts	8.3/8.5	1944	740	Schweden, Rumänien	wie 605 A, größeren Lader
605 E	1435	8.5	2800	1.875	160	154	35.7	rechts	8.3/8.5	1944			wie 605 D
605 F	1435	8.5	2800	2.06	160	154	35.7	rechts	8.3/8.5	1944			
605 T			2400		160	154	35.7			1944	1040	Ut. — Versuch	Ladeaggregat für HZ-Anlage
605 AS	1435	7.5	2800	1.685	160	154	35.7	rechts	7.3/7.5	1944	730	Marienfelde	wie 605 A mit 603 G-Lader
605 L	1750	10.0	2800	1.685	160	154	35.7	rechts	7.3/7.5	1944	760	Ut. — Versuch	Doppellader, Dralldrossel
606 A	2700	4.8	2700	1.42	160	150	67.8	rechts		1940	1400		Doppelmotor 601 E—G
606 B	2700	4.8	2700	1.42	160	150	67.8	links	7.0/7.2	1940	1400	W. 90, Genshagen, Nimo	
607 A	1750	5.6	2500	1.93	180	162	44.7	rechts	13/14	1942	860	Ut. — Versuch	Dieselmotor
608 A	2760	12.0	2700	1.93	180	165	61.8	rechts	8.5	1944	1400	In Konstruktion	16 Zylinder V-Motor
609 B	2760	12.0	2700	2.14	180	165	61.8	rechts	8.5	1944	1400	In Konstruktion	3 Geschw. - 2' st. - Lader
609 F	2760	12.0	2700	2.4	180	165	61.8	links	8.5	1944	1400	In Konstruktion	
610 A	2050	5.7	2800	2.42	160	154	71.4	rechts	7.3/7.5	1942	1530		Doppelmotor 605
610 B	2050	5.7	2800	2.42	160	154	71.4	rechts	7.3/7.5	1942	1570		
610 C	2670	0.5	2800	2.42	160	154	71.4	rechts	8.3/8.5	1944	1570	Genshagen	
610 D	2670	8.5	2800	2.42	160	154	71.4	rechts	8.3/8.5	1944	1610		
611			2700	1.685	160	150	33.9		7.5			Projekt	DVL-Flachschieber 601 A
612 A	1350		2700		180	162	44.7		7.5			Ut. — Versuch	DVL-Flachschieber 601 E
613 A	4000	7.4	2700	2.48	180	162	89.4	rechts	8.3/8.5	1944	1960	Ut. — Versuch	Doppelmotor 603 G
613 B	4000	7.4	2700		180	162	89.4	links	8.3/8.5	1944	2000		
614 A	2000	6.7	2900	1.93	180	162	44.7	rechts	8.3/8.5	1942	870	Projekt	603 G mit Grenzlader
614 B	2010	6.7	2900	2.15	180	162	44.7	rechts	8.3/8.5	1942	870	Projekt	603 G mit Grenzlader
614 F	2010	6.7	2900	2.4	180	162	44.7	links	8.3/8.5	1942	870	Projekt	603 G mit Grenzlader
615 A	4000	6.7	2900	2.42	180	162	89.4	rechts	8.3/8.5	1942	1870	Projekt	Doppelmotor 614
615 B	4000	6.7	2900	2.42	180	162	89.4	links	8.3/8.5	1942	1860	Projekt	in Tandem mit gegenläuf. Luftschr.
616 A				2.06	160	154	35.7	rechts	7.5	1942		DVL-Versuch	605 mit zusätzlichem Getriebe-Ladesatz
616 B				2.06	160	154	35.7		7.5	1942		DVL-Versuch	(Argus-Getriebe)
617 A			2700	1.93	180	162	44.7	rechts	7.3/7.5			Ut. — Versuch	603-Langstreckenmotor
617 B				2.15	180	162	44.7	rechts	7.3/7.5			Ut. — Versuch	(Zweikraftstoffsystem)
617 F				2.4	180	162	44.7	links	7.3/7.5			Ut. — Versuch	
618 A				2.40	180	162	89.4	rechts	7.3/7.5			Projekt	Doppelmotor 617
619 A	5240	12.0	2800	2.48	180	165	123.6	rechts		1943	2800	Projekt	Doppelmotor 609
619 B	5240	12.0	2800	2.48	180	165	123.6	links	8.3/8.5	1945	2800	Projekt	Doppelmotor 609
620 A	2950	11.0	2800	2.42	160	154	71.4	rechts	8.3/8.5		1680	Projekt	Doppelmotor 628
620 B	2950	11.0	2800	2.42	160	154	71.4	links	8.3/8.5			Projekt	Doppelmotor 628
621	1620	13.5	2800	1.685	160	154	35.7	rechts	8.3/8.5	1942	970	Projekt	605 D mit 2-stuf. komb. Aufladung
622	1570	12.5	2700		180	162	44.7	rechts	8.3/8.5	1943	1200	Projekt	603 mit 1. St. Abgaslader, 2. St. mech.
623 A	2265	7.4	2700	1.93	180	162	44.7	rechts	8.3/8.5	1943	900	Ut. — Versuch	603 G mit 2 Abgasturboladern
623 B	2265	7.4	2700	2.15	180	162	44.7	rechts	8.3/8.5	1943	900	Ut. — Versuch	603 G mit 2 Abgasturboladern
623 F	2265	7.4	2700	2.4	180	162	44.7	links	8.3/8.5	1943	900	Ut. — Versuch	603 G mit 2 Abgasturboladern
624 A	1900	17.1	2900	2.4	180	162	44.7	rechts	8.3/8.5	1944	1270	Projekt	603 G mit Abgasturbolader (DB) und 2-stuf. Lader
625 A	1755	6.7	2800	1.685	160	154	35.7	rechts	8.3/8.5	1942	775	Ut. — Versuch	605 mit DB-Abgasturbolader
625 B	1755	6.7	2800	1.875	160	154	35.7	rechts	8.3/8.5	1942	775	Ut. — Versuch	
625 C	1755	6.7	2800	2.06	160	154	35.7	rechts	8.3/8.5	1942	775	Ut. — Versuch	
626 A	2125	7.0	2700	1.93	180	162	44.7	rechts	8.3/8.5	1944	1000	Konstruktion	603 G mit Borsig-Abgasturbolader
626 B	2125	7.0	2700	2.15	180	162	44.7	rechts	8.3/8.5	1944	1000	Konstruktion	
626 F	2125	7.0	2700	2.4	180	162	44.7	links	8.3/8.5	1944	1000	Konstruktion	
627 A	2000	11.5	2700	1.93	180	162	44.7	rechts	8.3/8.5	1944	1140		603 G mit mech. 2-stuf. Lader
627 B	2000	11.5	2700	2.07	180	162	44.7	rechts	8.3/8.5	1944	1140		
628 A	1475	11.0	2800	1.685	160	154	35.7	rechts	8.3/8.5	1944	890		605 mit mech. 2-stuf. Lader
628 B	1475	11.0	2800	1.675	160	154	35.7	rechts	8.3/8.5	1944	890		
629 A	2650	17.2	2900	1.93	180	165	61.8	rechts	8.5	1944	1450	Projekt	609 A/F mit Abgasturbolader (DB) und 2-stufiger Lader
629 B	2650	17.2	2900	2.14	180	165	61.8	rechts	8.5	1944	1450	Projekt	
629 F	2650	17.2	2900	2.4	180	165	61.8	links	8.5	1944	1450	Projekt	
630		11.0	3200		155	142	89		8.3/8.5	1945	1750	Projekt	36 Zyl. Doppel-W-Motor
631 A	1900	17.1	2700	2.4	180	162	44.7	rechts	8.3/8.5		1080	Projekt	603 G mit 3-stuf. Lader
632	2400	8.2	3200	2.5	180	162	44.7	rechts	8.3/8.5		1000	Projekt	603 N Sonderlader, Gegenlaufschraub-
HZ	2 x 1750	13.8	2700		180	162	2 x 44.7	rechts	8.3/8.5	1944	2660	Ut. — Versuch	2 x 603 S und 1 x 605 T

Drehrichtung   Drehrichtung der Luftschraube (auf Apparatesseite gesehen)

* Anmerkung: Mit Wasser-Methanol-Einspritzung und höherer Aufladung hatte der DB 605 AS eine Startleistung von 1750—1800 PS (1943/44) und der DB 603 E eine Startleistung von 2400 PS (1944) für die Dauer von 10 Min.

Nach: Zentralarchiv für Luftfahrt Frankfurt

Quelle: Flugmotoren, DB 600 A/technische Daten

a) Die Baumusterbezeichnungen der Großmotoren setzen sich zusammen aus einem Firmenkurzzeichen und einer dreistelligen Zahl. Flugmotoren erhielten das Firmenkurzzeichen DB und eine Zahl zwischen 600 und 699, Boots-, Luftschiff-, Sonder- und Triebwagenmotoren das Kurzzeichen MB und eine Kennzahl zwischen 800 und 899. Vgl. dazu: Haspel 3, 26—27 Baumuster-Bezeichnung der Großmotoren.

Tabelle 13: Mercedes-Benz-Schnellbootmotoren

| Motoren-Baumuster | 4-Takt Bauform | Aufladung | Verdichtungs-Verhältnis | Zylinder | | | | Gesamt-Hubraum l | Drehmoment b. Dauerlstg. bezog. auf Kurbelwelle mkg | Kraftstoffverbrauch b. Dauerleistung g/PS/h |
				Zahl	Bohrg. mm	Hub mm	Hubraum l			
MB 500	V-Motor 2x6	ohne	1:16	12	175	230	5,53	66,38	343,4	180
MB 501	V-Motor 2x10	ohne	1:16	20	185	250	6,7	134,4	725,9	180
MB 511	V-Motor 2x10	MB 501 mit mech. angetr. Lader	1:14	20	185	250	6,7	134,4	907,3	180
MB 502	V-Motor 2x8	ohne	1:16	16	175	230	5,53	88,5	429,7	180
MB 512	V-Motor 2x8	Mb 502 mit mech. angetr. Lader	1:14	16	175	230	5,53	88,5	549,1	180
MB 507	V-Motor 2x6	ohne	1:17	12	162	180	3,7	44,5	275,5	180
MB 518	V-Motor 2x10	mit mechan. angetr. Lader	1:14	20	185	250	6,7	134,4	954,9	175 – 180

Motoren-Baumuster	Mittl. effek. Druck bez. auf Nennleistung	Netto-Gewicht kompl. kg	Gewicht pro PS bez. auf Nennleistg. kg	Dauer-leistung PSe	U/min.	Volleistung PSe	U/min	Dauer min	Höchstleistung Nennleistung PSe	U/min	Dauer min	Einbaumasse L mm	B mm	H mm
MB 500	7,9	2170	2,28	700	1460	800	1540	180	950	1630	30	2933	975	1725
MB 501	8,25	4220	2,15	1500	1480	1800	1570	180	2000	1630	30	3875	1580	1710
MB 511	10,27	4720	1,92	1875	1480	2250	1570	180	2500	1630	30	3995	1580	2330
MB 502	8,15	2700	2,04	900	1500	1200	1600	180	1320	1650	30	3015	1220	1900
MB 512	10,17	3100	1,87	1150	1500	1500	1600	180	1650	1650	30	3045	1280	1915
MB 507	8,43	790	0,79	750	1950	850	2200	180	1000	2400	30	1830	790	1060
MB 518	11,68	4810	1,6	2000	1500	2500	1620	180	3000	1720	30	4050	1580	2330

Quelle: Fock, Schnell-Boote, Bd. 2, S. 224f.

Tabelle 14: Panzerwagenproduktion bei der Daimler-Benz AG — Übersicht über alle Daimler-Benz Fahrzeuge auf P III- und P IV-Fahrgestellen

Hersteller	Bezeichnung des Fahrzeugs	Typenbezeichnung	Sd.Kfz/Vs. Kfz Nr.
Daimler-Benz	PzKpfw III (3,7 cm) Ausf. A	1/ZW	—
Daimler-Benz	PzKpfw III (3,7 cm) Ausf. B	2/ZW	—
Daimler-Benz	PzKpfw III (3,7 cm) Ausf. C	3a/ZW	—
Daimler-Benz u.a.	PzKpfw III (3,7 cm) Ausf. D	3b/ZW	141
Daimler-Benz u.a.	PzKpfw III (3,7 cm) Ausf. E	4/ZW, auch ZW 38	141
Daimler-Benz u.a.	PzKpfw III (3,7 cm) Ausf. F	5/ZW, auch ZW 38	141
Daimler-Benz u.a.	PzKpfw III (3,7 cm) Ausf. G	6/ZW, auch ZW 38	141
Daimler-Benz u.a.	PzKpfw III (5 cm) Ausf. H.	7/ZW, auch ZW 38	141
Daimler-Benz u.a.	PzKpfw III (5 cm L/60) Ausf. J	8/ZW	141/1
Daimler-Benz u.a.	PzKpfw III (5 cm L/60) Ausf. L	9/ZW, auch ZW 38	141/1
Daimler-Benz u.a.	PzKpfw III (5 cm L/60) Ausf. M	10/ZW, auch ZW 38	141/1
Daimler-Benz u.a.	PzKpfw III (7,5 cm) Ausf. N	11/ZW	141/2
Daimler-Benz u.a.	PzKpfw III (5 cm) in Tropenausführung	—	141
Daimler-Benz u.a.	PzKpfw III (5 cm) tauchfähig	—	141
Daimler-Benz	PzKpfw III mit Waffe 0725	Projekt	—
Daimler-Benz	PzKpfw VK 2001 (DB)	ZW 40	2001 (VK)
Daimler-Benz u.a.	Gep. Sf für StuGesch 7,5 cm Ausf. A	5/ZW	142
Daimler-Benz u.a.	Gep. Sf für StuGesch 7,5 cm Ausf. C	ZW	142
Daimler-Benz u.a.	Gep. Sf für StuGesch 7,5 cm Ausf. D	ZW	142
Daimler-Benz	Großer PzBefWg III Ausf. D, früher Ausf. A	3c/ZW	266/267/268
Daimler-Benz	Großer PzBefWg III Ausf. E, früher Ausf. B	4a/ZW	266/267/268
Daimler-Benz	Großer PzBefWg III Ausf. H, früher Ausf. C	7a/ZW	266/267/268
Daimler-Benz	PzBefWg III (5 cm) Ausf. K	8a/ZW	266/267/268
Daimler-Benz u.a.	Bergepanzer III	ZW	—
Daimler-Benz u.a.	Munitionspanzer III	ZW	—
Daimler-Benz u.a.	Schlepper III	ZW	—
Daimler-Benz	PzKpfw III als Schienenfahrzeug	ZW	—
Daimler-Benz u.a.	PzKpfw III — Fahrschulwanne —	—	—
Daimler-Benz	PzKpfw VK 3001 (DB)	—	3001 (VK)

Quelle: Spielberger/Wiener, Panzerkampfwagen, S. 164—167.

2.3. PRODUKTIONSSTÄTTEN

Neben den in den dreißiger Jahren bestehenden Werken der Daimler-Benz AG wurden seit 1935 für die Rüstungsproduktion neue Fabrikationsstätten geplant und in Betrieb genommen. Es handelt sich hierbei um die Daimler-Motoren GmbH Genshager, die Daimler-Benz GmbH Kolmar, die Debag Ostwerke GmbH Reichshof, die Daimler-Benz GmbH Neupaka, die Ostwerke Königsberg, die Flugmotorenwerke Ostmark GmbH Wien und das Triebwerkentwicklungswerk Backnang.

In diesen Werken wurden, mit Ausnahme von Königsberg, Flugmotoren und Flugmotorenteile produziert. Die Einrichtung dieser Produktionsstätten geschah im Zuge der nationalsozialistischen Aufrüstung und Kriegsführung. In den anderen Werken des Unternehmens wurde die bestehende Produktion auf den Bedarf des Hauptabnehmers, des Militärs, abgestimmt.

– Werk Untertürkheim

Seit der Fusion der Daimler-Motoren-Gesellschaft und der Benz & Cie. Motorenwerke im Jahre 1926 war das Werk in Stuttgart-Untertürkheim das Stammwerk und die Zentrale der Daimler-Benz AG. Die Unternehmensleitung, Zentralverwaltung sowie die Entwicklungs- und Produktionsabteilungen sitzen seitdem dort. 1937 wurde auch der juristische Sitz der Gesellschaft von Berlin nach Untertürkheim zurückverlegt[52].

Produziert wurden im Werk Untertürkheim in den Jahren 1933 bis 1945 Personen- und Lastwagen, Spezialfahrzeuge, z.B. leichte Liefer- und Krankenwagen, Rennwagen, Großmotoren für Schiffe und Triebwagen, Motoren für Flakscheinwerfer, Ersatzteile für Kraftfahrzeuge und Flugmotoren sowie kurzfristig Torpedoteile und in geringerem Umfang auch Munition. Darüber hinaus befand sich in Untertürkheim die Versuchs- und Entwicklungsabteilung für Großmotoren[53].

Betriebsführer für das Werk Untertürkheim war nach Verabschiedung des Gesetzes zur Ordnung der nationalen Arbeit 1934 der Gesamtvorstand, vertreten durch Dr. Otto Hoppe. Nach der Vorstandsumbesetzung 1942 wurde Hans Huschke stellvertretend für den Vorstand Betriebsführer[54]. Bedingt durch den unheitlichen Gebrauch der Begriffe Betriebsführer und Werksleiter wird nicht deutlich, ob Hoppe bis 1942 den Vorstand vertretender Betriebsführer blieb. In einer von ihm selbst nach Kriegsende erstellten Auflistung bezeichnet er Dr. Wilhelm Kissel als Werksleiter Untertürkheim, Hans Huschke als dessen Nachfolger[55].

52 Werk Untertürkheim, S. 63.
53 Hoppe 4,23 und Hoppe 11,40; Protokoll der Vorstandssitzung vom 16.8.1940; DBAG 95 Werke, Fabrikationsprogramm, Verkaufsorganisation und Reparaturwerkstätten im In- und Ausland der Daimler-Benz Aktiengesellschaft; Protokoll der Präsidialsitzung vom 23.2.1940.
54 Unternehmensarchiv Protokolle, Verwaltungs-Anordnung betr. das Gesetz zur Ordnung der nationalen Arbeit (16.3.1934). Vgl. dazu auch Kapitel 1.2.2.
55 Hoppe 11,40 Anlage 5 zum Bericht der Daimler-Benz Aktiengesellschaft Stuttgart-Untertürkheim – DBAG Werksleiter.

— Werk Sindelfingen

Auch im Werk Sindelfingen war der Gesamtvorstand ‚Führer', die Vertretung oblag Dr. Ing. Wilhelm Haspel[56]. In einer Veröffentlichung über das Werk Sindelfingen aus dem Jahr 1944 wird Dr. Haspel weiterhin als Betriebsführer bezeichnet, obwohl er zu diesem Zeitpunkt Vorstandsvorsitzender der Daimler-Benz AG war. Sein in dieser Werksschrift genannter Stellvertreter, Paul Heim, war laut Dr. Hoppe bereits 1939 Werksleiter und behielt diese Stellung bis Kriegsende bei[57].

Produziert wurden im Daimler-Benz Werk Sindelfingen hauptsächlich Karosserien für Kraftfahrzeuge (Pkw, Lkw, Omnibusse, Spezialaufbauten) schließlich auch Flugzeugzellenteile, vorrangig für Messerschmitt, Motorenaufrüstung und -teile und sogenannte Sonderbauten, wie z.B. erste Versuchsstücke von Heckteilen für ‚Hitlers Wunderwaffe', die V2[58].

— Werk Mannheim

Das Zweigwerk Mannheim, Stammwerk der Benz & Cie., Rheinische Automobil- und Motorenfabrik AG, wurde während der Jahre 1933 bis 1945 von Carl Werner geleitet. Auch für dieses Werk war der Gesamtvorstand verantwortlich[59].

Nach dem Erwerb der Süddeutschen Automobilfabrik GmbH, Gaggenau, im Jahre 1910 wurde die Lastwagenproduktion von Mannheim dorthin verlegt. In Mannheim wurden dann vorrangig Personenwagen, Omnibusse und Dieselmotoren gebaut. Darüber hinaus war dem Werk eine Graugußgießerei angegliedert, die, vorübergehend stillgelegt, Ende 1933 wieder in Betrieb genommen wurde. Sie stellte für das gesamte Unternehmen Gußteile her. In den dreißiger Jahren wurde Mannheim erneut auf die Lastwagenproduktion umgestellt. Hauptsächlich wurde dann dort der 3-to-Lkw gebaut, ab 1944 auch der 3-to-Opel-Blitz[60].

— Werk Gaggenau

Das Werk Gaggenau wurde bereits unter der Geschäftsführung der Benz & Cie. auf die Lastwagenproduktion umgestellt. Unter Leitung von Arnold Gedult von Jungen-

56 Unternehmensarchiv Protokolle, Verwaltungs-Anordnung betr. das Gesetz zur Ordnung der nationalen Arbeit (16.3.1934).

57 DBAG Sindelfingen — Unser Werk in den Kriegsjahren (10.2.1944); Hoppe 11,40 Anlage 5 zum Bericht der Daimler-Benz Aktiengesellschaft Stuttgart-Untertürkheim — DBAG Werksleiter.

58 DBAG Sindelfingen — Unser Werk in den Kriegsjahren (10.2.1944). Zur V2 vgl. Kapitel 2.2.

59 Unternehmensarchiv Protokolle, Verwaltungs-Anordnung betr. das Gesetz zur Ordnung der nationalen Arbeit (16.3.1934); Hoppe 11,40 Anlage 5 zum Bericht der Daimler-Benz Aktiengesellschaft Stuttgart-Untertürkheim — DBAG Werksleiter.

60 Werke Mannheim, 1; Hoppe 11,40 Anlage 2 zum Bericht der Daimler-Benz Aktiengesellschaft Stuttgart-Untertürkheim — DBAG Fabrikations-Programm; Protokoll der Arbeitsausschußsitzung vom 24.11.1933; vgl. auch: StadtA Mannheim Sammlungen 52/231-2, Neue Mannheimer Zeitung Nr. 310 vom 10.7.1933.

feld, stellvertretend für den Gesamtvorstand, wurden hier Lastwagen, Generatorenanlagen für Kraftwagen, sowie Sattelschlepper, Omnibusse, Spezialfahrzeuge (Feuerwehrfahrzeuge, größere Krankenfahrzeuge) und Dieselmotoren hergestellt[61].

— Werk Marienfelde

Das Daimler-Benz Werk Berlin-Marienfelde bestand in den Jahren 1933 bis 1945 aus drei Teilwerken. Im Werk 40 wurden Lastwagen, im Werk 90 Flugmotoren und im Werk 42 Bootsmotoren hergestellt. Nach der Verlagerung der Bootsmotorenfertigung nach Stuttgart-Untertürkheim 1943 wurden hier Panzerwagen produziert[62].

Anfang der dreißiger Jahre wegen der wirtschaftlichen Depression vorübergehend stillgelegt, wurde die Produktion im Gesamtwerk Berlin-Marienfelde 1934 unter Betriebsdirektor Karl C. Müller wiederaufgenommen Diese Reaktivierung war ,,auf Wünsche bestimmter Behörden zurückzuführen (...), die zusätzliche Aufträge in Aussicht gestellt haben''[63].

Dem Gesamtvorstand, vertreten durch Wolfgang von Hentig, unterstand die Leitung des Werkes, verantwortlich für den Flugmotorenbau waren Friedrich Wendt und Wilhelm Künkele, für den Last- und Spezialwagenbau Richard Oberländer und Otto Wunderlich[64].

— Werk Königsberg

Bereits 1933 war der Daimler-Benz AG von Behördenseite nahegelegt worden, zusätzlich zu ihrer Filiale Königsberg dort auch ,,eine gewisse Produktionsstätte einzurichten''[65]. Konkretisiert wurden diese Pläne aber erst Ende 1936/Anfang 1937, als die Wehrmacht nun in ,,prägnanter Form'' eine Einrichtung des Werkes verlangte. Verschiedene Wehrmachtsstellen diskutierten, ob ein ,,reiner Reparaturbetrieb'' oder eine ,,Reparaturwerkstätte mit Neufabrikation im gewissen Umfange'' eingerichtet werden sollte. Schließlich schlug die Daimler-Benz AG vor, neben den Reparaturarbeiten monatlich fünf bis sechs Fahrzeuge zu montieren. Die meisten Fertigteile sollten aus Berlin-Marienfelde (Werk 40) angeliefert werden[66].

Vorstand und Aufsichtsrat erklärten sich grundsätzlich mit der Errichtung einverstanden, da es ,,wohl nicht mehr möglich sei, uns jetzt noch davon zurückzuzie-

61 Unternehmensarchiv Protokolle, Verwaltungs-Anordnung betr. das Gesetz zur Ordnung der nationalen Arbeit (16.3.1934); Hoppe 11,40 Anlage 5 zum Bericht der Daimler-Benz Aktiengesellschaft Stuttgart-Untertürkheim — DBAG Werksleiter; vgl. z.B. auch: Handbuch der Dt. Aktiengesellschaften, Jg. 45, S. 4390 und Jg. 48, S. 6117.
62 Werke Berlin-Marienfelde, 1; vgl. auch: Haspel 5a Zeitfolgegemäße Übersicht der wichtigsten Ereignisse im S-Bootsmotorenbau (28.1.1944).
63 Protokoll der Arbeitsausschußsitzung vom 24.11.1933.
64 Ebenda und Unternehmensarchiv Protokolle, Verwaltungs-Anordnung betr. Gesetz zur Ordnung der nationalen Arbeit (16.3.1934).
65 Protokoll der Arbeitsausschußsitzung vom 27.7.1933.
66 Vgl. Dokument 34; Protokoll der Vorstandssitzung vom 5.1.1937.

hen"[67]. Vor allem Dr. Kissel bestand jedoch auf weiteren Verhandlungen mit der Wehrmacht, da er offenbar einen zu starken Einfluß der Wehrmacht befürchtete[68].

Die Daimler-Benz AG sollte aus eigenen Mitteln ein Grundstück kaufen, für das das Präsidium des Aufsichtsrates 75.000 RM bewilligte. Für den Bau und die Einrichtung des Werkes wurden etwa 1,7 Millionen RM veranschlagt, die die Reichswehr tragen sollte[69].

Das Werk Königsberg unterstand, wie alle Werke von Daimler-Benz, dem Gesamtvorstand, wurde aber formal als ein ,,Appendix" des Werkes 40 (Berlin-Marienfelde) verwaltet[70]. Am 15. Oktober 1938 sollte die mechanische Werkstatt die Arbeit aufnehmen, aber erst Mitte 1940 arbeitete das Werk produktiv, da vorher erhebliche Schwierigkeiten bei der Materialzuteilung bestanden[71]. Man fertigte Teile für das Werk 40 in Berlin und führte Reparaturen durch, in erster Linie an Panzerwagen[72].

— Daimler-Benz Motoren GmbH, Genshagen

Der Bau des Daimler-Benz-Motorenwerkes in Genshagen (Kreis Teltow, südlich von Berlin) wurde im Frühjahr 1936 auf Anregung des Reichsluftfahrtministeriums in Angriff genommen. Unter Leitung des Daimler-Benz-Vorstandsmitgliedes Karl C. Müller, der gemeinsam mit Wolfgang von Hentig zum Geschäftsführer ernannt wurde, sollten in diesem Werk ausschließlich Flugmotoren produziert werden. Die Baukosten wurden hauptsächlich vom Auftraggeber, dem Reichsluftfahrtministerium, getragen[73].

Die Folgeinvestitionen und die Koordination der Gesamtflugmotorenproduktion lagen bei Daimler-Benz in Untertürkheim. Ansonsten konnte die Geschäftsführung der Tochterfirma, die Daimler-Benz Motoren GmbH genannt wurde, als Lizenzwerk selbständig handeln[74].

1939 belief sich das Gesamtkapital der Daimler-Benz Motoren GmbH, Genshagen, auf 20 Millionen RM. Das Reich, vertreten durch die Luftfahrtkontor GmbH, verfügte über einen Anteil von 19 Millionen RM, die Daimler-Benz-Motoren GmbH über 1 Million RM[75].

---

67 Protokoll der Vorstandssitzung vom 5.1.1937.
68 Protokoll der Vorstandssitzung vom 26./27.5.1937.
69 Kissel IX,3 Kissel/Hoppe an Rummel (6.1.1937).
70 Protokoll der Vorstandssitzung vom 14.9.1938.
71 Protokolle der Vorstandssitzungen vom 14.9.1938, 26.7.1939 und 16.8.1940.
72 Protokolle der Vorstandssitzungen vom 16.8.1940 und 23.10.1941.
73 Vgl. dazu u.a.: Kissel IX,2; besonders: Kissel IX,2 ? an Kissel (12.11.1935); BAMA RL3/926 Notiz vom 8.6.1937.
74 Entwurf des Protokolls der Vorstandssitzung vom 3.12.1942; Kissel IX,2 Kissel an Geschäftsführung Daimler-Benz Motoren GmbH (13.9.1941).
75 BA R2/5550 Luftfahrtkontor GmbH an Ministerialrat Mayer (16.2.1939). BA R2/5457 Tabelle: Reichsfinanzministerium Referat I/1: Zusammenstellung über im Wege der Option veräußerte Anteile des Reichs an Luftfahrtindustrieunternehmen.

Im Oktober 1940 übernahm schließlich die Daimler-Benz AG auf Wunsch des Reichsluftfahrtministeriums den Reichsanteil. Die 19 Millionen RM Anteile kaufte Daimler-Benz für 23,5 Millionen RM. 7,5 Millionen RM sollten in bar sofort bezahlt werden, die restlichen 16 Millionen mit 6 % Verzinsung in vier Jahresraten. In einem Organvertrag zwischen der Daimler-Benz AG und der Daimler-Benz-Motoren Gesellschaft wurde festgelegt, daß die Tochterfirma ihre Eigenständigkeit wahren sollte.[76]

Das Reichsluftfahrtministerium bestimmte die zu produzierenden Motorentypen, und die Motorenpreise unterlagen der Preisprüfung der Regierungsbehörde. Für das Geschäftsjahr 1939 wurde ein Flugmotorenpreis von 34.800 RM je Stück bewilligt. Laut Geschäftsbericht wurde jedoch dieser Preis am 1. Juli 1939 von der Firma ,,freiwillig'' auf 32.500 RM ermässigt. 1940 kostete ein Flugmotor infolge der Reduzierung der Produktionskosten nur noch 27.500 RM[77]. Man versuchte also nicht, den möglichen Höchstpreis für einen Motor zu erzielen. Der Gewinn, der durch Produktionsverbesserung und -steigerung erzielt wurde, kam also zum Teil auch dem Auftraggeber, dem Reichsluftfahrtministerium, in Form von Preisreduzierungen zugute.

Aufbau und Inbetriebnahme des Flugmotorenwerkes verliefen relativ störungsfrei, wofür Betriebsleiter Müller vom Aufsichtsrat ausdrücklich gelobt wurde[78]. Ab 1940 setzten jedoch erste Störungen der Produktion in Genshagen durch Einberufung von Mitarbeitern zum Militärdienst ein. Freiwerdende Arbeitsplätze mußten mit anzulernenden Arbeitskräften, darunter vielen Frauen, besetzt werden[79]. Dem mit Kriegsdauer sich zuspitzenden Arbeitskräftemangel wurde zunehmend mit dem Einsatz von Fremdarbeitern und Kriegsgefangenen (Ende 1942 betrug der Ausländeranteil in Genshagen 49,5 % [80]) begegnet. Ab Oktober 1944 wurde schließlich die ,,gesamte Montage'' auf den Einsatz von Frauen aus dem Konzentrationslager Sachsenhausen umgestellt[81].

Gegen Ende des Jahres 1941 wurde von der Zentrale Untertürkheim ein weiterer Ausbau des Werkes Genshagen geplant. Dafür sollten 200 Millionen RM investiert

76 Protokolle der Vorstandssitzungen vom 16.8.1940 und 13./14.10.1940; Protokoll der Aufsichtsratssitzung vom 14.10.1940; BA R2/5457 Tabelle: Reichsfinanzministerium Referat I/1: Zusammenstellung über im Wege der Option veräußerte Anteile des Reichs an Luftfahrtindustrieunternehmen.

77 BAMA RL3/902 Geschäftsbericht 1939 der Daimler-Benz Motoren GmbH, Genshagen, S. 3f.

78 Protokoll der Aufsichtsratssitzung vom 1.12.1937.

79 BAMA RL3/902 Geschäftsbericht 1939 der Daimler-Benz Motoren GmbH, Genshagen, S. 10.

80 Im Entwurf zum Protokoll der Vorstandssitzung vom 3.12.1942 wird diese Zahl angegeben. Sie weicht von den Angaben in Tabelle 32 ab, da hier Ausländer und Kriegsgefangene getrennt aufgeführt sind.

81 Entwurf zum Protokoll der Vorstandssitzung vom 3.12.1942; BA R3/3034, S. 95; Verzeichnis der Haftstätten unter dem Reichsführer-SS, Stichwort AK Genshagen.

werden[82]. Es war vorgesehen, die Umstellung des gesamten Werkes auf Fließbandproduktion etwa im Spätherbst 1943 abzuschließen[83].

Ab 1944 blieben trotz guter Tarnung auch die Werksanlagen in Genshagen vom verstärkten Luftkrieg nicht verschont. Daraufhin verstärkte man die Luftschutzmaßnahmen im Werk, z.B. durch Errichtung von Splitterschutzwänden[84]. Als weitere Schutzmaßnahme wurde ein Teil der Motorenproduktion unterirdisch verlagert. Verlagerungsobjekt der Daimler-Benz-Motoren GmbH war die Gipsgrube Friede bei Obrigheim (Tarnname: Goldfisch) in Württemberg, die Konzentrationslagerhäftlinge der SS-Bausonderinspektionen III und IV ausbauen mußten[85]. Die Produktion in Obrigheim wurde u.a. mehrfach durch die ungünstigen geologischen Verhältnisse in der Gipsgrube gestört. Schlammeinbrüche fanden häufiger statt, und ein Bergeinbruch forderte im September 1944 sogar 28 Todesopfer[86].

Die Daimler-Benz AG scheint mit diesem Verlagerungsvorschlag wegen der hohen Feuchtigkeit der Grube nicht einverstanden gewesen zu sein, doch mußte das Unternehmen nachgeben, denn Generalfeldmarschall Milch hatte gedroht: ,,Aber wir zwingen sie da hinein, das hilft nichts''[87].

Die ungünstigen Ortsverhältnisse, Transport- und allgemeine Versorgungsschwierigkeiten führten im Endeffekt dazu, daß die Zusammenarbeit zwischen Genshagen und der etwa 600 km entfernt liegenden Verlagerungsstätte Obrigheim nicht funktionierte[88].

— Daimler-Benz GmbH, Kolmar

Im Jahre 1940 beauftragte das Reichsluftfahrtministerium die Daimler-Benz AG, im Elsaß eine Fabrikationsstätte für Flugmotorenteile einzurichten. Im November 1940 mietete das Unternehmen deshalb die Fabrikanlage der Firma A. Kiener & Co. in Kolmar, die infolge von Zahlungsschwierigkeiten einen 1930 errichteten Shedbau mit einer Gesamtfläche von 16.000 m² nicht in Betrieb nehmen konnte. Ein Kauf kam zunächst nicht in Frage, da der Besitz der Firma Kiener & Co. zum ,,reichsfeindlichen Vermögen'' gerechnet wurde. Zum Jahresmietzins von 40.000 RM schloß die Daimler-Benz AG einen Zehnjahresvertrag mit Vorkaufsrecht ab. Bereits am 11. November 1940 genehmigte der Chef der Zivilverwaltung im Elsaß die Produktionsaufnahme.

82 Protokoll der Aufsichtsratssitzung vom 12.12.1941.
83 Protokoll der Präsidialsitzung vom 12.4.1943.
84 BA R3/1756, S. 160 und 220.
85 BA R3/1756a, S. 106; Verzeichnis der Haftstätten unter dem Reichsführer-SS, Stichworte Neckarelz, Asbach, Neckarbischofsheim, Neckargerach; BA R121/784 Aufstellung, verfaßt von Kiemle über Bauvorhaben ,,A8'' Goldfisch (15.2.1945).
86 BA R3/1756a, S. 120, R3/1749, S. 51f., R3/3034, S. 15.
87 BAMA RL3/8 Stenographischer Bericht des Jäger-Stabs vom 14.6.1944.
88 BA R3/3034, S. 15, 66, 80, R3/3034a, S. 2, 26, 46, R3/3034b, S. 6, 19, 40.

Am 9. Januar 1941 erfolgte die Gründung der Daimler-Benz GmbH Kolmar mit einem Stammkapital von einer Million RM. Geschäftsführer waren Stefan Oser und Dr. Werner Maurer, der zum 15. Februar 1942 von Karl Schreiner abgelöst wurde. Betriebsführer wurde Kurt König, der nach seinem Wechsel zur Daimler-Benz-Motoren GmbH Genshagen am 15. April 1942 durch Adolf Umgelter ersetzt wurde[89].

Zwischen dem Kolmarer Werk und der Daimler-Benz AG wurde ein Organvertrag abgeschlossen. Anders als im Falle des Organvertrages mit der Daimler-Benz-Motoren GmbH Genshagen übernahm die Daimler-Benz AG aber von der GmbH Kolmar weder Gewinne noch Verluste, ,,weil die Entwicklung der Verhältnisse im Elsass noch nicht klar zu übersehen ist''.[90].

Die Ausstattung und der Umbau des Werkes begannen am 15. Januar 1941; bereits zwei Monate später liefen die ersten Maschinen, hauptsächlich ,,Beutemaschinen''. Am 1. April 1941 wurde dann die Fabrikation von Flugmotorenteilen in Kolmar aufgenommen. Das schwerwiegendste Produktionsproblem stellte der Arbeitskräftemangel dar. Die 600 reichsdeutschen Arbeiter, die ursprünglich zum Arbeitseinsatz im Elsaß bestimmt waren, durften nicht nach Kolmar verschickt werden. Die Geschäftsführung mußte stattdessen auf ortsansässige, branchenfremde Arbeitskräfte zurückgreifen, die zunächst umgeschult werden mußten. Wenn auch, bedingt durch die fachfremden Arbeitskräfte, die Produktion nur stockend anlief, steigerte sich im Verlauf des Jahres 1941 der Umsatz der Daimler-Benz-Motoren GmbH Kolmar allmählich und erreichte insgesamt in diesem Jahr 564.193 RM[91].

— Daimler-Benz GmbH Neupaka/Protektorat

Die Daimler-Benz GmbH Neupaka (im Norden der heutigen Tschechoslowakei) wurde vermutlich 1943, möglicherweise auch bereits Ende 1942, gegründet. Gegenstand des Unternehmens waren die ,,fabrikmässige Herstellung, der Vertrieb und die Reparatur von Motoren aller Art, von Fahrzeugen und Maschinen aller Art (. . .) sowie die Herstellung und der Vertrieb von Teilen für solche Motoren, Fahrzeuge und Maschinen''[92]. Das Stammkapital der GmbH betrug 250.000 RM, außerdem bestand ein Reservefonds von 25.000 RM. Geschäftsführer waren Arnold Wychodil und Franz Xaver Benz[93].

Die Daimler-Benz GmbH Neupaka war in drei verschiedenen Räumlichkeiten untergebracht[94]:
1. In der ehemaligen Weberei der Firma G. A. Fröhlich's Sohn
2. In der ehemaligen Spinnerei der Firma G. A. Fröhlich's Sohn

---

89 Kissel IX,3 Bericht der Geschäftsführung (12.5.1942).
90 Protokoll der Vorstandssitzung vom 25./26.3.1941.
91 Kissel IX,3 Bericht der Geschäftsführung (12.5.1942); Protokoll der Präsidialsitzung vom 12.4.1943.
92 Haspel 16,112 Entwicklung der Daimler-Benz Ges.M.B.H., Neupaka/Prot. (15.6.1945).
93 Ebenda.
94 Ebenda.

3. In einem Gebäude der Firma A. Stern und Sohn, Altpaka, das erst einige Zeit später belegt wurde.

Die Räumung und Einrichtung der Werkstätten für die Produktion fand zwischen Januar und Mai 1943 statt. Die für die Fertigung erforderlichen Vorrichtungen und Spezialwerkzeuge wurden auf Kosten des Reichsluftfahrtministeriums, dem Hauptauftraggeber der GmbH, produziert und aufgestellt und gingen in Reichseigentum über[95].

Die Fertigung in Neupaka konzentrierte sich zunächst auf die Herstellung von Flakscheinwerfermotoren Typ M 08 sowie Motorenkleinteile. Geplant war außerdem die Serienproduktion von Zylinderblöcken für die Daimler-Benz Flugmotoren DB 603 und DB 605. Die Aufträge für diese Motoren wurden jedoch vom Reichsluftfahrtministerium im Januar 1945 annulliert. Der Rüstungsobmann in Prag veranlaßte danach einen Anschluß der Daimler-Benz GmbH Neupaka an die Firma Junkers in Prag und Königinhof zur Fertigung von Junkers Turbinenteilen[96].

Im März 1945 strich das Reichsluftfahrtministerium die vorliegenden Aufträge für alle Motorentypen; Neupaka produzierte nur noch Kleinteile für BMW 003 und Jumo 004 Turbinen[97]. Anfang Mai 1945 mußte Neupaka dann durch den Vormarsch der sowjetischen Truppen aufgegeben werden. Die Produktionsanlagen kamen in tschechoslowakischen Besitz[98].

— Flugmotorenwerk Reichshof GmbH (Debag Ostwerke GmbH)

Ab 1. November 1941 übernahm die Daimler-Benz AG auf Anweisung des Reichsluftfahrtministeriums von der Firma Henschel die Treuhänderschaft über das Flugmotorenwerk Reichshof (Rzeszów) 180 km östlich von Krakau. Von der Übernahme durch Daimler-Benz erhoffte sich das Ministerium eine Produktionssteigerung[99].

Eine GmbH wurde gegründet, deren formeller Sitz Stuttgart war und die mit 20.000 RM Gesellschaftskapital ausgestattet wurde. Die Gesellschaft pachtete die Werksanlagen und war für deren Bewirtschaftung veranwortlich. Das Werk selbst und die Ausstattung blieben im Besitz des Reiches[100]. Produziert wurden im Werk Reichshof Flugmotorenteile[101].

95 Ebenda; vgl. auch BA R3/1829 S. 160–164, 167–175 betr. Kostenvoranschläge für die Verlagerung der Flakmotorenfertigung nach Altpaka und Jitschin; Protokoll der Präsidialsitzung vom 12.4.1943.

96 Haspel 16,112 Entwicklung der Daimler-Benz Ges.M.B.H., Neupaka/Prot. (15.6.1945).

97 Ebenda, Bericht vom 20.6.1945.

98 Ebenda, Bericht vom 18.7.1945.

99 Vgl. Dokument 35; Kissel IX,3 Haspel u.a. an Cejka (22.10.1941); vgl. auch: Protokoll der Vorstandssitzung vom 23.10.1941 und Protokoll der Aufsichtsratssitzung vom 12.12.1941.

100 Kissel IX,3 Haspel u.a. an Cejka (22.10.1941); Protokoll der Präsidialsitzung vom 12.4.1943.

101 Hoppe 4,23 Anlage 1 zum Fragebogen an die DBAG (ca. August 1945).

Als Geschäftsführer wurde Raphael Thiel (von der Firma Heinkel in Mielec) eingesetzt, Betriebsleiter war Zwicker von der Daimler-Benz-Motoren Gesellschaft Genshagen. Im Dezember 1942 wurde Raphael Thiel durch Werner Romstedt, den bisherigen Personalchef in Untertürkheim, ersetzt, der mit Wirkung vom 1. Januar 1943 als alleiniger Geschäfts- und Betriebsführer bis etwa Mitte 1944 das Werk leitete[102].

Mitte August 1944 war das Werk Reichshof infolge der Kriegsereignisse aufgegeben worden; über die Rolle Werner Romstedts bei der Räumungsaktion gab es einige Unklarheiten. So wurde ihm sowohl von militärischer Seite als auch geschäftsintern vorgeworfen, er habe Reichshof zu früh verlassen und dadurch wichtige Maschinen und Einrichtungen aufgegeben, zu deren Abtransport General Schindler Eisenbahnwaggons zur Verfügung stellen wollte. Von der SS wurde Werner Romstedt jedoch gedeckt. SS-Obergruppenführer Berger vom SS-Hauptamt Berlin und auch Gouverneur Frank sprachen ihm ihre Anerkennung für sein korrektes Verhalten bei der Räumung des Werkes Reichshof aus[103].

— Flugmotorenwerke Ostmark GmbH, Wien

Die Flugmotorenwerke Ostmark GmbH Wien wurde am 14. Januar 1941 auf Veranlassung des Reichsluftfahrtministeriums von der Bank der deutschen Luftfahrt und der Junkers Flugzeug- und Motorenwerke AG zur Produktion des Junkers Flugmotors Jumo 222 gegründet. Unter Berücksichtigung der Standortfaktoren Arbeitskräfte, günstige Verkehrslage und relative Luftsicherheit wurden mehrere Werksstandorte im Januar 1941 ausgesucht. Das Hauptwerk sollte in Wiener Neudorf sein, Einspritzpumpen sollten in Brünn, Luftschrauben in Graz produziert werden. Als Ersatzstandort für Graz, wo die Firma Steyr ebenfalls ein Flugmotorenwerk plante, wurde dann Marburg an der Drau ausgewählt[104].

Das Geschäftskapital der Gesellschaft betrug eine Million RM, von dem die Firma Junkers 10 % bereitstellen sollte. Die Gesamtinvestitionen veranschlagte Junkers mit 265 Millionen RM für die erste und 393 Millionen RM für die zweite Ausbaustufe[105].

Auf Anweisung von Generalfeldmarschall Milch wurden 1941 die Ostmarkwerke auf die Daimler-Benz Flugmotorenproduktion umgestellt. Daimler-Benz hatte sich nicht um diese Produktion bemüht; sie war von den zuständigen Behörden angeordnet worden[106]. Gleichzeitig wurden auch die GmbH-Anteile von Junkers an die Daimler-Benz AG übertragen und das Unternehmen für den Werksausbau, die Betriebsführung und die künftige Flugmotorenproduktion verantwortlich gemacht[107].

---

102 Entwurf des Protokolls der Vorstandssitzung vom 3.12.1942; Kissel XIV,7 Haspel an Romstedt (17.12.1942).

103 Protokoll der Vorstandssitzung vom 18.8.1944; vgl. auch BA R3/1829, S. 151 betr. Schadensdeckung und Verlagerungskosten für die Debag-Ostwerke GmbH.

104 Karner, Bemühungen, S. 318f.

105 Ebenda, S. 319.

106 Kissel IX,2 Kissel an von Stauß (24.9.1941); Protokoll der Vorstandssitzung vom 23.10.1941; BAMA RL3/50, S. 564; Karner, Bemühungen, S. 322.

107 Protokoll der Aufsichtsratssitzung vom 12.12.1941.

Außerdem wurden die vier Vertreter der Firma Junkers im Beirat der Gesellschaft gegen vier Herren der Daimler-Benz AG (Dr. Kissel, Dr. Haspel, Karl C. Müller, Fritz Nallinger) ausgetauscht. Schließlich war eine Kapitalaufstockung von 10 Millionen RM auf 50 bis 70 Millionen RM geplant. 2 bis 3 Millionen RM sollte die Daimler-Benz AG als Anteil übernehmen, der Rest durch Reichsanleihen gedeckt werden[108]. Die notwendigen umfangreichen Investitionen, die Daimler-Benz auf 350 bis 400 Millionen RM veranschlagte, übernahm das Reichsluftfahrtministerium.[109]

Warum das Reichsluftfahrtministerium die Entwicklung des Jumo 222 im Jahre 1941 einstellen ließ, ist offen[110]. Der Aufsichtsrat der Daimler-Benz AG reagierte stolz auf die Übertragung der Verantwortung für die Ostmarkwerke, da sie „eine hohe Anerkennung der Leistungen der Daimler-Benz AG" bedeute[111].

Die Errichtung der Fabrikationsgebäude fiel, versehen mit dem höchsten Dringlichkeitsgrad, in den Aufgabenbereich des Baustabes Speer, der mit Hilfe der Schnellbauweise (Fertigteile) in der zweiten Hälfte des Jahres 1941 die Gebäude errichtete, deren Fertigstellung für den Januar 1942 geplant war[112]. Zum Ausbau der Werke wurden in größerem Umfang Kriegsgefangene eingesetzt. Von den ca. 10.800 beschäftigten Bauarbeitern waren 2200 Kriegsgefangene; 1900 arbeiteten in Wien, 300 in Marburg[113].

Das Richtfest der Werke Brünn und Wien wurde am 27. Oktober 1941 in Anwesenheit von Staats- und Parteivertretern, wie dem ‚Generalbauinspektor für die Reichshauptstadt', Albert Speer, Generalfeldmarschall Erhard Milch, Generaloberst Ernst Udet und Reichsleiter Baldur von Schirach gefeiert[114].

Ende des Jahres 1942 waren die Investitionen zu 90 % durchgeführt, die Werke hatten bereits teilweise begonnen zu produzieren. Schwierigkeiten zeichneten sich allerdings bei der Zulieferung der Kurbelwellen ab[115].

108 BAMA RL3/904 Tschersich an Koppenberg (21.10.1941) und Cejka an Tschersich (20.10.1941); Protokoll der Vorstandssitzung vom 23.10.1941.

109 Protokoll der Aufsichtsratssitzung vom 12.12.1941.

110 Kens/Nowarra, Flugzeuge, S. 599. Laut Karner war „der Grund für die plötzliche Umstellung von Junkers- auf Daimler-Benz-Motoren (...) zweifelsohne der Besitzwechsel bei den Flumo-Ostmark gewesen". Vgl. Karner, Bemühungen, S. 323. Laut BAMA RL3/904 Tschersich an Koppenberg (21.10.1941) wurde der Besitzwechsel aber erst im Oktober 1941 genehmigt, so daß der Beschluß, die Flugmotorenproduktion umzustellen, vor dem eigentlichen Besitzwechsel erfolgte.

111 Protokoll der Aufsichtsratssitzung vom 12.12.1941.

112 BA R3/1735, S. 51, 56, 66; Protokoll der Vorstandssitzung vom 23.10.1941.

113 Vgl. dazu Kissel IX,2 Niederschrift über die 3. Beiratssitzung der Flugmotorenwerke Ostmark GmbH in Berlin vom 16.12.1941. Laut Karner, Bemühungen, S. 320 waren in Marburg nur ortsansässige Bauarbeiter tätig, keine Kriegsgefangenen.

114 BA R3/1735, S. 72.

115 Protokoll der Vorstandssitzung vom 4./5.11.1942.

Für Mitte 1943 war der volle Anlauf der Werke mit der Produktion des DB 603 vorgesehen. Die Inbetriebnahme verzögerte sich aber wegen fehlender Werkzeugmaschinen und einer ungenügenden Zahl von Facharbeitern und Vorrichtungsbauern erneut[116].

Anläßlich eines Besuches der Flugmotorenwerke Ostmark in Wien am 5. Mai 1943 bezeichnete Göring das Werk als einen ,,Saustall''. Die Werksleitung, verantwortlich war Direktor Dr. Eckenberg, sei der Aufgabe sowohl aus gesundheitlichen Gründen als auch wegen mangelnder Fähigkeiten nicht gewachsen. Behalte man die derzeitige Werksführung bei, würde sich der Produktionsanlauf noch weiter verzögern[117]. Für diese Schwierigkeiten wurde auch der Vorstandsvorsitzende Dr. Haspel verantwortlich gemacht[118]. Direktor Dr. Eckenberg wurde auf Veranlassung Görings noch im Frühjahr 1943 vom Generaldirektor der Firma Steyr und SS-Oberführer Dr. Meindl abgelöst, der zu Göring freundschaftliche Kontakte pflegte[119].

Dieser Entscheidung fügte man sich bei Daimler-Benz, wenn auch mißmutig. Obwohl die Betriebsführung der Flugmotorenwerke Daimler-Benz nun entzogen war, gehörten die Werke weiterhin zum Daimler-Benz-Ring Flugmotoren, demzufolge das Unternehmen für die Produktion verantwortlich blieb. So befürchtete die Firmenleitung nicht zu Unrecht, daß potentiell auftretende Schwierigkeiten der Daimler-Benz AG zur Last gelegt werden könnten[120].

Bereits zu Beginn des Jahres 1944 wurden Pläne erstellt, die Flugmotorenwerke Ostmark Wien, wie im November 1943 angeordnet, zu verlagern. Ein mögliches Verlagerungsobjekt war Melk, ein Stollen, der gemeinsam mit Steyr genutzt werden sollte. Dieser Plan wurde aber zugunsten einer Verlagerung nach Dubnitza, mit Zwischenlagerung in den Schwechater Keller, aufgegeben[121]. Inwieweit diese Verlagerung tatsächlich durchgeführt wurde, ist aus den Akten nicht ersichtlich.

116 BAMA RL3/13 Bericht über GL-Besprechung vom 14.4.1942, S. 7—9, RL 3/19 Bericht über GL-Besprechung vom 13.4.1943, S. 9ff., RL3/50, S. 564—570; Kissel IX,2 Niederschrift über die 3. Beiratssitzung der Flugmotorenwerke Ostmark GmbH in Berlin (16.12.1941).
117 BAMA RL3/50, S. 572—577.
118 BAMA RL3/26 Stenographischer Bericht der GL-Besprechung vom 16.11.1943, RL3/50 Besprechung mit Göring vom 13.5.1943; Haspel 25 Erklärung Dr. Haspel vom 13.8.1946.
119 BAMA RL3/50 S. 578f.; Haspel 25 Erklärung Dr. Haspel vom 13.8.1946; vgl. auch: Protokoll der Präsidialsitzung vom 12.8.1943.
120 Vgl. Dokument 36.
121 BAMA RL3/1 ,Unternehmen Hubertus' Besprechung bei F. O. W. (9.3.1944), RL3/33 Stenographischer Bericht der Besprechung während des Unternehmens Hamburg vom 20.—23.2.1944; BA R3/1756, S. 315.

— Werk Backnang

Beim Werk Backnang handelte es sich um ein selbständiges Werk innerhalb der Daimler-Benz AG, das vermutlich auf Anordnung des Reichsluftfahrtministeriums errichtet wurde. Das Werk führte im wesentlichen Triebwerksentwicklungen für das Jägerprogramm durch[122].

Die Ausbaugenehmigung erteilte das Ministerium im November 1942[123]. Beim Aufbau des Werkes wurde auf bereits vorhandene Gebäude zurückgegriffen; zwei Lederfabriken in Backnang wurden ausgebaut, sechs Prüfstände sowie Tank- und Außenanlagen errichtet. Die Gesamtbausumme belief sich auf 840.000 RM, die mit einiger Sicherheit vom Reichsluftfahrtministerium gewährt wurde[124].

Betriebsführer wurde Direktor Josef von Berg, sein Stellvertreter Herr Herzog. Am 1. Januar 1943 wurde die Triebwerksentwicklung der Daimler-Benz AG nach Backnang verlegt. Entwickelt wurden Triebwerke der Baumuster 9-8603 sowie ein Baumuster PTL (= Propellerturbine)[125]. Vom Einheitstriebwerk 9-603 TD sollten in Backnang zehn Stück gebaut werden[126].

Das Werk sollte in enger Zusammenarbeit mit Sindelfingen (Triebwerkseinbau) und Untertürkheim (Motorenentwicklung) arbeiten. Die Effektivität und Produktivität des Werkes war allerdings nicht so wie erwartet, die Zusammenarbeit mit Sindelfingen klappte offensichtlich nicht. In einer Beschwerde beschrieb ein Oberingenieur im Mai 1944 die ‚chaotischen‘ Verhältnisse in Backnang; er bemängelte vor allem die ziellose Projektierung und die undurchsichtigen Führungsverhältnisse[127].

Diese Mängel führten im Mai 1944 dazu, daß die Entwicklungen für das Jägerprogramm dem Werk entzogen werden sollten. Dr. Haspel gelang es nach großen Bemühungen schließlich doch noch, das Werk wenigstens zur Hälfte im Jägerprogramm zu halten[128].

Im September 1944 wurden infolge der Luftangriffe auf Sindelfingen noch einige Abteilungen dieses Werkes nach Backnang verlagert, so die Abteilung Versuch und die Abteilung zum Aufrüsten der Triebwerke B1 und B2[129].

— Verlagerungen von Produktionsstätten

Mit der Zunahme des Luftkrieges über dem deutschen Reichsgebiet seit 1942[130] wurden größere Industriebetriebe dezentralisiert. Die Produktion wurde zunächst in

122 Haspel 1,9 Haspel an Nallinger (22.5.1944) und Aktennotiz vom 16.12.1942.
123 Haspel 1,9 Fürst an Haspel (13.11.1942).
124 Ebenda, Reichsluftfahrtministerium an DBAG (8.3.1943).
125 Ebenda, Fürst an Haspel (13.11.1942); Aktennotiz vom 16.12.1941; Interner Aktenvermerk über Besprechung am 31.5.1944.
126 Haspel 5,54 Haspel an Werk Sindelfingen (15.3.1943).
127 Haspel 1,9 Aktennotiz vom 7.5.1944 und Haspel an Nallinger (22.5.1944).
128 Ebenda, Haspel an Nallinger (22.5.1944).
129 Haspel 2,18 Notiz an Nallinger betr. Verlagerungen vom 15.9.1944.
130 Vgl. dazu z.B.: Wolf, Luftangriffe.

kleinere Werke verlegt, die ‚kriegsunwichtiges' Material herstellten. Die Verschärfung des Luftkampfes zwang schließlich die Industrieunternehmen zur Verlagerung ihrer kriegswichtigen Produktion in unterirdische Produktionsstätten.

Die Aufforderung zur Verlagerung ging vom Reichsministerium für Rüstung und Kriegsproduktion aus. Die Auswahl des Verlagerungsobjektes sowie die Kosten für die Verlagerung selbst, aber auch die Kosten für den Ausbau der unterirdischen Werke, wurden von dieser Reichsbehörde übernommen, lediglich spezielle Innenausbauten und die Verlegung von Versorgungsleitungen wurden von den Unternehmen selbst finanziert[131].

Verantwortlich für die Organisation der Verlagerungen im Flugmotorenbereich war bei der Daimler-Benz AG Direktor Karl C. Müller, Leiter des Werkes Genshagen[132].

Oberirdische Verlagerungen

Pläne zur Verlagerung der Marinemotorenfertigung von Berlin-Marienfelde nach Untertürkheim wurden bereits 1942 unter Dr. Kissel gemacht. Schließlich wurde Anfang 1943 durch Führerbefehl die S-Bootsmotorenfertigung gegen den Willen des Oberkommandos der Marine (OKM) nach Stuttgart verlagert, um das Werk in Marienfelde für eine gesteigerte Panzerproduktion nutzen zu können[133].

Doch war Untertürkheim auch nicht vor Luftangriffen sicher. Durch ein effektives Bombardement hätte mit einem Schlag die gesamte nunmehr dort konzentrierte Bootsmotorenfabrikation vernichtet werden können. Deshalb nahm die Daimler-Benz AG wiederum gegen den Willen des Oberkommandos der Marine und ohne den offiziellen Befehl abzuwarten, eine weitere Verlagerung der Produktion nach Wendlingen, Bietigheim und Cannstatt vor[134]. Wie richtig diese Maßnahme war, bestätigte sich schließlich am 21. Februar 1944, als ein Luftangriff das Daimler-Benz-Werk Untertürkheim teilweise zerstörte[135].

Auf Grund der unübersichtlichen Kriegssituation können keine genauen und vor allem vollständigen Angaben über das Ausmaß der oberirdischen Verlagerungen gemacht werden. Einzelne Verlagerungen seien als Beispiele angeführt:
- Verlagerung von Teilen des Daimler-Benz-Werkes Sindelfingen in die Projekte „Tell" (Maulbronn), „Schwarzwald I" (Iselshausen) und „Schwarzwald II" (Weil der Stadt)[136].

131 Vgl. Dokument 37; vgl. auch z.B.: BA R3/1824, S. 262, 265, 267, R3/1756. S. 235.

132 Vgl. dazu: Haspel 8,82. Hier diverse Korrespondenz an/von Müller betr. Verlagerungen. Häufig auch Unterschriften von Müller als Daimler-Benz-Beauftragter im Zusammenhang mit Verlagerungen.

133 Haspel 5a Zeitfolgegemäße Übersicht der wichtigsten Ereignisse im S-Bootsmotorenbau (28.1.1944); BA R3/1824, S. 282f.

134 BA R3/1824, S. 276; Haspel 10,93 OKM an DBAG (18.2.1944).

135 BA R3/1824, S. 276.

136 Haspel 24 Daimler-Benz AG Werk Sindelfingen Stand 18.9.1944 Punkt IV Auslagerungen.

— Verlagerung von Teilen der Produktion des Daimler-Benz-Werkes Mannheim zu den Heinsteinwerken Heidelberg und zur Firma Badenia in Weinheim a.d. Bergstraße[137].

— Verlegung der Flakscheinwerfermotoren-Fertigung von Untertürkheim nach Altpaka und Jitschin im Protektorat[138].

— Laut Führerauftrag vom 13. September 1943 sollte die italienische Rüstung für die deutsche Kriegsproduktion nutzbar gemacht werden. Auf Grund dieser Anordnung verlagerte die Daimler-Benz AG verschiedene Bereiche der Teilefertigung zu oberitalienischen Firmen (Fiat, Isotta Fraschini, Alfa Romeo, Ansaldo), vor allem auf dem Gebiet der Schnellbootsmotorenfertigung. Dabei handelte es sich um sogenannte ‚Verlagerungsaufträge‘, d.h. die italienischen Firmen fertigten Teile gegen Bezahlung[139].

Neben diesen ‚geplanten Verlagerungen‘ zur Aufrechterhaltung der Produktion kam es mit Zuspitzung der Kriegssituation auch zu überstürzten Rückverlagerungen: Die Reparaturwerkstätten bzw. Niederlassungen im Osten (Allenstein, Breslau, Gleiwitz, Königsberg, Schneidemühl und Posen) wurden so kurzfristig verlassen, daß Maschinen, Werkzeuge und Rohstoffe zurückgelassen werden mußten. Eine frühzeitigere Verlagerung war unmöglich, da in diesen Betrieben fast ausschließlich Wehrmachtsfahrzeuge instandgesetzt wurden[140].

Auch die übereilte Rückverlagerung des Werkes Reichshof war mit erheblichen Verlusten für die Daimler-Benz AG verbunden. Eine Rückerstattung der Verlagerungskosten wurde vom Reichsministerium für Rüstung und Kriegsproduktion angeordnet, nicht ohne intern darauf hinzuweisen, daß bei der Abrechnung Aufmerksamkeit erforderlich sei, da Daimler-Benz auch bereits abgeschriebene Werkzeuge in Rechnung stellen könne[141].

Unterirdische Verlagerungen

Im März 1944 schätzte Dr. Haspel die für die Daimler-Benz AG notwendige unterirdische Verlagerungsfläche auf etwa 250.000 m², das entsprach immerhin etwa 40 % der bebauten Fabrikfläche[142].

Zumeist wurden die Verlagerungsprojekte mit einem Codenamen getarnt, der keine Rückschlüsse auf den Ort der Verlagerungen zuließ. Die Verlagerungen in unterirdische Produktionsstätten fanden bei Daimler-Benz offenbar wegen der Kosten und or-

137 BA R3/1826, S. 85f.; R3/1824, S. 270.
138 BA R3/1829 vgl. z.B. S. 160–163.
139 Haspel 10,94 komplett.
140 BA R3/1829, S. 151.
141 Ebenda, S. 150 und 153.
142 BA R3/1756, S. 274; vgl. Handbuch der Dt. Aktiengesellschaften Jg. 48, S. 6117. Danach hatte die Daimler-Benz AG in jenem Jahr einen Grundbesitz von 2.569.839 m². An Fabrikgrundstücken besaß sie 2.004.875 m², davon bebaut 607.840 m².

ganisatorischen Schwierigkeiten wenig Zustimmung. So hätten Firmenvertreter bei Besprechungen vor Ort, aber auch bei den eigentlichen Ausbauplänen kaum Interesse gezeigt[143].

Genaue Angaben, wann die einzelnen Projekte in Betrieb genommen bzw. wieder geräumt wurden, sind kaum möglich. Zum Teil wurden die unterirdischen Räume an andere Firmen abgegeben, zum Teil wurden die Produktionsstätten nach der Räumung gesprengt[144].

Folgende Verlagerungsobjekte sind aus den Akten zu ersehen:

Tabelle 15: Unterirdische Verlagerungsobjekte für die Daimler-Benz AG

Verlagerungs-objekt	Codename	Verla-gerung von	Fertigung	Flächenbe-darf m²	Bauvo-lumen RM	Geplante Fertigstellung
Gipsgrube Friede bei Obrigheim	Goldfisch	Genshagen	Jägerpreß-werk	40.000	3.800.000	Okt. 1944
Gipsgrube Ernst bei Obrigheim	Brasse	Sindel-fingen				
Hochwald (Maginot-Linie)	Nelke	Unter-türkheim Genshagen	Propeller-Langwel-ler DB 603			später in Tunnel Wiesensteig
Hochwalde (Frankfurt/Oder)	Schachtel-halm	Genshagen	Laderferti-gung			
Steinbruch Rottenburg	Jaspis					
Stollen Groß-Sachsenheim (Vaihingen/Enz)	Galenit/ Gallenith	Mannheim				Stillge-legt Febr. 1945
Autobahntunnel Wiesensteig (Lämmerbuckel)		Genshagen	Propeller-Langwel-len DB 603 Doppellader			
Haslach	Barbe	Gaggenau				
Reichsbahntunnel Wesserling (Kr. Tann, Oberelsaß)	Kranich	(Sindel-fingen)	DB 605	15.000	3.000.000	Aug. 1944

143 BA R3/1686, S. 19—24, 33f.

144 Haspel 8,82 Niederschrift über die Vorbereitung und Durchführung der Räumung von „Goldfisch" und „Brasse" (31.3.1945).

Verlagerungs-objekt	Codename	Verla-gerung von	Fertigung	Flächenbe-darf m²	Bauvo-lumen RM	Geplante Fertigstellung
Brühl bei Ess-lingen	Galmei	Unter-türkheim				
Raum Stuttgart	Palm(en)wald	Untertürk-heim, Ma-rienfelde				
Deutschoth (Luxemburg) Erzgrube Rothe Erde	Hai	Genshagen				Verlagerung nicht durchgeführt
Rastelbinderhöhle bei Kirilein		Flugmoto-renwerke Ostmark	Einspritz-pumpen	650	90.000	Juni 1944
Auslaßhöhle bei Kirilein		Flugmoto-renwerke Ostmark	Einspritz-pumpen	4.400	213.000	Juli 1944
Kulna-Höhle bei Sloup		Flugmoto-renwerke Ostmark	Motoren-teile	1.400	100.000	Juni 1944
Michaeler Höhle bei Holstein		Flugmoto-renwerke Ostmark	Motoren-teile	300	15.000	Mai 1944

Quelle: Zusammengestellt nach: Haspel 8; Haspel 10; Haspel 24; BA R3/3126 und R3/3034a.

2.4. ZUSAMMENARBEIT DER DAIMLER-BENZ AG
MIT DER DEUTSCHEN AUTOMOBIL- UND MOTOREN-INDUSTRIE

Verschiedene Behörden stellten Anforderungen an die Automobil- und Motorenin-dustrie zur Konstruktion von Einheitswagen und Einheitsmotoren. Dabei kam es zu-nächst zu keiner direkten Zusammenarbeit der Firmen, sondern die Behörden verga-ben Entwicklungsaufträge an die Unternehmen, um sich dann die ihnen am geeignet-sten erscheinenden Lösungen herauszusuchen, die durchaus aus den Vorschlägen verschiedener Firmen zusammengestellt sein konnten.

Eine Zusammenarbeit zwischen der Daimler-Benz AG und anderen Automobilfir-men bei der Konstruktion von Fahrzeugen und Motoren fand während des Dritten Reiches besonders nach Kriegsausbruch statt. Diese Kooperation war in vielen Fällen jedoch keineswegs freiwillig, sondern wurde vielmehr vom Staat den Firmen ‚ver-ordnet'.

Bei der Lkw-Produktion betraf dieses insbesondere die Zusammenarbeit der Daimler-Benz AG mit MAN beim 4,5-to[145] sowie beim Nachbau des 3-to-Opel ‚Blitz‘[146].

2.4.1. 4,5-to-Lkw

Dieser Typ war als kriegswichtig in das Kriegsprogramm aufgenommen worden, und die Produktion wurde Mitte 1940 für die Firmen Daimler-Benz und MAN mit der Auflage freigegeben, daß beide Firmen bis zum 1. Januar 1943 eine gemeinsame Konstruktion vorlegen sollten, die ‚‚völlig baugleich und in allen Teilen gegeneinander austauschbar sein‘‘ mußte[149]. Ein entsprechender Auftrag ging auch an die ‚Frankfurter Gruppe‘ (Klöckner-Humboldt-Deutz, Henschel und die österreichischen Saurer-Werke)[148].

Offenbar war die Daimler-Benz AG der führende Partner bei dieser Kooperation mit der MAN und konnte ihre eigene Konstruktion des 4,5-to im wesentlichen einbringen[149]. Obwohl im Januar 1941 die Zusammenarbeit mit MAN von der Daimler-Benz AG als ‚‚gut‘‘ bezeichnet wurde[150], kam eine gemeinsame Konstruktion schließlich doch nicht zustande.

Deshalb wies der Reichsminister für Rüstung und Kriegsproduktion 1943 die Daimler-Benz AG an, ihren bisherigen 4,5-to in Gaggenau weiterzubauen und bestimmte als Nachbaufirmen die Unternehmen der sogenannten Ostmark-Gruppe (Österreichische Saurerwerke, Wien, Österreichische Automobilfabrik AG, Wien, und Fross-Büssing K.G., Wien)[151]. Die MAN schied aus der Zusammenarbeit aus[152]. Die Leitung des ‚Sonderausschusses 4,5-to‘ sollte der Daimler-Benz AG übertragen werden, den Vorsitz sollte Oberbaurat Schmidt vom Werk Gaggenau übernehmen[153].

---

145 Kissel XIV,5 Kissel an von Jungenfeld (14.6.1941); vgl. auch: Kissel VI,3a Generalbevollmächtigter für das Kraftfahrwesen an Hauptausschuß Kraftfahrzeuge (25.6.1942).

146 Kissel VI,3a. Die gesamte Akte enthält Schreiben zu dieser Thematik.

147 Protokoll der Vorstandssitzung vom 3.6.1942; Kissel VII,2 Schell an DBAG, MAN und WIGRUFA (6.5.1940).

148 Kissel VII,2 Schmidt an Kissel (12.7.1941).

149 Vgl. z.B. Kissel I,6 Protokoll Nr. 320 über die Aussprache in Gaggenau am 13.6.1940.

150 Protokoll der Vorstandssitzung vom 21./22.1.1941.

151 Haspel 6,56 Abschrift eines Briefes der WIGRUFA an RWM (22.11.1944); vgl. auch: Protokoll der Vorstandssitzung vom 16./17.2.1943.

152 Haspel 23 Niederschrift über die Besprechung am 3.3.1943 im Werk Untertürkheim ‚Arbeitskreis Lastwagen‘.

153 Protokoll der Vorstandssitzung vom 16./17.2.1943.

2.4.2. 3-to-Opel ‚Blitz'

Anders als beim 4,5-to-Lkw gelang es der Daimler-Benz AG beim 3-to-Diesel (LGF 3000) trotz verschiedentlicher Bemühungen nicht, ein Fahrzeug zu liefern, das die Behörden akzeptierten, so daß man schließlich das Modell einer Konkurrenzfirma, nämlich den Opel ‚Blitz', nachbaute.

Werlin hatte bereits seit 1938 den Opel 3-to-Lkw mit Vergasermotor favorisiert. Schon zu diesem Zeitpunkt regte er an, den Opel-Wagen bei Daimler-Benz nachzubauen, falls der eigene 3-to nicht angenommen werde[154].

1942 richtete die Opel AG eine Denkschrift an Hitler, in der sie eine wesentliche Produktionssteigerung für ihren 3-to ankündigte. Diese Denkschrift überreichte Werlin Hitler und schlug ihm offensichtlich vor, zusätzlich zu der Produktion von Opel auch das Daimler-Benz-Werk Mannheim auf das Opel-Fabrikat umzustellen. Diesen Vorschlag begrüßte Hitler[155].

Ohne die Unternehmensleitung zu informieren, beauftragte daraufhin Reichsminister Speer den ehemaligen Opel-Mitarbeiter und damaligen Daimler-Benz-Direktor Paulus, die Umstellungsmöglichkeiten des Werkes Mannheim auf den Opel-Lkw zu prüfen. Obwohl die Daimler-Benz AG grundsätzlich lieber ihren eigenen 3-to gebaut hätte, gab Dr. Haspel zu bedenken, daß das Unternehmen keinesfalls aus der 3-to-Produktion ausscheiden dürfe, da es andernfalls sehr schwer sein werde, nach Ende des Krieges die Produktion wieder aufzunehmen[156].

Der Generalbevollmächtigte für das Kraftfahrwesen bestimmte am 23. Juni 1942 die Daimler-Benz AG und die Firma Borgward als Nachbaufirmen für den 3-to-Opel ‚Blitz'[157]. Daraufhin schlossen Opel und Daimler-Benz einen entsprechenden Nachbauvertrag. Als Lizenzgebühr erhielt Opel eine einmalige Zahlung von 800.000 RM und eine Stücklizenz von 120 RM für Privatlieferungen; Lieferungen an die Wehrmacht und die Waffen-SS waren lizenzfrei. Die Kündigungsfrist für den Vertrag wurde auf zwei Jahre nach Kriegsende festgesetzt[158].

Es war vorgesehen, das Werk Mannheim auf die Opel-Produktion umzustellen. Die auf Anordnung von General von Schell dorthin verlegte Panzerteilproduktion sollte wieder herausgenommen werden[159].

Zur Umstellung war ein Kostenaufwand von ca. 10 Millionen RM notwendig, für den die Daimler-Benz AG eine Beteiligung des Reiches anstrebte. Aus verschiedenen

---

154 Protokoll der Vorstandssitzung vom 31.10.1938.
155 Protokoll der Vorstandssitzung vom 3.6.1942; vgl. auch: Boelcke, Deutschlands Rüstung, S. 133.
156 Protokoll der Vorstandssitzung vom 3.6.1942.
157 Kissel VI,3a Generalbevollmächtigter für das Kraftfahrwesen an Hauptausschuß Kraftfahrzeuge (25.6.1942); vgl. auch: Eichholtz, Geschichte, Bd. 2, S. 314−316.
158 Protokoll der Vorstandssitzung vom 14.8.1942.
159 Kissel XIV,62 Kissel an Durhold (15.6.1942).

Gründen verzögerte sich jedoch der für Oktober 1942 geplante Anlauftermin für die Produktion immer weiter.

Um das Werk Mannheim nicht beschäftigungslos werden zu lassen, holte Dr. Haspel Anfang 1943 beim Hauptausschußleiter Kraftfahrzeuge, Wilhelm Schaaf, die Genehmigung zum Weiterbau des 3-to-Mercedes-Benz ein[160].

Auch im Jahre 1943 kam der Anlauf der Produktion des Opel-Lkw in Mannheim nicht zustande. Dies hatte verschiedene Gründe:

— Das Reichsministerium für Rüstung und Kriegsproduktion hatte keine Dringlichkeitsstufe angeordnet; dadurch war die Beschaffung von Werkzeugmaschinen nahezu unmöglich.
— Opel selbst kam mit seiner Produktion in Rückstand (Schwierigkeiten am Rahmen und beim Temperguß)[161].
— Im Spätsommer 1943 fielen einige Werkzeuglieferanten durch Bombenschäden völlig aus[162].

Reichsminister Speer hielt dennoch an der Durchführung des Nachbaus durch Daimler-Benz fest, was Haspel als ,,ein Unglück'' bezeichnete[163]. Im September 1943 hielt Dr. Haspel die Umstellung der Fabrikation auf den Opel ,Blitz' für unsinnig, da ein wiederum geplanter Anlauf für Februar 1944 erneut fraglich war und — wenn überhaupt — mit den vorhandenen Maschinen nur eine geringe Stückzahl produziert werden könnte; selbst Werlin schloß sich dieser Ansicht an[164].

Da Speer weiterhin auf der Fabrikationsaufnahme des Opel ,Blitz' bestand, wandte sich Dr. Haspel unmittelbar an Hauptdienstleiter Saur, um den Nachbau in die höchste Dringlichkeitsstufe einordnen zu lassen. Saur gab keine konkrete Zusage, verlangte aber, weil es der Wunsch des Führers sei, äußersten Einsatz und die Einführung der 72-Stunden-Woche für den Lastwagenbau.

Weil die Vorbereitungen zum Anlauf der Opel ,Blitz'-Fabrikation bei Daimler-Benz so weit fortgeschritten waren, daß eine erneute Umstellung nicht mehr tragbar war, sollten die Verantwortlichen die weiteren Vorbereitungen in einer ,,Gewaltaktion'' durchziehen[165].

Mitte August 1944 sprach der Daimler-Benz-Vorstand dann dem Leiter des Werkes Mannheim, Carl Werner[166], sowie Direktor Paulus ein Lob für die ausgezeichnete

---

160 Protokolle der Vorstandssitzungen vom 4./5.11.1942 und 16./17.2.1943.
161 Protokoll der Vorstandssitzung vom 9.6.1943.
162 Protokoll der Vorstandssitzung vom 15./16.9.1943.
163 Protokoll der Vorstandssitzung vom 9.6.1943.
164 Protokoll der Vorstandssitzung vom 15./16.9.1943.
165 Protokoll der Vorstandssitzung vom 15./16.4.1944.
166 Trotz seiner ,jüdischen Versippung' erhielt Direktor Werner das Kriegsverdienstkreuz I. Klasse mit Schwertern für seine Verdienste bei der Werksumstellung. Hitler habe die Auszeichnung Werlin gegeben, damit er sie an Werner weiterreiche, vgl. dazu: Protokoll der Vorstandssitzung vom 18.8.1944.

Umstellung aus. Ende dieses Monats sollten dann die ersten 400 Opel-Lkw das Werk verlassen[167].

Auf dem Sektor Flugzeuge/Flugmotoren arbeitete Daimler-Benz mit den Firmen Heinkel AG, Rostock, Henschel & Sohn, Kassel, Focke-Wulf AG, Bremen, Dornier Werke GmbH, München, und Messerschmitt Werke AG, Regensburg, zusammen. Zum Teil war die Zusammenarbeit von staatlichen Stellen angeordnet, zum Teil sicherlich auch freiwillig, da der Einbau der Daimler-Benz-Flugmotoren in die Flugzeugzellen enge Kontakte erforderte.

Die Zusammenarbeit mit Heinkel erfolgte wahrscheinlich auf freiwilliger Basis. Die Vertreter von Heinkel interessierten sich vor allem für den Motor DB 601 und dessen Weiterentwicklung (DB 603)[168].

Der DB 601 war unter anderem für ein Projekt vorgesehen, das Daimler-Benz, Heinkel, die Lufthansa und das Reichsluftfahrtministerium gemeinsam durchführten: das Heinkel-Flugboot He 120 für Transatlantik-Überquerungen. Der Daimler-Benz Motor wurde wegen seines geringen Treibstoffverbrauches sowie einer besseren Oberflächenverdampfungskühlung einem BMW-Motor vorgezogen. Die Oberflächenverdampfungskühlung hatte Daimler-Benz in Kooperation mit Heinkel entwickelt[169].

1941/42 vereinbarten die Focke-Wulf Flugzeugwerke und die Daimler-Benz AG eine Zusammenarbeit bei der Entwicklung von Langstreckenflugzeugen, die mit Daimler-Benz-Aggregaten angetrieben werden sollten. Erste Pläne dazu stammten bereits aus dem Jahr 1938. 1942 begann eine Studiengruppe, der Vertreter beider Firmen angehörten, drei Flugzeuge zu entwickeln: Zwei verschiedene Trägerflugzeuge sollten eine große Bombenlast bzw. fünf bemannte Flugbomben über eine große Distanz transportieren. Das Flugboot, ausgestattet mit acht DB 603 E, sollte mit einer Reichweite von über 11 000 km Nordamerika ohne Zwischenlandung erreichen können. Noch 1945 arbeiteten Dr. Nallinger und Professor Dr. Kurt Tank von Focke-Wulf an diesem ‚Schnellstbombenträger‘, der dank hoher Geschwindigkeit und großer Reichweite feindliche Flugplätze in Übersee angreifen sollte. Obwohl das Reichsluftfahrtministerium diese Projekte befürwortete, kamen sie über ein erstes Entwicklungsstadium nicht heraus[170].

Um die langandauernden Schwierigkeiten mit dem DB 605 möglichst schnell zu beheben, versuchten Vertreter des Reichsluftfahrtministeriums, die Daimler-Benz AG zur Zusammenarbeit mit anderen Motorenfirmen zu bewegen. Da Daimler-Benz da-

167 Ebenda.

168 Kissel VIII,3 Notiz betr. Reise zu Fa. Heinkel, Werk Rostock am 5.10.1937.

169 Ebenda, Notiz Nallinger betr.: DB 601 Motoren für Heinkel-Flugboot (4.11.1937) und W 60 Aktennotiz vom 14.2.1938.

170 Kissel VIII,3 W 60 Aktennotiz vom 7.10.1938; Technisches Archiv, Flugmotoren, Bemerkungen zu einem Daimler-Benz/Focke-Wulf Trans-Ozean-Flugboot-Projekt mit DB 603 E Antrieb; Technisches Archiv, Flugmotoren, DB 603.

von nicht begeistert war, ordnete die Behörde an, daß ein Daimler-Benz- Motor an die Junkers-Entwicklungsabteilung gegeben wurde. Nach Dr. Haspel bestand ein laufender Meinungsaustausch mit Junkers über technische Angelegenheiten, so daß Daimler-Benz diese Maßnahme akzeptierte[171].

Mit den Dornier-Werken besprach Daimler-Benz die Gestaltung der Motorenentwicklung, „um für Militärzwecke zu gut brauchbaren Einheiten . . . zu kommen"[172]. Daimler-Benz informierte Dornier auch über den Entwicklungsstand ihrer Flugmotoren. Die Do 17 war z.B. mit Daimler-Benz-Motoren ausgestattet und sollte als Vorführmaschine ins befreundete Ausland gehen[173]. 1944 rüstete Daimler-Benz die Do 335 mit DB 603-Motoren und teilweise mit Daimler-Benz-Triebwerken aus[174].

Im Daimler-Benz-Werk Sindelfingen wurden für die Messerschmitt AG Tragflächen z.B. für die Me 110 produziert[175]. Außerdem baute auf Anweisung des Reichsluftfahrtministeriums die Daimler-Benz AG 1942 bis Ende 1944 Wechseltriebwerke für sämtliche Messerschmitt-Baumuster[176].

Im Auftrag des Oberkommandos der Marine arbeitete Daimler-Benz an einer außenluftunabhängigen Dieselkreislaufanlage zum Antrieb von Kleinunterseebooten mit. In einer ‚Arbeitsgemeinschaft für Kreislaufbetrieb' entwickelten Daimler-Benz, Deschimag, Dräger, Kienzle und andere Firmen diese Anlage mit dem Ziel, auf U-Booten dieselben Antriebsmaschinen für Über- und Unterwasserfahrt verwenden zu können[177]. Die Daimler-Benz AG befaßte sich mit dem Motor (MB 501) einschließlich der Sauerstoffanlage im Niederdruckbereich. Im Oktober 1943 äußerte Dr. Nallinger die Ansicht, das Verfahren sei aussichtslos und solle besser eingestellt werden[178]. Dennoch gab Ministerialdirektor Brandes Anweisung, die Entwicklung weiterzuführen[179] und ein Versuchsboot mit der Daimler-Benz-Anlage auszustatten. Ob dies geschehen ist, war aufgrund des Aktenmaterials nicht festzustellen.

171 BAMA RL3/14 Berichte über die GL-Besprechungen am 19.5.1942 und 1.6.1942, RL3/21 Bericht über die GL-Besprechung vom 18.6.1943.
172 Kissel VIII,2 W 6 Aktennotiz vom 11.1.1937 über die Besprechung am 8.1.1937 bei der Fa. Dornier.
173 Kissel VIII,3 Daimler-Benz AG an Dornier (12.5.1938).
174 Vgl. Dokument 38; vgl. auch BA R3/1760, S. 3 und 58.
175 BA R3/1760, S. 168, R3/3034, S. 52.
176 Haspel 5,54 Messerschmitt an DBAG (23.10.1942); vgl. auch BA R3/1749 S. 209f.
177 Haspel 7,61 (Diverse Schreiben).
178 Ebenda, W 60 Aktennotiz Nr. 4853 (23.10.1942).
179 Ebenda, bes. OKM an Nallinger (26.8.1944).

3. FORSCHUNG UND ENTWICKLUNG

3.1. MOTOREN

3.1.1. Flugmotoren

Auch bei der Flugmotorenkonstruktion kann die Daimler-Benz AG auf eine lange Tradition zurückblicken. Bereits 1888 wurde das Wölfert'sche Luftschiff von einem 1,5 kw (2 PS) Daimler-Explosionsmotor angetrieben. Den ersten eigens für ein Flugzeug entwickelten Motor lieferte die Daimler-Motoren-Gesellschaft 1900. Die Benz-Werke in Mannheim nahmen erst 1908 die Flugmotorenkonstruktion auf, aber bis zum Ausbruch des Ersten Weltkrieges hatten sie den Anschluß an die Konkurrenz gefunden.

Nach Kriegsende kam die deutsche Luftfahrtindustrie zunächst fast völlig zum Erliegen, denn bis zum 5. Mai 1922 bestand ein generelles Herstellungs- und Importverbot für Luftfahrtgerät. Danach durfte — unter strengen Kontrollen und Auflagen — für den zivilen Luftfahrtbereich wieder produziert werden[1].

Der eigentliche Aufschwung in der Flugmotorenentwicklung setzte aber erst nach der nationalsozialistischen Machtübernahme ein. Das Reichsluftfahrtministerium (RLM) förderte die Flugmotorenproduktion im Rahmen der Arbeitsbeschaffung und Wiederaufrüstung. Auch die Daimler-Benz AG, die mit dem 1931 vorgestellten ‚F4' auf die Groß- und Serienproduktion abzielte, wurde einbezogen. Im Werk Berlin-Marienfelde sollten Flugmotoren repariert, Motorenteile produziert und der BMW VI Flugmotor in Lizenz nachgebaut werden. Darüber hinaus wurde Daimler-Benz nahegelegt, sich nach einem geeigneten Standort für den Bau eines Motorenwerkes umzusehen[2].

Der ‚F4', ein Motor mit 12 hängenden V-förmig angeordneten Zylindern, war Ausgangstyp für die in den dreißiger und vierziger Jahren entwickelten Flugmotoren der 600er-Serie (DB 600, DB 601, DB 603, DB 605) mit ihren zahlreichen Varianten[3]. Die erste Weiterentwicklung dieses Motors, der wassergekühlte 12-Zylinder DB 600 Vergasermotor, wurde seit 1936 produziert. An seiner technischen Verbesserung, die besonders den nachfolgenden Baumustern zugute kam, wurde ständig weitergearbeitet. Z.B. führten Probleme mit dem Vergaser zur Entwicklung des 3-Düsen-Vergasers, der

---

1 Kens/Nowarra, Flugzeuge, S. 590f.; (MTU), Erinnerungen 1934—1984, S. 36—39; Mönnich, Schallmauer, S. 105f.

2 Vgl. Dokument 39.

3 (MTU), Erinnerungen 1934—1984, S. 39.

in den Baumustern DB 600 G und H erstmalig 1937 Verwendung fand. Ab 1938 wurde die Produktion des DB 600 zugunsten des DB 601 eingestellt[4].

Die Mechanik des DB 600 bildete die Grundlage für den DB 601, einen 12-Zylinder-Benzineinspritzmotor. Der Schwerpunkt der Entwicklung lag bei diesem Motor auf der Steigerung der Startleistung und dem Erreichen von 1000 PS in 4000 m Höhe, was durch die Kraftstoffeinspritzung erreicht wurde. Im Mai 1937 waren die Entwicklungsarbeiten am DB 601 A und B beinahe abgeschlossen, und 1938 konnte die Produktion aufgenommen werden. Die DB 601-Serie wurde erweitert um den DB 601 C und D, das waren Höhenmotoren mit zwei hintereinandergeschalteten Ladern, um den DB 601 E und den DB 606[5].

Im September 1936 wurden erste Vorbereitungen zur Entwicklung des DB 603 Einspritzmotors im Konstruktionsbüro getroffen. Gleichzeitig arbeitete man noch an einem kunstflugtauglichen X-Motor[6].

Ebenfalls als X-Motor konzipiert war der DB 604 mit 24 Zylindern, an dessen Konstruktion 1937 gearbeitet wurde[7]. Seine komplette Erstellung war für 1939 vorgesehen. Zu diesem Zeitpunkt hatte aber bereits das Interesse des RLM für diesen Motor nachgelassen, da für den Einbau in einsitzige Flugzeuge andere Motorenmuster vorhanden waren[8].

Stellte einerseits das Luftfahrtministerium den DB 604 zurück und verbot sogar bis 1940 die Weiterkonstruktion des DB 603, so förderte es andererseits zwei Weiterentwicklungen des DB 601 E, den DB 608 und besonders den DB 605 E[9]. Der DB 605 und schließlich auch der DB 603 waren für den Kriegseinsatz von wesentlicher Bedeutung.

Bereits Ende 1936 hatte die Daimler-Benz AG dem RLM den DB 603 angeboten, einen vergrößerten DB 601. Trotz offiziellen Verbots des Ministeriums wurde der Motor in Untertürkheim weiterentwickelt. 1940 schließlich konnte der Motor, dessen Gebläse und Gesamtgeräteteil ohne besondere Neueinstellung austauschbar waren, in der größten Dringlichkeitsstufe fertiggestellt werden, so daß er 1942 endlich in Serie gehen konnte.

Zu diesem Zeitpunkt wurde der DB 605 mit kleinerem Gesamthubraum als der DB 601 E bereits produziert. Er wies durch die neuartige Anordnung der Zündkerzen ei-

4 Kissel VIII,2 Entwicklungsstand Grossmotoren am 12.9.1936; ebenda, Entwicklungsstand für Flugmotoren (21.5.1937); Kissel VIII,5 Entwicklung Werk 60 (30.11.1938).
5 Kissel VIII,2 Betr.: Entwicklungsstand des DB 600 am 1.7.1936; ebenda, Entwicklungsstand für Flugmotoren (21.5.1937); Kissel VIII,5 Entwicklung Werk 60 (30.11.1938).
6 Kissel VIII,2 Entwicklungsstand Grossmotoren am 12.9.1936.
7 Kissel VIII,2 Entwicklungsstand für Flugmotoren (21.5.1937); Kens/Nowarra, Flugzeuge, S. 592 datieren diesen Flugmotor auf 1942, was aber falsch ist.
8 Kissel VIII,5 Entwicklung Werk 60 (30.11.1938).
9 Kissel VIII,3 Notiz: Betr.: Reise zur Fa. Heinkel, Werk Rostock am 5.10.1937; vgl. auch: Protokoll der Vorstandssitzung vom 30.6./1.7.1942; Kissel VIII,5 Entwicklung Werk 60 (30.11.1938).

nen verbesserten Kraftstoffverbrauch auf. Auch wurden zum ersten Mal Gleitlager statt Rollenlager für die Pleuel verwendet. Beim DB 605, dem meistproduzierten Flugmotor während der Kriegsjahre, traten über längere Zeit allerdings Schwierigkeiten bei der Schmierung auf. Außerdem waren Kolbenfresser und Pleuelbrüche zu verzeichnen, die zu zahlreichen Unfällen führten. Diese Vorfälle trugen sicherlich mit dazu bei, daß schließlich der DB 603 bevorzugt wurde. So ordnete das RLM die vorrangige Entwicklung des DB 603 E, F, G, K an. Ebenso dringend wurde der DB 632 eingestuft. In einem ,,Husarenstück" sollte in kürzester Zeit dieses Motorenmuster entwickelt, konstruiert und gebaut werden[10].

Ein besonderer Schwerpunkt der Flugmotorenentwicklung war von 1939 bis 1943 der Höhenmotor mit Abgasturbolader zur Steigerung der Motorenleistung. Versuchsmotoren mit Abgasturbolader waren der DB 623 und DB 625, die in etwa 9.000 bzw. 9.500 Meter Höhe ihre Volldruckhöhe erreichten. Beide Motorentypen wurden in einer Ju 52 erprobt, der DB 625 zusätzlich in einer Me 109[11].

Bereits 1936 befaßte sich die Daimler-Benz AG mit der Entwicklung der Abgasturboaufladung. Zu diesem Zweck schaltete das Unternehmen die Firma Brown, Boveri & Cie. ein, die an der Konstruktion mitarbeitete und erste Muster produzieren sollte. Schwierigkeiten führten dazu, daß ein weiterer Auftrag an die Firma Rheinmetall-Borsig vergeben wurde, die zwei Abgasturboladertypen, einen mit Luftkühlung und einen mit Wasserdampfkühlung, konstruieren sollte. Darüber hinaus wurden bei dieser Entwicklung auch enge Kontakte zur DVL gehalten[12].

1943 stellte die Daimler-Benz AG die Abgasturboladerentwicklung völlig ein[13], im April/Mai 1945 schließlich auch die Flugmotorenkonstruktion.

3.1.2. Marinemotoren

Ein weiterer, wenn auch im Vergleich zu den Flugmotoren weniger umfangreicher Produktionszweig, war die Marinemotorenfertigung, für deren Aufnahme sich Dr. Kissel seit 1928 besonders eingesetzt hatte[14]. Die Daimler-Benz AG stellte hauptsächlich Schnellbootsmotoren (S-Bootsmotoren) her, aber auch in Unterseeboote wurden Daimler-Benz-Schiffsmotoren eingebaut[15].

10 Protokoll der Vorstandssitzung vom 12./13.4.1943; Kissel VIII,5 Flugmotoren-Entwicklung (11.8.1943); vgl. auch: BAMA RL3/14 Bericht über GL-Besprechung vom 9.6.1942; (MTU), Erinnerungen 1934—1984, S. 44 und 46.
11 (MTU), Erinnerungen 1934—1984, S. 45.
12 Kissel VIII,2 Entwicklungsstand Grossmotoren am 12.9.1936; Kissel VIII,5 Entwicklung Werk 60 (30.11.1938); Kissel VIII,3 W 60 Aktennotiz Nr. 1335 vom 29.10.1938, betr.: Besuch der Herren Dir. Dr. Modersohn und Dr. Rennforth von Rheinmetall-Borsig am 25.10.1938.
13 (MTU), Erinnerungen 1934—1984, S. 45.
14 Kissel VIII,1 Kissel an von Hentig (15.2.1940).
15 Vgl. Dokument 40.

Der DB 602, als Luftschiffmotor mit der Typenbezeichnung LOF 6 kam unter der Bezeichnung MB 502 bzw. BOF 6 als Bootsmotor zum Einsatz. Diesen 16-Zylinder-Dieselmotor mit einer Höchstleistung von 1320 PS lieferte die Daimler-Benz AG erstmals 1935/36 als S-Bootsmotor aus. Für den verbesserten MB 502, den MB 501, einen 20-Zylinder-Dieselmotor mit einer Höchstleistung von 2000-2500 PS, waren 1936 die Produktionsvorbereitungen getroffen. Es wurden aber noch verschiedene Versuche und Messungen an diesem Motorenmuster durchgeführt. Im gleichen Jahr arbeitete die Entwicklungsabteilung auch am BOF 9 (MB 500), einem 950−1000 PS Dieselmotor[16].

1938 erhielt die Marine die ersten MB 501 S-Bootsmotoren. Im gleichen Jahr wurden auch die ersten 12-Zylinder-Dieselmotoren MB 500 mit einer Leistung von etwa 1000 PS geliefert. Hingegen existierte vom MB 507, einem Dieselmotor mit stehenden Zylindern, entwickelt aus dem DB 603/607, erst ein Musterexemplar für den Motoreneinlauf[17].

Ausgerüstet mit mechanisch angetriebenem Lader wurde der MB 501 als MB 511 angeboten. Die Weiterentwicklung des MB 511 zum leistungsstärkeren MB 518 begann Anfang der vierziger Jahre. Erste Probeläufe des auf 3000 PS Höchstleistung konzipierten Motors wurden im Oktober 1942 durchgeführt. Für den Herbst 1944 hatte die Marine den Einsatz dieses Motors vorgesehen, aber Lieferschwierigkeiten und Erprobungsmängel machten diese Pläne zunichte. Im März 1945 mußte die MB 518-Produktion völlig eingestellt werden[18].

3.1.3. Luftschiffmotoren

Die bis 1909 gebauten Luftschiffe des Grafen Zeppelin wurden bereits von Daimler-Motoren angetrieben. In jenem Jahr übernahm dann Karl Maybach die Motorenentwicklung der neugegründeten Luftfahrzeug-Motorenbau GmbH, die eine eigenständige Motorenkonstruktion betrieb[19].

Erst in den dreißiger Jahren griff man erneut auf Daimler-Benz-Luftschiffmotoren zurück. Für das von 1932 bis 1936 gebaute Luftschiff „Hindenburg" (LZ 129) entwickelte die Daimler-Benz AG den DB 602 (= LOF 6). Dieser 16-Zylinder-

16 Kissel VIII,2 Entwicklungsstand Grossmotoren am 12.9.1936; Kissel VIII,5 Entwicklung Werk 60 (30.11.1938); Haspel 5a Zeitfolgemäßige Übersicht der wichtigsten Ereignisse im S-Bootsmotorenbau (28.1.1944); Chronik der Mercedes-Benz Fahrzeuge, S. 160.

17 Kissel VIII,5 Entwicklung Werk 60 (30.11.1938); Chronik der Mercedes-Benz Fahrzeuge, S. 160.

18 Haspel 5a Nallinger/Köhler an Admiral Fuchs (4.3.1943), Haspel/von Viebahn an DB-Behördenabteilung (4.2.1944), S-Bootsmotoren-Programm 1944 (Neuer Lieferplan lt. Schreiben Schieber vom 1.8.1944); Haspel 8,80 Haspel/Küsgens an Ochel (2.3.1945); Chronik der Mercedes-Benz Fahrzeuge, S. 160.

19 (MTU), Erinnerungen 1909−1984, S. 17−19.

Dieselmotor mit einer Höchstleistung von 1320 PS bewährte sich im Dauerbetrieb. Auch für das Luftschiff ,,Graf Zeppelin II'' (LZ 130) wurden DB 602 verwendet, die auf Kogasin-Treibstoff umgestellt waren. Eine weitere Reduzierung des spezifischen Verbrauchs wurde durch zusätzliche Verbesserungen der Brenner erreicht[20].

Im November 1938 beschäftigte sich die Entwicklungsabteilung des Werkes Untertürkheim mit der Konstruktion eines neuen, leichteren Luftschiffmotors. Dieser 16-Zylindermotor sollte noch geringeres Hubvolumen haben und günstigere Verbrauchswerte aufweisen. Dieses Projekt wurde wahrscheinlich kurze Zeit später eingestellt, da mit der Verschrottung der Luftschiffe LZ 127 und LZ 130 die Luftschiffära 1940 endete[21].

3.2. MILITÄRISCHE FAHRZEUGE

Die Daimler-Benz AG entwickelte und produzierte während des Dritten Reiches zunehmend Fahrzeuge für die Wehrmacht. Zum einen wurden Kraftfahrzeuge aus der normalen Personen- und Lastwagenproduktion für militärische Zwecke umgebaut. Zum anderen stellte Daimler-Benz auch Spezialfahrzeuge ausschließlich für militärische Zwecke her, hauptsächlich im Werk 40 Berlin-Marienfelde, so z.B. einen 12-to-Zugkraftwagen und den Panzerkampfwagen III.

Aus dem schweren 3-Achs-Geländepersonenwagen G1 entwickelte die Daimler-Benz AG 1932/33 den G4. Angetrieben von einem 8-Zylinder-Reihen-Ottomotor (Typ M24), leistete das Fahrzeug maximal 100 PS. Der geländegängige Personenwagen wurde hauptsächlich bei den Parteiorganisationen, weniger bei der Truppe selbst eingesetzt[22]. Für den Einsatz im Gelände war auch der 1,6 l (W 139) Allrad-Wagen mit Heckantrieb vorgesehen. Entwickelt aus dem 130 H wurde dieses Fahrzeug von einem 4-Zylinder-Motor (M 28) angetrieben und seit 1934 bei der Reichswehr verwendet[23].

Auch handelsübliche Personenwagen wurden, mit Sonderaufbauten versehen, für militärische Zwecke eingesetzt; z.B. baute Daimler-Benz den 290er Pkw (W 18) in drei verschiedenen Ausführungen als Kübelsitzwagen[24].

An einem leichten geländegängigen Lastwagen arbeiteten die Konstrukteure von Daimler-Benz schon in den zwanziger Jahren. Seit 1928 ging der G3 in Serienproduktion, von der verbesserten Ausführung, dem G3a, wurden von 1929 bis 1934 bereits

20 Kissel VIII,5 Entwicklung und Lieferung unserer Luftschiff-Dieselmotoren ,,LOF 6'' für das neue Verkehrs-Zeppelin-Luftschiff ,,LZ 129'' (8.12.1934) und Entwicklung Werk 60 (30.11.1938); Chronik der Mercedes-Benz Fahrzeuge, S. 160.
21 Kissel VIII,5 Entwicklung Werk 60 (30.11.1938); (MTU), Erinnerungen 1909—1984, S. 27.
22 Seherr-Thoss, Automobilindustrie, S. 295; Spielberger, Motorisierung, S. 32 und 39.
23 Spielberger, Motorisierung, S. 55 und 57.
24 Ebenda, S. 65.

2000 Stück produziert[25]. Die Erfahrungen mit dem G3 wurden auch beim LG 3000 einem mittleren geländegängigen 3-to-Lastwagen, verwertet, der entweder mit einem 6-Zylinder Dieselmotor (OM 67) oder einem 6-Zylinder-Ottomotor (M 68) ausgestattet war[26].

Eine spezielle Entwicklung für die Reichswehr waren Zugkraftwagen, die entweder als Radfahrzeuge oder als kombiniertes Räder-Ketten-Fahrzeug gebaut wurden. Basierend auf Daimler-Benz-Zugkraftwagen des Ersten Weltkrieges entwickelte die Firma 1931/32 den Halbketten-Zugwagen ZD 5, ein 9,5-to schweres Fahrzeug, dessen hintere Gleisketten von einem 12-Zylinder-Maybach-Motor angetrieben wurden. Dieser Zugkraftwagen entstand hauptsächlich für den Export nach Rußland. Ein schwerer Kettenschlepper, der DB s7, wurde 1934 eigens für das Heereswaffenamt entwickelt. Eine Anhängelast von 12 to, z.B. ein 21-cm-Mörser, konnte mit diesem Fahrzeug fortbewegt werden. Die Weiterentwicklung des DB s7 war für eine Anhängelast von 16 to konzipiert, aber das Heereswaffenamt gab den Bauauftrag für dieses Fahrzeug nicht an Daimler-Benz, sondern an Famo (Fahrzeug- und Motorenbau GmbH) Breslau, die einen 18-to-Zugkraftwagen anbot[27].

Ebenfalls ein kombiniertes Rad-Gleiskettenfahrzeug war das ‚Maultier‘, das die Daimler-Benz AG seit 1943 im Werk Gaggenau entwickelte. Dieses Fahrzeug basierte im wesentlichen auf der Opel 3-to-Konstruktion, die zu einem 4,5 to-Rad-Kettenfahrzeug umgebaut wurde. Da die SS bereits vor 1943 an einer 3-to-Konstruktion arbeitete und deshalb über detailliertere Kenntnisse verfügte, schlug die Daimler-Benz AG eine Zusammenarbeit vor. Die eigentliche Konstruktion des Fahrzeuges bereitete keine Schwierigkeiten: ,,Herr Haspel bemerkt abschließend, daß das Ganze ja noch eine Erprobungsfrage sei. Wenn der Wurf mit dem Maultier gelinge, hätten wir damit dem Heer sehr geholfen‘‘[28]. Lediglich die Versorgung mit den Gleisketten bereitete Komplikationen, da Rohstoffe und Produktionskapazitäten fehlten. Hitler bestimmte das 4,5-to ‚Maultier‘ zum Zugwagen für die Pak 43. Dabei zeigten sich aber dann die Schwächen des Fahrzeugs. Die Kegelräder waren für die geforderte Zugleistung zu schwach[29].

Dr. Nallinger bezeichnete das ‚Maultier‘ vom technischen Standpunkt aus gesehen als ,,eine unschöne Geburt‘‘; er begrüßte zwar die Tatsache, daß ein solches Fahrzeug gebaut werde, aber es habe so viele Schwachstellen, daß einige Konstruktionsteile völlig neu entwickelt werden müßten[30]. Diese Mängel führten schließlich dazu, daß

25 Ebenda, S. 73 und 76.

26 Ebenda, S. 110 und 113.

27 Ebenda, S. 171, 174 und 177.

28 Protokolle der Vorstandssitzungen vom 16./17.2.1943 und 12./13.4.1943 (Zitat).

29 Protokolle der Vorstandssitzungen vom 16./17.2.1943 und 12./13.4.1943; vgl. auch: Haspel 23 Niederschrift über die Besprechung am 3. März 1943 im Werk Untertürkheim ,,Arbeitskreis Lastwagen‘‘; Boelcke, Deutschlands Rüstung, S. 216.

30 Notizen von der Vorstandssitzung am 27.10.1943.

Hauptdienstleiter Saur Mitte 1944 die Produktion einstellen ließ, was auch von Daimler-Benz begrüßt wurde. Bis dahin sollten insgesamt 1480 ‚Maultiere‘ produziert werden[31].

Obwohl der Versailler Vertrag den Bau von Panzerfahrzeugen verbot, erteilte das Reichswehrministerium 1925 den Firmen Daimler, Krupp und Rheinmetall Entwicklungs- und Fertigungsaufträge für jeweils zwei Panzerwagen (ca. 16-to). Diese gepanzerten Gleiskettenfahrzeuge wurden aus Tarnungsgründen als ‚Traktor‘ bezeichnet[32]. 1929 waren die Entwicklungsarbeiten abgeschlossen, und die Erprobung fand in Rußland statt. Die beiden Daimler-Benz-Fahrzeuge wurden aber nach kurzem Einsatz infolge von Konstruktionsmängeln stillgelegt[33]. Bereits vor 1933 war die Daimler-Benz AG also an Panzerentwicklungen beteiligt, wenn auch in weniger intensivem Ausmaß als Krupp und Rheinmetall[34].

Nach der nationalsozialistischen Machtergreifung erhielten diese Firmen und die MAN im Zuge der Aufrüstung Panzerentwicklungsaufträge und produzierten Panzer. 1933 erteilte das Heereswaffenamt einen Entwicklungsauftrag für einen 5-to-Panzerwagen, der zur Rekrutenausbildung eingesetzt werden sollte, an MAN, Krupp, Henschel, Daimler-Benz und Rheinmetall. Nach ersten Probeläufen wurde der endgültige Entwicklungsauftrag für das Fahrgestell an Krupp und für den Aufbau an die Daimler-Benz AG Werk Berlin-Marienfelde vergeben. Dieser Panzerkampfwagen I erhielt den Tarnnamen ‚Landwirtschaftlicher Schlepper‘ (LaS)[35].

Ab 1939 sollte der Panzerkampfwagen I dann weiterentwickelt werden, um ihn als leichten Panzer für Aufklärungszwecke und als Panzerwagen der Luftlandetruppen einzusetzen. Am Fahrgestell dieses Panzers (PzKpfw I, Ausf. C. oder VK 601) arbeitete Krauss-Maffei, am Aufbau und Turm die Daimler-Benz AG. Eine stärker gepanzerte Ausführung, der VK 1801, wurde von diesen beiden Firmen ab 1939 entwickelt. Darüber hinaus wurden vorhandene Panzerkampfwagen I nicht mehr als Kampffahrzeuge eingesetzt, sondern als ‚Munitionsschlepper‘ oder ‚Kleiner Panzerbefehlswagen‘[36].

Der Panzerkampfwagen II war als Übergangstyp zwischen dem Panzerkampfwagen I und den stärkeren Panzern III und IV gedacht. Für diesen Panzertyp erhielt Daimler-Benz zunächst keinen Entwicklungsauftrag, aber nach ersten Probeläufen wurde das Unternehmen dann für die Aufbauweiterentwicklung eingesetzt. Der Typ ‚8/LaS 138‘ wurde von der Daimler-Benz AG zum Schnellkampfwagen ausgebaut und erstmals mit einem Laufwerk mit Drehstäben ausgestattet[37]. Außerdem lag auch

---

31 Haspel 23 Niederschrift über die Besprechung am 9.3.1944 im Werk Untertürkheim ,,Arbeitskreis Lastwagen‘‘.
32 Spielberger, Motorisierung, S. 281.
33 Ebenda, S. 299 und 301; Oswald, Kraftfahrzeuge, S. 340.
34 Spielberger, Motorisierung, S. 317, 319, 328f. und 361f.
35 Von Senger und Etterlin, Panzer, S. 18f.
36 Ebenda, S. 21−23.
37 Ebenda, S. 23−25.

die Entwicklung des VK 901, eines Fahrzeugs mit hoher Geschwindigkeit, und des VK 1601, eines Panzerkampfwagens II mit starker Panzerung, im Aufgabenbereich der Daimler-Benz AG. Bei VK 1301 (,Luchs') und beim VK 1602 (,Leopard') war das Unternehmen jeweils für die Turm- und Aufbauentwicklung zuständig[38].

Der Panzerkampfwagen III wurde auf Anordnung des Heereswaffenamtes 1935 entwickelt. Die Firmen MAN, Daimler-Benz AG, Rheinmetall-Borsig und Fried. Krupp AG sollten ein 15-to-Fahrzeug (Tarnname: ,,Zugführerwagen/ZW'') entwickeln. Nach Präsentation der Prototypen wurden die Weiterentwicklung und der Fertigungsauftrag an Daimler-Benz vergeben, die ihre Erfahrungen im Automobilbau bei diesem Panzertyp, besonders in der Laufwerkauslegung, einsetzte[39]. Erste Versuchspanzer vom Typ ,1/ZW', ausgestattet mit 12-Zylinder-Maybach-Motoren, wurden ab 1936/37 von der Truppe erprobt. Nachfolgetypen wurden zunächst nur hinsichtlich Laufwerk, dann auch hinsichtlich Motor und Getriebe überarbeitet[40].

Basierend auf dem Panzerkampfwagen III entstanden ab 1938 die sogenannten ,Großen Panzerbefehlswagen', deren verschiedene Typen, ebenso wie der Panzerkampfwagen III, technisch verbessert wurden[41]. Im August 1943 wurde die Fertigung dieses Panzertyps jedoch völlig eingestellt[42].

Am 25. Mai 1938 erhielt die Daimler-Benz AG einen Entwicklungsauftrag für einen 20-to-Panzer (VK 2001 DB), der den Panzerkampfwagen III ersetzen sollte. 1939/40 wurden erste Prototypen mit dem Daimler-Benz 12-Zylinder-Dieselmotor MB 809 erprobt. Dieser Motor war eigens von Daimler-Benz entwickelt worden, um die Vormachtstellung der Maybach-Panzermotoren einzuschränken. Die Konstruktion des MB 809 war im Juni 1940 abgeschlossen. Der Motor wurde im März 1941 eingebaut und in Kummersdorf erprobt. Während des Rußlandfeldzuges wurde offensichtlich, daß die russischen Panzer im Einsatz überlegen waren, so daß der VK 2001 mit dem MB 809 innerhalb kürzester Zeit überholt war[43].

Neben Panzerwagen wurden im Daimler-Benz Werk Berlin-Marienfelde ab 1936 auch Sturmgeschütze und Sturmhaubitzen entwickelt, die zur Unterstützung der Infanterie und zur Panzerabwehr eingesetzt werden sollten. Die Entwicklung des Fahrgestells und des Aufbaus übernahm die Daimler-Benz AG, die des Geschützes die Firma Krupp. Die Produktion lief in der zweiten Jahreshälfte 1940 an, ab 1943 wurden bei Daimler-Benz diese Fahrzeuge auch zusammengebaut[44].

Einer der letzten militärischen Entwicklungsaufträge während des Dritten Reiches an die Daimler-Benz AG war der Auftrag für den leichten Flakpanzer IV (3 cm), den

38 Ebenda, S. 26f.
39 Spielberger/Wiener, Panzerkampfwagen, S. 11.
40 Ebenda, S. 11–13, 19f., 22–24 und 26–28.
41 Ebenda, S. 14.
42 Ebenda, s. 30.
43 Ebenda, S. 30–33; von Senger und Etterlin, Panzer, S. 47f.
44 Von Senger und Etterlin, Panzer, S. 48f.

sogenannten ‚Kugelblitz', von dem aber bis 1945 nur noch eine Vorserie von fünf Stück entstand. Dieser Panzer mit seinem kugelförmigen Drehturm sollte, ausgestattet mit Maschinengewehren und Flaks, zum Luftschutz der kämpfenden Truppe eingesetzt werden[45].

Seit 1935 standen Pläne zur Entwicklung eines großen Panzers, eines sogenannten ‚Großtraktors' zur Diskussion. Anläßlich einer Besprechung im Oktober 1935 im Heereswaffenamt schlug das Stuttgarter Unternehmen den Daimler-Benz Flugmotor DB 600 als Antrieb für ein solches Fahrzeug vor, und zwar als MB 503 Benzinmotor oder als MB 507 Dieselmotor[46].

Ein ‚Großtraktorenprojekt' war der VK 3002, für den Daimler-Benz und MAN am 25. November 1941 Entwicklungsaufträge erhielten. Nach Entwurf und Erprobung wurde schließlich der MAN 35-to-Panzer gebaut[47]. Eine „konstruktive Zusammenarbeit" mit der MAN lehnte die Daimler-Benz AG ab und versuchte Anfang 1942, eine eigenständige Entwicklung durchzusetzen. Nach einer Aussage Speers favorisierte Hitler das Daimler-Benz-Fahrzeug: „Bei den verschiedenen Konstruktionsunterschieden glaubt er [Hitler], in fast allen Fällen dem Daimler-Benz den Vorrang geben zu können"[48].

Problematisch gestaltete sich die Frage des Motors. Die Daimler-Benz AG hatte ihre Motoren MB 507 und MB 503 für den Einbau vorgesehen. Auf Grund mangelnder Kapazität konnten diese Motoren aber nicht in größerer Stückzahl gebaut werden[49], so daß die Behörden zunächst den Maybach-Motor HL 210 für den Einbau vorsahen[50].

Daimler-Benz erhielt Anfang 1942 vom Reichsministerium für Bewaffnung und Munition den Auftrag, in Marienfelde fünf Versuchsfahrzeuge zu bauen, und zwar drei Panzerwagen mit Maybach-Motor sowie je einen mit MB 503 und MB 507[51]. Diese Anordnung scheint wieder geändert worden zu sein, da laut Vorstandssitzung vom März 1942 nur noch einer von fünf Panzerwagen mit Maybach-Motor gebaut werden sollte[52].

45 Spielberger/Wiener, Panzerkampfwagen, S. 72f.; von Senger und Etterlin, Panzer, S. 36f.; Oswald, Kraftfahrzeuge, S. 347f.
46 Von Senger und Etterlin, Panzer, S. 74.
47 Ebenda, S. 77.
48 Unternehmensarchiv Protokolle Aktennotiz betr. Panzerfertigung — neuer Panzerwagen (2.2.1942) (Zitat); Boelcke, Deutschlands Rüstung, S. 69 (Zitat); Oswald, Kraftfahrzeuge, S. 349.
49 Unternehmensarchiv Protokolle Aktennotiz betr. Panzerfertigung — neuer Panzerwagen (2.2.1942).
50 Ebenda und Haspel 5a Kissel an Küsgens (16.3.1942).
51 Unternehmensarchiv Protokolle Aktennotiz betr. Panzerfertigung — neuer Panzerwagen (2.2.1942); bei dieser Aktennotiz entsteht der Eindruck, daß es sich bei der Neukonstruktion um den VK 3001 und nicht um den VK 3002 handelt. Laut von Senger und Etterlin, Panzer, S. 75 wurden vom VK 3001 nur zwei Stück produziert, von denen der erste im August 1941 ausgeliefert wurde. Da ein Auftrag betr.: Neukonstruktion VK 3001 erst im Februar 1942 erteilt wurde, muß es sich um den VK 3002 handeln.
52 Protokoll der Vorstandssitzung vom 23./24.3.1942.

Trotz vielfacher Bemühungen der Daimler-Benz AG, vor allem Dr. Kissels, wurde die Daimler-Benz Konstruktion des Panzerwagens abgelehnt, die der MAN dagegen angenommen, und zwar aus folgenden Gründen:

— Die Doppelstabfederung und MAN-Konstruktion wurde gegenüber der Blattfederung der Daimler-Benz-Konstruktion bevorzugt.
— Der Motor MB 507 zum Einbau in den Panzerwagen stand nicht in der erforderlichen Stückzahl zur Verfügung.
— Der Daimler-Benz-Panzerwagen hätte zudem die Konstruktion eines neuen Turms erfordert, da von Daimler-Benz ein Heckantrieb vorgesehen war; für den frontgetriebenen MAN-Panzer war der Turm bereits fertig konstruiert[53].

Der MAN-Panzer sollte ab Anfang 1943 in Marienfelde bei Daimler-Benz gebaut werden; als weitere Nachbaufirmen bestimmte das Ministerium für Rüstungs- und Kriegsproduktion die Maschinenfabrik Niedersachsen-Hannover und Henschel in Kassel[54].

3.3. RENNWAGEN

Die wirtschaftliche Krise Ende der zwanziger Jahre wirkte sich auch unmittelbar auf den Automobilrennsport aus und lähmte die Entwicklung und den Bau von Rennwagen[55]. Die Daimler-Benz AG beteiligte sich zwar in dieser Zeit an einigen Rennen, jedoch konnte die Entwicklung neuer, verbesserter Rennwagen, der legendären ‚Silberpfeile‘, erst nach 1933 durchgeführt werden. Bereits 1932 planten Automobilfirmen und Automobilclubs die Herstellung neuer Grand-Prix-Wagen. So riefen AvD und ADAC zu einer Sammlung für den Bau eines von Ferdinand Porsche konstruierten Rennwagens auf[56].

Im Januar 1933 bot Ferdinand Porsche der Auto-Union AG einen Rennwagen an. Dadurch wurden die Chemnitzer Firma und die Daimler-Benz AG, die sich mittlerweile auch zum Bau eines neuen Rennwagens entschlossen hatte, zu Konkurrenten auf den Grand-Prix-Strecken. Diese Konkurrenz steigerte das Ansehen des deutschen Automobilsports im Ausland erheblich.

Porsches Hauptproblem bestand in der Finanzierung seiner Pläne. Gemeinsam mit der Auto-Union versuchte er zu verhindern, daß staatliche Beihilfen ausschließlich der Daimler-Benz AG zukamen[57].

---

53 Protokoll der Vorstandssitzung vom 3.6.1942.
54 Protokoll der Vorstandssitzung vom 16./17.2.1943.
55 Werk Untertürkheim, S. 72f.; Abel, Bedeutung, S. 24.
56 Seherr-Thoss, Automobilindustrie, S. 247; vgl. auch: Protokoll der Aufsichtsratssitzung vom 11.11.1931.
57 Cancellieri u.a., Auto-Union, S. 17—21. Ebenda, S. 21 wird gesagt, daß 1933 600.000 RM zu gleichen Teilen an die Daimler-Benz AG und die Auto-Union gegeben wurden. Vgl. dagegen Tabelle 16 dieser Arbeit.

Nach der nationalsozialistischen Machtergreifung lag eine Förderung des Automobilrennsports in Form staatlicher Beihilfen im Propaganda-Interesse der Reichsregierung[58]. Auch die Daimler-Benz AG hat sich vor März 1933 bereits um Gelder bemüht. Denn während der Vorstandssitzung vom 15. März 1933 berichtete Dr. Kissel, daß durch Eingreifen des AvD auch ,,einer anderen deutschen Stelle'' — gemeint war wohl die Auto-Union — Rennwagenzuschüsse gewährt würden, obwohl Hitler selbst dafür plädiere, ,,daß der Fa. Daimler-Benz volle Unterstützung zukommen'' solle. Kissel wies den AvD darauf hin und beanspruchte die alleinige Förderung für Daimler-Benz. Der Vorstand wollte sich direkt an das Reichsverkehrsministerium wenden, um den Automobilclub auszuschalten und einen ‚namhaften Betrag' zu erhalten[59].

Noch am gleichen Tag bat die Geschäftsführung der Daimler-Benz AG Hitler persönlich um ,,Unterstützung des Reiches für den Bau eines neuen Rennwagentyps und für die Beteiligung an grossen internationalen Rennen''[60]. Unabhängig davon wandte sich auch die Auto-Union an Hitler und beantragte finanzielle Unterstützung[61]. Das Reichsverkehrsministerium veranschlagte eine Summe von insgesamt 1,1 Millionen RM für den Motorsport, von der Daimler-Benz auf Grund der bisherigen Rennerfolge 500.000 RM erhielt, während der Auto-Union 300.000 RM zugestanden wurden. Zusätzliche Unterstützung wurde von errungenen Erfolgen abhängig gemacht[62].

Überlegungen, ob nur eine Firma unterstützt werden sollte, wozu Hitler tendierte, wurden von staatlichen Stellen endgültig verworfen[63]. Die Daimler-Benz AG war jedoch mit einer Aufteilung weiterhin nicht einverstanden und beanspruchte die Gelder für sich allein. Eine vom persönlichen Referenten des Beauftragten für das Kraftfahrwesen beim Reichsverkehrsminister vorgeschlagene Verständigung mit der Auto-Union wurde abgelehnt[64]. Auch der Versuch von Daimler-Benz, den Ehrenpräsidenten des Deutschen Automobil-Clubs und Beauftragten für das Kraftfahrwesen im Reichsverkehrsministerium, den Herzog von Coburg, für ihre Sache zu gewinnen, scheiterte, da er ebenfalls für eine Teilung der Förderung plädierte[65].

Die Zahlung der für 1933 genehmigten Gelder erfolgte nicht einheitlich. So sollte die Förderung an die Auto-Union in vier Raten à 50.000 RM und einer einmaligen Sofortzahlung von 100.000 RM angewiesen werden, während die Zahlungen an die

58 Mander, Automobilindustrie, S. 192.
59 Protokoll der Vorstandssitzung vom 15.3.1933.
60 BA R43II/748, S. 20–23.
61 Ebenda, S. 20–24 und 29.
62 Ebenda, S. 49–51.
63 Ebenda, S. 52f.
64 Ebenda, S. 63–66; Kissel XII,15 Der Beauftragte für das Kraftfahrwesen beim Reichsverkehrsminister an DBAG (11.4.1933) und DBAG an den Beauftragten für das Kraftfahrwesen beim Reichsverkehrsminister (20.4.1933).
65 BA R43II/748, S. 63–66.

Daimler-Benz AG in selbstgewählten Teilbeträgen je nach Fortgang des Wagenbaus auf Abruf erfolgen sollte, was man sicherlich als Vorteil werten kann[66].

Darüber hinaus richtete Daimler-Benz zusätzlich Gesuche um finanzielle Unterstützung an das Reichsverkehrsministerium und den Nationalsozialistischen Kraftfahr-Korps-Führer Adolf Hühnlein, so z.B. vermutlich bereits 1937, sicherlich 1938 bis 1940 für den Weltrekordwagen T 80 oder die Entwicklung von 1,5 l Rennwagen[67].

Das Reichsverkehrsministerium knüpfte jedoch an die Beihilfen bestimmte Bedingungen, um sich einen gewissen Einfluß zu sichern. So informierten sich Vertreter des Ministeriums laufend über den Stand der Arbeiten durch Besuche im Werk oder durch schriftliche Berichte, die sie anforderten[68].

Die Höhe der Erfolgsprämien wurde am Anfang der Rennsaison vom Reichsverkehrsministerium für 1. und 2. Plätze festgelegt. Im Falle eines Sieges ausländischer Fahrer oder bei Ausfall eines Rennens blieben die Prämien als Überschuß stehen und wurden später an die erfolgreichsten Firmen nach einem bestimmten Schlüssel verteilt[69].

Tabelle 16: Staatliche Zuschüsse und Prämien für den Automobilrennsport

Jahr	Daimler-Benz AG		Auto-Union AG	
	Zuschuß	Prämie	Zuschuß	Prämie
1933	500.000,–		300.000,–	
1934	300.000		300.000	
1935[a)]	400.000,–	86.000,–	400.000,–	38.000
1936	400.000,–	20.000,–	400.000,–	75.000,–
1937	400.000,–	94.000	400.000,–	61.000
1938	400.000,–	81.000,–	400.000,–	17.000,–
1939	375.000,–	49.000,–	375.000,–	26.000,–

Quelle: BA R2/23083 Reichsverkehrsminister an Reichsfinanzminister (20.5.1933); R43II/743, S. 265; R43II/749, S. 4, 6, 8, 10, 11.

  a) In: BA R2/23083 Auflistung: Ausgaben des ordentlichen Haushalts für 1935 wird der Zuschuß an die Daimler-Benz AG und an die Auto-Union AG mit je 325.000, – RM angegeben.

66 BA R2/23083 Reichsverkehrsminister an Reichsfinanzminister (20.5.1933); Kissel XII,15 Reichsverkehrsministerium an DBAG (24.5.1933).
67 Kissel XIV,26 Kissel an Hühnlein (8.3.1940); Kissel VII,3 DBAG an Hühnlein (24.12.1933).
68 Vgl. Dokument 41.
69 Vgl. z.B. Dokument 42.

Zwischen 1933 und 1939 erhielt die Daimler-Benz AG einen Grundbetrag von insgesamt etwa 2.775.000 RM (Auto-Union 2.575.000 RM). Im Durchschnitt wurden jährlich an Daimler-Benz 400.000 RM, an die Auto-Union 370.000 RM gezahlt. Allerdings wurden der Daimler-Benz AG aufgrund ihrer größeren Rennsporterfolge fast immer weit höhere Prämien angewiesen als der Chemnitzer Konkurrenz. Daimler-Benz erhielt, soweit bekannt ist, zwischen 1935 und 1939 insgesamt 330.000 RM an Prämien, die Auto-Union 217.000 RM.

Tabelle 17: Kosten der Rennwagenentwicklung und des Rennwagenbaus bei Daimler-Benz

Jahr	Baukosten der Renn- wagen (RM)	Kosten des Rennbetriebs/ Gehälter (RM)	Gesamtkosten (RM)	Reichs- vergütung[a] (RM)	Anteile %
1. 3.1933 – 30. 4.1934			1.016.766,94		
1. 5.1934 – 31.12.1934			1.570.852,81		
1935			2.448.647,43	536.000,–	~ 22 %
1936			2.305.531,31		
1937	3.188.400,–	1.226.750,–	4.415.150,00	785.000,–	~ 18 %
1938	2.555.500,–	1.168.500,–	3.724.000,00	618.000,–	~ 16,6 %
1940	455.082,–	11.379,–			

Quelle: Kissel XII,15 Bericht über die Prüfung der vom 1.3.1933 bis 30.4.1934 von der DBAG gebuchten Kosten für den Bau, die Entwicklung und sportliche Verwendung der neuen Rennwagentypen, dgl. ebenda für 1.5.1934 – 31.12.1934 und für die Geschäftsjahre 1935, 1936, 1937,1938 und 1940.
a) Die Angaben in den Tabellen 15 und 16 weichen voneinander ab, so daß man davon ausgehen kann, daß neben dem Jahreszuschuß und den Prämien weitere Gelder zur Verfügung gestellt wurden.

Vom 1. März 1933 bis 31. Dezember 1934 investierte die Daimler-Benz AG etwa 2,6 Millionen RM in den Motorrennsport. Die staatlichen Zuschüsse in diesem Zeitraum in Höhe von mindestens 800.000 RM (= ca. 30 %) waren sehr hoch. 1935 erhielt Daimler-Benz mindestens 20 % staatliche Beihilfe, 1938 mindestens 16 %. Die Aufwendungen der Auto-Union erreichten, sieht man von den Jahren 1937 und 1938 ab, einen ähnlichen Umfang:

Tabelle 18: Rennkosten der Auto-Union in den Jahren 1933 bis 1939

Jahr	Konstruktion u. Fertigung in RM	Rennaufwand in RM	Summe in RM	Direkte u. indirekte Subventionen in RM	Prozentsatz Gesamtaufwand
1933/34	1.285.252,13	96.298,13	1.381.550,26	392.857,—	28,9 %
1934/35	1.504.519,78	396.671,88	1.901.191,66	438.000,—	23,1 %
1935/36	1.442.524,00	819.306.62	2.260.880,62	475.000,—	21,0 %
1936/37	1.831.051,77	861.221,67	2.692.273,44	526.000,—	19,5 %
1937/38	1.752.867,96	647.477,87	2.400.345,83	467.000,—	19,4 %
1938/39			2.548.370,62	401.000,—	15,6 %

Quelle: Cancellieri u.a., Auto-Union, S. 28.

Der Krieg stoppte die Aktivitäten auf dem Gebiet der Rennen und des Rennwagenbaus. Als letzte Zahlung für den Motorsport erhielt die Daimler-Benz AG 1941 350.000 RM[70].

Die Entwicklung der Rennwagen machte sowohl bei Daimler-Benz als auch bei der Auto-Union rasche Fortschritte. Beide Firmen waren an die internationalen Rennbestimmungen gebunden, wonach das Fahrzeuggewicht ohne Fahrer, Reifen und Betriebsmittel nur 750 kg betragen durfte[71]. In den Jahren 1934 bis 1939 bestimmten Rennwagen der Daimler-Benz AG und der Auto-Union AG das Geschehen auf den nationalen und internationalen Grand-Prix-Strecken.

Der Daimler-Benz AG gelangen in nur acht Monaten die Konstruktion und der Bau eines Rennwagens mit der Werksbezeichnung ‚W 25‘. Das Fahrzeug, ausgestattet mit einem 8-Zylinder-Reihenmotor mit Kompressor und zwei Druckvergasern, leistete zunächst etwa 350 PS[72]. Anfang 1934 fanden erste Erprobungsläufe statt. Der Porsche-Auto-Union-Rennwagen hatte bereits im Oktober 1933 die erste Testfahrt absolviert. Beim 12. Internationalen Eifelrennen auf dem Nürburgring am 3. Juni 1934 kam es zum ersten Aufeinandertreffen der beiden neuen Rennwagenkonstruktionen. Manfred von Brauchitsch siegte mit dem Daimler-Benz-Wagen und entschied damit den ersten direkten Vergleich des Auto-Union- und des Daimler-Benz-Rennwagens zugunsten des Stuttgarter Fabrikats[73].

Die Rennerfolge von Daimler-Benz setzten sich 1935 fort. Der für den Mercedes-Rennstall fahrende Rudolf Caracciola wurde damals Europameister[74]. Als Reaktion auf den Erfolg der Auto-Union-Rennwagen im Jahre 1936 präsentierte Daimler-Benz 1937 einen neuen Grand-Prix-Wagen, den ‚W 125‘. Doppel-, sogar Dreifachsiege der Mercedes-Benz-Fahrer waren wieder an der Tagesordnung. So gewann beim Eifelren-

70 Kissel XII,15 DBAG an Reichsverkehrsminister (3.2.1941).
71 Chronik der Mercedes-Benz Fahrzeuge, S. 146.
72 Ebenda.
73 Seherr-Thoss, Automobilindustrie, S. 349f.
74 Ebenda, S. 351.

nen 1937 Rudolf Caracciola vor Manfred von Brauchitsch, beim Großen Preis der Schweiz im gleichen Jahr Rudolf Caracciola vor Hermann Lang und Manfred von Brauchitsch[75].

Ein weiteres Projekt der Daimler-Benz AG war der Weltrekordwagen T 80, ein Fahrzeug, mit dem der Geschwindigkeitsweltrekord für Landfahrzeuge verbessert werden sollte. Daimler-Benz wandte sich im Oktober 1936 an den Konstrukteur Professor Ferdinand Porsche, der 1937 mit den Arbeiten für dieses Projekt begann[76]. Als Fahrer für diesen Wagen war der erfolgreiche Rennfahrer Hans Stuck vorgesehen. Werlin lehnte ihn jedoch wahrscheinlich wegen dessen ‚nicht-arischer‘ Ehefrau ab und verwies auf „den grossen Kampf der Daimler-Benz AG gegen Stuck und seine Frau". Darüber hinaus sei sein Renommé als Rennfahrer ‚angeschlagen‘. Dennoch blieb Kissel bei der Zusage an Stuck[77].

Der Rekordversuch, bei dem eine Geschwindigkeit zwischen 640 bis 650 km/h erreicht werden sollte, war für 1940 geplant. Porsche konstruierte ein Dreiachsen-Fahrzeug, das vom 12-Zylinder V-Motor (DB 601) mit einer Leistung von 2500 PS (kurzfristig 3000 PS) angetrieben wurde. Der Wagen mit einer Karosserie aus Dural-aluminiumblech wog 2,8 to bei einer Länge von 8,5 m[78]. Die Baukosten dieses Fahrzeuges betrugen etwa 650.000 RM, die Versuchskosten wurden mit 150.000 RM veranschlagt[79]. Infolge der Kriegsereignisse kam dieser Wagen jedoch nicht mehr zum Einsatz[80].

75 Ebenda, S. 359; Leipner, Chronik, S. 411 und 416.
76 Quint, Porsche, S. 247; Kissel VII,3 Notiz Kissels über ein Telephongespräch mit Porsche am 1.10.1936, und Protokoll über die am 22.3.1937 in Untertürkheim stattgefundene Besprechung; vgl. auch: Protokoll der Vorstandssitzung vom 7.10.1936.
77 Protokoll der Vorstandssitzung vom 5.1.1937. Zu Hans Stuck und seiner Ehefrau vgl.: BA NS 19 neu/1057. Diese Akte enthält mehrere Schreiben zur Klärung der Frage, ob die Ehefrau von Hans Stuck ‚Voll- oder Halbjüdin‘ sei. Die Diskussion zog sich bis Mitte 1941 hin und wurde zurückgestellt „bis zum Kriegsende, wenn auch die Frage einer erneuten Renntätigkeit Stucks akut wird (...)"; ebenda, Wolff an Reichsminister für Volksaufklärung und Propaganda (28.7.1941).
78 Quint, Porsche, S. 248f.
79 Kissel VII,3 Aktennotiz vom 3.2.1939.
80 Vgl. Dokument 43.

4. ABSATZ

Die deutsche Automobilindustrie erreichte infolge der Weltwirtschaftskrise im Jahre 1932 den Tiefststand im Personen- und Nutzkraftwagenabsatz. Konnten 1931 noch 79.300 Kraftfahrzeuge verkauft werden, so waren es 1932 nur noch 54.500, etwa ein Drittel des Ergebnisses von 1928. Hinzu kam, daß hauptsächlich billige Fahrzeuge verkauft wurden, was die Daimler-Benz AG besonders traf, da sie fast nur Fahrzeuge der gehobenen Klasse anbot. Auch der Export war in dieser Krisenzeit zurückgegangen, zeigte aber gegen Ende des Jahres 1932 steigende Tendenz. Bei Daimler-Benz stieg die Gesamtausfuhr von 6,18 Millionen RM 1932 auf 7,56 Millionen RM 1933[1].

Das Jahr 1933 brachte der Automobilindustrie den ersehnten Aufschwung; auch der saisonal bedingte Rückgang der Kraftfahrzeugkäufe im Herbst und Winter war weniger deutlich ausgeprägt als in den Vorjahren. In jenem Jahr teilten sich fünf Automobilfirmen drei Viertel des Personenwagenabsatzes in Deutschland[2]:

Adam Opel AG	33,5 %	(1932: 30,6 %)
Auto-Union AG	17,9 %	(1932: 14,1 %)
Daimler-Benz AG	11,2 %	(1932: 13,6 %)
Adler-Werke AG	8,4 %	(1932: 10,3 %)
Bayerische Motorenwerke AG	5,8 %	(1932: 5,4 %)

Nach dem Tiefststand von 1932 stieg der Inlandsabsatz der deutschen Automobilindustrie stetig an, wie die Zulassungszahlen verdeutlichen:

Tabelle 19: Zulassung von neuen Kraftfahrzeugen in Deutschland 1932–1938

Jahr	Personenwagen	Nutzfahrzeuge[a]
1932	41.118	7.030
1933	82.048	11.573
1934	130.938	23.842
1935	180.113	34.313
1936	213.117	46.146
1937	216.538	45.708
1938	224.453	50.958

Quelle: GB 1938, S. 4
    a) einschließlich Omnibusse

1 GB 1932/33, S. 4f. und S. 18.
2 Ebenda, S. 17; Zahlenmaterial nach: Seherr-Thoss, Automobilindustrie, S. 319.

1934 verkaufte die Daimler-Benz AG 50 % mehr Personenwagen als im Vorjahr, der Lastkraftwagenabsatz stieg stückzahlmäßig um 74 %, wertmäßig sogar um 100 %. Das Unternehmen beurteilte dagegen das Auslandsgeschäft in seinem Geschäftsbericht wegen der Ausfuhrsperren und der unsicheren Währungsverhältnisse als schwierig, bemühte sich aber um Exportverbesserungen[3].

In den Geschäftsberichten des Unternehmens der folgenden Jahre werden nur allgemeine Angaben über Export und Absatz gemacht. Grundsätzlich wird von Steigerungen und von Bemühungen zur Ausfuhrbelebung berichtet, was allerdings während des Dritten Reiches insofern zunehmend schwieriger wurde, als nur in verbündete Länder exportiert werden durfte. 1936 exportierte die Daimler-Benz AG Erzeugnisse im Wert von 28 Millionen RM, 1937 im Wert von 45 Millionen RM[4]. Das Jahr 1938 brachte einen Rückgang des Ergebnisses auf 40 Millionen RM. 1939 stieg dann der Export auf 49 Millionen RM an[5].

Daß der Export für Daimler-Benz insgesamt finanziell aber ein Verlustgeschäft war und in erster Linie aus Prestigegründen betrieben wurde, geht aus den Geschäftsberichten nicht hervor. Im Geschäftsjahr 1934 mußte man einen Exportverlust von 250.000 RM hinnehmen. 1935 erwirtschaftete das Unternehmen sogar etwa 4 Millionen RM Verlust im Export[6]. 1936 rechnete man trotz steigender Exportzahlen mit einem Verlust von etwa 7 Millionen RM. Die deutlichsten Einbußen brachte der Personenwagenbereich ein, während der Lastkraftwagenexport fast kostendeckend ablief[7]. Trotz der Kriegsereignisse exportierte die Daimler-Benz AG 1940 Erzeugnisse im Wert von 29 Millionen RM, 1941 im Wert von etwa 24 Millionen RM[8], was wahrscheinlich auf die gesteigerten Flugmotorenlieferungen zurückzuführen ist.

4.2. EXPORT VON ERZEUGNISSEN UND ‚KNOW-HOW‘

Auch der technische Austausch mit dem Ausland war unter dem nationalsozialistischen Regime stark eingeschränkt; so unterlagen besonders der Verkauf und die Lizenzvergabe von Motoren und Fahrzeugen staatlicher Genehmigungspflicht, da nur ausgewählte, also vor allem verbündete Länder bedacht werden sollten[9]. Von den Li-

---

3 GB 1934, S. 6.
4 GB 1937, S. 5.
5 GB 1938, S. 6; GB 1939, S. 8.
6 Protokoll der Präsidialsitzung vom 3.6.1935; Protokoll der Aufsichtsratssitzung vom 2.7.1935.
7 Protokolle der Präsidialsitzungen vom 23.4.1936 und 27.9.1937.
8 Protokoll der Aufsichtsratssitzung vom 12.12.1941.
9 Vgl. z.B.: BAMA RL3/13 Bericht über die GL-Besprechung vom 14.4.1942; RL3/29 Bericht über die GL-Besprechung vom 29.6.1943; Kissel VIII,6 Wirtschaftsgruppe Luftfahrt-Industrie an Daimler-Benz Motoren GmbH Genshagen (25.5.1940). Vgl. auch: BA R2/16511, R2/16730, R2/16731, R2/16827, R2/16828, R2/16829, R2/16847, R2/16907,

zenzeinnahmen mußten 50 % an das Reich abgeführt werden, wodurch das Reichs-luftfahrtministerium einen Überblick über die Auslandslizenzvergabe erhielt[10].

Komplikationslos waren während des Dritten Reiches die Geschäftsverbindungen mit dem verbündeten Italien; mit dem Königlich Italienischen Luftfahrtministerium wurden sowohl Flugmotoren-Lizenzverträge (DB 601 und DB 605) als auch Flugmotoren-Lieferverträge (DB 601 und DB 605) abgeschlossen[11]. Der DB 601 Aa z.B. wurde im Auftrag des Italienischen Luftfahrtministeriums bei Alfa Romeo nach-gebaut. Die Daimler-Benz AG schickte sogar Techniker zu dieser Firma, aber die Pro-duktion kam nur zögernd zum Anlauf[12].

Auch nach Rußland, Bulgarien, Rumänien und Japan war 1940 uneingeschränkter Export möglich. Dagegen bestand für die Schweiz, mit der die Daimler-Benz AG im Oktober 1939 einen Lizenzvertrag über den DB 601 abgeschlossen hatte, und Schwe-den, mit dem Verhandlungen über die Lizenz des DB 601 Aa liefen, eine Liefersperre[13]. Diese Sperre scheint aber nach kurzer Zeit aufgehoben worden zu sein, denn im September 1941 liefen Verhandlungen zwischen Daimler-Benz und der schwe-dischen Regierung über die Lizenz für den DB 605[14]. Auch für Jugoslawien war, wahrscheinlich kurzfristig, eine Liefersperre ausgesprochen worden. War 1938 Daimler-Benz noch zur Beteiligung an einer Automobilfabrik und zur Teilnahme an einer Probefahrt in Jugoslawien aufgefordert, im November 1939 sogar ein Lieferver-trag für den DB 601 Aa geschlossen worden, so wurden Anfang 1940, als Reaktion auf zurückbehaltene Kupferlieferungen der Jugoslawen Handelsbeziehungen untersagt[15]. Diese Regelungen wurden z.T. bis Kriegsende beibehalten, z.T. widerru-

R2/16978, R2/17078, R2/17084, R2/17085, R2/17086, R2/17087 über Reichsbürgschaften für verschiedene DBAG-Auslandsgeschäfte.
10 Vgl. Dokument 44.
11 Z.B.: Kissel VIII,7 Vertrag zwischen dem Königlich Italienischen Luftfahrtministerium Rom und der Daimler-Benz AG über Lieferung von 120 Reparaturmotoren DB 601 Aa für die italienische Luftwaffe vom 11.5.1942; ebenda, Vertrag zwischen dem Königlich Italieni-schen Luftfahrtministerium Rom und der Daimler-Benz AG über die Lieferung von Ersatz-teilen, Zubehör und Werkzeug für den DB 601 Aa für die italienische Militärluftfahrt vom 30.9.1941; ebenda, Vertrag zwischen dem Königlich Italienischen Luftfahrtministerium Rom und der Daimler-Benz AG über den Lizenzbau des DB 601 Aa und Ba vom 9.5.1939; Kissel IV,32 Lizenzvertrag zwischen dem Königlich Italienischen Luftfahrtministerium Rom und der Daimler-Benz AG über den Nachbau des DB 605 in Italien vom 14.8.1941. Weitere Angaben über Lieferungen an Italien in: Kissel IV,32.
12 Kissel VIII,9 Alfa Romeo an Wendt (17.5.1941), Müller an Kissel (21.7.1941).
13 Kissel VIII,15 DBAG Verbindungsstelle „L" an Kissel (5.1.1940); Kissel IV,31 DBAG Ver-bindungsstelle „L" an Kissel (16.5.1940); Kissel VIII,15 DBAG Verbindungsstelle „L" an Kissel (28.5.1940).
14 Vgl. Dokument 45.
15 Kissel IV,26 Bericht, verfaßt von Herrn Steinbach über die Reise nach Belgrad ... vom 13.−21.5.1938 ...; Kissel VIII,14 Vertrag vom 15.11.1939 zwischen dem Kommando des Heeres-Flugwesens des Königreiches Jugoslawien und der Daimler-Benz AG über 50 Stück

fen. Die Daimler-Benz AG war beispielsweise 1942 „für wichtige Kriegsaufgaben" so beansprucht, daß eine weitere Verpflichtung für Rumänien zunächst nicht möglich schien[16]. Dies bedeutete aber nicht das Ende der Zusammenarbeit, denn kurze Zeit später wurde ein Lizenzvertrag für den DB 605 zwischen dem Königlich Rumänischen Landesverteidigungsministerium und Daimler-Benz abgeschlossen[17]. 1941 wurde auch die Lieferung von 700 Lastwagen (L 3000 S) an das rumänische Rüstungsministerium zugesagt[18]. Um diesen Auftrag, der Teil eines umfangreichen Lastwagenliefergeschäftes mit Rumänien war, bemühte sich Daimler-Benz sehr, galt es doch, neben Tatra und Ford, einen Auftrag zu erhalten[19]. Auch mit der Sowjetunion bestand im Frühsommer 1940 ein reger Handelskontakt, hauptsächlich auf dem Sektor Flugmotoren. So reichte die Daimler-Benz AG Anfang April 1940 der Handelsvertretung der UdSSR eine Angebotsliste für Flugmotoren verschiedener Baumuster ein. Vorausgegangen war ein Besuch einer russischen Handelskommission in Untertürkheim, dem auch ein Gegenbesuch mehrerer Daimler-Benz-Mitarbeiter in russischen Flugmotorenwerken folgte[20].

Lieferanfragen für Flugmotoren aus Frankreich 1937 und aus Jugoslawien, Lettland, Litauen und Norwegen 1939 wurden dagegen abschlägig beschieden[21]; auch eine Anfrage der USA für Flugmotorenlizenzen wurde 1939 von Daimler-Benz abgelehnt, nachdem das Reichsluftfahrtministerium seine Zustimmung zu diesem Austausch verwehrt hatte[22].

Mit Griechenland wurde 1937 ein größeres Fahrzeuglieferungsgeschäft abgeschlossen[23]. Bemühungen der Daimler-Benz AG, den DB 600 G und H abzusetzen, scheiterten jedoch, da sich die griechische Regierung wahrscheinlich für englische und französische Fabrikate entschied[24].

Geschäftsbeziehungen zu Spanien waren ungehindert möglich. Bereits vor 1938 hatte die Daimler-Benz AG überlegt, in Spanien eine Automobilfabrik zu bauen; der

    DB 601 Aa und Ersatzteile und Werkzeuge; Kissel IV,31 DBAG Verbindungsstelle „L" an Kissel (16.5.1940).
16 Kissel VIII,14 Aktennotiz betr. Besuch der Rumänischen Herren wegen Abschluss eines Lizenzvertrages (14.3.1942).
17 BA R3/3163, S. 153—163.
18 Kissel VIII,15 Aktenvermerk über telefonische Unterhaltung mit Herrn Müller/Ferrowolff Bukarest am 28.1.1941.
19 Kissel VIII,15 Aktennotiz (Gaggenau, den 10.4.1940); ebenda, Abschrift eines Aktenvermerks über die Besprechung mit Herrn Major Pirner/A.G.K. am 28. Januar 1941 ... in Sachen Autogeschäft Rumänien (28.1.1941); ebenda, Exportabteilung DBAG an Geschäftsleitung DBAG, betr. Rumänisches Rüstungsministerium (5.2.1941).
20 Vgl. dazu komplett: Kissel VIII, 16a; besonders aber Dokumente 46 und 47.
21 Vgl. dazu: Kissel VIII,14 und Kissel IV,32.
22 Kissel VIII,16 DBAG an Russel-Feldmann (1.2.1939).
23 Vgl. Dokument 48.
24 Kissel IV,33 RLM an DBAG Verbindungsstelle „L" (16.9.1937); DBAG Verbindungsstelle „L" an Kissel (2.1.1939); Kissel an Verbindungsstelle „L" (5.1.1939).

Kriegsausbruch vereitelte aber schließlich diese Pläne[25]. 1939 wurde die Lizenz für den DB 601 freigegeben; ob ein Vertrag zwischen den spanischen Behörden und Daimler-Benz zustande kam, bleibt offen[26].

Ebenso wie die oberitalienischen Firmen in Auftragsarbeit für die Teilefertigung von Flugmotoren eingesetzt wurden, sollte ab Ende 1940 die Firma Hispano Suiza in Frankreich Teile des DB 605 produzieren. Dieser Vorschlag ging von Daimler-Benz aus und wurde vom Reichsluftfahrtministerium akzeptiert[27]. Hingegen verboten die Reichsbehörden eine von der Daimler-Benz AG angestrebte Aktienbeteiligung an verschiedenen französischen Firmen[28].

Auch den überseeischen Markt versuchte Daimler-Benz zu erschließen: Zur ‚Wiedereroberung‘ des australischen Marktes erstellte man ab 1934 Pläne, die aber nicht durchgeführt wurden[29].

Die Geschäftsverbindungen zu Südafrika, das sich hauptsächlich für Diesellastwagen interessierte, stießen auf den Widerstand der Leitung der NSDAP-Auslandsorganisation. Die Firma Cohen, die in das Exportgeschäft mit dem Daimler-Benz 1,5-to einsteigen wollte, habe sich — so die Parteiauslandsorganisation — „bei der Boykottbewegung gegen Deutschland besonders ausgezeichnet". Von einer Zusammenarbeit mit diesem Unternehmen sei deshalb abzusehen. Dieser ‚Empfehlung' kam Daimler-Benz, wenn auch zögernd, schließlich nach[30].

Auch das Engagement der Daimler-Benz AG auf dem südamerikanischen Markt war relativ bedeutungslos. Es sollte besonders in Peru, Ecuador und Bolivien durch den Daimler-Benz Vertreter Hans Dörr, Schwager von Reichsinnenminister Frick, angekurbelt werden. Die Übertragung dieser Aufgabe verdankte Dörr wohl seiner verwandtschaftlichen Beziehung. Seine Arbeit brachte der Daimler-Benz AG aber nicht den gewünschten Erfolg, da Dörr seinen Südamerikaaufenthalt mehr als Urlaub — so ein Mitreisender — verstand und wenig Zeit mit Kundenwerbung verbrachte[31].

Liefergeschäfte mit Brasilien[32] und besonders China wurden über das Kölner Unternehmen Otto Wolff abgewickelt. Bereits Mitte 1933 förderte das Reichswirtschafts-

---

25 Kissel IV,28 Notiz Kissel vom 13.3.1940.

26 Kissel VIII,16 W 60 Aktennotiz Nr. 1488 vom 16.3.1939 über die Besprechung am 14.3.1939 im RLM über Lizenzen.

27 Kissel VIII,6 Müller an Kissel (12.11.1940).

28 Kissel IV,32 von Urach an Kissel (10.5.1941); Unternehmensarchiv Protokolle Aktennotz (?) 1941.

29 Kissel IV,31 Hoette an Kissel (28.12.1934).

30 Ebenda, Philipp an Kissel (18.5.1934), Firma Cohen an Carp (12.9.1934), Keppler an Werlin (11.5.1935) (Zitat), Leitung der NSDAP-Auslandsorganisation an Kissel (31.5.1935), DBAG an Keppler (1.6.1935), DBAG an Leitung der NSDAP-Auslandsorganisation (4.11.1935).

31 Ebenda, Kissel an von Stauß (6.3.1936), Leitung der NSDAP-Auslandsorganisation an Werlin (11.3.1936), Axtmann an Kirchhof (15.6.1935), Rittermann an Kissel (22.3.1937).

32 Ebenda, Abschnitt Brasilien.

ministerium Handelskontakte deutscher Unternehmen mit China. Nachdem Bemühungen der Ford Motor Companies zum Aufbau einer Lastkraftwagenindustrie in
dem ostasiatischen Land gescheitert waren, versuchte die Firma Otto Wolff den Zuschlag für dieses Geschäft zu erhalten. Ein geeigneter Partner für diese Unternehmung
schien der Kölner Firma die Daimler-Benz AG zu sein, die ihrerseits Interesse an
diesem Geschäft bekundete[33]. Der Handelsvertrag sollte nicht direkt zwischen der chinesischen Regierung und Daimler-Benz abgeschlossen werden, sondern mit der
Firma Otto Wolff. Am 26. Oktober 1934 unterzeichneten dann Vertreter von
Daimler-Benz und der Firma Otto Wolff einen Vertrag ,,zu einem gemeinschaftlichen
geschäftlichen und industriellen Zusammengehen in China auf dem Gebiete des
Motoren- und Automobilbaues''[34]. Das Kölner Unternehmen nahm die Hauptge-
schäftsabwicklung wahr.

Die Zusammenarbeit zwischen den Firmen Otto Wolff und Daimler-Benz führte
1935 zu einer Ausdehnung des China-Geschäftes. Neben dem Bau einer Montage-
Fabrik für Kraftfahrzeuge sollten Daimler-Benz-2-to-Lastkraftwagen (Typ LO 2000)
nach China verkauft werden. Auch kleinere Aufträge, wie die Lieferung geländegän-
giger Fahrzeuge (Typ LG 68) und Daimler-Benz Triebwagenmotoren (Typ OM 85)
standen in Aussicht, ebenso geschäftliche Kontakte zur Mandschurei und zu
Australien[35].

Im Frühjahr 1936 liefen Verhandlungen zwischen Otto Wolff und der Daimler-Benz AG über die Lieferung von Daimler-Benz Diesellastwagen, -chassis und -tei-
len nach China sowie über die Einrichtung und den Betrieb von Montage-, Reparatur-
und Herstellungswerken für diese Lastwagenchassis und -teile. Nach Kontaktaufnah-
me mit dem OKH und der Sicherstellung, daß es sich bei diesen Fahrzeugen um handelsübliche und nicht um rüstungswichtige handele, konnte der Handelsvertrag geschlossen werden und ein ,China-Büro' mit Daimler-Benz-Mitarbeitern eingerichtet
werden[36].

Ein weiterer, aber direkter Handelspartner der Daimler-Benz AG aus dem asiati-
schen Einzugsgebiet war Japan, das sich sowohl für Daimler-Benz-Personenwagen
und Dieselmotoren als auch für Marinemotoren, besonders aber für die Daimler-Benz

---

33 Kissel IV,17 Ruelberg an Kissel (30.6.1933), Aktennotiz Kissel betr. Ostasiengeschäft
   (14.7.1933).
34 Vgl. Dokument 49; Kissel IV,17 Kissel an Nothmann (28.8.1934).
35 Kissel IV,17 Aktennotiz über die Besprechung vom 25.4.35 über die China Projekte der Firmen Otto Wolff — Daimler-Benz im Anschluss an die Reise des Herrn Otto Wolff nach
   Shanghai.
36 Kissel IV,18 Vorvertragsentwurf Otto Wolff und DBAG vom 26.3.1936 über die Lieferung
   von DB-Diesellastwagen ... nach China ...; vgl. Dokument 50; wie aus Kissel IV,18 Protokoll Nr. 303 über die Besprechung in Gaggenau vom 6.5.1936 hervorgeht, war zu diesem
   Zeitpunkt der Handelsvertrag abgeschlossen.

Flugmotoren interessierte. Konkrete Vertragsabschlüsse zwischen japanischen Behörden und Daimler-Benz scheinen allerdings nicht zustande gekommen zu sein. Erfolgreich waren hingegen die Bemühungen der japanischen Behörden um Daimler-Benz-Flugmotoren. Eine Lizenz für den DB 601 E wurde vergeben[37].

---

37 Kissel IV,25 Kissel an Abt (25.5.1937), Aktennotiz für Dr. Kissel (20.7.1937), OKH an DBAG (9.12.1939), Bericht über den Besuch der Japanisch-Mandschurischen Industrie-Kommission (28.12.1939), Aktennotiz Kissel (16.9.1936), Kissel an DBAG Verbindungsstelle ,,L" (13.9.1938) und (11.10.1941), DBAG Verbindungsstelle ,,L" an Müller (30.10.1941). Über Personenwagenlieferungen liegen keine Unterlagen vor. Ob die Verhandlungen über die Lieferung des BOF 6 und des OF 2 und über die Lieferung von Dieselmotoren an Mandschukuo erfolgreich waren, geht aus dem Quellenmaterial nicht hervor.

5. FINANZIELLE GESCHÄFTSENTWICKLUNG

5.1. KAPITAL UND AKTIEN

Mit Hilfe der Notverordnungen zur Kapitalherabsetzung vom 6. Oktober 1931 und 18. Februar 1932 mußte die Daimler-Benz AG im Geschäftsjahr 1933 ihr Grundkapital um ca. 17,45 Millionen RM auf 26.172.000 RM reduzieren, um Verlustbeseitigung, Sonderabschreibungen zur Bilanzbereinigung und Rückstellungen für Bürgschaftsverpflichtungen durchführen zu können[1]. Nach dieser Herabsetzung stieg das Kapital des Unternehmens zunächst allmählich, von 1941 bis 1944 gewaltig an.

Dem Vorstand gelang es, den Eigenkapitalanteil ständig auszubauen. Im Geschäftsjahr 1940 übertraf er erstmals den Fremdkapitalanteil. Für den Ausbau waren vor allem Kapitalerhöhungen in den Jahren 1939, 1940, 1941 und 1943 verantwortlich[2]. In-

Tabelle 20: Die Kapitalverteilung der Daimler-Benz AG 1932–1945 (RM)

Jahr	Eigenkapital		Summe Eigen-kapital	Fremdkapital Verbindlichkei-ten	Summe Kapital
	Grundkapital	Rücklagen[a]			
1932	43.620.000,–			35.449.678,79	79.069.678,79
1933	26.172.000,–	750.000,00	26.922.000,00	37.087.505,19	64.009.505,19
1934	26.172.000,–	4.539.597,75	30.711.597,75	57.180.907,89	87.892.505,64
1935	26.172.000,–	8.790.239,33	34.962.239,33	62.445.181,96	97.407.421,29
1936	26.172.000,–	16.484.633,76	42.656.633,76	66.354.029,36	109.010.663,39
1937	26.172.000,–	26.260.348,87	52.432.348,87	57.553.665,29	109.986.014,16
1938	26.172.000,–	27.730.090,90	53.902.090,90	88.296.716,07	142.198.806,97
1939	39.150.000,–	33.967.041,89	73.117.041,89	96.668.522,54	169.785.564,43
1940	50.216.000,–	46.815.037,22	97.031.037,22	89.411.128,19	186.442.165,41
1941	90.259.200,–	56.676.788,24	146.935.988,24	98.997.706,64	245.933.694,88
1942	90.259.200,–	87.006.075,00	177.265.275,00	108.743.126,00	286.008.401,33
1943	120.259.200,–	111.667.263,83	231.926.463,83	129.226.345,34	361.152.809,17
1944	120.259.200,–	178.317.804,22	298.577.004,22	146.059.797,01	444.636.801,23
1945	120.259.200,–	133.032.221,00	253.291.421,00	120,274.116,00	373.565.537,00

Quelle: GB 1932/33, S. 11 u. 25; GB 1934, S. 13; GB 1935, S. 11; GB 1936, S. 15; GB 1937, S. 15; GB 1938, S. 17; GB 1939, S. 19; GB 1940, S. 17; GB 1941, S. 7; GB 1942, S. 15; GB 1943/44, S. 11 u. 21; GB 1945–47, o.S.

a) = Reservefonds, Unterstützungsfonds, Rückstellungen, Gewinn (– Verlust)

1 GB 1933, S. 18.
2 Vgl. Dokument 51.

Graphik 1[a)]:Die Kapitalverteilung der Daimler-Benz AG 1932–1945 (RM)

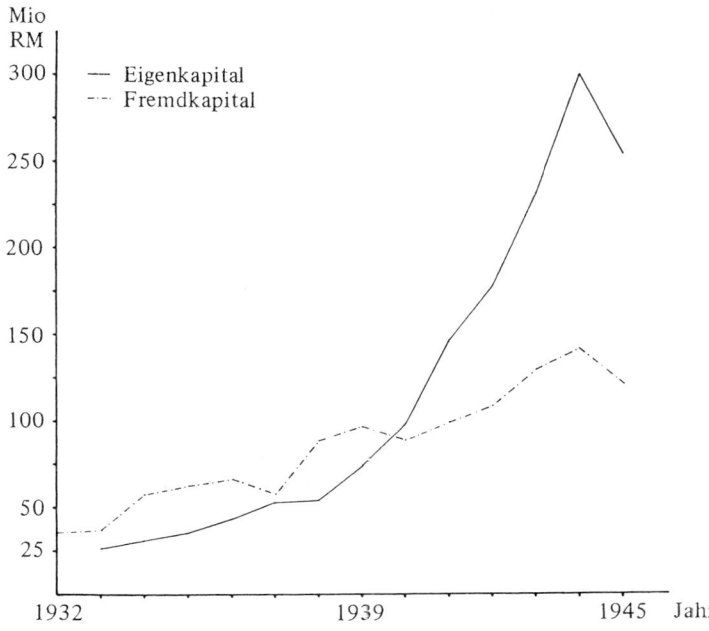

a) Erstellt nach Tabelle 20.

nerhalb von zehn Jahren erhöhte sich das Grundkapital der Aktiengesellschaft von 26.172.000 RM auf 120.259.200 RM. Auch die ausgewiesenen Rücklagen stiegen von 750.000 RM im Geschäftsjahr 1933 auf 178.317.804 RM 1944. Ebenso expandierte der Fremdkapitalanteil kontinuierlich, aber weniger ausgeprägt[3].

Tabelle 21: Kapitalentwicklung deutscher Automobilfirmen 1932–1935 (RM)

Jahr	Adler-Werke AG Frankfurt/M.	Auto-Union AG Chemnitz	Daimler-Benz AG[a)] Stuttgart-Unter-türkheim	Adam Opel AG Rüsselsheim
1932	29.892.000,–	37.734.000,–	79.069.678,79	67.365.000,–
1933	25.574.000,–	43.152.000,–	64.009.505,19	67.370.000,–
1934	29.850.000,–	50.993.000,–	87.892.505,64	91.271.000,–
1935	26.063.000,–	53.825.000,–	97.407.421,29	126.355.000,–

Quelle: Wahl, Vergleich, S. 26, 29, 38.

    a) Die Zahlen sind Tabelle 20 entnommen. Es wurden nicht die Angaben von Wahl, Vergleich, S. 34 verwendet, da sie von denen der Geschäftsberichte abweichen: 1932 65.449.000 RM (Wahl hat vom Grundkapital den Verlust subtrahiert, wodurch die Differenz von ca. 13.000.000 RM zu erklären ist), 1933 64.010.000 RM, 1934 87.892.000 RM, 1935 96.573.000 RM.

3 Vgl. Tabelle 20 und Graphik 1.

Graphik 2[a)]:Kapitalentwicklung deutscher Automobilfirmen 1932−1935 (RM)

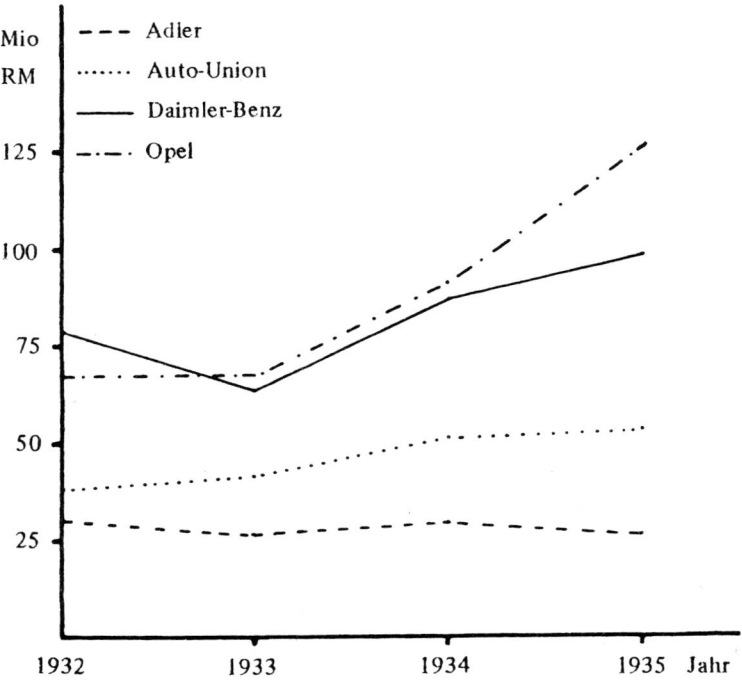

a) Erstellt nach Tabelle 21.

Der Vergleich von vier deutschen Automobilfirmen (Adler-Werke AG, Auto-Union AG, Adam Opel AG und Daimler-Benz AG) zeigt, daß Daimler-Benz und Adler 1933 eine deutliche Kapitalherabsetzung durchführen mußten. Die Adler-Werke setzten 1935 nochmals das Kapital herab, das Kapital der Auto-Union stieg dagegen allmählich an. Nach anfänglicher Stagnation verzeichnete auch die Adam Opel AG ab 1934 einen deutlichen Kapitalanstieg[4].

Die Daimler-Benz AG gab in der Zeit zwischen 1933 und 1945 Stamm- und Vorzugsaktien aus, und zwar Stammaktien, die auf den Namen des Inhabers lauteten, im Wert von je 300,− und 600,− RM, und Vorzugsaktien, die auf den Namen der Aktionäre lauteten, im Wert von je 600,− RM. Die Vorzugsaktien waren ohne Genehmigung des Unternehmens nicht übertragbar[5]. 1934 wurde das Stimmrecht der Vorzugsaktien herabgesetzt. Für je 100,− RM Nennbetrag sollten statt bisher 48 nur noch eine Stimme gewährt werden, lediglich bei Beschlüssen zur Aufsichtsratsbesetzung, Satzungsänderung und Gesellschaftsauflösung sollten Besitzern von Vorzugsaktien je 100,− RM Nennwert 30 Stimmen zustehen[6].

4 Vgl. Tabelle 21 und Graphik 2.
5 Kissel I, 8 Satzung der Daimler-Benz-Aktiengesellschaft vom 27.5.1938, §§ 3 und 4.
6 GB 1934, S. 8.

Das Aktienkapital der Daimler-Benz AG teilte sich wie folgt auf:

Tabelle 22: Aktienkapital der Daimler-Benz AG 1932 bis 1945 (RM)

Jahr	Stammaktien Wert	Vorzugsaktien Wert	Grundkapital
1932	43.260.000,–	360.000,–	43.620.000,–
1933	25.956.000,–	216.000,–	26.172.000,–
1934	25.956.000,–	216.000,–	26.172.000,–
1935	25.956.000,–	216.000,–	25.172.000,–
1936	25.956.000,–	216.000,–	25.172.000,–
1937	25.956.000,–	216.000,–	25.172.000,–
1938	25.956.000,–	216.000,–	25.172.000,–
1939	38.934.000,–	216.000,–	39.150.000,–
1940	50.000.000,–	216.000,–	50.216.000,–
1941	90.000.000,–	259.200,–	90.259.200,–
1942	90.000.000,–	259.200,–	90.259.200,–
1943	120.000.000,–	259.200,–	120.259.200,–
1944	120.000.000,–	259.200,–	120.259.200,–
1945	120.000.000,–	259.200,–	120.259.200,–

Quelle: GB 1932/33, S. 11 u. 25; GB 1934, S. 13; GB 1935, S. 11; GB 1936, S. 15; GB 1937, S. 15; GB 1938, S. 17; GB 1939, S. 19; GB 1940, S. 17; GB 1941, S. 7; GB 1942, S. 15; GB 1943/44, S. 11 u. 21; GB 1945–47, o.S.

Die Vorzugsaktien verfügten über einen auf maximal 4 % festgelegten Dividenden-anspruch vor den Stammaktien; ebenso wurden sie im Falle einer Liquidation bevor-zugt behandelt[7].

Der Kurs der Daimler-Benz Aktien entwickelte sich laut Kurs-Notiz in Berlin, Frankfurt/M., Hamburg, München und Stuttgart im wesentlichen nach oben (vgl. Tabelle 23).

Zwei Einschnitte in der Entwicklung treten besonders deutlich hervor. 1935 wurden erstmals seit 1928 Daimler-Benz Aktien über 100 notiert, wohl weil seit Jahren endlich wieder eine Dividendenausschüttung in Aussicht stand. Besonders markant ist der Kursanstieg nach Kriegsausbruch, als erstmals Notierungen über 200 erreicht wurden.

Anlage- und Umlaufvermögen der Daimler-Benz AG lassen sich anhand der Ge-schäftsberichte für die Zeit von 1932 bis 1945 detailliert aufschlüsseln, verliefen je-doch uneinheitlich (vgl. Tabellen 24 und 25).

Bis 1938 blieb das Anlagevermögen der Daimler-Benz AG relativ konstant bei etwa 30 bis 35 Millionen RM. Erst durch den Kriegsausbruch verdoppelte sich bis 1943 die-ser Bilanzposten. Ähnlich verlief die Entwicklung beim Umlaufvermögen.

Das Umlaufvermögen stieg bereits 1938 deutlich an und erreichte 1943, besonders 1944 eine Rekordhöhe. Allein 1944 beliefen sich die Forderungen des Unternehmens

---

7 Handbuch der Dt. Aktiengesellschaften, Jg. 40, S. 8167.

Tabelle 23: Kursentwicklung der Daimler-Benz Aktien 1928—1942

Jahr	höchste Kurs-Notiz %	niedrigste Kurs-Notiz %	letzte Kurs-Notiz %
1928	120	72	76
1929	75,25	31	34 7/8
1930	45	21	22
1931	35,5	10,75	10,75[a]
1932	25,5	7,75	19,25
1933	37	19,75	36
1934	57 3/8	35,25	48 3/8
1935[b]	104 1/8	48	91 1/8
1936	134	89,75	121,5
1937[c]	146,5	121 5/8	136 5/8
1939[d]	140	106 5/8	124,75
1940	214	122 5/8	187
1941	215	167	199,5
1942	199,5	197,25	199,25

Quelle: Handbuch der Dt. Aktiengesellschaften, Jg. 43, S. 6920; Jg. 45, S. 4392; Jg. 46, S. 5641; Jg. 47, S. 4406; Jg. 48, S. 6918.
a) am 18.9.
b) nach Kapitalherabsetzung 5 : 3.
c) Auto-Union: 129 %, vgl. Seherr-Thoss, Automobilindustrie, S. 299.
d) Auto-Union: 100 %, vgl. ebenda.

Tabelle 24: Das Anlagevermögen der Daimler-Benz AG 1932—1945 (RM)

Jahr	Gesamtsumme
1932	32.078.083,90
1933	31.347.028,00
1934	31.889.850,00
1935	32.596.570,00
1936	32.874.402,00
1937	31.612.002,00
1938	35.707.002,00
1939	49.337.002,00
1940	73.637.002,00
1941	86.757.002,00
1942	87.467.003,00
1943	104.404.628,76
1944	69.624.588,24
1945	13.800.013,00

Quelle: GB 1932/33, S. 10 und 24; GB 1934, S. 12; GB 1935, S. 10; GB 1936, S. 14; GB 1937, S. 14; GB 1938, S. 16; GB 1939, S. 18; GB 1940, S. 16; GB 1941, S. 6; GB 1942, (S. 14); GB 1943, S. 10; GB 1944, S. 20; GB 1945—47, o.S.

Tabelle 25: Das Umlaufvermögen der Daimler-Benz AG 1932–1945 (RM)

Jahr	Gesamtsumme
1932	46.991.594,89
1933	52.662.477,19
1934	56.002.655,64
1935	64.810.851,29
1936	76.136.261,39
1937	78.374.012,16
1938	106.491.804,97
1939	120.448.562,43
1940	112.805.163,41
1941	125.426.692,88
1942	198.541.398,33
1943	256.748.180,41
1944	375.012.212,99
1945	290.556.998,00

Quelle: GB 1932/33, S. 12 und 25; GB 1934, S. 14; GB 1935, S. 16; GB 1936, S. 16; GB 1937, S. 16; GB 1938, S. 18; GB 1939, S. 20; GB 1940, S. 18; GB 1941, S. 6; GB 1942, (S. 14); GB 1943, S. 10; GB 1944, S. 21; GB 1945–47, o.S.

auf über 100 Millionen RM. Die Guthaben waren auf über 175 Millionen angestiegen. Darunter waren allerdings große Forderungen an staatliche Stellen. Sie mußten schließlich weitgehend abgeschrieben werden.

5.2. UMSATZ

Der Umsatz der Daimler-Benz AG stieg in den Jahren 1932 bis 1943 stetig an (vgl. dazu Tabelle 26).

Besonders deutlich war der Anstieg 1935/36 durch die forcierte Nachfrage nach Personen- und Nutzkraftwagen.

Die Auto-Union AG verzeichnete zunächst höhere Umsätze als die Daimler-Benz AG, was auf das attraktivere Verkaufsangebot des Chemnitzer Unternehmens — billigere Personenwagen und Krafträder — zurückzuführen war (vgl. Tabelle 27). Im Geschäftsjahr 1938/39 konnte die Auto-Union ihren Umsatz allerdings nicht mehr steigern, was sicherlich auf die Produktionsumstellung für den Krieg durch das ‚Schell-Programm' zurückzuführen war (vgl. Tabelle 28).

Bei der Daimler-Benz AG stieg der Umsatz 1938/39 weiter an, besonders in den Werken, die hauptsächlich für Heer und Luftwaffe produzierten, wie z.B. Berlin-Marienfelde (vgl. Tabelle 26).

Der Umsatzzuwachs bei Daimler-Benz während des Krieges war eindeutig auf Wehrmachtsaufträge zurückzuführen. Bereits 1939 machte der Anteil von Heeres-, Luftwaffen- und Marinekäufen 35,9 % des Gesamtbruttoumsatzes des Unternehmens

Tabelle 26: Umsatz von Daimler-Benz AG und Konzern nach Werken 1932–1944 (Brutto in 1 000 RM)

	1932	1933	1934	1935	1936	1937	1938	1939	1940	1941	1942	1943	1944
DAIMLER-BENZ AG													
Untertürkheim 00–15, 60 62	31 749	44 785	51 545	78 621	103 089	141 836	147 807	170 025	138 615	145 586	182 252	171 780	126 895
darunter 60, 62	–	–	–	2 357	7 660	11 085	13 517	21 402	32 733	50 307	75 702	85 722	76 466
Sindelfingen	1 812	3 676	4 469	4 621	2 423	622	1 369	419	7 271	18 668	24 144	38 489	47 779
Mannheim	5 335	7 667	17 376	27 177	27 282	24 383	31 301	35 592	64 531	76 906	50 237	54 515	39 945
Gaggenau	14 271	30 442	49 493	77 794	92 507	94 036	106 997	115 346	76 831	87 617	103 299	96 001	84 599
Marienfelde 40, 42, 90	1 284	2 697	8 604	18 169	45 741	77 449	74 353	76 880	94 552	99 454	164 377	203 341	218 347
darunter 90	–	–	–	40	22 334	36 496	27 986	35 922	39 391	43 961	61 270	53 542	55 427
Königsberg	–	–	–	–	–	–	–	49	405	952	950	2 423	2 824
WERKE zusammen	54 451	89 267	131 487	206 382	271 042	338 326	361 827	398 311	382 205	429 183	525 259	566 558	520 407
Niederlassungen	10 549	11 659	15 357	19 737	24 031	29 248	34 349	40 083	41 548	49 805	51 128	49 146	41 397
AG gesamt	65 000	100 926	146 844	226 119	295 073	367 574	396 176	438 394	423 753	478 988	576 387	615 704	561 804
Veränderungen von Jahr zu Jahr in %	– 5,5	+ 55,3	+ 45,5	+ 54,0	+ 30,5	+24,6	+ 7,8	+ 10,7	– 3,3	+ 13,0	+ 20,3	+ 6,8	– 8,8
Anteil der Werke 60, 62, 90	–	–	–	2 397	29 994	47 581	41 503	57 324	72 124	94 268	136 972	139 264	131 893
Anteil der Werke 60, 62, 90 in %	–	–	–	1,1	10,2	12,9	10,5	13,1	17,0	19,7	23,8	22,7	23,6
./. Zulieferungen der AG an Organgesellschaften										1 569	1 850	1 864	2 120
ORGANGESELLSCHAFTEN													
Genshagen	–	–	–	–	–	31 559	65 815	89 202	116 295	166 055	243 879	289 180	351 348
Kolmar	–	–	–	–	–	–	–	–	–	1 096	5 109	8 659	9 449
Posen	–	–	–	–	–	–	–	–	–	1 364	1 659	1 669	1 672
Reichshof	–	–	–	–	–	–	–	–	–	–	13 979	23 776	10 581
Neupaka	–	–	–	–	–	–	–	–	–	–	–	4 880	21 025
Krakau	–	–	–	–	–	–	–	–	–	–	–	–	137
Organgesellschaften gesamt	–	–	–	–	–	31 559	65 815	89 202	116 295	168 515	264 626	328 164	394 212
KONZERN insgesamt	65 000	100 926	146 844	226 119	295 073	399 133	461 991	527 596	540 049	645 934	839 163	942 004	953 896
Veränderungen von Jahr zu Jahr in %	– 5,5	+ 55,3	+ 45,5	+ 54,0	+ 30,5	+ 35,3	+ 15,7	+ 14,2	+ 2,4	+ 19,6	+ 29,9	+ 12,3	+ 1,3
Anteil der Organgesellschaften an insgesamt in %	–	–	–	–	–	7,9	14,2	16,9	21,5	26,1	31,5	34,8	41,3
Anteil der Werke 60, 62, 90 an insgesamt in %	–	–	–	1,1	10,2	11,9	9,0	10,9	13,4	14,6	16,3	14,8	13,8

Tabelle 27: Umsatzentwicklung der Auto-Union AG 1932/33 – 1938/39

Geschäftsjahr (November-Oktober)	Umsatz (RM)	Zuwachs (in % zum Vorjahr)
1932/33	65.000.000	
1933/34	116.000.000	78,5
1934/35	181.472.010	56,4
1935/36	221.926.039	22,3
1936/37	234.893.030	5,8
1937/38	276.371.291	17,6
1938/39	272.688.824	-1,3

Quelle: Kirchberg, Typisierung, S. 118.

Tabelle 28: Auslauf der Friedensfertigung bei der Auto-Union AG (in Stück)

Jahr	Horch Pkw	Audi Pkw	Wanderer Pkw	Dkw Pkw	Dkw Kraft- räder	Dkw Motoren
1939	1.846	926	10.140	48.119	60.945	13.191
1940	450	277	3.069	13.509	25.512	14.903
1941	326	13	629	4.888	9.616	14.282
1942	–	–	–	2.322	3.315	12.173
1943	–	–	–	602	–	10.069
1944	–	–	–	17	–	5.193
1945	–	–	–	–	–	5.797

Quelle: Kirchberg, Typisierung, S. 137.

aus, 1940 69,6 % und 1941 76,3 %[8]. Allerdings ging auch während des Krieges immer noch ein erstaunlich großer Anteil der Produktion an Behörden und Parteiorganisationen.

Im Geschäftsjahr 1943 schätzte die Unternehmensführung den Umsatz auf 900.000.000 RM. Etwa 570.000.000 RM Umsatz erzielten die der Aktiengesellschaft gehörenden Werke, ca. 45.000.000 RM die deutschen Verkaufsstellen[9], so daß die der Daimler-Benz AG angeschlossenen Gesellschaften, die vorrangig Flugmotoren produzierten, nochmals ca. 280.000.000 RM umsetzten.

8 Vgl. Dokument 53.
9 DBAG 31, Sonderbericht der Daimler-Benz Aktiengesellschaft vom 22.11.1945.

5.3. INVESTITIONEN

Angesichts der schwierigen wirtschaftlichen Lage investierte die Daimler-Benz AG im Jahre 1933 nur vorsichtig. Erst im November erhöhte der Aufsichtsrat das Investitionsprogramm um weitere 1,0 bis 1,5 Millionen RM, so daß insgesamt 4,0 bis 4,5 Millionen RM in jenem Jahr zur Verfügung standen[10]. Vergleicht man die Investitionen der Daimler-Benz AG für Werkzeuge und Maschinen der Jahre 1933/34 mit denen der Auto-Union AG und der Adam Opel AG, ergibt sich folgendes Bild:

Tabelle 29: Investitionen der Automobilwerke 1933 und 1934 (RM)

Firma	1933	1934
Auto-Union	871.487	2.762.470
Daimler-Benz	2.494.207	5.314.466
Adam Opel	3.916.610	8.588.081

Quelle: Rasmussen, Konkurrenzfähigkeit, S. 36

Auch 1934 erfolgte bei Daimler-Benz die Mittelzuweisung zunächst nur zögernd; bis zum Oktober bewilligte der Aufsichtsrat lediglich 1,7 Millionen RM. Erst als sich eine Stabilisierung der Geschäftsentwicklung abzeichnete, wurde dieser Betrag, aufgestockt um ca. 1,1 Millionen RM, verteilt. Die Gelder wurden hauptsächlich zur Erneuerung und Verbesserung des Maschinenparks verwendet sowie zur Erweiterung und Reparatur von Gebäuden. Darüber hinaus genehmigte der Aufsichtsrat Mittel in Höhe von 6,7 Millionen RM für den Ausbau der Flugmotorenentwicklung und -produktion in Untertürkheim und Berlin-Marienfelde[11].

Die Tendenz der Geschäftsführung, einerseits in das Flugmotoren-, andererseits in das Kraftfahrzeuggeschäft zu investieren, setzte sich 1935 fort. Neben den 9,0 bis 9,5 Millionen RM, die für die Flugmotorenentwicklung und -produktion bewilligt worden waren, wurde in die Kraftfahrzeugherstellung investiert. Ein Betrag von 7,5 Millionen RM wurde nochmals um 3,2 Millionen RM aufgestockt, um die Lkw-Produktion im Werk Gaggenau auszubauen. Weitere, noch im Dezember 1935 genehmigte 2,5 Millionen RM für den Kauf von Maschinen wurden in das Investitionsprogramm von 1936 übernommen[12].

Mitte des Jahres 1936 belief sich das Investitionsprogramm bereits auf 9 Millionen RM. Neben den bereits im Dezember 1935 genehmigten 2,5 Millionen RM wurden

---

10 Protokoll der Aufsichtsratssitzung vom 24.11.1933. Über die Verwendung der Mittel werden keine Angaben gemacht.
11 Protokolle der Aufsichtsratssitzungen vom 16.5.1934, 3.7.1934 und 24.10.1934.
12 Protokoll der Aufsichtsratssitzung vom 24.9.1935; Protokolle der Präsidialsitzungen vom 24.9.1935 und 13.12.1935.

Gelder zur Verfügung gestellt für: Werkserweiterungen (ca. 550.000 RM), Versuchs-
anlagenerweiterungen (ca. 1.625.000 RM), Maschinen (ca. 1.525.000 RM), Werksum-
bauten (ca. 1.730.000 RM) und Filialen (ca. 1.300.000 RM)[13].

Weitere 5 Millionen RM wurden im Laufe des Jahres wie folgt vergeben: Für
Werkserweiterungen ca. 1.953.000 RM, für Immobilien ca. 600.000 RM und für Ma-
schinenkäufe 2.885.000 RM, wovon allein auf Marienfelde (Werk 40) 2.725.000 RM
entfielen[14]. Darüber hinaus müssen noch weitere Investitionsanträge genehmigt worden sein, denn zum Jahresende umfaßte das Gesamtinvestitionsprogramm 20 bis 22
Millionen RM[15].

Etwa der gleiche Betrag (23 Millionen RM) war bereits Anfang 1937 für das laufende Jahr vergeben worden. Schwerpunktmäßig wurde auf Behördenwunsch der Ausbau des Entwicklungswerkes 60 in Untertürkheim gefördert. Bei gleichlaufendem Ge-
schäftsgang war vorgesehen, die Gelder aus eigenen Mitteln zu finanzieren. Lediglich
ein zinsloses Reichsdarlehen in Höhe von 5 Millionen RM wurde für den Ausbau des
Werkes 60 in Anspruch genommen. Die Geschäftsführung der Daimler-Benz AG
plante jedoch, dieses Darlehen möglichst schnell, spätestens in drei Jahren, wieder zu-
rückzuzahlen, und zwar mit Hilfe der Lizenzgebühren von Henschel und Junkers für
Daimler-Benz-Flugmotoren[16].

Für das Jahr 1938 wurden im März insgesamt etwa 26,8 Millionen RM Investitions-
mittel veranschlagt. Darunter waren für die Konzentration des Last- und Personenwa-
genbaus in den verschiedenen Werken ca. 9.400.000 RM, für den Ausbau der Produktion ca. 8.452.000 RM, für den Ausbau von Verwaltungsgebäuden und der Verkaufsstellen ca. 5.542.000 RM und für den bisher nur geplanten Umbau der
Personenwagenproduktion in Untertürkheim ca. 5.000.000 RM.

Zusammen mit dem Investitionsrückstand aus 1937 von 14 bis 15 Millionen RM
mußten 1938 42 bis 43 Millionen RM finanziert werden. Nach Einschätzung der Geschäftsleitung sollen 15 bis 20 Millionen RM selbst finanziert werden, davon 15 Millionen RM durch Abschreibungen, während die fehlenden 25 Millionen RM durch eine Kapitalerhöhung beschafft werden sollten[17].

In der Präsidialsitzung vom 22. März 1938 wurde bekanntgegeben, daß ,,alle Fabri-
kationserweiterungen und Umstellungen (...) bis Ende des Jahres 1939'' abgeschlossen sein müßten. Das vorgesehene Investitionsprogramm für 1938 mußte deshalb aufgestockt werden, so daß für die Jahre 1938/39 ca. 49 Millionen RM veranschlagt

13 Protokolle der Präsidialsitzungen vom 27.2.1936, 23.4.1936 und 25.5.1936; Protokoll der
    Aufsichtsratssitzung vom 28.2.1936.
14 Protokolle der Aufsichtsratssitzungen vom 18.6.1936 und 8.10.1936.
15 Protokoll der Aufsichtsratssitzung vom 8.10.1936.
16 Protokoll der Aufsichtsratssitzung vom 9.4.1937; Protokolle der Präsidialsitzungen vom
    28.7.1937 und 27.9.1937.
17 Protokoll der Aufsichtsratssitzung vom 23.2.1938; Protokoll der Präsidialsitzung vom
    1.3.1938.

wurden[18]. Ende 1938 betrug die Summe der noch nicht ausgeführten Investitionen ca. 51,3 Millionen RM, davon waren für bauliche und maschinelle Veränderungen in Untertürkheim ca. 13 bis 14 Millionen RM veranschlagt, für den Ausbau der Lastwagenproduktion in Mannheim und Gaggenau ca. 15,5, für das Werk 40 in Berlin-Marienfelde zur Wehrmachtsproduktion 4,1 und für den Ausbau der Verkaufsstellen ca. 5,3 Millionen RM. Vorsorglich angemeldet wurde der Betrag von 8 Millionen RM für den Großmotorenbau, da mit dem Eingang von Behördenaufträgen fest gerechnet wurde[19].

Die finanziellen Verhältnisse der Daimler-Benz AG ermöglichten Anfang 1939 zunächst nur Neuinvestitionen in Höhe von 4,5 Millionen RM, die hauptsächlich zur Durchführung des ‚Schell-Programms' eingesetzt wurden, so z.B. in Mannheim 2.820.000 RM für Maschinen und Einrichtungen der Lastwagenproduktion[20].

Von April bis Oktober 1939 sind keine weiteren Unterlagen über Neuinvestitionen vorhanden[21]. In der Aufsichtsratssitzung vom 13. Oktober wurden Anträge in einer Gesamthöhe von 8.275.000 RM vorgelegt. Von diesem Betrag waren aber bereits 7,2 Millionen RM für den Ausbau des Werkes 60 in Untertürkheim früher angemeldet worden[22].

Nach Kriegsausbruch im September 1939 durfte – so die staatliche Direktive – nur noch für ‚kriegswichtige Zwecke' investiert werden. Bereits genehmigte Anträge in Höhe von 8,5 Millionen RM mußten schließlich sistiert werden (5 Millionen RM für Maschinen und 3,5 Millionen RM für Bauten). Bei Neuinvestitionen verhielt sich die Geschäftsleitung 1940 zunächst abwartend. Im Oktober standen, als ‚kriegswichtig' eingestuft, noch 16 Millionen RM Investitionen aus. Neu hinzu kam für den Lastwagen- und Großmotorenbau eine Investitionssumme von ca. 26 Millionen RM[23].

Zu Beginn des Jahres 1941 überstieg das Investitionsprogramm der Daimler-Benz AG weit die 100 Millionen-Grenze, vor allem durch die Planung von ‚Großprojekten'. Allein für die Flugmotorenproduktion wurden in diesem Jahr ca. 84.300.000 RM angesetzt (Genshagen 50.000.000 RM, Untertürkheim 19.400.000 RM, Kolmar 14.900.000 RM). Für die Erweiterung der Marinemotorenfertigung im Werk 60 Untertürkheim wurden 7.300.000 RM veranschlagt, für Werkzeugmaschinen in den ein-

---

18 Protokoll der Präsidialsitzung vom 22.3.1938.
19 Protokolle der Aufsichtsratssitzungen vom 20.5.1938 und 2.12.1938; Protokoll der Präsidialsitzung vom 5.10.1938.
20 Protokoll der Aufsichtsratssitzung vom 17.4.1939.
21 Wegen der spärlichen Unterlagen kann letztlich nicht eindeutig geklärt werden, ob 1939 nur kleinere Beträge investiert wurden. Wahrscheinlich ist das Investitionsprogramm von 1938 auch für 1939 gültig, da es sehr umfangreich angelegt war.
22 Protokoll der Aufsichtsratssitzung vom 13.10.1939.
23 Protokoll der Aufsichtsratssitzung vom 23.4.1940; Protokoll der Präsidialsitzung vom 14.10.1940. Vgl. dazu auch Dokument 53.

zelnen Werken insgesamt 1.487.000 RM. Zusammen mit den Rückständen von 1940 plante die Daimler-Benz AG, 1941 ca. 127.000.000 RM zu investieren.

48 Millionen RM sollten aus eigenen Mitteln finanziert werden, für die Investitionen in Untertürkheim und Genshagen war ein Kapitalschnitt von 20 bis 25 Millionen RM in Aussicht gestellt. Von den verbleibenden 55 bis 60 Millionen sollte der Anteil für die Daimler-Benz GmbH Kolmar vom Reichsluftfahrtministerium finanziert werden, die restlichen 40 bis 45 Millionen aus Fremdmitteln[24].

Dieses Programm wurde mit Ausnahme der Gelder für Genshagen[25] im Juni genehmigt[26]. Darüber hinaus stellte der Aufsichtsrat im Juli weitere etwa 7 Millionen RM zur Verfügung, u.a. für den Ausbau des Werkes 90 in Berlin-Marienfelde (einschließlich Arbeiterbarackenlager) ca. 1.278.400 RM, für den Produktionsausbau und den Neubau eines Heizkraftwerkes in Untertürkheim 3.785.000 RM und für den Werkzeugmaschinenbau in Sindelfingen 1.200.000 RM[27].

In der Aufsichtsratssitzung vom 12. Dezember 1941 wurden nochmals 47.817.500 RM genehmigt, davon allein für den Ausbau des Flugmotorenentwicklungswerkes in Untertürkheim 32.689.000 RM und 8.200.000 RM für eine Fertigungsstätte für Abgasturbolader. Weiterhin wurden Gelder zum Ausbau verschiedener Wohn- und Verpflegungsbaracken für ausländische Arbeiter und Kriegsgefangene freigegeben. Darüber hinaus wurden in dieser Sitzung Investitionspläne für die Zukunft bekanntgegeben. So sollten für die Flugmotorenwerke Ostmark in Wien 350 bis 400 Millionen RM investiert werden, für den Ausbau des Werkes Genshagen 200 Millionen RM. Die Finanzierung dieser Projekte sollte das Reichsluftfahrtministerium übernehmen. Die Daimler-Benz AG wollte zusätzlich 48 Millionen RM u.a. zum Ausbau der Prüffeldanlage für Motoren in Untertürkheim und für Grundstückskäufe der Zweigwerke beisteuern[28].

Bis Ende des Jahres 1941 sind die Unterlagen zu den Investitionsplänen der Daimler-Benz AG relativ vollständig; danach können nur noch lückenhafte Angaben gemacht werden. Erst für das Jahresende 1942 liegen wieder Angaben vor. U.a. wurden 5,4 Millionen RM für die Triebwerks-Entwicklung in Backnang bereitgestellt. Der Ausbau von Wohn- und Verpflegungsbaracken in Untertürkheim für ausländische Arbeiter sollte 3.420.000 RM kosten. Für Einrichtungen zur Produktion des 3-to-Lkw in Mannheim waren 4.640.000 RM veranschlagt und für die Erweiterung der Panzerwagen-Produktion in Berlin-Marienfelde 3.465.000 RM[29].

24 Protokoll der Präsidialsitzung vom 7.4.1941.

25 Es bleibt offen, ob die 50 Millionen RM für Genshagen in einer anderen Sitzung genehmigt wurden.

26 Protokoll der Aufsichtsratssitzung vom 6.6.1941.

27 Protokoll der Aufsichtsratssitzung vom 29.7.1941.

28 Protokoll der Aufsichtsratssitzung vom 12.12.1941.

29 Protokoll der Aufsichtsratssitzung vom 4.12.1942; vgl. auch: Unternehmensarchiv Protokolle Aufstellung Investierungsanträge für die Vorstandssitzung vom 4./5.11.1942.

Für das Jahr 1943 liegen nur noch Zahlenangaben für den Jahresanfang vor. In der Aufsichtsratssitzung vom 29./30. April wurden Gelder in Höhe von 15.162.250 RM beantragt. Größere Summen waren für die Panzerfertigung in Marienfelde vorgesehen (2.700.000 RM), für die Produktion des 3-to-Lkw in Mannheim (3.086.257 RM) und für die Verlagerung der Marinemotorenfertigung von Untertürkheim nach Wendlingen (2.600.000 RM). Zusätzlich zu den 15 Millionen RM wurden fast 5 Millionen RM für den Ausbau der Daimler-Benz GmbH Neupaka veranschlagt[30].

Diese umfangreichen, sich zu Beginn der vierziger Jahre kumulierenden Investitionen wurden zum einen durch Kapitalerhöhungen, zum anderen aus Eigenmitteln und Kreditaufnahmen finanziert. Die Bankkredite wurden bei den drei Konsortialbanken des Unternehmens (Deutsche Bank, Dresdner Bank, Commerzbank) aufgenommen. Zudem standen auch Gelder der Wehrmacht zur Verfügung[31].

5.4. GESCHÄFTSERGEBNIS/ERGEBNISVERWENDUNG

Nach einem Verlust 1932 arbeitete die Daimler-Benz AG von 1933 bis 1943 mit Gewinn. 1944 und vor allem 1945 waren die Verluste beträchtlich.

Tabelle 30: Gewinn/Verlust der Daimler-Benz AG 1932−1945 (RM)

Jahr	Gewinn/Verlust
1932	− 4.354.797
1933	+ 2.470.474
1934	+ 4.125.444
1935	+ 4.109.339
1936	+ 6.231.669
1937	+ 2.518.350
1938	+ 2.519.939
1939	+ 3.254.956
1940	+ 3.758.640
1941	+ 3.608.640
1942	+ 5.408.640
1943	+ 7.208.640
1944	− 3.527.599
1945	− 38.680.927

Quelle: GB 1932/33, S. 5 und 18; GB 1934, S. 7; GB 1935, S. 5; GB 1936, S. 8; GB 1937, S. 8; GB 1938, S. 10; GB 1939, S. 12; GB 1940, S. 10; GB 1941, S. 5; GB 1942, (S. 11); GB 1943/44, S. 1 und 8; GB 1945−47, o.S.

30   Protokoll der Aufsichtsratssitzung vom 29.4.1943, Anlage Investierungsanträge für die Aufsichtsratssitzung vom 29./30.4.1943.
31   Vgl. Dokumente 54 und 55.

Tabelle 31: Dividendenzahlungen der Daimler-Benz AG 1935 bis 1943 (RM)

Jahr	Überschuß	Unterstützungsfonds	Abschreibung a)	Dividende auf Vorzugsaktien		Dividende auf Stammaktien		Zinsen auf Genußrechte		Tilgung von Genußrechten b)		Vortrag auf neue Rechnungen	Aufsichtsratsvergütung c)	Sonderrückstellungen
1935	4.109.339,33	1.500.000,–	835.000,–	4%	8.640,–	5%	1.297.800,–	3,5%	23.740,50	5%	65.400,–	378.758,83	–	–
1936	6.231.669,85	1.500.000,–	–	4%	8.640,–	6,5%	1.687.140,–	3,5%	17.045,00	5%	84.800,–	392.326,85	41.718,00	2.500.000,–
1937 d)	2.518.350,86			4%	8.640,–	7,5%	1.946.700,–	3,5%	13.499,50	5%	97.800,–	370.665,60	81.045,76	–
1938	2.519.939,83			4%	8.610,–	7,5%	1.946.700,–	3,5%	11.868,50	5%	97.800,–	341.805,94	113.125,39	
1939	3.254.956,67			4%	8.640,–	7,5%	2.920.050,–	3,5%	10.871,00	5%	146.500,–		168.895,67	
1940	3.758.640,00			4%	8.640,–	7,5%	3.750.000,–							
1941	3.608.640,00			3,33%	8.640,–	6%	3.600.000,–							
1942	5.408.640,00			3,33%	8.640,–	6%	5.400.000,–							
1943	7.208.640,00			3,33%	8.640,–	6%	7.200.000,–							

a) des Postens „Aufgeld auf 6% Teilschuldverschreibungen von 1927"
b) % des als Dividende auszuschüttenden Betrages zur Tilgung von Genußrechten
c) gemäß § 21 Ziffer 4 der Satzung
d) ab diesem Jahr sind in diesem Betrag Rücklagen, Rückstellungen und Zahlungen an den Unterstützungsfonds nicht berücksichtigt.

Quelle: GB 1935, S. 5; GB 1936, S. 8; GB 1937, S. 8; GB 1938, S. 10; GB 1939, S. 10; GB 1940, S. 12; GB 1941, S. 5; GB 1942, S. 11; GB 1943/44, S. 1.

1935 hielt der Vorstand die Unternehmenslage wieder für so abgesichert, daß eine Dividende von 4 % auf die Vorzugsaktien und 5 % auf die Stammaktien ausgezahlt wurde[32].

Da die Dividendenauszahlung auf höchstens 6,5 % von der Regierung begrenzt war, wurde gemäß Anleihestockgesetz ab 1937 1 % des Kapitalertrags auf die Stammaktien an die Deutsche Golddiskontbank Berlin überwiesen[33]. Ab 1941 wurden 6 % Dividende auf Stammaktien und 3 1/3 % auf Vorzugsaktien ausgeschüttet.

Die Bayerischen Motorenwerke zahlten nach einer Umsatzsteigerung von 192 % bereits 1934 6 % Dividende an ihre Aktionäre aus und ein Jahr vor dem Stuttgarter Konkurrenten, nämlich 1936, 7,5 %. Diese Dividendenzahlung war anscheinend für die Unternehmen der Automobil- und Motorenindustrie die Höchstgrenze. Durch Zahlungen in Fonds und ansteigende Sonderrückstellungen versuchte zumindest die Daimler-Benz AG, ihren Überschuß auf ein gewisses Maß zu beschränken. Damit zahlte Daimler-Benz Dividenden in etwa der gleichen Höhe wie andere deutsche Autoproduzenten[34].

32 Vgl. Tabelle 31.
33 GB 1937, S. 8.
34 Seherr-Thoss, Automobilindustrie, S. 280, 282f., 292f., 297 und 299.

6. PERSONAL

6.1. MITARBEITERZAHLEN

Schwerpunkt nationalsozialistischer Wirtschafts- und Sozialpolitik war unmittelbar nach der Machtübernahme die Überwindung der Arbeitslosigkeit. Positive Ansätze der letzten Weimarer Regierungen wurden übernommen und ausgeweitet. Dadurch ging zwischen 1932 und 1934 die Arbeitslosenzahl um 2,9 auf 2,7 Millionen zurück. Durch die systematische Förderung rüstungswichtiger Industrien und durch gezielte Lenkung des Arbeitsmarktes ab 1934 waren bei Kriegsbeginn nur noch etwa 100.000 Menschen arbeitslos.

Bereits Ende 1934 setzten ein Facharbeitermangel und eine Arbeitskräfteverknappung ein, die durch die allgemeine Wehrpflicht (16.3.1935), den Reichsarbeitsdienst (20.6.1936) und nicht zuletzt durch die Maßnahmen des Vierjahresplans von 1936 verschärft wurden. Mit Kriegsbeginn erreichte die staatliche Arbeitspolitik eine vorläufig letzte Stufe mit der Dienstverpflichtung aller Arbeitnehmer (1.9.1939), mit Lohneinfrierung (12.10.1939) und der Möglichkeit der Einführung des 10-Stunden-Arbeitstages (12.12.1939)[1]. Durch die Kriegswirtschaft verschärfte sich dann die Situation auf dem Arbeitsmarkt derart, daß zunehmend deutsche Frauen und ab 1941 ausländische Arbeitskräfte — Fremd- und Zwangsarbeiter — bei fast allen Unternehmen in die Produktion eingebunden wurden.

Bei Daimler-Benz stieg die Zahl der Beschäftigten — mit Ausnahme der Jahre 1939 und 1940 — deutlich an, von 9.148 Mitarbeitern 1932 auf den Höchststand von 64.497 (67.905 einschließlich Kriegsgefangenen) im Jahre 1943.

Der Anteil der Ausländer an der Gesamtbelegschaft stieg von 14 % 1941 auf über 40 % 1944, der der Kriegsgefangenen von 1,4 % auf 6,1 %. Besonders viele Ausländer arbeiteten in den Reparatur- und Flugmotorenwerken, relativ wenige im Werk 62 Untertürkheim (= Triebwerkentwicklung in Backnang), in Bruchsal und in Kolmar. In Kolmar war aber der Anteil der beschäftigten Kriegsgefangenen besonders hoch[2].

In den Werken Untertürkheim, Mannheim, Gaggenau, Sindelfingen, Berlin-Marienfelde und Königsberg stieg die Zahl der beschäftigten Frauen zwischen 1939 und 1944 von 3.214 auf 8.090. Der Anteil der Ausländerinnen nahm von 3,3 % 1941 auf über 35 % im August 1944 zu.

---

1 Gladen, Geschichte, S. 104–106.
2 Vgl. Tabelle 32.

Tabelle 32: Die Belegschaft des Daimler-Benz Konzerns 1932–1945 (jeweils am Jahresende)

Beschäftigte gesamt

Jahre	Untertürkheim Zentrale 00	Untertürkheim 10–15	Untertürkheim 60	Untertürkheim 62	Mannheim 20+27	Gaggenau 30	Sindelfingen 50	Marienfelde 40+42	Marienfelde 90	Königsberg 70	Deutsche Verkaufsstellen	AG gesamt	Ausländische NDL	Genshagen	Kolmar	Reichshof	KWerk/Werkstätten	Neupaka	Bruchsal	Konzern
1932	313	2 771	–	–	459	1 615	1 487	217	–	70	1 988	9 101	251	–	–	–	–	–	47	9 148
1933	392	4 504	–	–	729	2 446	3 144	460	–	–	2 328	14 247	244	–	–	–	–	–	65	14 312
1934	500	7 003	–	–	1 455	3 941	5 093	1 626	–	–	3 007	22 883	258	–	–	–	–	–	92	22 975
1935	561	6 487	769	–	1 839	5 390	5 140	1 694	1 012	–	3 720	26 867	255	–	–	–	–	–	130	26 997
1936	772	6 881	1 169	–	2 169	5 744	5 057	2 355	2 873	–	4 701	31 995	274	–	–	–	–	–	169	32 164
1937	895	7 783	1 283	–	2 561	5 919	5 176	2 715	2 613	–	5 474	34 772	303	5 437	–	–	–	–	202	40 361
1938	992	8 669	1 728	–	3 205	6 336	6 462	3 067	2 468	60	6 392	39 663	284	6 828	–	–	–	–	222	46 713
1939	963	7 398	2 149	–	3 231	5 083	5 539	3 026	2 322	129	5 855	35 944	249	6 845	–	–	–	–	190	42 979
1940	940	7 023	3 407	–	3 653	4 562	6 460	3 503	2 470	241	5 452	37 975	264	8 096	–	–	–	–	177	46 248
1941	1 172	7 510	3 963	–	3 474	4 780	6 510	4 578	2 834	239	5 384	41 658	240	9 794	741	2 512	974	–	146	54 851
1942	1 121	9 313	4 679	–	3 734	5 187	5 982	5 057	3 075	241	5 676	44 703	288	13 146	1 374	3 529	1 350	–	134	62 886
1943	1 162	7 533	5 350	492	3 732	4 610	6 877	5 448	2 780	309	5 286	44 918	287	13 626	1 684	4 148	1 052	–	121	64 497
1944	1 279	7 671	5 353	525	4 153	3 935	5 825	5 825	3 229	352	5 717	44 892	63	12 706	1 743	–	1 458	4 214	108	63 663
Febr. 1945	1 047	7 500	5 073	516	3 971	3 914	4 721	5 863	2 994	352	5 717	43 011	65	6 812	2 983	–	1 458	4 222	106	57 134
JE[a] 1945	325	3 385	–	–	2 139	2 555	2 254	–	–	–	2 188	12 849	–	–	–	–	–	–	78	12 927

davon Ausländer

Jahre	00	10–15	60	62	20+27	30	50	40+42	90	70	Dt. Verkaufsst.	AG gesamt	Ausl. NDL	Genshagen	Kolmar	Reichshof	KWerk	Neupaka	Bruchsal	Konzern
1941	–	744	366	–	16	47	204	362	375	5	502	3 362	–	1 899	5	2 390	741	–	–	7 656
1942	–	2 407	1 248	–	696	927	827	1 568	813	22	1 188	10 913	–	6 011	106	3 372	1 217	–	23	20 425
1943	–	2 466	1 504	30	817	751	2 159	2 082	772	133	1 430	13 145	–	5 542	119	3 681	1 001	–	14	22 501
1944	–	3 092	1 693	41	1 249	602	1 488	2 550	1 100	175	1 360	14 761	–	6 631	149	–	1 411	4 107	10	25 658
Febr. 1945	–	2 947	1 628	39	1 155	601	1 223	2 528	1 005	175	1 360	14 072	–	3 010	–	–	1 411	4 131	13	21 226

Ausländer-Anteil an Beschäftigte gesamt in %

Jahre	00	10–15	60	62	20+27	30	50	40+42	90	70	Dt. Verkaufsst.	AG gesamt	Ausl. NDL	Genshagen	Kolmar	Reichshof	KWerk	Neupaka	Bruchsal	Konzern
1941	–	9,9	9,2	–	0,5	1,0	3,1	7,9	13,2	2,1	9,3	8,1	–	19,4	0,7	95,1	76,1	–	–	14,0
1942	–	30,0	26,7	–	18,6	17,9	13,8	31,0	26,4	9,1	20,9	24,4	–	45,7	7,7	95,6	90,1	–	17,2	32,5
1943	–	32,7	28,1	6,1	21,9	16,3	31,4	38,2	27,8	43,0	27,1	29,3	–	40,7	7,1	88,7	95,2	–	11,6	34,9
1944	–	40,3	31,6	7,8	30,1	15,3	27,9	43,8	34,1	49,7	23,8	32,9	–	52,2	8,5	–	96,8	97,5	9,3	40,3
Febr. 1945	–	39,3	32,1	7,6	29,1	15,4	25,9	44,5	33,6	49,7	23,8	32,7	–	44,2	–	–	96,8	97,8	12,3	37,2

dazu Kriegsgefangene

Jahre	00	10–15	60	62	20+27	30	50	40+42	90	70	Dt. Verkaufsst.	AG gesamt	Ausl. NDL	Genshagen	Kolmar	Reichshof	KWerk	Neupaka	Bruchsal	Konzern
1940	–	–	–	–	–	–	–	190	–	28	147	365	–	267	–	–	–	–	–	632
1941	–	341	–	–	98	97	333	104	–	68	344	1 385	–	428	–	–	–	–	–	1 813
1942	–	469	10	–	189	120	294	199	–	127	486	1 931	–	793	–	–	37	–	–	2 724
1943	–	360	–	14	309	357	415	288	–	46	522	2 311	–	799	250	48	–	–	–	3 408
1944	–	228	–	32	448	58	246	–	–	12	313	1 427	–	2 146	290	–	90	–	–	3 863
Febr. 1945	–	228	–	32	439	58	245	–	–	12	313	1 417	–	1 137	–	–	90	–	–	2 554

Verhältnis Kriegsgefangene zu Beschäftigte gesamt in %

Jahre	00	10–15	60	62	20+27	30	50	40+42	90	70	Dt. Verkaufsst.	AG gesamt	Ausl. NDL	Genshagen	Kolmar	Reichshof	KWerk	Neupaka	Bruchsal	Konzern
1940	–	–	–	–	–	–	–	5,4	–	11,6	2,7	1,0	–	3,3	–	–	–	–	–	1,4
1941	–	4,5	–	–	2,8	2,0	5,1	2,3	–	28,5	6,4	3,3	–	4,4	–	–	–	–	–	3,3
1942	–	5,6	0,2	–	5,1	2,3	4,9	3,9	–	52,7	8,6	4,3	–	6,0	–	–	2,7	–	–	4,3
1943	–	4,8	–	2,8	8,3	7,7	6,0	5,3	–	14,9	9,9	5,1	–	5,9	14,8	1,2	–	–	–	5,3
1944	–	3,0	–	6,1	10,8	1,5	4,6	–	–	3,4	5,5	3,2	–	16,9	16,6	–	6,2	–	–	6,1
Febr. 1945	–	3,0	–	6,2	11,1	1,5	5,2	–	–	3,4	5,5	3,3	–	16,7	–	–	6,2	–	–	4,5

Quelle: Daimler-Benz AG, Stuttgart-Untertürkheim, den 20.2.1986 ZST/S

[a] JE = Jahresende.

Tabelle 33: Die weibliche Belegschaft der Daimler-Benz Werke Untertürkheim, Mannheim, Gaggenau, Sindelfingen, Berlin-Marienfelde und Königsberg in den Jahren 1939–44

Jahr	Untertürkheim			Mannheim			Gaggenau			Sindelfingen		
	Deut-sche	Auslän-derinnen	zus.	Deut-sche	Auslän-derinnen	zus.	Deut-sche	Auslän-derinnen	zus.	Deut-sche	Auslän-derinnen	zus.
Ende 1939	1.264	–	1.264	112	–	112	320	–	320	833	–	833
Ende 1940	1.502	–	1.502	305	–	305	405	–	405	1.017	–	1.017
Ende 1941	1.671	29	1.700	505	1	506	608	4	612	1.109	6	1.115
Dez. 1942	1.786	566	2.352	503	118	621	641	199	840	992	323	1.315
Dez. 1943	2.117	672	2.789	596	164	760	735	187	922	988	681	1.669
Aug. 1944	2.132	1.249	3.381	617	162	779	706	242	948	944	680	1.624
Dez. 1944	2.296	1.067	3.363	633	179	812	565	248	813	753	537	1.290

Berlin-Marienfelde			Königsberg			Gesamt	Davon		
Deut-sche	Auslän-derinnen	zus.	Deut-sche	Auslän-derinnen	zus.	Gesamt	Deut-sche	Auslän-derinnen	Anteil in %
669	–	669	16	–	16	3.214	3.214	–	–
720	–	720	22	–	22	4.025	4.025	–	–
764	124	888	27	–	27	4.848	4.684	164	3,4
742	634	1.376	31	–	31	6.535	4.695	1.840	28,2
829	485	1.314	30	4	34	7.488	5.295	2.193	29,3
863	592	1.455	41	11	52	8.239	5.303	2.936	35,6
1.079	681	1.760	40	12	52	8.090	5.366	2.724	33,7

Quelle: DBAG 31 Sonderbericht der Daimler-Benz Aktiengesellschaft (22.11.1945).

6.2. LÖHNE UND GEHÄLTER

Die Löhne orientierten sich bei Daimler-Benz an der jeweils gültigen Tarifordnung, wobei ,,gute Leistungen'' eine Lohnaufbesserung zur Folge hatten. Die Beschäftigten erhielten Zeit- oder Stücklohn bzw. Gehalt, wobei nur tatsächlich geleistete Arbeit bzw. Arbeitszeit entlohnt werden mußte. Die Löhne wurden wöchentlich, die Gehälter monatlich ausgezahlt[3].

Neben der geleisteten Arbeitszeit wurden Arbeitsversäumnisse bis acht Arbeitsstunden in Ausnahmefällen vergütet, so z.B. bei Hochzeiten, bei Todesfällen nächster Verwandter, bei Betriebsunfällen und bei Musterungen sowie für das Aufsuchen militärischer Behörden. Lohn- und Gehaltsfortzahlungen erfolgten auch bei Erfüllung öffentlicher Ehrenämter, bei angeordneter Teilnahme am Reichsparteitag und bei DAF-Schulungskursen[4].

Insgesamt zahlte die Daimler-Benz AG zwischen 1932 und 1945 folgende Lohn- und Gehaltssummen aus, wobei z.B. im Jahre 1937 der Umfang der übertariflichen Bezahlung mehr als 18 Millionen RM betrug[5].

Tabelle 34: Lohn- und Gehaltssummen der Daimler-Benz AG 1932–1945

Jahr	Löhne und Gehälter (RM)
1932	20.176.538,41
1933	29.884.013,45
1934	49.323.299,38
1935	63.253.383,31
1936	79.269.550,42
1937	93.428.167,95
1938	103.397.546,39
1939	111.109.778,89
1940	105.729.765,31
1944	139.870.981,19
1945	49.005.152,00

Quelle: GB 1932/33, S. 14 und 28; GB 1934, S. 16; GB 1935, S. 14; GB 1936, S. 18; GB 1937, S. 18; GB 1938, S. 20; GB 1939, S. 22; GB 1940, S. 20; GB 1944, S. 24; GB 1945–47, o.S.

Für einzelne Werke der Daimler-Benz AG liegen für die Jahre 1939 bis 1944 genauere Angaben über die Löhne vor. Danach stiegen mit Ausnahme des Jahres 1940 die Lohnzahlungen in den angeführten Werken an.

---

3 DBAG 98 Betriebsordnung vom 14.5.1937, §§ 20, 22; vgl. auch Dokument 56.
4 DBAG 98 Betriebsordnung vom 14.5.1937, § 22.
5 GB 1937, S. 6.

Tabelle 35: Ausbezahlte Löhne in einzelnen Werken der Daimler-Benz AG 1939 – 1944 (RM)

Jahr	Untertürk-heim	Mannheim	Gaggenau	Sindel-fingen	Berlin-Ma-rienfelde Werke 40 und 42	Berlin-Ma-rienfelde Werk 90	Königs-berg	Deutsche Verkaufs-stellen	Gesamt
1939	24.821.100	7.946.000	11.994.100	13.761.400	6.621.000	6.344.200	155.000	9.093.900	80.736.700
1940	24.833.200	8.203.000	9.933.100	12.294.900	7.676.800	6.354.600	362.000	8.021.100	77.678.700
1941	28.895.397	8.594.159	10.942.470	13.969.548	10.094.017	7.039.729	483.672	8.854.103	88.873.095
1942	29.108.599	8.118.687	10.764.342	13.432.029	11.435.337	7.423.670	755.799	10.637.494	91.675.957
1943	31.081.022	8.474.655	10.431.676	14.706.666	13.685.587	7.406.193	790.878	10.667.911	97.244.588
1944	29.929.922	9.228.067	10.055.428	15.086.725	14.151.481	7.805.257	882.734	10.152.997	97.292.611

Quelle: DBAG 31 Sonderbericht der Daimler-Benz Aktiengesellschaft (22.11.1945)

Angaben über die Höhe eines Arbeiter-Monats- oder Jahresverdienstes bei Daimler-Benz liegen vereinzelt für die Vorkriegszeit vor. So verdiente ein Arbeiter des Daimler-Benz Werkes Mannheim 1933 durchschnittlich 2.152 RM, 1934 2.433 RM, 1935 2.487 RM und 1936 2.522 RM im Jahr. Umgerechnet[6] erhielt ein Arbeiter 1933 monatlich ca. 180 RM (Stunde: 0,86 RM), 1936 ca. 210 RM (Stunde: 0,93 RM)[7].

Diese Zahlenangaben werden auch durch eine Aufstellung der Wirtschaftsgruppe Luftfahrtindustrie bestätigt, die darüber hinaus belegt, daß die Daimler-Benz AG überdurchschnittliche Löhne zahlte. Nach dieser Erhebung erhielten Facharbeiter bei Daimler-Benz Anfang 1936 in der Stunde durchschnittlich 1,12 RM (Reichsdurchschnitt: 1,— RM), angelernte 1,06 RM (Reichsdurchschnitt: 0,98 RM), ungelernte 0,91 RM (Reichsdurchschnitt: 0,72 RM) und weibliche Arbeitskräfte 0,60 RM (Reichsdurchschnitt 0,57 RM). Die Wirtschaftsgruppe urteilte über Daimler-Benz: ,,(. . .) Ihre Löhne lagen — gemessen an dem Gesamtdurchschnitt des Deutschen Reiches — verhältnismäßig hoch. Nach den uns vorliegenden Zahlen liegen Sie mit allen vier Werten weitaus an der Spitze der erfaßten Motorenbetriebe''[8]. Der Lohn des ungelernten Arbeiters bei Daimler-Benz lag 0,19 RM über dem Reichsdurchschnitt, der des Facharbeiters dagegen nur um 0,12 RM über dem Durchschnittslohn. Das ist erstaunlich, denn das Unternehmen klagte während der gesamten national-sozialistischen Zeit über den herrschenden Facharbeitermangel[9].

Diese Angaben decken sich ungefähr mit denen einer werksinternen Statistik. Danach stieg die Lohnsumme kontinuierlich an (vgl. Tabelle 36).

Aussagekräftig sind diese Zahlen nur im Vergleich mit Preisangaben. So kosteten durchschnittlich (RM):[10]

	1932	1939
1 Kg Roggenbrot	0,37	0,33
1 Kg Kartoffeln	0,09	0,09
1 Kg Schweinebauch	1,48	1,64
1 Kg Butter	2,89	3,15
1 l Vollmilch	0,23	0,23
1 Ei	0,10	0,12

6 Berechnungsbasis ist die 48-Stundenwoche und 52 Wochen im Jahr.
7 Werke Mannheim 10. Durchschnittlicher Arbeiterstand und durchschnittliches Jahreseinkommen des einzelnen Arbeiters in den Jahren 1909—1936 im Werk Mannheim (22.9.1937).
8 Kissel XIII,2 Wirtschaftsgruppe Luftfahrtindustrie an DBAG (14.7.1936); vgl. dazu auch: Protokoll der Präsidialsitzung vom 27.9.1937, woraus hervorgeht, daß die Daimler-Benz AG die höchsten Löhne der Branche zahlte, im Durchschnitt 227 RM/Monat.
9 Z.B. Protokoll der Präsidialsitzung vom 25.5.1936.
10 Zahlen gerundet nach Aleff, Drittes Reich, S. 120.

Tabelle 36: Monatslohn/Stundenlohnentwicklung bei der Daimler-Benz AG 1932 bis 1937 im Vergleich zum durchschnittlichen Stundenlohn eines Industriearbeiters und eines Facharbeiters der metallverarbeitenden Industrie

Jahr	Monatslohn eines Facharbeiters der DBAG (RM)	Stundenlohn (RM)	Industriefacharbeiter im Reichsdurchschnitt (RM)	Facharbeiter metallverarbeitende Industrie in Stuttgart (RM)	Monatslohn eines angelernten Arbeiters der DBAG (RM)	Stundenlohn (RM)	Angelernter Industriearbeiter im Reichsdurchschnitt (RM)	Monatslohn eines Hilfsarbeiters bei der DBAG (RM)	Stundenlohn (RM)	Industriehilfsarbeiter im Reichsdurchschnitt (RM)
1932	177,–	0,92	0,82		152,–	0,79	0,69	128,–	0,67	0,64
1933	201,–	1,05	0,79	0,84	172,–	0,90	0,68	153,–	0,80	0,62
1934	198,–	1,03	0,78		174,–	0,91	0,68	153,–	0,80	0,62
1935	205,–	1,07	0,78	0,84	184,–	0,96	0,68	159,–	0,83	0,62
1936	227,–	1,18	0,78		203,–	1,06	0,68	171,–	0,90	0,62
1937	238,–	1,24	0,79		214,–	1,11	0,68	178,–	0,93	0,62

Quelle: Kissel XIII,1 Kissel an Werlin (9.2.1938); Hanf, Möglichkeiten, Anhang Tabelle 9, o.S.; Zahnenbenz, Stuttgart, S. 74. Vgl. auch ausführliche Tabelle bei Petzina/Abelshauser/Faust, Arbeitsbuch III, S. 99.

Auch bei BMW waren im Vergleich zu anderen Metallbetrieben die Löhne relativ hoch. Werkzeugmacher, Reparaturschlosser und Anreißer, die einstmals die höchsten Löhne erhielten, wurden in der Bezahlung jetzt deutlich von Spezialarbeitern, wie Rund- und Automatenschleifer übertroffen. Lohnunterschiede bis zu 0,40 RM waren möglich. Der Akkordlohn war bei BMW in drei Lohnsätze eingeteilt. Frauen wurden nur nach dem niedrigsten Satz, dem C-Akkord, bezahlt. Für Ausschuß und Werkzeugverschleiß bei der Akkordarbeit mußten die BMW-Arbeiter Strafen zahlen, durchschnittlich etwa 5,— RM[11] wöchentlich, was den durchschnittlichen Akkordverdienst von 43,— RM in der Woche erheblich schmälerte. Wie lange und in welchen Werken der Bayerischen Motorenwerke diese Strafzahlungen praktiziert wurden, ist nicht bekannt. Bei Daimler-Benz scheinen sie nicht üblich gewesen zu sein[12].

Über die Höhe der bei der Daimler-Benz AG ausgezahlten Gehälter liegen nur lückenhafte Unterlagen vor, aber Vergleichszahlen belegen, daß das Unternehmen seine Angestellten ebenfalls überdurchschnittlich bezahlte.

Tabelle 37: Monatliches Durchschnittseinkommen der Angestellten der Daimler-Benz AG (alle Werke, einschließlich Zentralverwaltung)

Jahr	ohne Oberbeamte	mit Oberbeamten
1932	241,— RM	290,— RM
1937	326,— RM	350,— RM

Quelle: Kissel XIII,1 Kissel an Werlin (9.2.1938).

Zusätzlich zu den Gehältern erhielten ‚verdiente‘ Oberbeamte sogenannte „Abschlußgratifikationen". Der Gesamtbetrag dieser zusätzlichen Zahlungen betrug 1937 400.000 RM (1936: 275.000 RM)[13].

Ein Automobilverkäufer für sechssitzige Wagen beim Werk Mannheim erhielt 1934 ein Monatsgehalt von 500,— RM. Je nach Verkaufserfolg konnte er alle drei Monate eine Sonderzuweisung erhalten. Zusätzlich standen dem Verkäufer Reisespesen zu, und er war durch eine Sammelunfallversicherung abgesichert, z.B. im Falle einer Invalidität mit 40.000 RM[14].

Die staatliche Aufsicht über die Lohn- und Gehaltsfestsetzung nahm wahrscheinlich mit Kriegsverlauf immer ausgeprägtere Formen an. In einem Schreiben an die Reichswirtschaftskammer 1943 ordnete der Generalbevollmächtigte für den Arbeitseinsatz an, daß die Erhöhung der Gehälter leitender Angestellter von ihm genehmigt werden müßte. Dr. Haspel teilte dies in einem Rundschreiben den Betreffenden mit und be-

Durchschnittlich ca. 4,— RM Ausschuß und 1,— RM Werkzeugabnutzung.
12 Mönnich, Schallmauer, S. 197. Er gibt zwar konkrete Stundenlöhne an, teilt aber nicht mit, in welchem Jahr sie gezahlt wurden.
13 Protokoll der Aufsichtsratssitzung vom 27.5.1937.
14 Kissel XIV,35 Kissel an Canter (21.3.1934).

dauerte: ,,Dennoch werden wir, selbst dann, wenn wir wollen, nicht mehr in der Lage sein, es sei denn in ganz ausgesprochenen Sonderfällen, Korrekturen an den Gehältern der leitenden Angestellten zu machen"[15].

Relativ vollständige Angaben liegen über die Jahresbezüge der Vorstands- und Aufsichtsratsmitglieder der Daimler-Benz AG vor:

Tabelle 38: Gesamtjahresbezüge der Vorstands- und Aufsichtsratsmitglieder der Daimler-Benz AG 1934 bis 1945 (RM)

Jahr	Vorstand	Aufsichtsrat
1934	330.590	44.513
1935	365.105	40.022
1936	598.467	141.241
1937	831.802[a]	131.909
1938	863.946	194.072
1939	1.006.196	218.894[b]
1940	1.163.692	244.570
1945	371.965	43.000

Quelle: GB 1934, S. 9; GB 1935, S. 7; GB 1936, S. 10; GB 1937, S. 10; GB 1938, S. 13; GB 1939, S. 14; GB 1940, S. 12; GB 1945–47, o.S.
a) Die Summen 1937 bis 1940 setzen sich zusammen aus den Bezügen und den Zahlungen an ehemalige Aufsichtsratsmitglieder und deren Hinterbliebene.
b) Die Summen 1939 und 1940 setzen sich zusammen aus den Bezügen von ca. 50.000 RM und einem Gewinnanteil.

Auffällig ist der deutliche Anstieg der Vorstandsbezüge in den Jahren 1936 und 1939. Der Anstieg 1936 ist darauf zurückzuführen, daß die Vorstandsgehälter der Daimler-Benz AG den Bezügen der Vorstandsmitglieder anderer Automobilfirmen angepaßt wurden[16].

Auch die Aufsichtsratsbezüge wurden 1936 neu geregelt. Neben den bisher gezahlten gleichmäßigen Kopfanteilen der einzelnen Mitglieder sollten jetzt zusätzlich auch Tantiemen je nach Beanspruchung der betreffenden Person ausgezahlt werden[17]. Diese Tantiemen stiegen bereits 1938 deutlich an. Genauen Einblick gibt eine Aufstellung über die Zahlungen an den Aufsichtsratsvorsitzenden von Stauß[18]. Ab 1942 sollte dann die Aufsichtsratsvergütung ebenso wie die Vorstandsvergütung nach staatlicher Empfehlung eine gewisse Höchstgrenze nicht überschreiten[19].

15 Haspel 3,32 Der Generalbevollmächtigte für den Arbeitseinsatz an die Reichswirtschaftskammer (25.2.1943); ebenda, Rundschreiben Nr. 5.
16 Protokoll der Aufsichtsratssitzung vom 18.6.1936.
17 Protokoll der Aufsichtsratssitzung vom 8.10.1936.
18 Vgl. Dokument 57.
19 Vgl. Dokument 58.

6.3. ZWANGSARBEITER UND ANGEWORBENE FREMDARBEITER

Als Ersatz für die zum Kriegsdienst eingezogenen Mitarbeiter beschäftigte Daimler-Benz Fremdarbeiter, Kriegsgefangene und Konzentrationslagerhäftlinge. Die weitaus überwiegende Zahl dieser Arbeiter wurde, besonders seit 1942, zum Einsatz in rüstungswichtigen Industriebetrieben gezwungen, sie waren also Zwangsarbeiter. Es gab aber auch angeworbene Fremdarbeiter.

Schon gegen Ende des Jahres 1941 zeichnete sich ab, daß die Blitzkriegsstrategie des am 22. Juni 1941 begonnenen Rußlandfeldzuges scheitern würde. Die bereits zu diesem Zeitpunkt zu erwartende ‚Materialschlacht' und der verstärkte Einzug deutscher Männer zur Wehrmacht stellten die Reichsbehörden und die Industrie vor fast unlösbare Probleme bei der Beschaffung von Arbeitskräften für die erhöhte Produktion der Rüstungsindustrie[20]. Zunehmend wurden jetzt deutsche Frauen entgegen der von den Nationalsozialisten propagierten Frauen- und Mutterideologie, aber besonders auch Ausländer in den Produktionsprozeß einbezogen[21].

In den Statistiken werden die freiwilligen Fremdarbeiter und die Zwangsarbeiter häufig pauschal als Ausländer geführt. Eine Unterscheidung, ob sie sich freiwillig verpflichtet hatten oder deportiert waren, ob sie Häftlinge oder sonstige zivile Zwangsarbeiter waren, ist dadurch nicht möglich. Kriegsgefangene z.B. konnten entweder in einem Stalag (Stammlager) oder in einem Konzentrationslager untergebracht sein[22].

6.3.1. Fremdarbeiter

Bemühten sich die deutschen Behörden und die Unternehmen Ende der dreißiger, Anfang der vierziger Jahre zunächst noch um eine Anwerbung der Arbeitskräfte, so ging man bald zur Deportation von Arbeitern und Arbeiterinnen aus den besetzten Gebieten über[23]. Ihr Einsatz erfolgte in allen Branchen der Wirtschaft. Seit März 1942 unterstanden Beschaffung und Zuteilung von Fremdarbeitern dem Generalbevollmächtigten für den Arbeitseinsatz Gauleiter Fritz Sauckel.

An ihren Arbeitsorten im Reichsgebiet wurden diese Arbeitskräfte meist in angemieteten Quartieren bzw. in eigens für sie errichteten Barackenlagern untergebracht. Grundsätzlich kann man sagen, daß Arbeiter aus Westeuropa besser behandelt wurden als Arbeiter aus Osteuropa, Facharbeiter besser als Hilfsarbeiter. Für die sogenannten ‚Ostarbeiter', die auf ihrer Arbeitskleidung ein ‚O' für ‚Ostarbeiter' anzu-

---

20   Boelcke, Wirtschaft, S. 252 und 280.
21   Hanitsch, Auswirkungen, S. 128; Drobisch/Eichholtz, Zwangsarbeit, S. 3f.
22   Kogon, SS-Staat, S. 257; vgl. auch: Drobisch/Eichholtz, Zwangsarbeit, S. 7.
23   Speer, Erinnerungen, S. 233f.; Erdmann, Zweiter Weltkrieg, S. 98.

Tabelle 39: Ausländische Arbeitskräfte bei Daimler-Benz nach Nationalitäten

| Nationalität | Stand 31. 12. | | | | bis April |
	1941	1942	1943	1944	1945
Afghanen	1	1	—	k.A.	k.A.
Belgier	1465	1528	1650	1641	1520
Bulgaren	3	23	15	k.A.	k.A.
Dänen	356	74	17	17	17
Franzosen	909	3908	6884	6931	5690
Griechen	1	8	4	k.A.	k.A.
Holländer	136	1296	1821	1797	1549
Italiener	797	484	256	628	235
Japaner	—	1	2	k.A.	k.A.
Jugoslavien	41	22	—	k.A.	k.A.
Kroaten	182	134	102	k.A.	k.A.
Kanadier	2	1	2	k.A.	k.A.
Letten	1	134	163	165	163
Litauer	1	—	55	k.A.	k.A.
Luxemburg	—	—	—	k.A.	k.A.
Norweger	2	1	2	k.A.	k.A.
Peruaner	3	1	1	k.A.	k.A.
Polen	366	436	520	646	484
Protekt.	54	485	338	309	186
Rumänien	18	37	28	28	26
Russen	67	3136	6536	7044	6401
Serben	115	183	79	k.A.	k.A.
Slowaken	24	23	21	k.A.	k.A.
Slowenen	1	1	—	k.A.	k.A.
Schweiz	30	34	35	35	32
Schweden	3	3	1	k.A.	k.A.
Spanier	18	70	37	37	34
Türken	—	6	1	k.A.	k.A.
Ukrainer	64	215	895	k.A.	k.A.
Ungarn	532	148	62	63	54
U.S.A.	4	4	3	k.A.	k.A.
Staatenlose	21	236	86	91	3
Marburg	49	—	—	—	—
zusammen	5266	12623	18806		

Quelle: DBAG Mercedes-Stern und Fremdarbeiter. Die Nachrechnung der Tabellen ergab, daß das Zahlenmaterial mehrere Rechenfehler enthält. Die Nationalitätenbezeichnungen werden, wie in dem Bericht angegeben, übernommen, obwohl Fragen offen bleiben. So ist z.B. die Unterscheidung zwischen Jugoslawen einerseits und Kroaten, Serben, ‚Marburg' (wahrscheinlich Einwohner von Marburg an der Drau, heute: Maribor) u.a. andererseits nicht einsichtig.

bringen hatten, gab es eine Vielzahl von Sonderbehandlungen, welche die Lebensbe-
dingungen dieser Menschen erheblich verschlechterten und zum Teil — besonders gegen Kriegsende — unerträglich machten. Kontakte zur deutschen Bevölkerung waren
den Zwangsarbeitern strengstens untersagt, aber auch Deutsche mußten mit empfind-
lichen Strafen rechnen. So wurden sexuelle Kontakte zwischen deutschen Frauen und
polnischen Männern mit Todesstrafe für den Polen und Konzentrationslager bzw. Gefängnis für die Deutsche geahndet. Selbst die Weitergabe von Tabak oder Brot konnte
denunziert und mit Gefängnis bestraft werden[24].

Die Daimler-Benz AG beschäftigte 1941 bis 1945 angeworbene und zwangsverschleppte Ausländer verschiedenster Nationalitäten (vgl. Tabelle 39).

Wieviele von diesen Fremdarbeitern freiwillig oder zwangsweise bei Daimler-Benz
arbeiteten, war nicht zu ermitteln. Ab 1942 kamen die meisten Fremdarbeiter der
Daimler-Benz AG aus Rußland bzw. Frankreich. Bei den Franzosen überwog sehr
wahrscheinlich der Facharbeiter-, bei den Russen der Hilfsarbeiteranteil.

1943 stieg der Ausländeranteil in einigen Werken der Daimler-Benz AG stark an,
was sicherlich auf die erhöhte Rüstungsproduktion und den vermehrten Abzug deutscher Arbeiter zur Wehrmacht zurückzuführen ist. Besonders hoch war der Anstieg
des Fremdarbeiteranteils bei der Flugmotorenproduktion in Genshagen und bei der
Karosserie- und Flugzeugteileproduktion in Sindelfingen.

Tabelle 40: Ausländer in den einzelnen Werken bei Daimler-Benz

Werk (Nr.)	1941	1942	1943
Untertürkheim 00—15	744	2408	2466
Untertürkheim 60	366	1247	1504
Backnang	—	—	30
Mannheim 20—27	16	696	817
Gaggenau 30	47	927	751
Sindelfingen 50	204	827	2159
Berlin-Marienfelde 40	146	1265	2082
Berlin-Marienfelde 42	216	303	
Berlin-Marienfelde 90	375	813	772
Königsberg 70	5	22	133
Verkaufsstellen	502	1188	1430
K-Werk	741	1241	1001
Genshagen	1899	6011	5542
Kolmar	5	106	119
Gesamt	5266	17054	18806

Quelle: DBAG Mercedes-Stern und Fremdarbeiter

24 Herbert, Fremdarbeiter, S. 123 und 127.

Tabelle 41: Ausländische Belegschaftsmitglieder nach Lohngruppen 1941–1944

Jahr	Angestellte		Facharbeiter		Angelernte		Hilfsarbeiter		Gesamtarbeiterzahl		Gesamtarbeiter- und Angestelltenzahl		Summe
	m.	w.	m.	w.	m.	w.	m.	w.	m.	w.	m.	w.	
1941	55	33	2324	–	1366	60	1153	275	4843	335	4898	368	5266
1942	108	87	3716	–	5406	1086	4824	1888	13946	2974	14054	3061	17115
1943	318	97	3562	–	7802	1943	3631	1362	14995	3305	15313	3402	18715
1944											17412	4129	21541

Quelle: DBAG Mercedes-Stern und Fremdarbeiter

Nach Lohngruppen überwogen die Fach- und angelernten Arbeitskräfte. Einige wenige Fremdarbeiter waren angestellt. Wahrscheinlich handelte es sich dabei um Beschäftigte, die in den Verkaufsstellen tätig bzw. mit der Betreuung der Fremdarbeiter in den Lagern betraut waren (vgl. Tabelle 41).

Begehrte Fremdarbeiter waren seit 1941 französische Facharbeiter. Die Unternehmensleitung beauftragte das Vorstandsmitglied Carl Schippert mit der Anwerbung von freiwilligen Arbeitern[25]. Anscheinend wurden den französischen Arbeitern gute Angebote gemacht. Dazu Dr. Kissel: ,,Die günstigen Lohnbedingungen, die wir Ihnen bekanntgaben, sowie die guten, von uns für solche ausländischen Arbeitskräfte bereitgestellten wohnlichen Unterkünfte dürften eine weitere Erleichterung sein für die Werbung''[26]. Ein französischer Sonderbeauftrager für den Arbeitseinsatz, G. Bruneton, lobte Ende 1941 das Werk Untertürkheim für die ,,getätigte soziale Leistung'' beim Einsatz französischer Arbeiter[27]. Selbst der ,,Ambassadeur de France'' der Vichy-Regierung, G. Scapini, bedankte sich im Januar 1942 für das Verständnis, das die Daimler-Benz AG französischen Arbeitern und auch Kriegsgefangenen entgegenbringe[28].

Die Verpflichtung von freiwilligen Arbeitern gelang jedoch nicht im gewünschten Umfang, so daß die Daimler-Benz AG plante, Teil-Belegschaften französischer Werke geschlossen zum Einsatz in deutsche Betriebe zu überführen. Gedacht war dabei offensichtlich an die Automobilfirma Renault in Paris-Billancourt, deren wehrwirtschaftliche Überwachung Daimler-Benz im Herbst 1941 von General von Schell übertragen worden war[29].

Ob dieses Vorhaben ausgeführt wurde, läßt sich nicht mit Sicherheit sagen. Französische Arbeiter wurden jedoch in großer Zahl bei Daimler-Benz beschäftigt. Da die Anwerbung von freiwilligen Kräften nicht ausreichend gelungen war, wurden zusätzlich französische Deportierte und Kriegsgefangene beschäftigt.

Im November 1944 berichtete die Betriebsführung von Untertürkheim über Arbeitsverweigerungen französischer Arbeitskräfte, bei denen es sich offenbar nicht um Kriegsgefangene handelte. Die Folge waren drastische Strafen: Die betreffenden Franzosen wurden von der Gestapo für vier Monate in ein Konzentrationslager eingewiesen, ebenso wie vier ,Protektoratsangehörige'[30].

Die Daimler-Benz AG beschäftigte auch Ostarbeiter (Russen, ,Protektoratsangehörige'), die z.T. mit ihren Familien ins Deutsche Reich kamen. Dr. Kissel äußerte sich zunächst skeptisch über den Arbeitseinsatz der ,,sogenannten Hilfsvölker'', da sie ,,mehr Umstände und Schwierigkeiten'' machen würden als deutsche Arbeiter. Er sei aber überzeugt, daß mit ,,Geduld und Liebe'' und bei ,,entsprechender Betreuung''

25 Kissel XIII,1 Kissel an Schippert (11.6.1941).
26 Ebenda, Kissel an Schippert (28.6.1941).
27 Ebenda, Bruneton an DBAG (29.12.1941).
28 Vgl. Dokument 59.
29 Kissel XIII,1 Kissel an OKW (24.9.1941).
30 Vgl. Dokument 60.

die Arbeitskräfte gut eingearbeitet werden könnten[31].

Die Ostarbeiter, die in nahezu jedem Werk der Daimler-Benz AG beschäftigt waren, lebten in Ostarbeiterlagern, die mit z.T. nicht unbeträchtlichem Kostenaufwand errichtet bzw. ausgebaut wurden. Das Lager ‚Im Kies' bei Hedelfingen z.B. bot 1200 Ostarbeitern Unterkunft. Es bestand aus:

13 Wohnbaracken

1 Küchen- und Verpflegungsbaracke

4 Waschbaracken

1 Personalbaracke

1 Lagerführungsbaracke

1 Stallgebäude

7 sonstigen kleinen Baracken

Ein Betrag in Höhe von 1.400.000 RM wurde in der Daimler-Benz-Vorstandssitzung vom 4./5. November 1942 für den Ausbau dieses Lagers veranschlagt. Die tatsächlichen Baukosten beliefen sich dann auf 1.217.000 RM[32].

Für ein kleines Fremdarbeiterlager in Sindelfingen ‚Daimler-Weg', konzipiert für 200 Personen, wurden 183.000 RM investiert[33].

Über die den einzelnen Werken angeschlossenen Fremdarbeiterlager sind, mit Ausnahme von Untertürkheim und Sindelfingen, aufgrund der benutzten Quellen keine genauen Angaben möglich. Mit Sicherheit haben außerdem folgende Lager bestanden:

— Werk Marienfelde: — Barackenlager Säntisstraße für Industriearbeiter
— Werk Kolmar: — Barackenlager für 1000 – 1200 Ostarbeiter und Ostarbeiterinnen[34]
— Werk Mannheim: — In Mannheim bestanden neben dem KZ-Lager in Sandhofen noch zwei weitere Lager für die Daimler-Benz AG, nämlich in der Oberen Riedstraße und in der Kriegerstraße 15, wo vermutlich Ostarbeiter und Kriegsgefangene gemeinsam untergebracht waren[35].

---

31 Kissel IX,2 Kissel an Geschäftsführung der Flugmotorenwerke Ostmark (14.2.1942).

32 DBAG Mercedes-Stern und Fremdarbeiter; Unternehmensarchiv Protokolle Investierungsanträge für die Vorstandssitzung vom 4./5.11.1942.

33 DBAG Mercedes-Stern und Fremdarbeiter. Der Verfasser gibt diesen Gesamtbetrag an, nennt dann aber zusätzlich die Einzelposten. Bei Addition dieser Ausgaben ergibt sich eine Gesamtsumme von 253.000,– RM. In einem Kostenplan, erstellt vom Werk Sindelfingen am 21.11.1940, werden die Baukosten für dieses Lager in Einfachausführung auf 183.584,– RM veranschlagt. Vgl. dazu: Haspel I/5 Nr. 181 (21.11.1940).

34 Unternehmensarchiv Protokolle Investierungsanträge für die Vorstandssitzung vom 4./5.11.1942.

35 StadtA Mannheim, Ernährungs- und Wirtschaftsamt, Zugang –/1958 Nr. 518; vgl. auch Dokument 61.

Ostarbeiter waren außerdem in Gaggenau[36], Genshagen[37] und bei den Flugmotoren-werken Ostmark[38] beschäftigt.

Für die Werke Untertürkheim und Sindelfingen erstellte der Leiter der Ausländer-abteilung von Daimler-Benz, Konrad Zapf, nach Kriegsende wahrscheinlich für die Alliierten einen Bericht, der detaillierte Angaben über die Betreuung der Ausländer (Unterkunft, Verpflegung, Kleidung, Sonderzuwendungen und kulturelle Betreuung, Betreuungspersonal) und die Arbeitsbedingungen der Fremdarbeiter (Arbeitseinsatz und Urlaubsregelung, Strafvorschriften und ihre Anwendung) enthält[39].

Dieser Bericht gibt ein geschöntes Bild der Leistungen der Daimler-Benz AG bei der Betreuung besonders von osteuropäischen Fremdarbeitern. Vor allem die beigelegten − offenbar gestellten − Photos vermitteln nicht den Eindruck eines Zwangsarbeiter-lagers, was es in Wirklichkeit war. Sicherlich war dieses Exposé als ein beschönigender Rechtfertigungsbericht für die Besatzungsmächte gedacht. Allerdings können z.B. In-vestitionen für den Lagerausbau, die in Zapfs Bericht sehr hoch erscheinen, auch durch die Vorstandsprotokolle der entsprechenden Zeit belegt werden[40].

Tabelle 42: Die Unterbringung von Fremdarbeitern des Werkes Untertürkheim und seiner Verla-gerungsbetriebe

Mannschaftslager der Daimler-Benz AG − Stand: 6. April 48

Name des Lagers:	Art:	belegt mit
1. Schlachthof Gaisburg	Haus	153 Personen
2. Alte Krone Untertürkheim	Haus	75 Belgiern
3. Sängerhalle Untertürkheim	Haus	242 Franzosen
4. Blaues Haus Plochingen	Haus	224 Franzosen-Serben
5. Paradies Esslingen	Haus	58 Slowenen
6. Ochsen Rotenberg	Haus	50 Franzosen
7. Antoniushaus Wernau	Haus	200 Dänen Tschechen
8. Bayr. Hof Untertürkheim	Baracke	60 Russen
9. Kreispflege Ludwigsburg	Haus	116 Slowenen
10. Hirsch Wendlingen	Haus	92 Franzosen
11. Wilhelmshöhe Kirchheim	Haus	65 Tschechen
12. Fuchsen Kirchheim	Haus	102 Tschechen
13. Schulhaus Fellbach	Haus	502 Franzosen Holländern Belgiern

36 Unternehmensarchiv Protokolle Investierungsanträge für die Vorstandssitzung vom 4./5.11.1942.
37 Kissel IX,2 Kissel an Geschäftsführung der Flugmotorenwerke Ostmark (14.2.1942).
38 Ebenda; auch: Kissel IX,2 Niederschrift über die 3. Beiratssitzung der Flugmotorenwerke Ostmark GmbH in Berlin, RLM, am 16.12.1941.
39 DBAG Mercedes-Stern und Fremdarbeiter.
40 Vgl. z.B.: Unternehmensarchiv Protokolle Investierungsanträge für die Vorstandssitzung vom 4./5.11.1942.

Name des Lagers:	Art:	belegt mit
14. Puppenspiele Sillenbuch	Haus	149 Franzosen
15. Im Kiess Hedelfingen	Baracke	1060 Russen
16. Krone Rotenberg	Haus	32 Belgiern
17. Engelsaal Backnang	Haus	136 Russen
18. Adler Wangen	Haus	80 Franzosen
19. Fleckenried Wangen	Baracken	400 Franzosen
20. Traube Sulzgries	Haus	50 Tschechen Slowenen
21. Hirsch Rohracker	Haus	60 Tschechen
22. Krone Denkendorf	Haus	86 Holländern
23. Turnhalle Rotenberg	Haus	40 Franzosen
24. Luginsland Untertürkheim	Haus	78 Franzosen
25. Hammer Backnang	Haus	40 Franzosen
26. Ochsen Deizisau	Haus	? Franzosen
27. Krankenlager Sillenbuch	Haus	60 alle Nationen
28. Adler Köngen	Haus	40 Russen
29. Ochsen Köngen	Haus	50 Russen
30. Stern Bietigheim	Haus	50 Franzosen
31. Post Bietigheim	Haus	60 Franzosen
32. Grünwiese Bietigheim	Baracken	? Russen
33. Baracke Wannweil	Baracke	? Franzosen
34. Lämmerbuckel Wiesensteig	Baracke	? Russen
35. Goldener Becher Ebingen	Haus	63 Russen
36. Buchenwald Ebingen	Baracke	? Russen
37. Weissenburg Ebingen	Baracke	80 Franzosen
38. Turnhalle Eislingen	Haus	120 Russen
39. Weinberg Eislingen	Baracke	Polen Holländern
40. Lamm Mühlen	Möbellager	? Polen
41. Sportclubhaus Tailfingen	Haus	40 Russen Holländern
42. Annestrasse Tailfingen	Haus	40 Russen
43. Wiesengrund Köngen	Baracken	Polen Italienern
44. Zentral-Lustnau	Baracke	? Franzosen
45. Neckartenzlingen	Baracke	? Russen
46. Löwen Wernau	Haus	80 Holländern
47. Schetzler Turnhalle	Haus	100 Russen
48. Turnhalle Esslingen	Haus	150 Russen
49. Rosensteinpark	Baracken	300 Polen
50. Marienanstalt	Haus	12 Dänen Franzosen
51. Kirchtal Zuffenhausen	Haus	106 Franzosen Holländern Belgiern
52. Ochsen Strümpfelbach	Haus	82 Tschechen
53. Knoch Heilbronn	Haus	96 Russen
54. Schule Esslingen	Haus	80 Russen
55. Georgihaus Esslingen	Haus	86 Slowenen
56. Wulle Stuttgart	Haus	195 Tschechen
57. Flaschenhals	Baracken	140 Armeniern
58. Engl. Garten Stuttgart	Haus	106 Slowenen

Name des Lagers:	Art:	belegt mit
59. Krone Metterzimmern	Haus	k.A.
60. Ochsen Wannweil	Haus	k.A.
61. Gemeinde Wannweil	Haus	k.A.
62. Tricotwaren Ebingen	Haus	k.A.
63. Rose Lustnau	Haus	k.A.
64. Löwe Mühlen	Haus	k.A.
65. Rose Eislingen	Haus	k.A.
66. Schwan Metterzimmern	Haus	k.A.
67. Stuttgarter Hofbräu	Haus	k.A.
68. Liederkranz Rotenberg	Haus	k.A.
69. Adler Deizisau	Haus	k.A.
70. Barackenlager Wangen	Baracken	k.A.

Quelle: DBAG Mercedes-Stern und Fremdarbeiter. Vgl. auch: Hoppe 14, 55.

Die Fremdarbeiter des Werkes Untertürkheim waren sowohl in Barackenlagern als auch in angemieteten Räumlichkeiten untergebracht[41], während die ausländischen Arbeitskräfte des Werkes Sindelfingen ausschließlich in Lagern lebten. Bei den Insassen des Lagers ‚Riedmühle‘ (Sindelfingen) handelte es sich um freiwillige und zwangsverschleppte Ukrainer und Russen. Dieses Ostarbeiterlager galt hinsichtlich seiner Einrichtungen und Verpflegung als vorbildlich[42].

Die Fremdarbeiterlager waren in der Regel ähnlich aufgebaut. Sie bestanden meist aus mehreren Wohn- bzw. Schlafbaracken und verschiedenen Versorgungs- und Sanitärbaracken. Die ausländischen Arbeiter wurden hauptsächlich in eigens eingerichteten Lagerküchen verpflegt. Im Lager ‚Sillenbuch‘ z.B. zahlten die Fremdarbeiter pro Woche 5,50 RM und eine entsprechende Anzahl von Lebensmittelmarken für die Verpflegung. Durch Obst- und Gemüseanbau auf brachliegenden Firmengrundstücken sowie durch den Kauf von Freibankfleisch versuchten einzelne Daimler-Benz-Werke, die Versorgung der Arbeiter zu verbessern[43]. ,,Es war der Geschäftsleitung von vornherein klar, dass die seitens der staatlichen und parteilichen Organisation für die Verpflegung, insbesondere der Ostarbeiter, vorgesehenen Mengen in keinem Falle ausreichen konnten, um diese Betriebsangehörigen einerseits bei bester Gesundheit zu erhalten und andererseits zu einer vollständigen Arbeitsleistung zu befähigen, welche im Rahmen der Kriegsproduktion zu leisten war‘‘[44].

Die Einrichtungen der Lagerküchen, die Organisation des Küchenbetriebes und die Zubereitung und Zusammensetzung der Kost sollen bei Daimler-Benz vorbildhaft gewesen sein, so daß andere Unternehmen sich hieran orientierten[45]. Ein Vergleich der

41 Vgl. Tabelle 42.
42 Haspel 26 Vernehmung von Paul Heim durch Mr. Wallenstein.
43 DBAG Mercedes-Stern und Fremdarbeiter. Vgl. auch die Aufstellung des Werkes Mannheim zum Bezug von Freibankfleisch für Ostarbeiter und Kriegsgefangene z.B. im Dezember 1943, in: StadtA Mannheim, Ernährungs- und Wirtschaftsamt, Zugang − /1958, Nr. 518.
44 DBAG Mercedes-Stern und Fremdarbeiter.
45 Ebenda.

von staatlichen Stellen zugeteilten Mindest-Wochenration eines Fremdarbeiters bei
der Daimler-Benz AG im Juni 1942 mit den offiziellen, von der SS festgelegten, Ver-
pflegungssätzen für KZ-Häftlinge (ohne Schwerarbeiterzulage) ergibt folgendes Bild:

Tabelle 43: Verpflegungsrationen für einen KZ-Häftling im Vergleich mit der Verpflegungsra-
tion eines Daimler-Benz-Fremdarbeiters 1942

Zeitraum Nahrungsmittel	1.8.40– 14.5.42	15.5.42– 27.4.44	Daimler-Benz- Ration Juni- Woche 1942	28.4.44– 28.2.45	ab 1.3.1945
Fleisch oder Fleischwaren	400 g	280 g	200 g	200 g	250 g
Fett davon:	200 g	170 g	30 g	182,5 g	83,33 g
Margarine	150 g	130 g	k.A.		
Talg u. dgl.	50 g	40 g	k.A.		
Quark oder	100 g	100 g	k.A.	100 g	41,66 g
Magerkäse	50 g	50 g	k.A.		
Brot	2740 g	2450 g	2600 g	2600 g	1750 g
Zucker	80 g	80 g	110 g	80 g	–
Marmelade	100 g	100 g	k.A.	100 g	250 g
Nährmittel	150 g	150 g	150 g	255 g	–
Mehl oder Mehlgemisch	225 g	125 g	k.A.	125 g	–
Magermilch	–	–	k.A.	0,25 l tgl.	0,25 l tgl.
Kaffee-Ersatz	84 g	63 g	Tee-Ersatz 14 g	62,5 g	33,33 g
Kartoffeln	3500 g	5000 g	5250 g	2800 g	3500 g
Frischgemüse (Rüben usw.)	2800 g	2600 g	k.A.	4000 g	375 g

Quelle: DBAG Mercedes-Stern und Fremdarbeiter; Kogon, SS-Staat, S. 137.

Bei den knappen Lebensmitteln Fleisch und Fett waren die Fremdarbeiter gegenüber den KZ-Häftlingen benachteiligt. Leider fehlen genaue Mengenangaben der Zusatzverpflegung, für die Daimler-Benz verantwortlich war. Zapf schätzt diese aber
sehr hoch ein: „Eine vorsichtige Schätzung, welche eher zu niedrig als zu hoch gegriffen ist, gibt zu erkennen, dass die insgesamt ausgegebenen Nahrungsmittel das Zwei-
bzw. Dreifache dessen erreichten, was seitens der staatlichen Institutionen als zulässi-

ge Norm veranschlagt war'''[46]. Daß sich Daimler-Benz noch 1944 um eine reichhalti-
gere Ernährung der Fremdarbeiter bemühte, zeigt eine Anordnung Dr. Haspels, wonach russische Arbeiter, die beim Stollenausbau (,Schutzwerk Rübezahl' = Bunker
Staibhöhe) beschäftigt waren, Sonderverpflegungen erhielten[47].

Die Qualität der Lebensmittel wurde laut Zapf überwacht und war damit
gewährleistet[48]. Das Daimler-Benz-Werk Mannheim beschwerte sich bereits im August 1942 beim Städtischen Ernährungs- und Wirtschaftsamt über die mangelhafte
Qualität des sogenannten ,Russenbrotes'. Dieses Brot enthielt einen hohen Zuckerrü-
benschnitzelanteil und verursachte frisch konsumiert bei den Arbeitern Magenbe-
schwerden. Wurde das Brot aber vor dem Verzehr, wie angeordnet, mehrere Tage ge-
lagert, dann schimmelte es stark. Die Geschäftsleitung des Werkes plädierte für den
Ersatz dieses Brotes[49].

Bei der Ankunft in den Arbeiterlagern der Daimler-Benz AG waren viele Fremdarbeiter nur unzureichend mit Kleidung versorgt. Zum einen bemühte man sich deshalb
bei den zuständigen Wirtschaftsämtern um Kleidungsstücke, zum anderen wurden
Handwerker (Schuhmacher, Schneider) beschäftigt, um Vorhandenes auszubessern[50].
1943 wurden an Ostarbeiter ausgegeben:

Für Ostarbeiter:		Für Ostarbeiterinnen:	
Hemden	4.025 Stück	Hemden	1.037 Stück
Unterhosen	2.253 Stück	Schlüpfer	1.733 Stück
Socken-Fußlappen	3.140 Paar	Unterkleider	133 Stück
Leibbinden	64 Stück	Strümpfe	646 Paar
Hosen	3.468 Stück	Blusen	957 Stück
Anzüge (2-teilig)	14 Stück	Kleider	1.310 Stück
Jacken	1.579 Stück	Röcke	5 Stück
Westen	1.481 Stück	Jacken	45 Stück
Schuhe-Pantoffeln	6.357 Paar	Westen	12 Stück
Mäntel	203 Stück	Schuhe	2.582 Paar
Mützen	210 Stück	Kopftücher	270 Stück
Taschentücher	30 Stück	Schürzen	58 Stück
		Mäntel	414 Stück
		Schals	110 Stück

46 Ebenda.
47 Vgl. Dokument 62.
48 DBAG Mercedes-Stern und Fremdarbeiter.
49 StadtA Mannheim, Ernährungs- und Wirtschaftsamt, Zugang — /1958, Nr. 488 Schreiben
    vom 24.8.1942.
50 DBAG Mercedes-Stern und Fremdarbeiter; vgl. auch: StadtA Mannheim, Ernährungs-
    und Wirtschaftsamt, Zugang — /1958, Nr. 1255.

In einigen Lagern waren Krankenreviere eingerichtet. Im Lager Sillenbuch versorgten ein Werksarzt und zeitweise auch ein russischer Arzt sowie medizinisches Hilfspersonal die Kranken.

Besonderes Augenmerk wurde auf die Ungezieferbekämpfung gerichtet. Zur Desinfektion der Fremdarbeiter, ihrer Kleidung und Unterkünfte wurde von Daimler-Benz ein „Desinfektionstrupp" eingerichtet, um die Krankheitsübertragung durch Ungeziefer einzudämmen[51].

Im Sindelfinger Ostarbeiterlager ‚Riedmühle' wurde ein Entbindungszimmer mit deutschen und russischen Hebammen eingerichtet, was als vorbildlich herausgestellt wurde, aber auch zunächst unangenehme Folgen für die Daimler-Benz AG nach sich zog. 1943 schickte nämlich das Amt für Gesundheitswesen an die Werksleitung einen Erlaß, dort eine Zentral-Abtreibungsstation für den gesamten Kreisbezirk einzurichten. Außerdem befahl das Rassenpolitische Amt der NSDAP in Verbindung mit dem Reichsführer-SS, Abtreibungen an Russinnen vorzunehmen, da keine Russenkinder mehr geboren werden sollten.

Die Betriebsführung in Sindelfingen — Leiter des Werkes war Paul Heim — konnte dieses Ansinnen jedoch erfolgreich zurückweisen, und wie die standesamtlichen Eintragungen beweisen, wurden 1943 bis 1945 weiterhin russische Kinder im Ostarbeiterlager Sindelfingen geboren. Den Fremdarbeiterinnen wurde freigestellt, ihre Kinder zu gebären oder eine Abtreibung vornehmen zu lassen.

Schwangerschaftsunterbrechungen waren 1945 Gegenstand eines Prozesses gegen Dr. Haspel. Ihm wurde der Vorwurf von einem ehemaligen Daimler-Benz-Mitarbeiter gemacht, er habe die Abtreibungen ausdrücklich angeordnet. Diese Anklage erwies sich jedoch als haltlos[53].

Laut Zapfs Rechtfertigungsbericht fand in den Fremdarbeiterlagern auch ein gewisses ‚kulturelles Leben' statt. Zeitungen und Zeitschriften seien zur Verfügung gestellt, Bastel- und Sportgruppen gefördert worden. Theater- und Varietéaufführungen hätten stattgefunden. Radios seien installiert und Filme vorgeführt worden. Daneben seien Marketenderware (Rauchwaren, Seife, Parfüm, Süßigkeiten) angeboten und ein Friseurladen eingerichtet worden[54].

Für die Fremdarbeiter war die Abteilung für Ausländerbetreuung bei Daimler-Benz zuständig. Übergriffe des Lagerpersonals auf die Arbeiter sind vorgekommen und wurden, zumindest in einigen Fällen, auch geahndet. Dazu Zapf: „Es mussten auch in dieser Berichtszeit [1943] Lagerführer entlassen werden, weil sie sich Übergriffe erlaubten, welche im Sinne der von der Geschäftsleitung vertretenen Ansichten über Menschenbetreuung nicht gutgeheissen werden konnten".

51 DBAG Mercedes-Stern und Fremdarbeiter.
52 Haspel 26 Erklärung von Fritz Karl vom 8.12.1946; vgl. auch: DBAG Mercedes-Stern und Fremdarbeiter.
53 Haspel 27,15 Haspel an Klenk (16.6.1947).
54 DBAG Mercedes-Stern und Fremdarbeiter.

Bei der Bestrafung von Fremdarbeitern bemühte man sich zunächst um firmeninterne Klärung, um das Eingreifen staatspolizeilicher Stellen zu vermeiden. Disziplinarmaßnahmen waren z.B. Entzug von Rauchwaren, Urlaubssperre und Versetzung in andere Lager. ,,Prügelstrafen und Übergriffe gegen die Fremdarbeiter waren selbstverständlich strengstens untersagt und wenn derartige Ausschreitungen vorgekommen sein sollten, so fallen sie in die Einzelverantwortlichkeit des Täters, welcher wissen musste, dass er mit strengsten Massnahmen zu rechnen hatte''[55].

Laut Zapf war die Firma bemüht, die Fremdarbeiter entsprechend ihren Qualifikationen im Produktionsprozeß einzusetzen. Den Vorwurf der Ausbeutung der Arbeitskräfte weist Zapf entschieden zurück[56].

Alle diese Schilderungen erwecken den Anschein, daß Fremdarbeiter bei der Daimler-Benz AG unter ‚normalen' Lebens- und Arbeitsbedingungen beschäftigt wurden und daß ihr Lagerleben lediglich auf unterbringungstechnische Gründe zurückzuführen war. Diese Menschen haben aber mit Sicherheit nicht unter den von Zapf geschilderten Bedingungen gelebt. Eine ausladende Kuchentafel, aufgebaut für eine Festlichkeit in einem Lager, dürfte entweder eine Ausnahme aus besonderem Anlaß oder nur ein Arrangement für den Photographen gewesen sein.

Andererseits zeigen die Investitionen für den Lagerausbau und einige Einzelbeispiele, wie der Kauf von Zusatzverpflegung, die Beschaffung von Kleidungsstücken und Einzelinitiativen, wie die Verpflegungsanordnung Dr. Haspels, daß das Unternehmen bemüht war, die schwierige Lage, besonders hinsichtlich Nahrung und Kleidung, zu lindern und damit für diese Arbeitskräfte Verantwortung zu übernehmen[57]. Wenn diese Maßnahmen gewiß nur geringfügige Erleichterungen gebracht haben mögen, so sind jedenfalls Pauschalverurteilungen auch nicht angebracht[58].

6.3.2. Kriegsgefangene

Über die Beschäftigung von Kriegsgefangenen bei Daimler-Benz bestehen keine Zweifel. Wegen fehlender Dokumente sind jedoch lediglich für drei Werke genauere Angaben möglich:

1. Berlin-Marienfelde
2. Mannheim
3. Gaggenau

---

55 Ebenda.
56 Ebenda.
57 Vgl. auch Dokument 63.
58 Vgl.: ‚s' Blättle', 1982, S. 6.

Am 1. März 1944 wurden der Daimler-Benz AG Berlin-Marienfelde 50 französische Kriegsgefangene zugeteilt, die jedoch zu sofortigen Klagen Anlaß gaben, da sie passiven Widerstand leisteten. Neben der Arbeitsverweigerung forderten sie zusätzlich mittags eine warme Suppe, Arbeitskleidung und die Anrechnung des Anmarschweges vom Lager auf die Arbeitszeit[59]. Da ein Übergreifen dieses Verhaltens auf andere Fremdarbeiter und bereits früher eingesetzte französische Kriegsgefangene befürchtet wurde, bat Daimler-Benz um Entfernung dieser „Elemente". Bisher habe das Werk mit Fremdarbeitern relativ wenige Schwierigkeiten gehabt, aber diese 50 Kriegsgefangenen seien nicht zu integrieren gewesen und deshalb dem Stalag (Stammlager) zurückgegeben worden. Die Direktoren von Hentig und Oberländer, die Unterzeichner dieses Schreibens, baten Hauptdienstleiter Saur um Hilfe und wünschten, daß den Kriegsgefangenen „klar gemacht wird, wie sie sich als Soldaten eines besiegten Staates zu verhalten haben"[60].

Im Werk Mannheim schätzte man dagegen die Arbeitsleistung der Kriegsgefangenen: Die Werksleitung bat z.B. das Städtische Ernährungs- und Wirtschaftsamt während des harten Winters 1944, die Verpflegung für die italienischen Kriegsgefangenen nicht zu kürzen. Diese Männer arbeiteten in Akkordgemeinschaften mit Deutschen zusammen. Um den Arbeitsablauf, bedingt durch körperliche Schwächung infolge der ungenügenden Ernährung, nicht zu stören, bat die Firma um Beibehaltung der bisherigen Ration[61]. Auch Socken oder Fußlappen wurden von der Werksleitung angefordert, um die Arbeitsleistung nicht durch wundgelaufene Füße zu gefährden. Diese Hilfestellungen dienten zwar vorrangig der Aufrechterhaltung der Produktion, kamen aber auch den Gefangenen unmittelbar zugute[62].

Allerdings läßt wegen der spärlichen Dokumente der positive Einsatz der Mannheimer Werksleitung für die Kriegsgefangenen nicht den Schluß zu, daß sie in Mannheim bessere Arbeitsbedingungen vorfanden als im Werk Berlin-Marienfelde.

Für das Werk Mannheim gibt es auch Angaben über die Arbeitszeit der Kriegsgefangenen. Die Männer arbeiteten täglich etwa 12 Stunden (samstags etwa 9, sonntags etwa 6 Stunden), wie aus den angegebenen Abfahrtszeiten der für den Transport der Häftlinge eingesetzten Straßenbahnen geschlossen werden kann. So fuhren die Bahnen montags bis freitags um 5.30 Uhr in Sandhofen ab, um 18.30 Uhr an der Hafenbahnstraße, d.h. die Häftlinge waren mindestens 13 1/2 Stunden am Tage unterwegs[63].

---

59 Vgl. Dokumente 64–67.
60 Vgl. Dokument 67.
61 StadtA Mannheim, Ernährungs- und Wirtschaftsamt, Zugang –/1958 Nr. 521 DBAG Mannheim an Städt. Ernährungs- und Wirtschaftsamt (24.3.1944); vgl. auch: Der Anfang nach dem Ende, S. 71.
62 StadtA Mannheim, Ernährungs- und Wirtschaftsamt, Zugang –/1958 Nr. 1256 DBAG Mannheim an Badisches Finanz- und Wirtschaftsministerium (24.10.1944).
63 Ebenda, Stadtwerke Mannheim, Zugang –/1954 Nr. 109 Diverse Rechnungen der Stadtwerke Mannheim an DBAG Mannheim.

In zwei Verlagerungen in Schirmeck (Frankreich), die dem Werk Gaggenau angeschlossen waren, und in Gaggenau selbst arbeiteten Häftlinge — wahrscheinlich
Kriegsgefangene — aus dem sogenannten ‚Sicherungslager Schirmeck‘[64]. Die Häftlinge in Gaggenau waren im Lager Rotenfels untergebracht, das aufgrund starker Über-
belegung nur katastrophale Unterkunft bot. Verschärft wurde die Situation zusätzlich
durch die Auflösung des Lagers Schirmeck. Die Häftlinge wurden von dort zunächst
nach Gaggenau-Rotenfels, dann nach Haslach transportiert, wo eine unterirdische
Verlagerung für Daimler-Benz entstand. Im Lager Haslach herrschten noch schlechte-
re Zustände. Man habe dort besonders — so ein Daimler-Benz-Mitarbeiter — versucht, durch ärztliche Betreuung und zusätzlich Nahrungsmittel, Abhilfe zu schaffen,
um die Arbeitskraft der Häftlinge wiederherzustellen[65].

Für Übergriffe auf Häftlinge und ausländische Arbeiter von Daimler-Benz Angehörigen gibt es nur einige vage Hinweise; es habe aber Leute gegeben, die sich ,,Miss-
handlungen von ausländischen Arbeitern haben zu Schulden kommen lassen‘‘[66].

6.3.3. Konzentrationslagerhäftlinge

Mit zunehmender Kriegsdauer wurden immer mehr Arbeiter zum Kriegsdienst einberufen. Trotzdem wurde von der deutschen Industrie eine permanente Produktionssteigerung erwartet. Den Mangel an Arbeitskräften versuchten viele Unternehmen,
durch die Beschäftigung von Konzentrationslagerhäftlingen auszugleichen. So ,,wa-
ren KZ-Häftlinge bei fast allen deutschen Industriefirmen, für die ein Masseneinsatz
an KZ-Häftlingen in Betracht kam, eingesetzt‘‘[67]. Die Unternehmen forderten die
Häftlinge beim SS-Wirtschafts-Verwaltungshauptamt an, das die Arbeitskräfte an die
Firmen ‚verlieh‘. Nach Genehmigung erging der Arbeitseinsatzbefehl an das der Firma nächstgelegene Konzentrationslager, das die angeforderte Zahl, meist handelte es
sich um größere Kontingente von 500 oder 1.000 Menschen, den Unternehmen zuteilte
bzw. von Firmenvertretern auswählen ließ. Das Stammlager erhielt dann von den Firmen für einen Facharbeiter 6 bis 8 RM Tageslohn, für einen Hilfsarbeiter 4 RM. Die
Häftlinge selbst erhielten ihrerseits keinen Lohn.

Lag die Arbeitsstätte der Häftlinge nicht mehr in Marsch- bzw. Transportentfer-
nung vom Stammlager, wurden Außen- bzw. Unterkommandos errichtet. In diesen
von der SS bewachten und organisierten Lagern waren die Häftlinge unter ähnlich un-

---

64 Haspel 7,64 Beschäftigung von ausländischen Arbeitskräften aus dem SL-Lager Schirmeck
    bei der DBAG, Werk Gaggenau (24.4.1945), Meter an von Ribinsky (23.4.1945).
65 Ebenda, Beschäftigung von ausländischen Arbeitskräften aus dem SL-Lager Schirmeck bei
    der DBAG, Werk Gaggenau (24.4.1945).
66 Haspel 4,40 Heim an Kaufmann (3.7.1945).
67 Karl Sommer, stellvertretender Amtschef im SS-Wirtschafts-Verwaltungshauptamt, zit.
    nach: Eichholtz/Schumann, Anatomie, S. 471f.

menschlichen, wenn nicht noch schlimmeren Bedingungen als im Hauptlager untergebracht[68].

Der stellvertretende Amtschef im SS-Wirtschafts-Verwaltungshauptamt Karl Sommer nannte anläßlich seiner Vernehmung vor dem Nürnberger Militärgerichtshof 1947 etwa 200 Firmen, die KZ-Häftlinge eingesetzt hätten[69], u.a. die Daimler-Benz AG.

Neben den bei Sommer erwähnten Arbeitskommandos des Unternehmens sind weitere bekannt:

Das Unternehmen setzte Konzentrationslagerhäftlinge ein:

1. Beim Ausbau folgender Produktionsstätten[70]:
   — ,,Barbe'' (Verlagerung des Werkes Gaggenau nach Haslach/Schwarzwald) vom November 1944 bis März 1945 Männer des Außenkommandos Haslach[71])
   — ,,Goldfisch'' (Verlagerung des Werkes Genshagen nach Obrigheim) vom Frühjahr 1944 bis Ende März/Anfang April 1945 Männer des Außenkommandos Neckarelz I und II und der Unterkommandos Asbach, Neckarbischofsheim und Neckargerach[72]
   — ,,Kranich'' (Verlagerung der Daimler-Benz-Werke Sindelfingen und Kolmar in den Reichsbahntunnel Wesserling im Oberelsaß) vom März 1944 bis Oktober 1944 Männer des Außenkommandos Wesserling
   — ,,Esche'' bei Happurg Ende 1944[73]
2. Bei der Produktion selbst in folgenden Werken[74]:
   — Flugmotorenwerke Ostmark, zwischen August 1943 und Juli 1944 Männer des Außenkommandos Schwechat, zwischen Februar 1944 und Anfang April 1945 Männer des Außenkommandos Graz, zwischen August 1943 und Anfang April 1945 Männer des Außenkommandos Wiener Neudorf
   — Werk Gaggenau, zwischen September 1944 und Anfang April 1945 Männer des Außenkommandos Gaggenau und des Unterkommandos Gaggenau-Weisenbach. Ende Oktober 1944 wurde für das Werk Gaggenau ein Verlagerungsbetrieb mit dem Codenamen ,,Dachsbau'' bei Neuenbürg errichtet. Zum

---

68 Kogon, SS-Staat, S. 289—294; Eichholtz/Schumann, Anatomie, S. 472 u. 476.

69 Eichholtz/Schumann, Anatomie, S. 472. Die Auflistung der von Sommer genannten Firmen ist ungekürzt abgedruckt bei: Ferencz, Lohn, S. 266—274.

70 Für das folgende vor allem: Verzeichnis der Haftstätten.

71 Vgl.: Haspel 8,82 Aktennotiz betr. Besprechung bei Herrn Dipl.-Ing. Ewald am 24.11.1944; Vorländer, NS-Konzentrationslager, Dokument 19. Laut Schätzle, Stationen, S. 65 waren in Haslach Häftlinge des Außenkommandos des KZ Schirmeck für die DBAG eingesetzt. Von 800 Häftlingen starben 240. Diese hohe Sterblichkeit ist wahrscheinlich auf eine Flecktyphusepidemie zurückzuführen, vgl. dazu: Vorländer, NS-Konzentrationslager, S. 211.

72 Vgl. Vorländer, NS-Konzentrationslager, Dokument 19. Laut Schätzle, Stationen, S. 64f. waren bei diesem Außenkommando ca. 4520 Männer eingesetzt.

73 Vgl.: Haspel 8,82 Aktennotiz vom 27.11.1944.

74 Vgl. hauptsächlich: Verzeichnis der Haftstätten; auch: BAMA RL3/7 Stenogr. Bericht Jägerstab vom 27.5.1944.

Ausbau des Werkes wurden 90 Häftlinge (Baufacharbeiter) angefordert, die in einem provisorischen Wohnwagenlager untergebracht wurden[75].

— Daimler-Benz Motoren GmbH, Genshagen, zwischen September 1944 und April 1945 Frauen aus dem Konzentrationslager Sachsenhausen, die ein eigenes Außenkommando Genshagen bildeten[76]
— Flugmotorenwerke Reichshof, zwischen Juli 1941 und Juli 1944 Männer aus dem Zwangsarbeitslager für Juden im Generalgouvernement
— Werk Mannheim, zwischen September 1944 und Ende März 1945 Männer des Außenkommandos Mannheim-Sandhofen[77]
— Reparaturwerk Minsk, Einsatz von Juden und sowjetischen Kriegsgefangenen[78].

Es sind nur wenige Unterlagen mit spärlichen Aussagen über die Behandlung von KZ-Häftlingen bei der Daimler-Benz AG vorhanden[79]. Lediglich über das Außenkommando Mannheim-Sandhofen sind einige nähere Angaben möglich[80].

Dieses Außenkommando des Konzentrationslagers Natzweiler (Elsaß) war in dem Mannheimer Vorort Sandhofen vom September 1944 bis März 1945 in einem Schulgebäude (Kriegerstr. 28) eingerichtet[81]. Die hier untergebrachten Häftlinge arbeiteten im

---

75 Vgl. Dokument 68.
76 Vgl. BA R3/3034, S. 95; Damals in Sachsenhausen, S. 64 und 67. Danach bestand das Außenkommando aus 1100 Frauen.
77 Vgl. Schmitt, Geschichte. Ein Nachweis für die Beschäftigung von KZ-Häftlingen im Daimler-Benz Werk Mannheim findet sich auch in: Werke Mannheim 25; Vorländer, NS-Konzentrationslager, Dokument 19. Das Außenkommando wird auch ,Mannheim-Waldhof' genannt, wahrscheinlich weil das Daimler-Benz Werk in diesem Vorort lag.
78 Hoppe 8 Zeitungsartikel im ,Vorwärts' vom 30.12.1946 und DBAG Berlin-Marienfelde an Hoppe (7.1.1947).
79 Zur Behandlung der Frauen aus dem KZ Sachsenhausen im Werk Genshagen vgl. Salm, Schatten, S. 208, der diesen Vorgang allerdings nicht belegt: ,,Werkdirektor Max Wolf, von der faschistischen Regierung zum Wehrwirtschaftsführer ernannt, meldete des Tages dem SS-Kommandoführer, daß bei weiblichen Gefangenen ihnen von deutschen Arbeitern zugestecktes Brot gefunden worden war. Diese Frauen wurden zur Strafe in das KZ Ravensbrück transportiert, wo die meisten von ihnen ums Leben kamen." Im Rahmen des ,oral-history' Projektes der Daimler-Benz AG hat Frau Dr. Sibylle Grube-Bannasch im November 1985 ehemalige Mitarbeiter des Daimler-Benz Werkes Mannheim u.a. zum Thema Zwangsarbeiter im Werk befragt. Die Interviews werden zitiert als: Interview Grube-Bannasch, Nr. .... . Sie sind im Archiv der Daimler-Benz AG vorhanden.
80 Einschränkend muß darauf hingewiesen werden, daß eine eindeutige Unterscheidung zwischen Konzentrationslagerhäftlingen und Kriegsgefangenen sowohl im Aktenmaterial des Stadtarchives Mannheim als auch in der Veröffentlichung von Schmitt, Geschichte, nicht gegeben ist.
81 Schmitt, Geschichte, S. 2 und 20. Aus einer Aufstellung über den Bezug von Freibankfleisch für Ostarbeiter und Kriegsgefangene geht hervor, daß die Daimler-Benz AG 1942/43 ein ,Arbeitsgemeinschaftslager' in der Kriegerstr. 15, einem alten Sandhofener

Daimler-Benz-Werk Mannheim, waren demzufolge von der Firma zum Arbeitseinsatz angefordert worden[82]. Wie die Quellen belegen, sind 1.060 (1.061) Häftlinge zugeteilt worden[83].

Ob die SS oder die Daimler-Benz AG diese Schule als Unterkunft für die Konzentrationslagerhäftlinge ausgewählt hat, wie behauptet wird, ist anhand des vorliegenden Aktenmaterials nicht feststellbar. Im Falle der Ostarbeiter z.B. war aber die Firma für die Unterbringung der Arbeiter zuständig.

Die Bewachung der Konzentrationslager und ihrer Außenkommandos unterstand SS-Einheiten[84]. Mit einem Sonderbefehl vom 26. September 1944 wurde die 3. Wach-Kompanie des I. Wachsturmbanns des KZ Natzweiler zum Einsatz nach Mannheim geschickt[85]. Im Lager Sandhofen waren etwa 40 bis 50 Bewacher für 1.060 Häftlinge zuständig. Der Lagerkommandant war alleinverantwortlich für den Häftlingseinsatz.

Schulgebäude, unterhielt. Vgl. dazu StadtA Mannheim, Zugang — /1958 Nr. 518. Auch Schmitt, Geschichte, S. 24f. erwähnt die Unterbringung von Häftlingen in diesem Gebäude. Sie vermutet hier aber ein Nebenlager bzw. das Krankenrevier des neuen Schulgebäudes und weist nicht auf eine Nutzung des alten Schulgebäudes vor September 1944 als Kriegsgefangenen- oder Ostarbeiterlager hin.

82 Schmitt, Geschichte, S. 20. Schmitt erwähnt einen Forderungsnachweis der Firma Daimler-Benz zum Häftlingseinsatz (S. 14 und 34). Beide Textstellen sind nicht belegt; der Forderungsnachweis fehlt im Quellenverzeichnis. Ein Hinweis auf die Existenz dieses Forderungsnachweises befindet sich aber in: BA NS 4 Na/86 Waffen-SS Kl-Natzweiler an DB-Mannheim (10.11.1944).

83 Vgl. BA NS 4 Na/86 Konzentrationslager Natzweiler Schutzhaftlager-Anlage zum Schutzhaftlager-Rapport vom 31.10.1944; Schmitt, Geschichte, S. 21f. und 34f.; Schätzle, Stationen, S. 65. Interviews Grube-Bannasch, Nr. 55 und 58. Die Befragten zweifeln diese Zahlenangabe an. Sie schätzen die Zahl der eingesetzten Konzentrationslagerhäftlinge auf maximal 400. Ein Zeitzeuge erinnert sich sogar, daß die Häftlinge von Verantwortlichen des Werkes im Außenkommando Sandhofen ausgesucht wurden. Demnach kamen von den etwa 1000 Menschen etwa 200—250 arbeitsfähige ,Facharbeiter' bei Daimler-Benz zum Arbeitseinsatz.

84 Schätzle, Stationen, S. 63; Kogon, SS-Staat, S. 81—93; Schmitt, Geschichte, S. 12 und 23 widerspricht sich. Zunächst wird ausgeführt, daß ,,die Erstellung des Lagers und z.T. die Verpflegung und Bewachung Angelegenheit der beschäftigenden Firmen war'', S. 23 wird jedoch berichtet, daß Luftwaffen- und SS-Angehörige das Lager Mannheim-Sandhofen bewachten. Ob die Angaben über den Einsatz von Luftwaffenangehörigen richtig sind, kann nach Kenntnis des Sonderbefehls (vgl. Anmerkung 85) angezweifelt werden. Für ein anderes Außenkommando ist in diesem Sonderbefehl ein Einsatz von Luftwaffenangehörigen ausdrücklich vermerkt. Die Aussagen des Sonderbefehls werden im wesentlichen in den Interviews Grube-Bannasch, Nr. 55, 56 und 58 bestätigt. Zwei weitere Zeugen erinnern sich an Wehrmachtsangehörige als Bewacher bzw. an Werksschutzangehörige (Nr. 53), von denen einer, ebenfalls in SS-Uniform, die Häftlinge mit einer Holzlatte bei der Arbeit angetrieben habe (Nr. 56).

85 Sonderbefehl in: Vorländer, NS-Konzentrationslager, Dokument 19.

Bestrafungen fielen in den Zuständigkeitsbereich der Lagerwache. Für Mißhandlungen der Häftlinge im Lager gibt es einige Zeugenaussagen[86].

Die Häftlinge, hauptsächlich polnische Juden, waren zur Zeit der Lagerhöchstbelegung auf engstem Raum untergebracht. Man muß davon ausgehen, daß 1.060 Menschen in nur 16 Schulräumen von etwa 60 m^2 lebten, d.h. jedem Häftling stand weniger als ein Quadratmeter Lebensraum zu.

Inwieweit die Häftlinge die vorhandenen sanitären Einrichtungen zur Körperpflege benutzen durften, ist nicht bekannt. An Kleidung besaßen die Zwangsarbeiter einen dünnen Sträflingsanzug, wegen dessen Streifen sie spöttisch oft ‚Zebras‘ genannt wurden, Holzschuhe ohne Strümpfe, allenfalls Fußlappen, und eine Mütze, also die in Konzentrationslagern übliche Kleidung, die im Winter wie im Sommer getragen werden mußte.

Das Essen wurde abends im Lager ausgegeben. Genauere Angaben über die Quantität sind nicht möglich, ebenso nicht, ob bzw. welches Essen während der Arbeitszeit ausgegeben wurde. In jedem Fall waren die Rationen unzureichend, denn die Häftlinge waren stets auf der Suche nach Eßbarem und nahmen für unerlaubtes Essen Bestrafungen hin[87].

Laut Zeugenaussagen gingen die Häftlinge täglich zu Fuß zum etwa 5 km entfernten Daimler-Benz-Werk. Der Aufbruch erfolgte nach dem Morgenappell zwischen 6.00 Uhr und 8.00 Uhr, die Rückkehr etwa gegen 19.00 Uhr. Im Spätherbst und Winter 1944/45 waren die Zwangsarbeiter also zwischen 11 und 13 Stunden vom Lager abwesend. Rechnet man für Hin- und Rückweg jeweils eine Stunde Marschzeit, so betrug die tägliche Arbeitszeit zwischen 9 und 11 Stunden, einschließlich der kurzen Mittagspause. Bei einer 6 1/2-Tagewoche lag die geleistete Arbeitszeit etwa bei 65 Wochenstunden[88]. Im Winter waren die Arbeitszeiten in der Regel kürzer, da die Fluchtgefahr der zu bzw. von der Arbeitsstätte marschierenden Häftlinge infolge der Dunkelheit größer wurde.

Über den Arbeitseinsatz der KZ-Häftlinge im Daimler-Benz-Werk ist kaum Material vorhanden[89]. Laut Zeugenaussagen ist ein Häftling, der im Betrieb Kurbelwellen

---

86 Schmitt, Geschichte, S. 11, 23f., 28 und 30.

87 Ebenda, S. 22, 26, 30—32 und 42.

88 Ebenda, S. 35f.; Diese Angabe wird in den Interviews Grube-Bannasch, Nr. 53 und 55 bestätigt. Es wird aber auch berichtet, daß die Häftlinge einige Zeit später mit dem Zug zur Arbeit transportiert wurden. Hierbei kann es sich aber auch um eine Verwechslung mit den Kriegsgefangenentransporten handeln.

89 Die Verfassung der Konzentrationslagerhäftlinge wird in den Interviews fast übereinstimmend als schlecht geschildert. Ebenso wie die Kriegsgefangenen und die Ostarbeiter haben die Häftlinge ständig Hunger gelitten. Auffallend ist, daß bei der Befragung nach der Ernährung der Zwangsarbeiter die Zeitzeugen immer wieder auf ihre eigene schlechte Versorgungslage hingewiesen haben. Vgl. dazu: Interviews Grube-Bannasch, Nr. 53, 55 und 57. Die Konzentrationshäftlinge wurden im Werk Mannheim im ganzen Betrieb, hauptsächlich aber am Band bei der Lastwagenmontage eingesetzt. Kontakt zu deutschen Arbeitern soll

geschliffen hat, wegen Sabotage gehängt worden: „Der Gefangene habe bei Daimler-Benz gearbeitet und dort Kurbelwellen geschliffen. Da die Maschine falsch eingestellt war, wurden die Kurbelwellen zu schwach, was aber erst nach einiger Produktion bemerkt wurde. Dem Häftling wurde Sabotage vorgeworfen. Er beteuerte, daß er nichts dafür könne, weil er die Maschine nicht eingestellt habe". Dennoch wurde er am 4 Januar 1945 hingerichtet[90]. Ob die Initiative zur Bestrafung von der Werksleitung ausging, ist nicht bekannt, aber sicherlich ist die Ausschußproduktion von einem Werksangehörigen der Lagerleitung gemeldet worden.

Ebenfalls von einer Hinrichtung berichtet der SPD-Bundestagsabgeordnete Werner Nagel in einem Zeitungsartikel: Als Jugendlicher, der in unmittelbarer Nähe der Schule aufwuchs, habe er miterlebt, wie die Häftlinge „gequält, geschlagen, erschossen und aufgehängt" wurden. Ein angeblicher Saboteur sei deshalb ermordet worden, weil er, laut Nagel, „vor Hunger nicht mehr arbeiten [konnte] bei Daimler-Benz"[91].

Mitte Dezember 1944 wurde das Lager Mannheim-Sandhofen von alliierten Bombern angegriffen. Laut Zeugenaussagen mußten die Häftlinge während der Bombardierung auf dem Schulhof bei Scheinwerferlicht antreten. Wahrscheinlich wurden bei diesem Angriff zwei Häftlinge getötet.

In den knapp sieben Monaten, in denen das Lager Sandhofen bestand, wurden insgesamt 22 Sterbefälle offiziell registriert.[92]

Nach dem Luftangriff vom Dezember 1944 wurde ein Teil der Häftlinge aus Sandhofen evakuiert. Am 23. Dezember 1944 kamen im Krankenlager Vaihingen 200 Häftlinge aus Sandhofen an; ein weiterer Transport von 94 erkrankten Häftlingen aus Mannheim erreichte das Lager am 11. März 1945[93]. Völlig aufgelöst wurde das Außenkommando Mannheim-Sandhofen in der ersten Märzhälfte 1945[94].

Für den Ausbau und die Einrichtung von ‚Goldfisch' (A 8), dem unterirdischen Verlagerungsort des Werkes Genshagen in der Nähe von Obrigheim, wurden auch

     kaum bestanden haben, da die Häftlinge von der deutschen Belegschaft separiert und gesondert bewacht wurden. Die Ostarbeiter und die Kriegsgefangenen waren dagegen in den Arbeitsprozeß eingegliedert, vgl. dazu: Interview Grube-Bannasch, Nr. 53 und 55.

90 Schmitt, Geschichte, S. 29; Dieser Sabotagefall und die Hinrichtung wird in den Interview Grube-Bannasch, Nr. 53, 55 und 58 bestätigt. Es liegt eine Aussage vor, wonach sich Direktor Werner bemüht hat, die Urteilsvollstreckung zu verhindern, Interviews Grube-Bannasch, Nr. 55.

91 StadtA Mannheim, Sammlungen S2/1402, Zeitungsartikel im ‚Mannheimer Morgen' vom 8.3.1982.

92 Schmitt, Geschichte, S. 43.

93 Ebenda, S. 46; Vorländer, NS-Konzentrationslager, S. 210f.

94 Schmitt, Geschichte, S. 45—47. Interview Grube-Bannasch, Nr. 58. Danach blieben die Konzentrationslagerhäftlinge bis zum Kriegsende im Außenkommando Sandhofen. Nach der Besetzung des Werkes Mannheim durch die Alliierten sollen einige Häftlinge Angestellte be-, aber auch entlastet haben.

KZ-Häftlinge eingesetzt. Die eigentlichen Ausbauarbeiten unterstanden der SS; verantwortlich war Diplom-Ingenieur E. Kiemle, der die Häftlinge zum Arbeitseinsatz anforderte. In Obrigheim wurden aber auch Häftlinge in der Produktion eingesetzt[95].

Die Unterbringung muß sowohl für die beim Werksausbau als auch für die bei der Produktion eingesetzten Häftlinge katastrophal gewesen sein[96]. Besonders in den sehr kalten Wintermonaten 1944/45 müssen sich die Häftlinge in einem erbärmlichen Zustand befunden haben[97]. Im März 1945 konnten von den etwa 1.000 der Daimler-Benz AG zugewiesenen KZ-Häftlingen nur noch etwa 200 ihrer Arbeit nachgehen. Die übrigen blieben arbeitsunfähig im Lager zurück. Direktor Dr. Krumbiegel beschwerte sich über diese ,,Nichtstuer'' und plädierte dafür, sie ,,abzustossen''[98]. Direktor Müller schloß sich dieser Forderung an: ,,Der Vorschlag, die SS-Häftlinge abzustossen, gefällt mir sehr gut. (...) Die schleunigste Freimachung des SS-Lagers ist für uns so wertvoll, daß wir die Kosten für den Abstransport in Höhe bis zu RM 10.000,— übernehmen können''[99].

Die Geschäftsleitung des Flugmotorenwerkes Reichshof bemühte sich etwa ab Juli 1942 um jüdische Arbeitskräfte, die dienstverpflichtete polnische Arbeiter ersetzen sollten. Dem Werk wurde angeboten, ,,bei der nächsten Auskämm-Aktion im benachbarten Kreis Debica sich zu beteiligen und dort die erforderliche Auswahl (zu) treffen''[100].

Bereits Anfang August 1942 waren fünf Unterkunftsbaracken und eine Waschbaracke für 450 Juden eingerichtet. Eine Baubeschreibung schildert den Zustand:[101]
— ,,Die Schlafstellen sind als lange doppelseitige und übereinanderliegende Pritschen ausgebaut, sodaß (sic!) in einer 30 Mann-Baracke 100 Juden unterkommen.
— Als Beleuchtung sind zwei einfache Brennstellen vorgesehen.
— Zur Beheizung der U-Baracken werden in jede Baracke zwei einfache, aus Ziegelsteine (sic!) gemauerte Öfen aufgestellt.

95 Imperial War Museum, FD 2228/45 No. 75 Kiemle an Glaser (21.4.1944).

96 Vgl. dazu Dokument 69; auch Imperial War Museum, FD 2228/45 No. 75 Statistik: Belegschaftsübersicht; Vermerk SS-Führungsstab A 8 (16.5.1944).

97 Ebenda, Reisebericht Dr. Krumbiegel vom 21.5.1944 und FD 2228/45 No. 77, Bericht über den Stand der Bauarbeiten und Fertigstellung der Unterkünfte vom 27.1.1945; vgl. auch Dokument 70.

98 Vgl. Dokument 71–73.

99 Vgl. Dokument 73.

100 Vertriebsorganisation Reichshof 175/24 Flugmotorenwerk Reichshof GmbH an Generalbevollmächtigten für das Bauwesen im GG (6.7.1942) und Aktennotiz betr. Arbeiter-Ersatz vom 20.7.1942 (Zitat).

101 Ebenda, Flugmotorenwerk Reichshof GmbH in Reichshof: Baubeschreibung (6.8.1942).

— In der Waschbaracke werden längs der Außenwände sowie doppelseitig in der Mitte der Waschbaracke aus Bretter (sic!) gezimmerte Holzrinnen zum Waschen aufgestellt, über diese eine Art Berieselungsrohr befestigt wird.
— Der Fußboden in der Waschbaracke wird mit einer leichten Betonschicht überzogen.
— Außerdem haben wir zwei transportable Aborte aufgestellt, die über einem Erdloch stehen.
— Das ganze Barackenlager wird aus Sicherheitsgründen mit einem Stacheldrahtzaun sowie mit einem Stacheldrahtgestrüppe, das 2 Meter vom Stacheldraht entfernt liegt, umzäunt''.

Mitte August waren 390 Juden im Werk eingetroffen, die allem Anschein nach weder über Strohsäcke und Decken noch über Arbeitskleidung verfügten. Personalchef Rahmig konstatierte: ,,Außerdem fehlt es an Leibwäsche, die wir dringend benötigen, wenn die Judenkolonne nicht vollständig verdrecken soll''[102].

Im November 1942 arbeiteten 500 Juden im Werk Reichshof, die in fünf Baracken einquartiert waren. Polnische Bauarbeiter, wahrscheinlich ,zwangsverpflichtete', waren besser untergebracht, d.h. es lebten weniger Menschen in größeren Baracken[103]. Die Löhne der Juden wurden direkt an ,,die Polizei'' abgeführt. Die Höhe der Bezahlung lag bei 80 % der an die polnischen Arbeiter gezahlten Beträge[104].

Mitte 1943 waren im Werk Reichshof noch 334 Juden beschäftigt, davon 327 mit ,,produktiver Arbeit und in produktiven Abteilungen'' und 7 ,,bei minder wichtigen Arbeiten''. Die Geschäftsleitung teilte auf entsprechende Anfrage des Rüstungskommandos Krakau mit, 7 Juden sofort, die restlichen ,,nach erfolgter Ausbildung von Fachkräften'' freistellen zu können[105].

102 Ebenda, Flugmotorenwerk Reichshof GmbH an den SS und Polizeiführer im Distrikt Krakau III A (14.8.1942).
103 Ebenda, Flugmotorenwerk Reichshof GmbH an Rüstungskommando Krakau des Ministers für Bewaffnung und Munition (18.11.1942).
104 Ebenda, Aktennotiz betr. Judeneinsatz vom 17.7.1942.
105 Ebenda, Flugmotorenwerk Reichshof GmbH an Rüstungskommando Krakau des Reichsministers für Bewaffnung und Munition (9.6.1943). Die jüdischen Arbeiter sind im Kapitel Konzentrationslagerhäftlinge angeführt, obwohl eine Zuordnung nicht eindeutig ist. Die Männer kamen wahrscheinlich nach einer ,Auskämmaktion' in das Werk. Sie unterstanden der SS, waren aber keinem Konzentrationslager zugeordnet. Laut Verzeichnis der Haftstätten unter dem Reichsführer-SS, Stichwort Reichshof, waren zwischen Juli 1941 und Juli 1944 Männer aus dem Zwangsarbeitslager für Juden im Generalgouvernement in Reichshof eingesetzt. Trotz zeitlicher Differenz könnte es sich um identische Arbeitskommandos handeln.

6.4. ARBEITSBEDINGUNGEN

Seit der Verabschiedung der Bestimmungen zur Arbeitszeitordnung am 26. Juli 1934 unterlag die Arbeitszeitregelung den ‚Reichstreuhändern der Arbeit' und den Gewerbeaufsichtsbehörden. Der Achtstundentag wurde nach der nationalsozialistischen Machtergreifung zwar formal aus der Weimarer Zeit übernommen, aber variabel gehandhabt. Besonders ab 1936 wurde zur Erfüllung des Vierjahresplans die Arbeitszeit allmählich verlängert[106]. So erhöhte sich bei der Gesamtindustrie die durchschnittliche wöchentliche Arbeitszeit von 43 Stunden 1933 über 45,5 Stunden 1936 auf 47 Stunden 1939. Deutlich stieg sie bei der Investitionsgüterindustrie von 41,6 Stunden 1933 auf 49,1 Stunden 1939 an, erheblich weniger bei der Verbrauchsgüterindustrie (1933: 42,9 Stunden, 1939: 45,7 Stunden)[107].

Während im Ruhrgebiet für die Eisen- und Stahlherstellung und -verarbeitung im Frühjahr 1937 die 54-Stundenwoche zugelassen wurde, führte Rohstoffmangel in einigen Branchen sogar zur Verkürzung der Arbeitszeit, so auch bei der Daimler-Benz AG[108]. Das Unternehmen mußte im September 1936 wegen Gummimangels aufgrund einer Mitteilung der Wirtschaftsgruppe Kraftfahrzeuge die wöchentliche Arbeitszeit für alle Fabrikate, die Reifen benötigten, auf 36 Stunden herabsetzen[109].

Laut Betriebsordnung der Daimler-Benz AG aus dem Jahr 1937 betrug die Arbeitszeit 48 Stunden in der Woche. § 14 verpflichtete die Mitarbeiter aber, ,,betriebsbedingte Mehrarbeit an Wochentagen, sowie Nachtarbeit und Arbeit an Sonn- und Feiertagen zu verrichten"[110]. Im einzelnen waren die Arbeitszeiten wie folgt festgelegt:

Tabelle 44: Arbeitszeit bei der Daimler-Benz AG nach der Betriebsordnung vom Mai 1937

,,1. Für Angestellte im Sommer- und im Winterhalbjahr:
Montag bis Freitag: von 7 Uhr 35 bis 16 Uhr 55
                   mit Pause von 12 Uhr   bis 12 Uhr 35
Samstag: von 7 Uhr 35 bis 11 Uhr 50

Für die Betriebsbeamten, das Kalkulationsbüro und das Arbeitsvorbereitungsbüro im Sommerhalbjahr:
Montag bis Freitag: von 7 Uhr 05 bis 16 Uhr 20
                   mit Pause von 12 Uhr   bis 12 Uhr 35
Samstag: von 7 Uhr 05 bis 11 Uhr 45

---

106 Yano, Hüttenarbeeiter, S. 65–67; Schoenbaum, Revolution, S. 139.
107 Hanf, Möglichkeiten, Anhang Tabelle 15.
108 Yano, Hüttenarbeiter, S. 66.
109 Kissel III,2 Kissel an von Hentig (16.9.1936).
110 DBAG 98 Betriebsordnung vom 14.5.1937 §§ 11 und 14; vgl. auch Schoenbaum, Revolution, S. 140.

2. Für Arbeiter im Sommerhalbjahr:
Montag bis Freitag: von 6 Uhr 35 bis 16 Uhr 10
        mit Pausen von 8 Uhr 15 bis 8 Uhr 30
        und   von 12 Uhr   bis 12 Uhr 45
Samstag: von 6 Uhr 35 bis 11 Uhr 55
        mit Pause von 8 Uhr 15 bis 8 Uhr 30

Für Arbeiter im Winterhalbjahr:
Montag bis Freitag: von 7 Uhr 25 bis 17 Uhr 10
        mit Pausen von 8 Uhr 45 bis 9 Uhr
        und   von 12 Uhr   bis 12 Uhr 45
Samstag: von 7 Uhr 25 bis 11 Uhr 55
  mit Pause von 8 Uhr 45 bis 9 Uhr

Die Arbeitszeit und die Pausen der jugendlichen Arbeiter
werden nach den gesetzlichen Bestimmungen geregelt
und durch Anschlag bekanntgegeben.

3. Für Schichtarbeiter in Doppelschicht:
1. Schicht: Montag bis Freitag: von 6 Uhr bis 14 Uhr 30
Samstag: von 6 Uhr bis 11 Uhr 30
2. Schicht: Montag bis Freitag: von 14 Uhr 30 bis 23 Uhr
Samstag: von 11 Uhr 30 bis 17 Uhr

4. Für Schichtarbeiter in dreifacher Schicht:
1. Schicht: Montag bis Samstag: von 6 Uhr bis 14 Uhr
2. Schicht: Montag bis Samstag: von 14 Uhr bis 22 Uhr
3. Schicht: Montag bis Samstag: von 22 Uhr bis 6 Uhr

Weibliche und jugendliche Arbeiter werden nicht in der
Nachtschicht, jugendliche Arbeiter außerdem in der
2. Schicht nicht nach 20 Uhr beschäftigt."

Quelle: DBAG 98 Betriebsordnung vom 14.5.1937, Anlage 2, zu § 12.

Im Juli 1940 wurden Regelungen für die Betriebe getroffen, die für die ‚Ausrüstung
der Schnellen Truppen' produzierten. Es wurde vorgeschrieben, in zwei Schichten zu
produzieren. Bei Arbeitskräftemangel mußte zum einen auf ausländische Arbeiter zurückgegriffen werden, zum anderen waren innerbetriebliche Umsetzungen vorzunehmen und Frauen vermehrt zu beschäftigen[111].

111 Kissel XIII,1 OKH an DBAG (25.7.1940).

Die Arbeitszeit betrug bei Daimler-Benz im September 1940 für Männer wöchentlich 60 Stunden, für Frauen 53,75 Stunden[112]. Auch in den Büros wurde die Dienstzeit heraufgesetzt. Nachdem Göring Ende März 1942 die Arbeitszeit für Beamte von 48 auf 56 Stunden, mindestens aber 53 Stunden, festgesetzt hatte, plädierte Dr. Kissel für eine generelle Durchsetzung dieser Bestimmung auch in den Büros von Daimler-Benz[113]. Mit der Erhöhung der Bürostunden wurde versucht, Arbeitskräfte einzusparen und diese dann an anderen Stellen des Betriebes einzusetzen[114].

Als sich während des Krieges die Ernährungslage verschlechterte, wurde eine verlängerte Arbeitszeit mit staatlichen Sonderzulagen bedacht. Deshalb versuchte die Daimler-Benz AG, z.B. im Werk Untertürkheim im Frühjahr 1944 die Arbeitszeit zu strecken, was innerhalb des Jägerstabes auf heftige Kritik stieß: ,,Aber es ist so, daß plötzlich ganz Daimler-Benz in Stuttgart 72 Stunden arbeitet, was sie gar nicht richtig können, nur wegen des Essens.''[115].

Die Versorgung der Daimler-Benz Mitarbeiter mit einer warmen Mahlzeit täglich wurde bereits seit Kriegsbeginn 1939 durch die Lebensmittelrationierungen erschwert. Die Daimler-Benz Motoren GmbH Genshagen z.B. sah sich gezwungen, von ihren Arbeiskräften Lebensmittelmarken für das Kantinenessen zu fordern. Durch Zusatzeinkäufe von Wild und Geflügel versuchte die Werksleitung gleichzeitig, Lebensmittelmarken einzusparen[116]. Mit zunehmender Kriegsdauer wurde es für das Unternehmen immer schwieriger, eine warme Mahlzeit täglich anzubieten, ohne den Mitarbeitern übermäßig viele Lebensmittelmarken abzunehmen. Eine Woche Kantinenessen kostete im Mai 1941 im Werk Untertürkheim 2,25 RM und 150 Gramm Fleisch- und 50 Gramm Brotmarken. Ab April 1942 konnte schließlich nur noch ein fleischloser Eintopf angeboten werden, für den wöchentlich 30 Gramm Fett- und 100 Gramm Brot- bzw. Mehlmarken und 1,00 RM gezahlt werden mußten[117].

Die Altersstruktur der Beschäftigten bei der Daimler-Benz AG muß Anfang bis Mitte der dreißiger Jahre deutlich zu jüngeren Mitarbeitern hin tendiert haben. Auf staatliche Anordnung hin mußte das Unternehmen dann verstärkt ältere Mitarbeiter beschäftigen. In der Aufsichtsratssitzung vom Dezember 1937 wurde bekanntgegeben, daß die Bestimmung erfüllt sei, Personal über 40 Jahre einzustellen, um das Durchschnittsalter der Belegschaft zu erhöhen[118]. Im Daimler-Benz Werk Gaggenau wurden laut Betriebsordnung vom Oktober 1934 bei der Einstellung ,,Frontkämpfer,

112 Vgl. Dokument 74.
113 Vgl. Dokument 75.
114 Vgl. Dokument 76.
115 BA R3/1685, S. 12 (Jägerstab-Besprechung vom 21.4.1944); vgl. auch Dokument 77.
116 BAMA RL3/902 Geschäftsbericht 1939 der Daimler-Benz Motoren GmbH Genshagen.
117 Kissel XIII,2 Bekanntmachung betr.: Warmes Mittagessen in der Speiseanstalt (29.5.1941) und Dokument 78.
118 Protokoll der Aufsichtsratssitzung vom 1.12.1937.

alte und verdiente Angehörige der NSDAP, SA und SS sowie Inhaber des Arbeitspasses besonders berücksichtigt'', ebenso bei notwendigen Entlassungen[119].

Mit zunehmender Kriegsdauer verschärfte sich für Daimler-Benz die Arbeitskräftesituation. Zunehmend mußten branchenfremde Arbeiter in den Arbeitsprozeß eingegliedert werden. Zwangsarbeiter, Fremdarbeiter, Frauen, betriebsintern versetzte Mitarbeiter und Facharbeiter aus rüstungsunwichtigen Branchen wurden angelernt und umgeschult[120]. Bereits im Mai 1938 trug sich Karl C. Müller mit dem Gedanken, für die Motorenproduktion in Genshagen Frauen einzustellen. Sanitär- und Umkleideräume sollten an einigen Werkshallen angebaut werden, wofür eine Summe von etwa 60.000 RM veranschlagt wurde[121]. Anfang 1940 bekräftigte Müller erneut seine Bereitschaft, Frauen in Genshagen zu beschäftigen; er beklagte sich aber über mangelnde Resonanz und Zuteilung[122]. Dabei ergriff gerade die Daimler-Benz-Motoren GmbH für die beschäftigten Frauen besondere Maßnahmen: z.B. bemühte sich die Werksfürsorge um Schwangere, indem spezielle Arbeitsplätze für werdende Mütter vorgeschlagen wurden, und berufstätige Mütter konnten ihre Kinder in einer Kindertagesstätte in Ludwigsfelde unterbringen[123].

Direkten Kontakt zu den berufstätigen Frauen hatten die Betriebsfürsorgerinnen in den einzelnen Werken[124], denen vielfältige Aufgaben zufielen. So hatten sie Einspracherecht bei der Besetzung von Arbeitsplätzen mit Frauen und Jugendlichen. Sie achteten darauf, daß ihre Schützlinge nicht körperlich überfordert wurden, aber dennoch mit der ‚richtigen' Einstellung ihrer Arbeit nachkamen[125].

In der neuen Betriebsordnung, erlassen nach der Verabschiedung des Gesetzes zur Ordnung der nationalen Arbeit, wurden die Kündigungsfristen für die Mitarbeiter der Daimler-Benz AG wie folgt festgelegt: Nach einem Jahr Betriebszugehörigkeit betrug die Kündigungsfrist für Ledige eine Woche, für Verheiratete zwei Wochen. Nach mehr als 15jähriger Tätigkeit für das Unternehmen war die Frist vier Wochen, und nach über 25jähriger Betriebszugehörigkeit bzw. bei ‚Betriebsrentnern' wurde ,,eine Lösung des Arbeitsverhältnisses grundsätzlich vermieden''[126]. Diese Regelung galt auch nach Verabschiedung der Betriebsordnung aus dem Jahr 1937[127].

119 Kissel XIV,11 Betriebsordnung der Daimler-Benz Aktiengesellschaft Werk Gaggenau vom 1.10.1934 §§ 6 und 12.

120 Protokoll der Präsidialsitzung vom 7.4.1941; GB 1944, S. 14; Protokoll der Aufsichtsratssitzung vom 4.6.1942; GB 1938, S. 8; vgl. auch: Kissel XIII,1 Kissel an Werner (13.12.1940).

121 Kissel VIII,3 Müller an Kissel (13.5.1938).

122 Kissel XIII,1 Müller an Kissel (3.2.1940).

123 BAMA RL3/902 Geschäftsbericht 1939 der Daimler-Benz Motoren GmbH Genshagen.

124 GB 1936, S. 7; GB 1937, S. 7; GB 1938, S. 9.

125 Vgl. zu den Aufgaben der Betriebsfürsorgerin in Sindelfingen Dokument 79.

126 GB 1935, S. 4f.

127 DBAG 98 Betriebsordnung vom 14.5.1937 Anlage 1.

Langjährige Betriebszugehörige wurden mit einer Feier geehrt, bei der ihnen ein Geschenk und eine Ehrennadel verliehen wurden[128]. Das 25jährige Arbeitsjubiläum feierten jährlich zwischen 150 und 250 Mitarbeiter, und auch die 40jährige Betriebszugehörigkeit wurde häufiger erreicht. 1936 z.B. begingen acht Belegschaftsmitglieder dieses Jubiläum, 1940 sogar 33. 1944 feierten darüber hinaus vier Mitarbeiter die 50jährige Betriebszugehörigkeit[129].

Laut Betriebsordnung hatte jeder Mitarbeiter zur Erhaltung der Arbeitskraft Anspruch auf bezahlten Urlaub. Die Festsetzung des Urlaubs wurde den Erfordernissen des Unternehmens angepaßt[130]. Die Urlaubsdauer war bei den Lohnempfängern nach Betriebszugehörigkeit gestaffelt. So erhielt ein Arbeiter nach sechsmonatiger bis dreijähriger Betriebszugehörigkeit jährlich sechs Werktage Urlaub, nach 15 Jahren 13 Werktage und nach 30 Jahren 18 Werktage. Darüber hinaus bestanden weitere Differenzierungen der Urlaubsdauer nach Zugehörigkeit zu einer Lohngruppe und nach Dauer der Berufsausübung[131]. Lediglich für die Jahre 1933 und 1934 werden auch Angaben über ausbezahlte Urlaubsgelder gemacht. So erhielt die Belegschaft 1933 insgesamt 380.000 RM Urlaubsgeld, 1934 715.000 RM[132].

Relativ hohe Summen investierte die Daimler-Benz AG in Lehrlingsausbildung und Umschulungsmaßnahmen (vgl. Tabelle 45). Die Lehrlingsausbildung bei Daimler-Benz erfolgte in Lehrlingswerkstätten und durch Betriebspraktika. Nach achtwöchiger Probezeit wurde der Lehrling zur Ausbildung übernommen und erhielt eine entsprechende Vergütung. Die Lehrlingsausbilder wurden in Schulungslagern der DAF geschult.

Auszeichnungen einzelner Werke für vorbildhafte Lehrlingsausbildung sind in den Geschäftsberichten der Daimler-Benz AG erwähnt. Besonders stolz war man bei Daimler-Benz aber auf die lange Tradition der planmäßigen Lehrlingsausbildung. Bereits 1941 feierte die Lehrlingswerkstatt des Werkes Untertürkheim ihr 25jähriges Bestehen.[133]

Auf ein ‚gutes Verhältnis‘ zur Arbeiterschaft legte die Geschäftsleitung großen Wert. Vielleicht trug das gute Klima auch mit dazu bei, daß die Produktionsreduzierung durch Arbeitszeitverkürzung Mitte der dreißiger Jahre ohne Zwischenfälle verlief[134]. Auch bei den Bayerischen Motorenwerken konnten Arbeiter wegen fehlender Aufträge nicht weiterbeschäftigt werden, aber hier ist es offenbar zu vorübergehenden Entlassungen gekommen, die schließlich aber wieder aufgehoben wurden[135].

128 Ebenda, § 26.
129 GB 1935, S. 5; GB 1936, S. 7; GB 1937, S. 6; GB 1938, S. 7; GB 1939, S. 11; GB 1940, S. 8; GB 1941, S. 4; GB 1942, S. 10; GB 1944, S. 15.
130 DBAG 98 Betriebsordnung vom 14.5.1937 § 23.
131 Ebenda, Anlage 3.
132 GB 1935, S. 5. Hieraus geht ebenfalls hervor, daß die Daimler-Benz AG auch den Urlaub übertariflich gewährte.
133 GB 1935, S. 4; GB 1936, S. 7; GB 1937, S. 6; GB 1941, S. 4.
134 Protokoll der Aufsichtsratssitzung vom 1.12.1937.
135 Mönnich, Schallmauer, S. 197.

Insgesamt gesehen scheint die Daimler-Benz AG sich ihrer Verantwortung den Arbeitnehmern gegenüber bewußt gewesen zu sein, wenn auch von Zwischenfällen berichtet wird. Die Benz-Zeitung aus dem Jahr 1935, eine im Werk Mannheim illegal verteilte Flugschrift, schildert die Verzweiflungstat eines Belegschaftsmitgliedes. Der Arbeiter habe einen geringfügigen Schaden an einem Neuwagen verursacht. Die Beschuldigungen und Beschimpfungen des Betriebsleiters, der den Spitznamen ‚Höllen-Müller' trug, hätten den Arbeiter in den Selbstmord getrieben[136].

Tabelle 45: Aufwendungen der Daimler-Benz AG für Nachwuchsbildung und Umschulung

Jahr	Betrag (RM)	Anzahl der Lehrlinge
1935	450.000	ca. 1.000
1936	474.000	ca. 1.560
1937	812.000	1.756
1938	ca. 1.000.000	ca. 2.000
1939		ca. 2.000
1940		ca. 2.000
1944	2.211.000[a]	1.836[b]

Quelle: GB 1935, S. 4; GB 1936, S. 7; GB 1937, S. 6; GB 1938, S. 8; GB 1939, S. 10; GB 1940, S. 8; GB 1944, S. 14f.
  a) Der Anstieg dieser Summe ist wahrscheinlich auf die verstärkte Umschulung und das Anlernen von Zwangsarbeitern zurückzuführen.
  b) 1666 gewerbliche und 170 kaufmännische Lehrlinge

136 Salm, Schatten, S. 112.

7. SOZIALLEISTUNGEN

Gesetzliche und freiwillige Sozialleistungen gehörten, neben der Zahlung von Löhnen und Gehältern, zu den Leistungen der Daimler-Benz AG an ihre Belegschaft.

7.1. GESETZLICHE SOZIALLEISTUNGEN

Der Umfang der gesetzlichen Sozialleistungen stieg, bedingt durch den Ausbau der Belegschaft, mit Ausnahme des Kriegsjahres 1940, bis 1944 kontinuierlich an:

Tabelle 46: Die zahlenmäßige Entwicklung der gesetzlichen Sozialleistungen bei der Daimler-Benz AG 1932 – 1945

Jahr	Betrag (RM)
1932	1.432.089
1933	2.204.650
1934	3.764.502
1935	4.928.309
1936	6.021.957
1937	6.779.099
1938	7.462.597
1939	7.847.986
1940	7.453.084
1943	13.371.000
1944	8.669.793
1945	3.606.788

Quelle: GB 1932, S. 14; GB 1933, S. 28; GB 1934, S. 9 u. 16; GB 1935, S. 7 u. 14; GB 1936, S. 10 u. 18; GB 1937, S. 10 u. 18; 1938, S. 13 u. 20; GB 1939, S. 14 u. 22; GB 1940, S. 12 u. 20; GB 1943, S. 8; GB 1944, S. 15 u. 24; GB 1945 – 47, o.S.

Diese Entwicklung verlief parallel zur Vergrößerung der Mitarbeiterzahl, da bedeutendere gesetzliche Änderungen der Beitragssätze zur Kranken-, Unfall-, Renten- und Arbeitslosenversicherung in dieser Zeit nicht zu verzeichnen waren.

7.2. FREIWILLIGE SOZIALLEISTUNGEN

Für das Jahr 1938 weist die Gewinn- und Verlustrechnung des Geschäftsberichts für ‚freiwillige soziale Leistungen und Spenden' 4.639.827 RM aus. Darüber hinaus wurden weitere 4.498.000 RM zur Verfügung gestellt, so daß insgesamt 9.138.000 RM ausgezahlt wurden, mehr als die gesetzlichen Sozialleistungen[1].

Tabelle 47: Die zahlenmäßige Entwicklung der freiwilligen Sozialleistungen bei der Daimler-Benz AG 1932−1945

Jahr	Betrag (RM)
1932	495.821
1933	459.333
1934	1.100.170
1935	1.429.038
1936	1.950.838
1937	2.784.722
1938	9.138.000[a]
1939	12.090.000[b]
1940	13.050.000[c]
1943	20.781.000[d]
1944	11.406.151[e]
1945	3.575.128

Quelle: GB 1932, S. 14; GB 1933, S. 28; GB 1934, S. 16; GB 1935, S. 14; GB 1936, S. 18; GB 1937, S. 18; 1938, S. 10 u. 20; GB 1939, S. 11 u. 22; GB 1940, S. 10 u. 20; GB 1943 S. 8; GB 1944, S. 24; GB 1945−47, o.S.

a) Dieser Betrag setzt sich zusammen aus den über Anlagevermögen verbuchten und unter Löhne und Gehälter aufgeführten freiwilligen Aufwendungen in Höhe von 3.730.000 RM, den ‚Freiwilligen sozialen Leistungen und Spenden' in Höhe von 4.640.000 RM und den Zahlungen aus dem Unterstützungsfonds in Höhe von 768.000 RM.

b) Dieser Betrag setzt sich zusammen aus den über Anlagevermögen verbuchten und unter Löhne und Gehälter aufgeführten freiwilligen Aufwendungen in Höhe von 5.570.000 RM, den ‚Freiwilligen sozialen Leistungen und Spenden' in Höhe von 5.487.000 RM und den Zahlungen aus dem Unterstützungsfonds in Höhe von 1.038.000 RM.

c) Gesamtaufwand aller freiwilligen sozialen Leistungen.

d) In diesem Betrag sind Zuwendungen an Angehörige von Kriegsdienstleistenden in Höhe von 4.040.000 RM enthalten.

d) In diesem Betrag sind auch die Zahlungen enthalten, die in früheren Jahren dem Unterstützungsfonds entnommen wurden.

---

1 GB 1938, S. 10 und 20.

Die freiwilligen Zahlungen des Jahres 1944 in Höhe von 20.303.000 RM setzten sich
u.a. zusammen aus:

— Zuwendungen an Angehörige Einberufener	5.184.000 RM
— 1. Mai- und Weihnachtsgratifikationen	2.116.000 RM
— Laufende und einmalige Beihilfen	1.320.000 RM
— Unfallschutzmaßnahmen, Prämienzahlungen, Jubiläen	1.777.000 RM
— Luftschutzmaßnahmen	4.684.000 RM

u.v.m.[2]

Insgesamt läßt sich bei den freiwilligen Sozialleistungen der Trend zum kontinuierlichen Ausbau feststellen.

7.2.1. Unterstützungsfonds

Der Unterstützungsfonds wurde 1935 von der Geschäftsleitung eingerichtet und
jährlich aus dem Geschäftsüberschuß aufgestockt, um in Not geratenen Belegschaftsmitgliedern zu helfen[3]. Bedürftigen wurde entweder eine einmalige Beihilfe gewährt
oder für einen begrenzten Zeitraum Geld zur Verfügung gestellt. Zum Teil erhielten
auch Mitarbeiter, die aufgrund ihres vorgerückten Alters oder infolge einer Krankheit
aus dem Arbeitsprozeß ausscheiden mußten, laufend Beiträge aus dem Fonds. Außerdem bekamen diese Mitarbeiter auch aus dem ‚laufenden Geschäftsergebnis‘ und aus
Sonderrückstellungen Mittel[4].

Bis zur vorübergehenden Einstellung der Einzahlungen in den Fonds 1944 stellte die
Daimler-Benz AG insgesamt 13 Millionen RM zur Verfügung, von denen ca. 6,1 Millionen verteilt wurden:

---

2 GB 1944, S. 15.
3 GB 1935, S. 5; Kissel XIV,51 Kissel an Schulz (29.3.1938).
4 Kissel XIV,62 Kissel an Wirtschaftskammer Württemberg und Hohenzollern (16.5.1942).
   Neben dem Unterstützungsfonds und den Zahlungen aus dem ‚laufenden Geschäftsergebnis‘ gab es im Werk Mannheim für bedürftige Betriebsangehörige eine „Betriebsgemein-
   schaftskasse“, in die jeder Werksangehörige freiwillig für eventuelle Notfälle einzahlen
   konnte. 1938 stand zur Diskussion, gleiche Einrichtungen auch in den anderen Daimler-
   Benz Werken zu gründen. Da die DAF ebenso wie Kissel diesem Vorhaben ablehnend ge-
   genüberstanden, wurde in den anderen Daimler-Benz Werken eine solche Kasse nicht eingerichtet. Vgl. dazu: Kissel XIV,51 Kissel an Schulz (29.3.1938) und Kissel XIII,2 DAF an
   DBAG (11.5.1938).

Tabelle 48: Einzahlungen und Auszahlungen des Unterstützungsfonds der Daimler-Benz AG
1933−1945

Jahr	Einzahlungen (RM)	Auszahlungen (RM)
1935	1.500.000	−
1936	1.500.000	365.781
1937	2.000.000	530.844
1938	2.000.000	768.221
1939	1.000.000	785.233[a]
1940	1.000.000	663.815[b]
1941	1.000.000	775.876
1942	1.500.000	898.057
1943	1.500.000	1.317.962
	13.000.000	6.105.789

Quelle: GB 1935, S. 5; GB 1936, S. 15; GB 1937, S. 15; GB 1938, S. 17; GB 1939, S. 19; GB
1940, S. 17; GB 1941, S. 7; GB 1942, o.S.; GB 1943, S. 11.
  a) Einschließlich der Altersbeihilfe wurden 1.038.532 RM gezahlt, vgl. GB 1939, S. 11
     u. 14.
  b) Einschließlich der Altersbeihilfe wurden 898.654 RM gezahlt, vgl. GB 1940, S. 9 u
     12.

7.2.2. Betriebliche Renten- und Pensionszahlungen

Nach langjähriger Betriebszugehörigkeit zahlte die Daimler-Benz AG an ehemalige
Lohn- und Gehaltsempfänger eine monatliche Zusatzrente entweder aus dem Unterstützungsfonds, aus dem ‚laufenden Geschäftsergebnis' oder aus Sonderrückstellungen. 1942 z.B. erhielten Lohnempfänger monatlich nach[5]

20jähriger Betriebszugehörigkeit	RM 20,−
21jähriger Betriebszugehörigkeit	RM 21,−
22jähriger Betriebszugehörigkeit	RM 22,−
23jähriger Betriebszugehörigkeit	RM 23,−
24jähriger Betriebszugehörigkeit	RM 24,−
25−30jähriger Betriebszugehörigkeit	RM 25,−
30−35jähriger Betriebszugehörigkeit	RM 30,−
35−40jähriger Betriebszugehörigkeit	RM 35,−
40jähriger Betriebszugehörigkeit	RM 40,−

Im Todesfall erhielten auch die Witwen weiterhin eine Zusatzrente und zwar zwischen 10,− RM bei 20jähriger Betriebszugehörigkeit des Verstorbenen und 25,− RM
bei mehr als 40jähriger Zugehörigkeit. Bei den Gehaltsempfängern richtete sich die
Zusatzrente ebenfalls gestaffelt nach der Dauer der Betriebszugehörigkeit und der Hö-

5 Kissel XIV,62 Kissel an Wirtschaftskammer Württemberg und Hohenzollern (16.5.1942).

he der Bezüge. Gezahlt wurden in der Regel „für die ersten 10 Jahre 25 % und für jedes darauf folgende Jahr zusätzlich 1 1/2 % aus 75 % des zuletzt bezogenen Gehaltes"[6]. Die Geschäftsleitung betonte ausdrücklich, daß diese Zusatzrente auf freiwilliger Basis gezahlt werde und jederzeit widerrufbar sei[7].

Eine betriebliche Altersversorgung erhielten auch Mitglieder der Geschäftsleitung. 1934 wurden erstmalig Pensionsverträge für Vorstandsmitglieder in Erwägung gezogen und Informationen dazu von anderen Firmen eingeholt. In mehreren Schreiben an Robert Gerling konkretisierte Dr. Kissel die Pläne der Geschäftsführung[8]. 1936 genehmigte der Aufsichtsrat Pensionszusagen an Vorstandsmitglieder und Pensionsrückstellungen für verdiente leitende Mitarbeiter, die damals ‚Oberbeamte' genannt wurden. Nach 1937 waren die Vorstandsmitglieder weniger an der Aufstockung ihrer ‚mäßigen' Bezüge interessiert, sondern mehr an Pensionszusagen, für die in diesem Jahr 1,5 Millionen RM zurückgelegt wurden[9]. Darüber hinaus schloß das Unternehmen Pensionsversicherungen für seine Vorstandsangehörigen ab, die 1942 je Mitglied 180.000 RM abdeckten und im Todesfall dem Unternehmen zurückgezahlt wurden[10]. Zusätzlich bestand für jedes Vorstandsmitglied eine Unfallversicherung, die im Todesfall den Hinterbliebenen 150.000 RM auszahlte, im Invaliditätsfall dem Betroffenen 300.000 RM und im Krankheitsfall je Tag 100 RM Tagegeld zusicherte[11].

7.2.3. Wohnungsbau

Offenbar hat die Daimler-Benz AG den planmäßigen Wohnungs- und Siedlungsausbau für die Belegschaft nur in geringem Umfang betrieben. Einerseits geht aus dem Geschäftsbericht 1937 hervor, daß das Unternehmen Zuschüsse und Darlehen für den Eigenheimbau vergeben hat, andererseits finden sich bis Ende der dreißiger Jahre mehrere Schreiben der Geschäftsleitung, in denen sie sich von einer Förderung des Wohnungsbaus distanziert.

1935 lehnte es die Zentralverwaltung der Daimler-Benz AG ab, sich am Bau von Wohnungen für Belegschaftsmitglieder zu beteiligen, da die finanziellen Mittel der

---

6 Ebenda. Die Witwen der Angestellten erhielten 50 % der letztgezahlten Zusatzrente.
7 Ebenda. Vgl. dazu auch: Kissel XIII,1 Hoppe/Tritschler an Wolff (14.2.1938).
8 Vgl. Dokumente 80 und 81.
9 Ebenda und Protokolle der Aufsichtsratssitzungen vom 8.10.1936 und 9.4.1937. Es liegen keine Angaben vor, wann die ersten Pensionsverträge konkret abgeschlossen wurden. Sicher ist lediglich, daß sie im Jahre 1940 bestanden, vgl. Kissel XIV,11 Kissel an Wörner (23.11.1940).
10 Kissel XIV,29 Haspel an Rummel (15.12.1942).
11 Ebenda, Haspel an Rummel (16.3.1943) und Rummel an Haspel (24.3.1943).

Aktiengesellschaft anderweitig gebunden seien[12]. Auch 1937 wurden entsprechende Anfragen des Oberbürgermeisters der Stadt Stuttgart, Strölin, sowie der gemeinnützigen Wohnungsbaugesellschaft Gartenstadt ,Luginsland' abschlägig beschieden. Die Wohnungsbaugesellschaft warf Daimler-Benz vor, in bezug auf Wohnungsversorgung bisher nichts getan zu haben[13].

Ein Jahr später dann bewilligte der Vorstand 90.000 RM als einen einmaligen Zuschuß für Siedlungshäuser in Gaggenau. Jakob Werlin hatte, wahrscheinlich bei Albert Speer, in Erfahrung gebracht, daß eine Beteiligung der Daimler-Benz AG gewünscht werde[14].

Im Februar 1939 wurde nach anfänglicher Ablehnung für Arbeiterwohnstätten des Werkes 40 (Berlin-Marienfelde) ein rückzahlbarer Zuschuß von 32.000 RM zugeteilt[15].

Lehnte die Zentrale in Untertürkheim die Förderung von Bauvorhaben größeren Stils ab, so bemühte sich die Daimler-Benz Motoren GmbH in Genshagen mit großem Einsatz um die Schaffung von Wohnraum für Mitarbeiter. Ein Beispiel, die Siedlung Ludwigsfelde, sei angeführt: Im Mai 1936 wurde erstmalig von den Bauplänen der Daimler-Benz Motoren GmbH zur Anlage von etwa 400 Siedlungswohnungen auf einem Baugelände nördlich der Chaussee von Ludwigsfelde nach Siethen berichtet. Eine Siedlungsanlage in unmittelbarer Nähe des Werksgeländes Genshagen wurde damals bereits aus Luftschutzgründen abgelehnt[16]. Bauträger war die ,,Brandenburgische Heimstätte'', die 330 Einzelhäuser, 60 Doppelhäuser und 40 Angestelltenhäuser erstellen sollte[17].

Obwohl bereits im Frühsommer 1936 das Baugelände ausgewählt wurde, hat sich der Bau noch längere Zeit verzögert[18]. Anfang 1937 waren dann wahrscheinlich alle Hemmnisse für den Baubeginn beseitigt, und seit Herbst 1937 bewohnten 170 Familien die Siedlung, die noch nicht an das Stromnetz angeschlossen war[19]. Bis zum 1.

12 Vgl. z.B.: Kissel XIII,1 Jäkle an Kissel (18.11.1935) und Kissel an Jäkle (21.11.1935). Diese Argumente wurden auch noch 1939 angeführt, vgl. Kissel XIII,1 Kissel an Werner (6.1.1939).

13 Kissel XIII,1 Kissel an OB Stuttgart (15.3.1937) und Kissel/Hoppe an gemeinnützige Wohnungsbaugesellschaft ,Luginsland' (11.12.1937).

14 Kissel XIII,1 Kissel an von Jungenfeld (17.3.1938); Protokoll der Vorstandssitzung vom 7./8.2.1938. Vgl. auch: Kissel XIV,56 Bürgermeister von Gaggenau an Kissel (25.1.1940). Der Bürgermeister bittet um Teilanweisung von 18.000 RM für dieses Bauprojekt.

15 Kissel XIII,1 Kissel an von Hentig (2.2.1939); Protokoll der Vorstandssitzung vom 10.2.1939.

16 BAMA, RL3/1500 Aktennotiz betr.: Besprechung über die Anlage von 400 Siedlungswohnungen (28.5.1936).

17 BAMA, RL3/924 Wohnungs- und Siedlungsbau für DB-Motoren GmbH in Ludwigsfelde, Bauprogramm 1936.

18 BAMA, RL3/1500 Aktennotiz betr.: Besprechung über die Anlage von 400 Siedlungswohnungen (28.5.1936).

19 Ebenda, Märkische Elektrizitäts-Werke an Baupolizei Kreis Teltow (11.3.1938).

Juli 1940 wurden weitere 60 Wohnungen bezugsfertig; es wohnten bereits 2460 Personen in 342 Wohnungen[20].

7.2.4. Sonstige Sozialleistungen

Aus dem Unterstützungsfonds wurden, wie bereits erwähnt, Beihilfen an in Not geratene Belegschaftmitglieder gezahlt, ebenso an alte und invalide Mitarbeiter. Weiterhin wurden Unterstützungen[21] gewährt anläßlich Geburten und Todesfällen, für Teilnehmer an Wehrmachtsübungen bzw. ab 1939 an die Angehörigen von Kriegsteilnehmern, sofern diese nicht der Militärdienstpflicht unterlagen[22]. In den ersten Kriegsmonaten wurden durchschnittlich 260.000 RM an die Angehörigen der Soldaten gezahlt, bis Ende 1939 war es bereits 1 Million RM[23]. Die Unterstützungssätze richteten sich nach dem letzten Einkommen und betrugen z.B. bei einem unverheirateten Arbeiter mit einem Monatseinkommen von unter 250,– RM monatlich 25,– RM[24].

1941 wurden die Zahlungen für diejenigen gekürzt, die Kriegssold erhielten. Einem ledigen Soldaten, der monatlich zwischen 65,– und 80,– RM Sold erhielt, wurden von den 25,– RM Werksbeihilfe 10,– RM abgezogen. Die verbleibenden 15,– RM wurden seinem Personalkonto gutgeschrieben und sollten ihm bei seiner Rückkehr ausgezahlt werden[25].

Zu besonderen Anlässen, wie Firmenjubiläen, 1. Mai-Feiern und Weihnachten, wurden Sonderzuwendungen gezahlt[26] (vgl. Tabelle 49).

Der einzelne Mitarbeiter des Unternehmens erhielt 1935 15,– RM Weihnachtsgeld, 1937 20,– RM, für seine Ehefrau weitere 5,– RM sowie für jedes Kind 3,– RM. Bei einer Firmenzugehörigkeit von mehr als 25 Jahren erhöhte sich der Betrag um weitere 10,– RM. Diese Regelung wurde im wesentlichen auch 1938 und 1939 beibehalten[27].

20 BAMA, RL3/902 Geschäftsbericht 1939 der Daimler-Benz Motoren GmbH Genshagen.
21 Ob diese Unterstützungen dem Unterstützungsfonds oder dem ,laufenden Geschäftsergebnis' entnommen wurden, ist offen.
22 GB 1935, S. 5; GB 1936, S. 8; GB 1937, S. 7.
23 GB 1939, S. 11.
24 Vgl. dazu Dokument 82.
25 Hoppe 14,58 (Abschrift eines Beschlusses aus der Vorstandssitzung vom 7.4.1941, ohne Datum).
26 GB 1935, S. 5; GB 1936, S. 8.
27 Protokolle der Präsidialsitzungen vom 13.12.1935, 30.11.1937 und 2.12.1938. Im letztgenannten Jahr wurden je Kind 5,– RM gezahlt; GB 1939, S. 11: Die Beträge von 1938 wurden übernommen, lediglich die Summen für den Kinderzuschlag fehlen, was aber nicht bedeutet, daß diese Beträge gestrichen worden sind.

Tabelle 49: Gratifikationszahlungen an die Belegschaft der Daimler-Benz AG 1936—1944 (RM)

Jahr	Weihnachtsgeld	Weihnachtsgeld und 1. Mai Gratifikation
1936	k.A.	65.000[a)
1937	ca. 1.000.000	k.A.
1938	ca. 1.100.000	2.300.000[b)
1939	k.A.	1.600.000
1940	k.A.	1.730.000
1944	k.A.	2.116.000

Quelle: Protokolle der Präsidialsitzungen vom 30.11.1937 und 2.12.1938; GB 1938, S. 9; GB 1939, S. 11; GB 1940, S. 9; GB 1944, S. 15.
    a) Ebenda, Protokoll der Präsidialsitzung vom 23.4.1936. Der Betrag teilt sich auf in 30.000 RM für 1000 KdF-Freifahrkarten à 30,— RM und 35.000 RM für die Herstellung von Anstecknadeln für Betriebsjubilare.
    b) In diesem Betrag sind auch die Aufwendungen für Kameradschaftsfeiern enthalten.

Besonderen Wert legte die Daimler-Benz Geschäftsleitung auf den Ausbau von Speiseräumen, Kantinen, Kücheneinrichtungen und sanitären Anlagen sowie auf die Verbesserungen der Arbeitsstätten[28].

Tabelle 50: Aufwendungen der Daimler-Benz AG für den Ausbau von Arbeitsstätten und Gemeinschaftseinrichtungen

Jahr	Betrag (RM)
1934	} 1.000.000
1935	
1937	ca. 1.000.000
1938	1.650.000[a)
1944	1.677.000

Quelle: GB 1935, S. 5; GB 1937, S. 7; GB 1938, S. 9; GB 1944, S. 15.
    a) Einschließlich Rundfunkanlagen.

Verstärkte Aufmerksamkeit wurde der Gesunderhaltung der Belegschaft gewidmet. Die Möglichkeit von Sonderurlaub[29], die Förderung von Betriebssportveranstaltungen[30], gemeinsames Essen[31], Reihen-Röntgenuntersuchungen[32] sowie die Teilnahme

28 GB 1935, S. 5; GB 1936, S. 7.
29 GB 1938, S. 9.
30 GB 1937, S. 7; GB 1938, S. 8; GB 1939, S. 10; GB 1940, S. 10.
31 GB 1938, S. 9; GB 1940, S. 10.
32 GB 1940, S. 10.

an ,Kraft durch Freude-Fahrten' sollten der Gesundheitsförderung dienen. 1937 durften 1300, 1938 und 1939 je 1400 Personen bei einer KdF-Urlaubsfahrt mitfahren[33].

Des weiteren wurden Unfallverhütungsmaßnahmen durchgeführt[34], zusätzliche Unfallversicherungen für besonders gefährdete Arbeiter abgeschlossen[35], ebenso für die Daimler-Benz-Rennmannschaft[36].

Neben den geldlichen Zuwendungen versuchte die Daimler-Benz AG, die auftretenden Versorgungsschwierigkeiten gegen Kriegsende zu mildern, indem sie im Werk Untertürkheim eine ,Großmarketenderei', eine ,Schnellbesohlanstalt' und einen Friseurladen einrichtete, die von Hauptdienstleiter Saur überschwenglich gelobt wurden[37].

Für die kulturelle Betreuung der Belegschaft gab es Werksbüchereien, die mit der Zeit über mehr als 30.000 Bände verfügten, sowie Karten für Konzerte, Theateraufführungen u.ä. Veranstaltungen im Unternehmen[38].

Viele dieser sozialen Maßnahmen waren eng verbunden mit dem ,Leistungskampf der Betriebe', einem von der DAF ausgeschriebenem Wettbewerb, bei dem alljährlich diverse Titel und Auszeichnungen, wie z.B. ,die goldene Fahne' oder das ,Gaudiplom für hervorragende Leistungen' verliehen wurden. Besondere Berücksichtigung bei der Bewertung eines ,NS-Musterbetriebes' fanden der Sozialetat des Unternehmens und soziale Maßnahmen, wie z.B. Verbesserungen am Arbeitsplatz, der Ausbau betrieblicher Einrichtungen und der Werkswohnungsbau[39].

---

33 GB 1937, S. 7. In diesem Jahr erhielten 31 Mitarbeiter für ,,treue Gefolgschaft'' die Möglichkeit, nach Madeira zu fahren. GB 1938, S. 9; GB 1939, S. 10.
34 GB 1936, S. 7; GB 1937, S. 7; GB 1938, S. 9; GB 1939, S. 10; GB 1940, S. 9.
35 GB 1937, S. 7; GB 1938, S. 9.
36 Protokoll der Präsidialsitzung vom 28.7.1937.
37 BA R3/1678, S. 18.
38 GB 1936, S. 7; GB 1937, S. 7; GB 1938, S. 8f.; GB 1939, S. 10; GB 1940, S. 9f.
39 Dräger, Betriebliche Sozialpolitik, S. 62; vgl. auch: Protokoll der Vorstandssitzung vom 28.5.1941.

SCHLUSSBETRACHTUNG

Die Daimler-Benz AG, nach der Adam Opel AG und der Auto-Union AG 1933 der drittgrößte Automobilproduzent in Deutschland, hatte wie alle deutschen Automobil- und Motorenfirmen Vorteile von Hitlers Verkehrs- und Aufrüstungspolitik. Infolge der nationalsozialistischen Motorisierungspläne stieg die Personen- und Nutzkraftwagenproduktion sowie besonders der Großmotorenbau bei Daimler-Benz an. Andererseits mußte das Unternehmen auch viele Nachteile in Kauf nehmen, etwa hinsichtlich der Anlage von Produktionsstätten, der Ausrichtung der Produktion, der Gestaltung und Entwicklung der Produktpalette, der rigiden Beschränkung des Exports und der Einflußnahmen auf die Personalpolitik des Unternehmens.

Die Geschäftsführung des Unternehmens, die vor der Machtergreifung am 30. Januar 1933 der nationalsozialistischen Bewegung relativ indifferent gegenüber gestanden hatte, sah eine Möglichkeit, den Aufschwung für das eigene Unternehmen zu nutzen. Die meisten Vorstandsmitglieder traten in die NSDAP und andere Parteiorganisationen ein. Welche Motive zu diesem Schritt führten, ist schwer zu sagen, sicher spielte bei einigen persönliche Überzeugung eine Rolle, bei anderen war es nur ein Mitläufertum. Den meisten wird aber deutlich gewesen sein, daß berufliches und unternehmerisches Fortkommen mit dem Parteieintritt erleichtert wurde und daß Parteikontakte für das Unternehmen unerläßlich und nützlich waren.

Direkten Kontakt zu Hitler unterhielt Jakob Werlin, der 1933 in den Vorstand des Unternehmens berufen wurde. Werlin hatte Hitler 1923 bei einem Wagenkauf kennengelernt und avancierte im Laufe der Zeit zu Hitlers persönlichem Berater in Automobilfragen.

Der Vorstandsvorsitzende der Daimler-Benz AG, Dr. Wilhelm Kissel, wurde NSDAP-, NSKK- und SS-Mitglied. Nach seinem Tode 1942 übernahm Dr. Wilhelm Haspel den Vorstandsvorsitz, ein in den Augen der Parteiführung unwürdiger Nachfolger. Denn Haspel war mit einer ‚Halbjüdin' verheiratet und weder Parteimitglied noch Sympathisant. Allein seinen fachlichen Qualifikationen verdankte es Haspel, daß die Parteispitze seiner Ernennung zum Vorstandsvorsitzenden zustimmte. Diese Vorstandsbesetzung im Jahre 1942 ist größtenteils Werlins guten Beziehungen zu Hitler zu verdanken. Haspels Nichteinweisung in das Konzentrationslager Wolfenbüttel ist ebenfalls auf Werlins Einsatz zurückzuführen. Wie wichtig die Daimler-Benz AG und ihre Repräsentanten Haspel und der Leiter des Werkes Mannheim, Werner, für die Nationalsozialisten waren, zeigt ein Führererlaß aus dem Jahr 1944, der beide wegen ihrer ‚jüdischen Versippung' unter besonderen Schutz stellte.

Eine nach dem Tode des Aufsichtsratsvorsitzenden von Stauß 1942 notwendig gewordene Aufsichtsratsumbesetzung erfolgte nur teilweise entsprechend dem Wunsche der politischen Führung. Offenbar konnte sich die Daimler-Benz AG solche Abweichungen leisten, da sie ein wichtiger Rüstungslieferant war.

Stand unmittelbar nach 1933 noch die Personen- und Nutzkraftwagenproduktion im Vordergrund, so förderten bereits seit 1934 staatliche Stellen den Großmotorenbau, besonders für Flugzeuge und Schiffe. Auch die Panzerentwicklung im Daimler-Benz Werk Berlin-Marienfelde wurde vorangetrieben. Für diese militärischen Interessen wurden bestehende Produktionskapazitäten reaktiviert, wie z.B. in Mannheim und Berlin-Marienfelde, ausgebaut, wie z.B. in Untertürkheim, oder neu eingerichtet, wie z.b. das Flugmotorenwerk in Genshagen und die Flugzeugteileproduktion in Kolmar und Reichshof.

Bis 1938 waren die Automobilfirmen in der Wahl ihrer Produktionstypen weitgehend unabhängig. Verkaufsschlager der Daimler-Benz AG waren der 170 V und der Mercedes 230, seit 1936 auch der 2,6 Liter Diesel-Pkw. Die Produktion großer Luxuswagen verlor zunehmend an Bedeutung, da sie staatlicher Rohstoffzuteilung unterlag und nur noch in Ausnahmefällen genehmigt wurde.

1938 erließ der Generalbevollmächtigte für das Kraftfahrwesen, Oberst von Schell, Beschränkungen für die Automobilindustrie. Daimler-Benz war allerdings nicht sehr betroffen. Es durften fast alle Personenwagen weitergebaut werden. Lediglich im Lastwagensektor durften nur noch der 1,5-to, der 3-to und der 4,5-to, für den Export zusätzlich der 2-to gebaut werden. Mit Kriegsausbruch wurde dann auch bei Daimler-Benz die Personenwagenproduktion rigoros gekürzt.

Ein Aushängeschild des Hauses Daimler-Benz war von 1934 bis 1939 der Automobilrennsport. Die beiden deutschen Konkurrenten Auto-Union und Daimler-Benz vertraten Deutschland auf den internationalen Grand-Prix-Strecken und erreichten beachtliche Erfolge. Als Propagandaträgern wurden beiden Firmen staatliche Zuschüsse gezahlt.

Durch den Vierjahresplan und schließlich durch den Kriegsausbruch wurde die ‚kriegsunwichtige Produktion‘, wie z.B. der Personen- und Rennwagenbau eingestellt, dafür standen Lastwagenproduktion, Panzerentwicklung und -bau, Flugmotoren- und Marinemotorenbau im Vordergrund.

Der Aufschwung durch die Motorisierung nach 1933 und schließlich die Rüstungsproduktion spiegelte sich auch in der finanziellen Geschäftsentwicklung wider. Ab 1935 wurde wieder eine Dividende ausgeschüttet; die Rücklagen und die Aufwendungen für freiwillige Sozialleistungen stiegen. Der Umsatz erhöhte sich um ein Vielfaches.

Wenig Anteil an der Umsatzsteigerung hatte das Exportgeschäft. Der Personenwagenexport war sogar ein Verlustgeschäft, der Lastwagenexport soeben kostendeckend. Darüber hinaus wurden auch Flugmotoren und Flugmotorenlizenzen verkauft, aber die Verkaufsmöglichkeiten waren begrenzt und unterlagen staatlicher Kontrolle.

Da in der Automobilindustrie bereits Mitte der dreißiger Jahre Facharbeitermangel herrschte, versuchte die Daimler-Benz AG, das niedrige staatlich festgelegte Lohnniveau, durch betriebliche Sonder- und Sozialleistungen aufzustocken. Zum einen wurden übertarifliche Löhne und Gratifikationen gezahlt, zum anderen betriebliche Sozialeinrichtungen verbessert.

Die Belegschaft stieg kontinuierlich in Relation zum Produktionsausbau. Nach Kriegsausbruch wurden für zum Kriegsdienst eingezogene deutsche Arbeiter zunehmend Frauen, aber besonders Fremdarbeiter und schließlich auch Kriegsgefangene und Konzentrationslagerhäftlinge eingesetzt, da ohne sie die Produktion erheblich hätte eingeschränkt werden müssen, was auf Grund der Anforderungen von staatlicher Seite nicht ohne weiteres möglich war.

In den beiden letzten Kriegsjahren wurde die Produktion in den einzelnen Daimler-Benz-Werken immer stärker von alliierten Luftangriffen unterbrochen. Im April 1943 trafen Bomben das Werk Mannheim. Die Herstellung von Lastwagen und Dieselmotoren war kurzfristig unterbrochen, konnte aber wegen des geringen Schadens bald fortgesetzt werden. Im August des gleichen Jahres ist dann Berlin-Marienfelde, wo hauptsächlich Flugmotoren und gepanzerte Fahrzeuge hergestellt wurden, so schwer getroffen worden, daß einige Produktionsbereiche völlig zum Erliegen kamen. Relativ unbedeutenden Luftangriffen auf das Untertürkheimer Werk Ende 1943/Anfang 1944 folgte im September 1944 ein Bombenangriff der alliierten Luftverbände, der schwere Schäden hinterließ und die Produktion stark einschränkte. Das Werk mit dem höchsten Zerstörungsgrad war Sindelfingen. Außer der Presserei war bei Kriegsende keine überdachte Fertigungshalle mehr vorhanden. Das Werk Mannheim dagegen, das zwar von vielen Luftangriffen heimgesucht wurde, erlitt weniger Schaden und war nur zu etwa einem Drittel zerstört.

Das Zusammentreffen von revolutionärem und traditionellem Gedankengut war charakteristisch für die nationalsozialistische Diktatur. So wäre die Utopie vom ‚großräumigen Agrarstaat' nur mit Hilfe eines Krieges, der mit modernen Techniken geführt werden mußte, zu verwirklichen gewesen. Bei diesen Überlegungen der Machthaber spielte die Automobilindustrie eine wichtige Rolle durch die Motorisierung der breiten Bevölkerung, die vor allem unter wehrpolitischen Aspekten erfolgte, und durch das Kriegsproduktionsprogramm mit seiner rigorosen Typenbeschränkung. Die Widersprüchlichkeit von Hitlers Vorstellungen wird besonders beim Volkswagenprojekt deutlich, das zur Durchführung seiner Expansionspolitik nicht notwendig und nur eine propagandistische Maßnahme war.

Beim Volkswagen blieb es im wesentlichen bei der Projektierung, während die etablierten Automobilproduzenten, wie Daimler-Benz, in die nationalsozialistischen Pläne unmittelbar einbezogen werden konnten. Die Automobilindustrie, auch die Daimler-Benz AG, nahm wie andere Branchen die Möglichkeit, die ihr durch die wirtschaftspolitischen Maßnahmen des Diktators und seines Apparates geboten wurden, wahr und baute dementsprechend Produktionsstätten und -programme aus.

Den wenigsten Verantwortlichen wird Hitlers Zielutopie bewußt gewesen sein. Dies galt auch für die meisten Vorstandsmitglieder der Daimler-Benz AG, die in ihren unternehmerischen Entscheidungen die allgemeinen wirtschaftspolitischen Strömungen und Vorschriften, das Wohl des Unternehmens und seiner Mitarbeiter, aber auch die persönliche Sicherheit der leitenden Manager berücksichtigen mußten.

Insofern ist auch die Geschichte der Daimler-Benz AG von 1933 bis 1945 ein Beispiel dafür, daß der ‚Primat der Politik' über den wirtschaftlichen Interessen stand
und nicht die Wirtschaft die Politik Hitlers bestimmte, sondern ihr untergeordnet
war.

ABKÜRZUNGSVERZEICHNIS

Abt.	Abteilung
ADAC	Allgemeiner Deutscher Automobil Club
AG	Aktiengesellschaft
AGK	Ausfuhrgemeinschaft für Kriegsgerät
AK	Außenkommando
AvD	Automobilclub von Deutschland
BA	Bundesarchiv Koblenz
BAMA	Bundesarchiv-Militärarchiv Freiburg i. Br.
BDM	Bund Deutscher Mädel
BIOS	British Intelligence Objectives Sub-Committee
BF	Bayrische Flugzeugwerke
Bln.	Berlin
BMW	Bayerische Motorenwerke
BOF	Schiffsmotorentyp der DBAG
BuM	Bewaffnung und Munition
Cie.	Compagnie
CIOS	Combined Intelligence Objektives Sub-Committee
DAF	Deutsche Arbeitsfront
DAT	Deutsche Automobil-Treuhand GmbH
DB	Daimler-Benz
DBAG	Daimler-Benz Aktiengesellschaft
DDR	Deutsche Demokratische Republik
d.h.	das heißt
Dip. I./Dipl.-Ing.	Diplom-Ingenieur
d.J.	diesen Jahres
Dir.	Direktor
Dkw	Motorrad- und Auto-Marke („Das kleine Wunder")
d.M.	diesen Monats
DMG	Daimler-Motoren Gesellschaft
d. Mts.	diesen Monats
DNA	Deutscher Normenausschuß
Do	Dornier
Dr.	Doktor
ds. Js.	diesen Jahres
DVL	Deutsche Versuchsanstalt für Luftfahrt
DVP	Deutsche Volkspartei
DW	Dornier Werke
e.h.	ehrenhalber
Fa.	Firma
Famo	Fahrzeug- und Motoren GmbH, Breslau
F.d.R.	Für die Richtigkeit

F.d.R.d.A.	Für die Richtigkeit der Angaben
F.O.	Flugmotorenwerke Ostmark
F.O.W.	Flugmotorenwerke Ostmark
FS	Fernschreiben
g	Gramm
GB	Geschäftsbericht
GBK	Generalbevollmächtigter für das Kraftfahrwesen
Gep. Sf. für StuGesch	Gepanzerte Selbstfahrlafette für Sturmgeschütze
gez.	gezeichnet
GEZUVOR	Gesellschaft zur Vorbereitung des Volkswagens mbH
G.G.	Generalgouvernement
GL	Generalluftzeugmeister
G.m.b.H.	Gesellschaft mit beschränkter Haftung
gr.	Gramm
He	Heinkel
HJ	Hitlerjugend
HWO	Heinkel-Werke Oranienburg
HZ-Anlage	Höhenladerzentrale für Höhenflugzeuge
IfZ	Institut für Zeitgeschichte, München
IG	Interessengemeinschaft
Ing.	Ingenieur
IWM	Imperial War Museum
Ju	Junkers
k.A.	keine Angaben
KdF	Kraft durch Freude
kg	Kilogramm
K.G.a.A.	Kommandit-Gesellschaft auf Aktien
K.L.	Konzentrationslager
km	Kilometer
Komm. Nr.	Kommissions-Nummer
Kompr.	Kompressor
KV	Kameradschaftliche Vereinigung
K-Werk	Kriegs-Werk
KZ	Konzentrationslager
l	Liter
LaS	Landwirtschaftlicher Schlepper
Lkw	Lastkraftwagen
LOF	Luftschiffmotorentyp der DBAG
Ltd.	Limited
Ltr.	Liter
LW	Luther-Werke
m.	männlich
MAN	Maschinenfabrik Augsburg Nürnberg
MB	Schiffsmotorentyp der DBAG
m.Brf.	mit Brief
Me	Messerschmitt
m. E.	meines Erachtens

Mefo	Metallurgische Forschungsgesellschaft
Mill.	Million
Min.	Minute
mm	Millimeter
MTU	Motoren- und Turbinen-Union Friedrichshafen GmbH
NDL	Niederlassung(en)
NS-	Nationalsozialistisches-
NSAK	Nationalsozialistisches Automobil-Korps
NSDAP	Nationalsozialistische Deutsche Arbeiterpartei
NSFK	Nationalsozialistisches Flieger-Korps
NSKK	Nationalsozialistisches Kraftfahrkorps
N.S.V.	Nationalsozialistische Volkswohlfahrt
OB	Oberbürgermeister
OKH	Oberkommando des Heeres
OKM	Oberkommando der Marine
OM	Dieselmotortyp der DBAG
OT	Organisation Todt
Pg.	Parteigenosse
Pkw	Personenkraftwagen
Pomo	Pommersche Motorenwerke GmbH
PS	Pferdestärke
PTL	Propellerturbine
PzBefWg	Panzerbefehlswagen
PzKpfw/Pzkw	Panzerkampfwagen (Kampfpanzer)
rd.	rund
RdA/RDA	Reichsverband der Automobilindustrie e.V.
RFSS	Reichsführer SS
RLM	Reichsluftfahrtministerium
RM	Reichsmark
RMfRuK	Reichsministerium für Rüstung und Kriegsproduktion
R.St.G.B.	Reichsstrafgesetzbuch
RVA	Reichsverteidigungsausschuß
RWM	Reichswirtschaftsministerium
SA	Sturm-Abteilung
S.B.-Arbeit	Soziale Betriebsarbeit
S-Bootsmotorenfertigung	Schnellbootsmotorenfertigung
SL-Lager	Sicherungs-Lager
SPD	Sozialdemokratische Partei Deutschlands
SS	Schutzstaffel
StadtA	Stadtarchiv
Stalag	Stammlager der Kriegsgefangenen
Std.	Stunde(n)
TH	Technische Hochschule
to.	Tonner/Tonnen
U-Boot	Unterseeboot
U-Baracke	Unterkunftsbaracke

U.T.	Untertürkheim
VDMI	Verein Deutscher Motorfahrzeug-Industrieller
v.J.	vorigen Jahres
v.Js.	vorigen Jahres
v.M.	vorigen Monats
V	Versuchs(muster)
V-Motor	Motor mit V-förmig angeordneten Zylindern
v.Mts.	vorigen Monats
vor. Mts.	vorigen Monats
VW	Volkswagen
W.	Werk
w.	weiblich
WIGRUFA	Wirtschaftsgruppe Fahrzeugindustrie
x-Motor	Motor mit X-förmig angeordneten Zylindern
z.B.	zum Beispiel
ZF	Zahnradfabrik Friedrichshafen AG
z.T.	zum Teil
z.Zt.	zur Zeit
Zyl.	Zylinder

DOKUMENTENVERZEICHNIS

Die Dokumente erscheinen in der Reihenfolge, in der sie im Text erwähnt werden.

Dok. 1: Archiv der DBAG, Kissel XIV, 25a, Kissel an Konsul Dr. H. Guhl vom 15.12.1933 (Ausschnitt).

Dok. 2: BA, NS 19 neu/775, Erlaß des Führers über die Bestellung eines Generalinspektors des Führers für das Kraftfahrwesen vom 16. Januar 1942.

Dok. 3: BA NS 19 neu/776, Dickwach an von Stauß vom 20.8.1942.

Dok. 4: BA NS 19 neu/776, Berger an den Reichsführer-SS und Chef der Deutschen Reichspolizei vom 20.8.1942.

Dok. 5: BA NS 19 neu/776, Dickwach an Haspel vom 6.9.1942.

Dok. 6: BA NS 19 neu/776, Dickwach an Jäzosch vom 18.9.1942.

Dok. 7: BA NS 19 neu/776, Werlin an Reichsführer-SS Himmler vom 27.8.1942.

Dok. 8: BA NS 19 neu/776, ? an ‚Liebes Wölffchen' vom 27.8.1942.

Dok. 9: Archiv der DBAG, Werlin 8, Eidesstattliche Erklärung von Dr. Otto Hoppe (ohne Datum) (Ausschnitt).

Dok. 10: Archiv der DBAG, Kissel XIV,28, Werlin an Kissel vom 29.1.1936.

Dok. 11: Archiv der DBAG, Werlin 4,46, VD Bo/J. an Kissel vom 19.7.1932.

Dok. 12: Archiv der DBAG, Werlin 4,46, (Werlin?) an Kissel vom 1.12.1932.

Dok. 13: Archiv der DBAG, Werlin 4,46, Kissel an Werlin vom 2.12.1932.

Dok. 14: Archiv der DBAG, Kissel XIV,27, Kissel an Allmers vom 4.6.1937.

Dok. 15: Archiv der DBAG, Kissel XIV,27, Kissel an Löw vom 16.1.1934.

Dok. 16: Archiv der DBAG, Kissel XIV,28, DBAG an Brigadeführer Schreck vom 17.4.1936.

Dok. 17: Archiv der DBAG, Kissel XIV,1, Haspel an Kissel vom 30.10.1933.

Dok. 18: Archiv der DBAG, Kissel XII,9, Deutsche Betriebsführer! Unser Dank ein freudiges ,,JA"! von Kissel am 4.4.1938.

Dok. 19: Archiv der DBAG, Haspel 25, Erklärung von Wilhelm Nold vom 13.9.1946.

Dok. 20: BA R3/1578, Reichsminister für Rüstung und Kriegsproduktion an SS-Gruppenführer Fegelein vom 5.11.1944.

Dok. 21: BA NS 1/368, Zeitungsausschnitt Völkischer Beobachter vom 27.5.1938.

Dok. 22: Archiv der DBAG, Kissel XIV,13, Aktennotiz vom 13.11.1940.

Dok. 23: Archiv der DBAG, Protokoll der Aufsichtsratssitzung vom 4.7.1933 (Ausschnitt).

Dok. 24: Archiv der DBAG, GB 1943/44, Nachruf für Hermann Koehler (veröffentlicht im Jahr 1947).

Dok. 25: Archiv der DBAG, Werksangehörige 11, Kaufmann an Burneleit vom 20.1.1967 (Ausschnitt).

Dok. 26: Archiv der DBAG, Kissel VII,5, RDA an Reichsverkehrsminister z.Hd.d. Herrn Ministerialdirektors Dr. Brandenburg vom 19.2.1934.

Dok. 27: Archiv der DBAG, Kissel VII,5, Werlin an Kissel vom 28.10.1936.

Dok. 28: Archiv der DBAG, Kissel VII,5, Popp an Kissel vom 5.6.1934.

Dok. 29: Archiv der DBAG, Kissel I,6, Spendenlisten 1936/1937.

Dok. 30: BA NS 24/107, DBAG Verkaufsstelle München an NSKK vom 20.9.1935.

Dok. 31: Archiv der DBAG, Kissel VI,3, Direktionsmitteilung vom 2.7.1942.

Dok. 32: Archiv der DBAG, Daimler-Benz Aktiengesellschaft Werk Sindelfingen – Unser Werk in den Kriegsjahren 1939–1944 (Ausschnitte).

Dok. 33: Archiv der DBAG, Kissel IX,3, Fabrikationsplanung für Pistolen Typ 101 vom 5.6.1940.

Dok. 34: Archiv der DBAG, Kissel IX,3, Kissel/Hoppe an Rummel vom 6.1.1937.

Dok. 35: Archiv der DBAG, Anlage 1 zum Protokoll der Vorstandssitzung vom 23.10.1941: Kissel/Haspel an Cejka vom 22.10.1941.

Dok. 36: Archiv der DBAG, Protokoll der Präsidialsitzung vom 12.8.1943 (Ausschnitt).

Dok. 37: Archiv der DBAG, Haspel 8,82, Anordnung des Reichsministers für Rüstung und Kriegsproduktion vom 4.9.1944.

Dok. 38: Archiv der DBAG, Haspel 1,10, von Berg an Haspel vom 26.11.1944.

Dok. 39: Archiv der DBAG, Kissel VIII,5, Bericht an den Vorstand über die vom Reichsministerium der Luftfahrt uns erteilten Richtlinien zur Entwicklung unserer Flugmotoren-Fabrikation sowie der uns gestellten Projektierungs-Aufgabe eines Spezial-Motorenwerks vom 2.8.1934.

Dok. 40: Archiv der DBAG, Haspel 7,61, OKM an DBAG vom 4.2.1944.

Dok. 41: Archiv der DBAG, Kissel XII,15, von Eltz an DBAG vom 25.7.1934.

Dok. 42: Archiv der DBAG, Kissel XII,15, Kissel/Haspel an Reichsverkehrsminister vom 20.12.1939.

Dok. 43: Archiv der DBAG, Kissel VII,3, Kissel/Sailer an Reichsverkehrsminister vom 14.2.1940.

Dok. 44: Archiv der DBAG, Kissel VIII,6, Wirtschaftsgruppe Luftfahrtindustrie an DBAG vom 16.2.1939, betr. Auslandslizenzen.

Dok. 45: Archiv der DBAG, Kissel IV,35, Kungl. Flygförvaltningen an DBAG vom 26.9.1941.

Dok. 46: Archiv der DBAG, Kissel VIII,16a, Mitteilungen an Kissel vom 27.3.1940.

Dok. 47: Archiv der DBAG, Kissel VIII,16a, Zusammenfassung der Eindrücke über den Stand des russischen Flugmotorenbaues nach Besichtigung der Werke 19 (Perm), 24 (Moskau), 26 (Rybinsk) (ohne Datum).

Dok. 48: Archiv der DBAG, Kissel IV,32, DBAG an Deutsche Revisions- und Treuhand AG vom 21.10.1937.

Dok. 49: Archiv der DBAG, Kissel IV,17, Vertrag zwischen der Firma Otto Wolff, Köln und der Daimler-Benz AG, Stuttgart-Untertürkheim/Berlin vom 26.10.1934.

Dok. 50: Archiv der DBAG, Kissel IV,18, Aktennotiz über den Besuch bei Herrn Oberst Thomas am 25.3.1936.

Dok. 51: Archiv der DBAG, Hoppe 11,40, Anlage 6 zum Bericht der Daimler-Benz Aktiengesellschaft Stuttgart-Untertürkheim – Entwicklung des Aktienkapitals der Daimler-Benz Aktiengesellschaft.

Dok. 52: Archiv der DBAG, Anlage zur Aufsichtsratssitzung vom 4.12.1942, Brutto-Umsatz der A.-G. nach Käuferklassen (1.12.1942).

Dok. 53: Archiv der DBAG, Protokoll der Präsidialsitzung vom 14.10.1940 (Ausschnitt).

Dok. 54: Archiv der DBAG, Hoppe 11,40, Anlage 8 zum Bericht der Daimler-Benz Aktiengesellschaft Stuttgart-Untertürkheim – Bankkredite seit 1933.

Dok. 55: Archiv der DBAG, Hoppe 11,40, Anlage 9 zum Bericht der Daimler-Benz Aktiengesellschaft Stuttgart-Untertürkheim – Sonstige Kredite.

Dok. 56: Archiv der DBAG, Kissel XIII,2, Kissel an Holzindustrie Bruchsal vom 13.3.1939.

Dok. 57: Archiv der DBAG, Kissel XIV,13, Aufsichtsratsvergütung an den Vorsitzer des Aufsichtsrates Herrn Staatsrat Dr. von Stauß vom 18.1.1943.

Dok. 58: Archiv der DBAG, Kissel XIV,29, Haspel an Rummel vom 22.4.1944.

Dok. 59: Archiv der DBAG, Kissel XIII,1, G. Scapini an Herrn von Bülow vom 3.1.1942.

Dok. 60: Archiv der DBAG, Haspel 1,2, Bekanntmachung vom 10.11.1944, betr. ausländische Arbeitskräfte.

Dok. 61: IWM, FD 4872/45 No. 157 Lageplanskizze des Daimler-Benz Werkes Mannheim aus dem Jahr 1945.

Dok. 62: Archiv der DBAG, Haspel 1,2, Betriebsdirektion an Hirth vom 22.4.1944.

Dok. 63: Archiv der DBAG, DBAG 24, Bekanntmachung Weihnachtsfeier 1941 für unsere ausländischen Arbeitskameraden vom 20.12.1941.

Dok. 64: BA R3/1820, Michaelis an Schiffer vom 6.3.1944.

Dok. 65: BA R3/1820, Herold an Michaelis vom 7.3.1944.

Dok. 66: BA R3/1830, Notiz von Kurt Habeney vom 6.3.1944.

Dok. 67: BA R3/1820, von Hentig/Oberländer an Hauptdienstleiter Saur vom 7.3.1944.

Dok. 68: BA NS 4 Na/85 Seuß an Kommandantur KL Natzweiler vom 10.11.1944.

Dok. 69: IWM, FD 2228/45 No. 75, Reisebericht vom 21.5.1944 (Ausschnitt).

Dok. 70: IWM, FD 2228/45 No. 75, Monatlicher Baubericht des SS-Führungsstabes für den Monat November 1944.

Dok. 71: IWM, FD 2228/45 No. 75, Aktennotiz Dir. Müller vom 2.3.1945.

Dok. 72: IWM, FD 2228/45 No. 75, Krumbiegel an Müller vom 8.3.1945.

Dok. 73: IWM, FD 2228/45 No. 75, Müller an Krumbiegel vom 9.3.1945.

Dok. 74: Archiv der DBAG, DBAG 23, Verwaltungsanordnung Nr. 1271 vom 25.9.1940.

Dok. 75: Archiv der DBAG, Kissel XIV,1, Kissel an Heim vom 4.5.1942.

Dok. 76: Archiv der DBAG, Kissel XIV,5, Kissel an von Jungenfeld vom 12.5.1942.

Dok. 77: Archiv der DBAG, Haspel 3,32, Bekanntmachung vom 30.8.1944, betr. Arbeitszeit.

Dok. 78: Archiv der DBAG, DBAG 24, Bekanntmachung vom 31.3.1942, betr. warmes Essen in der Speiseanstalt.

Dok. 79: Archiv der DBAG, Kissel VI,1, Halbjahresbericht über die S.B. — Arbeit bei der Daimler-Benz AG Werk Sindelfingen vom 10.5.1940.

Dok. 80: Archiv der DBAG, Kissel XIV,11, Kissel an Gerling vom 16.6.1936.

Dok. 81: Archiv der DBAG, Kissel XIV,11, Kissel an Gerling vom 19.6.1935.

Dok. 82: Archiv der DBAG, Kissel XIV,28a, Kissel an Holzindustrie Bruchsal vom 17.10.1939.

DOKUMENTENANHANG

15.Dezember 1933

Dr.Ki/Ra.

Herrn

Konsul Dr.H.G u h l,

K a r l s r u h e i.B.
- - - - - - - - - - - - -
Richard Wagnerstrasse 5.

Sehr geehrter Herr Konsul !

In letzter Zeit war ich ausserordentlich stark durch
Reisen etc. beansprucht, so dass es mir leider erst heute möglich
ist, auf Ihr sehr geschätztes Schreiben vom 8.d.Mts. zurückzukommen.

Zunächst danke ich Ihnen verbindlichst für das Vertrauen,
das Sie mir in demselben dadurch zum Ausdruck bringen, indem Sie
mich bitten, zu Ihrer Aufnahme in das NSKK Bürge zu sein.

Ob ich formell der N.S.D.A.P. angehöre, kann ich Ihnen,
so komisch es auch klingen mag, nicht sagen. Ich weiß nur, dass ich
der SS angehöre, und zwar als Obertruppführer. Ich habe aber keine
N.S.D.A.P.-Parteinummer, sondern nur meine SS-Nummer. Es mag sein,
da ich SS-Mann bin, dass ich nicht noch einmal als Parteimitglied
unter besonderer Nummer geführt werde. Da aber das vorliegende
Formular die Angabe der Parteinummer verlangt, ich aber nicht in
der Lage bin, eine solche anzugeben, sehe ich mich veranlasst,
Ihnen Vorstehendes mitzuteilen. Sollte meine Eigenschaft als
SS-Obertruppführer genügen, dann bin ich gern bereit, Ihnen Bürge
zu sein; im anderen Falle wäre ich dazu nicht in der Lage.

./.

Archiv der DBAG, Kissel XIV, 25a, Kissel an Konsul Dr. H. Guhl vom 15.12.1933
(Ausschnitt).

Abschrift.

<u>Erlaß des Führers</u>
über die Bestellung eines Generalinspektors des Führers für das **Kraft-**
fahrwesen.

<u>Vom 16. Januar 1942.</u>

Es hat sich als nötig erwiesen, daß ich über alle für die
Kriegführung wichtigen Fragen des Kraftfahrwesens mehr als bisher
schnell und eingehend auf unmittelbarem Wege unterrichtet werde,
um sofort die durch die Kriegslage gebotenen Anordnungen geben
oder veranlassen zu können. Ich bestelle daher
den ϟ-Standartenführer
Direktor Jakob W e r l i n
zu meinem Generalinspektor für das Kraftfahrwesen.

Der Generalinspektor untersteht mir unmittelbar. Er erhält
Weisungen nur von mir.

Der Generalinspektor ist befugt, im Gebiete des Großdeutschen
Reiches, im Generalgouvernement, in den besetzten Gebieten und in
den Operationsgebieten bei allen militärischen und zivilen Dienststellen des Staates, bei den Dienststellen der Partei und den
einschlägigen privaten Betrieben alle ihm erforderlich erscheinenden Besichtigungen vorzunehmen und die gebotenen Feststellungen
zu treffen. Er hat mir laufend Bericht zu erstatten.

Die genannten Dienststellen und Betriebe sind verpflichtet,
dem Generalinspektor alle von ihm gewünschten Besichtigungen zu
gestatten, diese in jeder Hinsicht zu erleichtern, ihm alle verlangten Auskünfte zu geben und alle benötigten Urkunden und Unterlagen zur Verfügung zu stellen.

Führer-Hauptquartier, den 16. Januar 1942.

Der Führer
gez. Adolf Hitler

(L.S.)   Der Reichsminister und Chef
gez. Dr. Lammers
Der Chef des Oberkommandos
der Wehrmacht
gez. Keitel

———————

BA, NS 19 neu/775, Erlaß des Führers über die Bestellung eines Generalinspektors
des Führers für das Kraftfahrwesen vom 16. Januar 1942.

Herrn

Staatsrat
Direktor Dr. E.G. von S t a u ß,

363/42   den 20.Aug.1942
Dw/Th

B e r l i n W.8
Mauerstrasse 39.

Hauptfachgruppe II
Daimler-Benz A.G.

Sehr geehrter Herr Staatsrat!

In unserer Unterredung am 19. August gab ich Ihnen meine Ansicht
über die vom Aufsichtsrat und Vorstand der Daimler-Benz A.G. an-
gestrebten Regelung der Führungsfrage nach dem Tode des Betriebsführers Pg. Direktor Dr. Kissel bekannt.

Sie wiesen mich darauf hin, daß unser Führer und der Herr Reichsmarschall durch den Parteigenossen Direktor Werlin informiert
wurden und der jetzigen Regelung bereits zugestimmt hätten. Ich
fragte Sie dann, ob Parteigenosse Direktor Werlin dabei auch die
jüdische Versippung von Vorstandsmitgliedern und insbesondere des
zum Vorsitzer des Vorstandes bestellten Direktor Dr. Haspel bekannt gegeben habe. Sie haben mir diese Frage mit "ja" beantwortet.
Ich kündigte Ihnen daraufhin eine schriftliche Wiederholung der
von mir vorgetragenen Ablehnungsgründe an und bat Sie, dahin zu
wirken, daß Parteigenosse Direktor Werlin auch diese unserer Führung
und dem Herrn Reichsmarschall vorlegen möge, während ich selbst
dem Herrn Reichsorganisationsleiter und dem Reichsführer SS Meldung
erstatten würde. Sie erwiderten mir darauf, daß auch der Reichsführer SS bereits zugestimmt habe.

Ihrem Angebot, mich mit dem Parteigenossen Direktor Werlin und
Herrn Oberst Huschke auszusprechen, konnte ich nicht zustimmen,
weil ich mir davon keinen Erfolg verspreche, denn Sie liessen mich
deutlich erkennen, daß es nicht Ihre Absicht ist, den von der
Partei und von der Deutschen Arbeitsfront gemachten Vorschlägen
näher zu treten.

Ich sagte Ihnen, daß ich es für meine Person ablehnen müsse, bei
dem von Daimler-Benz erreichten Stand im Leistungskampf der deutschen Betriebe, mich an Experimenten zu beteiligen, und daß ich es
vorziehen würde, die Betreuung der Daimler-Benz-Werke abzugeben,
falls keine andere Regelung als die jetzt vorgesehene erfolgen soll.
Nachdem mein Vorschlag betr. die Sicherung der Funktionen des
Parteigenossen Direktor Romstedt, den ich als politischen Garanten
und Vollstrecker des Willens Dr. Kissel's bezeichnete, von Ihnen
                                                          nicht

– 2 –

nicht entgegenkommend, sondern mit dem Hinweis auf eine anderweitige
Verwendungsmöglichkeit des Dir. Romstedt beantwortet wurde, konnte
ich nicht weiter interessiert sein, denn ich sprach ja mit Ihnen
nicht wegen der beruflichen Entwicklung und Besserstellung des
Direktor Romstedt, sondern wegen der von ihm bisher vorbildlich
im politischen Interesse erfüllten Aufgabe der Ausrichtung von
Daimler-Benz-Betrieben im Leistungskampf der deutschen Betriebe,
bei der die Menschenführung eine besondere Rolle spielt.

Ich habe Ihnen deshalb auch die Umwandlung des Vorstandes Daimler-
Benz vorgeschlagen, und ich begründete diesen Vorschlag etwa fol-
gendermassen:

Betriebsführer Direktor Dr. Kissel hatte sich das Ziel gesteckt,
aus dem Unternehmen Daimler-Benz einen einzigen nationalsozialistischen Musterbetrieb zu entwickeln. Das Unternehmen war auf dem
besten Wege zu diesem Ziel. Durch die fünf goldenen Fahnen und die
fünfundzwanzig Gaudiplome werden nicht nur die sozialen Leistungen
des Unternehmens anerkannt, sondern ebensosehr die wirtschaftlichen
und damit insgesamt also die Leistungen des Unternehmens im politischen Interesse der Volksgemeinschaft. Die politische Leistung
der Betriebsgemeinschaft ist das Ergebnis einer einsichtsvollen und
sehr wirksamen politischen Führung. Betriebsführer Parteigenosse
Dr. Kissel und sein Beauftragter Parteigenosse Dir. Romstedt haben
also nach politischen Grundsätzen als Treuhänder der deutschen
Volksgemeinschaft gearbeitet. Im Einverständnis mit dem Betriebsführer Dr. Kissel konnten wir von der Betriebsgemeinschaft Daimler-
Benz unter Hinweis auf das politische Ziel des deutschen Freiheits-
kampfes den höchst möglichen Einsatz verlangen. Die Gefolgschaft
war auch mit davon überzeugt, daß ihre Arbeit der Erreichung dieses
Zieles dient und hat das durch ihre Haltung zum Ausdruck gebracht.
Wirtschaftliche Erwägungen standen also im Hintergrund. Im Vorstand der Daimler-Benz A.G. spiegelte sich das Überwiegen des
politischen Momentes wieder, und es traten bei allen Fragen der
Menschenführung die Personen, die ich Ihnen in unserer Unterredung
wegen ihrer jüdischen Versippung und der daraus zu erwartenden
Haltung als "politische Blindgänger" bezeichnete, nicht mehr in
Erscheinung. Diese Männer waren in ihrem Wirken auf die Sachwelt
beschränkt. Wenn das Unternehmen dabei wirtschaftlich dabei gut
stand, so ist das ein Beweis für die wirtschaftlich gute Auswirkung
eines politisch denkenden Betriebsführers. Der Betriebsführer Pg.
Dr. Kissel und Dir. Romstedt haben in ihrer Arbeit wirtschaftliches
und soziales Denken ganz bewußt dem politischen Denken untergeordnet.

Nun plötzlich nach dem Tode des Betriebsführers Dr. Kissel soll das
anders werden! Der jetzige Vorstand kann schon wegen seiner Zusammensetzung unmöglich die Führerfunktion einer Betriebsgemeinschaft
übernehmen, welche durch die bisherige Führung einwandfrei in den
politischen Dienst gestellt war; bestenfalls kann er der Wahrung
von Geschäftsinteressen dienen. Damit würden aber zu einem erheblichen Teil auch die Voraussetzungen beseitigt, welche die Veranlassung gaben zur Auszeichnung der Daimler-Benz-Betriebe. Glauben
Sie, Herr Staatsrat, daß die Gefolgschaft dafür Verständnis
                                                    aufbringt.

- 3 -

aufbringt, wenn die politischen Leiter das nicht können?- Sie
können der Gefolgschaft auch nicht zumuten, daß sie glaubt, eine
jüdisch-versippte Führung werde sie in diesem Kampf um die Sicherung
deutschen Lebensrechtes nach nationalsozialistischen Grundsätzen
einsetzen. Betriebsführer Dr. Kissel verlangte von seinen Unterführern wiederholt, daß sie sich an der Gemeinschaftsarbeit der
Partei und an der Gemeinschaftsarbeit unseres Volkes beteiligten. Er erklärte öffentlich, daß er Unterführer nicht gebrauchen
könne, die von der Partei abgelehnt werden. Die Gefolgschaft kann
also gar nicht einsehen, daß für Vorstandsmitglieder und für
Betriebsunterführer zweierlei Recht zur Anwendung kommt. Das Partei-
programm verbietet auch die Anwendung von zweierlei Recht. Die
Gefolgschaft sagt ganz einfach: "Wir wollen mit Leuten, die den
Begriff Rassenschande nicht kennen, nichts zu tun haben." Ich erwähnte in unserer Unterredung in diesem Zusammenhang auch den Betriebsführer Direktor Werner, der mit einer Volljüdin verheiratet
ist. Ich sagte Ihnen, daß die jüdisch-versippten Direktoren Dr.
Haspel und Dr. Hoppe niemals Kontakt zu unseren Amtswaltern erhalten können. Betriebsführer Dr. Kissel hatte es versprochen und
war auch bemüht, diese Fragen zu lösen. Er hat stets klare und
eindeutige Anweisungen gegeben, und ich hatte oft genug Gelegenheit,
zu beobachten, in welch eindeutiger Form sein Beauftragter, nämlich
Direktor Romstedt, den Willen seines Betriebsführers durchsetzte,
wenn es um die Ausrichtung der Daimler-Benz-Betriebe ging. Soll
der verstorbene Betriebsführer nun durch die jetzige Regelung in
den Augen der Gefolgschaft herabgesetzt werden?

Die Deutsche Arbeitsfront ist an dem Zustandekommen der neuen
Regelung nicht beteiligt; sie wurde sogar, obwohl die besonderen
Verhältnisse und die ausserordentliche Stellung der Daimler-Benz-
Betriebe eine Befragung rechtfertigen müssten, vollkommen übergan-
gen. Es ist unmöglich, die Sache zu bagatellisieren, weil es um den
politisch wirksamen Einsatz von 60.000 Gefolgschaftsmännern geht.

Sie haben mir gesagt, daß Herr Dr. Haspel ausserordentlich tüchtig
sei und für den Betrieb beinahe unersätzlich. Ich erwidere Ihnen
nochmals, daß der Betrieb sogar den Verlust des Herrn Direktor Dr.
Kissel überwinden muß. Mit Kompromissen und Halbheiten kann das
angestrebte Ziel nicht erreicht werden. Ich wiederhole deshalb
meinen Vorschlag, die sofortige Umwandlung des Vorstandes in die
Wege zu leiten.

Der Vorstand eines nationalsozialistischen Musterbetriebes soll
sich aus Männern zusammensetzen, deren Gesinnung und Haltung welt-
anschaulich und politisch einwandfrei ist. Diese Männer sollen
die politischen Ziele der Volksführung ü b e r die vermeintlichen
Geschäftsinteressen stellen. Sie sollen weiter aus ihrer politischen Einsicht heraus nicht nur die aus der starken wirtschaftlichen Stellung resultierende sozialpolitische Stellung der Gefolgschaft garantieren, sondern durch ihr Wirken die Brücke zu den
Lebensbedürfnissen der größeren Gemeinschaft des deutschen Volkes
finden und damit die Grenze zwischen den Interessen der Betriebs-

- 4 -

Betriebsgemeinschaft und der Volksgemeinschaft. Das ist aber nur möglich mit Führerpersönlichkeiten, die sich darüber klar sind, daß sie im politisch-volksgemeinschaftlichen Dienst stehen und nicht mit Männern, die wir wegen ihrer weltanschaulichen Haltung ablehnen müssen.

Die Einstellung der Gefolgschaft zur Betriebsführung ist aber besonders in der jetzigen politischen Situation sehr wesentlich. Ich für meine Person möchte es ablehnen, die Gefolgschaft von der Notwendigkeit der jetzt vorgesehenen Regelung zu überzeugen, weil ich dann das Gefühl haben müsste, daß die Gefolgschaft mich als einen Verräter am Werk des Führers bezeichnen würde.

Nach dem vorher Gesagten wundere ich mich natürlich auch darüber, daß Herr Oberst Huschke sich mit der jetzt vorgesehenen Regelung einverstanden erklärt und daß Parteigenosse Direktor Werlin diese Regelung ebenfalls empfiehlt. Es ist mir bekannt, daß Parteigenosse Direktor Werlin erst im Jahr 1938 sich dem Betriebsführer Dr. Kissel gegenüber auf den Standpunkt gestellt hat, eine Bereinigung der Frage Dir. Werner, Dr. Haspel und Dr. Hoppe wäre unbedingt erforderlich.

Ich kann mich damit nicht abfinden, daß die politischen Interessen bei der Neuordnung der Führungsverhältnisse im Daimler-Benz-Konzern so völlig ausser Acht gelassen werden, und ich bitte Sie, im Interesse des Unternehmens eine möglichst schnelle Entscheidung und eine Neuordnung der Führungsverhältnisse unter Beachtung der politischen Erfordernisse herbeizuführen.

Heil Hitler!

(Dickwach)

Abschnittsleiter der NSDAP.

DER REICHSFÜHRER-⚡
CHEF DES ⚡-HAUPTAMTES

Berlin W 35, den 20. August 1942.
Lützowstraße 46/48
Postschließfach 43

Gd⚡HA/Be/Vo. VS-Tgb.Nr. 289 /42 g.Kdos.

Bitte in der Antwort vorstehendes Geschäftszeichen und Datum anzugeben.

2 Ausfertigungen
Prüf.Nr. 1

Betr.: Direktion der Daimler-Benz A.G.
Anlg.: 1

An den
Reichsführer-⚡
und Chef der Deutschen Polizei,
Feldkommandostelle.

Reichsführer !

Mit dem Tode des Generaldirektors Dr. K i s s e l der
Daimler Benz A.G. begann das anscheinend im menschlichen
Leben übliche Rennen um die Macht. Für die Firma selbst
ist es ein ungeheurer Verlust, dass Kissel sein Werk abgeben musste, bevor der Nachfolger von ihm namentlich genannt
war. Er selbst hat den Dir. R o m s t e d t   hierfür vorgesehen gehabt, umso mehr, als Romstedt es war, der den Frieden
mit der Partei hergestellt und dafür gesorgt hat, dass die
Betriebe der Daimler-Benz A.G. nationalsozialistisch wurden.
Mit dem Tode Kissels traten auf einen Schlag wieder die
Männer in die Führung ein, die von Kissel selbst abgelehnt
wurden wegen ihrer jüdischen Versippung, insbesondere der
Direktor Hoppe, der mit einer Volljüdin, Dir. W e r n e r,
der ebenfalls mit einer Volljüdin und Dir. H a s p e l, der
mit einer Halbjüdin verheiratet ist.

Es sind das Dinge, mit denen ich den Reichsführer-⚡ nicht
belasten will.Mein Schreiben hat aber folgenden Grund:

Die Deutsche Arbeitsfront wehrt sich nun erbittert um den
Einfluss. Es ist für sie ein Kampf von ausschlaggebender Bedeutung, weil hier vordemonstriert wird, ob bei einer solchen
Besetzung die DAF. und damit die Partei etwas zu sagen hat,
oder ob die Besetzung nach alten Grundsätzen durch den Vorstand,

-2-

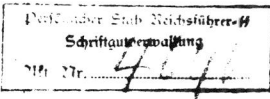

- 2 -

ganz gleich, wie er zum Dritten Reich eingestellt ist,
erfolgen kann. Ein Reichsamtsleiter D i c k w a c h
von der Deutschen Arbeitsfront hat nun mit Staatsrat
Dr. v. S t a u s s verhandelt, und letzterer führte
an, dass auch der Reichsführer-ǖ dieser Regelung, d.h.
dass diese jüdisch versippten Direktoren die Führung
in die Hand bekommen, zugestimmt hätte. Ich habe mir
darum eine Abschrift seiner Besprechung mit Stauss,
die er noch einmal schriftlich dargelegt hat und mit der
er auch zum Führer gehen will, geben lassen und lege
sie Reichsführer-ǖ vor.

ǖ-Gruppenführer

BA NS 19 neu/776, Berger an den Reichsführer-SS und Chef der Deutschen Reichspolizei vom 20.8.1942.

Abschrift   363

Abschnittsleiter Dickwach
  Fachamt Eisen und Metall
z.Zt. auf Dienstreisen.   6.9.42.

        An den

        Vorsitzer des Vorstandes
        Daimler-Benz A.-G.,
        Herrn Dr. H a s p e l,
        Stuttgart-Untertürkheim.

Betr. Daimler-Benz Aktiengesellschaft, Stuttgart-Untertürkheim.

        Sehr geehrter Herr Doktor Haspel!

        Im Anschluß an unsere gestrige Unterredung übersende ich Ihnen
        meine Stellungnahme, die die wesentlichsten Punkte unserer ge-
        strigen Unterredung nochmals zusammenfasst. Ich habe diese Stel-
        lungnahme mit dem Gauobmann Pg. Schulz besprochen und sie ihm
        wie nachstehend auch bestätigt:

        "Durch die jetzige Regelung haben Aufsichtsrat und Vorstand gezeigt,
        daß sie zur alten Betriebsform zurückstreben. Der Betriebsführer
        bleibt also die juristische Person des Vorstandes, also mehrere
        "Führer des Betriebes", die nach Gesetz und Satzung nur gemeinsam
        handeln können.

        Dieses Prinzip, das dem nationalsozialistischen Führungsprinzip
        entgegensteht, bei dem ein Mann die Verantwortung trägt, soll also
        nicht abgelöst werden. Nach dem geltenden Recht, Aktiengesetz,
        kann die Ablösung dieses Führungsprinzips der Vergangenheit auch
        nicht einfach erzwungen werden.

        Auch während der Trauerfeier für den verstorbenen Parteigenossen
        Dr. Kissel wurde dieses Prinzip erwähnt, als gesagt wurde: "Er war
        der erste unter Gleichen".

        Es besteht also sichtlich keine Neigung, eine dem Wesen des Natio-
        nalsozialismus entsprechende organisch geordnete Führungseinheit
        aufzubauen. Damit hat Daimler-Benz zunächst die Verfolgung eines
        hohen Zieles aufgegeben, der erste unter den vorbildlichen Betriebe
        zu sein.

        Unter solchen Umständen wäre die Goldene Fahne nicht verliehen
        worden, wenn nicht die Mängel der Führungsfrage durch das Wirken
        der Persönlichkeit Dr. Kissel's, durch den tatkräftigen Einsatz
        seines Mitarbeiters, Direktor Romstedt, und nicht zuletzt durch
        die ausserordentliche Leistung der Gefolgschaft überbrückt worden
        wäre.

        Die Fahne gehört nicht der Unternehmensführung, sondern der Gemein
        schaft!

        Die Haltung der Gefolgschaft ist einwandfrei.
        Nicht einwandfrei ist die Haltung der Unternehmensführung nach dem
        Tode Dr. Kissel's.

                                              Für

- 2 -

Für einen nationalsozialistischen Musterbetrieb kommt es nicht
allein auf die einwandfreie Funktion der Sachwelt an, also nicht
auf die Verwirklichung von Teilidealen, sondern auf die restlose
und **vollständige** Verwirklichung der nationalsozialistischen **Arbeits-
idee.**

Bei Daimler-Benz liegt nun aber Willensbildung und Verantwortung,
von denen die Menschenwelt des Unternehmens und die Stellung in
der Volksgemeinschaft abhängen, bei einem kollektiven Zusammenschluß, der nichts weiter als ein demokratisches Gremium ist.

Die Vorstandsmitglieder haben **keine** Neigung gezeigt, von ihren
Befugnissen etwas aufzugeben, sonst wäre wohl eine andere **Regelung**
zustande gekommen, bei welcher die Klärung der Betriebsführer-
frage entsprechend dem Führerprinzip des Nationalsozialismus
möglich wäre.

Nach diesen **Vorkommnissen** kann vorerst keine Dienststelle der
DAF irgend einem weiteren Auszeichnungsvorschlag von Daimler-**Benz**-
Betrieben zustimmen.

Sämtliche Vorstandsmitglieder wissen ganz genau, daß mit der Be-
auftragung des Herrn Dr. Haspel die Lösung der Betriebsführer-
frage unnötig kompliziert wurde. Dr. Haspel ist als Gefolgschaftsführer für die Partei nicht **tragbar.**

Die Gefolgschaft ist Glied einer nationalsozialistischen Kampf-
gemeinschaft. Ihr Gefolgschaftsführer muß Nationalsozialist ohne
Vorbehalt sein. Es gibt nicht Nationalsozialisten verschiedener
Spielart mit oder ohne Einstellung zur Rassenfrage.

Mit Dr. Haspel **ist auch die Einrichtung eines Gefolgschaftsamtes**
nur möglich und denkbar, wenn wir in dem Betriebsführer nicht -
wie es normaler Weise wünschenswert ist - den Vorsitzer des **Vor-**
standes, sondern den Vorstand als juristische Person sehen.

Wenn also Daimler-Benz daran interessiert ist, Dr. Haspel in
seiner wirtschaftlichen Funktion zu belassen, so sollte das zumindest so geschehen, wie es Dr. Kissel durch die Abberufung
Dr. Haspel's aus seiner Funktion als Betriebsführer des Werkes
Sindelfingen einleitete.

Dr. Kissel hat die Arbeit Dr. Haspel's auf die Sachwelt beschränkt.
Dr. Haspel hätte aus dieser Stellung nicht mehr hervorgestellt
werden dürfen.
Bei der jetzigen Sachlage ließe sich folgendes machen:

> Der Betriebsführer ist die **juristische** Person des Vorstandes.
> Für ihn ist Wirtschafts- und Sozialpolitik nicht trennbar.
> Er trägt die Verantwortung und kann die Arbeitsaufgaben
> seines Führungsstabes aufteilen.

> Wenn Dr. Haspel sich von den Menschen-Führungsfragen fern-
> hält, dann ist m.E. nichts dagegen einzuwenden, daß er als
> Vorstandsmitglied das Wirtschaftsamt des Betriebsführers
> oder besser des Unternehmensführers übernimmt.

> Dann müßte aber ebenso ein Gefolgschaftsamt geschaffen
> werden, das von einem anderen Vorstandsmitglied für den
> Unternehmensführer (Vorstand) zu führen wäre, ohne Bindung
> an Dr. Haspel.   **Ich**

- 3 -

Ich würde für diese Funktion, wie in der Unterredung, mit Herrn Staatsrat Stauß entsprechend dem Vorschlag der Parteigenossen Dr. Hupfauer und Jäzosch den Parteigenossen Direktor Romstedt vorschlagen.

Der Leiter des Gefolgschaftsamtes wäre nicht der Gefolgschaftsführer der Betriebe des Konzerns. Gefolgschaftsführer sind die Betriebsführer der einzelnen Werke, sie tragen die Verantwortung in der Weise wie die Befehlshaber beim Militär. Der Leiter des Gefolgschaftsamtes arbeitet als Fachberater wie ein Stabsoffizier.

Mit zwei gleichgestellten Vorstandsmitgliedern ließe sich diese Aufgabenteilung durchführen.

Direktor Romstedt hätte dann die Aufgabe dafür zu sorgen, daß die Einheitlichkeit des sozialen Zieles gesichert wird und die Betriebe nach gleichen Grundsätzen verfahren. Festgelegt werden nicht die sozialen Leistungen im einzelnen, sondern die Grundsätze, die das soziale Maß bestimmen.

Es ist richtiger, wenn die Funktion des Leiters eines Gefolgschaftsamtes auch von einem Betriebsführer eines Werkes ausgeübt wird und Parteigenosse Direktor Romstedt die Betriebsführung eines Werkes übernimmt. Er würde damit die Möglichkeit haben, sich auch selbst als Vorbild in der Funktion des Betriebsführers zu zeigen."

Ich bitte Sie, meine Stellungnahme mit den Herren des Vorstandes zu besprechen. Für den Fall, daß einzelne Herren des Vorstandes gegen meinen Vorschlag Bedenken haben, bin ich gern bereit, mich mit diesen Herren persönlich auszusprechen.

Heil Hitler!
gez. Dickwach
Abschnittsleiter der NSDAP.
Fachamt Eisen und Metall.

369

Hauptfachgruppe II   Berlin, den 18. Sept. 1942.
Dw/Th

        Oberbereichsleiter
        Pg. J ä s o s c h .

Betr. Führungsfrage der Daimler-Benz A.-G.

        Anliegend übergebe ich Abschrift eines an Dr. Haspel gerichteten
        Schreibens vom 6.9.42, in welchem ich meine mit dem Gauobmann
        der DAF Pg. Schulz abgesprochene Stellungnahme nach einer nachfol-
        genden Unterredung mit Dr. Haspel diesem nochmals bekannt gabe.

        Dr. Haspel wollte meine Forderung in der Vorstandssitzung vortrage
        Nach Eintreffen des Briefes, mit welchem meine Zurückhaltung ge-
        fordert wurde, konnte ich mit Dr. Haspel nicht mehr in Verbindung
        treten, um ihn über das Ergebnis der Beratung im Vorstand zu be-
        fragen. Ich schlage deshalb vor, Dr. Haspel aufzufordern, über das
        Ergebnis der Beratung im Vorstand zu berichten.
        Abschliessend gebe ich nochmals meine eigene Stellungnahme zu der
        Angelegenheit bekannt:

        Pg. Werlin hat den Herrn Reichsorganisationsleiter gebeten, der
        jetzigen Regelung mit Dr. Haspel zuzustimmen und dabei auf die
        Zustimmung des Führers verwiesen. Er dürfte dabei m.E. die wirt-
        schaftlichen Funktionen des Herrn Dr. Haspel besonders herausge-
        stellt und der wirtschaftlichen Funktion eines Vorstandsmitgliedes
        eine Bedeutung beigemessen haben, die den wirklichen Verhältnissen
        nicht Rechnung trägt. Es sieht danach fast so aus, als ob sich
        Daimler-Benz von der Arbeitsaufgabe Dr. Haspel's überhaupt nicht
        lösen konnte, und es wird dabei ganz vergessen, daß der Betrieb
        selbst den Verlust seines Betriebsführers Dr. Kissel überwinden
        muß. Im übrigen ist ja von uns nie verlangt worden, daß Dr. Haspel
        sich von der Erfüllung seiner wirtschaftlichen Aufgaben fernhalter
        soll.

        Es geht hier um etwas ganz anderes, nämlich um die Führung der
        Gemeinschaft, und ich glaube nicht daran, daß die Führungsfrage
        so wie sie gesehen werden muß, auch dem Führer vorgetragen wurde.
        Wenn Dr. Haspel die Störung der wirtschaftlichen Funktionen Daim-
        ler-Benz befürchtet wird, so muß man auch daran denken, daß die
        von Daimler-Benz geforderte Leistung auf die Arbeit und das Wirke
        der gesamten Betriebsgemeinschaft zurückzuführen ist. Wenn die Ge-
        meinschaft Ausserordentliches leistet, so ist das ein Beweis dafü
        daß sie richtig geführt wurde. Die Erfüllung wirtschaftlicher Funk
        tionen durch Dr. Kissel kann nur als ein Teil seiner Gesamtführun
        aufgabe angesehen werden. Wirtschaftliches Dispositionsvermögen
        ist für die Führungsaufgabe zwar unerlässlich, bietet aber allein
        gesehen noch lange nicht die Gewähr für die Lösung der Gesamtauf-
        gabe. Den angestrebten Erfolg verbürgt erst die richtige Führung
        der Gemeinschaft. Wir wissen alle, daß unser Führer sehr genau

- 2 -

genau unterscheidet zwischen Führungsaufgaben und den wirtschaftlichen Unternehmerfunktionen.

Die Gemeinschaft Daimler-Benz kann aber unmöglich mit der jetzigen Führung eine solche Einheit bilden, die durch ihr Zusammenwirken den Erfolg garantiert. Die Gefolgschaft Daimler-Benz ist nationalsozialistisch eingestellt; sie wird sich nur dann widerspruchslos führen lassen, wenn der Gefolgschaftsführer nationalsozialistisch ohne Vorbehalt ist. Die Gefolgschaft wird also eine andere Einstellung zu den jetzt zu klärenden Fragen einnehmen als der Vorstand der Gesellschaft, der bisher durch das Wirken Dr. Kissel's nach aussen hin wenig in Erscheinung trat.

Dr. Kissel hatte sein ganzes Wirken auf die Zusammenarbeit mit Partei und DAF. abgestellt und dabei mancherlei Widerstände seiner Kollegen im Vorstand überwinden müssen. Die von Dr. Kissel an Pg. Romstedt gegebenen Weisungen betr. die Zusammenarbeit mit der DAF fanden nicht immer den Beifall des Vorstandes., und der Vorstand hat sich daran gewöhnt, in Pg. Romstedt einen Beauftragten Dr. Kissel's zu sehen, der für ihn mit der DAF gleichzusetzen war.

Pg. Werlin dagegen hat der DAF gegenüber eine recht ablehnende Haltung eingenommen und in seinem Münchener Betrieb erkennen lassen, daß er eine Zusammenarbeit mit der DAF. nicht anstrebt. Selbst die Notwendigkeit der Zusammenarbeit mit seinem Betriebsobmann war ihm nicht beizubringen. Der Obmann, der auf mich einen guten Eindruck macht, hat sich bei mir bitter über die unverständliche Einstellung des Pg. Werlin zur DAF. beklagt und mich wissen lassen, daß Pg. Werlin die DAF im Betriebe überhaupt als überflüssig ansieht. Diesem Betriebsobmann hat Pg. Werlin auch gesagt, er könne eine andere Arbeit verrichten und für den Obmannsposten liesse sich wohl ein Kriegsbeschädigter oder ein anderer "Kiesel" finden.

Ich erwähne das überhaupt nur, um die Einstellung des Pg. Werlin, die mir in meiner Arbeit bei Daimler-Benz manchmal recht peinlich war, zu kennzeichnen, und ich wundere mich natürlich auch nicht mehr über die jetzige Einstellung des Pg. Werlin. Es soll sich aber auch niemand darüber wundern, wenn ich unter solchen Umständen das Wollen des Pg. Werlin nun nicht übermässig respektiere. Schließlich bin ich ja auch nicht von dem Vorstand der Daimler-Benz A.-G. abhängig, sondern Amtswalter der DAF, und wenn ich bisher mitwirken durfte, die Betriebsgemeinschaft Daimler-Benz auf die grossen Ziele der Arbeitsfront auszurichten, so möchte ich nun auch nicht zusehen, daß die Arbeit der Vergangenheit mit einem Schlage ausgelöscht wird.

Es geht jetzt darum, die Entscheidung herbeizuführen, welche die Betriebsgemeinschaft davon überzeugt, daß sie wirklich als nationalsozialistische Kampfgemeinschaft gewertet wird und nicht nur als Mitarbeiterschaft eines wirtschaftlich bedeutungsvollen Unternehmens. Das ist aber nur durch die sinnvolle Lösung der Führungsfrage zu erreichen.

Die Gefolgschaft weiß, daß die Herren des Vorstandes nach der letzten Vorstandssitzung sich zum gemeinschaftlichen Essen in Sindelfingen trafen und daß zu diesem Essen der vor einigen Tagen verabschiedete Direktor H o p p e, der mit einer Jüdin verheiratet ist, im Kraftwagen abgeholt wurde. Die Gefolgschaft wundert

— 3 —

wundert sich darüber, daß solche Zusammenkünfte mit Dr. Haspel und Dir, Huschke möglich sind und spricht davon, daß die Vorstandsmitglieder auch jetzt noch ihre Beziehungen zu den jüdisch-versippten ehemaligen Vorstandmitgliedern aufrecht erhalten. Dir. Huschke interessiert dabei zunächst weniger, jedoch glaube ich nach solchen Vorkommnissen nicht daran, daß er sich stark genug fühlt als Betriebsführer des Hauptwerkes eine saubere Linie in der Daimler-Benz-Führung durchzusetzen, wenn der Vorstand selbst andere Ziele verfolgt.

Ich bitte, den Herrn Reichsorganisationsleiter von dem Vorstehenden zu unterrichten.

                    Heil Hitler!

                    gez. W. Dickwach
                    Abschnittsleiter der NSDAP.

1 Anlage.

BA NS 19 neu/776, Dickwach an Jäzosch vom 18.9.1942.

Berlin, den 27. August 42

F e r n s c h r e i b e n !
- - - - - - - - - - - - -

An Reichsführer ⚡⚡ H i m m l e r .
- - - - - - - - - - - - - - - -

Dem Reichsführer gegebene Mitteilung, dass der Daimler-Benz
Vorstand mit Haspel, Hoppe und Werner besetzt worden ist,
entspricht in dieser Form nicht den Tatsachen.

Werner gehört dem Vorstand nicht an. Hoppe ist schon seit
1930 Vorstandsmitglied.

Haspel ist im Vorstand seit 1936 und wurde in diese Stellung
damals auf Veranlassung des verstorbenen Dr. Kissel eingesetzt.
Haspel wurde vom Aufsichtsrat als Vorsitzer des Vorstandes berufen, da er - wie kein Zweiter - mit den immer grösser werdenden kriegsentscheidenden Aufgaben, insbesondere für die Luftwaffe vertraut ist. Jede andere Entscheidung würde schwerste
Gefährdung der Produktion befürchten lassen.

Die Berufung Haspels wurde vom Führer und vom Reichsmarschall
unter genauer Darlegung der besonderen verhältnisse gebilligt.

Dr. von Stauss bestreitet, sich auf Reichsführer berufen zu
haben. Ich selbst habe nur mit Obergruppenführer Wolff im
Hauptquartier über den Fall kurz gesprochen.

Es bestehen seit dem Tode Dr. Kissels Erwägungen, Hoppe und
Werner zurückzuziehen. Die bisherigen Massnahmen haben dazu geführt, dass Hoppe aus dem Vorstand ausscheidet und Werner in
den nächsten Monaten ersetzt werden soll.

Werner hat mir, insbesondere durch illegale Wagengestellung für
die Wahlkämpfe manchen wertvollen Dienst geleistet, was vielen
führenden Männern der Bewegung, insbesondere Obergruppenführer
und General der Waffen ⚡⚡ Dietrich bekannt ist, der mich mehrmals
veranlasste, mich für Werner beim Führer einzusetzen. Aus diesem
Grund wurde der Ersatz Werners seither nicht durchgeführt.

gez. W e r l i n

BA NS 19 neu/776, Werlin an Reichsführer-SS Himmler vom 27.8.1942.

363

Berlin, den 27.8.1942

Liebes Wölffchen!

Eben hatte ich zwar schon einen Brief geschrieben, aber da nach dem Essen bei mir eben Herr von Hentig mit Basso zusammen war, halte ich doch noch richtig Dir folgendes mitzuteilen. Basso wollte mir einen Teil jetzt in die Maschine diktieren.

Am 26.8. abends wurde Herr von Hentig von Berlin zusammen mit Direktor Müller, ebenfalls Vorstandsmitglied der Daimler Benz A.G. in den Kaiserhof zu einen dringenden unaufschiebbaren Besprechung gerufen(19Uhr) Hier legte Werlin den Herren ein Telegramm des RFἫ vor in welchem dieser Werlin um Auskunft über die Veränderungen im Vorstand der Gesellschaft bat. In Sonderheit darüber wie die Berufung der jüdisch versippten Herren Haspel, Hoppe und Werner erfolgt sei, da er beabsichtige dem Führer Vortrag zu halten.

Gleichzeitig legte Werlin den Herren den Entwurf einer Antwort an den RFἫ vor in der zum Ausdruck kam, dass er

1) nunmehr Dr. Hoppe entgültig fallen lassen würde, um wie er sagte dem RFἫeine Konzession zu machen

2) Herrn Werner Mannheim in einige Monaten veranlassen würde auszuscheiden, wobei der feste Wille ihn endgültig aus dem Konzern zu nehmen nicht zum Ausdruck kam

3) Auf Grund obiger Zugeständnisse gewillt sei Herrn Haspel zu halten.

Zur Erläuterung: Hoppe (Vorstandsmitglied - Volljüdin),

Werner Leiter Werk Mannheim stellvertretender Betriebsführer (Volljüdin),

Haspel jetzt Vorsitzer des Vorstandes(Halbjüdin) Ich schreibe Dir dieses weil ich annehme, dass dieses dem RFἫals Erläuterung zu der Antwort von Werlin zweckdienlich sein wird.-----
Viele liebe Grüsse und bald wieder einen persönlichen Brief. Basso hat mir einen Teil dieses Briefes diktiert und ist wieder irgendwo mit mir "komisch", das aber mündlich!!! Herzlich und Heil Hitler!

BA NS 19 neu/776, ? an ,Liebes Wölffchen' vom 27.8.1942.

Herr Werlin brach nun nicht etwa die persönlichen oder beruflichen
Beziehungen zu mir ab,sondern beschäftigte mich sogar seinerseits
in seinem Berliner Büro weiter. Ich wurde im wesentlichen in die
Mitarbeit beim Aufbau der Gross-Kraftwagenwerke in Pleskau,Riga,
Stablak, Minsk, Gumbinnen,Zülichau und Gleiwitz eingeschaltet,
sodass mir für die durch mein Ausscheiden bei den Daimler-Benz
 Werken entfallenden Bezüge ein teilweises 'equivalent zu teil
wurde, vor allem war ich sicher,dass mir Herr Werlin Schutz und
Hilfe angedeihen lassen wird,falls meine Familie weiter behelligt
werden sollten.
Trotz Verbotes des Aufsichtsrates,die Werke weiterhin zu betreten,
forderte mich Herr Werlin auf, in den Räumen der Firma zu Besprechungen zu erscheinen,und protestierte auf diese Weise gegen das
mir angetane Unrecht.
Herr Werlin hat allein durch seine mir von ihm angediehene gross-
zügige Behandlung bewiesen,dass er die Rassenpolitik der Partei
                                                    ablehnte.

Archiv der DBAG, Werlin 8, Eidesstattliche Erklärung von Dr. Otto Hoppe (ohne Datum)
(Ausschnitt).

J.WERLIN
MÜNCHEN

München, den 29. Januar 1936.
Ritter von Epp-Platz Nr. 9.

Herrn
Direktor Dr.W. K i s s e l,
Daimler-Benz Aktiengesellschaft
Stuttgart-Untertürkheim.

Betr.: Ihr Schreiben vom 11.Januar 1936.

Sehr geehrter Herr Kissel !

    Auf Ihr obiges Schreiben zurückkommend teile
ich Ihnen folgendes mit :

I. Herr Obergruppenführer DIETRICH,Berlin -2,9 Liter-
   Roadster RM 7.250.-

    Dieses Fahrzeug wurde mit einem Nachlass
von 5o %(Sonderausstattung dabei kostenlos) geliefert.
Ich habe den Fall damals persönlich vorgetragen und darauf hingewiesen, dass wir bei Herrn Obergruppenführer
DIETRICH dasselbe Entgegenkommen zeigen müssen, wie bei
den Anschaffungen des Herrn Minister GOERING.

    Ich darf darauf hinweisen,dass die Adolf
Hitler Leibstandarte für 1,3 Millionen Mark Fahrzeuge
bei uns gekauft hat. Ein weiterer Auftrag von 2 Millionen
Mark wird im Etatjahr 1936 vorgesehen.

II. Kanzlei des Führers - 2,9 Liter Pullman-Limousine
   RM 7.050.-.

    Dieser Wagen wurde mit einem Nachlass von
ca 25% verkauft.-Wir sind damals übereingekommen,die
Wagen des Führers mit 25% Nachlass zu berechnen.

-2-

-2-

Herrn Direktor Dr.W.K i s s e l,Stuttgart-Untertürkheim.

    III. Kanzlei des Führers - 2,9 Liter offen für den Adjutan-
ten,Herrn Hauptmann WIEDEMANN, RM 7.425.-

    Dieser Fall wurde analog, wie der vorstehende, be-
handelt.

Im Falle

    Fräulein Leni RIEFENSTAHL - 2,9 Ltr.2-sitziges Cabriolet
steht die Angelegenheit wie folgt :

    Wie Ihnen bekannt ist, hat der Führer für Fräulein Rie-
fenstahl ein 2,9 Liter-Cabriolet "A" gekauft, das RM 13.000.-
brutto kostet.

    Wir hatten damals die Absicht, dieses Fahrzeug Fräulein
Riefenstahl für ihre vorzüglichen Aufnahmen anlässlich des
Reichsparteitages kostenlos in Umtausch gegen ein 2 Liter-Road-
ster zu überlassen. DerFührer wünschte es jedoch nicht,sondern
hat den Wagen von sich aus Fräulein Riefenstahl zum Geschenk
gemacht.

    Ich wollte damals den Wagen mit 5o% Nachlass liefern,was
der Führer jedoch ablehnte.Er erklärte sich bereit, für den
Wagen RM 1o.ooo.- zu bezahlen und haben wir diesen Nachlass
bei den Fällen KANNENBERG und WIEDEMANN analog eingerechnet.

    Wir werden auch künftighin die Wagen für den Führer mit
25% Nachlass berechnen.

    Ich hoffe Sie hiermit aufgeklärt zu haben und begrüsse
Sie

                     freundschaftlichst !

Archiv der DBAG, Kissel XIV,28, Werlin an Kissel vom 29.1.1936.

VD Bo/J .   U.T., 19.7.1932.

                    Herrn Direktor K i s s e l .
                    - - - - - - - - - - - - - - - -

                        Mohn.

Betr.: N.S.D.A.P., ~~Pforzheim.~~

        Der Wagen, Komm.Nr. 61379, WO 7 offen, wurde am
16. Januar 1931 gekauft und geliefert am 4.5.1931; Preis
RM. 38.000.-, zahlbar RM. 10.000.- bei Lieferung, der Rest von
RM. 28.000.- innerhalb 18 Monaten in Raten ohne Zinsvergütung.
Bezahlt wurden bis jetzt:

        am 9.5.1931 . . . . . RM. 10.000.- und

        am 21.10.1931 . . . RM. 3.000.- .

                                Verkauf:

Archiv der DBAG, Werlin 4,46, VD Bo/J. an Kissel vom 19.7.1932.

1. Dez. 32.

Herrn

Direktor Wilhelm KISSEL,
m.Brf. Daimler-Benz Aktiengesellschaft,
Stuttgart - Untertürkheim.

Betr.: Komm. 61 379, WO 7 offen Wagen des Herrn Adolf HITLER, München.

Sehr verehrter Herr Direktor Kissel !

Da ich Ihrer Anweisung gemäss bezüglich der
noch offenen Restzahlung nichts unternehmen soll, ohne mich vorher
mit Ihnen in Verbindung zu setzen, erlaube ich mir Ihnen folgendes
mitzuteilen:

Auf obige Kommission wurden bisher bezahlt:

am 9.5.1931   RM. 10.000.--
 " 21.10.1931   "   3.000.--

Nach meiner Kenntnis stehen noch   RM. 7.000.-- offen .Der ver -
bleibende Rest von RM. 5.000.-- soll durch Inserate im "Völkischen
Beobachter " verrechnet werden.Schriftliche Aufzeichnungen hierüber
liegen hier nicht vor.

Ich habe gestern den Adjudanten,Herrn HESS,ge-
beten,doch einmal wenigstens dafür zu sorgen,dass der Verlag des
"Völkischen Beobachter" durch Herrn HITLER entsprechend benachrich-
tigt wird,denn der Verlag weigert sich,die Inserate in Gegenrechnung
aufzunehmen,da ihm von einer diesbezüglichen Abmachung nichts be -
kannt ist.Offenbar hat Herr HITLER im Drange der Geschäfte übersehen,
den Verlag zu benachrichtigen .

./.

-2-

Ich möchte die Angelegenheit nun durch den Adjudanten,Herrn HESS,erledigen lassen,der mir auch seine Unterstützung zugesagt hat.HITLER selbst ist ja nie mehr zu erreichen. Er hält sich auch gegenwärtig wieder in Berlin auf.

Ich wäre Ihnen,sehr verehrter Herr Direktor Kissel, sehr verbunden,wenn Sie mir die notwendigen Unterlagen zur Verfügung stellen könnten und evtl. selbst ein entsprechendes Schreiben an

Herrn Rudolf HESS,München,Briennerstr. 45,Braunes Haus richten würden.Herr HESS hat mir zugesagt,dass er die Angelegenheit dann seinem Chef persönlich vortragen will.Auf diese Weise hoffe ich am ehesten eine Erledigung herbeiführen zu können.

Mit hochachtungsvoller Begrüssung
Ihr sehr ergebener

Archiv der DBAG, Werlin 4,46, (Werlin?) an Kissel vom 1.12.1932.

.DAIMLER-BENZ-AKTIENGESELLSCHAFT
DIREKTION

Direktor W.Kissel.
DRAHTANSCHRIFT: DAIMLERBENZ

STUTTGART-UNTERTÜRKHEIM

Ki/Ra.

DEN 2.Dezember 1932.

Herrn

Jakob W e r l i n ,
Leiter der Verkaufstelle München,

M ü n c h e n .
- - - - - - - - - - - -

trifft: Komm.Nr.61379, WO 7 offener Wagen des Herrn Adolf H i t l e r ,
München.

Sehr geehrter Herr Werlin !

Ihr geschätztes Schreiben vom 1.d.Mts. habe ich erhalten. Ihre Auffassung bezüglich des Ausgleiches unserer Gegenfor-
derung für den an Herrn Adolf Hitler gelieferten "Großen Mercedes"
ist richtig. Weitere Unterlagen kann und möchte ich Ihnen nicht zur
Verfügung stellen. Ich möchte auch zunächst davon Abstand nehmen, schriftlich zu mahnen. Ich halte es für am besten, wenn Sie, wie geschehen,
durch persönliche Bemühungen versuchen, die Angelegenheit sobald wie
möglich zu ordnen, d.h., es muß versucht werden, die noch ausstehende
restliche Zahlung in Höhe von RM.7.000.-- zu erhalten , und ferner die
Zustimmung zu bekommen, dass wir dem "Völkischen Beobachter" Inserate
im Werte von RM.5.000.-- zuteilen dürfen.

Ich hoffe, dass Ihre Bemühungen recht bald sichtbare
Erfolge bringen mögen !

Indem ich Sie bestens begrüsse, zeichne ich

ergebenst

Archiv der DBAG, Werlin 4,46, Kissel an Werlin vom 2.12.1932.

H.Dr.v.Viebahn Durchschrift

4. Juni 1937
Dr. Ki/B

Herrn Geheimrat Dr. A l l m e r s,
1. Vorsitzender des Reichsverbandes
der Automobilindustrie e.V.
Berlin-Charl'burg 2
Hardenbergstr.8

Sehr geehrter Herr Geheimrat!

Ich komme zurück auf die Besprechung, welche ich kürzlich mit Ihnen
hatte bezüglich der Berechnung und Bezahlung der Motoren für das
Motorboot des Herrn Generaloberst G ö r i n g. Wie ich Ihnen bei
der Aussprache darlegte, wäre ich Ihnen außerordentlich verbunden,
wenn Sie es ermöglichen könnten, daß wir für die Motoren wenigstens
den Preis bekommen, den uns die Reichsbahn bezahlt zuzüglich der
Selbstmehrkosten für die Extra-Ausrüstung. Damit Sie in dieser
Hinsicht klar sehen, erlaube ich mir, Ihnen einliegend eine Aufstellung zu übermitteln, aus welcher Sie ersehen können, welchen Preis
uns die Reichsbahn für die Motoren bezahlt, und aus welcher Sie des
weiteren entnehmen können, wie sich der Selbstkostenpreis für die
von uns für das Boot gelieferten Motoren errechnet. Sie können daraus ersehen, daß wir also für die Motoren-Anlage mit Zutaten an
Selbstkosten

RM 74.610.-

fordern müssen.

Ich bitte Sie an dieser Stelle nochmals, bemüht zu bleiben, daß uns
wenigstens diese Selbstkosten vergütet werden. Ich darf wohl annehmen, daß die Automobilindustrie so viel übrig hat, daß man uns
nicht zumutet, im vorliegenden Falle Verluste zu tragen.-

Gleichzeitig gestatte ich mir, Sie davon zu unterrichten, daß der
Generalinspektor für das deutsche Straßenwesen, Herr Dr.-Ing. Fritz
T o d t, den Wunsch hat, sein jetziges, vom RdA gestiftetes 2,9
Ltr. Cabriolet, 4-türig, 4-fenstrig, in ein 3,2 Ltr. gleicher Art
umzutauschen. Wenn wir auch hier den Umtausch zu Selbstkosten aus-
führen, so ist doch eine Zuzahlung von RM 4000.- nötig. Da das 2,9
Ltr. Cabriolet, wie Ihnen bekannt, vom RdA gestiftet wurde, darf ich —

.·/.

Herrn Geheimrat Dr. Allmers, Berlin-Charl'burg   4.6.37
-2-

wohl annehmen, daß der RdA auch die Zuzahlung, die für den Umtausch
nötig ist, mit RM 4000.-, wie angegeben, übernimmt. Wenn ich Ihnen
schon jetzt die Ziffer von RM 4000.- sage, so nicht deshalb, weil
sie reichlich hoch bemessen ist, sondern weil ich entschlossen bin,
das, was zu diesem Betrag noch zuzuzahlen ist, meine Firma übernehmen
zu lassen.

Indem ich Ihrer geschätzten Rückäußerung gern entgegensehe, zeichne
ich, stets gern zu Ihren Diensten, mit

                              Heil Hitler!
                              ergebenst

                         gez. W.Kissel

1 Aufstellung

Herrn Geheimrat Dr. Allmers, Berlin-Charl'burg   4.6.37

                    _ _ A u f s t e l l u n g. _ _

Selbstkostenzusammenstellung der Bootsmotorenausrüstung
für neue Motoryacht des Herrn Ministerpräsidenten G ö r i n g.

1.) 1 Motor OM 85 in Sonderausführung   RM 31.420.-
2.) 2 Motoren BOM 54 in Sonderausführung à 7045.- =   14.090.-
3.) 1 kompl. Ausstattung der Motoren für den Sonder-
    zweck (Wendegetriebe, Befestigungselemente,
    Nebenorgane, Sonderwerkzeuge etc.)   27.500.-
4.) Einbauarbeiten   _____1.600.-_____
                                            __RM_74.610.-__

Archiv der DBAG, Kissel XIV,27, Kissel an Allmers vom 4.6.1937.

Direktion
7.Ki/Ra.

Herrn Prokurist L ö w.

    Da bezüglich der Lieferung des 3,8 Liters für Herrn Ministerpräsident G ö r i n g, besonders wegen Preis und Zahlungsbedingungen, noch Verhandlungen hätten gepflogen werden müssen, deren Ausgang nicht vorabzusehen gewesen wäre, haben wir uns entschlossen, Herrn Ministerpräsident Göring anlässlich seines 41.Geburtstages unseren Wagen quasi leihweise zur Benützung zu übergeben. Das diesbezügliche Schreiben ist in Berlin ausgefertigt worden; sie erhalten davon anbei Abschrift. Dasselbe ist die Grundlage für die Übergabe des Fahrzeuges an Herrn Ministerpräsident Göring und für die weitere Behandlung dieser Angelegenheit.

    U.T.,den 16.1.34.

                  gez. Kissel.

1 Anlage 1

Archiv der DBAG, Kissel XIV,27, Kissel an Löw vom 16.1.1934.

17.April 1936.

Herrn   Dir.Sr./Els.

Brigadeführer S c h r e c k
z.Zt.Daimler-Benz A.-G.

S i n d e l f i n g e n .

Sehr geehrter Herr Schreck!

        Damit Sie über die technischen Einzelheiten der
Wagen, welche unser Führer benützt, insbesondere über den neuen
5,4 Ltr.-Wagen genau unterrichtet sind, geben wir Ihnen vorsorglich
hiermit nocheinmal die technischen Daten in Gegenüberstellung wie
folgt auf:

	Nürburg-Wagen	Großer Mercedes	5,4 Ltr.-Wagen
1) Motor.			
Hubvolumen	5 Ltr.	7,7 Ltr.	5,4 Ltr.
Bohrung	82,5 mm	95 mm	108 mm
Hub	115 "	135 "	111 "
Zylinderzahl	8	8	8
max.Tourenzahl	3100	3000	3400
Kompressor	ohne Kompr.	mit Kompr.	mit Kompr.
Ventile	stehend	hängend	hängend
Brennstoff-förderung	Pumpe	Unterdruck-förderer	Pumpe, vielleicht später Unterdr.Förd.
2) Chassis.			
Radstand	3670 mm	3750 mm	3880 mm
Spurweite	1485 mm	1500 mm	1535 mm vorn 1590 mm hinten

Herrn Brigadeführer Schreck.   17.4.36.   2

	Nürburg-Wagen	Großer Mercedes	5,4 Ltr.-Wagen
Wendekreis	14,8 m	15,0 m	13,5 m
Bodenabstand	190 mm	200 mm	200 mm
Bereifung	6,5/20	7,0/20	7,5/17
Laufräder	Rudgenaben	Rudgenaben	Rudgenaben
Lenkung	Ross	Daimler-Benz	Daimler-Benz
Kupplung	Einscheiben-kupplung	Zweischeiben-kupplung	Einscheiben-kupplung
Getriebe	4-Gang plus Schnellgang	4-Gang plus Schnellgang	4-Gang, 2.,3.u.4.Gang synchronisiert 3.u.4.Gang halbautomat. schaltbar
Vorderachse	starr	starr	starr mit Stabilisator
Hinterachse	starr	starr	Doppelgelenk-achse, halb-starr mit Stabilisator
Bremsen	Gestänge-Bremse	Gestänge-Bremse	hydraulische Bremse
Federn	Halbelliptik vorn u.hint.	Halbelliptik vorn u.hint.	Halbelliptik vorn, Spiralfedern hinten
Brennstoff reicht für	ca.400 km	350-400 km	ca.500 km
Geschwindigkeit	ca.120 km	ca.160 km	ca.140 km

Die hauptsächlichsten Vorteile des neuen Wagens sind:

1) Mindestens 15 cm tiefere Schwerpunktlage als alle andern Wagen.

2) 3 synchronisierte geräuschlose Gänge, wovon der 3.und 4.Gang halbautomatisch geschaltet werden kann.
Die Untersetzung des 2.Ganges ist so, daß sie noch etwas günstiger ist als beim Nürburg-Wagen, sodaß angenommen werden kann, daß der neue Wagen sicher mit dem 2.Gang den Obersalzberg befahren kann.

3) Sehr große karossable Länge, für 7 Personen plus Gepäck reichlich bemessen.

Herrn Brigadeführer Schreck.   17.4.36.   3

4) Gute Bergsteigefähigkeit.

5) Ausgezeichnete Federung, speziell der Hinterachse, erreicht durch die halbstarre Doppelgelenkahhse.

6) Kurvenfestigkeit durch Anbringung der Stabilisatoren.

7) Ausgezeichnete Straßenlage, weil tiefer Schwerpunkt und sehr geringe, unabgefederte Massen der Hinterachse.

Wir begrüßen Sie mit

Heil Hitler!

Daimler-Benz Aktiengesellschaft

Archiv der DBAG, Kissel XIV,28, DBAG an Brigadeführer Schreck vom 17.4.1936.

Abschrift

Dr. Haspel
1909
        . D a i m l e r - B e n z A k t i e n g e s e l l s c h a f t
              S i n d e l f i n g e n

Geschäftsleitung
     H/S.   Sindelfingen, den 30.Oktober 33

betr.: Besuch des Führers im Werk Sindelfingen am 28.10.33

                         S.H.

                         Herrn
                         Direktor Dr. W. K i s s e l
                         i/Hause Daimler-Benz Aktiengesellschaft

                              Unterturkheim
                              - - - - - - - - - - - - - -

Sehr verehrter Herr Dr. Kissel,

              wie ich mir bereits am Samstag erlaubt
habe, Ihnen telefonisch zu sagen, hatten wir die große Ehre,
am Samstag nachmittag ganz unerwartet den Besuch des Führers
in Sindelfingen zu haben.

              Am Samstag vormittag rief Herr Werlin aus
München an, ob es eventl. möglich wäre, dem Herrn Reichskanzler
seinen in Arbeit befindlichen Nürburg-Wagen zu zeigen. Er halte
es nicht für ausgeschlossen, daß er anläßlich der Anwesenheit
des Herrn Reichskanzlers in Stuttgart dies unter Umständen möglich machen könnte. Ich habe daraufhin sofort zurücktelefoniert,
daß wir leider von einer Besichtigung abraten müßten, weil der
Wagen noch vollständig unfertig sei, die Polsterung herausge-
rissen, Kühler ausgewechselt, die Kotflügel erst gespachtelt
u.s.w. In diesem Zustand wollte ich den Wagen auf keinen Fall
zeigen. Herr Werlin nahm davon Kenntnis und verzichtete auf ein
diesbezügliches Vorhaben.

              Ich war am Samstag Nachmittag zufällig im
Werk, da wir auf 1/2 3 Uhr eine Sitzung in Buchhaltungsangele-
genheiten angesetzt hatten. Bei dieser Gelegenheit erfuhr ich,
daß Herr Schreck mit 3 Wagen eingefahren sei, die zu waschen
waren. Der Herr Schreck fuhr um 1/2 3Uhr hier weg, da der Führer
um 1/2 3 Uhr angeblich in Böblingen ankommen sollte. Dies hatten
wir bis dahin nicht gewußt. Daraufhin ließ ich das Werk befla(g)-
gen, fuhr dann ebenfalls auf den Flughafen nach Böblingen herüber, um dem Empfang zuzusehen.

                                              -2-

- 2 -

Der Führer ging, nachdem das Flugzeug gelandet war, direkt
zu seinem Wagen, ohne die aufgestellten Formationen u.s.w. zu begrüßen. Nun winkte mir Herr Schreck auf einmal zu kommen. Ich wurde
dem Führer vorgestellt, er erkundigte sich noch bei seiner Begleitun
wieviel Zeit zur Verfügung stehe und äusserte dann den Wunsch, unser
Werk zu sehen. Offenbar hat also Herr Schreck in den paar Minuten,
die zur Verfügung standen, ihn überredet, diesen Besuch zu machen.-
Der Führer fuhr dann, gefolgt von seiner Begleitung herüber, ich
kam ebenfalls gerade noch rechtzeitig an und begleitete dann den
Herrn Reichskanzler.

Es schlossen sich der Herr Reichsstatthalter und das unmitte
bare Gefolge des Herrn Reichskanzlers an, ich zeigte dem Führer zunächst nolens volens den Nürburg-Wagen. Wir besprachen noch einige
Details, wie die Ausführung der Polsterung, die Anbringung des
Drehzahl-Messers, auf den er offenbar sehr großen Wert legt, und
sonstige Kleinigkeiten. Der Führer nahm sich dann weiter Zeit. Ich
konnte ihm noch den ganzen Bau 2 zeigen, sowohl die Fertigmontage
der Karosserien, als auch den Gerippe-Zusammenbau und die Beble-
chung. Sodann zeigte ich ihm unsere Neubauten, zuletzt besichtigte
er mit großem Interesse das Preßwerk, insbesondere die zuletzt auf-
gestellte neue, große Presse.

Der Führer war sehr ernst und sprach selbst relativ wenig.
Er sah sich aber mit sichtlichem großen Interesse unsere Fabrikation
an. Er gab der Freude Ausdruck, daß insbesondere unser Karosserie-
bau großen Wert auf Formen legt, die er mit dem schönen Kleid einer
Frau verglich. Früher sei dies nicht der Fall gewesen, aber hierin
sei Erfreuliches geleistet worden.

Die 1,3 L. Karosserie, die er sah, interessierte ihn besonders. Wir haben uns aber dabei nur sehr kurz aufgehalten. Wenn
wir natürlich von dem Besuch vorher gewußt hätten, hätten wir diese
Karosserie wegstellen lassen.

Zuletzt erwähnte er noch, daß nun ein ganz großes, gigan-
tisches Projekt verwirklicht werde, nämlich die Erzeugung von syn-
thetischem Benzin in großem Maßstab, nachdem eine Einigung mit der
J.-G. herbeigeführt sei.

-3-

Im Laufe der Besichtigung habe ich dem Führer gesagt,
daß wir in Sindelfingen in diesem Jahr eine sehr erfreuliche
Entwicklung nach oben genommen hätten, daß wir von rund 1200
Arbeitern auf 3000 Mann heraufgeklettert seien und auch heute
in den Herbstmonaten, wo wir früher hatten die Hälfte unserer
Belegschaft entlassen und mit der verbleibenden Hälfte kurzar-
beiten mußten, mit unserer ganzen Belegschaft so gut wie voll
arbeiten.

Naturgemäß waren am Samstag nachmittag nur ganz wenig
Leute im Werk. Auf der Baustelle im Preßwerk wurde gearbeitet.
Eine große Freude spielte sich in den Mienen des Kanzlers wider,
als diese Bauarbeiter und die Arbeiter an den großen Pressen
ihn mit dem deutschen Gruß begrüßten.

Nach Besichtigung des Preßwerks verabschiedete sich der
Führer. Er habe sich gefreut, diese schöne Entwicklung zu sehen,
wir möchten so weiterfahren. Er sagte mir dann noch, die schwerste Arbeit stünde nun erst bevor. Dann fuhr der Führer mit seinem
Gefolge nach Stuttgart. Der ganze Besuch hat ca 3/4 Stunden ge-
dauert.

So gänzlich unvorbereitet einerseits alles kam, so sehr
haben wir uns andererseits über diese Auszeichnung gefreut. Wir
erblicken darin, daß der Führer seine kostbare Zeit für einen
Besuch bei uns geopfert hat, ein Zeichen seiner besonderen
Anhänglichkeit an den Konzern und seiner Zufriedenheit mit seinen Mercedes-Wagen.

Heil H i t l e r !

gez.   W. Haspel

Archiv der DBAG, Kissel XIV,1, Haspel an Kissel vom 30.10.1933.

4 4 38

Deutsche Betriebsführer! Unser Dank ein freudiges " JA " !
- -
von Dr.Ing.e.h. W. K i s s e l
Vorsitzer des Vorstandes der Daimler-Benz Aktiengesellschaft

Deutsche Betriebsführer, gedenkt der Zeit, als Eure Betriebe noch
von Zank und Streit,erfüllt waren, als Eure Gefolgschaften von
marxistischen Theorien und Prinzipien zerrissen waren, als die Kraft
und Intelligenz sich in einem alles zerstörenden Klassenkampf zer-
splitterte und die Arbeit als ein fluchwürdiges Uebel betrachtet
wurde, als Misstrauen und Verhetzung, Reibungen, Disziplinlosigkeit
und Widerstand an der Tagesordnung waren und eine innere Spaltung
die Menschen unfroh und unfrei machte! Einer wich dem andern aus,
in dem Bestreben, sich gegenseitig ja nicht kennen und verstehen
zu lernen. Das waren die verderblichen Grundsätze der Zusammenarbeit
jener Tage. Denkt daran, wie die Werke und Fabriken unter dem
Mangel an Arbeit litten, wie die Hallen und Räume mehr und mehr ver-
ödeten, die Maschinen stillagen, die Umsätze zusammenschrumpften und
Betriebe zusammenbrachen! Das Chaos stand vor der Tür. Kein Betriebsführer wird jene Zeit vergessen, in welcher die Zertissen-
heit der Parteien und das Treiben der Gewerkschaften einen Zusammen-
halt und eine Zusammenfassung der Kräfte in den Betrieben unmöglich
machte.

Wie anders ist es jetzt geworden, wie völlig anders! Der Mensch
hat zum Menschen gefunden. Betriebsführer und Arbeiter und die
Arbeitskameraden untereinander schauen sich frei und froh in die
Augen. Das gegenseitige Vertrauen und das Bewusstsein des Wertes
der eigenen Arbeit hat eine Werksgemeinschaft geschmiedet, die
zugleich stärkster und bester Träger gesteigerter Arbeitsleistung
ist. Der schöne Ausspruch unseres Führers, dass es keinen grösseren
Adel als den der Arbeit gibt, ist zu wunderbarer Wirklichkeit geworden. Die Werkstätten haben sich mit freudig schaffenden und zu-
friedenen Menschen gefüllt, die in Ihnen ihren Arbeitskameraden
und Helfer sehen, die Treue mit Treue vergelten.

Das Lied der Arbeit dröhnt aus Hämmern und Maschinen, die Schorn-
steine rauchen wieder, die Produktion läuft und die deutsche
Wirtschaft befindet sich in einem fortwährenden Aufstieg.

-2-

-2-

In diesem unerhörten Wandel sehen Sie die Tat und das Werk unseres
Führers, erkennen Sie daraus aber auch die grosse Dankesschuld,
die alle arbeitenden Deutschen ihm für alle Zeiten verpflichtet.
So möge der 10.April für uns alle eine Gelegenheit sein, unserem
Führer, der uns durch die Heimkehr der Ostmark ins Reich ein
neues grosses Geschenk gab, mit unserem "JA" zu danken und unsere
unlösbare Verbundenheit mit ihm und seinem Werk zu bezeugen!

                                                gez.Kissel.
Stgt.-Untertürkheim, den 4.April 1938.

Archiv der DBAG, Kissel XII,9, Deutsche Betriebsführer! Unser Dank ein freudiges
,,JA''! von Kissel am 4.4.1938.

Wilhelm N o l d   Stuttgart, 13.Sept.1946
                                     Landhausstr.126

E r k l ä r u n g
───────────────

Als Leiter der sogenannten Grundstücksabteilung der Daimler-
Benz AG hatte ich Mietverträge usw. über Fabrikationsräume
abzuschliessen. Dieser Umstand ist dem Vertreter der öffentlichen
Anklage, Herrn Regierungsrat Kraft, bekannt.

Die Genehmigung zur Jnanspruchnahme von Fabrikantionsflächen
von einer bestimmten Grösse an oblag der Gauleitung. Jch hatte
deshalb dort häufig zu tun. Gauschatzmeister Vogt hatte mich
im Sommer 1943 in ultimativer Form in das Haus der DAF, Stuttgart,
Rotestrasse geladen, weil ich ohne die erforderliche Genehmigung
eine grosse Halle in Gauingen angemietet hatte. Jch traf Vogt
nicht an, es wurde mir bedeutet, ich solle versuchen ihn im
Vorzimmer des Gauleiters Murr zu erreichen. Jch traf ihn dort,
auf den Gauleiter wartend. Vogt liess mich warten, in der Meinung,
ich käme für die Firma Hahn und Kolb, fälschlicherweise. Unmittelbar darauf kam der Gauleiter in Zivil, warf den Hut auf den Tisch,
hielt seinen Gauschatzmeister aufgeregt am Ärmel und rief:

"Wann hört diese Erzsauerei mit diesem Daimler-Haspel, diesem
reaktionären Juden auf! Gestern Nacht hat mich mein hoher Herr
in Berlin wieder deswegen ablaufen lassen, Du machst Dir keinen
Begriff. Es ist ein Skandal, dass wir uns diesen Kerl seit in
10 Jahren bieten lassen. Der macht immer genau das, was wir nicht
wollen. Dabei wird er immer grösser. Wenn die Gestapo so weiter-
macht, wird der nie gehängt, sondern der hängt noch uns. Jch habe
Beweise."
Gauschatzmeister Vogt erwiderte:
"Jch hätte geglaubt, wir könnten ihn an dem Sonderausschuss-Strick
aufhängen, aber der zieht immer wieder den Kopf aus der Schlinge."

Die letzten Worte fielen schon im Zimmer des Gauleiters nebenan.
Vogt habe ich an dem Tag nicht mehr erreicht.

Diese Erklärung gebe ich an Eidesstatt ab. Von einer öffentlichen
Zeugenvernehmung bitte ich abzusehen.

W. Nold.

Archiv der DBAG, Haspel 25, Erklärung von Wilhelm Nold vom 13.9.1946.

5

DER REICHSMINISTER
FÜR
RÜSTUNG UND KRIEGSPRODUKTION

Berlin W 8 den 5.11.1944
Pariser Platz 3
11 00 52

Herrn
ᛋᛋ-Gruppenführer Fegelein
Führerhauptquartier
= = = = = = = = = =

Lieber Fegelein,

ich bestätige unser Gespräch und gebe
Ihnen nachstehend 2 Punkte aus meinem Führer-
protokoll, mit der Bitte um die besprochene
Erledigung:

1.) Der Führer legt fest, dass Dr. Haspel
und Dir. Karl Werner bis nach Kriegsende
in ihren Stellungen bleiben sollen und
dass ihnen aus der Tatsache ihrer jüdischen Versippung keinerlei Nachteile
erwachsen sollen.

Er erinnert sich daran, dass er seinerzeit bei dem Vorschlag von Dr. Haspel
als Nachfolger von Dr. Kissel von Berlin
auf die jüdische Versippung von Haspel
aufmerksam gemacht worden sei und trotzdem
seine Zustimmung zu dessen Einberufung
gegeben habe.

Er stellt weiter fest, dass Werner bereits
vor der Machtübernahme durch Bereitstellen
von Fahrzeugen von Daimler Benz seine
positive Einstellung zur Bewegung doku-
mentiert habe.

-2-

274

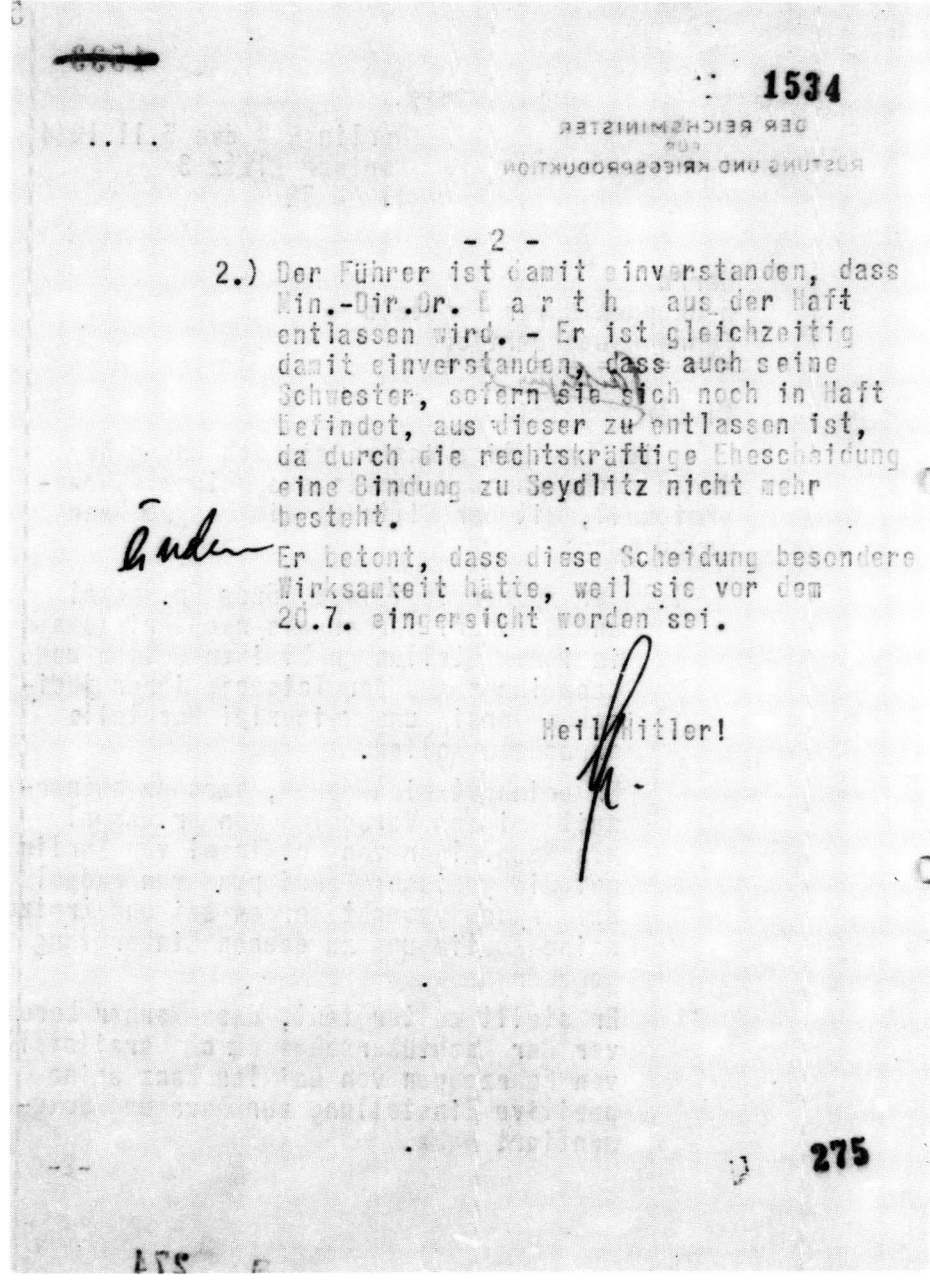

1534

DER REICHSMINISTER
FÜR
RÜSTUNG UND KRIEGSPRODUKTION

- 2 -

2.) Der Führer ist damit einverstanden, dass
Min.-Dir.Dr. B a r t h aus der Haft
entlassen wird. - Er ist gleichzeitig
damit einverstanden, dass auch seine
Schwester, sofern sie sich noch in Haft
befindet, aus dieser zu entlassen ist,
da durch die rechtskräftige Ehescheidung
eine Bindung zu Seydlitz nicht mehr
besteht.

Er betont, dass diese Scheidung besondere
Wirksamkeit hätte, weil sie vor dem
20.7. eingereicht worden sei.

Heil Hitler!

275

BA R3/1578, Reichsminister für Rüstung und Kriegsproduktion an SS-
Gruppenführer Fegelein vom 5.11.1944.

Der Führer legt den Grundstein
zur Volkswagen=Fabrik

Adolf Hitler: Für die breite Masse ist dieser Wagen geschaffen worden. Er soll „KdF.=Wagen" heißen!

dnb. Fallersleben, 26. Mai

In seiner Ansprache an die zur Grundsteinlegung der Volkswagenfabrik in Fallersleben versammelten Zehntausende führte der Führer u. a. aus:

„Als die nationalsozialistische Bewegung im Jahre 1933 zur Macht kam, erschien mir ein Gebiet besonders geeignet, um auf ihm den Kampf gegen die Erwerbslosigkeit aufzunehmen: das Problem der Motorisierung! Hier war das deutsche Volk am meisten zurückgeblieben. Gemessen an den Produktionsziffern nicht nur eines Amerikas, sondern auch anderer europäischer Länder war die deutsche Kraftwagenerzeugung geradezu lächerlich gering geworden: knapp 46 000 Personenwagen in einem Jahr! Das entsprach nicht im entferntesten den Verkehrsbedürfnissen des deutschen Volkes. Es ist verständlich, daß daher in einer Zeit, in der fast sieben Millionen Erwerbslose unser Leben belasteten, gerade auf diesem Gebiet sofort Wandel geschaffen werden mußte.

Der erste Schritt zur Motorisierung galt dabei der Loslösung von der früheren Auffassung, daß das Kraftfahrzeug ein Luxusartikel sei.

Natürlich, wenn in einem Lande nur zwei-, drei- oder vierhuderttausend Kraftfahrzeuge laufen, trifft dies zu. Im deutschen Volk ist der Bedarf aber nicht für zwei- bis dreihunderttausend, sondern für sechs oder sieben Millionen Kraftwagen vorhanden! Entscheidend ist dabei nur, daß Anschaffungs- und Erhaltungskosten dieses modernsten Verkehrsmittels mit den Einkommensverhältnissen des Volkes in die Übereinstimmung gebracht werden!

Man hielt es damals entgegen: „Das ist nicht möglich!" Darauf kann ich nur eine Antwort geben: „Was in anderen Ländern möglich ist, wird auch in Deutschland möglich sein!" Das Wort „unmöglich" hasse ich; es ist zu allen Zeiten das Kennzeichen feiger Menschen gewesen, die es nicht wagten, große Entschlüsse zu verwirklichen.

Der Kraftwagen muß also zu einem Volksverkehrsmittel werden! Da dieses

Ziel mit den Preislagen der bisherigen Wagen nicht erreicht werden konnte, war ich schon vor der Machtübernahme entschlossen, in dem Augenblick, in dem uns die Regierung zufallen würde, sofort mit den Vorarbeiten für die Produktion eines Wagens zu beginnen, bei denen Preis es ihm ermöglicht, ein wirkliches Verkehrsmittel breiterer Massen zu werden. Damit erst hört dann der Kraftwagen auf, ein klassentrennendes Mittel zu sein.

Und noch ein weiterer Grund war es, der mich veranlaßte, der Motorisierung mein besonderes Augenmerk zuzuwenden. Wenn das deutsche Volk alles das, was es an Löhnen für seine Arbeit erhält, nur in Lebensmitteln anlegen wollte, die wir mit unseren 140 Menschen auf einen Quadratkilometer nicht unbegrenzt produzieren können, dann müßte dies zu einer Katastrophe führen. Deshalb ist es notwendig, daß wir die Kaufkraft des deutschen Volkes in andere Richtungen hinlenken.

Das sind Probleme, über die sich allerdings unsere früheren Nationalökonomen ihren Kopf nicht zerbrochen haben. Wir aber müssen diese Gegebenheiten begreifen und die daraus entstehenden Aufgaben lösen. Unter die vielen anderen derartigen Maßnahmen, die dazu dienen, der Kaufkraft des deutschen Volkes ein gleichwertiges Kaufobjekt zu sichern, wird auch der Volkswagen eingereiht! Hier werden jährlich hunderte von Millionen Mark ihre Anlage und die Erfüllung dieser Bedürfnisse können wir befriedigen aus unserer Arbeit und unseren eigenen Rohstoffen, aus unseren Erzen, aus unserer Kohle usw.

Die Bedeutung dieses Werkes in seiner weiteren Auswirkung wird heute noch von den wenigsten erkannt. Der Volkswagen wird für die übrige Automobilerzeugung keine Konkurrenz sein! Denn wer dieses Wagen kauft und keinen Mercedes, der tut es nicht, weil er etwa ein Feind der Daimler-Fabrik ist, sondern weil er sich zum Beispiel einen Mercedes nicht kaufen kann. Es sind sehr einfache, nüchterne Erwägungen, die die

Menschen zwingen, sich den billigeren Produkten zuzuwenden. Wem es möglich ist, sich das Teuere zu kaufen, der tut es ohnehin! Die breite Masse aber kann es nicht!

Für diese breite Masse nun ist dieser Wagen geschaffen worden. Ihrem Verkehrsbedürfnis soll er entsprechen und hier soll er Freude bereiten!

Ich glaube, dieser Wagen kann daher auch nur einen einzigen Namen bekommen, den ich ihm bereits heute geben will. Er soll den Namen der Organisation tragen, die sich am meisten bemüht, die breitesten Massen unseres Volkes mit Freude und damit mit Kraft zu erfüllen:

Er soll „KdF.=Wagen" heißen!

Wenn wir dieses gewaltigste deutsche Automobilwerk errichten, dann soll mit ihm zugleich auch eine vorbildliche deutsche Arbeiterstadt entstehen. Sie soll eine Lehrstätte sowohl der Stadtbaukunst wie der sozialen Siedlung werden. Wir wollen damit zeigen, wie der Nationalsozialismus solche Probleme sieht, wie er sie anpackt und wie er sie löst.

So möchte ich an dieser Stelle auch den Männern danken, die sich um das Gelingen dieses Werkes bemühten: an der Spitze dem Manne der Automobilindustrie, der, seit vielen Jahren an meiner Seite stehend, meine Gedanken überall zu vertreten und damit zu verwirklichen bemüht ist, unserem alten Parteigenossen Jakob Werlin. Und ihnen gesellen sich zwei weitere Männer, die beiden genialen Parteigenossen Ley, dem genialen Konstrukteur Porsche und endlich Herrn Lafferentz. Das sind die Männer, denen im wesentlichen die Verwirklichung dieser gewaltigen Aufgabe zu danken sein wird.

So schreite ich zur Grundsteinlegung eines Werkes, von dem ich überzeugt bin, daß es ein Symbol der nationalsozialistischen Volksgemeinschaft sein wird!"

Nachstehender Vorgang wurde in der beiliegenden Liste über die
Zugehörigkeit unserer Aufsichtsratsmitglieder nicht erwähnt:

Herr Staatsrat Dr. von S t a u ß hat den Vorsitz des Aufsichtsrates am 16. Dezember 1932 niedergelegt und wurde in
der Aufsichtsratssitzung am 4. Juli 1933 wieder zum Vorsitzer gewählt.

Vom 16. Dezember 1932 bis 4. Juli 1933 war Herr Blinzig Vorsitzer des Aufsichtsrates.
In den Geschäftsberichten ist aber Herr Dr. von Stauß laufend
als Vorsitzer des Aufsichtsrates erwähnt worden.

Untertürkheim,den 13. November 1940.

Archiv der DBAG, Kissel XIV,13, Aktennotiz vom 13.11.1940.

Abschrift.

Protokoll

Über die Sitzung des Aufsichtsrates der Daimler-Benz A.G.
am 4.Juli 1933, mittags 12 Uhr, in Stuttgart-Untertürkheim.

Anwesend:

vom Aufsichtsrat die Herren:

Dr.von Stauß,Blinzig, Dr.Jahr, Carp, Dr.von Doertenbach,
Fischer, Harter, Koehler, Lang, Dr.Lohrmann, Dr.Nallinger,
Rohde;

vom Betriebsrat die Herren:

Machowski, Pollmann;

vom Vorstand die Herren:

Dr.Hoppe, Kissel, Dr.Nibel, Schippert, von Hentig,
von Jungenfeld;

ferner:Dr.von Lewinski (Protokoll);

entschuldigt:

Eltse, Marx, Popp, Schmid, Wolff.

- - - - -

Tagesordnung.

1. Aufsichtsrat.
2. Bericht über die Geschäfts-
   und Finanzlage.
3. Verschiedenes.

- - - - -

Herr Blinzig teilt mit, dass er hiermit den Vorsitz im Aufsichtsrat niederlege. Auf seinen Vorschlag wird Herr Dr.von Stauß
zum Vorsitzenden gewählt. Herr Dr.von Stauß übernimmt mit herzlichen
Dankesworten an Herrn Blinzig das Präsidium und schlägt vor, anstelle des aus dem Aufsichtsrat ausgeschiedenen Herrn Dr.Kleemann Herrn
Blinzig zum stellvertretenden Vorsitzenden zu wählen, womit der Aufsichtsrat einverstanden ist. Herr Dr.von Stauß gibt davon Kenntnis,
dass ausser Herrn Dr.Kleemann die Herren Gutmann und Rosin ihre Auf-
sichtsratsmandate zur Verfügung gestellt haben.

√.

Archiv der DBAG, Protokoll der Aufsichtsratssitzung vom 4.7.1933 (Ausschnitt).

Nachruf

Unser Aufsichtsratsmitglied

Hermann Koehler

Direktor der Deutschen Bank, Filiale Stuttgart,

wurde am 8. Oktober 1943 vom Volksgerichtshof in Berlin zum Tode verurteilt.

Das Urteil wurde einige Wochen später vollstreckt.

Herr Koehler gehörte seit 1928 dem Aufsichtsrat unserer Gesellschaft an. In Stuttgart tätig, war er mit unserem Unternehmen besonders eng verbunden und stand uns als Mitglied des Aufsichtsrates mit seinen reichen und vielseitigen Erfahrungen jederzeit zur Seite.

Erst heute können wir ihm nach seinem Tode die gebührende Ehre erweisen. Wir bedauern tiefstens das tragische Geschick, das uns diesen geschätzten Freund und aufrichtigen Mann entrissen hat.

Wir werden seiner immer in Dankbarkeit und Ehrfurcht gedenken.

Aufsichtsrat und Vorstand

der

Daimler-Benz Aktiengesellschaft

Archiv der DBAG, GB 1943/44, Nachruf für Hermann Koehler (veröffentlicht im Jahr 1947).

WALTER KAUFMANN
REPRESENTANTE GENERAL
DE LA
DAIMLER-BENZ AG

SANTIAGO CHILE, 20.1.1967
CASILLA 9650
CABLES MERCEDES BENZ

Herrn
Dr. Heinz Burneleit,
c/o Fa. Daimler-Benz A.G.
Stuttgart - Untertuerkheim

Sehr geehrter Herr Dr. Burneleit:

Im Besitze Ihrer freundlichen Zeilen vom 11. d.M. diene Ihnen, dass ich
gern bereit bin, so gut wie moeglich einen Beitrag zu leisten zu den
Veroeffnetlichungen, welche nunmehr gedacht sind.

So will ich versuchen, Ihnen einige Begebenheiten zu schildern, welche
ich in Erinnerung habe, und die ich fuer genuegend interessant halte.
Sollte mir im Laufe der Zeit noch das eine oder andere Geschehen ein-
fallen, so gebe ich es Ihnen nach.

Zu der Arbeit des Herrn Vogel:

Im Hause Daimler-Benz herrschte waehrend des 3. Reiches und zwar ausgehend von dem seinerzeitigen Generaldirektor, Herrn Dr. h.c. Wilhelm
Kissel, eine durchaus humane und vernuenftige Einstellung gegenueber den
Menschen, welche durch die seinerzeitigen Gesetze belastet waren. Auch
Herr Jakob Werlin wie saemtliche seinerzeitigen Vorstandsmitglieder vertraten eine durchaus menschliche und wuerdige Einstellung, so dass niemand aus dem betreffenden Kreise zu einem Schaden kam, der nicht tragbar
gewesen waere, d.h. die schuetzende Hand des Herrn Kissel usw. war in
allen Faellen wirksam.

Ein besonders tragischer Fall innerhalb des der Firma nahestehenden Per-
sonenkreises spielte sich ab, als das seinerzeitige Mitglied des Aufsichtsrates und leitende Herr der Deutschen Bank, Herr Direktor Koehler,
(ich erinnere mich an den Namen nicht mehr genau, dieser ist aber festzustellen, denn der Bruder des Herrn Koehler war Konstruktions-Chef der
Motorenabteilung) in der Eisenbahn seiner Entruestung ueber die politischen Vorgaenge laut vernehmlich Ausdruck gab, und er deshalb vor den
Staatsgerichtshof gelangte. Er wurde zum Tode verurteilt und lehnte jede
Hilfe, die ihm von mehreren Seiten angeboten wurde, strikte ab, wider-
rief auch nicht seine Aeusserungen und starb auf dem Schafott. Meiner
Erinnerung nach geschah dies etwa im Jahre 1942, denn ich traf seinerzeit Herrn Koehler unmittelbar vor diesem Geschehen auf dem Bahnhof und
konnte die Erregung dieses Mannes aus seinen Aeusserungen feststellen.

Ich weiss nicht, ob es notwendig ist, dass ich auf die Schicksale der
einzelnen betroffenen Angehoerigen des Hauses naeher eingehe und denke,
dass dies auch nicht gewuenscht ist.

Zu der Arbeit des Herrn Dr. Hellwig:

In diesem Zusammenhang faellt es mir schwer, den Anfang zu finden, denn
ich kenne natuerlich eine ganze Menge der Geschehnisse, zurueckgehend
bis zum Jahre 1926. Es ist bedauerlich, dass ich waehrend meines Aufent-
haltes drueben keine Gelegenheit hatte, im Einzelnen darueber zu sprechen, denn ich weiss ja nicht, inwieweit Herr Dr. Hellwig authentisches
Material verfuegbar hat und ich dazu beitragen kann, Luecken irgendwelcher Art auszufuellen.

-2-

Archiv der DBAG, Werksangehörige 11, Kaufmann an Burneleit vom 20.1.1967
(Ausschnitt).

A b s c h r i f t .

An den

Herrn Reichsverkehrsminister,
z.Hd.d.Herrn Ministerialdirektors
Dr. B r a n d e n b u r g

B e r l i n W 8
Wilhelmstrasse 80

Zeichen: K4.746/34   16.2.34.   L/RDT   19.2.34

Betr.: Kleinstkraftwagen.

In Verfolg der Besprechung vom 12.d.Mts. in der obigen Angelegenheit und des dortigen Schreibens vom 16.d.d.Mts. präzisieren
wir die Stellungnahme der deutschen Automobilindustrie zu der Frage der Erteilung eines Auftrages für die Schaffung eines Kleinstkraftwagens an einen hervorragenden Konstrukteur wie folgt:

Die Propagierung eines Kleinstkraftwagens als sog. Volkswagen
seitens der Regierungsstellen, die durch Erteilung eines Auftrages an einen hervorragenden Konstrukteur ohne jeden Zweifel bereits praktische Formen annehmen würde, würde in die Entwicklungs-
tendenzen unserer Werke tief eingreifen. Sie würde u.U. die laufenden und bereits disponierten Produktionen nicht unwesentlich
beeinflussen, da die Käuferschaft in der Erteilung eines Entwicklungsauftrages,der unter gar keinen Umständen geheimgehalten
werden kann, Beschaffungsmöglichkeiten erblicken könnte, die von
der Anschaffung laufender oder bereits in Arbeit genommener Typen
abhalten könnte. Daraus ergibt sich eine tief einschneidende Auswirkung auf die Dispositionen der Werke, die gerade bei einem so
komplizierten Mechanismus, wie es ein Automobil darstellt, auf
sonst ungewöhnlich lange Sicht hinaus getroffen werden müssen.
Aus einer derartigen Sachlage heraus ergeben sich von vornherein
schwerwiegende Bedenken gegen die Erteilung eines Entwicklungsauftrages.

Wenn seitens der Reichsregierung trotz dieser vorgetragenen Bedenken aus übergeordneten Gründen die Erteilung eines Auftrages
für notwendig erachtet werden sollte, wäre als Grundbedingung der
Auftragserteilung die Forderung zu stellen, dass das gesamte gei-
stige Eigentum an der herzustellenden Konstruktion in den Besitz
des Reiches überginge, das dieses Eigentum seinerseits zur freier
Verfügung der einschlägigen Industrie bereitzustellen hätte. Damit würde die Verwendung geschützter Konstruktionseinzelheiten
entfallen, sofern nicht die Schutzrechte abgetreten würden.

-2-

- 2 -

Aber auch bei Erfüllung dieser Forderung würden wir die Erteilung eines Entwicklungsauftrages für ein Kraftfahrzeug für abwe-
gig halten, weil im Falle der positiven Erfüllung der Aufgaben
durch den Konstrukteur aus der Umsetzung in den Produktionsproze-
zess sich die Herstellung eines Einheitswagens ergäbe, der bei
der in völligem Fluss befindlichen Entwicklung des Kraftfahrzeugs
und bei der vielgestaltigen konstruktiven Möglichkeit der Erstellung von Kraftfahrzeugen als unerwünscht zu bezeichnen wäre.
Wenn ein Gebiet dem freien, individuellen Schaffen der Konstrukteure vorbehalten bleiben sollte, so müsste es gerade das Gebiet des Kraftfahrzeugs sein, das so weit entfernt ist von sogenannten Einheitskonstruktionen, wie es eine Vielgestaltigkeit
der Entwicklungsmöglichkeiten gibt, die für den Bau eines derartigen Fahrzeugs vorhanden sind.

Die Heranziehung eines einzelnen Konstrukteurs zur Erfüllung einer derartigen Aufgabe würde nicht den gewaltigen Anstrengungen,
Arbeiten und auch Errungenschaften gerecht werden, welche viele
andere deutsche Automobilkonstrukteure geleistet und errungen
haben und würde infolgedessen die Bevorzugung einer einzelnen
Persönlichkeit zum Schaden anderer, nicht minder berechtigter
bedeuten.

Infolgedessen können wir als Vertreterin der gesamten deutschen
Automobilindustrie und ihrer Konstrukteure die Erteilung eines
derartigen Entwicklungsauftrages nicht befürworten; wir bitten
vielmehr, die Schaffung derartigerFahrzeuge der privaten Initiative der mit diesem Problem bereits seit vielen Jahren befassten
industriellen Werke überlassen zu wollen.

                    Mit deutschem Gruss
          REICHSVERBAND DER AUTOMOBILINDUSTRIE E.V.

Archiv der DBAG, Kissel VII,5, RDA an Reichsverkehrsminister z.Hd.d. Herrn Ministerialdirektors Dr. Brandenburg vom 19.2.1934.

J.WERLIN
MÜNCHEN   München,den 28.Oktober 1936.
                                    Ritter v.Epp-Platz 9.

Herrn
Direktor Dr. Wilhelm KISSEL,
Vorstandsmitglied der Daimler-Benz A.-G.,
Stuttgart – Untertürkheim.

Betrifft: Volkswagen.

Sehr geehrter Herr Doktor Kissel!

    Auf Ihr Schreiben vom 24.ds.Mts. teile ich Ihnen
folgendes mit:

    Am 11.Juni d.J. wurden bekanntlich zwei Versuchs-
wagen in meinem Beisein beim FÜHRER durch Herrn Dr.PORSCHE vorgeführt.

    Bei dieser Gelegenheit wurde besprochen:
  a.) Die bisher aufgelaufenen vom R.D.A. getragenen
      Kosten.
  b.) Die Anfertigung von 30 Versuchswagen, um die Er-
      probung auf breiterer Basis durchführen zu können.

    Der FÜHRER hat sich in Gegenwart des Herrn
Dr.PORSCHE dahin ausgesprochen, dass er die Absicht habe, dem
R.D.A. die bisher aufgelaufenen Kosten zurückzuvergüten.

    Meine Antwort darauf war die, dass der R.D.A.
aus Dankbarkeit dem FÜHRER gegenüber für die bisherige Förderung
der Motorisierung Deutschlands dies wahrscheinlich nicht annehmen würde.

    Bei der in Koblenz stattgefundenen Besprechung
wurde dieser Punkt nochmals zur Sprache gebracht und seitens
des R.D.A. bekanntlich dahin entschieden, dass der R.D.A. diese
Kosten als Einlage bei der evtl. zu gründenden Gesellschaft zur
Verfügung stellen würde.

    Die 30 Versuchswagen hat der FÜHRER persönlich
in Auftrag gegeben und zwar hat Dr.PORSCHE selbst vorgeschlagen,
dass die Fahrzeuge bei uns angefertigt werden sollen.Die Gründe
sind naheliegend.

                            -2-

- 2 -

Dr. PORSCHE berief sich darauf, dass die Firma
Daimler-Benz die meisten Vorarbeiten geleistet habe und da
sich die Versuchs-Abteilung am gleichen Platze befindet,ver-
sprach sich Dr.PORSCHE auch eine reibungslosere und raschere
Abwicklung.

Der FÜHRER hat sich damit einverstanden erklärt und
noch hinzugefügt, dass er diese 30 Wagen selbst bezahlen
werde. Somit handelt es sich eindeutig um einen vom FÜHRER
selbst an uns erteilten Auftrag.

Bei meiner Anwesenheit in Obersalzberg vom 23.
bis 25.Oktober brachte ich die Angelegenheit beim FÜHRER erneut zur Sprache und wies darauf hin, dass sich nun auch die
Auto-Union und Adler-Werke für die Anfertigung der Versuchswagen interessieren.

Der FÜHRER hat, wie vorauszusehen war, nochmals bestätigt, dass die Anfertigung der Versuchswagen in einer Hand
bleiben solle.

Der FÜHRER fügte noch hinzu, dass er die in Aussich·
genommene gemeinsame Besprechung mit den Herren der Industrie
sobald als möglich herbeiführen werde. Dies war bisher aus dem
Grunde nicht möglich, weil gegenwärtig täglich hochwichtige
Besprechungen stattfinden.

Ich stelle Ihnen, verehrter Herr KISSEL, frei,
diese meine Mitteilung so zu verwerten, wie Sie es für gut
finden. Selbstverständlich stehe ich für die Richtigkeit voll
und ganz ein. In meiner Vertrauensstellung, die ich beim
FÜHRER einnehme, bedarf der Reichsverband meiner Ansicht nach
keine Bestätigung; im anderen Falle kann er sich dieselbe
in der Reichskanzlei selbst einholen.

Durchschlag dieses Briefes sandte ich an die
Reichskanzlei.

                        Heil Hitler!

Archiv der DBAG, Kissel VII,5, Werlin an Kissel vom 28.10.1936.

Bayerische Motoren Werke
Aktiengesellschaft

Direktion

TELEGRAMM-ADRESSE
BAYERNMOTOR

FERNSPRECHER Nr 33737

MÜNCHEN 13.   5.Juni 1934.
LERCHENAUERSTR 76

D Po/Hfm.   6 JUN 1934

J.-Nr.P 4319 p

Herrn

    Dr. W. K i s s e l ,

Vorstandsmitglied der Daimler-Benz A.G.,

            Stuttgart - Untertürkheim.
            - - - - - - - - - - - - - - - -

        Lieber Herr Kissel !

    In der Beilage sende ich Ihnen Durchschlag meines
Schreibens an Geheimrat Allmers in Angelegenheit des Volkswagens.

        Ich möchte gerne, dass wir uns in dieser Frage ver-
ständigen; denn ich fürchte sonst, dass in der ganzen Angelegenheit Opel der lachende Erbe wird.

    Ich bin mir völlig klar darüber, dass nur Opel in
der Lage ist, den billigsten Wagen herauszubringen, da er
für eine Leistung von 500 Wagen in einer Schicht pro Tag
eingerichtet ist. Er kann also in zwei Schichten pro Tag
rund 1000 Wagen erzeugen. Man müsste mindestens 100 Millionen Mark in die Hand nehmen, um eine gleich leistungsfähige
Kleinwagenfabrik wie Opel zu errichten. Dies wäre wieder
volkswirtschaftlich ein Unsinn, da der Markt in Deutschland
nicht so gross ist und werden wird, dass zwei Fabriken
einer derartigen Kapazität nebeneinander existieren können

                                            ./.

zu Brief an Herrn Dr.Kissel, Stuttgart-Untertürkheim / 5.6.34.

bezw. den äussersten Preis erreichen können.

    Ich halte es für völlig unrichtig, wenn der RDA
sich in der Weise mit dem Problem belastet, dass er Herrn
Dr.Porsche oder sonst irgend jemand mit der Konstruktion
eines Wagens beauftragt; denn damit würde die deutsche Automobilindustrie zugeben, dass sie bisher geschlafen hat und
nicht die richtigen Kleinwagen konstruiert hätte. Dies ist
aber völlig unsinnig; denn es gibt genügend Kleinwagen-Kon-
struktionen und es wird immer genügend geben, auch zum entsprechenden Preis, wenn der nötige Absatz gegeben ist. Dieser
Absatz kann aber nur entstehen, wenn die Betriebskosten ge-
senkt werden und dies ist Aufgabe der Regierung. Wir müssen
also den Ball der Regierung zuwerfen und ihr beweisen, dass
es nur an ihr liegt, den Absatz zu fördern und durch gesteigerten Absatz die Anschaffungskosten des Kleinwagens zu verringern. Mit der Konstruktion hat dies garnichts zu tun. Diese
muss der freien Konkurrenz der Firmen überlassen werden und
dem jeweiligen Stand der Technik Rechnung tragen.

    Wir müssen den Mut aufbringen, den Behörden und
damit auch dem Führer reinen Wein einzuschenken; denn sonst
ist die Automobilindustrie diejenige, auf welche das Odium
der Unfähigkeit fällt.

    Es kommt aber noch etwas anderes dazu, was in
meinen Augen von grösster Bedeutung ist. Bringt der RDA

                                                   ./.

zu Brief an Herrn Dr.Kissel, Stuttgart-Untertürkheim / 5.6.34.

einen konstruktiven Vorschlag für einen solchen Wagen, so
wird Opel diejenige Firma sein, die diesen Wagen am billigsten und am schnellsten herstellen kann. Es würde dann der
geradezu groteske Zustand entstehen, dass dieser Opel-Wagen
nicht mehr als Opel-Wagen auf den Markt käme, sondern als
"deutscher Volkswagen", der eine besondere Förderung durch
die Behörden und durch die öffentliche Meinung bekommen
würde. Die Position von Opel würde dadurch unerhört verbessert werden und wir alle würden auf das schwerste geschädigt.

     Wenn Sie den Omnibus-Gedanken, wie ich ihn
brachte, lieber Herr Kissel, richtig auffassen, dann kann
dies für Daimler-Benz von grösster Bedeutung sein; denn
Daimler-Benz hat einen so grossen Vorsprung im Bau von Omni-
bussen, dass Sie daraus den grössten Nutzen ziehen können.
Hier kann Ihnen Opel keine Konkurrenz machen.

     Mit herzlichen Grüssen

     Ihr

1 Anlage.

Archiv der DBAG, Kissel VII,5, Popp an Kissel vom 5.6.1934.

a) Spenden, die in der Position "Soziale Lasten" enthalten sind:

	4.Quartel 1936 RM	4.Quartel 1937 RM	Geschäfts-Jr.1936 RM	Geschäfts-Jr.1937 RM
Winterhilfswerk	175.000.--	200.000.--	175.000.--	225.000.--
Tag der nationalen Solidarität	12.061.55	ca.25.000.--	12.061.55	ca.25.000.--
Adolf Hitler-Spende	39.773.64	49.785.36	179.243.48	223.877.18
Berufsschule der DAF, Karlsruhe	1.239.--	1.240.20	4.956.--	4.960.80
NSDAP Volkswohlfahrt	--.--	--.--	1.000.--	--.--
Spende für die Nachwuchsschule im Harz RM 15.000.-- (1936 u. 1937 je die Hälfte)	--.--	--.--	7.500.--	7.500.--
Dankopfer der Nation	--.--	--.--	--.--	8.462.65
Gauschule III Burg Wetten	--.--	--.--	1.600.--	25.000.--
Hindenburg-Spende	--.--	--.--	--.--	6.000.--
Stiftung an K.d.F. (Fraueninsel)	--.--	--.--	--.--	5.000.--
SS-Abschnitt 10 Stgt.	--.--	--.--	--.--	--.--
Sport-Erholungsheim Belzig	--.--	--.--	--.--	3.000.--
Freizeitheim e.V., Stuttgart	--.--	15.000.--	--.--	20.000.--
Hitlerjugend Gebiet 20	--.--	--.--	--.--	3.000.--
Carl Benz Gewerbeschule Gaggenau	--.--	--.--	--.--	3.000.--
Kinderfreiplätze	--.--	--.--	--.--	1.000.--
NS Fliegerkorps Gruppe 15	--.--	--.--	--.--	3.000.--
Spende für Deutsches Ahnenerbe	--.--	10.000.--	--.--	10.000.--
Polizeisportverein Stgt.	--.--	--.--	--.--	2.500.--
Deutsches Ausland-Institut, Stuttgart	--.--	10.000.--	--.--	10.000.--
Spende an SS-Standarte 13, Stuttgart	--.--	1.500.--	--.--	1.500.--
Kameradschaftshaus	--.--	1.500.--	--.--	1.500.--
	228.074.19	304.025.56	381.361.03	589.300.63

b) Spenden, die in der Position "Soziale Lasten" nicht enthalten sind:

	4.Quertel 1936 RM	4.Quartel 1937 RM	Geschäfts-Jahr 1936 RM	Geschäfts-Jahr 1937 RM
Reichsführung SS München	4.000.--	--.--	4.000.--	--.--
Spende für DAF Berlin	--.--	--.--	1.000.--	--.--
Kulturfilm Stuttgart und Errichtung eines Ehrenmals der Deutschen Leistung im Ausland Stadt Stuttgart	--.--	--.--	25.000.--	--.--
Dankopfer der Nation	--.--	--.--	2.000.--	--.--
Forschungsinstitut für Kraftfahrwesen und Flugzeugmotoren,Stgt.	--.--	--.--	10.000.--	--.--
Wirtschafterat der Deutschen Akademie Bln.	--.--	--.--	5.000.--	2.500.--
Technische Hochschule Darmstedt,Jubiläumsgabe	--.--	--.--	30.000.--	--.--
Technische Hochschule Stuttgart	--.--	--.--	2.000.--	--.--
Ehrenmal in Bochum	--.--	--.--	1.000.--	--.--
Rennverein München	--.--	--.--	5.000.--	--.--
Unfall Berliner Reichsautobahn	--.--	--.--	1.500.--	--.--
Zuwendung an Fliegergeschwader Hindenburg	--.--	--.--	3.000.--	--.--
Deutscher Auslandsclub Berlin	--.--	--.--	5.000.--	--.--
Kolonialkriegerdenk Berlin	--.--	--.--	1.000.--	--.--
Stiftung (Raphael Wenzel)	--.--	--.--	--.--	50.000.--
	4.000.--	--.--	95.500.--	54.500.--

	4.Quartel 1936 RM	4.Quartel 1937 RM	Geschäfts-Jahr 1936 RM	Geschäfts-Jahr 1937 RM
a) Spenden, die in der Position "Soziale Lasten" enthalten sind:	228.074.19	304.025.56	381.361.03	589.300.63
b) Spenden, die in der Position "Soziale Lasten" nicht enthalten sind:	4.000.--	--.--	95.500.--	54.500.--
Insgesamt a) und b):	252.074.19	304.025.56	476.861.03	643.800.63

- 2 -

b) Spenden, die in der Position "Soziale Lasten" nicht enthalten sind:

	Geschäfts-jahr 1937	1.Viertel-jahr 1938	1.Viertel-jahr 1937
Wirtschaftsamt der Deutschen Akademie	2.000.-	-.-	2.000.-
Reichsführung SS München	2.500.-	-.-	-.-
Stiftung (Raphael Menzel)	50.000.-	-.-	-.-
	54.500.-	-.-	2.000.-

a) Spenden, die in der Position "Soziale Lasten" enthalten sind: 615.193,63 | 250.824,56 | 81.223,84

b) Spenden, die in der Position "Soziale Lasten" nicht enthalten sind: 54.500.- | -.- | 2.000.-

Insgesamt a) und b):   669.696.- | 250.824,56 | 83.223,--

- 1 -

a) Spenden, die in der Position "Soziale Lasten" enthalten sind:

	Geschäfts-jahr 1937	1.Viertel-jahr 1938	1.Viertel-jahr 1937
Winterhilfswerk	225.000.-	125.000.-	25.000.-
Adolf-Hitlerspende	223.877,18	49.785,36	39.775,64
Berufsschule DAF,Karlsruhe	4.960,80	1.240,20	1.240,20
Tag der nat.Solidarität	20.340.-	-.-	-.-
Spende für die Nachwuchsschule in Kars	7.500.-	-.-	-.-
Dankopfer der Nation	8.462,65	-.-	-.-
Kind-Joburgspende	25.000.-	-.-	-.-
Stiftung KdF.Frauen-insel	6.000.-	-.-	-.-
SS.Abschnitt 10 Stgt.	5.000.-	-.-	-.-
Sporterholungsheim Beilig	3.000.-	-.-	-.-
Freizeitheim e.v.Stgt.	20.000.-	-.-	-.-
HJ.Gebiet 20	3.000.-	-.-	-.-
Carl Benz Gewerbeschule Gaggenau	3.000.-	-.-	-.-
Kinderfreiplätze	1.000.-	-.-	-.-
NS.Fliegerkorps Gruppe 15	3.000.-	-.-	-.-
Spende Deutsches Ahnenerbe	10.000.-	10.000.-	-.-
Polizeisportverein Stuttgart	2.500.-	-.-	-.-
Deutsches Auslands-Institut,Stgt.	10.000.-	-.-	-.-
Spende an SS-Standarte 13 Stgt	1.500.-	-.-	-.-
Kameradschaftshaus	1.500.-	-.-	-.-
Spenden-Anteil Reichs-statthalter Murr-Stgt.	-.-	15.000.-	-.-
Deutsches Auslands-Institut	-.-	6.000.-	-.-
Kolonial-Kriegerdank Berlin	-.-	1.000.-	-.-
Kameradschaft der dt. Künstler, Berlin	-.-	2.000.-	-.-
RM.	534.640,63	209.925,56	66.013,84
Verschiedene kleine Spenden	20.253.-	40.899.-	15.210.-
RM.	615.193,63	250.824,56	81.223,84

Archiv der DBAG, Kissel I,6, Spendenlisten 1936/1937.

Daimler=Benz Aktiengesellschaft

Verkaufstelle München, den ~~20. Sept. 1935.~~
Dachauerstraße 112

MERCEDES-BENZ-Automobile
MERCEDES-BENZ-Lastkraftwagen
Omnibusse / Schiffsmotoren
Motorpflüge

Verwaltung und Reparaturwerkstätte:
Dachauerstr. 112

Ausstellungsraum
Lenbachplatz 4

Fernruf Sammelnummer 62571

Drahtanschrift: Mercedesbenz

Bankkonten:
Deutsche Bank und Disconto-Gesellschaft, Berlin,
Stuttgart, Mannheim
Commerz- u. Privat-Bank, Filiale Stuttgart
Dresdner Bank, Filiale Stuttgart
Reichsbank-Giro-Konto Stuttgart
Städt. Girokasse Stuttgart
Postscheckamt Stuttgart Nr 470

An die

N.S.K.K. Korpsführung
Amt für Technik,

M ü n c h e n ,
Ständlerstr. 41.

> Nationalsoz. Kraftfahrkorps
> Amt Technik
> Eing.: 21. SEP 1935
> Abgabe an:

Abtlg: Fl/Ot.

Betrifft: Komm. 539337. Lo 2750 Mercedes-Benz-
(Im Antwortschreiben zu wiederholen) Diesellastwagen.

Wir erlauben uns heute noch einmal höflichst an die Regu-
lierung des im Betreff genannten Fahrzeuges zu erinnern, für
welches wir Ihnen mit unserem Schreiben vom 30.8. die Wagen-
rechnung unseres Werkes Gaggenau vom 21.8.35 über RM 8.149.50
zugehen liessen. Gemäss den für die gesamte deutsche Automobilindustrie geltenden Preisschutzbestimmungen sind wir verpflichtet, bei Inanspruchnahme eines Kredites über 14 Tage hinaus
Zinsen in Höhe von 2% über Reichsbankdiskont in Anrechnung zu
bringen. Um von einer diesbezüglichen Belastung absehen zu
können, ist es notwendig, dass Sie die Kaufpreisregulierung des
gelieferten Lo 2750 Diesellastwagens umgehend vornehmen.

Ihrer Überweisung auf unser Postscheckkonto München 25856
sehen wir deshalb in den nächsten Tagen entgegen.

H e i l   H i t l e r !
Daimler-Benz Aktiengesellschaft
Verkaufstelle München
i.A.

Mitverkauf der BMW-Wagen

Nr 15020g/26. 22.3.35: 15 000.

BA NS 24/107, DBAG Verkaufsstelle München an NSKK vom 20.9.1935.

2 7. 194?

Geheim
(§§ 88 ff u. 92 b R.St.G.B.)

Direktion Dr.Ki/Jg.

D i r e k t i o n s m i t t e i l u n g
- -

Aus Auslassungen des Führers, des Reichsmarschalls und des Reichsministers für Bewaffnung und Munition im Laufe der letzten Monate
ist bekannt, dass die Leistungen der deutschen Rüstungsindustrie
weiter gesteigert werden müssen. Ebenso ist bekannt, dass der
deutschen Rüstungsindustrie unter Uebernahme höchster Verantwortung
weitestgehende Freiheit in der Eigeninitiative wie in ihrem ganzen
Rüstungseinsatz eingeräumt wurde.

Um eine rasche und tiefgehende Auswirkung und eine entsprechende
Zusammenfassung aller zur Verfügung stehenden Kräfte zu ermöglichen,
wie auch um unnötigen Leerlauf zu vermeiden, wurde bekanntlich von
Herrn Reichsminister für Bewaffnung und Munition eine Neuorganisation
der Rüstungsindustrie durchgeführt. Ihr Aufbau gründet sich in der
Fertigindustrie auf Hauptausschüsse, Sonderausschüsse und Arbeits-
ausschüsse und in der Zulieferindustrie, die bekanntlich sehr viele
Industriezweige zu beliefern hat, auf eine gleichgerichtete Organisation, nämlich Hauptringe, Sonderringe und Arbeitsringe.

Die Ausschüsse und Ringe, wie auch alle Unterausschüsse und Unter-
ringe, sind mit bewährten Fachkräften besetzt, die im Sinne der
Anordnung des Führers und der Anweisung des Reichsministers für
Bewaffnung und Munition die erforderlichen Maßnahmen unverzüglich
einzuleiten und durchzuführen haben.

Da höchste Leistung immer nur möglich ist bei höchster Konzentration
des Einsatzes der Menschen, der Stoffe, der Maschinen und Einrichtungen, muss die Anordnung des Führers dementsprechend auch in allen Betrieben, Werkstätten und Büros sinngemäss aufgefasst und in aller
Frische durchgeführt werden.

Zweckmässige Umstellungen in der Fabrikation, auch unter Einschluss
von etwaigen Umlagerungen, von Umbesetzungen von Menschen und
Maschinen etc., müssen dort angewendet werden, wo bessere und grössere Erfolge möglich sind.

E s   m u s s ,   k u r z   g e s a g t ,   d a s   g a n z e   n a t i o n a-
l e   u n d   i n   w e i t e r e m   R a h m e n   a u c h   d a s
e u r o p ä i s c h e   K r ä f t e f e l d   a u s s c h l i e ß-
l i c h   n u r   a u f   d i e   F ü h r u n g   d e s   K r i e g e s
u n d   a u f   d e n   S i e g   r e s t l o s   e i n g e s e t z t
w e r d e n .

Alles was sich damit nicht vereinbaren lässt, also auch etwaige
Ueberlegungen und Planungen für den kommenden Frieden, muss nun
gänzlich abseits gestellt werden, wie auch bekanntlich durch Herrn
Reichsmarschall jedwede Entwicklungen für den Frieden scharf verboten worden sind.

Da wir bei unserer Firma, die in vorderster Front der kriegswichtigen Industrie steht, schon von uns aus immer eifrig bemüht und bestrebt waren, dem Rufe des Führers treu zu folgen, hat sich der
Gesamtvorstand von sich aus bemüht, ohne erst die formellen Anweisungen, Anordnungen und Mitteilungen abzuwarten, das Bestmögliche

b.w.

-2-   Geheim

(§§ 88 ff u. 92 b R.St.G

aus dem Einsatz unserer Betriebsgemeinschaften zu geben, und hat,
wo unsere Firma gerufen worden ist, unter Hintansetzung eigener
Firmeninteressen oftmals schwierige, komplizierte und vielfältige
Aufgaben auf allen Gebieten des Automobil- und Motorenbaues übernommen und durchgeführt.

Es war deshalb für den Gesamtvorstand eine Selbstverständlichkeit,
bei der erneut verlangten erhöhten Konzentration in dem Rüstungseinsatz, immer wieder zu prüfen und in Verbindung mit den zuständigen
Stellen zu überlegen, was noch weiter in unseren Betriebsgemeinschaften
geschehen kann, um der neuen Gesamtsituation bestmöglich Rechnung zu
tragen. So befindet sich eine Umlagerung der Kräfte und der Leistungs-
möglichkeiten bereits im Gange, die ermöglicht werden kann durch das
Ausscheiden der nach heutigem Gesichtspunkt nicht mehr als kriegswichtig anzusehenden Aufgaben. Es muss erwartet werden können, dass
die diesbezüglichen Umdispositionen sowohl in personeller wie auch
in materieller Hinsicht, soweit sie noch nicht restlos durchgeführt
sein sollten, schnellstens auch noch in den kleinsten, etwas verbliebenen Resten durchgeführt werden. Den zuständigen Abteilungslei-
tern wird deshalb hierdurch namens des Gesamtvorstandes nochmalige
Ueberprüfung auferlegt, mit dem Ansuchen, den zuständigen Betriebs-
führern gegebenenfalls noch etwaige diesbezügliche Vorschläge sofort
vorzulegen.

Der Vorstand betrachtet es weiter als seine Pflicht, auch danach zu
sehen, wie weit bei den auf uns ruhenden Aufgaben im Ganzen, unter
Einschaltung der zuständigen Stellen, noch eine weitere Konzentration
ermöglicht werden kann, also beispielsweise darauf hin, ob nicht wieder das Werk Mannheim, das speziell für die Fabrikation des 3 to.
Lastwagens vorgesehen war und eingerichtet wurde, von der Herstellung
von Panzerteilen befreit werden könnte, ob nicht diese in das dafür
bestimmte Werk nach Marienfelde verlegt werden könnten und ob, um
dies zu ermöglichen, nicht auch die Fabrikation der Marine-Motoren in
Untertürkheim zusammengelegt werden könnte. Der Vorstand hat weiter geprüft, ob hinsichtlich der vom Führer erneut verlangten gänzlichen
Vereinfachung der Typenfrage auf nur 3 bewährte Haupttypen, zugestimmt
werden könnte.-

Das Ergebnis dieser erneuten Prüfung liegt nun vor. Danach kann in
der Tat das Werk Mannheim in enger Zusammenarbeit mit den zuständigen
Werkstätten in Untertürkheim eine erhöhte Produktion des verlangten
leichten 3 to. mit Vergasermotor nach durchgeführter Umstellung
herausbringen, und zwar in einem Ausmaße, wie es unserer Urplanung
und auch den Wünschen der berufenen Stellen entspricht. Andererseits
gibt die Zusammenfassung des Marine-Motoren-Baues in Untertürkheim
eine wesentlich erhöhte Leistungsfähigkeit und schliesslich wird
dadurch auch dem Werk Marienfelde die Möglichkeit gegeben, in der
Fertigung von Kampfwagen wesentlich mehr leisten zu können. Diese
erhöhten Leistungen werden gebracht werden können, ohne dass dabei
sehr viel neue Maschinen und Einrichtungen erforderlich sind, wie auch
hinsichtlich des Krafteinsatzes gegenüber dieser erhöhten Leistung
auch nicht eine annähernd gleiche Steigerung erforderlich ist.

In gleicher Weise kann das Werk Sindelfingen höhere Ausbringungen
in den Aufbauten bezw. Führerhäusern gewährleisten.

b.w.

-3-

Das Werk Gaggenau wird ebenso auf einen Typ konzentriert, und zwar
auf den 4½ to.

Da Mannheim zusammen mit Unterturkheim sich auf einen neuen leichten
3 to. mit Vergaser-Motor umstellt, hat Gaggenau die Aufgabe, die
Ersatzteileversorgung für die bisher gebauten 3 to. zu übernehmen
und in enger Verbindung mit den zuständigen Stellen des Hauses
eine entsprechende Planung aufzustellen, so dass nach durchgeführter Umstellung kein Einbruch in die Ersatzteilversorgung kommen
kann.

In gleicher Weise hat Unterturkheim die Ersatzteilversorgung für
die bisher gelieferten Militärwagen aus dem Personenwagenbau wie auch
für den bisher gelieferten 1½ to. zu gewährleisten.

Neben diesen vorerwähnten grossen Umstellungen im Zuge der verlangten
Konzentration, bleiben natürlich noch für alle Werke die darüber
hinaus noch vorliegenden Aufgaben bestehen, so z.B. in Unterturkheim
die Fertigung von Ersatzteilen für Flugmotoren, die Fertigung von
Motoren für Flakscheinwerfer und dergleichen mehr. Dabei muss in
Unterturkheim die Ausbringung der Ersatzteile für Flugmotoren wesentlich erhöht werden, und zwar so, dass sie bis auf weiteres einem
Einsatz von Produktivstunden im Ausmaße von 200 000 im Monat so
schnell wie möglich entspricht.

Die Planung der Umlagerungen im Fahrzeugbau obliegt bezüglich des
3 to. Herrn Direktor Paulus, der in enger Zusammenarbeit mit Herrn
Direktor Aichele und der Werkleitung des Werkes Mannheim bemüht sein
wird, die Endvorschläge und Endplanungen schnellmöglichst vorzulegen.

Die Planung der Ersatzteile für die alten und bisherigen Typen des
3 to. obliegt der Betriebsführung des Werkes Gaggenau.

Die Planung der Ersatzteilaufgaben für Flugmotoren in Unterturkheim
obliegt Herrn Direktor Aichele, der sie in enger Verbindung mit Herrn
Direktor Müller durchzuführen hat und ständig zu pflegen hat, damit
auch den wechselvollen Anforderungen zu jeder Stunde Rechnung getragen
werden kann.

Da auch die Entscheidung des Herrn Reichsministers für Bewaffnung und
Munition bezüglich der Fahrzeugumlagerungen bereits getroffen worden
ist, wird die diesbezügliche Anordnung des Generalbevollmächtigten
für das Kraftfahrwesen vom 25.Juni in Fotokopie beigefügt, wie auch
die darin erwähnte Mitteilung an den Leiter des Sonderausschusses 3 to.,
Herrn Oberbaurat Schmidt, sowie die diesbezügliche Mitteilung an den
Führer des Sonderausschusses für den 4½ to., Herrn Staniewicz.

Der Gesamtvorstand hat in seiner gestrigen Sitzung die beschleunigte
Durchführung der erforderlichen Maßnahmen beschlossen und erwartet
von allen Beteiligten restlose und hingebungsvolle Mitarbeit, damit
die gestellten Forderungen einmal hinsichtlich der Planung termin-
gemäss erfüllt werden, und dass dann auch die erforderlichen Umstellungen umsichtig und planmässig in die Wege geleitet und durchgeführt werden.

                                                        b.w.

Geheim
(§§ 88 ff u. 92 b R.St.(

–4–

Wenn hiermit im Grossen eine noch weitergehende Kräftekonzentration in unserer Gesellschaft eingeleitet wird, so wissen wir, dass nach der Durchführung der neuen grossen Aufgaben das Bild in vielen Produktionsstätten wesentlich klarer und einfacher wird und damit auch alle damit verbundenen Arbeitsgänge in den Werkstätten und Büros.

Indem ich hiermit vorstehende wichtige Mitteilungen und Anweisungen des Gesamtvorstandes bekannt gebe, darf ich wohl erwarten, dass sich überall mit Freude alle Hände regen und bestrebt sind, diese Aufgaben ebenso zu meistern wie so viele, die wir im Verlauf der Geschichte unseres Hauses mustergültig durchgeführt haben.

Da es sich bei Allem um unseren besonderen Einsatz für die Kriegführung handelt, müssen selbstverständlich vorstehende Mitteilungen von allen, welche sie erhalten, streng geheim gehalten werden, wie ich auch alle Herren bitte, welche die Mitteilungen an die berufenen Mitarbeiter weiter geben, auch diese ihrerseits erneut zur strengsten Geheimhaltung zu verpflichten.

Untertürkheim, den 2.Juli 1942.

Verteiler:
Werk Gaggenau:
Leitung   6 x   soweit notwendig zur Weitergabe an die zuständigen Sachbearbeiter
Werk Mannheim:
Leitung   6 x   "   "   —   "   "   "
Werk Marienfelde(40):
Leitung   6 x   "   "   "   "   "   "
Werk Sindelfingen:
Leitung   6 x   "   "   "   "   "   "
Werk Untertürkheim:
Zentrale
Herrn Direktor Paulus   3x)
Herrn Direktor Aichele   5x)
Herrn Dr.Birnmeyer   3x)   soweit notwendig zur Weitergabe
Herrn Direktor Dexheimer   6x)   an die zuständigen Sachbearbeiter
Herrn Prokurist Albrecht   3x)
Herrn Prokurist Heilig   2x)
Herrn Direktor Ruprecht   3x)
Herrn Direktor Klotz   1x
Herrn Prokurist Guter   1x
Herrn Prokurist Brinkman   1x
Herrn Prokurist Schreiner 1x
Herrn Ob.Ing. Kissel   1x
Herrn Prokurist Pfeiffer   1x
Herrn Prokurist Löw   1x
Herrn Prokurist Hörmann   1x
Herrn Kirmaier   1x
Herrn Direktor Dr.v.Viebahn 3x   "   "   "   "   "
Herrn Direktor Romstedt   2 x   "   "   "   "   "
Herrn Tritschler   1x
Herrn Direktor Wagner   3x   "   "   "   "   "
Herrn Prokurist Winkelmann 2x   "   "   "   "   "

zur Kenntnis: Herrn Dir.Dr.Haspel   Herrn Dir.Müller
                Herrn Dir.v.Hentig   Herrn Dir.Ballinger
                Herrn Dir.Dr.Hoppe   Herrn Dir.Werlin
                Herrn Dir.v.Jungenfeld

Archiv der DBAG, Kissel VI,3, Direktionsmitteilung vom 2.7.1942.

A) Fahrzeug-Fertigung:

In den bisherigen Kriegsjahren wurden bei uns und werden z.T. jetzt noch folgende Aufbautypen gefertigt:

Kübelsitzaufbauten, verschiedene Ausführungen auf DB 1,7 Ltr. und 3,4 Ltr. Fahrgestell,

Offene Wehrmachtsaufbauten auf DB 1 1/2 to Lkw. Fahrgestell,

Radkasten- und Pritschenaufbauten auf 3 to Fahrgestelle,

Fahrerhäuser für 1 1/2, 3 und 4 1/2 to Lkw Fahrgestell,

Geschlossene Aufbauten auf 3 und 4 1/2 to Fahrgestell,

Leichte Löschgruppenfahrzeuge für die Feuerwehr,

Schwere Löschgruppenfahrzeuge für die Feuerwehr,

Geschlossene Aufbauten auf Schlitten,

Gepanzerte Personenwagen auf 5,4 Ltr. und 7,7 Ltr. DB Fahrgestelle,

Heeres-Krankenwagen auf 1 1/2 to DB Fahrgestell,

Omnibusse für die Reichspost und Export,

Landpost Krankenwagen für die Reichspost 1 1/2 to,

Personenwagen für die Wehrmacht, speziell 1,7 Ltr. Mercedes.

B) Flugzeugzellen-Fertigung:

Es wurden bisher oder werden noch gefertigt:

        BF 110 Schlauchbootverkleidung
        BF 110 Rumpfspitze
               Triebwerksverkleidung
               Fahrwerksklappen
               Fläche
        BF 109 Deckel im Rumpfboden
               Vorflügel
        Me 210 Heckleitwerk
               Triebwerksverkleidung
        Me 264 Triebwerksverkleidung
               Heckleitwerk
               Aussenflügel
        Me 323 Nasenkasten
               Kraftstoffbehälter

C) Motorenaufrüstung und Teilefertigung:

Folgende Teile wurden bezw. werden noch gefertigt:

Abgasanlage für Flugzeugmotoren
Laderluftleitungen DB 601/605
Laderluftleitungen DB 603
Flammenvernichtungsanlage H 6
Motorenaufrüstungen (Triebwerke)

D) Sonderbau:

Im Anfang des Jahres 1942 wurden wir aufgefordert, uns mit der Teilefertigung zu einem geheimen Gerät zu befassen. Es handelt sich hier um ein besonders schwieriges Teil aus hochwertigem dünnen Stahlblech, über dessen Herstellung noch keinerlei Erfahrungen vorlagen.

Die angelieferten Konstruktionsunterlagen wurden schnellstens nochmals überarbeitet und für unseren Betrieb reif gemacht. Viel Arbeit und Versuche erforderte die Herstellung der entsprechenden Betriebsmittel, da das zur Verwendung kommende Material noch nahezu unbekannt war. Trotz dieser Schwierigkeiten gelang es uns bereits im Oktober des Jahres 1942, die ersten Teile zur Ablieferung zu bringen.

Archiv der DBAG, Daimler-Benz Aktiengesellschaft Werk Sindelfingen — Unser Werk in den Kriegsjahren 1939—1944 (Ausschnitte).

U.T.,den 5. Juni 1940

Fabrikationsplanung für Pistolen

Typ 101

Im Werk 10 U.T. ist die Herstellung von monatlich 500 Satz Typ 101 vorgesehen. Mit Ausnahme der Federn und Kugellager werden alle Teile selbst
hergestellt und zusammengebaut.

Die Schmiedestücke, Messingguss- und Pressteile sind dabei eingeschlossen.

Das Werk Königsberg soll nunmehr als 2.Fertigungsstätte eingerichtet
werden. Nach den vorliegenden Unterlagen kann der dortige Maschinenpark
ohne weiteres dafür eingesetzt werden.

Die Schmiedestücke, Messinggus- und Pressteile, sowie die Automatenteile
könnten von U.T. geliefert werden, wenigstens solange, bis dafür geeignete
Lieferanten gefunden und eingerichtet sind.

Die Betriebsmittel müsste Königsberg entweder selbst herstellen und beziehen, oder U.T. würde einen kompletten Satz herstellen, am zweckmässigsten
gleich mit dem zur Zeit in Vorbereitung befindlichen Satz zusammen.

Nachstehenden Angaben, die sich auf Königsberg beziehen, ist eine monatliche Fertigungsziffer von 500 Einheiten zu Grunde gelegt, bei Anlieferung
der Rohlinge und Automatenteile von auswärts, wie oben angegeben.

A) Maschinenbedarf:

Sämtliche Maschinen sind vorhanden bezw. aus einer Aufstellung des
Werkes 40 Berlin-Marienfelde vom 17.6.37 (Projekt K) entnommen.

4	Revolverdrehbänke 44 mm Spindel-$\emptyset$
3	" " 52 mm "
1	" " Fabrikat Scheu M 8 c
9	Spitzendrehbänke R 18 175 x 750 mm
1	Abstechmaschine bezw. 1 Scheu-Revolver f.Stangenarbeit M 8 c
3	Schnellbohrmaschinen Webo 5
1	Horizontal-Fräsmaschine 1000 x 300 mm
3	" " 1000 x 300 mm
1	Vertikal-Fräsmaschine 800 x 250 mm
1	Langlochfräsmaschine Fabr. Hurth
1	Senkrecht-Stossmaschine mit Rundtisch
1	Räumnadelziehmaschine Schütte 30 to
1	Naxos-Rundtisch-Schleifmaschine, bezw. es können die betr. Arbeiten auf Vertikalfräsmaschinen gefräst und dann von Hand abgezogen werden.

– 2 –

1   Innenschleifmaschine Hartex 25 x 350 mm

1   Rundschleifmaschine 600 mm Schleiflänge

1   Kurzgewindefräsmaschine Hülle K G F 3.

B) **Belegschaft:**

1.) Unmittelbare Belegschaft

500 Sätze à 23 Std.   = 11 500 Std.

Erforderliche Belegschaft bei einer
Arbeitszeit von 58 Std./Woche
oder   243 Std./Monat   =   48 Mann

Zuschläge:

a) Für Kranke, Urlauber und
   sonstige Fehlende   10 %

b) für Ausschuss   5 %

c) für Ersatzteile   10 %
                      zus.   25 %   =   12 Mann

Unmittelbare Belegschaft zus.   60 Mann

2.) Mittelbare Belegschaft
    geschätzt zu 40 %   =   24 Mann

                Gesamtbelegschaft   84 Mann
                                        ============

Betriebsbüro: Betriebsdirektion:

Be/K.

Archiv der DBAG, Kissel IX,3, Fabrikationsplanung für Pistolen Typ 101 vom 5.6.1940.

6.Januar 1937.

Dir.Dr.Ho./MU.

    Herrn

     Direktor Hans R u m m e l

     Vorstandsmitglied der

     Deutschen Bank u.Diskonto-Gesellschaft

       B e r l i n W. 8

       Mauerstr. 39.

Sehr geehrter Herr Rummel!

Betr.: Reichswehrwerk Königsberg.

    Das Projekt der Errichtung eines Reichswehr-
werkes in Königsberg, welches schon mehrfach, u.a. auch in
der Präsidialsitzung vom 25.9.v.Js. besprochen wurde, ist
innerhalb des Vorstandes erneut behandelt worden, da seitens
der Reichswehr jetzt in prägnanter Form die Durchführung
dieses Projektes verlangt wird. Wir sind uns im Vorstand
darüber einig geworden, dass unsere Gesellschaft diesem Verlangen der Reichswehr nachkommt, da in dieser Richtung auch
bereits bestimmte Zusagen von unserer Seite gemacht worden
sind.

    Das in Königsberg neu zu errichtende Werk soll
der Reparatur von Heeresfahrzeugen dienen, dazu in der Lage
sein, in bestimmtem Umfang die Neufabrikation von Fahrzeugen
auszuführen, wobei die Zulieferung von Einzelteilen und Aggr
gaten in grösserem Umfange durch Werk 4 Marienfelde vorge-

                  ./.

Herrn Direktor Hans Rummel,Vorstandsmitgl.   6.1.1937.   2.
d.Deutschen Bank u.Diskonto-Ges. Berlin.

sehen ist.

Der Bau und die Einrichtung des Werkes werden

einen Kostenaufwand von rund RM. 1,7 Millionen erfordern.

Das benötigte Grundstück ist von uns zu erwerben; die dafür

aufzuwendenden Kosten in Betrage von RM. 75 000.-- sind in

der oben erwähnten Präsidialsitzung bereits bewilligt worden.

Die Finanzierung der RM. 1,7 Millionen übernimmt die Reichs-

wehr. Die Verhandlungen darüber, in welcher Form und unter

welchen Bedingungen dieselbe erfolgen soll, werden in den

nächsten Tagen mit den zuständigen Reichswehrstellen geführt

werden. Ueber das Ergebnis dieser Verhandlungen werden wir

sofort berichten.

Wir bitten um Ihre Genehmigung zu der Durch-

führung dieses Projekts.

H e i l   H i t l e r !

Daimler-Benz Aktiengesellschaft

gez.: Kissel. gez.: Dr.Hoppe.

Herrn von Stauss haben wir als unserem Aufsichtsrats-

Vorsitzenden naturgemäss Durchschlag ebenfalls vorgelegt.

Archiv der DBAG, Kissel IX,3, Kissel/Hoppe an Rummel vom 6.1.1937.

Abschrift

Daimler-Benz Aktiengesellschaft   Stuttgart-Untertürkheim
        D i r e k t i o n   22. Oktober 1941
                                                   He/se - 800 -

Herrn Ministerialdirektor   C o j k a
B e r l i n
Reichsluftfahrtministerium

Betrifft: Übernahme Flugmotorenwerke Reichshof

Sehr geehrter Herr Ministerialdirektor Cojka!

Im Zuge der Besprechungen vom 13. und 14.d.M., den Übergang des
Werkes Reichshof von Henschel auf Daimler-Benz betreffend, haben
wir alle notwendigen Maßnahmen eingeleitet, über die wir Ihnen
wie folgt berichten:

1.) Dieser Tage wird eine G.m.b.H. gegründet werden mit einem Ka-
    pital von RM 20.000,--, die die Aufgabe haben wird, die Flug-
    motorenwerke Reichshof, deren Anlagen durch die G.m.b.H. ge-
    pachtet werden, zu bewirtschaften. Die G.m.b.H. hat ihren for-
    mellen Sitz in Stuttgart.

2.) Zur Vorbereitung des Überganges befindet sich seit dem 16.10.
    eine Anzahl ausgewählter Herren unserer Gesellschaft in Reichs-
    hof, um die vielen auftretenden Fragen und Schwierigkeiten so-
    fort an Ort und Stelle zu bereinigen. Es haben gleichzeitig
    dort mit den Rechtsunterzeichneten verschiedene Besprechungen
    mit Herrn Regierungsamtmann Dr. Maas sowie den Herren Dipl.-
    Kaufm. Kriebel und Hees von der LAG. stattgefunden, über die
    Niederschrift angefertigt worden ist, die Ihnen nunmehr vor-
    liegen dürfte.

3.) Abschluß H e n s c h e l

    Da die G.m.b.H. die Anlagen als solche nicht übernimmt, ebenso
    wie sie die Verbindlichkeiten nicht übernehmen wird, ergibt
    sich eine ganz reinliche Scheidung und eine klare Sachlage.
    Es ist lediglich ein Wert festzustellen, der für die Abschluß-
    bilanz der Henschel AG. als Treuhänder sowohl als für die
    G.m.b.H. von entscheidender Bedeutung ist, nämlich der Wert

                                                        - 2 -

- 2 -

der Waren, der halb- und Fertigfabrikate, im folgenden Be-
stände-Wert genannt. Dieser Wert geht sowohl in die Abschlußbilanz von Henschel als auch in die Eröffnungsbilanz der
G.m.b.H. ein. Im Übrigen wird mit dem Stichtag des 31.10. von
Reichshof bezw. der Firma Henschel eine Abschlußbilanz zu erstellen sein, auf deren Grundlage die finanzielle Auseinandersetzung mit dem Reich erfolgen muß. Die G.m.b.H. als solche
wird damit nichts zu tun haben. Zur Ermittlung des Wertes der
Bestände wird sowohl von Amt als auch von unserer Seite eine
körperliche Inventur für notwendig gehalten, und zwar zum
Stichtag des 31.10. Wir haben mit den Vertretern des Amtes
und der LAG. über diese Frage sehr eingehend gesprochen und
dürfen zu diesem Punkt auf die ausgefertigte Niederschrift
verweisen. Das Ergebnis war, daß die Inventur zum 31.12. erstellt werden muß, und daß wir den Wert per 31.10. rektifi-
zieren durch Gegeneinanderrechnung von Zu- und Abgängen in
den Monaten November bis Dezember. Dies läßt sich buchmäßig
einwandfrei durchführen, zeitlich kommen wir nicht ins Hin-
tertreffen, bezw. es wird nicht möglich sein, diesen wichtigen
Wert - nämlich der Bestände - vor etwa Mitte Januar festzulegen.

4.) Die G.m.b.H. wird mit dem 1.11. neue Bücher beginnen, sodaß
Henschel seinen Abschluß ungestört fertigstellen kann. Soweit
wir festgestellt haben, sind die Buchhaltungsarbeiten etwa
bei dem Stand des Monats August. Es dürfte also damit zu rechnen sein, daß der Abschluß von 31.10., zu dem der Wert der
Bestände etwa Mitte Januar festgestellt sein wird, frühestens
im Laufe des Monats Februar vorliegen kann.

5.) Die G.m.b.H. wird die eingegangenen Bestellungen auf Materialien ab 1.11. auf ihre Rechnung übernehmen. Es wurde ein Über-
einkommen dahin erzielt, daß die Maschinenbestellungen sowie
alle diejenigen Bestellungen für Anlagegegenstände im Besitze
der LAG. ab 1.11. von der LAG. übernommen werden. Eine genaue
Aufstellung dieser letzteren Bestellungen wird angefertigt und
der LAG. vorgelegt werden.

- 3 -

- 3 -

6.) Organisatorisch werden wir das Rechnungswesen auf die Linie
umstellen, die wir in unserer Aktiengesellschaft und den
G.m.b.H.'s haben, sodaß Gleichschaltung auf der ganzen Linie
erreicht wird. Wir hoffen, Ihnen hierüber in einigen Wochen
berichten zu können.

7.) Personalien

Wie bereits besprochen, wird als Geschäftsführer der G.m.b.H.
Herr **T h i e l** (von der Firma Heinkel in Rieloe) vorgesehen.
Wir beabsichtigen, ihn zunächst als alleinigen Geschäftsführer
dort einzusetzen. Zum Zwecke der Gründung, um rasch voranzu-
kommen, wird als Geschäftsführer Herr Direktor **R u p r e c h t**
von unserer Zentrale in Stuttgart-Untertürkheim genannt werden,
damit die notwendigen Formalitäten sofort erledigt werden können. Als Betriebsleiter werden wir Herrn **Z w i c k e r** von
unserem Genshagener Werk einsetzen. Als Prokurist der G.m.b.H.
für die kaufmännischen Angelegenheiten wollen wir Herrn
B l e i s e Prokura erteilen, ferner noch Herrn **B o e k e r**,
der in Reichshof den Einkauf betreut. Bezgl. des Herrn Bleise
liegen die Dinge so, daß ihm von Henschel gekündigt worden ist,
bezw. er selbst gekündigt hat zum 31.10., wobei die Firma Henschel
erklärt hat, und zwar durch ihren Vertreter Herrn Prokurist
Martin, daß Herr Bleise ihr Vertrauen weiterhin nicht mehr ge-
nöße. Wir haben uns diese Angelegenheit eingehend hin und her
überlegt. Der Rechtsunterzeichnete hat die Verhältnisse an Ort
und Stelle auch überprüft. Wenn wir zu dem Ergebnis gekommen
sind, Herrn Bleise für uns zu engagieren und zunächst einmal
in Reichshof anzusetzen (es ist mit ihm an sich noch nicht
darüber verhandelt worden), so waren für uns hierfür folgende
Gesichtspunkte maßgebend:

Herr Bleise kennt die ganze Entwicklung der Verhältnisse, des
Auftragswesens, insbesondere hat er die sehr wichtigen Verpfle-
gungsbetriebe aufgebaut, die - soweit wir uns überzeugt haben -
für die Durchführung des Betriebes einen geradezu integrieren-
den Bestandteil bilden. Es ist unserer Auffassung nach eine
Notwendigkeit, diesen Mann zunächst an diesem Platz zu belassen,
damit eine glatte Weiterführung gewährleistet ist.

- 4 -

- 4 -

wie dies bei uns üblich ist, werden wir selbstverständlich das
Rechnungswesen von hier aus eingehend organisieren und laufend
überprüfen sowie für diesen Zweck geeignete Fachleute nach
Reichshof setzen. In dieser Hinsicht haben wir keine Bedenken.
Darüber hinaus haben aber sowohl die Vertreter des Amtes als
auch der Vertreter des OKW, Herr Major d. Luftwaffe Henker,
dem Rechtsunterzeichneten wiederholt erklärt, daß ihnen Herr
Blaise durchaus Persona grata sei, und haben übereinstimmend
seine Verdienste hervorgehoben. Wir glaubten somit nach Würdi-
gung aller Umstände zunächst zweckmäßig daran zu tun, Herrn
Blaise zu übernehmen, ihn dagegen nicht zum Geschäftsführer
zu machen. Ob er persönlich damit einverstanden sein wird,
wird in einigen Tagen klargestellt werden.

Alle für die reibungslose Weiterführung der G.m.b.H. ab 1.
November notwendigen Voraussetzungen sind unsererseits getroffen worden, insbesondere ist die Genehmigung des Verrech-
nungsverkehrs bei der Devisenstelle durch uns beantragt worden
Es wurde uns ↓ zugesagt, daß die seitherigen Genehmigungen, di
Henschel Kessel hatte, auf uns übertragen würden.
Die notwendige Bereinigung des Auftragsstandes wird in den
kommenden Wochen durchgeführt werden, zunächst muß selbstverständlich das weiter produziert werden, was disponiert ist.
Es wird in erster Linie Sache der Ringführung des LS-Ringes
sein, eine zweckmäßige Verlagerung der Ersatzteilproduktion
nach fabrikatorischen und wirtschaftlichen Gesichtspunkten
auch für Reichshof vorzunehmen, damit die notwendige Intensi-
vierung des Betriebes erreicht werden kann.

Wir hoffen Sie mit den von uns eingeleiteten Maßnahmen einverstanden; wir werden in Kürze wieder berichten.

Indem wir Sie verbindlichst begrüßen, zeichnen wir mit

                 Heil Hitler!
            Daimler-Benz Aktiengesellschaft
(gez.) Dr. Kissel   Dr. Haspel

Archiv der DBAG, Anlage 1 zum Protokoll der Vorstandssitzung vom 23.10.1941:
Kissel/Haspel an Cejka vom 22.10.1941.

Niederschrift

über die am Donnerstag, den 12. August 1943 nachmittags im
Verwaltungsgebäude der Daimler-Benz Motoren G.m.b.H.,Genshagen
Kreis Teltow, abgehaltene Präsidial-Sitzung der
Daimler-Benz Aktiengesellschaft.

- - - - - - -

Anwesend waren

vom Aufsichtsrat der Daimler-Benz A.G.: die Herren Rummel und Dr.Jahr,
vom Vorstand:die Herren Dr.Haspel, von Hentig, Müller und Nallinger.
Ferner war anwesend Herr Wörner (Protokoll).

- - - - - - -

Zur Besprechung standen folgende Punkte:
1.) Flugmotorenwerk Ostmark G.m.b.H., Wien,
2.) Wahl des stellvertretenden Vorsitzers des Aufsichtsrats,
3.) einige personelle Fragen,
4.) Verschiedenes.

Zu Punkt 1.) führte Herr Dr.Haspel aus, dass, nachdem
er seit dem Übergang der Leitung der Flugmotorenwerke Ostmark an
Herrn Generaldirektor Meindl auf Befehl des Reichsmarschalls bis
vor ca. 8 Tagen nichts mehr gehört habe, Herr Generaldirektor
Roehnert auf den 14. August zu einer Beiratssitzung eingeladen habe,
u.z. in das Verwaltungsgebäude der Steyr-Daimler-Puch A.G. in Wien.
Über die Einberufung dieser Beirat ssitzung habe ihn auch Herr Rummel
informiert, dem Herr Rudorf von der Luftfahrtbank anlässlich eines
Besuches hierzu mitgeteilt habe, dass die Luftfahrtbank es begrüssen
würde, wenn Daimler-Benz die Beteiligung von RM 100.000.- aufrecht
erhalten würde, während die weitere Erhöhung durch die Luftfahrtbank
selbst erfolge. Man stelle Daimler-Benz ferner anheim, die Vertreter
im Beirat zu belassen oder abzuberufen.

Herr Dr. Haspel teilte weiter mit, dass am 9.8.43 ein
Schreiben der Luftfahrtbank bei Daimler-Benz eingegangen sei, dem
ein von der Luftfahrtbank bereits unterzeichneter und zur Mitunter -
zeichnung durch Daimler-Benz bestimmter Gesellschafterbeschluss beigefügt war, des Inhaltes, dass die Gesellschafter von dem Ausscheiden

-2-

- 2 -

des Herrn Dr. Eckenberg aus der Geschäftsführung des Wiener-Werkes
durch Tod und des Herrn Tappert durch Amtsniederlegung Kenntnis nehmen und Herr Generaldirektor Weindl zum neuen Geschäftsführer be -
stellt wird. Dieser Beschluss sollte nach Mitunterzeichnung durch
die Daimler-Benz A.G. in der Beiratssitzung sanktioniert werden.
Die Vorlage dieses Beschlusses, über den vorher mit der Daimler-Benz
keinerlei Verständigung erfolgt sei, habe Daimler-Benz als unmögliche
Zumutung empfinden müssen. Abgesehen von allem anderen habe zudem
Herr Dr. Eckenberg bereits vor seinem Tod sein Amt als Geschäfts -
führer niedergelegt.

Weiter führte Herr Dr. Haspel aus, dass er sofort Gelegen -
heit genommen habe, mit Herrn Ministerialdirektor Cejka über die
Angelegenheit zu sprechen. Er habe seinerzeit Herrn Cejka erklärt,
dass Daimler-Benz diesen Beschluss unter gar keinen Umständen
unterschreiben würde, mögen die Konsequenzen sein wie sie wollten.
Im übrigen sähen wir auch gar nicht ein, wieso eine Entscheidung
des Herrn Reichsmarschall durch uns legalisiert werden sollte.
Dies sei unserer Auffassung nach sowieso nicht notwendig, nachdem
der Herr Reichsmarschall seinerzeit seine Entscheidung getroffen
habe. Abgesehen davon sei dieser Beschluss auch formal, wie bereits
ausgeführt, nicht in Ordnung.

Herr Cejka seinerseits habe ihm erklärt, dass, nachdem
der Herr Reichsmarschall seinerzeit befohlen habe, dass die bestehenden Besitzverhältnisse unverändert bleiben sollten, die Beteiligung
von Daimler-Benz in der Höhe von RM 100.000.- belassen bleiben müsse.
Er habe aber Verständnis dafür, dass der Daimler-Benz nicht zugemutet
werden könne, die Beteiligung wie geplant, auf 5 Millionen zu erhöhen.
Wenn man das verlangt, stehe er auf dem Standpunkt, dass dann auch
die übrigen Motorenfabriken mit 5 Millionen herangezogen werden
müssten. Dies würde aber auf der anderen Seite zu Sitzen im Beirat
führen, die Herrn Dr. Weindl zweifellos nicht genehm sein würden. Er
habe deswegen auf diese Lösung verzichtet. Angesichts der Tatsache,
dass Daimler-Benz im Verhältnis von RM 100.000.- zu der Luftfahrtbank
mit RM 50 Millionen beteiligt sei, könne es nicht beanstandet
werden, wenn Daimler-Benz im Hinblick auf diese geringe Beteiligung
nicht drei Vertreter im Beirat beanspruche, sondern sie zurück -
ziehe.

 -3-

- 3 -

Er habe auch Verständnis dafür, wenn Daimler-Benz mit
Rücksicht auf die Tatsache, dass die Firma bezüglich des Herrn
Dr.Eckenberg direkt betroffen sei, wie auch bezüglich des Herrn
Tappert, der ja auch in enger Verbindung mit Daimler-Benz gestanden
habe, sich zu dem vorgelegten Gesellschafterbeschluss für befangen
erklärt.

Im übrigen sei bei dieser Unterhaltung herausgekommen,
dass Herr Ministerialdirektor Cejka von dem vorgelegten Gesell -
schafterbeschluss überhaupt keine Kenntnis gehabt habe, sondern
ihn erst durch Herrn Dr.Haspel kennen gelernt habe und auch seinerseits ihn formal für unmöglich halte. Er selbst habe im übrigen
sein Mandat im Beirat der Flugmotorenwerke Ostmark mit Zustimmung
des Herrn Generalfeldmarschall Milch, mit Rücksicht auf seine viele
anderen Mandate, niedergelegt. Der Herr Reichsmarschall habe befohlen, dass Herr Roehnert nunmehr den Vorsitz bei F.O.im Beirat übernehmen müsse.

Angesichts dieser Sachlage schlug Herr Dr.Haspel vor, dass
die Daimler-Benz A.G. sich bei dem Gesellschafterbeschluss der
Stimme enthält mit der Begründung, dass sie sich für befangen halten müsse, und im übrigen ihre Vertreter aus dem Beirat, das seien
er selbst, Herr Müller und Herr Wallinger, zurückziehe.

Dieser Vorschlag fand allseitige Zustimmung. Das Präsi -
dium ist der Auffassung, dass die Loslösung von den Ostmotoren -
werken für Daimler-Benz eine Entlastung von künftigen finanziellen
Engagements wie auch eine Befreiung von der Verantwortung für die
Wiener Fabrikation bedeutet, was insofern wertvoll sei, als Daimler-
Benz genug grosse Aufgaben finanzieller und industrieller Art im
eigenen Hause habe, durch welche die Finanzkraft der Gesellschaft
wie auch die Arbeitskraft der Mitarbeiter ohnehin bis aufs äusserste
in Anspruch genommen sind. Herr Wallinger bemerkte hierzu, dass,
da das Wiener Werk zum Daimler-Benz-Ring gehöre, in technischer Beziehung die Beanspruchung von Daimler-Benz nicht viel kleiner werde.
Es werde notwendig sein, dass auch künftig ständig eine Reihe von
Mitarbeitern in Wien tätig sind. Im übrigen sei die Befürchtung
nicht von der Hand zu weisen, dass, wenn die Schwierigkeiten in
Wien sich fortsetzen sollten, diese nach wie vor Daimler-Benz zur
Last gelegt werden. Umso wichtiger sei es deshalb, dass die Pomo,
die ebenfalls den Daimler-Benz-Motor 603 baue, möglichst bald in
beste Ordnung gebracht werde. Der Motor Daimler-Benz 603 sei, was

-4-

Archiv der DBAG, Protokoll der Präsidialsitzung vom 12.8.1943 (Ausschnitt).

Der Reichsminister   Berlin W 8, den 4.Sept.1944
          für   Lg/Ku Nr.59
Rüstung und Kriegsproduktion
ZA/W Fin/Amt Bau-OT/V 2-44538/44

Betr.: Durchführung bombensicherer Rüstungsbauten.

Zur weiteren Vereinfachung und Zusammenfassung meiner bisherigen
Anordnungen vom 8.4.44, 10.5.44 und 1.6.44 über unterirdische Be-
triebsverlegungen und oberirdische Bunkerbauten wird bestimmt:
1) Die Gesamtsteuerung der bombensicheren Fertigungsmöglichkei-
   ten, insbesondere der unterirdischen Fertigungsstätten, obliegt dem Rüstungsamt. Auf Antrag der Bedarfsträger (Waffenämter der Wehrmachtteile, Ämter des RMfRuK, Reichsbahnzentral-
   amt u.ä.) bestimmt das Rüstungsamt welche bombensicheren Fer-
   tigungsmöglichkeiten in Anspruch genommen werden und für welche Rüstungsfertigung diese im einzelnen bereitzustellen sind.
   Vor seiner Entscheidung holt das Rüstungsamt die Stellungnahme des Amtes Bau über die Ausbaumöglichkeit und Bauwürdigkeit
   der vorgesehenen Fertigungsstätte ein. Die Entscheidung des
   Rüstungsamtes, die im Einvernehmen mit den beteiligten Ämtern
   ergeht, wird zugestellt:
   a) dem Amt Bau-OT, Amtsgruppe Chefingenieur,
   b) dem beantragenden Bedarfsträger,
   c) dem Generalreferat Wirtschaft und Finanzen,
   d) dem voraussichtlich in dem bombensicheren Fertigungsraum
      arbeitenden Rüstungsbetrieb.
   Nach der Entscheidung des Rüstungsamts erteilt der Bedarfsträger dem Rüstungsbetrieb einen Verlegungsbescheid gemäß den
   Verlegungsgrundsätzen vom 26.8.43 (siehe Ziffer 2 dieses Er-
   lasses). Abschrift ist dem Amt Bau-OT (Amtsgruppe Bauprogramm)
   zu übersenden.
   Bedarfsträger ist bei Rüstungsendfertigung der öffentliche
   Auftraggeber. (Waffenämter der Wehrmachtteile), bei Rüstungs-
   zulieferungen der Reichsminister für Rüstung und Kriegsproduktion (Rüstungslieferungsamt). Der Reichsminister für Rüstung und Kriegsproduktion (Rüstungslieferungsamt) ist auch
   dann Bedarfsträger, wenn für eine Fertigung mehrere Bedarfsträger vorhanden sind oder wenn er sich aus anderen Gründen
                                                          selbst

                                                        - 2 -

- 2 -

dasu erklärt.

Die Entscheidung des Rüstungsamtes und der Verlegungsbescheid eröffnen dem Rüstungsbetrieb keinen Anspruch auf Benutzung der bombensicheren Fertigungsstätte. Das Rüstungsamt kann je nach der rüstungswirtschaftlichen Vordringlichkeit den Fertigungsraum einem anderen Rüstungsbetrieb zuweisen.

2) Die Entscheidung des Rüstungsamtes bildet für das Amt Bau-OT die Grundlage für die Aufnahme des Vorhabens in die Liste der Programmbauten. Die Reihenfolge der Bauvorhaben wird gemeinschaftlich vom Amt Bau-OT, das die Baumöglichkeit vertritt, vom Rüstungsamt, das die Gesamtsteuerung vertritt und vom Bedarfsträger, der die Wichtigkeit der Fertigung vertritt, festgelegt.

Das Amt Bau-OT oder seine ausdrücklich ermächtigten zuständige Einsatzgruppe bestimmt, in welcher Form die beschlossenen Baumassnahmen durchzuführen sind.

Für die Baudurchführung kommen folgende typische Formen in Betracht:

a) OT baut selbst (OT-Bau). Es bleibt der OT überlassen, ob und inwieweit sie zur Durchführung von Einzelbauvorhaben den SS-Baustab Dr. Kammler heranziehen will.

b) OT hilft dem Rüstungsbetrieb beim Bau durch Beistellung von Baustoffen und Maschinen, Abstellung von Arbeits- und Führungskräften und - oder - durch Zurverfügungstellung von Bau-Aufsichtspersonal (OT-Betreuung).

c) Der Rüstungsbetrieb baut selbst ohne Inanspruchnahme der OT, abgesehen von der Kontingentzuweisung. (Firmeneigener Bau)

3) Die Kosten der einzelnen Bauvorhaben sind ohne Rücksicht auf die Form der Baudurchführung in jedem Falle gesondert zu erfassen.

Der Erfassung ist folgende Rahmengliederung zugrunde zu legen:

a) Baukosten, ausschl. Baustoffe, aber einschl. Transportkosten,
b) Baustoffe,
c) Verwaltungskosten, einschl. Ausgaben für Betreuung, Unterkunft, Verpflegung, Ausrüstung usw. der Bauarbeiter.

Die baudurchführenden Stellen sind ausserdem gehalten, die Kosten für

- 3 -

- 3 -

<u>Versorgungsanlagen</u> (Anlagen für Ent- und Bewässerung, Ent- und
                     Belüftung, Heizung, besondere Aufzugsanlagen,
                     besondere hochwertige Aggregate) und

<u>Aussenanlagen</u>   (Gleisanschlüsse, Aussenleitungen usw.)

gesondert anzuschreiben.

Diese Rahmengliederung bildet die Grundlage für die Abrechnung
und Bewertung des Bauvorhabens. Die Angaben sind daher so sorgfältig wie möglich zu machen. Dabei werden sich Schätzungen in
gewissem Umfange nicht vermeiden lassen. Das gilt auch für Pau-
schalberechnungen bei den Gemeinkosten die z.B. für die OT-Zen-
trale zugeschlagen werden müssen. Hierüber wird die zuständige OT-
Einsatzgruppe jeweils entscheiden, notfalls im Einvernehmen mit
dem Amt Bau-OT.

4) Die <u>Finanzierung</u> wird wie folgt geregelt:

   a) Die Kosten der OT-Bauten übernimmt der RMfRuK, der für diesen
      Zweck aus seinem Haushalt der OT die erforderlichen Mittel
      zur Verfügung stellt. Die bereitgestellten Mittel sind von
      der OT im Rahmen des auftretenden Bedarfs für die einzelnen
      Bauvorhaben auszugeben. Die Ausgaben unterliegen der Nach-
      prüfung durch den Rechnungshof des Deutschen Reiches.

   b) Bei OT-Betreuungsbauten stellt die OT ihre Lieferungen und
      Leistungen dem Rüstungsbetrieb in Rechnung. Die Lieferungen
      und Leistungen werden dabei auf Grund eines von der OT aufzu-
      stellenden Schlüssels pauschaliert.

   c) Die Kosten firmeneigener Bauten haben die Rüstungsbetriebe
      selbst zu bestreiten.

   Zu b) und c) : Etwa erforderliche Finanzierungshilfen (Reichsbei-
   hilfen, Kriegswagnisklausel, Sonderkredite u.ä.) sind fallweise
   vom Bauherrn (in der Regel der Rüstungsbetrieb) unter Beifügung
   der erforderlichen Unterlagen beim Generalreferat Wirtschaft
   und Finanzen zu beantragen.

5) Da OT-Bauten in vollem Umfange aus Reichsmitteln bestritten werden, ist von vornherein auf eine ordnungsmässige Sicherung des
   Reichsinteresses Bedacht zu nehmen.
   Die bombensicheren Fertigungsräume sind deshalb grundsätzlich in
   das Eigentum des Reichs zu überführen; bei unterirdischen Fertigungsstätten (Höhlen, Tunnels u.a.) kann stattdessen ein Nieß-
   brauch zugunsten des Reichs (Rüstungskontor) bestellt werden. Die

- 4 -

– 4 –

erforderlichen Verhandlungen und Abmachungen führt auftrags des
Reiches (RMfRuK) das Rüstungskontor. Es erwirbt die einschlägigen **Rechte** (Eigentum, Niessbrauch). Die baudurchführenden Stellen **sind mit** diesen Fragen nicht befasst; sie haben aber dem
Rüstungskontor die erforderliche Verwaltungshilfe zu leisten.

6) **Beim OT-Bau** dürfen aus Reichsmitteln nur an der Baustelle auftretende Baukosten bezahlt werden. Ausserhalb der Baustelle
auftretende, durch bombensichere Bauvorhaben bedingte Baumassnahmen (z.B. Überlandleitungen, Ferngasleitungen) gehören nicht
zu diesen Baukosten. Im Bedarfsfalle kann die baudurchführende
Stelle bei Ausführung dieser Nebenbauten mitwirken. Wegen einer
etwaigen Finanzierungshilfe hat sich das Unternehmen gesondert
an das Generalreferat Wirtschaft und Finanzen zu wenden.

7) Nach Fertigstellung der bombensicheren Bauvorhaben werden alle
OT-Bauten vom Rüstungskontor in Verwaltung genommen und an den
endgültig eingewiesenen Rüstungsbetrieb zu angemessenen Sätzen
verpachtet.

Bei OT-Betreuungsbauten und firmeneigenen Bauten wird nach der
Fertigstellung endgültig über eine etwa vom Eigentümer oder vom
Rüstungsbetrieb beantragte Finanzierungshilfe entschieden. Die
Finanzierungshilfe ist in den Überlassungsbedingungen, die zwischen dem Eigentümer und dem Rüstungsbetrieb abzusprechen sind,
zu berücksichtigen.

In Vertretung
gez. Prof. Dr. Hettlage

Verteiler:
A 2

Archiv der DBAG, Haspel 8,82, Anordnung des Reichsministers für Rüstung und
Kriegsproduktion vom 4.9.1944.

Ea., 26. November 1944
W 62 D v.Bg./Wa.

D.: Herren
        Direktor Nallinger
        Obering. Wilfert

Herrn Direktor Dr. H a s p e l

Betrifft: Do 335 Anlauf

Entsprechend Ihrer fernschriftlichen Anordnung vom 23. 11. hat
Herr Obering. Wilfert und der Unterzeichnete am 25.11. an der
Do 335-Anlaufbesprechung bei Dornier, München-Neuaubing teilgenommen. Schon bei der Begrüssung fragte uns zunächst der Sonder-
ausschußleiter Herr von Mitterwallner und Direktor Reidenbach
und später während der Besprechung auch Herr Generaldirektor
Frydag, wer uns zu dieser Besprechung aufgefordert hat. Wir teilten daraufhin mit, daß wir von der Hauptgruppe Triebwerke ein
FS über die geplante Vorverlegung des Do 335-Anlaufes mit dem
L-Motor erhalten haben, und in diesem Zusammenhang zur Klärung
von Triebwerksfragen nach Neuaubing gekommen sind.

Die Besprechung, an der ungefähr 60 Personen teilgenommen haben,
wurde von Herrn Obering. Lange und Generaldirektor Frydag geleitet. Von den führenden Männern der Dornier-Werke waren anwesend
die Herren Peter Dornier, Direktor Schneider, Direktor Reidenbach,
Dir. von Mitterwallner usw.

Aus der Musterliste haben wir entnommen, daß abgesehen von den
Schul- und Mustermaschinen folgende fünf Do 335-Ausführungen geplant sind:

    A6 = Nachtjäger mit DB 603 E, umgebaut aus dem Schnellst-
         bomber A1. Infolge des Umbaues konnte bei dieser Aus-
         führung die normale Jägerfestigkeit nicht erreicht
         werden.

    B2 = Tageszerstörer mit DB 603 E und noch kleiner Fläche.
         Neubau.

    B6 = Nachtjäger mit DB 603 E und noch kleiner Fläche. Neu-
         bau.

    B4 = Tageszerstörer mit DB 603 L und großer Fläche. Neubau.

    B8 = Nachtjäger mit DB 603 L und großer Fläche. Neubau.

Die Zellen A6, B2 und B6 erhalten am Bug und am Heck Dornier-
Triebwerke, die Zellen B4 und B8 werden am Bug mit DB- und am
Heck mit Dornier-Triebwerken ausgerüstet.

Der Aufforderung von Herrn Lange folgend berichtete Herr von
Mitterwallner über den Stand der Arbeiten:

- 2 -

Die von Dornier eingeführte Lochbauweise mit Urkörpern kann
aus Termingründen nicht mehr auf ein anderes Verfahren umgestellt werden. Demzufolge können die Betriebsmittel nur dort
angefertigt werden, wo sich der Urkörper befindet, in diesem
Falle also in Friedrichshafen und in München. Von den ursprünglich geplanten 4 Sätzen Betriebsmittel werden jetzt nur 2 Sätze angefertigt.

Die Bemi sind gegenüber dem früher abgegebenen Termin - August
1944 - mehrere Monate im Verzug, im besten Fall wird der erste
Satz Bemi am 15. Dezember und der zweite Satz am 30. Januar 1945
fertiggestellt. Falls die Rümpfe aus Friedrichshafen und die
Flächen von Heinkel-Oranienburg im Dezember angeliefert werden,
wird es Dornier-München möglich sein, die ersten zwei B2-Maschi-
nen im Februar auszuliefern.

Die Betriebsmittel werden in Gemeinschaftsarbeit bei Dornier-
Friedrichshafen, München und Wangen, ferner bei Heinkel-Oranienburg gefertigt. Die provisorischen Betriebsmittel für die Nacht-
jäger-Verkleidung hat z.B. Heinkel-Oranienburg fertig gemacht.
Uebrigens sind vorläufig für den Zerstörer und Nachtjäger verschiedene Triebwerksverkleidungen erforderlich, die erst später
vereinheitlicht werden.

Dornier-München fordert eine sofortige Abstellung von 500 Arbeitskräften von Luther-Braunschweig und 60 Arbeitskräften von verschiedenen Zulieferanten. Es werden in erster Linie Schlosser und
Schweißer verlangt. Außerdem fordert Dornier eine sofortige Zu-
rückbeorderung aller derjenigen Arbeitskräfte, die Dornier früher an die verschiedenen Firmen abgegeben hat. Herr Lange und
Herr Frydag schlagen einen innerbetrieblichen Ausgleich von den
Dornier-Fachkräften vor und fordern eine Ueberleitung von Schlos-
sern und Schweißern aus dem Musterbau in die Serienfertigung. Mit
einem Hinweis, daß die ersten Nachtjäger-Mustermaschinen schnellstens fertiggestellt werden müssen, da V 21 im Dezember und V 22
im Januar 1945 abgeliefert werden sollte, lehnte Herr Dir. Reidenbach die Ueberleitung von Fachkräften aus dem Musterbau in die
Serie ab. Herr Frydag bemerkte dazu, daß er sich nicht vorstel-
len kann, daß sowohl die Fertigstellung der Nachtjäger-Maschinen,
als auch die Vorbereitung auf die DB 603 L-Umrüstung noch viele
Leute im Musterbau benötigt und besteht auf der Ueberleitung.
In diesem Zusammenhang teilte Herr von Mitterwallner mit, daß
Herr Reidenbach die Auslieferung aller Serienunterlagen zunächst
bis zum 30. September zugesagt hat, jetzt sollen aber die Unterlagen erst am 30. November kommen. Schon diese Terminverschiebung
ist dem Sonderausschuß unverständlich, aber noch weniger verständlich ist die Weigerung, Fachkräfte vom Musterbau vorübergehend in
die Serie überzuleiten. Es stellte sich dabei weiter heraus, daß
Herr Dir. Schneider vor kurzem versprochen hat, 50 deutsche Fachkräfte in die Serie überzuleiten, daß er sich neuerdings weigert,
diese 50 Mann vor dem Eintreffen der 500 Mann von Luther-Braunschweig abzugeben.

Es entstand eine längere und sehr unerfreuliche Debatte, in welcher ein Betriebsleiter dem anderen Vorwürfe machte, an der Ter-
minverzögerung Schuld zu haben. In diese Debatte wurden dann
auch die leitenden Herren wie z.B. Schneider, Peter Dornier, von
Mitterwallner usw. hineingezogen. Diese Meinungsverschiedenheiten
gaben schließlich Herrn Lange genügend Material zur Feststellung,

- 3 -

daß bei der Firma Dornier weder zwischen den Abteilungen, noch zwischen dem Entwicklungswerk und den Serienwerken der zur erfolgreichen Zusammenarbeit unbedingt erforderliche enge Kontakt bestent, er kritisierte diesen Zustand in sehr scharfen Worten. Daraufhin ernannte Herr Lange verantwortliche Sachbearbeiter für die einzelnen Arbeitsgebiete.

Das uns nicht offiziell gezeigte DW-Lieferprogramm, welches die neuesten Dornier-Vorschläge enthält, gibt folgende Stückzahlen für 1945 an:

	Febr.	März	April	Mai	Juni	Juli	Aug.	Sept.	Okt.
B2-Zerstörer mit DB 603 E bei Dornier-München	2	8	20	44	84	100	100	?	?
B6-Nachtjäger mit DB 603 E bei Heinkel-Oranienburg	-	-	3	10	18	30	50	79	90
B6 bei LW-Braunschweig	-	-	-	2	6	10	35	45	60

Für die Maschinen mit unseren DB 603 L-Bugtriebwerken sind folgende Zahlen angegeben:

	1945				1946			
	Sept.	Okt.	Nov.	Dez.	Jan.	Febr.	März	
B4-DW, München (1. Vorschlag)	10	30	70	90	100	100	100	= 500
oder 2. Vorschlag	10	30	70	118	200	200	200	=(828)
B8-HWO-Oranienburg	-	10	30	90	130	130	130	= 520
B8-LW -Braunschweig	-	10	30	70	70	70	70	= 320
B4-LW -Braunschweig	-	10	30	73	125	125	125	= 488
								1828
							oder	2156

Im Laufe der Verhandlungen hat Herr Dir. Reidenbach gefragt, ob es geplant ist, heute in diesem Gremium auch über Entwicklungsfragen zu sprechen, wozu die Vertreter von Daimler-Benz zugezogen wurden. Diese Anfrage beantwortete Herr Frydag mit folgenden Worten: "Die B4- und die B8-Maschinen liegen noch so weit zurück, daß diese Fragen heute nicht besprochen werden müssen." Herr Lange bemerkte dazu, daß er geplant hat, diese Fragen im Zusammenhang mit dem Vorschlag von Herrn Dr. Haspel, die Lieferung der L-Motoren mit Zwischenkühlung auf Mai vorzuverlegen, heute zu behandeln, er mußte aber leider feststellen, daß die anderen Fragen noch so viel Zeit in Anspruch nehmen würden, daß der Anlauf von DB 603 L heute nicht besprochen werden kann.

Herr Dir. Reidenbach und der Unterzeichnete teilten daraufhin mit, daß sie beabsichtigen, am kommenden Mittwoch eine Entwicklungsbesprechung in Bad Schachen abzuhalten, in der auch die Frage der Vorverlegung des B4- und des B8-Anlaufes behandelt wird. Im Anschluß an diese Besprechung wird Dornier und DB einen gemeinsamen

– 4 –

<u>Vorschlag an den Rüstungsstab</u> ausarbeiten.

Da ein Zweck, den L–Motor in die Do 335 einzubauen, nur dann
besteht, wenn die Zellen mit der großen Fläche ausgerüstet
werden können, wird Herr Dir. Reidenbach vorher klären, ob
Heinkel–Oranienburg den Termin für die großen Flächen vor-
verlegen kann.

Nähere Angaben über den Anlauf von Bemi und über die Programm-
zahlen wird Herr Obering. Wilfert in einer besonderen Mitteilung machen.

Archiv der DBAG, Haspel 1,10, von Berg an Haspel vom 26.11.1944.

2.August 34.   1.

Tr.v.V./VI/U.

Streng vertraulich !

Bericht an den Vorstand

über die

vom Reichsministerium der Luftfahrt

uns erteilten

I. Richtlinien zur Entwicklung unserer Flugmotoren-Fabrikation,

sowie der uns gestellten

II. Projektierungs-Aufgabe eines Spezial-Motorenwerks.

Die uns in den letzten Jahren gestellten Entwicklungs-Aufgaben konstruktiv-versuchstechnischer Art: "Mehrzweckmotor" -/- "Probebstellungauf DB F4" waren nicht Selbstzweck, sondern hatten nur Sinn als Vorstufe dazu, unsere Firma wieder in das Gesamtgebiet der Flugmotoren-Industrie wieder einzuschalten, wie ferner auch: unsere Kenntnisse und Erfahrungen auf dem Gebiet des Motorenbaues mit heranzuziehen und wieder zu aktivieren : -

Endzweck dieser Absichten konnte nur sein - erstrebt seit dem zielbewußten Einsatz des RLM zum Wiederaufbau der deutschen Fliegerei -,unsere Firma wieder in die Reihe der Hauptlieferer von Flugmotoren einzugliedern ! - Unser Ziel konnte und kann dergestalt nur sein,in die Serienfabrikation hereinzukommen, um Groß-Aufträge auf möglichst unsere eigenen Konstruktionen, nötigenfalls auch auf Lizenzfabrikation zu erhalten.

Grundsätzliche Vorbedingungen hierfür sind nach der heute gegebener Sachlage:

1.) daß wir uns den militärgeographisch begründeten Forderungen des Reichs-Verteidigungs-Ausschusses in verständnisvoller Weise fügen: Nach heutiger Lage kommt irgend eine Serienfabrikation im gefährdeten westdeutschen Gebiet keinesfalls in Frage ! - Vielmehr werden

./.

2.8.34.   1.

alle kriegswichtigen Fabrikationsbetriebe gezwungen, sich neue Produktionsstätten im geschützteren Raum Inner-Deutschlands zuzulegen
und beschleunigt einzurichten.

2.) daß wir uns einen hochqualifizierten Facharbeiterstamm für Flugmotorenbau heranbilden, was nur durch organischen Aufbau aus kleinen Anfängen (= "Kein-Zelle"-) in planmäßiger Schulung geschehen kann.
Herr **B u l l i n g e r** hat sich auf Grund der wiederholt dieserhalb
mit ihm geführten Verbesprechungen nachhaltig dafür eingesetzt, daß unsere Firma nicht etwa nur zunächst für Flugmotoren-Reparaturen zugelassen, sondern vielmehr , daß wir als vollwertige Flugmotoren-Fabrik
seitens der zuständigen Stellen des RLM anerkannt werden.

Auf Grund dieses Anerkenntnisses ist das in den letzten Juli-Tagen
beim Werk MARIENFELD eingelaufene, in Abschrift beigefügte ausführliche
Schreiben des RLM vom 12. Juli 1934 an uns ergangen.

In demselben sind grundsätzlich und in zielklarer Weiterentwicklung,
von einfacheren zu schwierigeren Aufgaben fortschreitend, die grundsätzlichen Richtlinien niedergelegt, auf denen wir nunmehr aktiv vorgehen
sollen.

Zum Verständnis und Erläuterung derselben ist im Einzelnen auf Grund
der heutigen Besprechung im RLM   L-P./.G.

zwischen den Herren:

      B u l l i n g e r (Fabrikation)   Prokurist **W i l h e l m**,

      L a n g e (Reparatur)   A l t,

      Dr.Ing. V o e l l g e n (Projek-   Prok.Dr.Ing.v o n V i e b a
              tierung)

folgendes zu bemerken:

I. Schaffung einer "KEIMZELLE FUER FLUGMOTOREN-REPARATUR" im Werk
MARIENFELD.

Da man erst nach bisheriger Ansicht des RLM wegen gewünschter Ver-
meidung von Industrie-Massierungen in Groß-Berlin für die Ingangsetzung

./.

2.8.34.   3

unserer Flugmotoren-Fabrikation sogar das Werk MARIENFELDE ausscheiden sollte, haben wir in den vorangegangenen Besprechungen dem zuständigen Fabrikations-Dezernat des RLM den unverfänglichen Vorschlag gemacht,

einstweilen in MARIENFELDE eine Keimzelle derart zu schaffen, daß uns Flugmotoren-Reparatur-Aufträge zugewiesen würden, was uns die geeignetste Gelegenheit geben würde, hieran einen kleinen Stamm von tüchtigen Facharbeitern heranzubilden.

Mit Rücksicht auf den dringlichen Bedarf an Flugmotoren-Reparatur-Werkstätten ist man dieser Anregung seitens des RLM (H.Bullinger) gefolgt und ist dabei sogar noch etwas weiter gegangen, indem man uns gleichzeitig Aufträge auf Teile-Herstellung zusichern will.

1.) Umfang der Flugmotoren-Reparatur:

Derselbe wird nur klein sein, etwa 4 - 6 Stück monatlich; und zwar werden uns, zunächst solche Reparatur-Aufträge zugewiesen werden, welche nicht eilig sind - somit also mit Ruhe daran gearbeitet werden kann; andererseits solche Reparatur-Motoren, an welchen ziemlich umfangreiche Instandsetzungsarbeiten zu machen sind.

Nach Angabe des RLM-Sachbearbeiters (W.Lange) kommen Reparatur-Aufträge von etwa RM 5000,-- bis RM 6000,-- in Betracht, bei denen es sich um folgende

2.) Haupt-Arbeitsgruppen

handeln wird: Zerlegen / Waschen / Untersuchen, was nachzuarbeiten oder was zu erneuern ist / Bearbeiten / Wiederzusammenbau / Vorer - proben / Auseinandernehmen und Nachsehen / Probelauf und Abnahme / Schlußkontrolle / Versand.

3.) Vorgesehene Reparatur-Typen :

Zunächst werden uns die einfacheren Flugmotoren-Muster:

Zwölfzylinder "BMW VI",
"Junkers "L5"
"Argus "A S 10"

zugewiesen werden, welche sehr geeignete Schulungsobjekte darstellen.

./.

2.8.34.   4.

4.) Erforderliche Ersatzteile:

Diese werden uns durch die FLN auf Grund des von der FLN-Bau-
aufsicht nachgeprüften Befundes und unseres Reparatur-Berichts
zugewiesen.

5.) Abrechnung und Bezahlung:

Während der "Luft-Hansa" ein Stundensatz von RM 3,50 gezahlt
wird, würde uns zunächst ein höherer Satz von etwa RM 4,-- bis
RM 5,-- gezahlt werden.

Außerdem würden uns zunächst für die Anlauf- und eine mehrmonat-
liche Einarbeitungszeit um etwa 15 - 20 % höhere Arbeitsstunden-
Zahlen zugestanden werden.

Auf Grund des Reparatur-Berichts ist für jeden Auftrag ein
Kosten-Voranschlag aufzustellen, welcher vom RLN geprüft wird.-
Die Bezahlung erfolgt auf Grund der Abrechnung.

II.) Verlegung der RWM "Hornet"-Garnituren-Fabrikation nach MARIENFELDE.

Nach den grundsätzlichen Grundsätzen des RWA kann eine weitere
Fortsetzung des im Werk UNTERTÜRKHEIM bis Jahresende 1934 auslaufen-
den RWM-Auftrages auf Lieferung von "Hornet"-Garnituren keinesfalls
in Frage kommen.

Anschluß-Aufträge auf diese Garnituren sollen uns erteilt werden, und zwar anscheinend für längere Fristen. - Aber die Ausführung
dieser künftigen Anschlußbestellungen soll bereits im Januar 1935
im Werk MARIENFELDE beginnen.

Dorthin sind also die für "Hornet"-Fabrikation besonders ge-
schaffenen Einrichtungen und Vorrichtungen planmäßig zu überführen.
Die hierfür benötigten Bearbeitungsmaschinen sind nach MARIENFELDE
zu überstellen.- Ferner ist der hierauf eingeschulte Facharbeiterstamm in möglichst großem Umfang nach MARIENFELDE zu übersiedeln.

./.

1.8.34.   5.

Diese Maßnahmen sind schon jetzt planmäßig vorzubereiten und
in die Wege zu leiten, damit der Fabrikationsübergang möglichst
störungsfrei für die laufende Fertigung und Ablieferung vor sich
geht.

III.) Lizenzfabrikation von "BMW VI"-Flugmotoren im Werk MARIENFELDE

Wie aus Ziffer 10) des RLM-Schreibers hervorgeht, sollen
wir sofort Vorschläge für die baldigste Fabrikationsaufnahme dieses
bewährten, aber einfachen Flugmotoren-Musters im Werk MARIENFELDE
machen.

Dieser Flugmotor wird - solange nichts Besseres da ist und
die neuentwickelten 30-Liter-Muster noch nicht in Großserien gebaut werden können - dringend in großen Stückzahlen benötigt.

Das RLM vergibt deshalb Zwangs-Fabrikations-Lizenzen an
mehrere Werke.

1.) Lieferbeginn und Liefermenge:

Die heutige Besprechung ergab, daß wir uns auf baldigste
Ingangsetzung der Fabrikations-Aufnahme im Werk MARIENFELDE
einrichten sollen, um im Juli 1935 mit der Lieferung von zunächst 150 Stück BMW VI in monatlichen Gruppen von 25 Stück
zu beginnen.

Zeichnungen, Stücklisten u.s.gehen uns vom RLM aus zu, welches hierüber mit uns die Lieferverträge direkt abschließt.

2.) Fabrikationsart:

Bei diesen Lieferungsaufträgen handelt es sich weniger
um mechanische Bearbeitung. Denn der größte Teil der je Motor
benötigten Bauteile wird uns vorgearbeitet oder fertig bearbeitet seitens der vom RLM bestimmten Unterlieferer zu festgesetzten Stückpreisen angeliefert, beispielsweise:

./.

2.8.34.   6.

Kurbelgehäuse: liefert Rautenbach (Harz)

Kurbelwellen: " Alfing/Krupp/Edelstahl,

Getriebe: " ZF /Kollmann/Prometheus,

Kolben: " Rautenbach,

Kolbenringe: " Goetze,

Kolbenbolzen: " Witzemann/Südd.Kolbenfabrik.

Vergaser: " Zenith

Elektrische Ausrüstung: BOSCH

Zylinderköpfe: liefert BMW,Eisenach,

Zylinder-Kühlung: " Krupp/Böhler/Edelstahl,

Nockenwellen: " Krupp

Lagerteile: " ZF/Kollmann/Prometheus/Stoltzenberg,

Benzinpumpen: " Junkers,

Wasserpumpen: " Bohn & Köhler,Kiel.

Neben der mechanischen Fertigbearbeitung an einzelnen dieser Teile würden die: Pleuelstangen/ Antriebe / Steuerwellen-Lagerhülsen von uns selbst anzufertigen sein.

Den Hauptanteil an Arbeitslöhnen (rd.1600 Stunden ; e Motor) macht der Zusammenbau und die Erprobung bei der vom RLM systematisch durchgeführten Aufteilung der Fertigung aus.

3.) Richtpreis und Selbstkosten

Der heutige Richtpreis in dem vorgesehenen Lieferumfang beträgt nach Angabe des Herrn Bulliger .... rd RM 28000,—.

Demgegenüber wurde uns genannt

der Materialwert (einschl.der zugelieferten Teile) zu RM 12000,—.
Bei 1600 Arbeitsstunden zu RM 1,25 ergibt sich

ein Lohnbetrag von .... " 2000,—

ein Unkostenbetrag mit 500 % von .... " 10000,—

Somit betragen die Selbstkosten .... RM 24000,—,

sodaß gegenüber dem Richtpreis ein Nutzen von .... RM 4000,—

verbliebe, was einem Gewinn von rd.15 % entspricht.   ./.

2.8.34.   7.

Nach unserem Eindruck ist die hieraus sich ergebende Unkostendeckung außerordentlich reichlich ! - Denn im allgemeinen wird im RLM mit 300 % Unkosten und einem Gewinnzuschlag von 10 % gerechnet.

Jedenfalls kann also mit einem guten Nutzen aus dieser Fabrikation gerechnet werden, zumal es scheint, als ob zur Durchführung dieses Auftrages keine allzu kostspieligen Ergänzungen des MARIENFELDER Werkzeugmaschinenparkes erforderlich werden.- Jedoch wäre für das Abbremsen dieser Motoren die Erstellung von 3 - 4 kleinen Flugmotoren-Prüfständen erforderlich.

IV.) Zusätzliche Fabrikation von BMW VI-Einzelteilen .

Zusätzlich und parallel zu dieser Motorenlieferung sollen noch von uns BMW VI-Einzelteile für den großen Ersatzteilbedarf des RLM hergestellt und geliefert werden.

Mit dieser Teile-Fabrikation soll schon baldmöglichst in MARIENFELDE begonnen werden. Diese letztere würde eine laufende Beschäftigung bedeuten.

Der Reparatur-und Ersatzteil-Sachbearbeiter des RLM, Herr L a n g e , wird schon in den nächsten Tagen das Werk MARIENFELDE besuchen, um sich bei Herrn O b e r l ä n d e r über unsere Einrichtungen zu unterrichten und ihm über die Einzelheiten genaueren Aufschluß zu geben, damit Herr Oberländer sich über den zu erwartenden Arbeitsumfang wie über die erforderlichen Maßnahmen zur Durchführung schon einen Ueberblick schaffen kann.

Das aus der Aufgabenstellung zu II - III - IV sich für die sofortige Fabrikations-Aufnahme im Werk MARIENFELDE sich ergebende Zwischen-Projekt ist in sinngemäßer Anlehnung an Ziffer 10) des RLMSchreibens beschleunigt auszuarbeiten.

Dieses Zwischen-Projekt soll bis spätestens Mitte September, d.h. dem RLM vorgelegt werden !   ./.

2.8.34.   8

Es darf darauf hingewiesen werden, daß die zur Durchführung
dieser Fabrik .... II - III - IV im Werk MARIENFELT
bereitzustellenden Einrichtungen eine .... Auslastung durch
ständig-fortlaufende Reparatur- und Ersatzteil-Bestellungen des
RLM finden werden.

Ueber dieses sofort aufzunehmende Fabrikations-Programm für
das Werk MARIENFELT hinausgehend

wünscht das RLM schon jetzt von uns

auf Grund der in den beigefügten Schreiben uns gemachten genauen
Angaben ein

V.) Zukunfts-Projekt für eine Großmotoren-Fabrik

um in einer für den Ernstfall vorgesehenen Höchstlieferfähigkeit
von 300 Fl ......-Einheiten je Monat baldmöglichst vorgelegt zu
erhalten.

Hierbei ist der geographische Ort dieser Anlage noch ganz offen zu lassen ! - Darüber kann und soll erst später befunden
werden.- Für diesen Zeitpunkt der praktischen Inangriffnahme
dieses großen Projektes wird von ausschlaggebender Bedeutung sein:

1.) Wann das neuentwickelte 30 Ltr-Flugmotoren-Muster reif zur
    Serienfabrikation sein wird.

2.) Welche größeren Fabrikationsaufträge auf ähnliche große Spezial-
    motoren für Reichsbahn-Schnell -und Gütertriebwagen, auf
    Schnellboote-, sowie Luftschiffmotoren sichern für uns in
    Aussicht stehen ! -

Denn für das RLM ist bei diesem Haupt-Projekt die Ueberlegung von
grundsätzlicher Bedeutung, daß gerade ..... Firma DAIMLER-BENZ
in einzigartiger Weise in ihrem Typenprogramm verschiedene artähnliche
Großmotoren für Friedensverwendung hat,

welche voraussichtlich zu normalen Zeiten künftig in größeren

./.

5.6.34.   3.

Stückzahlen benötigt werden:

   a) 3 Triebwagen-Motortypen: 300 PS "GM 85"
                                450 PS "GM 86"
                              1000 PS "GM 87"
   b) Schnellboots-Motoren: 900/1200 PS "BGM"
   c) Luftschiffs-   "   : 900/1200 PS "L GM"

während d) die friedensmäßige Monats-Produktion an 30 Ltr-Flugmotoren nur rd.25 Stück ausmachen sollen.

Die Fabrikation aller dieser Großmotoren soll in diesem künftigen Spezial-Motorenwerk vereinigt werden !

Damit ergibt sich für den Ernstfall die dem RLM dringend wichtige Möglichkeit, alsdann den Gesamtbetrieb vollständig auf Flugmotorenfabrikation umzuschalten ! -

Die Kapazität dieses Motorenwerks würde im Ernstfall noch dadurch sehr wesentlich gesteigert werden, daß auch dann die Belieferung vorgearbeiteter wichtiger Einzelteile in möglichst großem Umfang durch festbestimmte Unterlieferer erfolgen soll.- Nebenbetriebe wie z.B. eine eigene Gießerei kämen nach den Absichten des RLM für dieses Projekt nicht in Frage.

Durch diese Zusammenfassung der Fabrikation grundsätzlich gleichartiger Motorenpaare, aber für verschiedene absatzreiche Anwendungsgebiete würde auf diese Weise

das kriegswichtigste Motorenwerk Deutschlands

entstehen, welches im Frieden die denkbar größte Förderung durch Auftragszuweisungen aller beteiligten Reichsbehörden erfahren wird.

Das RLM rechnet damit, daß über die praktische Inangriffnahme dieses Projektes etwa im Sommer 1935 gesprochen werden könnte, weil bis dahin mit der Fabrikationsreife unseres "GM F" gerechnet wird, sowie ferner die Reichsbahn als dann nach abgeschlossenen Erprobungen

./.

2.8.34.   1D

in der Lage sein dürfte, sich zu größeren Bestellungen von Trieb-
werks-Motoren zu entschließen ! -

Für die Vor-Ueberlegung hinsichtlich der etwaigen Oertlichkeit
wurde kurz mit dem für diese Groß-Projekte zuständigen RLM-Dezernen-
ten Herrn Dr.Ing. V o e l t z e n gesprochen, welcher empfahl, die
Nachbarschaft größerer Werke oder Industrie-Zentren zu vermeiden,
dagegen Oertlichkeiten in Thüringen oder im Harz in's Auge zu fassen, wo ein eingesessener guter Facharbeiterstamm vorhanden ist
(z.B.Suhl oder Freienwalde).

Zur baldigsten Durchsprache dieser Gesamtangelegenheit beabsichtigt Herr B u l l i n g e r um etwa gegen den 20.August in
UNTERTÜRKHEIM zu besuchen.

Berlin-Stuttgart, den 2.August 1934.

[Unterschrift: von Winterfeldt]

Abschrift des RLM-Schreibens vom 12.Juli d.J.
"Projektierungsaufgabe für den Flugmotorenbau der Firma DAIMLER-BENZ.

Verteilung:

Herr Dir.Dr.Kissel,
          Dr.Hoff,
          Dr.Nibel,
          Schippert,
          von Hentig,
          von Jungenfeld,
          Berlin,
          Otkrt Schmidt,
          Müller,
          Reiche,
          Sailer,
     Prof.Wilhelm,
          Dr.von Viebahn.

Archiv der DBAG, Kissel VIII,5, Bericht an den Vorstand über die vom Reichsministerium der Luftfahrt uns erteilten Richtlinien zur Entwicklung unserer Flugmotoren-Fabrikation sowie der uns gestellten Projektierungs-Aufgabe eines Spezial-Motorenwerks vom 2.8.1934.

Oberkommando der Kriegsmarine   Berlin W.35, den 4.Februar 1944.
  K II Nr.648/44 geh.   Tirpitzufer 72/76.

                      Geheim

An

  Firma Daimler-Benz Aktiengesellschaft,
  Zentrale Stuttgart-Untertürkheim,

                  Stuttgart-Untertürkheim

Betr.: Daimler-Benz U-Bootsmotoren.

          Von Ihrer Mitteilung über Bewährung der MB 501-Motoren
in den U-Booten U 180 und U 195, insbesondere über die von Ihnen
vorgenommene Nachuntersuchung der Maschinen nach der Unternehmung
und nach ihrem Ausbau aus dem Boot auf Ihrem Prüfstand ist mit
großem Interesse Kenntnis genommen. Dieses Untersuchungsergebnis ergänzt und bestätigt das bisher gewonnene Bild dieser erstmalig aus Schnellbootsmotoren gebildeten U-Bootsanlagen, das zusammenfassend als durchaus gut bezeichnet werden muß. Mit Rücksicht
auf die Erstausführung einer solchen Anlage ist sogar festzustellen, daß das Ergebnis überraschend gut ausgefallen ist, selbst
wenn man die Herabsetzung der Motorenleistung von 2000 auf 1500 PS
in Rücksicht zieht.
          Daß an Bord ein höherer Brennstoffverbrauch als bei dem Entwurf
der Boote zugrundegelegt wurde, eingetreten ist, wird auch nach
Meinung des K.Amtes nicht zu Lasten der Motoren gehen.
          Wenn auch die Ursache dieses höheren Brennstoffverbrauchs
sowie die Tatsache des starken Qualmens der Motoren an Bord nicht
aufgeklärt ist, so beglückwünscht das K-Amt doch die Firma Daimler-
Benz allgemein zu dem Erfolg mit ihren Motoren für diese U-Bootsanlagen und spricht ihr für ihre in langen Jahren mit und für
die Marine geleistete Arbeit auf dem Schnellboots-Motoren-Gebiet
die Anerkennung aus mit dem Wunsch, daß die weiteren bei ihr
mit der Marine noch laufenden Arbeiten vom gleichen Erfolg gekrönt sein mögen.
                      Im Auftrage

Der Reichsverkehrsminister

K.4.3509.

Abschr.ds.Br. u.Durchschl.d.Antw.
erhielten die Herren v.Hentig
                    Dr.Kissel
                    Dr.Nibel
                    Werlin
                    Ruprecht

Berlin W 8, den **25**. Juli 1934.
Wilhelmstraße 80
Postfach

        An

die Direktion der Daimler-Benz A.G.

        in

        Stuttgart-Untertürkheim.

----

2 S JUL 1934   00370

Betrifft: Rennwagen.

  Ich habe Ihnen nach Anhörung der Obersten Nationalen
Sportbehörde für die Weiterentwicklung Ihrer Rennwagentype
unter Berücksichtigung der in den Rennen bisher gewonnenen
Erfahrungen eine Beihilfe von 300 000,-- RM bewilligt und
die Reichshauptkasse angewiesen, von dem genannten Betrage
100 000,-- RM sofort und je 50 000,-- RM am 15. August,
15. September, 15. Oktober und 15. November 1934 auf das
von Ihnen unter Bezugnahme auf obiges Schreiben der Reichshauptkasse noch anzugebende Bankkonto zu zahlen.

  Die Beihilfe von 300 000,-- RM wird unter folgenden
Bedingungen gewährt:

1. Dem Reichsverkehrsminister ist die Berechtigung einzu-
   räumen, sich jederzeit über den Stand und den Fortgang
   der Arbeiten in der Werkstatt zu unterrichten.

2. Nach Durchführung der Arbeiten ist mir gemäß den bestehenden Bestimmungen über die Gewährung von Beihilfen

               eine

*eine Abrechnung über die tatsächliche Verwendung
der Mittel einzureichen. Dies kann in der Weise
geschehen, daß mir von Ihnen eine Zusammenstellung über die Ausgaben (in 2. Abdrucken) vorgelegt wird, in der die Ausgaben getrennt nach Per-
sonalkosten und sächlichen Ausgaben aufgeführt
sind. Bei jedem Einzelposten ist anzugeben, wann,
an wen und zu welchem Zwecke die Beträge veraus-
gabt worden sind. Der Zusammenstellung sind die
Ausgabenbelege oder beglaubigte Abschriften hiervon beizufügen. Als ausreichende Unterlagen können auch ein mir in 2 Stücken vorzulegender Jah-
resabschluß Ihrer Gesellschaft nebst Erläuterun-
gen und die Berichte der Bilanzprüfer, in denen
Angaben über die Verwendung der für die Sonder-
aufgaben gegebenen Reichsmittel enthalten sind,
angesehen werden.*

*Ferner wird bemerkt, daß für die Beteiligung
Ihrer Firma und der Auto-Union A. G. an den nachstehend aufgeführten Rennveranstaltungen Beihilfen
im Gesamtbetrag bis zu 100 000 RM vorgesehen sind,
deren Verteilung ich mir vorbehalte:*

1. Großer Preis von Frankreich   am 1.Juli 1934,
2. Großer Preis von Deutschland   " 15.   " 1934,
3. Großer Preis von Belgien   " 29.   " 1934,
4. Klausenpaß-Rennen   " 5.August 1934,
5. Coppa Acerbo   " 15.   "   1934,
*6. Großer Bergpreis von Deutschland
  (Freiburg)   " 19.   "   1934,*

7.

7. *Großer Preis der Schweiz*   *am 26.August 1934,*

8. *Großer Preis von Italien*   *"   9.September 1934,*

9. *Großer Preis von Spanien*   *" 23.   "   1934,*

10. *Großer Königspreis von Rom.*   *" 14. Oktober 1934.*

Außerdem werden weitere Mittel bis zum Gesamtbetrag

von 100 000,-- RM zur Zahlung von Erfolgsprämien für solche

deutschen Firmen bereitgehalten, die in den vorgenannten

Rennveranstaltungen erste Preise erringen.

Um Empfangsbestätigung und Anerkennung der Bedingungen

bis 1. August d.J. wird ersucht.

Archiv der DBAG, Kissel XII,15, von Eltz an DBAG vom 25.7.1934.

20. Dezember 1939

An den

Herrn Reichsverkehrsminister

B e r l i n W 8
Wilhelmstrasse 80

Betrifft: Erfolgsprämien für Rennkraftwagen und -Räder 1939
　　　　K 7/K 5. 12 102.

Wir bestätigen höflich dankend den Erhalt Ihrer sehr geschätzten
Zuschrift vom 30. vor.Mts., wonach Sie uns als Erfolgsprämien
für im Jahre 1939 von uns bestrittene Rennen

RM. 49.000.--

überwiesen haben und zwar:

```
RM. 24.000.--   für 3 Erste Preise  Gruppe I
RM.  4.000.--   für 1 Zweiten Preis Gruppe I
RM. 12.000.--   für 2 Erste Preise  Gruppe II
RM.  9.000.--   für 3 Zweite Preise Gruppe II.
```

Genannte RM. 49.000.-- sind in der Zwischenzeit auf unserem
Reichsbank-Girokonto Stuttgart eingegangen, deren Empfang wir
Ihnen hiermit bestens dankend bestätigen.

Bei dieser Gelegenheit gestatten wir uns die höfliche Anfrage,
ob Herr Reichsminister Dr. Dorpmüller dem Linksunterzeichneten
Gelegenheit geben würde, ihn zu einer kurzen Besprechung zu empfangen und wären Ihnen sehr dankbar, wenn Sie dies trotz Ihrer
grossen Beanspruchung ermöglichten.
Indem wir Ihrer sehr geschätzten Rückäusserung gerne entgegensehen, zeichnen wir

　　　　　　　　　　　　Heil Hitler !
　　　　　　　　Daimler-Benz Aktiengesellschaft

　　　　　　　gez.Kissel. Haspel

Archiv der DBAG, Kissel XII,15, Kissel/Haspel an Reichsverkehrsminister vom
20.12.1939.

Vorgang hat Herr Ruprecht
Durchschrift Herr Ministerialdirektor Dr.Brandenburg

                                                    14.Februar 1940

                                                    Dr.Ki/Jg.

An den

Herrn Reichsverkehrsminister

B e r l i n W 8

Wilhelmstrasse 80

Betr.: Weltrekordwagen.

Schon seit über zwei Jahren sind wir mit der Erstellung eines
Ueber-Rennwagens, eines Weltrekordwagens beschäftigt. Wir liessen
uns dabei von dem Gedanken leiten, die von den Engländern bisher
gehaltenen Weltrekorde endlich uns Deutschen zu erobern, da wir
doch auf allen übrigen Gebieten des Automobil-, Touren- und Renn-
sportes seit Jahren eine immer grössere Ueberlegenheit gezeigt
haben.

Wir wussten, dass wir in der Durchführung dieses Zieles auch im
Sinne unseres Führers wie auch im Sinne unseres Korpsführers
handeln würden.

Bei Kriegsausbruch war der Bau schon sehr weit fortgeschritten.
Die Arbeiten mussten wir aber dann unterbrechen und einstellen.

Die Kosten, die wir für diesen Wagen bis zur Einstellung der Arbeit aufgewendet haben, belaufen sich nur unter Zugrundelegung von
Material plus Lohn plus Betriebsunkosten, ohne jeglichen Zuschlag
für allgemeine Unkosten, Handlungsunkosten etc., nachweisbar auf
rund RM. 600.000.--. Dass dieser Betrag uns in unserer Geldrechnung
heute, wo wir uns in einer umfangreichen und tiefgehenden Umstellung in fast allen Aufgaben unserer Werke befinden, fehlt,

                                                    -2-

den Herrn Reichsverkehrsminister, Berlin.   14.2.40   2

brauchen wir wohl nicht besonders hervorzuheben. Wir wären Ihnen
deshalb zu grossem Dank verpflichtet, wenn Sie uns auch hierbei
durch eine geldliche Zuwendung Hilfe leisten würden.

Der Wagen, seine Einzelteile, wie alles was dazu gehört, ist sorg-
sam verpackt und aufbewahrt, so dass wir nach Kriegsende unsere
Pläne wieder aufnehmen und hoffentlich zu einem guten Ende führen
können.

Eine baldige positive Entscheidung auch in diesem Falle würden wir
im Hinblick auf unseren Geldbedarf sehr begrüssen.

Indem wir Ihrer geschätzten Rückäusserung gern entgegensehen,
zeichnen wir mit

                          Heil Hitler!
              Daimler-Benz Aktiengesellschaft

        gez.Kissel   Sailer

Archiv der DBAG, Kissel VII,3, Kissel/Sailer an Reichsverkehrsminister vom
14.2.1940.

Wirtschaftsgruppe Luftfahrt-Industrie

Geschäftsstelle: **Reichsverband der Deutschen Luftfahrt-Industrie**

BERLIN W 35, TIRPITZUFER 86/90

Abteilung Patentstelle

D.P.A-C.UNTERTÜRKHEIM
19 FEB 1940. № 079652
Erledigt am _____ durch

Tel.: Sammel-Nr. 22 97 56
Nachruf: 22 07 10

Telegramm-Adresse: Relufind Berlin

Bank-Konto:
Deutsche Bank, Depositenkasse C,
Berlin W 9, Potsdamer Straße 31

Postscheck-Konto: Berlin Nr. 23813

Ihre Zeichen:	Ihre Nachricht vom:	Unsere Zeichen:	Datum:
		P 724/1024/39 Ba/Fl.	16.2.1939

Anm:

__Auslandslizenzen.__

Das Reichsluftfahrtministerium hat unter Nr. LC IV Nr. 2301/37
unter dem 13.5.37 folgendes Schreiben an sämtliche Firmen der
Flugzeug-, Flugmotoren- und Geräte-Industrie gesandt.:

"Ausgehend von der Voraussetzung, dass die für Zwecke des
Nachbaues in das Ausland zu verkaufenden Konstruktionen
ganz oder zum überwiegenden Teil <u>mittelbar oder unmittelbar vom Reich bezahlt worden sind</u>, ist im Anschluss an
die Industrie-Besprechung vom 19.Dezember 1936 festgelegt
worden, dass von den Auslandslizenzen 50 % dem Reich zu-
fliessen. Sofern in Einzelfällen die fragliche Voraussetzung
nicht vorliegt, bleibt auf <u>besonderen Antrag der beteiligten Firmen</u> eine Sonderregelung vorbehalten.

In Durchführung dieser Bestimmung sind mit Wirkung ab
1.Januar 1937 von den aus <u>Auslandsverkäufen</u> eingehenden
Lizenzzahlungen (Pauschal- und Stücklizenz) 50 % an das
Reich abzuführen. Diese Zahlung hat vierteljährlich jeweils
zum 1.April, 1.Juli, 1.Oktober und 1.Januar an die Amtskasse
meines Ministeriums unter Bezugnahme auf diese Verfügung
und unter Mitteilung an die zuständige Abteilung LC IV zu
erfolgen. Hierbei ist der gezahlte Betrag im einzelnen zu
erläutern. Von diesem Schreiben ist ferner der <u>Wirtschafts-
gruppe Luftfahrt-Industrie-Abteilung Vertrieb-</u> ein Durchschlag zu übersenden. Dieser Stelle sind ausserdem die <u>einzel-
nen Auslandslizenzen-Verkäufe</u> mit Zustandekommen des Ge-
schäftes mitzuteilen."

Zur Erläuterung dieses Schreibens hat das Reichsluftfahrtministerium unter LC IV Nr. 2301/37 vom 28.2.1938 folgendes Schreiben
an uns gerichtet:

- 2 -

"Die angezogene Verfügung hat zu einer Reihe von Vorstellungen
einzelner Firmen und der Wirtschaftsgruppe-Luftfahrt-Industrie
bei mir geführt, die in der Besprechung am 4.Oktober 1937 er-
örtert worden sind. Ich ergänze sie demgemäss wie folgt:

1) Der Wortlaut, dass für Konstruktionen, die ganz oder zum
   überwiegenden Teil mittelbar oder unmittelbar vom Reich bezahlt worden sind, 50 % der Auslandslizenzen dem Reich zu-
   fliessen, ist so zu verstehen, dass 50 % der Lizenzeinnahmen
   aus Auslandsgeschäften an den Reichsminister der Luftfahrt
   abzuführen sind, sofern die Entwicklungsaufträge durch das
   Reich gegeben und bezahlt sind. Dagegen fallen Konstruktionen, deren Kosten von den Firmen z.B. aus dem Gewinn
   oder aus eigenen Mitteln gebildeten Entwicklungsfonds gezahlt worden sind, nicht unter die Rückzahlungspflicht.

2) Mit Rücksicht darauf, dass die einheitliche Absetzung der
   Unkosten durch meine Preisprüfung gewährleistet ist, wird
   der Hundertsatz der an das Reich abzuführenden 50 % der
   Auslandslizenzgebühren vom Bruttobetrag berechnet.

Die Überweisung der dem Reich zustehenden Beträge hat sich in
folgender Weise zu vollziehen:

Die Zahlung hat vierteljährlich jeweils zum 1. Mai, 1.August,
1. November und 1.Februar für das jeweils vorangegangene Quar-
tal (Januar-März, April-Juni, Juli-September Oktober-Dezember)
an die Amtskasse meines Ministeriums unter Bezugnahme auf die
Verfügung LC IV Nr. 2301/37 vom 13.Mai 1937 und unter Mitteilung an die zuständige Abteilung LC IV zu erfolgen.

3) Sämtliche Lizenzeinnahmen müssen bis zum Ende des Jahres
   1940 in der Bilanz unter dem Posten Entwicklungsfonds aus
   Lizenzeinnahmen und entsprechend in der Gewinn- und Verlustrechnung ausgewiesen werden.

4) Sollte das Abführen der 50 % der Lizenzeinnahmen in Sonderfällen eine unbillige Härte bedeuten oder das Exportgeschäft der betreffenden Firma gefährden, so bin ich bereit,
   gegebenenfalls eine Ausnahmeregelung zu treffen.

In solchen Fällen sind begründete Anträge auf Belassen eines
Teiles der Lizenzeinnahmen an die Abteilung LC IV meines Ministeriums zu stellen.

Anträge dieser Art werde ich nur unter der Voraussetzung ge-
nehmigen, dass die belassenen Einnahmen den Unternehmen z.B.
in Form von Abschreibungen oder zur Auffüllung des Entwicklungsfonds zugute kommen.

- 3 -

- 3 -

Die Sachlage ist nunmehr klar.

Die Firmen zahlen irgend eine Abgabe bei Verkäufen von Auslandslizenzen nur wenn die Mittel des Reiches bei der Entwicklung des
Gegenstandes der Auslandslizenz von den Firmen in Anspruch genommen
worden sind.

Da die Unkosten bei dem Verkauf der Auslandslizenzen unter allgemeine Unkosten verbucht werden können, ist der in der Verfügung des
RLM vom 28.2.38 Ziffer 2 erwähnte Bruttobetrag als Reinerlös aus
dem Verkauf der Lizenz anzusehen. Von diesen wären also 50 % an
das RLM abzuführen.

Darüber hinaus soll das RLM sich gemäss Ziffer 4 mit einem geringe-
ren Satz als 50 % begnügen, wenn feststeht, dass die Abgabe von
50 % eine unbillige Härte bedeuten würde. Wir bitten Sie jedoch,
Eingaben gemäss Ziffer 4 nur dann einzureichen, wenn das Vorliegen
einer unbilligen Härte so begründet ist, dass das RLM voraussichtlich die Genehmigung für die Herabsetzung der Lizenz-Rückerstattung
nicht wird versagen können.

Die Meldepflicht bezieht sich auf Auslandsverkäufe von Lizenzen
mit Wirkung ab 1.1.1937.

Die Meldungen sind zu richten an das Reichsluftfahrtministerium
Abteilung LF 1.

Falls keine Lizenzen nach dem Auslande verkauft worden sind, deren
Gegenstand mit Mitteln des RLM entwickelt worden ist, erbitten
wir auf Wunsch des Reichsluftfahrtministeriums Fehlanzeige.

Heil Hitler!
WIRTSCHAFTSGRUPPE LUFTFAHRT-INDUSTRIE
Geschäftsstelle
REICHSVERBAND DER DEUTSCHEN LUFTFAHRT INDUSTRIE
Abteilung Patentstelle.
i.A.

Archiv der DBAG, Kissel VIII,6, Wirtschaftsgruppe Luftfahrtindustrie an DBAG
vom 16.2.1939, betr. Auslandslizenzen.

GEHEIM

KUNGL. FLYGFÖRVALTNINGEN
Nr Mi/Up H 36 27/vi
STOCKHOLM 10
Tel. Namnanrop . . . . . . «FLYGVAPNET»
Telegramadress: «FLYGFÖRVALTNINGEN»

I svarsskrivelse torde ovanstående
nummer åberopas.

Daimler Benz A/G,

Stuttgart - Unterürkheim.

D.B.A.-G.UNTERTÜRKHEIM
- 1.OK. 1941 M 120...
Erledigt am ......durch......

Betrifft: Lizenz-Vertrag auf Motorenbaumuster DB 605.

    Wir bestätigen den Empfang Ihres Schreibens vom 25. v.M.,
Ihr Zeichen v.K./Da. Nr. 20328, nebst dem beiderseitig unter-
schriebenen Original-Lizenz-Vertrag über Ihr Motorenmuster DB 605.

    Wir wollen hiermit mitteilen, dass die Herstellung der Mo-
toren bei den drei Firmen Svenska Flygmotoraktiebolaget, Troll-
hättan, A.B. Volvo (Pentaverken), Skövde, und A.B. Bolinder-Munk-
tell, Eskilstuna, stattfinden wird, und zwar wird bei Svenska
Flygmotoraktiebolaget nur Flugmotoren hergestellt, bei den beiden
anderen Firmen, wo normalerweise auch anderartiger Herstellung
stattfindet, werden besondere Werkstätten eingerichtet, wo nur
Flugmotoren hergestellt werden.

    Die Firma Svenska Flygmotoraktiebolaget ist hierbei als
Zentrale für die Lizenzherstellung anzusehen, und soll "zuerst
genanntes Werk" im Sinne des § 2 Absatz 1 des Vertrages sein.

    Zu Ihren Ausführungen in dem obengenannten Schreiben nehmen
wir wie folgt Stellung:

1) a) Wir sind damit einverstanden, dass in denjenigen Werkstatt-
abteilungen von Svenska Flygmotoraktiebolaget, Volvo und Bolinder-
Munktell wo die Vertragsmotoren bezw. Teile zu den Vertragsmotoren hergestellt werden und wo die Unterlagen vorhanden sind,
keine ausländischen Angestellten beschäftigt sein dürfen, es sei
denn dass in jedem eventuellen Fall vorher ein besonderes Ueber-

einkommen mit Ihnen getroffen wird. Für andere Unterlieferanten
können wir eine allgemeine Bestimmung dieser Art nicht eingehen
und hoffen dass Sie damit zufrieden sind, so viel mehr als es
sich hierbei nur um Herstellung von kleineren Teilen handelt,
die für den Vertragsmotor nicht charakteristisch sind.

1) b) Zur Frage eines eventuellen Exports der Vertragsmotoren
nach Deutschland wollen wir bemerken, dass ein Export von
Schweden jeweils der Prüfung der zuständigen schwedischen Behörden unterliegt.

1) c) Wir sind bereit, die Verbesserungen an dem Lizenzmuster
DB 605, die von Ihnen angegeben werden, unbedingt bei der Lizenzherstellung durchzuführen, soweit es sich hierbei um Verbesserungen im Interesse der Betriebssicherheit handelt. Was
übrige Verbesserungen betrifft behalten wir uns das Recht vor,
mit Rücksicht auf unsere spezielle Verhältnisse, selbst zu be-
urteilen, ob und inwieweit sie durchgeführt werden sollen.

2) Wir sind damit einverstanden, dass die Arbeitspausen in
Schweden von der Zentrale numeriert werden, und dass ein Nachweis über den Verbleib derselben karteimässig geführt wird.
Wir werden veranstalten, dass Unterlagen, die durch Ergänzungen
und Abänderungen ungültig geworden sind, an Sie zurückgesandt
werden. Wir müssen aber das Recht haben, so lange Teile vom älteren Typ noch Verwendung finden, die für die Wartung erforderliche Anzahl Unterlagen für solche Teile zu behalten.

3) Wir wollen hierzu bemerken, dass das Betreten von schwe-
dischen Werken, in denen Flugmotoren und Teile dazu hergestellt
werden, jeweils der Genehmigung der zuständigen schwedischen
Behörden unterliegt.

Zuletzt bitten wir Sie uns mitzuteilen, ob der Vertrag von
dem Deutschen RLM genehmigt worden ist und ferner ob die entsprechenden Genehmigungen unter § 4 zweites Stück und § 5 a
erteilt sind.

Wir erwarten Ihre weiteren Nachrichten.

Stockholm, den 26 September 1941.

Im Namen der
Kungl. Flygförvaltningen
Hochachtungsvoll

/LA

Archiv der DBAG, Kissel IV,35, Kungl. Flygförvaltningen an DBAG vom 26.9.1941.

DAIMLER-BENZ AKTIENGESELLSCHAFT, STUTTGART-UNTERTÜRKHEIM

An   Tag: **27.3.40**   Seite:

Dr.v.V./Ho.

Mitteilung an

     Herrn Direktor Dr. K i s s e l

Betrifft: Russenbesuch am 26.d.M.,
       Angebotswünsche und weitere Verhandlungen.

Beifolgend darf ich Ihnen das gestrige Besprechungs-
Ergebnis vorlegen.

1.) Den Russen ist am dringlichsten am sofortigen Erhalt der
    Angebote auf die 35 Stück Reservemotoren "DB 601 Aa"
    gelegen.

      a) Unser ursprünglicher Angebotsstückpreis vom 14.XI.39
         lautete auf RM 43.000.--. Diese Preisstellung liegt
         durchaus in unserer Preisrichtlinie für Reservemotoren.

      b) Von Herrn Dr. S c h i e n der WLI/AA hörte ich hierzu
         heute fernspruchlich, daß die Russen je einige Probe-
         flugzeuge "He 100" / "Me 109" / "Me 110" / "Do 215"
         mit RLM-Genehmigung bestellen werden.

      c) Ferner, daß generell das RLM auch die Lieferung von den
         jetzt gewünschten Reservemotoren in Aussicht gestellt,
         die möglichen Lieferfristen hierfür jedoch ausdrück-
         lich vorbehalten habe.

2.) Die Russen wünschten - um ein sofortiges Verhandlungs-
    Ergebnis zu erreichen - wenn möglich morgen nochmals hier
    zu verhandeln.

    Zu Ihrer Unterrichtung darf ich mitteilen, daß die Russen
    noch hier in STUTTGART sind, heute zu Besichtigungen bei
    BOSCH.

Für die Weiterbehandlung der Gesamtangelegenheit darf ich
um Ihre Weisung bitten.

c:Dir.Dr.Hspl.

Nr 31034. Brief-Fortsetzungsblatt. 1.12.39: 2000.

Zusammenfassung der Eindrücke über den Stand
des russischen Flugmotorenbaues nach Besichtigung
der Werke 19 (Perm), 24 (Moskau), 26 (Rybinsk):

a) F a b r i k a t i o n

Die besichtigten Werke 19, 24 und 26 sind in Aufbau,
Einrichtung und Ausbringung durchaus beachtenswert, wobei
im Gesamtbild das Werk 24 mit Abstand an der Spitze liegt.-

Die in den Einzelberichten genannten Produktionsziffern
stellen die obere Grenze dar; sie werden erreicht, da ge -
nügend Menschen für die zweite Schicht und auch für die
dritte Schicht vorhanden sind. Einen weitaus größeren Anteil an der Gefolgschaft als bei uns stellen in Rußland
die Frauen, die an allen Stellen eingesetzt sind, also auch
für Großteilbearbeitung und für höchstwertige Arbeit.
(Schleifen von Kurbelwellen.)

Das Arbeitstempo ist in den russischen Betrieben kaum
geringer als in den deutschen Werken, auch in Rußland
werden die Flugmotoren in Akkordarbeit hergestellt.

Die Arbeitsgenauigkeit ist gut, wenn auch nicht ganz unseren
Ansprüchen an allen Stellen entsprechend. Die Verfeinerung
der Arbeitsverfahren ist noch nicht so weit, wie im deutschen
Flugmotorenbau eingeführt (Feindrehen, Diamantdrehen, läppen,
superfinish etc.)

Die Kontrolle ist in den russischen Betrieben weniger zahl-
reich, etwas weniger gründlich und mehr ambulant als Maschi-
nen- und Werkplatzkontrolle eingesetzt. Dadurch wird das
häufige Transportieren der Teile zur Kontrolle gespart, also
Zeit und Umlauf gespart.
Die elektromagnetische Rißprüfung (Ferroflux-Magnaflux)
konnte ich in den Betrieben entgegen den Angaben der Russen
nirgends sehen, sondern nur in der Materialprüfabteilung
(Laboratorium)

Hinsichtlich rationellen Fertigens hat die russische Motorenindustrie durch die Übernahme der besten amerikanischen
Werkzeugmaschinen einen höheren Stand als im voraus ange -
nommen wird.
Es fehlen jedoch z.B. Gewinderoll-Maschinen für hochwertige

-2-

- 2 -

Gewinde (Pee Wee), Kopierdreh- und -fräsmaschinen (Starr),
Innenschleifautomaten (Heald oder Jung).

     b) <u>K o n s t r u k t i o n</u>

Die im Werk 19 (Perm) gezeigten beiden luftgekühlten
Motoren M 25 und M 62 (Lizenz Wright) entsprechen nicht mehr
ganz den internationalen Anforderungen. Die Russen sind
deshalb dabei, das Werk umzustellen, sodass es nach eigenen
Angaben für die nächsten 3 Monate mehr oder weniger ausfällt.

Selbstverständlich ist der Motor M 25 für Transportflug -
zeuge durchaus brauchbar, noch besser der Motor M 62.

Der im Werk 26 (Rybinsk) gezeigte Motor M 1o5 (Hispano Suiza)
scheint dort noch nicht allzulange zu laufen, wie der große
Anteil an Teilen für Motoren M 1o3 vermuten lässt.
Der Motor M 1o5 ist in Deutschland ausreichend bekannt.

Der im Werk 24 (Moskau) zur Herstellung kommende Motor
AM 35 A ist vermutlich der stärkste russische Flugmotor
(14oo PS). Sein Gewicht von 85o kg ist zwar für das Hubvolumen von rund 45 Liter nicht zu groß, jedoch für die Leistung
von max. 14oo PS. Infolge Fehlens der Gegengewichte an der
Kurbelwelle lässt sich die Drehzahl mit 2o5o Umdrehungen/Min.
ohne größere Änderungen kaum wesentlich erhöhen.

Dieser Motor wird mit der Gleichdruckhöhe von 6 km deshalb
besonders beachtet, weil ein solch starker Motor bisher nicht
in Rußland in Großserienfabrikation vermutet wurde. Der
reichlich hohe Brennstoffverbrauch, das hohe Eigengewicht
nehmen dem neuen Jäger F 13 einen wesentlichen Teil des
Aktionsradiusses.
Das Fehlen der Möglichkeit, durch die Propellernabe zu
schießen, wird sich ebenfalls beim Einbau in Jagdflug-
zeugen nachteilig auswirken.

Archiv der DBAG, Kissel VIII,16a, Zusammenfassung der Eindrücke über den Stand
des russischen Flugmotorenbaues nach Besichtigung der Werke 19 (Perm), 24 (Moskau), 26 (Rybinsk) (ohne Datum).

An die

Deutsche Revisions- u.
Treuhand-A.G.,

B e r l i n W 8
Jägerstr. 10/11.

                    Exportabt. St/Lo.   21.10.1937.
Griechisches Lieferungsgeschäft.

Wir nehmen höflich Bezug auf eine telefonische Unterredung
vom heutigen Tage, in deren Verlauf wir Ihnen mitgeteilt
haben, dass wir von der Griechischen Regierung den Auftrag
auf folgende Fahrzeuge erhalten haben:

    26 Stück Fahrgestelle unseres Zugkraftwagens Typ LG 4000,
    101   " Fahrgestelle unseres Zugkraftwagens Typ LG 65/5,
    24   " Fahrgestelle mit Führerhäusern unseres 2½ Tonnen-
                  Lastwagens Typ L 2500,
    4   " Fahrgestelle unseres Omnibus Typ O 2500,
    4   " Lastwagen unseres Typs LG 3000,
    4   " Fahrgestelle mit Generator für Bildwagen LG 3000.

Es wurden folgende Zahlungsbedingungen vereinbart:

    15% des Nettoverkaufspreises bei Vertragsunterzeichnung
        in Devisen (amerikanischen Dollars oder Pfund Sterling),

    10% des Nettoverkaufspreises in bar, zahlbar in Reichsmark
        durch das Deutsch-Griechische Clearing, eingehend spä-
        testens 6 Monate nach Vertragsunterschrift,

    75% des Nettoverkaufspreises in 6 gleichen Jahresraten
        gegen 6 Schatzbons der Griechischen Regierung, die
        auf Reichsmark ausgestellt werden und über das Deutsch-
        Griechische Clearing bezahlt werden. Die Schatzbons
        werden uns bei Vertragsunterzeichnung übergeben. Sie
        unterliegen einen Zinssatz von 5% jährlich.

Damit wird das Risiko verringert, weil es uns geglückt ist, im
Laufe der Verhandlungen eine weitere Zahlung von 10% durchzu-

                                              - 2 -

die Deutsche Revisions- u. Treuhand-A.G.,
Berlin W 8, Jägerstr. 10/11.   21.10.1937.   2

holen. Da wir Lieferzeiten von 12 Monaten und mehr haben,
sind bei Ablieferung der Fahrzeuge mindestens 37% des
Verkaufswertes in unseren Händen. Da die Kreditfrist schon
mit dem Tage der Unterzeichnung zu laufen beginnt, so
würden bei Lieferung der ersten Fahrzeuge nur noch 5 Kredit-
jahre laufen.

In der Hauptsache hatten wir Sie gebeten, Ihre vorläufige
Bürgschaftszusage auch dann aufrechtzuhalten, wenn uns der
formelle Vertragsabschluss erst nach dem 31. Oktober möglich
ist. Wir würden uns von der Griechischen Militärkommission
ein genau präzisiertes Bestellschreiben geben lassen, das
für Ihre Unterlagen wohl schon genügen dürfte. Die Deutsche
Golddiskontbank hat uns die Finanzierung, auch bei späterem
Unterschriftstermin, bereits zugesagt.

Ihren geschätzten Nachrichten sehen wir mit Interesse entgegen und begrüssen Sie mit

                              Heil Hitler!
                              Daimler-Benz Aktiengesellschaft

Archiv der DBAG, Kissel IV,32, DBAG an Deutsche Revisions- und Treuhand AG vom
21. 10. 1937.

DAIMLER-BENZ AKTIENGESELLSCHAFT
STUTTGART-UNTERTÜRKHEIM

Dresden, den 26.Oktober 1934.

V E R T R A G
----
zwischen

der Firma O T T O   W O L F F , Köln,

und der

D A I M L E R - B E N Z A.G., Stuttgart-Untertürkheim./Berlin.

++++++++++++

§ 1.

Die Firma OTTO WOLFF und die DAIMLER-BENZ A.G. vereinigen sich
hiermit zu einem gemeinschaftlichen geschäftlichen und industriellen
Zusammengehen in CHINA auf dem Gebiete des

M o t o r e n - und A u t o m o b i l b a u e s .

§ 2.

Aus dem G ebiet des gemeinschaftlichen Zusammengehens scheiden aus:

Mandschurei und Kwangtung.

§ 3.

Die CHINESISCHE REGIERUNG beabsichtigt eine Montagefabrik
zu errichten und diese zu einer selbständigen Automobil- und Motorenfabrik fortzuentwickeln.

Es ist weiter beabsichtigt, den chinesischen Behörden (Zen-
tral-, Provinzial- und Kommunalbehörden) die Produkte der DAIMLER-
BENZ A.G. auch unabhängig von der Erzeugung aus diesen Fabriken zu
verkaufen.

./.

Daimler-Benz Aktiengesellschaft
Stuttgart-Untertürkheim

An Vertrag.   Tag: 26.10.34.   Seite: 2.

§ 4.

Zu diesem Zwecke übernimmt die Firma OTTO WOLFF der für die
Errichtung der Fabriken notwendigen schriftlichen und mündlichen
Verkehr mit den chinesischen Behörden (Zentral-, Provinzial- und
Kommunalbehörden) die Finanzierung der personellen und maschinellen
Erstellung dieser Fabriken.

Die Firma OTTO WOLFF übernimmt ferner den Verkauf der
Originalprodukte der DAIMLER-BENZ A.G. an die chinesischen Behörden
(Zentral-, Provinzial- und Kommunalbehörden), wie auch der Erzeugnisse, welche in den in China zu errichtenden und fortzuentwickeln-
den Fabriken hergestellt werden.

Zu der Abwicklung des Verkaufs gehört auch der mündliche
und schriftliche Verkehr mit den chinesischen Behörden (Zentral-,
Provinzial- und Kommunalbehörden), die Uebernahme der Aufträge von
diesen Stellen, die korrekte Weitergabe an die DAIMLER-BENZ A.G.
und gegebenenfalls an die zu errichtenden Fabriken in China; die
Entgegennahme der Lieferungen von der DAIMLER-BENZ A.G. und ge gebe-
nenfalls von den Fabriken in China, die Verfrachtung und Ablieferung
an die chinesischen Behörden (Zentral-, Provinzial- und Kommunalbehörden) .

Damit eingeschlossen ist auch die Finanzierung des gesamten
Warenumlaufs, und zwar so, daß die Lieferungen der DAIMLER-BENZ A.G.
bezahlt werden vor Abgang aus der Fabrik, wobei es die Firma OTTO
WOLFF des weiteren übernimmt, je nach den Anzahlungen, die sie
von den chinesischen Behörden bei oder nach Auftragserteilung jeweils erhält, in entsprechenden Ausmassen an die DAIMLER-BENZ A.G.
weiterzuleiten.

Die DAIMLER-BENZ A.G. übernimmt für die Errichtung der Montagefabriken die Gestellung des technischen Personals, und zwar ist an
einen technischen Leiter, an einen Leiter der Fabrikation und an

.⁄.

Daimler-Benz Aktiengesellschaft
Stuttgart-Untertürkheim

An   **Vertrag.**   Tag: 26.10.34.   Seite

einige Meister und Vorarbeiter gedacht, soweit diese Kräfte
nicht aus vorhandenem chinesischen Personal genommen werden
können. Der genaue Umfang der Personalgestellung wird bei
Abschluß der Einzelverträge festgesetzt.

Die Bezahlung dieses, von der DAIMLER-BENZ A.G. zu stellenden Personals, einschl. Hin- und Rückreise, hat die zu errichtende chinesische Gesellschaft zu tragen.

Für die Vorbereitungszeit bis zur Perfektionierung der Verträge stellt die DAIMLER-BENZ A.G. bis zu 2 technischen Beratern in China zur Verfügung. Die Kosten hierfür trägt die DAIMLER-BENZ A.G.. Diese Verpflichtung erstreckt sich nur auf die Dauer eines Jahres, gerechnet vom Zeitpunkt der Ausreise des jeweiligen Beraters, an. Die beiden zur Anlaufzeit zu stellenden Berater müssen von DAIMLER-BENZ A.G. mit besonderer Sorgfalt ausgesucht sein und über Betriebsverhältnisse von DAIMLER-BENZ genau Bescheid wissen.

§ 5.

Die DAIMLER-BENZ A.G. hat das Projekt der Montagefabriken und der später daraus hervorgehenden Motoren- und Automobilfabriken sorgfältig zu entwerfen, mit Detaillierung in Bezug auf Maschinen und Einrichtungen. Dazu gehört auch die Kostenberechnung.

Ebenso hat die DAIMLER-BENZ A.G. Hilfe zu stellen bei der Auswahl und beim Einkauf der erforderlichen Maschinen und Einrichtungen, sowie Materialien für die Fabrikation. Die DAIMLER-BENZ A.G. hat für die spätere Aufnahme der Fabrikation die technischen Unterlagen für die aus ihrem Fabrikationsprogramm gewählten Typen zu liefern und ebenso die fortlaufenden technischen Informationen bezüglich der gewählten Typen zu geben.

.⁄.

Vertrag.   2?.10.34.   4.

In&ezug auf die Preisstellung hat die DAIMLFR-FFKZ A.G. der

Firma OTTO WOLFF jeweils äußerste Preisstellung zu machen,und

z ar höchstens die jeweiligen äußersten Netto-Exportpreise, wobei

aber die Kalkulation bezüglich der Scripsve___nstigungen außer Acht

zu bleiben hat.

Ueber den Umfang der technischen Leistung der DAIMLFR-BERZ A.G.

wird ein Sondervertrag mit der Firma OTTO WOLFF abgeschlossen. In

diesem soll bestim t werden, daß, solange DAIMLER-BENZ A.G. Eigen-

fabrikate in ausreichendem Maße liefert, die vorgeschriebene tech-

nische Hilfeleistung nicht besonders berechnet werden darf.

Sollte diese Lieferung wegfallen, so hat die DAIMLER-BENZ A.G.

Anspruch auf eine besondere Vergütung; *es* ~~soll angestrebt werden,~~ *muß erzielt werden,*

daß, wenn die chinesischen Fabriken späterhin nach den Modellen

von DAIMLER-BENZ A.G. weiterbauen, ohne daß die DAIMLER-BENZ A.G.

noch Lieferungen auszuführen hat, die DAIMLER-BENZ A.G. eine Vergü-

tung erhält.

                    § 6.

Es ist verabredet, daß der Vertrag zwischen den Firmen

     OTTO WOLFF und DAIMLER-BENZ A.G.

inbezug auf Lieferung der Fabrikate der DAIMLER-BENZ A.G. an die

zu errichtenden Fabriken m indestens auf die Dauer von 3 Jahren sich

erstreckt.

Der Vertrag für die technische Hilfeleistung der DAIMLER-BENZ A.

für den Verkauf der Original-Erzeugnisse der DAIMLER-BENZ A.G. an

die Chinesischen Behörden (Zentral-, Provinzial-und Kommunalbehör-

den) wird für die Dauer von 5 Jahren v orgesehen. Bedingung ist,

daß, solange der Liefervertrag oder späterhin an seiner Stelle der

technische Hilfeleistungs-Vertrag zwischen der Firma OTTO WOLFF

und der DAIMLER- BE NZ A.G. besteht, von der Firma OTTO WOLFF ein

anderes Fabrikat weder für den Verkauf,noch für die Fabrikation der

                                              ./.

Daimler-Benz Aktiengesellschaft
Stuttgart-Untertürkheim

An **Vertrag.**   Tag: 26.10.34. Seite: **5.**

in China zu errichtenden Fabriken in Frage kommt, bezw.auch nicht
direkt oder indirekt herangezogen werden darf.- Während dieser
Zeitdauer ist die DAIMLER-BENZ A.G. verpflichtet, für das Ver-
tragsgebiet ebenfalls m it einem Dritten weder direkt, noch indirekt zu verhandel n, noch entsprechende Verträge abzuschließen.

§ 7.

Die von der DAIMLER-BENZ A.G. an die chinesischen Abnehmer gelieferten Originalfabrikate tragen das Original-Fabrikzeichen der
DAIMLER-BENZ A.G..

Die späterhin in den chinesischen Fabriken montierten oder
ganz oder teilweise erzeugten Fahrzeuge müssen an sichtbarer Stelle
ein Schild tragen, das die so hergestellten Fahrzeuge als Bauweise
DAIMLER-BENZ kennzeichnet.

Sollten die in China später hergestellten Fahrzeuge ein eigenes chinesisches Fabrikzeichen bekommen, dann ist dies nur nach vor-
heriger, besonderer schriftlicher Vereinbarung mit der DAIMLER-BENZ A
m öglich. Es wird j edoch jetzt schon festgelegt, daß, wenn auch
in einem solchen Falle die Zustimmung gegeben wird, die Bauweise
"MERCEDES-BENZ" neben dem Original Chinesischen Fabrikzeichen in geeigneter Weise kenntlich gemacht wird.

§ 8.

Es ist verständlich , daß bei der Schwere der Durchführun g der
gestellten Aufgaben, wie bei der Kompliziertheit der Materie und der
gro ßen Entfernung der Länder China und Deutschland nicht alle einzelnen Punkte, welche für die Durchführung der hierdurch festgelegten Absichten und Pläne in Frage kommen werden, jetzt schon festgelegt werden können. Deshalb wird verein bart, daß alle heute noch
nicht festgelegten Punkte unter den Beteiligten im gleichen Wohl-

./.

Daimler-Benz Aktiengesellschaft
Stuttgart-Untertürkheim

An   <u>Vertrag.</u>   Tag: 26.10.34.   Seite: 6.

wollen zueinander und im gleichen Geiste des Vertrauens zueinander auch ferncrhin geklärt und festgelegt werden sollen.

Sie beschließen deshalb auch, Streitigkeiten, falls sie sich ergeben sollten, nicht den ordentlichen Gerichten zu unterbreiten, sondern sich einem Schiedsgericht zu unterwerfen, wobei die beteiligten Schiedsrichter innerhalb einer Frist von 14 Tagen einen Obmann zu wählen haben. Falls der Obmann des Schiedsgerichtes von den beiden Schiedsrichtern nicht innerhalb von weiteren 14 Tagen gewählt wird, wird der Oberlandes- oder Landesgerichtspräsident in Stuttgart einen Obmann ernennen.

Stuttgart-Untertürkheim, den 29.Okt.1934.

DAIMLER-BENZ
AKTIENGESELLSCHAFT

c.Dir.Dr.Ki..
  " v.Jgfld.
O.V. Köln,
O.V. Bln (Kthm)
TB Bln..
CR Schm..
Dr.v.V..

Nr 12 121 a/1 Brief-Fortsetzungsblatt. 8.2.33 : 5000.

Archiv der DBAG, Kissel IV,17, Vertrag zwischen der Firma Otto Wolff, Köln und der Daimler-Benz AG, Stuttgart-Untertürkheim/Berlin vom 26.10.1934.

STRENG VERTRAULICH!

A K T E N N O T I Z !

Über den Besuch bei Herrn Oberst **T h o m a s** am 25.März 1936

Betrifft: Angelegenheit Otto Wolff, China - Daimler-Benz A.-G.

Ich habe, wie mit meinem Kollegen, Herrn Dr.Kissel, heute besprochen,
Oberst Thomas aufgesucht, um ihn über den Inhalt der Ausschliesslichkeits-
klausel von dem mit Otto Wolff abzuschliessenden Vertrage in Kenntnis zu
setzen.

Herr Oberst Thomas hat mir darauf folgendes wörtlich erklärt :

Der Wehrwirtschaftsstab ist damit einverstanden, dass dieser Vertrag für
handelsübliches Gerät abgeschlossen wird, während er für Rüstungsgerät
seine Einwilligung zu geben nicht in der Lage ist.

Unter Rüstungsgerät sind alle diejenigen Gegenstände, Fahrzeuge und sonstige Dinge zu verstehen, welche nach militärischen Zeichnungen und in Zusammenarbeit mit militärischen Dienststellen geschaffen worden sind, sowie
alle als "geheim" bezeichneten Gegenstände. - Es wird Zweifelsfälle geben,
die von Fall zu Fall mit den entsprechenden Beschaffungsämtern (Heereswaffenamt, Marine-Beschaffungsamt, LC III) zu besprechen sein werden.

Seine weiteren Worte waren folgende:
"Der Wehrwirtschaftsstab lehnt es strikte ab, dass die Firma Otto Wolff
nach China Daimler-Benz-Erzeugnisse, die zu Rüstungszwecken hergestellt
worden sind oder werden, liefert."

Ich habe bei dieser Gelegenheit feststellen können, dass der mit der
chinesischen Regierung nunmehr zum Abschluss gelangte Staatsvertrag grosse
Aussichten auch für uns bietet.

Es führt zu weit, im einzelnen diese Dinge schriftlich festzuhalten, doch
werde ich bei der nächsten Vorstandssitzung darüber kurz berichten.

Mein Eindruck geht dahin, dass uns durch das Versagen des Vertriebs von
Rüstungsgerät durch Otto Wolff als Gesellschaft kein Schaden entstehen wird
sondern dass der von Staat zu Staat abgeschlossene Vertrag für uns den uns
zukommenden Anteil am Rüstungsgeschäft für China bringen wird.

Berlin, den 25.März 1936   *[Unterschrift]*

Archiv der DBAG, Kissel IV,18, Aktennotiz über den Besuch bei Herrn Oberst Thomas am 25.3.1936.

Entwicklung des Aktienkapitals

der

Daimler-Benz Aktiengesellschaft

1931 Stammaktienkapital   RM 43.260.000.-
     Vorzugsaktienkapital   "   360.000.-
1934 Kapitalherabsetzung (Zusammenlegung 5 zu 3)
     rückwirkend ab 1933
        Stammaktienkapital um   RM 17.304.000.-= " 25.956.000.-
        Vorzugsaktienkapital um   "   144.000.-= "   216.000.-
1939 Erhöhung des Stammkapitals
     um   " 12.978.000.-= " 38.934.000.-
1940 Erhöhung des Stammkapitals
     um   " 11.066.000.-= " 50.000.000.-
1941 Erhöhung des Stammkapitals
     um   " 25.000.000.-= " 75.000.000.-

     Kapitalberichtigung aufgrund der Dividenden-
     abgabe-Verordnung vom 12.Juli 1941 um 20 % (fiktive Erhöhung):

        Stammaktienkapital RM 15.000.000.-= " 90.000.000.-
        Vorzugsaktienkapital "   43.200.-= "   259.200.-

1943 Erhöhung des Stammkapitals
     um   RM 30.000.000.-= "120.000.000.-

                    Heutiger Stand:

     Stammaktienkapital   "120.000.000.-
     Vorzugsaktienkapital   "   259.200.-

Die Vorzugsaktien befinden sich im Besitz der Deutschen Bank
Berlin.

Archiv der DBAG, Hoppe 11,40, Anlage 6 zum Bericht der Daimler-Benz Aktiengesellschaft Stuttgart-Untertürkheim – Entwicklung des Aktienkapitals der Daimler-Benz Aktiengesellschaft.

Herrn Direktor Dr. H a s p e l

Brutto – Umsatz der A.-G. nach Käuferklassen
(einschl. Verkaufstellen)

	1939		1940		1941		1.1.-30.9.1942	
	absolut	%	absolut	%	absolut	%	absolut	%
Wehrmacht Heer	103.144.500	23,5	205.860.000	48,6	229.861.700	48,2	202.946.600	49,6
Luft	44.826.900	10,2	71.676.300	16,9	100.211.800	21,0	91.366.400	22,3
Marine	9.718.800	2,2	17.269.700	4,1	33.698.800	7,1	37.120.400	9,1
Grossbehörden (Bahn u.Post)	40.548.100	9,3	19.648.000	4,6	15.434.700	3,1	9.790.900	2,4
Sonst. Behörden	14.343.400	3,3	10.809.400	2,6	11.037.600	2,3	13.151.300	3,2
Partei u. deren Gliederungen	16.380.600	3,7	2.409.600	0,6	1.240.400	0,3	882.600	0,2
Kriegswirtschaft (früher Privat)	159.252.800	36,3	64.004.500	15,1	56.332.700	11,8	34.572.700	8,4
Export	50.179.000	11,5	32.076.300	7,5	29.601.000	6,2	19.300.600	4,8
Gesamt – Umsatz brutto	438.394.100	100%	423.753.800	100%	477.418.700	100%	409.131.500	100%
dazu Organgesellschaften: Genshagen	89.201.800		114.522.700		166.054.800		136.333.500	
Kolmar	-		-		1.096.400		3.326.300	
Reichshof	-		-		1.079.000		8.513.400	

Zentral-Statistik
1.Dezember 1942/Mr/M

Archiv der DBAG, Anlage zur Aufsichtsratssitzung vom 4.12.1942, Brutto-Umsatz
der A.-G. nach Käuferklassen (1.12.1942).

- 2 -

wie folgt auf die einzelnen Geschäftszweige und Werke:

1. **Lastwagenbau**   RM 14.063.000,-

   und zwar

   Untertürkheim Werk 10:

   Maschinen und Einrichtungen, insbesondere zur Erweiterung des
   1 1/2 to Lastwagenbaues,   RM   5.290.000,-

   Mannheim:

   Ergänzungen in Maschinen
   und Vorrichtungen, insbesondere für den Bau von
   3 to Lastwagen,   RM   2.118.000,-

   Gaggenau:

   neue Werkzeugmaschinen,
   bauliche Veränderungen,
   Betriebseinrichtungen
   usw. für die Fabrikation
   der 3, 4 1/2 und 6 1/2 to
   Lastwagen   RM   6.655.000,-
                                     RM   14.063.000,-

2. **Gross- und Flugmotorenbau**   RM 11.638.500,-

   und zwar

   Untertürkheim Werk 60:

   Ergänzungen für den Maschinenpark, die Einrichtungen,
   das Prüffeld, die Büros usw.
                                     RM   3.310.000,-

   ferner für die
   Einrichtung einer
   Reparaturwerkstatt
   für Flugmotoren   RM 1.300.000,-
                                     RM   4.610.000,-

   Marienfelde Werk 90:

   Erweiterung des Prüffeldes
   um einen Doppelprüfstand,
   Neubau eines Heizkessel-
   hauses, Erweiterung der Vorrichtungen und des Werkzeug-
   maschinenparks und verschie-
   dene bauliche Ergänzungen   RM   7.028.500,-

   hiervon für Bauten
                      RM 4.778.500,-
   und für Maschinen
                      RM 2.250.000,-
                                     RM   11.638.500,-

       Uebertrag   RM 25.701.500,-

- 3 -

Uebertrag   RM 25.701.500,-
3. für sonstige Zwecke   RM   336.000,-
   und zwar

   Werk Sindelfingen:
   für einen Grundstückszukauf RM   60.000,-

   Marienfelde Werk 40:
   für die Ergänzung der
   Heizanlage   RM   12.000,-
   und für Werkzeug-
   maschinen   RM   97.000,-
                            RM   109.000,-

   Verkaufsstellen:
   Grundstückszukauf
   in Duisburg   RM 120.000,-

   Ausbau und Einrichtung
   der neuen Reparatur-
   werkstatt Strassburg
                     RM   47.000,-
                            RM   167.000,-
                            RM   336.000,-

Gesamtbetrag der neu beantragten Investitionen
                            RM 26.037.500,-,

worin aus den eingangs erwähnten sistierten Investitionen
Teilbeträge von rd. RM 4 Mill. enthalten sind, so dass an
genehmigten, aber einstweilen sistierten Investitionen noch
rd. RM 4,5 Mill. verbleiben. Die Durchführung der einschliess-
lich der vorstehenden rd. RM 26 Mill. z.Zt. laufenden rd.
RM 42,5 Mill. Investitionen wird in verschiedenen Stufen erfolgen und sich auf zwei bis drei Jahre erstrecken. Unter allem Vorbehalt glaube der Vorstand diese Aufwendungen aus laufenden Mitteln bestreiten zu können.

Anschliessend teilte Herr Dr. Kissel mit, dass neben
den vorstehenden Investitionen auf Grund behördlicher Wünsche und Auflagen z.Zt. eine Reihe von Ausbauprojekten, insbesondere auf dem Gebiet des Flug- und Grossmotorenbaues, bearbeitet werden. Bei diesen Projekten handelt es sich im einzelnen um folgende:

- 4 -

Archiv der DBAG, Protokoll der Präsidialsitzung vom 14.10.1940 (Ausschnitt).

Daimler-Benz Aktiengesellschaft

Bankkredite seit 1933

1) Konsortialkredit, aufgenommen im Febr.1928 mit RM 7.000.000.-
   daran beteiligte Banken:

   3 Deutsche Banken (Deutsche Bank
                           Dresdner Bank
                           Commerz-Bank) 2,1 Mill.
   Golddiskontbank   3   "
   2 Schweizer Banken
   (Baseler Handelsbank,Basel   1,9 "
   Eidgenössische Bank,Zürich)
   Rückzahlung vom 1.Halbjahr 1931
                   bis März 1942

2) Überbrückungskredit, aufgenommen im März 1933
   in Höhe von   RM 1.000.000.-

   bei den 3 Konsortialbanken:

      Deutsche Bank   50%
      Dresdner Bank   35%
      Commerz- Bank   15%

   Rückzahlung in der 2.Hälfte 1933.

3) Überbrückungskredit, aufgenommen im März 1935
   in Höhe von   RM 4.000.000.-

   bei den 3 Konsortialbanken und im gleichen
   Verhältnis, wie vorstehend erwähnt.
   Rückzahlung in der 2.Hälfte 1935.

4) Konsortialkredit, aufgenommen am 1.8.1936
   in Höhe von   RM 5.000.000.-

   bei den 3 Konsortialbanken und im gleichen
   Verhältnis, wie vorstehend erwähnt.
   Rückzahlung im März 1942.

5) Überbrückungskredit, aufgenommen im März 1939
   in Höhe von   RM 4.000.000.-

   bei den 3 Konsortialbanken und im gleichen
   Verhältnis, wie vorstehend erwähnt.
   Rückzahlung in der 2.Hälfte 1939.

-2-

6) Investierungskredit bei der Bau- und Bodenbank,
   Berlin, aufgenommen Juli 1938 in Höhe von   RM 8.000.000.-
   Rückzahlung 1942.

7) Konsortialkredit vom 9.Juli 1941.
   Der Kredit wurde von den 3 Konsortialbanken
   im gleichen Verhältnis wie oben erwähnt,
   gegeben.

   Der Kredit wurde beansprucht mit   RM 7.000.000.-
   Rückzahlung März 1942

8) Seit 1942 wurden keine Kredite mehr in
   Anspruch genommen.

Archiv der DBAG, Hoppe 11,40, Anlage 8 zum Bericht der Daimler-Benz Aktiengesellschaft Stuttgart-Untertürkheim — Bankkredite seit 1933.

Anlage 9

Daimler-Benz Aktiengesellschaft
—————————————————————————

Sonstige Kredite
————————————

1) Tredefina Sonderkredit,
   Kreditgeber: Treuhandverwaltung für das
   Deutsch-Niederländische Finanzabkommen
   G.m.b.H., Berlin, im Juli 1938,
   Metallkredit über fl. 2ol.ooo.- =   RM   277.224.-
   Tredefina Rohgummikredit, aufgenommen
   im November 1937 in Höhe von fl. 65o.ooo.- RM   893.o36.-
   Rückzahlung: Hälftiger Gummikredit in der
   1. Jahrshälfte 1939 und der Restbetrag auf
   diesen und den Metallkredit im April 1942

2) Investierungskredit des RLM, Berlin
   in Höhe von.............................. RM 8.o51.879.-
   aufgenommen im November 1934
   Rückzahlung: laufend
                Restzahlung 1941

3) Investierungskredit des OKM Berlin.
   1941 in Anspruch genommen mit   RM lo.7oo.ooo.-
   Rückzahlung: In vereinbarten Halbjahresraten
   wurden insgesamt RM 3.22o.ooo.- zurückbezahlt.
   Dem Restbetrag von RM 7.4oo.ooo.- stehen wesentlich höhere Forderungen der Gesellschaft gegenüber.

Archiv der DBAG, Hoppe 11,40, Anlage 9 zum Bericht der Daimler-Benz Aktiengesellschaft Stuttgart-Untertürkheim — Sonstige Kredite.

17. März 1939

Firma
Holzindustrie Bruchsal
G.m.b.H.
B r u c h s a l .

Betr.: Angestellten-Gehälter.

Mit Ihrem Schreiben vom 28. v. Mts. stellen Sie Antrag auf Erhöhung der Gehälter einer Anzahl Ihrer Angestellten mit der Begründung, dass deren Gehälter nicht ganz befriedigend bzw. gerecht
im Vergleich mit anderen Angestelltengehältern im Betrieb sind.
Mir gefällt es nicht, dass Sie immer solche zusammengefasste
Gehaltsanträge für eine ganze Reihe von Angestellten bringen.
Ich erhalte daraus den Eindruck, dass Sie immer dann, wenn sich
ein Gefolgschaftsmitglied wegen Erhöhung seines Gehalts an Sie
wendet, die gesamte Gehaltsliste durchgehen nach dem Gesichtspunkt, was Sie anlässlich der einen beantragten Gehaltserhöhung
auch für die anderen Angestellten tun müssen, um ein gleich-
mässiges Gehaltsniveau zu haben.

So ist dies nicht richtig. Das nationalsozialistische Prinzip
ist einzig und allein das Leistungsprinzip. Zur Beurteilung der
Leistung ist auch Charakter und Fleiss, Anständigkeit und Sauber-
keit des Mannes mit heranzuziehen. Nach diesen Gesichtspunkten
allein muss die Entlohnung erfolgen.

Ich bitte, die vorgelegten Anträge darnach gewissenhaft durchzu-
prüfen und mir dann Ihre endgültige Stellungnahme zukommen zu
lassen.

In Zukunft bitte ich jeden Fall für sich zu behandeln, so wie er
nach den oben dargelegten Grundsätzen reif wird. Erhöhungen von
Gehältern und Löhnen sind aber nur dann und nur insoweit statt-
haft als höhere Leistungen nachgewiesen werden. Dienstalter

Fa. Holzindustrie Bruchsal G.m.b.H. 13.3.39 2

und die Begründung, dass ein anderer mehr bekommt usw., scheiden
als Anlass und Voraussetzung zur Erhöhung der Bezüge aus.

Heil Hitler!

Archiv der DBAG, Kissel XIII,2, Kissel an Holzindustrie Bruchsal vom 13.3.1939.

Aufsichtsratsvergütung an den Vorsitzer des Aufsichtsrates
Herrn Staatsrat Dr. von S t a u ß

für Geschäftsjahr: **ausbezahlt am**

1926	als feste Vergütung	RM. 2.000.--	7. 4.27
1927	" " "	RM. 2.000.--	30. 3.28
1928	" " "	RM. 2.000.--	18. 6.29
1929	" " "	RM. 2.000.--	28. 6.30
1930	" " "	RM. 2.000.--	30. 6.31
1931	" " "	RM. 2.000.--	16.12.32
1932	" " "	RM. 2.000.--	3. 7.34
1933	" " "	RM. 2.000.--	3. 7.34
1934	" " "	RM. 2.000.--	2. 7.35
1935	" " "	RM. 2.000.--	18. 6.36
1936	als Aufsichtsratstantieme unter Einschluss der festen Vergütung	RM. 4.454.--	27. 5.37
	Als Sondervergütung lt. Aufsichtsratsbeschluss	RM.30.000.--	3. 6.37
1937	als feste Vergütung	RM. 2.000.--	31.12.37
1937	als Tantieme 4 Kopfteile RM. ./. feste Ver- gütung RM. 2.000.--	RM.21.450.- RM.19.450.--	14. 6.38
1938	als feste Vergütung 4 Kopfteile	RM. 8.000.--	30.12.38
1938	als Tantieme 4 Kopfteile	RM.21.548.--	16. 5.39
1939	als feste Vergütung 4 Kopfteile	RM. 8.000.--	30.12.39
1939	als Tantieme 4 Kopfteile	RM.30.708.--	29. 4.40
1940	als feste Vergütung 4 Kopfteile	RM. 8.000.--	23.12.40
1940	als Tantieme 4 Kopfteile	RM.35.256.--	29. 7.41
1941	als feste Vergütung 4 Kopfteile	RM. 8.000.--	22.12.41
1941	als Tantieme 4 Kopfteile	RM.32.739.08	30. 6.42
1942	als feste Vergütung 4 Kopfteile	RM. 8.000.--	4. 1.43

Unterturkheim, den 18. Januar 1943.

Archiv der DBAG, Kissel XIV,13, Aufsichtsratsvergütung an den Vorsitzer des Aufsichtsrates Herrn Staatsrat Dr. von Stauß vom 18.1.1943.

Vorgangvin der Mappe Aufs.Rats-Vergütung

Stuttgart-Untertürkheim, 22.April 1944
Ha/Lo -449-

Einschreiben!

Herrn
Direktor Hans R u m m e l
Vorsitzer des Aufsichtsrates
der Daimler-Benz Aktiengesellschaft

m.Brf. Deutsche Bank

W i e s b a d e n

Sehr verehrter Herr R u m m e l !

Ich komme zurück auf die Angelegenheit der Aufsichtsratsvergütung
und den Vorgang, den Sie mir freundlichst übermittelt haben.

Die Auffassung unseres Juristen ist so, dass seiner Meinung nach
der Erlass des eichswirtschaftsministers lediglich eine Mahnung
sein soll, die Vergütung in angemessenen Grenzen zu halten, dass
aber nicht eine Verschärfung des in der 2. DADV eindeutig gesetz-
lich geregelten Vergütungsstops beabsichtigt sei. Dr. Koch von der
Gauwirtschaftskammer Stuttgart sei im übrigen derselben Ansicht.

Ich habe mich heute nun mit Dr. Fahr selbst unterhalten, und zwar
nicht mit ihm als Mitglied unseres Aufsichtsrates, sondern als
Rüstungsobmann bzw. Vizepräsident der Guwirtschaftskammer und
Leiter der Industrieabteilung. Er selbst sagte mir, dass der
Präsident der Gauwirtschaftskammer, Herr Rohrbach, von ihm verlangt
habe, dass er an sämtliche Aktiengesellschaften, die an die Gauwirtschaftskammer angeschlossen sind, eine diesbezügliche Anweisung erlassen sollte, was er jedoch abgelehnt habe, wie er auch
eine Erhebung als solche nicht durchgeführt habe. Dr. Fahr hat
seinerseits sehr starke Hemmungen, über 1938 hinaus ugehen, weil
die Weisung des Herrn Funk an sich dem Wortlaute nach doch sehr
eindeutig und klar sei und man eigentlich vermeiden sollte, eine
solche Anweisung auf ihre formaljuristische Vollständigkeit zu
überprüfen und einen entsprechenden Ausweg zu suchen. Auch ich
selbst habe Bedenken, denn es ist ja schliesslich so, dass ein Ausweg dahin gesucht wird, dass gesagt wird: "Was nicht ausdrücklich
verboten ist, ist zulässig". Bei der Bedeutung unserer Gesellschaft
und angesichts der Tatsache, dass man bei uns die Handhabung sich
ansehen wird, möchte ich zur Vorsicht raten. Es ist sehr richtig,
wenn Sie sagen, dass wir einen Präzedenzfall schaffen. Ich komme
daher zu dem Ergebnis, ob es nicht zweckmässig ist, von uns aus
direkt an die Reichsgruppe Industrie zu schreiben und einen authen-
tischen Bescheid zu erbitten unter ausdrücklicher Klarlegung des
Sachverhaltes, nämlich, dass bei unserer Gesellschaft seit 1938
eine ausserordentliche Ausdehnung vorliegt und dementsprechend
eine weitgehende Ausdehnung und Verantwortung des Aufgabenbereichs
des Aufsichtsrates. - Das ist eine Möglichkeit.

Die zweite, die mir als sehr diskutabel erscheint und die dem
einen wie dem andern Punkt gerecht wird, ist die, dass wir bei der
Tantiemeausschüttung für den Aufsichtsrat denselben Stop anwenden
wie wir ihn für die Tantieme des Vorstandes anwenden werden, d.h.
dass wir den Betrag zur Anwendung bringen, den wir im Jahre 1942
zur Anwendung gebracht haben, d.h. also für eine Dividende von 6%
aus 90 Mill. Kapital. Dieser Betrag macht rund RM 200.000.-- aus,
wogegen, wenn wir satzungsgemäss ausschütten würden, ein Betrag von

-2-

Herrn Direktor Hans R u m m e l , Vorsitzer
des Aufsichtsrates der Daimler-Benz Aktiengesellschaft, 22.4.44   -2-
m.Brf. Deutsche Bank, Wiesbaden

_____

RM 266.000.-- in Frage käme, und wenn wir nach 1938 ausschütten, käme
ein Betrag von rund RM 155.000.-- in Betracht. Sie sehen also, dass
der Betrag 1942 auf der Mittellinie liegt. Es könnte motiviert werden,
dass zwischen 1938 und 1942 eine ausserordentliche Steigerung liege,
wogegen die Steigerung, wenn man von RM 155.000.-- auf RM 200.000.--
ginge, nur unwesentlich sei, und dass man zweitens denselben Stop freiwillig angewandt habe, den der Vorstand für seine Tantieme ebenfalls
zur Anwendung bringt.

Zu Ihrer genauen Unterrichtung darf ich noch hinzufügen: Nach dem
Vorschlag "1938 beträgt ein Kopfteil für Tantieme ausserhalb der
festen Vergütung RM 5.387.--, nach Vorschlag "1942" beträgt ein Kopfteil RM 8.184.--; wenn ohne Rücksicht auf die Verordnung 1943, also
satzungsgemäss durchgeführt würde, käme ein Kopfteil auf RM 13.910.--.

Ich würde also empfehlen, wenn die Juristen und gegebenenfalls nach
meinem Vorschlag die Reichsgruppe Industrie die Möglichkeit einer Anpassung der Aufsichtsratsvergütung an ein stark gesteigertes Volumen
sehen, dann nicht auf die satzungsgemässe Höhe der Ausschüttung zu
gehen, sondern den Vorschlag "1942", d.h. rund RM 200.000.-- Ausschüttung, also denselben Stop wie beim Vorstand, durchzuführen.

Ich wäre Ihnen dankbar, wenn Sie mir mitteilen wollten, ob Sie gegebenenfalls mit einer Anfrage an die Reichsgruppe Industrie unsererseits
einverstanden wären, oder ob Sie dies gegebenenfalls von dort aus durchführen; jedenfalls sollten wir in etwa 8 Tagen Klarheit darüber haben,
damit an der Bilanz nicht zu viele nachträgliche Änderungen vorgenommen
werden müssen.

Für eine gefl. Rückäusserung wäre ich Ihnen sehr verbunden und zeichne,
mit verbindlicher Begrüssung und

                          Heil Hitler!
                      Ihr sehr ergebener
                         gez.W.Haspel

Archiv der DBAG, Kissel XIV,29, Haspel an Rummel vom 22.4.1944.

G. SCAPINI
AMBASSADEUR DE FRANCE

N° 9000/BE

44, RUE CORTAMBERT
PARIS
TROCADÉRO 88-13

PARIS, le 3 Janvier 1942.

Monsieur,

Lors de son passage à Paris, Monsieur LOUVEAU a eu l'occasion de venir me voir et au cours de cette visite, il m'a fait part de la compréhension avec laquelle vous traitiez dans les Usines DAIMLER-BENZ les travailleurs français libres ou prisonniers de guerre. Je saisis l'occasion que j'ai de vous écrire pour vous en remercier.

Par ailleurs, il est possible que dans un avenir proche, j'aie à m'occuper des travailleurs français libres en Allemagne, et ceci est une raison de plus qui me permet d'apprécier les difficultés avec lesquelles vous êtes aux prises et notamment celles d'ordre psychologique et très pénibles dûes au travail en commun d'ouvriers dont les uns sont libres et travaillent volontairement comme si nos deux pays étaient en paix, alors que d'autres de même nationalité sont astreints au travail à la suite d'une conséquence de guerre.

La nécessité urgente des intérêts européens commande que ce problème soit étudié avec humanité et compréhension. Il est loin d'être sans solution.

Monsieur LOUVEAU m'a donné des renseignements extrêmement précieux. Il serait à même, avec votre agrément, de se documenter sur les usines de la région, ce qui, le moment venu, facilitera beaucoup mon travail. Je serais heureux des possibilités que vous voudrez bien lui donner dans ce sens et qui seraient compatibles avec les exigences de son travail et les instructions générales que peut vous avoir envoyées votre Gouvernement.

Je vous remercie mille fois à l'avance, et vous prie de croire, Monsieur le Directeur à l'expression de mes sentiments les plus distingués.

Archiv der DBAG, Kissel XIII,1, G. Scapini an Herrn von Bülow vom 3.1.1942.

Verteilungsplan:
Abteilungsleiter
Meister
Anschlagtafeln

Bekanntmachung

Der Belegschaft gebe ich hierdurch Kenntnis von folgenden Vorkommnissen:

1) Sabotageartiges Verhalten von 5 Protektoratsangehörigen.

Bei einer am 7. September d. J., gegen 7 Uhr durchgeführten Kontrolle eines Ausländer-Wohnlagers, dessen Insassen teilweise durch Fernbleiben von der Arbeit, grobe Disziplinlosigkeit und herausforderndes Verhalten aufgefallen waren, lag die Mehrzahl der Protektoratsangehörigen noch im Bett. Ein Teil von ihnen hatte gegenüber dem Lagerführer, trotz mehrfacher Aufforderung aufzustehen, offen die Absicht geäußert, erst mit einem um 7 45 Uhr abgehenden Zuge nach Untertürkheim zu fahren, und war nur mit Mühe dazu zu bewegen, sich zur Arbeit fertig zu machen.

Folgende 4 Arbeitskräfte, die bei einer kurz hierauf durchgeführten Nachkontrolle trotz erneuter Aufforderung noch immer ohne Grund liegen geblieben waren, sind inzwischen von der Geheimen Staatspolizei für **6 Monate in ein Konzentrationslager** eingewiesen worden:

S m i l Franz, Kontroll-Nr. 6620 189
(im März d. J. wegen Fernbleibens vom Arbeitsplatz und herausfordernder Äußerungen mit mehrtägiger Polizeihaft bestraft)

F r a n t a Jaroslaw, Kontroll-Nr. 5953 097
(trotz wiederholter Verwarnungen und innerbetrieblicher Maßnahmen bisher nicht zu geregelter Arbeit erziehbar)

K r a t k y Jaroslaw, Kontroll-Nr. 1136 035
(gewohnheitsmäßiger Nichtstuer und Kartenspieler, der sehr häufig am Arbeitsplatz fehlt)

S t e p h a n e k Ottokar, Kontroll-Nr. 1125 022
(blieb tagelang unentschuldigt fort und benützte auch sonst jede Gelegenheit, um sich zu drücken).

2) Arbeitsverweigerung von 11 französischen Arbeitskräften.

Am 9. September d. J, wurden 11 französische Arbeitskräfte unseres hiesigen Werkes außerhalb Stuttgarts eingesetzt und beauftragt, vorerst die für sie bestimmte Unterkunft wohnlich einzurichten. Dies wurde von den Franzosen ebenso entschieden verweigert, wie die Abgabe von Lebensmittelmarken für die vorgesehene Gemeinschaftsverpflegung.

Als dann 3 von ihnen,

B l a n c h a r d Guy (Kontroll-Nr. 751᾽ 020)
B a r b i e r Raymond (Kontroll-Nr. 1862 011)
L é c u y e r François (Kontroll-Nr. 1135 024)

noch am gleichen Tage unerlaubt den Arbeitsplatz verließen und nach Untertürkheim zurückfuhren, wurden sie, zusammen mit den übrigen 8 Franzosen

B o r e l l Arthur   (Kontroll-Nr. 1295 046)
M i c h a l e k Stephan   („   „ 7544 034)
P e r i e r Guy   („   „ 1213 059)
M e t t e Jean   („   „ 7544 137)
T e u i e Andreas   („   „ 1135 056)
R a d e l l i Carlo   („   › 1135 046)
L e m i c h é Adolphe   („   › 1260 033)
O b i d z i n s k y Stan. („   „ 1121 013)

durch die Geheime Staatspolizei für **4 Monate in ein Konzentrationslager** eingewiesen.

                                        Der Betriebsführer

Untertürkheim, den 10. November 1944

Archiv der DBAG, Haspel 1,2, Bekanntmachung vom 10.11.1944, betr. ausländische Arbeitskräfte.

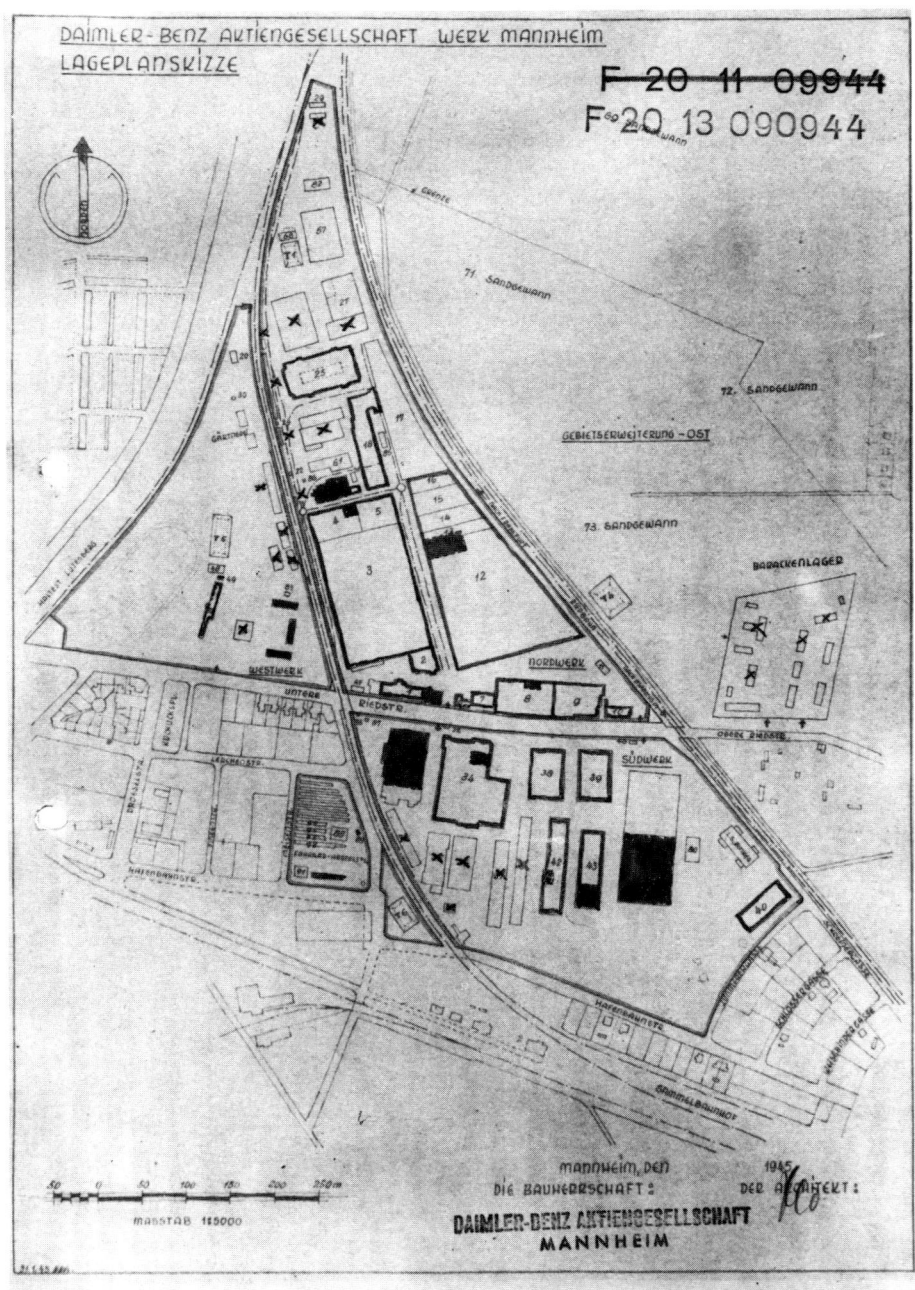

IWM, FD 4872/45 No. 157 Lageplanskizze des Daimler-Benz Werkes Mannheim aus dem Jahr 1945.

Herrn **H i r t h** Verpflegungsbetrieb   Zur Kenntnis:

Herrn Direktor Dr. Haspel
Herrn Direktor Huschke
Herrn Zapf, Ausl.Abteilg.

Betr.: Sonderverpflegung für Russen-Einsatz Staibhöhe

Herr Direktor Dr. H a s p e l hat angeordnet, daß die ab Montag
beim Stollenbau in der Staibhöhe eingesetzten 2oo Russen eine
Sonderverpflegung erhalten, damit sie im Stande sind, aussergewöhnliche körperliche Leistungen zu vollbringen. Die Russen
erhalten zu diesem Zweck Zulagekarten für Schwerarbeiter.

Wie zwischen Ihnen und Herrn Zapf vereinbart, erhalten die Russen
als Sonderzulage 25 kg Fleisch pro Woche, Hülsenfrüchte und
Roggengrütze. Ferner täglich 5 gr. Zucker und jeden 2. Tag
ein Brot (anstelle bisher jeden 3. Tag).

Als besondere Prämie, die einer Gruppe jeweils nach Erreichung
eines bestimmten Leistungs-Solls am Ende einer Woche gegeben
wird, sind ausser Schnaps und Zigaretten, Sonnenblumenkerne und
1/4 Pfund Kunsthonig vorgesehen. Ausserdem erhalten die Russen
bei guter Leistung jeden Samstag Marmelade aus den uns von
Herrn Direktor Scheerer zugewiesenen Beständen.

Da die oben genannten 2oo Russen in besonderen Baracken untergebracht sind, macht die Verabreichung einer Sonderverpflegung
keinerlei Schwierigkeiten. Während der Arbeitszeit, d.h. mittags
und nachts ist die Verpflegung an die Arbeitsstelle zur Staibhöhe zu bringen.

                                    Betriebsdirektion:

                                         V. Vahr

Untertürkheim, den 22.4.1944
Dr.J/tr.

Archiv der DBAG, Haspel 1,2, Betriebsdirektion an Hirth vom 22.4.1944.

Untertürkheim, den 20. Dez. 1941.

Bekanntmachung

Weihnachtsfeier 1941
für unsere ausländischen Arbeitskameraden.

In der Stunde, in der wir am 24. 12. mit unserer Gefolgschaft das Weihnachtsfest feiern, wollen wir auch für unsere ausländischen Arbeitskameraden eine gemeinsame Weihnachtsfeier veranstalten.

Zu dem Zweck versammeln sich alle ausländischen Arbeitskameraden in unseren vier weih-nachtlich geschmückten Speise-Hallen in der Mercedesstraße. Der Verlauf der Feier ist folgender:

10 Uhr 20 Arbeitsschluß und Umkleiden
10 Uhr 30 Antreten beim Meister-Stellvertreter und Abmarsch nach den 4 Speisehallen
10 Uhr 50 Beginn der Weihnachtsfeier
11 Uhr 45 Ende der Weihnachtsfeier
11 Uhr 50 Beginn des gemeinsamen Mittagmahles.

Die Arbeitskameraden begeben sich in Begleitung einer Abordnung ihrer Abteilung an die Feierstelle. Das Programm ist folgendes:

Vorspiel zu einer Feierstunde   Werkorchester
Glockengeläute
Über uns die klaren Sterne   Gesang mit Orchester
Weihnachtsbotschaft an unsere
ausländischen Arbeitskameraden
Gruß an die Heimat
Petersburger Schlittenfahrt

Nach. Schluß der Feier sind unsere ausländischen Arbeitskameraden unsere Gäste bei einem gemeinsamen Mittagsmahl. Dieses Mittagessen geben wir kostenlos, bitten aber um einen Zuschuß von je 50 g Fleisch- und je 10 g Fettmarken, die beim Eintritt in die Feierstelle ab-zugeben sind.

Die ausfallende Arbeitszeit wird unseren ausländischen Arbeitskameraden, ebenso wie den deutschen Arbeitskameraden, vergütet.

Der Betriebsführer.

Archiv der DBAG, DBAG 24, Bekanntmachung Weihnachtsfeier 1941 für unsere ausländischen Arbeitskameraden vom 20.12.1941.

A b s c h r i f t.

Herrn S c h i f f e r.

Betr.: Französische Kriegsgefangene, zugewiesen am 1.3.1944

Während einer 1/4 stündlichen Unterredung mit dem Kommandoführer
Roger IV D 343 sage ich diesem, die Gefangenen müssten doch Interesse haben, in das Zivilverhältnis überführt zu werden, da sie
doch dann mehr Freiheiten hätten. Der Gefangene antwortet: Wir
sind Franzosen, wir sind Soldat und bleiben Soldat. Wir haben
auch unsere Organisation. Wir wissen mehr wie Sie, was mit Deutschland ist. Der Gefangene betonte mehrmals, er sei Franzose und
habe seinen Nationalstolz. Er hat sich dabei durchaus korrekt,
aber sehr bestimmt benommen. Die ganze Haltung zeugt dafür, dass
diese Gruppe keinesfalls gesinnt ist, etwas für Deutschland zu
tun. Ihr ganzes Verhalten war Ablehnung und passive Resistenz.
Trotz immer wiederholter Aufforderung, an der Maschine zuzusehen,
standen die Gefangenen in Gruppen herum, suchten Gespräche mit
den französischen Zivilarbeitern oder setzten sich völlig un-
interessiert auf Kisten oder Materialstapel.

Wir beschäftigen ausländische Zivilarbeiter verschiedener Na-
tionalität, Ostarbeiter und die früheren franz. Kriegsgefangenen.
Von keiner dieser Gruppen ist so offensichtlich passive Resistenz
geübt worden, wie von dieser Truppe. Jede Geste, jede Handbe-
wegung sagte deutlich: Wir wollen nicht, wir tun es nicht, wir
denken nicht daran, bei Euch zu arbeiten. Die weit grössere Gefahr sehe ich aber darin, dass dieser Stoßtrupp in kürzester Zeit
alle übrigen fremdländischen Arbeitskräfte aufgewiegelt und zur
Arbeitsminderung getrieben hätte.

Darüber hinaus bestanden die Leute nur noch aus Sonderwünschen:
1.) Die Arbeitszeit beginnt mit Abmarsch v. Lager) also Wegzeit
2.) Die Arbeitszeit endet mit Ankunft im Lager   ) = Arbeitszeit

3.) Wünschen die Gefangenen mittags zusätzlich eine warme Suppe
4.) Muß erst Arbeitskleidung gestellt werden, ehe ein Finger
    krumm gemacht wird.
Ich halte es für unverantwortlich, solche Elemente in einem
Rüstungswerk mit der Eigenart der Fa. Daimler-Benz zu beschäftigen
und musste um sofortige Entfernung bitten.
                                       gez. Michaelis
6.3.1944

BA R3/1820, Michaelis an Schiffer vom 6.3.1944.

Marienfelde, den 7. 3. 44.   204

Abschrift
----------- $zu\ 4541$

Herrn Michaelis !

Die uns zuletzt zugewiesenen französischen Kriegsgefangenen
sind nach meiner Auffassung für unseren Betrieb nicht geeignet.
1) Bei der Einstellung machten sie den Eindruck, als ob dies alles
   für sie Luft sei. Nachdem ich diese den einzelnen deutschen
   Gefolgschaftsmitgliedern zugeteilt hatte und ihnen aufmerksam
   machte über ihre spätere Arbeit, nahmen sie absolut keine Notiz
   davon. Im Gegenteil, das ganze Gebahren war ablehnend. Bei meiner
   späteren Kontrolle standen sie meistens zusammen auf einem Haufen
   oder sassen, die Hände in den Hosentaschen. Trotz öfteren Verbot
   war es immer dasselbe Schauspiel. Zuletzt war die Toilette immer
   ihr Zufluchtsort.
Die noch älteren Kriegsgefangenen werden durch solches Gebaren nicht
zur Arbeit angehalten, sondern nur im Gegenteil aufgereizt.

2) Nun zur Arbeitszeit selbst.
   Alle Gefolgschaftsmitglieder fangen um 6,45 Uhr an und machen um
   5,30 Uhr abends Schluss. Der Kommandoführer erklärt, sie brauchen
   erst um 6,45 das Lager verlassen und müssen um 17,30 Uhr wieder
   im Lager sein. Dies wurde alles mitgeteilt, weil sie es nach
   ihrer Auffassung zu verlangen haben.

Nach allen diesen Vorfällen sind diese Leute für unseren Betrieb
eher schädlich als nützlich.

                              gez. Mstr. H e r o l d

BA R3/1820, Herold an Michaelis vom 7.3.1944.

203

Abschrift.   Berlin, den 6.3.44.

Am Mittwoch, den 1.3.44 wurden mir drei gefangene Franzosen
zum Anlernen als Maschinenarbeiter zugewiesen. Als ich sie nun
an die Maschinen verteilen wollte, waren sie verschwunden. Ich
musste sie nun erst durch den Kommandoführer , auch ein Franzose,
suchen lassen. Als sie dann so glücklich um 8,3o Uhr bei mir ein-
trafen und ich sie nun auf die Maschinen verteilte, grinsten sie
mich frech an und gaben mir durch Bewegungen zu verstehen, dass sie
garnicht daran dächten überhaupt zu arbeiten.
Kaum hatte ich mich umgedreht, da waren auch meine Franzosen wieder
verschwunden. Beim Suchen dieser Franzosen stellte ich nun fest,
dass die Toilette voll von diesen Leuten war. Überall in der Halle
lungerten welche herum, die Hände bis an den Ellenbogen in den
Hosentaschen. Als man sie darauf aufmerksam machte, dass sie an
ihren Arbeitsplatz gehen sollten, taten sie so , als ob es sie
garnichts anginge.
Verschiedene machten auch Äusserungen,sie wären Franzosen und
Soldaten und würden nicht in einem Rüstungsbetrieb arbeiten.
Auch höheren Vorgesetzten meiner Halle zeigten sie dasselbe
Benehmen. Meiner Ansicht nach sind das keine Franzosen sondern
Bolschewisten. Es spottet jeder Beschreibung,dass wir Deutsche uns
das von diesen Leuten gefallen lassen müssen. Ich würde es begrüssen,
wenn man diesen Leuten eine Behandlung zuteil werden liesse, dass
ihnen so ein Benehmen uns gegenüber vergehen würde.

                    Heil Hitler !

                    gez. Kurt Habeney,
                    Vorarbeiter,Abt. 439

7x
M'felde, den 7.3.44.

BA R3/1830, Notiz von Kurt Habeney vom 6.3.1944.

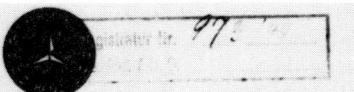

198

DAIMLER-BENZ AKTIENGESELLSCHAFT
DIREKTION

DRAHTANSCHRIFT: DAIMLER-BENZ

BERLIN-MARIENFELDE,
DEN 7. März 1944
Ob/We.

Herrn
Hauptdienstleiter S a u r,
Chef des Technischen Amtes,
B e r l i n NW.7,
Hermann Göringstr. 27 VDJ-Haus   Einschreiben.

Sehr geehrter Herr Saur!

Wir sehen uns veranlasst, uns in einer Angelegenheit an
Sie zu wenden, die unbedingt der raschesten Achilfe bedarf.

Im Rahmen der Arbeitskräfteanforderungen wurden uns 50
kriegsgefangene Franzosen überstellt, welche im Gegensatz
zu den schon bei uns arbeitenden Franzosen nicht in den
Beurlaubten Stand, also in das zivile Arbeitsverhältnis,
überführt sind, ein Zeichen dafür, dass sie durch ihr bis-
heriges Verhalten hierzu nicht für würdig erachtet wurden.

Wir erlauben uns, Ihnen beigeschlossen einige Berichte von
Ingenieuren und Meistern der einzelnen Abteilungen zu Ihrer
Orientierung beizulegen und bitten Sie, sich die Zeit zu
nehmen, diese Berichte zu lesen.

Die Angelegenheit stinkt direkt zum Himmel, und es wäre an
der Zeit, dass hier ganz energisch eingegriffen wird; sonst
besteht die Gefahr, dass die Arbeitsmoral in den Betrieben
durch solche Elemente verdorben wird. Derartige Arbeitskräfte gehören nicht in einen Rüstungsbetrieb, sondern in
eine Strafkompanie.

Es kann einem Betriebsführer, der heute alles daran setzen
muss, seine Mannschaften zusammenzuhalten, nicht zugemutet
werden, solche als politisch sehr gefährlich anzusehenden

./.

199

Elemente in seinen Betrieb hereinzunehmen.

Wir sind bisher mit unserer Gefolgschaft aller Nationalitäten, abgesehen von Schwierigkeiten, die in der Natur der
Sache lagen, fertig geworden und müssen uns ganz energisch
dagegen wehren, dass uns solche Elemente, nur um die Ar-
beitskräfte-Anforderungen zu erfüllen, in unseren Betrieb
gegeben werden.

Wir haben, weil wir die Gefahr für die gesamte Gefolgschaft
erkannt haben, diese 50 Franzosen sofort dem Stalag zurückgegeben und bitten Sie nochmals, Ihren grossen Einfluss
auszuüben, dass solche Kräfte der Rüstungsindustrie nicht
mehr zugewiesen und dementsprechend behandelt werden und
ihnen klar gemacht wird, wie sie sich als Soldaten eines
besiegten Staates zu verhalten haben.

Heil Hitler!
Daimler-Benz Aktiengesellschaft

Anlagen.

D/Hn.Krömer,wehrkreisbeauftr.
Hn.Mader/Hn.Malcher
Stalag III D
Hn.Sieburg,Hn.Schiffer
Akten

BA R3/1820, von Hentig/Oberländer an Hauptdienstleiter Saur vom 7.3.1944.

SS-Hauptscharführer
S e u ß Josef   Natzweiler, den 10.11.44
K.L.N a t z w e i l e r

Betr.: Besprechung bei Daimler-Benz
       (Dachsbau)

An die

Kommandantur des K.L.

N a t z w e i l e r .

Am 6.11.44 habe ich mich wie befohlen nach Gaggenau zur Firma Daimler-
Benz begeben und mit Herrn Direktor K a p p l e r und den Rüstungs-
beauftragten Herrn von J l s e m a n n über das neu zu errichtende
Kommando, (Deckname Dachsbau) bei Neuenbürg) besprochen.

Lageraufbau: Das Lager besteht aus 16 Wohnwagen 3.3 m x 2.2o m
und ist jeder Wagen für 6 Häftlinge vorgesehen. Ausserdem sind 2 Wagen
als Waschraume eingerichtet, mit je 12 Anschlüssen. Die Wagen sind im
Wald (70 - 100jähriger Bestand) aneinander gefahren. Jeder Wagen ist
heizbar und wird auch jeder Wagen Jnnenbeleuchtung bekommen und zwar
in etwa 4 - 5 Tagen.

Sicherung des Lagers: Das Lager ist wie auf beiliegenden Plan ersichtlich an einer Straßengabelung errichtet und müsste von 2 Posten be-
wacht werden, welche an den beiden Straßenseiten patrollieren. Als
Umzäunung wird an den Bäumen 3 Meter hoch ein Stacheldrahtzaun errichtet und alle 50 cm ein senkrechter Stacheldraht durchgezogen. Wegen
Luftgefährdung kann der Draht nicht beleuchtet werden. Jch habe deshalb
vorgeschlagen, in jedem Wagen eine elektrische Beleuchtung anzubringen
und dieselbe nachts brennen zu lassen. Bei Öffnen der Türe, oder eines
Fensters müsste dann der Posten sofort auf den Lichtschein aufmerksam
werden.

Allgemeines: Die Abortfrage ist dahingehend geklärt worden, dass eine
einfache Bretterbude innerhalb des Drahtzaunes errichtet wird und als
Abort dient. Für die Mannschaft werden ausserhalb des Zaunes 4 Wohnwagen aufgestellt und ist das Lager nach Angabe von Herrn von Jlsemann
bis 15.11.44 bezugsfertig.

Belegung: Das Lager soll mit 90 Facharbeitern und zwar

                40 Maurern
                40 Zimmerleuten
                 3 Elektrikern
                 1 Schmied
                 2 Rohrlegern
                 4 Schreinern

belegt werden. Zur Bewachung der Häftlinge ist 1 Unterführer und 14
Männer nötig. Das Lager ist als profisorisch gedacht und liegt etwa
300 meter von den Arbeitsstellen entfernt. Für das zu errichtende feste
Lager ist der Platz noch nicht entgültig festgestellt worden.
Fernsprechanschluß: Neuenbürg 458 Fa. Zesch

                                          SS-Hauptscharführer

                                                    wenden

Verpflegung und Unterkunft: Die Verpflegung der Häftlinge und Wachmannschaften wird von der SS. gestellt. Die nötigen Unterkunftsgeräte wie Strohsäcke, Decken, Eßgeschirr und Bestecke stellt ebenfalls die DiTwa.

Bahnhof: Neunbürg.

DBMG	Bearbeiter: Dr.Krumbiegel Abteilung:	Buf: 287	Tag: 21.5.44

Verteiler:
H.Dir.Dr.Haspel
H.Dir.Müller
H.Dir.Sommer
H.Dr. Moll
H.Dipl.I.Kiemle
SS-Führungsstab
    A 8
Z.d.A.

zur Akte:

GEHEIM

Reisebericht

Umfang   Bl.

Betrifft: Unterkünfte in A 8

Reise-Ziel: A 8   **Reise-Tag:**

Verhandelt mit:

Direktion

Eingang 22 MAI 1944

Erledig.

Termin / Verantw.

In Erledigung des mir von Herrn Dir. M ü l l e r ,
Genshagen am 14. Mai 1944 gegebenen Auftrages,
betreffend Überprüfung der Unterkunftsfrage in A 8
habe ich an Ort und Stelle folgendes festgestellt:

Die in der Aktennotiz des Herrn K i e m l e vom
13.5.1944 angegebene Zahl über vorhandene Unterkünfte
ist weitaus zu hoch gegriffen, da hierbei Unterbringung von Kz-Häftlingen - und zwar in primitivster
Form - zu Grunde gelegt wurde.

Es handelt sich um folgende Unterkünfte:

1.) RAD-Lager Neckargerach

Fassungsvermögen lt.Aktenn.Kiemle   910
nach eigener Anschauung   450
sofort verfügbare Plätze   0,
da während der Bauzeit von Kz-Häftlingen
belegt.

In diesem Lager keine Plätze für Ein-
richtungsgegenstände (Tische, Stühle,
Spinde), nur mehrstöckige Pritschen,
nach dort erhaltener Angabe oft für
3 Mann 2 Strohsäcke, eng aneinanderge-
schichtet, ohne Zwischengang. Zwischen-
wände in den Baracken zur Gewinnung von
Raum entfernt.

Sanitäre Anlagen ausserordentlich min-
derwertig und unzureichend.

Betrifft: Unterkünfte in A 8	*Blatt:* 2	*Termin / Verantw.*

Barackenabstand Stirnseits 2-3 m ohne Brandmauern.

Angeblich sehr ungesundes Lager wegen kalter Nächte und Nebelbildung. Deshalb starker Krankheitsausfall.

2) <u>Schule Neckarelz</u>

Fassungsvermögen lt.Aktenn.Kiemle	750
nach eigener Anschauung	180
<u>sofort</u> verfügbare Plätze	0,
da ebenfalls während der Bauzeit mit Häftlingen belegt.	----

6 Schulzimmer 7 x 10 m , 3-stöckige Pritschen, dicht geschichtet, ohne Zwischengang.

Aufstellung von Einrichtungsgegenständen gänzlich unmöglich. Nach dort erhaltener Auskunft für Tag- und Nachtschicht ein und dieselbe Liegestätte.

3) <u>Massenquartiere</u> in größeren Vereinszimmern und kleineren Sälen

Fassungsvermögen lt.Aktenn.Kiemle	700
nach neuerer Angabe erhöht auf	860
davon belegt durch Bauarbeiter	460
<u>sofort</u> verfügbar	400

Eignung und Fassungsvermögen wegen Zeitmangels im einzelnen nicht nachgeprüft, da sich die Räume auf die verschiedensten Ortschaften verteilen.

Die sofortige Verfügbarkeit setzt voraus, daß Waschanlagen, Aborte, Verpflegungseinrichtungen vorhanden sind oder umgehend beschafft werden können.

Besichtigung einzelner dieser Räume

Abschrift von Abschrift
(auszugsweise)

Monatlicher Baubericht des SS-Führungsstabes für den Monat November 1944

Betr.: Goldfisch

5.) Bemerkung

Für eine reibungslose Durchführung der umfangreichen Bauarbeiten
wirkt sich die schwierige Treibstofflage besonders unangenehm aus.
Von der zuständigen OT-Oberbauleitung Eberbach der Einsatzgruppe V
wurde im Monat November 1000 l Ottokraftstoff und 7 000 kg Dieselkraftstoff zur Verfügung gestellt. Die monatliche Anforderung und d
der wirkliche Bedarf betrug jedoch 12 000 l Ottokraftstoff und 25000
kg Dieselkraftstoff. Allein aus diesem Zahlenverhältnis ist zu ersehen,
dass es unmöglich ist, die gestellten Transportforderungen nur einiger-
massen zu lösen. Dazu trat noch eine teilweise Transportsperre der Wag-
gons ein. Trotz Beifügung von Eilbauzetteln war die Erlangung von Wag-
gons für dringende Baumaterialien nicht möglich. Dieser nahezu katastrophale Mangel an Treibstoff, verbunden mit dem Waggonmangel wirkt
sich natürlich ungeheuer belastend auf die Fertigstellung der einzelnen Bauarbeiten aus. Diese Umstände bedingen ohne weiteres eine Ver-
längerung der Bauzeit.

Insbesondere unangenehm wirkt sich die Treibstofflage bei den Barackenlagern aus. 2 Barackenlager sind bis auf die Befestigung der Strassen
fertiggestellt. Jedoch ist eine Befestigung der Strasse nur sehr schlep
pend möglich, da das erforderliche Strassenmaterial wegen Treibstoff-
mangel nicht herangebracht werden kann. Auf der anderen Seite jedoch
befinden sich die Zugangswege wegen dem anhaltenden Regenwetter in einem
katastrophalen Zustand.

Während des Berichtsmonats war 3 Wochen lang anhaltendes Regenwetter
und die starken Niederschläge verursachten verschiedene Bergrutsche
längs dem Hanggelände von der Baustelle. Ausserdem trat 4.-m Hochwasser
ein. Der normale Wasserstand des Neckars beträgt 133,05 m, der Hochwasser
stand war 137,05. Durch dieses Hochwasser war das Neckarvorgelände
und damit die gesamte Baustelleneinrichtung und die Materiallagerung über
schwemmt und mehrere Tage unter Wasser gesetzt. Durch das Hochwasser
war ferner die Schiffahrt zum grossen Teil während des Monats gesperrt.
Eine Anfuhr von Kies, Sand und Zement war unmöglich. Der auf der Baustelle
lagernde Kies und Sand wurde zum grossen Teil weggeschwemmt oder frei-
gespült. Das Hochwasser stieg in einer Nacht innerhalb einer Stunde nahezu um 2.-m, sodass es nicht möglich war, die Motoren von den Baumaschi-
nen abzumontieren und durch das Hochwasser dann zum grossen Teil vernichtet wurden.

Das Barackenlager Neckarbischofsheim wurde wegen den schwierigen Trans-
portverhältnissen in der Nähe des kleinen unbedeutenden Ortsbahnhofes
gelegt. Als ein Güterzug mit Flakschutz daselbst für kurze Zeit aufgestellt
war, wurde dieser Flakschutz durch 6 feindliche Maschinen angegriffen und
mit 14 Bomben belegt. Dabei wurden 12 000 Stück dort lagernde Dachziegel,
4 000 Stück Schlackenhohlblocksteine(Grossformat), 1 Kühlschrank und einige Baubuden vernichtet. Die bereits aufgestellten Massivbaracken erlitten
keinerlei Schaden.

                                                                    ./,

Innerhalb der Grube in der M-Strasse stürzte erneut eine grössere
Gesteinsmasse mit ca. 200 - 300 cbm herab. Der Absturz der Gesteinsmassen erfolgte an derselben Stelle, wo bereits früher ein Absturz
war. Irgendwelcher Sach- oder Personenschaden entstand nicht, da die
Gefahrenstelle abgesperrt war. Inzwischen wurde die erneute Einsturz-
stelle von Dr. Tillig (Reichswerk Hermann Göring) und Ministerialrat Richter(RIM) besichtigt. Da es innerhalb kurzer Zeit der 2. Absturz von derartig grossen Gesteinsmassen ist, muss unter allen Umständen in Kürze eine Sicherung dieses Strassenfeldes unternommen
werden. Es ist vorgeschlagen, die Bruchzone gegen die umliegenden
Strecken durch eine gewölbte armierte Abmauerung abzusichern. Die Abmauerung bzw. Betonmauer müsste jedoch an der Sohle eine Stärke von
2.- m und in der Firste 1.-m Stärke erreichen, um den Druck des da-
hinter aufzufüllenden Materials aufnehmen zu können. Das hierfür nötige Auffüllmaterial könnte aus dem südwestlich der Bruchzone gelege-
nen noch nicht geförderten Firsten entnommen werden. Auf diese Weise
könnten dem Verlagerungsbetrieb, die durch die Abmauerung der Bruchzone verlorenen Flächen an anderer Stelle wieder zur Verfügung gestellt werden. Allerdings erfordert diese Ausführungsart, die neben vielen anderen Vorschlägen, die einfachste Sicherung darstellt,
trotzdem einen hohen Zeit- und Materialaufwand. An Betonmassen müssen ca.5-6.000 cbm Beton eingebracht werden.Inwieweit die Erlangung des
erforderlichen Sand,Kies und Zement hierfür möglich ist, wird z.Zt.
untersucht. Auf jeden Fall dürfte auch diese einfache Ausführungsart
sehr schwierig sein, da z.Zt. sich ein stärkerer Zementmangel aus-
wirkt.

In letzter Zeit tritt ein starker Häftlingsausfall durch Krankheit
ein, der Ausfall ist in 1.Linie durch das nasse, kalte Herbstwetter
bedingt, da den Häftlingen jegliche Winterkleidung fehlt. Vor allen
Dingen ist die Schuhlage der Häftlinge katastrophal. Es sind Fälle
vorhanden, da der Häftling die Füsse mit alten Lumpen und Papier-
säcken umwickeln und mit Draht befestigen muss. Bei diesen Umständen
liegt klar und deutlich fest, dass der Häftling nasse Füsse erhält
und somit der Herd für eine Krankheit gegeben ist. Ebenso sieht es mit
der gesamten Häftlingsbekleidung aus, da ein grosser Teil der Häftlinge nicht im Besitz eines Mantels oder nur einer ganzen Häftlingsbekleidung ist. Dazu kommt noch, dass ein grosser Teil nur noch zer-
fetzte und zerlumpte Hemden trägt. Ausserdem fehlt das erforderliche
Verbandszeug, um die aufgetretenen Krankheiten ordnungsgemäss zu behandeln. Bisher konnte der Bedarf an Verbandszeug durch zusätzlichen
Einkauf aus dem freien Handel gedeckt werden.Diese Möglichkeit schei-
det in letzter Zeit jedoch fast gänzlich aus.Trotz wiederholten An-
mahnungen bei dem zuständigen KL-Natzweiler konnte eine Besserung dieser
katastrophalen Lage in Bezug auf die Versorgung der Häftlinge nicht
erreicht werden.Die Zuteilungen waren so gering, dass nur die schlimmsten Übelstände beseitigt werden könnten. Sollte in kurzer Zeit während der kommenden Wintermonate nicht ein katastrophaler Häftlingsausfall der Häftlinge vermieden werden, so ist es erforderlich, dass
umgehend Abhilfe geschaffen wird.

Der Chef des SS-Führungsstabs

gez.: Glaser
SS-Untersturmführer

F.d.R.d.A.
(gez.) Scham
Z.A.

IWM, FD 2228/45 No. 75, Monatlicher Baubericht des SS-Führungsstabes für den
Monat November 1944.

G e h e i m !

Aktennotiz

Betrifft Beschäftigung der ausländischen Arbeiter in Genshagen und Goldfisch.

Nach den Beobachtungen, die ich in letzter Zeit gemacht habe, haben wir an beiden Orten eine ganze Anzahl Ausländer, die sich nur bewegen, wenn sie dauernd angetrieben werden und die sich sogar noch über die sie anfeuernden Vorgesetzten lustig machen. In einer Zeit, in der wir Sorge haben müssen, daß die Lebensmittel, welche wir mühsam aufgespeichert haben, infolge zu geringer Zufuhren rapide abnehmen, wäre es absurd, wenn wir diese Leute genau so verpflegen würden wie die fleißig arbeitende Gefolgschaft oder unsere deutschen Volksgenossen. Man kann sogar sagen, daß diese Ausländer in Gemeinschaftsverpflegung noch mehr Lebensmittel zugeführt bekommen als der deutsche Facharbeiter.

Wir müssen sehen, daß wir diese arbeitsunlustigen Leute anders behandeln als die arbeitswilligen. Dazu bietet sich heute oftmals Gelegenheit, indem von der Partei oder anderen Dienststellen dauernd Leute zu Schanz- und ähnlichen Arbeiten von uns angefordert werden. In solchen Fällen werden oftmals, besonders wenn es sehr eilig ist, beliebige Leute ausgesucht und abgegeben. Es wäre besser, wenn wir die Ausländer jetzt schon in Ruhe nach ihrer Leistungsfähigkeit und insbesondere nach ihrem Arbeitswillen klassifizieren und durch Übergabe von Erkennungsmarken in bestimmten Farben kenntlich machen würden. Die Abgabe von Arbeitsgruppen würde denn sehr schnell und sehr einfach vor sich gehen, indem die Leute, die keine Erkennungsmarke haben, herausgezogen und abgegeben werden. Anzustreben wäre, daß diese Leute dann im Laufe der Zeit in besonderen Lagern oder Baracken erfaßt und entsprechend ihrer Leistung auch verpflegt werden würden.

Bei der Beurteilung der Ausländer kann man sich nach meinen Beobachtungen leider nicht mehr auf das Urteil der deutschen Vorgesetzten verlassen. Es ist deshalb notwendig, daß diese Beurteilung durch eine kleine Kommission vorgenommen wird, bestehend aus dem Hallenleiter, dem zuständigen Meister und dem Lagerführer des betreffenden Ausländers.

Ich wäre dankbar, wenn diese Überlegungen sofort geprüft und möglichst umgehend in die Tat umgesetzt werden würden. Denn je schneller wir diese uns womöglich noch verhöhnenden Arbeitsunlustigen los werden, desto länger können wir die arbeitswilligen Ausländer anständig ernähren.

Genshagen, 2.März 1945
Dir.MÜ/HS

Verteiler:
Herrn Direktor Dr.Haspel
Herrn Direktor Wolf
Herrn Direktor Dr.Krumbiegel
Herrn Direktor Sommer
Herrn Direktor Jaenecke

IWM, FD 2228/45 No. 75, Aktennotiz Dir. Müller vom 2.3.1945.

Geheim!
nach §§ 88 ff u. 92b.R.St.G.B.

Eingang : 9.3.45

Goldfisch, den 8.3.1945
Dr.Kgl/Ro.

Herrn Direktor M ü l l e r
– – – – – – – – – – – – – – –

Betr.: Beschäftigung der ausländischen Arbeiter
      in Goldfisch,
      Ihre Aktennotiz vom 2.3.1945.

Wenn die auch im hiesigen Kreis immer knapper werdenden Lebensmittel durch Kürzung der Lebensmittelration für arbeitsscheue
Ausländer gestreckt werden könnten, so wäre das bestimmt nur
zu begrüssen. In diesem Zusammenhang bitte ich Sie, folgende
Überlegungen in Erwägung zu ziehen:

Die faulsten aller Arbeitsscheuen hier sind die SS-Häftlinge,
besonders seit uns die mit Zuchthaus bestraften zugewiesen worden sind. Es kommt hinzu, dass sich diese bei ihrem Eintreffen
hier auch noch in einem katastrophalen Gesundheitszustand befan-
den.

Diese SS-Häftlinge sind nicht nur faul, sondern sie stehlen,
was sie erwischen können. Selbst im Lager hören die Reparaturen
und Ergänzungen nicht auf, da kein Türschloß vor diesen Menschen
sicher ist.

Früher haben wir hier im Werk etwa 600 Mann der SS-Häftlinge
beschäftigt, während wohl etwa 200 Mann im Lager verblieben.
Heute sind nur noch 200 SS-Häftlinge und weniger beschäftigt,
von denen auch nur ein verschwindend geringer Teil als brauchbar
angesprochen werden kann. Wegen dieser kleinen Zahl Brauchbarer
ein ganzes Lager von bald 1000 Mann Nichtstuern aufrecht zu erhalten, ist meines Erachtens nicht zu verantworten. Mein Vorschlag
geht deshalb dahin, die gesamten SS-Häftlinge abzustossen. Wir
gewinnen dabei noch ein Lager – im Hinblick auf die umfangreichen
Verwaltungs-Baracken – für mindestens 1200 Mann. Ausserdem wäre
damit die Küchenfrage für das Nebenlager Mosbach zu einem merk-
lichen Teil gelöst.

Ich gehe dabei allerdings vom jetzigen Stand des Kräftebedarfes
aus, ohne unterrichtet zu sein, welche Verlagerungen gegebenenfalls noch geplant sind und ob Arbeitskräfte hierfür zur Verfügung stehen.

Mit Herrn J a e n e c k e habe ich diese Frage mehrfach besprochen, der ebenfalls dazu neigt, die SS-Häftlinge loszuwerden.

IWM, FD 2228/45 No. 75, Krumbiegel an Müller vom 8.3.1945.

Geheim

SS.Nr.926 R.St.G.E

Herrn Direktor Dr. Krumbiegel!

Betr. Beschäftigung der ausländischen Arbeiter in Goldfisch.
Ihre Entgegnung vom 8.3.1945.

Der Vorschlag, die SS-Häftlinge abzustossen, gefällt mir sehr gut.
Ich habe deshalb denselben mit Herrn Jaenecke eben besprochen, der
voll damit einverstanden ist.

Wir verlieren allerdings etwa 30-40 gute Arbeiter, darunter auch einige
Werkzeugmacher. Die Zahl ist aber so gering, daß wir sie 1) durch andere
Arbeiter ersetzen können und 2) diese geringe Anzahl williger Arbeiter
kein Hinderungsgrund sein darf, 800 Faulenzer los zu werden.

Ich wäre Ihnen dankbar, wenn Sie die Freimachung des SS-Lagers mit
grösster Beschleunigung durchführen würden, evtl. wird eine Reise nach
München notwendig sein, um mit dem dortigen Sturmbannführer zu verhan-
deln, damit die Ablösung sehr kurzfristig e rfolgt.

Das Mosbacher SS-Lager wäre für uns im Hinblick auf die von Genshagen
dringend geforderten, umfangreichen Evakuierungen außerordentlich
wertvoll, schon deshalb, weil dasselbe nicht an die Eisenbahn gebunden
ist.

Die schleunigste Freimachung des SS-Lagers ist für uns so wertvoll,
daß wir die Kosten für den Abtransport in Höhe bis zu RM 10.000.—
übernehmen können.

9.3.1945
Dir.Mü/Wl.

Verteilungsplan: Abteilungsleiter Meister Anschlagtafeln	**Verwaltungs-Anordnung Nr 1271** **Betrifft: Arbeitszeit in den Werkstätten des Werkes 60.**

Untertürkheim, den 25. September 1940.

Von **Montag, den 30. September 1940 ab,** wird in den **Werkstätten** des **Werkes 60** bis auf weiteres wie folgt gearbeitet:

A. Männliche Gefolgschaftsmitglieder:

a) Tagschicht

Montag bis Freitag	von	6 Uhr 30	bis	18 Uhr 15
	Pause von	8 Uhr 15	bis	8 Uhr 30
	und von	12 Uhr	bis	12 Uhr 45
Samstag	von	6 Uhr 30	bis	13 Uhr
	Pause von	8 Uhr 15	bis	8 Uhr 30

b) Nachtschicht

Montag bis Freitag	von	18 Uhr 30	bis	6 Uhr 15
	Pause von	20 Uhr 15	bis	20 Uhr 30
	und von	00 Uhr	bis	00 Uhr 45
Samstag	von	13 Uhr 15	bis	19 Uhr 45
	Pause von	18 Uhr	bis	18 Uhr 15

B. Weibliche Gefolgschaftsmitglieder:

Montag bis Freitag	von	6 Uhr 30	bis	17 Uhr 15
	Pause von	8 Uhr 15	bis	8 Uhr 30
	und von	12 Uhr	bis	12 Uhr 45
Samstag	von	6 Uhr 30	bis	11 Uhr 45
	Pause von	8 Uhr 15	bis	8 Uhr 30

Etwa notwendig werdende Sonntagsarbeit wird von Fall zu Fall besonders angeordnet.

Über Sonntag findet Schichtwechsel von Tag- auf Nachtschicht und umgekehrt statt.

Der Betriebsführer

A. Nr 10 5646
26.9.40: 500.
K.-Nr 0/1467

Archiv der DBAG, DBAG 23, Verwaltungsanordnung Nr. 1271 vom 25.9.1940.

siehe auch beachaten Karte

Dr.W.Kissel

4.Mai 1942

Durch Eilboten!   Dr.Ki/Jg.

An die
Leitung der
Daimler-Benz Aktiengesellschaft
Werk Sindelfingen
z.Hd. v. Herrn Direktor F. **H e i m**
S i n d e l f i n g e n

Sehr geehrter Herr Heim!

In vielen unserer Werke und Büros arbeiten wir, wie Sie wissen,
schon längst nicht mehr in Normalzeit, sondern vielfach mit er-
heblicher Ueberzeit. Trotzdem ist aber in unserem Konzern eine
einheitliche Erhöhung der früheren Normalzeit von 48 Stunden auf
die schon seit langem angenommene erhöhte Arbeitszeit von mindestens 53 Stunden in der Woche noch nicht überall durchgeführt.

Nachdem erst dieser Tage folgende Anordnung des Herrn Reichsmarschall
Göring erschienen ist:

      "Die Belastung der Verwaltungen und Betriebe des öffent-
      lichen Dienstes ist infolge der Kriegsaufgaben songross,
      dass die in der Verordnung über die Arbeitszeit der Be-
      amten vom 13.Mai 1938 festgesetzte Arbeitszeit seit langem
      nicht mehr ausreicht.

      Der Vorsitzende des Ministerrats für die Reichsver-
      teidigung, Reichsminister Göring, ordnet daher für
      das Gebiet des Grossdeutschen Reiches an, dass die
      Mindestarbeitszeit der Beamten mit sofortiger Wirkung
      auf wöchentlich 56 Stunden festgesetzt wird, wo durch-
      gehend gearbeitet wird, mindestens 53 Stunden. Bei durch-
      gehender Arbeitszeit kann eine Pause eingelegt werden.
      Sie darf auf die Arbeitszeit nicht angerechnet werden.
      Die Begrenzung der täglichen Arbeitszeit auf höchstens
      neun Stunden fällt weg. Am Samstag nachmittag und Sonntag
      herrscht keine Arbeitsruhe. Die Behördenleiter können
      jedoch die Gesamtwochenarbeitszeit so verteilen, dass
      am Samstagnachmittag und am Sonntag nur so viel Dienst-
      kräfte beschäftigt werden, wie zur Sicherstellung des ge-
      regelten Ablaufs der dringenden Dienstgeschäfte erforder-
      lich sind. (Beamte vom Dienst zur Wahrnehmung der Tele-
      phonate genügen nicht.) Bei sich häufendem nächtlichem
      Fliegeralarm kann für den darauffolgenden Tag späterer
      Dienstbeginn angeordnet werden."

                                                          b.w.

müssen wir wohl in unserem Konzern auch darauf sehen, dass überall nun diese Mindestarbeitszeit von 53 Stunden angeordnet wird.

Ich wäre Ihnen dankbar, wenn Sie zur Klarstellung der tatsächlichen Arbeitszeitverhältnisse an Hand der Ueberstunden-Auszahlungen sofort eine Aufstellung machen ließen, wie die Arbeitszeit in den letzten 3 Monaten bei Ihrem Werk, und zwar sowohl im Betrieb wie auch in den Büros gewesen ist, d.h. dass Sie die einzelnen Abteilungen aussiehen lassen unter Angabe, wieviel der Beschäftigten 48 Stunden und wieviel mehr und in welchem Ausmaß gearbeitet haben, damit ich sehe, welche tatsächliche Auswirkung die Anordnung auf Erhöhung von 53 Stunden in der Woche haben wird.

Da ja wieder sehr umfangreiche Einberufungen bevorstehen, dürfte es sich empfehlen, dass nach der beschleunigt durchzuführenden Klarstellung der Gesamtvorstand schon sehr schnell sich schlüssig wird, die generelle Erhöhung auf 53 Stunden Arbeitszeit in der Woche zu treffen.

Neben der gewünschten Feststellung bitte ich mir auch noch Ihre Auffassung selbst zu dem geplanten Vorgehen bekanntzugeben, u.a. sich auch darüber auszulassen, wann Sie dann die Arbeitszeit in den Betrieben bezw. Büros für das dortige Werk beginnen lassen wollen, welche Frühstücks- bezw. Mittagspause Sie z.Zt. haben bezw. neu einführen wollen und wann Sie dann den ordnungsgemässen Arbeitsschluss ansetzen wollen.

Indem ich Ihrer geschätzten Rückäusserung möglichst bald entgegensehe, verbleibe ich, Sie bestens grüssend, mit

Heil Hitler!
Ihr ergebener

gez.: Kissel

1 Anlage.

Archiv der DBAG, Kissel XIV,1, Kissel an Heim vom 4.5.1942.

Vorgang
~~Durchschrift~~ Herr Direktor Romstedt

Dr.W.Kissel

12.Mai 1942

Dr.Ki/Jg.

Herrn

Direktor v. J u n g e n f e l d
Vorstandsmitglied der
Daimler-Benz Aktiengesellschaft

G a g g e n a u / Baden

Betr.: Ueberstunden und Arbeitszeit.

Mein lieber v. Jungenfeld!

Dein geschätztes Schreiben vom 11.d.Mts. habe ich erhalten und damit
auch die ausgefüllten Listen. Ich habe mir bemerkt, dass Du drüben
in Gaggenau bereits seit 7.April für die Büros eine Arbeitszeit von
53 Stunden 20 Min. angeordnet hast. Da bis Ende März nach den Listen
die Arbeitszeit drüben durchgängig mit rd. 48 Stunden pro Woche ausgewiesen ist, zu welchen noch gewisse Ueberstunden kommen, würde nun
praktisch nach Erhöhung der Arbeitszeit eine Reihe von Kräften frei
werden müssen.

Nehmen wir nun einmal die Ziffern in der Spalte 3 im März nach der
von Dir ausgefüllten und mir zugesandten Liste. Danach wurden im März
geleistet
    165 024 Normalstunden von 826 Gefolgschaftsmitgliedern u.
    14 377 Ueberstunden von 551 Gefolgschaftsmitgliedern.
Der März hatte bekanntlich 28 Arbeitstage. Die 165024 Stunden wurden
also in 28 Arbeitstagen geleistet, also wurden pro Arbeitstag durchschnittlich an Stunden geleistet 165 024 : (28 x 826) 23 128 = im
Durchschnitt 7 Stunden und 6 Minuten. Wenn Du nun die Arbeitszeit
auf 53 Std. 20 Min. wöchentlich erhöhst, dann entspricht dies bei
6 Arbeitstagen einem Tagesdurchschnitt von 8 Std. 54 Min. oder auf
den März bezogen würde dies ergeben 8 Std. 54 Min. x 28 pro Kopf =
rd. 250 Stunden pro Kopf in diesem Monat. Da Du nun in der Aufstellung
im März 826 Gefolgschaftsmitglieder angegeben hast, würden diese
demnach im März geleistet haben: 826 x 250 Std. = 206 500 Stunden
gegenüber den im März tatsächlich geleisteten 165 024 Stunden.
Das würde also rund ein Viertel Mehrleistung bedeuten oder umgekehrt
würde über ein Viertel der Gefolgschaftsstärke wegfallen können,
wobei naturgemäss noch die im März geleisteten Ueberstunden mit
14377 zuzubilligen wären.

Wenn ich Dir im Vorstehenden nun anhand der Errechnung zeige, wie
die Auswirkung tatsächlich sein könnte, so will ich damit bezwecken,

b.w.

dass Du Dir die Dinge auch einmal von dem Einsatz der Anzahl der
Gefolgschaft aus betrachtet ansiehst.

Ich werde nun die Stellung der übrigen Werke abwarten, so dass wir
bei unserer nächsten Vorstandssitzung, die wohl noch im Laufe
dieses Monats stattfinden wird, über die Angelegenheit sprechen
können und im Konzern einer Entscheidung zuführen können.

Indem ich Dich bestens begrüsse, verbleibe ich

Dein

Archiv der DBAG, Kissel XIV,5, Kissel an von Jungenfeld vom 12.5.1942.

Verteilungsplan:
Abteilungsleiter
Meister
*Anschlagtafeln

Bekanntmachung

Betr. Arbeitszeit.

I. Zur Steigerung der uns im Rahmen des Rüstungsprogramms aufgetragenen umfangreichen und vordringlichen Fertigungen wurde von den zuständigen Stellen eine Erweiterung der Arbeitsleistung angeordnet.

Für sämtliche Betriebsabteilungen wird deshalb eine wöchentliche Arbeitszeit (einschließlich der Werkspausen von 72 Stunden für Männer und von 69 Stunden für Frauen
eingeführt und die

Arbeitszeit
ab Freitag, den 1. September 1944

wie folgt festgelegt:

Tagschicht

Montag bis Freitag	6.30 Uhr bis 18.45 Uhr
Samstag	6.30 Uhr bis 13.45 Uhr
Jeden zweiten und vierten Sonntag eines Monats (ausgenommen deutsche Frauen)	
erstmalig am 10. und 24. September 1944	6.30 Uhr bis 12.30 Uhr

Nachtschicht

Sonntag/Montag	20.00 Uhr bis 6.45 Uhr
Montag/Dienstag bis Freitag/Samstag	18.30 Uhr bis 6.45 Uhr

Als Anerkennung für die von der Gefolgschaft verlangte erhöhte Arbeitszeit wird
allen Männern und Frauen, welche die vorstehende Arbeitszeit erfüllen, eine laufende
Lebensmittel-Sonderzuteilung mit Fleisch, Fett und Brot gewährt. Weitere
Einzelheiten hierüber werden noch bekanntgegeben.

II. Sämtliche deutschen und ausländischen Gefolgschaftsmitglieder können das Essen
im Speiseraum im Gebäude 136b einnehmen. Da der Speiseraum inmitten des
Werks gelegen ist, reicht eine halbstündige Essenspause aus. Die

Werkspausen

wurden wie folgt festgelegt:

Tagschicht

1. Vesperpause	8.15 Uhr bis 8.30 Uhr
Mittagspause W 00, 10, 11, 13 und 15 } ausgenommen	12.00 Uhr bis 12.30 Uhr
„ W 60 } Samstag	12.30 Uhr bis 13.00 Uhr
2. Vesperpause (Ausg. der Lebensmittel-Sonderzuteilung)	18.30 Uhr bis 18.45 Uhr

Nachtschicht

1. Vesperpause	20.15 Uhr bis 20.30 Uhr
„ Sonntag/Montag	21.45 Uhr bis 22.00 Uhr
Essenpause	00.00 Uhr bis 00.30 Uhr
2. Vesperpause (Ausg. der Lebensmittel-Sonderzuteilung)	6.30 Uhr bis 6.45 Uhr

III. Die halbtägig beschäftigten Frauen arbeiten abwechselnd
vormittags 6.30 Uhr bis Beginn der Mittagspause (12.00 Uhr bzw. 12.30 Uhr) oder
nachmittags 12.30 Uhr bzw. 13.00 Uhr bis Ende der Mittagspause (12.30 Uhr bzw. 13.00 Uhr) bis 18.45 Uhr,
wobei zur Vormittags- oder Nachmittagsarbeit nach den betrieblichen Bedürfnissen
eingeteilt wird.

IV. Die Verwaltung, Konstruktion usw. arbeiten von Montag bis Freitag von 7.00 Uhr bis
18.30 Uhr (Mittagspause von 12.15 Uhr bis 13.00 Uhr) und am Samstag von 7.00 Uhr bis
13.15 Uhr. Darüber hinaus ist deren Arbeitszeit den betrieblichen Erfordernissen an-
zupassen.

V. Die Arbeitszeit der Jugendlichen, der Kriegsbeschädigten und sonstigen Körper-
behinderten, der Jubilare mit 40- und mehrjähriger Betriebszugehörigkeit und der
mehr als 65 Jahre alten Arbeitskameraden richtet sich weiterhin nach den gesetzlichen Bestimmungen und nach den besonderen Verhältnissen im einzelnen Fall.

VI. Grundsätzlich gilt die Arbeitszeit auch für alle auswärtigen Abteilungen. Soweit
hier jedoch wegen der Zugverbindungen usw. eine andere Zeiteinteilung notwendig
ist, wird sie für die einzelnen Abteilungen besonders geregelt und bekanntgegeben.

**In dieser Zeit der Entscheidung gilt es, die Kräfte auf das
äußerste anzuspannen. Unseren gemeinsamen Bemühungen
wird dann auch der Erfolg nicht versagt bleiben.**

Untertürkheim, den 30. August 1944.   **Daimler-Benz Aktiengesellschaft**

*Zum Aushang bis 15. 10. 1944.   Haspel.   Huschke.

DB A 4. 3. 10. 44: 500. H.

Archiv der DBAG, Haspel 3,32, Bekanntmachung vom 30.8.1944, betr. Arbeitszeit.

Verteilungsplan:
Abteilungsleiter
Meister
Anschlagtafeln

Untertürkheim, den 31. März 1942.

Bekanntmachung

Betr.: Warmes Essen in der Speiseanstalt.

Um unseren Gefolgschaftsmitgliedern auch nach der neuen Lebensmittelzuteilungs-Periode ab 6. 4. 1942 die ihnen zur Verfügung stehenden Marken möglichst weitgehend für ihre außerbetriebliche Verpflegung zu sichern, und ihnen dabei trotzdem eine kräftige und sättigende Mittagsmahlzeit verabreichen zu können, haben wir uns zu folgender Neuregelung entschlossen:

Mit Wirkung ab Dienstag, den 7. April 1942 verabreichen wir anstelle der bisherigen aus Suppe und Hauptgericht bestehenden Mahlzeit, täglich einen suppenartigen, fleischlosen aber nahrhaften und fetthaltigen Eintopf, soweit es uns nicht möglich sein sollte, an dem einen oder anderen Tag auch Sondergerichte zu geben. Hierfür benötigen wir von unseren Gefolgschaftsmitgliedern wöchentlich nur noch

30 Gramm Fett
und **100 „ Brot- resp. Mehlmarken.**

Der Preis des Essens wird auf RM —.20 festgesetzt. Hierfür kann jedes Gefolgschaftsmitglied von jedem Essen bis zu zweimal einen Teller voll Eintopfgericht empfangen.

Die Wochen-Essenmarke kostet folglich RM 1.—. Die Marken sind in der bisherigen Weise zu lösen. Sie werden jedoch nicht mehr am Eingang zum Speisesaal abgegeben, sondern beim Empfang des Essens am Tisch.

Für die Gefolgschaftsmitglieder, die sich zu dem Essen Wurst- oder Fleischwaren (Cornedbeef, Frikadellen und ähnliches) kaufen wollen, werden diese Waren, soweit der jeweilige Vorrat reicht, am Kasinoschalter zum Verkauf bereitgehalten. Eine Portion kostet bei Abgabe von 50 Gramm Fleischmarken, RM —.20.

Einzelne Essenmarken werden nur ausgegeben, wenn der zuständige Abteilungsleiter oder Meister auf einem in der Sozialabteilung erhältlichen Vordruck bescheinigt, daß das Gefolgschaftsmitglied wegen Krankheit, dienstlicher Reise, Neueintritt oder Austritt nicht während der ganzen Woche an den Mahlzeiten teilnehmen kann. Derartige Essenmarken sind ausschließlich in der Sozialabteilung Gebäude 134a Montags bis Freitags in der Zeit zwischen 9 und 10 Uhr erhältlich. Ein Verkauf im Kasino findet auf keinen Fall statt, d. h. ohne gültige Marken kann niemand am gemeinsamen Mittagessen teilnehmen. Für solche Einzelessenmarken sind je Mahlzeit 5 Gramm Fett und 20 Gramm Brot- oder Mehlmarken abzugeben.

Der Umtausch (Rückgabe) von Essenmarken durch Rückgewährung von Geld und Lebensmittelmarken ist nur dann zulässig, wenn der zuständige Abteilungsleiter oder Meister auf dem vorgenannten Vordruck bescheinigt, daß das Gefolgschaftsmitglied wegen Krankheit, dienstlicher Reise, Beurlaubung, Neueintritt oder Austritt an den auf dem Vordruck zu vermerkenden Tagen nicht an den Mahlzeiten teilnehmen kann. Der Umtausch (Rückgabe) von Essenmarken, der bis zum letzten Wochentage, für den die Essenmarke Gültigkeit hat, erfolgt sein muß, findet nur in der Sozialabteilung Gebäude 134a an allen Wochentagen, in der Zeit von 9—10 Uhr statt.

Beim Umtausch (Rückgabe von Essenmarken) erhält das Gefolgschaftsmitglied je Mahlzeit RM —.20 und 5 Gramm Fett- und 20 Gramm Brot- resp. Mehlmarken zurück. Benützt ein Gefolgschaftsmitglied die Essenmarken aus anderen wie den vorgenannten Gründen nicht, dann erhält es nur den entsprechenden Geldbetrag zurückvergütet, während die Lebensmittelmarken zu Gunsten des Verpflegungsbetriebes verfallen; sie kommen also der Allgemeinheit der Essenteilnehmer zugute.

Wir hoffen, mit vorstehender Regelung unseren Gefolgschaftsmitgliedern eine warme Mittagsmahlzeit gesichert zu haben, die nicht nur geschmackvoll, sondern auch nahrhaft und sättigend ist und daß dadurch gleichzeitig ihre sonstige Wirtschaftsführung in Bezug auf die Lebensmittelmarken erleichtert wird.

Der Betriebsführer

Archiv der DBAG, DBAG 24, Bekanntmachung vom 31.3.1942, betr. warmes Essen in der Speiseanstalt.

10 5. 1940

Halbjahresbericht über die S.B. - Arbeit bei der
▪▬▪▬▪▬▪▬▪▬▪▬▪▬▪ ▪▬▪▬▪▬▪▬▪▬ ▬▪▬▪▬▪▬▪▬▪▬ ▪▬▪▬▪

Daimler-Benz A.-G. Werk Sindelfingen
▪▬▪▬▪ ▪▬▪▬▪▬▪▬▪▬▪▬ ▪▬▪▬▪▬▪▬▪▬ ▪▬▪▬▪▬▪▬▪▬

In meinem heutigen Halbjahresbericht möchte ich mich nicht
an die uns im vorigen und vor 2 Jahren gegebenen Richtlinien
halten, da ich sonst zum grossen Teil das nocheinmal schreiben
müsste, was ich im Lauf von 4 Jahren in 7 Halbjahresberichten
schon einmal geschrieben habe. In der Beantwortung der in den
Richtlinien gestellten Fragen verweise ich deshalb auf meine
seitherigen Berichte.

Seit Ausbruch des Krieges hat sich meine Arbeit stark vom
Aussendienst in den Innendienst verschoben. Kranken- und Haus-
besuche werden nur noch vereinzelt gemacht. Dagegen brachte die
vermehrte Einstellung von Frauen eine vermehrte Arbeit in der
"Betreuung der Frau im Betrieb". Zunächst arbeite ich verantwortlich bei der Einstellung von Frauen mit, damit Frauen oder
Jugendliche nicht an Arbeitsplätze gestellt werden, denen sie
körperlich nicht gewachsen sind. Und nachher kommt die Überwachung der Frauenarbeitsplätze in Zusammenarbeit mit der Werkfrauengruppe, die mir meldet, wenn die eine oder andere Frau an
ihrem Arbeitsplatz nicht mitkommt. Nicht immer liegt das Versagen an einem Arbeitsplatz an der mangelhaften Körper- oder
Geisteskraft der Betreffenden, sondern oft am Willen und einer
schlechten Einstellung zur Arbeit. Hier wird von mir in Verbindung mit der Werkfrauengruppe mit ganzer Kraft daran gearbeitet, dass am Arbeitsplatz die Haltung zum Ausdruck kommt, die
jeder anständige deutsche Mensch hat und die er in der jetzigen
Zeit des Kampfes doppelt haben und zeigen muss.

Meine Werkfrauengruppe macht mir viel Freude, da meine Mädels
von innen heraus mitarbeiten. Es ist nur schade, dass wir infolge unserer dezentralisierten Wohnverhältnisse so wenig zu
gemeinsamen Gruppenabenden zusammen kommen können. In den Pausen
sind wir hin und wieder 1/4 Stunde beisammen und dann alle

-2-

4 Wochen bei einem Gruppenabend.

Im Dezember letzten Jahres beauftragte uns zu unserer grossen
Freude unser Betriebsführer mit dem Packen der Weihnachtspäck-
chen für unsere im Feld stehenden Arbeitskameraden. Kaum wurde
je eine Arbeit mit so viel Freude erledigt, wie diese. Unter
frohen Klängen wurden am laufenden Band rund 1 000 Weihnachts-
päckchen gerichtet, in die wir, die durch das Singen von Weih-
nachtsliedern hervorgerufene frohe weihnachtliche Stimmung
hineinlegten. Ein Mädel aus der Werkfrauengruppe bezeichnete
den Tag als ihren schönsten Tag bei Daimler-Benz.

Am 13. Dezember 1939 hatte die Werkfrauengruppe in einem weih-
nachtlich vorbereiteten Raum eine schlichte, vorweihnachtliche
Feier, bei der ich anschliessend den Frauen der Werkfrauengruppe
die Ausweise aushändigen durfte.

Beim Vertrieb des vom Frauenamt der D.A.F. herausgegebenen
"Rezeptdienstes" in den einzelnen Werkabteilungen ist mir die
Werkfrauengruppe behilflich. Nach Rücksprache mit unserem Betriebsführer durfte ich laufend 1 000 Stück Rezeptdienstblätter
auf Kosten des Betriebs bestellen. Neben dem "Rezeptdienst"
findet die "Schriftenreihe für die praktische Hausfrau" bei unseren Frauen im Werk einen guten Anklang.

Um die Schilderung der Arbeit der Werkfrauengruppe vollends
abzuschliessen, möchte ich noch ihre Mitarbeit im Luftschutz
erwähnen. Sämtliche Werkfrauengruppenmädel habe ich zum Sanitäts-
dienst im Luftschutz gemeldet.

Unsere Luftschutzabteilung hat mich verschiedentlich zur Mitarbeit im Luftschutz herbeigeholt. Vor allem habe ich beim Einrichten unserer Luftschutzräume geholfen.

Die Lehrlingsverschickung über die N.S.V. wurde bald nach Kriegsausbruch wieder aufgenommen. Im letzten halben Jahr wurden aus
unserem Werk laufend insgesamt 30 Lehrlinge und eine Jugendliche
über die N.S.V. verschickt. 10 BDM-Mädel sind zur Verschickung
vorgeschlagen. Mütter- und Frauenverschickungen von Werksangehörigen habe ich im letzten halben Jahr 8 bearbeitet, die zum
Teil über die O.K.K. und die N.S.V. verschickt wurden.

-3-

Auf meine Veranlassung erhalten unsere stillenden Mütter,
soweit sie zum Stillen nach Hause können, täglich eine Still-
pause von 90 Minuten.

Wenn ich einen Rückblick auf meine nun 4-jährige soziale Arbeit
im Betrieb halte, so muss ich sagen, dass die Arbeit manchmal
recht schwer war und dass mancher Kampf in dieser Zeit ausge-
fochten werden musste; aber ich glaube auch sagen zu dürfen, es
wurde etwas geschafft. Meine Arbeit hat sich in Lauf der Zeit
aus dem Betrieb heraus zu einer Vielseitigkeit und Fülle entwickelt, dass ich sie beinahe nicht mehr bewältigen kann oder
wenigstens nicht so rasch, wie ich sie gern möchte. Und trotzdem vermisse ich, wie ich schon in früheren Berichten geschrieben
habe, die Mitarbeit auf der grossen Linie der sozialen Arbeit
im Betrieb. Zu Besprechungen über neu durchzuführende soziale
Maßnahmen werde ich nicht hinzugezogen, da diese in der Zentrale
der Daimler-Benz Werke in Stuttgart-Untertürkheim für alle Werke
einheitlich geregelt werden. Zur Regelung der sozialen Fragen
besteht in Untertürkheim ein sogenannter Sozial-Beirat. Meines
Erachtens wäre es wohl wünschenswert, wenn die Soziale Betriebs-
arbeiterin in dem Sozial-Beirat auch mitarbeiten dürfte.

Sindelfingen, den 10. Mai 1940.

Archiv der DBAG, Kissel VI,1, Halbjahresbericht über die S.B. — Arbeit bei der
Daimler-Benz AG Werk Sindelfingen vom 10.5.1940.

Vorgang in weinroter Mappe (Dr.Kissel)

                                                16.Juni 1936.
        Dr.Ki/Ra.

            Herrn

                Robert G e r l i n g ,
                1.Fa. G e r l i n g - Konzern
            Rheinische Versioherunge-Gruppe Aktiengesellschaft,

                        K ö l n   a.Rhein.
                - - - - - - - - - - - - -
                        von-Werth-Strasse 10/12
                        Postfach 353.

Sehr geehrter Herr Gerling !

        Ihr geschütztes Schreiben vom 12.d.Mts.habe ich er-
halten. Ich danke Ihnen verbindlichst für Ihre freundlichen
Mitteilungen.

        Um die von Ihnen gewünschten Ziffern aufstellen zu
können, wäre eine entsprechende Entscheidung uneeres Aufsichtsrates erforderlioh. Da die massgebenden Herren aber nur sehr
schwer zusammenzubringen sind, gebe ich Ihnen von mir aus die
Unterlagen bekannt, so wie ich glaube, dass eine Regelung vielleicht einmal stattfinden könnte. Zu diesem Zweck übermittle
ich Ihnen anbei einen Entwurf des gedachten Pensionsvertrages,
der aber, wie oben ausgeführt, noch nicht die Billigung unseres
Aufsichtsrates gefunden hat, bei dem also noch allerlei Änderungen eintreten können. Bekanntlich hängt aber die Besprechung mit
unserem Aufsichtsrat davon ab, ob es möglich sein wird, eine
Versicherung abzuschliessen, wie ich es Ihnen vorgetragen habe,
so dass also sowohl Ihre eventuellen Vorschläge, wie auch die

                                                ./.

Herrn Robert Gerling, Köln   - 2 -   16.6.36.

Stellungnahme unseres Aufsichtsrates ineinandergreifen.

Ihre Fragen beantworte ich der Reihe nach wie folgt:

1. Es handelt sich um 9 Personen.

2. Die 9 Personen haben folgendes Lebensalter:

    1 Herr ist   61 Jahre alt,
    1 "   "   53   "   " ,
    1 "   "   51   "   " ,
    4 Herren sind   50   "   " ,
    1 Herr ist   46   "   "   und
    1 "   "   38   "   " .

3. und 4. Obschon nach meinem Entwurf die Höhe der Pension
    sich nach Dienst- und Lebensalter richten soll, nehme ich
    an, dass unser Aufsichtsrat dazu folgende Stellung vornehmen
    wird:
    für die Herren mit dem jüngsten Lebens- und Dienstalter
      eine Pension nicht unter RM. 500.- pro Monat,
    für die Herren um etwa 5o Lebensjahre und langen Dienstjahre
      eine Pension von RM. 1.000.- pro Monat, und
    für die Herren, welche sich besonders ausgezeichnet haben
    und über 50 Jahre sind,
      eine Pension von RM.1.200.- bis RM.1.500.- pro Monat.

Wegen Ihrer Frage 5 verweise ich auf meinen Ent-
wurf, möchte aber dazu ergänzend anfügen, dass für die Pensionen
der Herren des Vorstandes bestimmte Voraussetzungen nicht nötig
sind als wie die, dass sich die Herren anständig benommen und ihre
Pflicht und Schuldigkeit getan haben.

Der Zweck der Pensionsverträge soll der sein,
dass die Herren des Vorstandes, wie sich unser Aufsichtsrat auszu-
drücken beliebt, im Hinblick auf ihre Stellung und ihre Verantwor-

.../.

Herrn Robert Gerling, Köln   - 3 -   16.6.36.

tung nicht betteln sollen, wenn sie einmal aus den aktiven
Diensten ausscheiden.

Bei etwaigen Todesfällen sollen die Witwen jeweils
die Hälfte der oben angeführten Pensionen bekommen.

Hoffend, dass es Ihnen möglich ist, mir auf Grund
meiner vorstehenden Darlegungen entsprechende Vorschläge zu
unterbreiten, zeichne ich, Sie bestens grüssend, mit

        Heil Hitler !

                ergebenst

                        gez. .Kissel .

1 Anlage !

Archiv der DBAG, Kissel XIV,11, Kissel an Gerling vom 16.6.1936.

Vorgang in Mappe Pensionskasse.

19.Juni 1935.

Dr.Ki/hs.

Herrn

Robert G e r l i n g ,
Vorstandsmitglied des Gerling-Konzerns
Lebensversicherungs-Aktiengesellschaft,

K ö l n   a.Rhein.
- - - - - - - - - - - -

Postfach 353

Sehr geehrter Herr Gerling !

Leider bin ich erst heute in der Lage, auf Ihr sehr geschätztes Schreiben vom 21.v.Mts. zurückzukommen und Ihnen für
Ihre Ausführungen und für die mir damit gemachten Vorschläge verbin
lichst zu danken.

Das, was Sie mir unterbreiten, entspricht nicht dem, was
mir vorschwebt. Ich glaubte, mich in meinen bisherigen Ausführungen
genügend verständlich gemacht zu haben; dies scheint aber nicht der
Fall zu sein. Sie gestatten deshalb, dass ich meine Gedanken noch
einmal kurz wiederhole:

Meine Firma hat die Absicht, mit dem Vorstand und einem
Kreis von etwa 30 Oberbeamten Pensionsverträge abzuschliessen.
Danach sollen den in Frage kommenden Herren Pensionen gewährt
werden unter bestimmten Voraussetzungen und in verschiedenem Ausmaß je nach dem Lebensalter und je nach dem Dienstalter. Die so in
Frage kommenden Herren würden also damit schon die Sicherheit haben, wenn sie nach den Voraussetzungen der Pensionsverträge aus
den Diensten scheiden, dass sie dann ein entsprechendes Ruhege-
halt zu beanspruchen hätten. Nun war mein Gedanke, diese Pensions-

                                                    ./.

Herrn Robert Gerling, Köln   - 2 -   19.6.35.

verträge noch rückzuversichern für den Fall - was ja bei meiner
Gesellschaft wohl kaum jemals in Frage kommen dürfte - meine Firma
einmal nicht mehr in der Lage sein würde, die so eingegangenen Verpflichtungen zu erfüllen. Die von mir gedachte Versicherung sollte
also lediglich eine Rückversicherung sein für jeden Fall, so dass die
Inhaber solcher rückversicherter Pensionsverträge die gleiche Sicherheit haben würden, wie etwa Staatsbeamte. Damit meiner Firma aus
einer solchen Rückversicherung keine besonderen Ausgaben entstehen,
würden die Inhaber der Pensionsverträge bereit sein, die in Frage
kommenden Prämien selbst zu bezahlen, oder sich um den Betrag der
Prämien ihre laufenden Einkommen verkürzen zu lassen, wogegen dann die
Firma die Prämien leisten würde. Solche Versicherungen, wie die von
mir gedachte, gibt es meines Wissens seit langem in England und auch
in vielen anderen Staaten. Ich könnte mir denken, sehr geehrter Herr
Gerling, dass es bei Ihrer Umsicht und bei der Grösse Ihrer Gesellschaft möglich sein sollte, eine solche Rückversicherung ebenfalls
abzuschliessen, zumal das Risiko ausserordentlich gering ist und andererseits die Bereitwilligkeit besteht, entsprechende Prämienleistungen zu geben. Schliesslich ist auch der Kreis der in Frage kommenden Herren nicht allzu gross, so dass selbst den schlimmsten
Fall gesetzt, das Risiko auch dadurch für Sie ein verhältnismässig
geringes sein würde.

        Ich möchte Sie freundlichst bitten, die Angelegenheit
nochmals zu überprüfen und mir zu sagen, ob die Unterbringung einer
Versicherung, wie von mir gedacht, bei Ihrer Gesellschaft möglich
ist. Sie würden mir jedenfalls eine grosse Freude bereiten, wenn Sie

                                                    ./.

Herrn Robert Gerling, Köln   - 3 -   19.6.35.

die gedachte Versicherung übernehmen und in die Tat umsetzen könnten.
Bejahendenfalls würde ich Ihnen dann anschliessend die Pensions-
grundlagen einschicken, damit Sie sehen könnten, um welche Art
von Pensionsverträgen es sich handelt, auch welche Pensionsver-
pflichtungen in Frage kommen, und dann Ihre Risiko- und Ihre Prämien-
rechnung aufmachen könnten und mich benachrichtigen könnten, welche
Prämienleistungen unsererseits notwendig wären.

  Hoffend, dass es Ihnen noch gut geht, zeichne ich,
zu Gegendiensten jederzeit gern bereit, mit

    Heil Hitler !

      ergebenst

       gez. Kissel.

17. Oktober 1939

Firma
Holzindustrie Bruchsal
G.m.b.H.
B r u c h s a l .

Betr.: Unterstützung der zum Kriegsdienst einberufenen
       Gefolgschaftsangehörigen und ihrer Familienmitglieder.

Um den zum Wehrdienst einberufenen Gefolgschaftsangehörigen
Ihrer Firma und deren Angehörigen zu helfen und materielle
Sorgen zu mindern, habe ich mich entschlossen, Ihnen die Genehmigung zur Gewährung von laufenden Unterstützungen zu geben,
die den von der Daimler-Benz Aktiengesellschaft für den gleichen
Zweck zur Auszahlung kommenden Beträgen entsprechen und über
die Sie Näheres aus dem weiteren Verlauf dieses Briefes ersehen.
Die Unterstützungen sind allen zum Wehrdienst einberufenen
Arbeitskameraden zu gewähren mit Ausnahme derjenigen Gefolgschaftsmitglieder, die zur Ableistung der normalen zwei- oder
mehrjährigen Militärdienstpflicht einberufen wurden.

Es liegt in der Natur der Sache, dass die jetzt festgesetzte
vollkommen freiwillige Ordnung dieser Angelegenheit nicht für
alle Zeiten bestimmt sein kann, sondern nach Lage der Dinge
nur als bis auf weiteres gegeben und jederzeit widerruflich
angesehen werden kann. Es ist weiter selbstverständlich, dass
bei einer etwaigen behördlichen Regelung der von den Privat-
firmen an einberufene Arbeitskameraden zu zahlenden Unterstützungen besondere Entschlüsse vorbehalten bleiben müssen.

Die Durchführung der Auszahlungen ist nach folgenden Richtlinien
vorzunehmen:

                                                        -2-

Fa. Holzindustrie Bruchsal G.m.b.H.   17.10.39   2

1.) Unterstützungssätze.

   1) <u>Ledige Gefolgschaftsmitglieder</u>

     a) bis RM 250.- Monatsverdienst   RM 25.-- monatlich
                          bzw.   RM 5.-- wöchentlich,

     b) über RM 250.- Monatsverdienst 10 % ihres letzten
                    Monats- bzw. durchschnittl. Wochen-
                    verdienstes;

   2) <u>Verheiratete Gefolgschaftsmitglieder ohne Kinder</u>

          25 % ihres letzten Monats- bzw.
              durchschnittl. Wochenverdienstes;

   <u>Verheiratete Gefolgschaftsmitglieder mit 1 - 2 Kindern</u>

          30 % ihres letzten Monats- bzw.
              durchschnittl. Wochenverdienstes;

   <u>Verheiratete Gefolgschaftsmitglieder mit 3 und mehr Kindern</u>

          35 % ihres letzten Monats- bzw.
              durchschnittl. Wochenverdienstes.

Die vorstehend genannten Unterstützungssätze

   ermässigen sich bei weniger als 10 Dienstjahren um 1 %
   für je 2 Dienstjahre. Diese Ermässigung fällt weg bei
   den Unterstützungssätzen für ledige Gefolgschaftsmitglieder mit einem Monatsverdienst bis zu RM 250.-.
   Diese erhalten auch dann, wenn sie weniger als 10 Dienstjahre bei Ihnen tätig sind, RM 25.- monatlich. Bei
   ledigen Gefolgschaftsangehörigen mit mehr als RM 250.-
   Monatsverdienst ist die Kürzung von 1 % für je 2 Dienstjahre mit der Massgabe vorzunehmen, dass monatlich
   mindestens ein Betrag von RM 25.- zur Auszahlung kommt.

Sie erhöhen sich bei mehr als 10 Dienstjahren um 1 % für
   je 3 Dienstjahre über 10 Dienstjahren, höchstbegrenzt
   bis zu 25 Dienstjahren.

Ein angefangenes Jahr gilt für die Berechnung jeweils als
vollendet. Bei den festen Sätzen für ledige Gefolgschaftsmitglieder berechnet sich die Erhöhung nach einem angenom-
menen Einkommen von monatlich RM 250.--. Diesem Brief ist
als Anlage 1 eine Tabelle beigefügt, aus der die auszuzahlenden Unterstützungsbeträge übersichtlich gruppiert
ersehen werden können.

Die Berechnung wird jeweils das letzte Monatsgehalt oder
der durchschnittliche Wochenverdienst ohne Überstunden und
Nachtschichtzuschlag und ohne Reise- und sonstige Vergütungen
zu Grunde gelegt.

-3-

Fa. Holzindustrie Bruchsal G.m.b.H.   17.10.39   3

Die Unterstützungsbeträge sind auf volle Mark auf- bzw. abzu-
runden, und zwar erfolgt die Aufrundung bei Beträgen über
RM -.30 und die Abrundung bei Beträgen unter RM -.30, sodass
immer nur volle Mark als Bruttobetrag ausgewiesen werden.

Die genannten Unterstützungssätze ermässigen sich ferner
jeweils um die Beträge, welche die von den Wohlfahrtsämtern
im Einzelfall festgesetzten Freigrenzen überschreiten. In
diesen Fällen kommt nur der jeweils vom Wohlfahrtsamt fest-
gestellte anrechnungsfreie Höchstbetrag zur Auszahlung.

2.) Versteuerung.

Für die Errechnung der Lohnsteuer bzw. Kriegssteuer
erhalten Sie anliegend ein Steuermerkblatt (Anlage 2).
Die Grundlage für die Steuererrechnung bildet die Steuer-
karte des einberufenen Gefolgschaftsmitgliedes. Für die
Abführung der Bürgersteuer finden Sie ebenfalls auf dem an-
liegenden Merkblatt genaue Ausführungen.

3.) Zahlungstermin.

Die Unterstützungsbeträge sollen im allgemeinen an Gehalts-
und Lohnempfänger monatlich ausbezahlt bzw. überwiesen werden,
und zwar jeweils am Ende eines Monats. Die Lohnempfänger
erhalten bekanntlich die Unterstützung des Wohlfahrtsamtes
ebenfalls monatlich. Die monatliche Unterstützung für Lohnempfänger beträgt das 4,3 fache des Wochenbetrags.

Die Unterstützungen werden vom Tag der Einberufung ab bezahlt.

Die Angestellten, die das volle August- oder September-Gehalt
erhielten, bekommen die Unterstützung natürlich erst ab
1. September bzw. 1. Oktober ds. Js.

Den im Laufe des Monats September zum Wehrdienst einberufenen
Gehaltsempfängern kann das volle Monatsgehalt bezahlt werden.
Eventuell ist also eine Nachzahlung vorzunehmen.

Fa. Holzindustrie Bruchsal G.m.b.H.   17.10.39   4

4.) Empfangsberechtigte.

Die Unterstützung steht dem einberufenen Gefolgschaftsmitglied
bzw. seiner Familie zu oder denen, die von ihm als empfangs-
berechtigt erklärt wurden. Bei verheirateten Gefolgschaftsmitgliedern wird die Unterstützung an die Ehefrau überwiesen.
Bei ledigen und verwitweten Gefolgschaftsmitgliedern ist bei
Fehlen der Anweisung über die Empfangsberechtigten diesen
der monatliche Betrag abzüglich Lohnsteuer solange auf ein
Personalkonto gutzuschreiben, bis sie hierüber verfügen.
Den verheirateten Gefolgschaftsmitgliedern sind gleichge-
stellt die verwitweten, die einen eigenen Haushalt führen
und für den Unterhalt der mit ihnen in Hausgemeinschaft
lebenden Familienmitglieder aufzukommen haben, ferner die
geschiedenen, wenn sie vorwiegend für den Unterhalt der von
ihnen getrennt lebenden Kindern nachweisbar aufzukommen haben.

5.) Verbuchung.

Die ausgezahlten Beträge sind zu Lasten Ihrer Handlungsunkosten auf ein besonderes Unkostenkonto "Kriegsunterstützungen"
zu verbuchen. In die Reihe Ihrer Unkostenpositionen ist das
Konto als Nummer 5 einzugliedern, und zwar mit 5a für Gehaltsempfänger, 5b für Lohnempfänger.

6.) Ausrechnung.

Zur Erleichterung der Ausrechnung der auszuzahlenden Beträge
erhalten Sie separat eine ausreichende Anzahl vorgedruckter
Listen. Ein Exemplar dieser Listen ist als Anlage 3 diesem
Brief beigefügt.

7.) Meldung.

Über die ausgezahlten Beträge ist mir monatlich Meldung zu
erstatten derart, dass eine Durchschrift der zur Ausrechnung
verwendeten Listen an mich mit den Unterlagen der Monats-
bilanz eingesandt wird.

Fa. Holzindustrie Bruchsal G.m.b.H.   17.10.39   5

8.) Verständigung der Einberufenen.

   Den zum Wehrdienst einberufenen Angehörigen Ihrer Firma
   bitte ich die Gewährung der Unterstützungen in einem besonderen Schreiben mitzuteilen. Den Wortlaut dieses Briefes
   bitte ich der Anlage 4 zu entnehmen. Zwecks Arbeitsersparnis
   empfiehlt es sich, dass Sie diesen Brief vervielfältigen.
   Diesem Brief ist der als Anlage 5 beiliegende Fragezettel,
   von dem Ihnen gesondert eine entsprechende Anzahl zugeht,
   mit einem Rückbriefumschlag beizufügen.

Damit Sie jederzeit einen guten Überblick über Ihre einberufenen
Gefolgschaftsangehörigen haben und eine Unterlage zu deren Betreuung vorhanden ist, ist für jedes einberufene Gefolgschaftsmitglied eine zweiseitig bedruckte Karteikarte, von der Ihnen
gesondert eine entsprechende Anzahl zugeht, anzulegen laut
Anlage 6. Auf der Rückseite dieser Karte sind die Unterstützungs-
zahlungen und die Steuerbeträge einzutragen. Die Karte ist sorgfältig auszufüllen, und es sind alle eintretenden Veränderungen
nachzutragen, damit die Karte als Grundlage für Ermittlungen
verschiedener Art dienen kann.

Ich bitte, alle mit der Auszahlung der Unterstützung zusammen-
hängenden Arbeiten so rasch wie möglich durchzuführen, da ich
grössten Wert darauf lege, dass die Unterstützungsberechtigten
die ihnen zukommenden Gelder so rasch wie nur möglich erhalten.

Ich hoffe, dass der Entschluss zur Auszahlung der vorgenannten
Unterstützungssätze bei den Einberufenen und deren Angehörigen
Anerkennung findet und dass dadurch das Gefühl enger Verbundenheit zwischen Ihrem Betrieb und den im Wehrmachtsdienst befindlichen Arbeitskameraden vertieft wird.

                          Heil Hitler!

Archiv der DBAG, Kissel XIV,28a, Kissel an Holzindustrie Bruchsal vom
17.10.1939.

TABELLENVERZEICHNIS

Tab. 1: Vorstandsmitglieder der DBAG 1930–1945 17

Tab. 2: Mitgliedschaften der Vorstandsmitglieder der DBAG in der NSDAP und deren angeschlossenen Organisationen 19

Tab. 3: Aufsichtsratsmitglieder der Daimler-Benz AG 1931–1945 42

Tab. 4: Produktion von Automobilen (in Stück) in Deutschland 60

Tab. 5: Anteile am deutschen Personenwagengeschäft 61

Tab. 6: Kraftwagenproduktion in Deutschland 62

Tab. 7: Kraftwagenproduktion in verschiedenen Industrieländern 1932 und 1938 (in 1000) 62

Tab. 8: Anzahl der Personenwagentypen, die nach den verschiedenen Typisierungsprogrammen bei den Automobilfirmen gebaut werden durften 66

Tab. 9: Personenwagentypen der Daimler-Benz AG in den Jahren 1933–1945 71

Tab. 10: Lastwagentypen der Daimler-Benz AG in den Jahren 1933–1945 72

Tab. 11: Omnibustypen der Daimler-Benz AG in den Jahren 1933–1945 72

Tab. 12: Mercedes-Benz-Flugmotoren 1935–1945 73

Tab. 13: Mercedes-Benz-Schnellbootmotoren 74

Tab. 14: Panzerwagenproduktion bei der Daimler-Benz AG – Übersicht über alle Daimler-Benz Fahrzeuge auf P III und P IV-Fahrgestellen 76

Tab. 15: Unterirdische Verlagerungsobjekte für die Daimler-Benz AG 91

Tab. 16: Staatliche Zuschüsse und Prämien für den Automobilrennsport 109

Tab. 17: Kosten der Rennwagenentwicklung und des Rennwagenbaus bei Daimler-Benz 110

Tab. 18: Rennkosten der Auto-Union in den Jahren 1933 bis 1939 111

Tab. 19: Zulassung von neuen Kraftfahrzeugen in Deutschland 1932–1938 113

Tab. 20: Die Kapitalverteilung der Daimler-Benz AG 1932–1945 (RM) 120

Tab. 21: Kapitalentwicklung deutscher Automobilfirmen 1932–1935 (RM) 121

Tab. 22: Aktienkapital der Daimler-Benz AG 1932–1945 (RM). 123

Tab. 23: Kursentwicklung der Daimler-Benz Aktien 1928–1942 124

Tab. 24: Das Anlagevermögen der Daimler-Benz AG 1932–1945 (RM) 124

Tab. 25: Das Umlaufvermögen der Daimler-Benz AG 1932–1945 (RM) 125

Tab. 26: Umsatz von Daimler-Benz AG und Konzern nach Werken 1932–1944 126

Tab. 27: Umsatzentwicklung der Auto-Union AG 1932/33–1938/39 127

Tab. 28: Auslauf der Friedensfertigung bei der Auto-Union AG (in Stück) 127

Tab. 29: Investitionen der Automobilwerke 1933 und 1934 (RM) 128

Tab. 30: Gewinn/Verlust der Daimler-Benz AG 1932–1945 (RM) 132

Tab. 31: Dividendenzahlungen der Daimler-Benz AG 1935–1943 (RM) 133

Tab. 32: Die Belegschaft des Daimler-Benz-Konzerns 1932–1945 (jeweils am Jahresende) 136

Tab. 33: Die weibliche Belegschaft der Daimler-Benz-Werke Untertürkheim, Mannheim, Gaggenau, Sindelfingen, Berlin-Marienfelde und Königsberg in den Jahren 1939–1944 137

Tab. 34: Lohn- und Gehaltssummen der Daimler-Benz AG 1932–1945 138

Tab. 35: Ausbezahlte Löhne in einzelnen Werken der Daimler-Benz AG 1939—1944
(RM) 139

Tab. 36: Monatslohn-/Stundenlohnentwicklung bei der Daimler-Benz AG 1932—1937
im Vergleich zum durchschnittlichen Stundenlohn eines Industriearbeiters und
eines Facharbeiters der metallverarbeitenden Industrie 141

Tab. 37: Monatliches Durchschnittseinkommen der Angestellten der Daimler-Benz AG
(alle Werke, einschließlich Zentralverwaltung) 142

Tab. 38: Gesamtjahresbezüge der Vorstands- und Aufsichtsratsmitglieder der
Daimler-Benz AG 1934—1945 (RM) 143

Tab. 39: Ausländische Arbeitskräfte bei Daimler-Benz nach Nationalitäten 145

Tab. 40: Ausländer in den einzelnen Werken bei Daimler-Benz 146

Tab. 41: Ausländische Belegschaftsmitglieder nach Lohngruppen 1941—1944 147

Tab. 42: Die Unterbringung von Fremdarbeitern des Werkes Untertürkheim und seiner
Verlagerungsbetriebe 150

Tab. 43: Verpflegungsrationen für einen KZ-Häftling im Vergleich mit der Ver-
pflegungsration eines Daimler-Benz-Fremdarbeiters 1942 153

Tab. 44: Arbeitszeit bei der Daimler-Benz AG nach der Betriebsordnung vom Mai
1937 166

Tab. 45: Aufwendungen der Daimler-Benz AG für Nachwuchsbildung und Umschulung 171

Tab. 46: Die zahlenmäßige Entwicklung der gesetzlichen Sozialleistungen bei der
Daimler-Benz AG 1932—1945 172

Tab. 47: Die zahlenmäßige Entwicklung der freiwilligen Sozialleistungen bei der
Daimler-Benz AG 1932—1945 173

Tab. 48: Einzahlungen und Auszahlungen des Unterstützungsfonds der Daimler-
Benz AG 1933—1945 175

Tab. 49: Gratifikationszahlungen an die Belegschaft der Daimler-Benz AG
1936—1944 (RM) 179

Tab. 50: Aufwendungen der Daimler-Benz AG für den Ausbau von Arbeitsstätten und
Gemeinschaftseinrichtungen 179

QUELLEN- UND LITERATURVERZEICHNIS

VERZEICHNIS DER UNGEDRUCKTEN QUELLEN

Archiv der Daimler-Benz AG, Stuttgart-Untertürkheim
- Bestand Prominente Besitzer
- Bestand DBAG
- Bestand Haspel
- Bestand Hoppe
- Bestand Kissel
- Bestand Werke
- Bestand Werksangehörige
- Bestand Werksbesuche
- Bestand Werlin
- Daimler-Benz AG Sindelfingen. Unser Werk in den Kriegsjahren
- Geschäftsberichte der Daimler-Benz AG 1930–1947
- Interviews Grube-Bannasch (Oral-History-Projekt)
- Protokolle der Arbeitsausschußsitzungen
- Protokolle der Aufsichtsratssitzungen
- Protokolle der Präsidialsitzungen
- Protokolle der Vorstandssitzungen
- Technisches Archiv, Flugmotoren
- Unternehmensarchiv Protokolle
- Vertriebsorganisation Reichshof

Berlin Document Center, Berlin
- Personenakten: Eckenberg
            von Hentig
            Huschke
            Kissel
            von Jungenfeld
            Müller
            Nallinger
            Nibel
            Sailer
            Werlin
- Sonderakte Daimler-Benz

Bundesarchiv Koblenz (BA)
- R 2   – Reichsfinanzministerium
- R 3   – Reichsministerium für Rüstung und Kriegsproduktion
- R 43 II – Reichskanzlei

- NS 1   — Reichsschatzmeister der NSDAP
- NS 4 Na   — Konzentrationslager (Natzweiler)
- NS 19 neu — Persönlicher Stab Reichsführer-SS
- NS 24   — Nationalsozialistisches Kraftfahr-Korps

Bundesarchiv/Militärarchiv Freiburg i.Br. (BAMA)
- RH 8   — Heereswaffenamt
- RL 3   — Generalluftzeugmeister

Imperial War Museum, London (IWM)
- Speer Collection
- C.I.O.S.
- B.I.O.S.

Institut für Zeitgeschichte, München (IfZ)
- Nürnberger Dokumentenserien NI, NIK
- Mikrofilm: MA-144/4

Politisches Archiv des Auswärtigen Amtes, Bonn
- Botschaft Madrid/Geheim 6/4

Stadtarchiv Mannheim, (StadtA Mannheim)
- Ernährungs- und Wirtschaftsamt
- Stadtwerke Mannheim

Zentrales Staatsarchiv Potsdam
- Reichswirtschaftsministerium
- Reichslandbund (Pressearchiv)
- Deutsches Auslandswissenschaftliches Institut (Pressearchiv)
- Generalinspektor für das deutsche Straßenwesen
- Reichsverkehrsministerium
- Deutsche Reichsbank (Presseausschnitte)

VERZEICHNIS DER GEDRUCKTEN QUELLEN UND LITERATUR

Abel, Horst: Die Bedeutung des Sports für die deutsche Automobil-Industrie, Diss. Köln, Emsdetten 1934.

Abel, Theodore: Why Hitler Came into Power. An Answer Based on the Original Life Stories of Six Hundred of His Followers, New York 1938.

Abelshauser, Werner/Petzina, Dietmar (Hrsg.): Deutsche Wirtschaftsgeschichte im Industriezeitalter. Konjunktur, Krise, Wachstum, Königstein/Ts. 1981.

Abraham, David: The Collapse of the Weimar Republic. Political Economy and Crisis, Princeton 1981.

Ders.: Business Wars: On Contributions to Weimar Scholarship, in: Vierteljahrschrift für Sozial- und Wirtschaftsgeschichte, Bd. 72 (1985), S. 329—352.

Akten der Partei — Kanzlei der NSDAP. Rekonstruktion eines verlorengegangenen Bestandes, hrsg. vom Institut für Zeitgeschichte. Regesten Teil I., Bände 1 und 2, Register Teil I., Band 1/2 bearbeitet von H. Heiber u.a., München 1983.

Aleff, Eberhard (Hrsg.): Das Dritte Reich, Hannover [20]1982.

Aleff, Eberhard/Kemter, Ilse/Zipfel, Friedrich: Terror und Widerstand 1933—1945. Dokumente aus Deutschland und dem besetzten Europa, Berlin (Ost) 1966. ·

Allmers, Robert: Kraftfahrt tut not! Zwei Reden zur Eröffnung der Internationalen Automobil- und Motorradausstellung Berlin am 11. Februar 1933 gehalten von Geheimrat Dr. Allmers und Reichskanzler Adolf Hitler, Berlin o.J. (1933).

Altmann, Erich: Im Angesicht des Todes. Drei Jahre in deutschen Konzentrationslagern Auschwitz, Buchenwald, Oranienburg, Luxemburg 1947.

Andexel, Ruth: Imperialismus — Staatsfinanzen, Rüstung, Krieg. Probleme der Rüstungsfinanzierung des deutschen Imperialismus, Berlin 1968.

Der Anfang nach dem Ende. Mannheim 1945—49, Text von Christian Peters, Mannheim 1985 (= Sonderveröffentlichung des Stadtarchivs Mannheim, 12).

Archivbestände zur Wirtschafts- und Sozialgeschichte der Weimarer Republik. Übersicht über Quellen in Archiven der Bundesrepublik Deutschland, bearbeitet von Th. Trumpp u.a., Boppard a. Rh. 1979 (= Schriften des Bundesarchivs, 29).

Audi NSU Auto Union AG (Hrsg.): Rad der Zeit. Text: Beate Zartmann, Ingolstadt 1981.

Auerbach, H.: Hitlers politische Lehrjahre und die Münchener Gesellschaft. Versuch einer Bilanz anhand der neueren Forschung, in: Vierteljahrshefte für Zeitgeschichte, Jg. 25 (1977), S. 1—45.

Der Aufstieg der Kraftfahrzeugwirtschaft im Dritten Reich. In: Deutsche Technik, Jg. 6 (1938), S. 178—179.

August, Jochen: Die Entwicklung des Arbeitsmarkts in Deutschland in den 30er Jahren und der Masseneinsatz ausländischer Arbeitskräfte während des Zweiten Weltkrieges. Das Fallbeispiel der polnischen zivilen Arbeitskräfte und Kriegsgefangenen 1939/40, in: Archiv für Sozialgeschichte, Bd. XXIV (1984), S. 305—353.

Auto — Straße — Fremdenverkehr. In: Wirtschaft, Technik, Verkehr, Jg. 13 (1937), S. 5—7.

Automobilbauer einst und jetzt. Hrsg. von der Betriebsparteiorganistion der SED und des VEB Sachsenring Automobilwerke Zwickau, Berlin (Ost) 1976.

Bagel — Bohlan, Anja Elke: Hitlers industrielle Kriegsvorbereitung 1936 bis 1939, Koblenz/Bonn 1975. (= Beiträge zur Wehrforschung, 24).

Barkai, Avraham: Das Wirtschaftssystem des Nationalsozialismus. Der historische und ideologische Hintergrund 1933—1936, Köln 1977.

Barthel, Manfred/Lingnau, Gerold: 100 Jahre Daimler-Benz. Die Technik, Mainz 1986.

Becker, Hans Detlev: Porsche von Fallersleben. Geschichte eines Automobils, Hannover o.J. (1950).

Below, Nicolaus von: Als Hitlers Adjutant 1937—1945, Mainz 1980.

Bentley, John/Porsche, Ferry: Porsche. Ein Traum wird Wirklichkeit. Ein Auto macht Geschichte, Düsseldorf, Wien ²1980.

Der Benzler. Betriebszeitung der Deutschen Kommunistischen Partei für die Belegschaft der Daimler-Benz Werke Mannheim, Juli, August, Oktober 1985.

Benz, Carl: Lebensfahrt eines deutschen Erfinders. Die Erfindung des Automobils. Erinnerungen eines Achtzigjährigen, Leipzig 1942.

Bericht über die Ermittlungen in bezug auf die Deutsche Bank. Arbeitsmaterialien der IMSF, hrsg. vom Institut für Marxistische Studien und Forschungen (IMSF), Frankfurt/M. 1971.

Bernhardt, Walter: Die deutsche Aufrüstung 1934—1939. Militärische und politische Konzeptionen und ihre Einschätzung durch die Alliierten, Frankfurt/M. 1969.

Bettelheim, Charles: Die deutsche Wirtschaft unter dem Nationalsozialismus, München 1974.

s' Blättle. Stadtzeitung für Stuttgart und Umgebung, Nr. 67 (März 1982).

Blaich, Fritz: Die wirtschaftliche Entwicklung Deutschlands 1933—1939 als Problem der Betriebs- und Firmengeschichte, in: Archiv und Wirtschaft, Jg. 12 (1979), S. 73—82.

Ders.: Die bayerische Industrie 1933—1939. Elemente von Gleichschaltung, Konformismus und Selbstbehauptung, in: Bayern in der NS-Zeit II, hrsg. von M. Broszat u. E. Fröhlich, Wien 1979, S. 237—280.

Ders.: Wirtschaft und Rüstung in Deutschland 1933—1939, in: Nationalsozialistische Diktatur 1933—1945. Eine Bilanz, hrsg. von K.-D. Bracher, M. Funke u. H.-A. Jacobsen, Bonn/Düsseldorf 1983, S. 285—316 (= Schriftenreihe der Bundeszentrale für politische Bildung, 192).

Bley, Wulf (Hrsg.): Deutschland zur Luft, Stuttgart 1936.

Bleyer, Wolfgang: Der geheime Bericht über die Rüstung des faschistischen Deutschlands vom 27. Januar 1945, in: Jahrbuch für Wirtschaftsgeschichte, 1969/II, S. 347—367.

Ders.: Staat und Monopole im totalen Krieg. Der staatsmonopolitische Machtapparat und die „totale Mobilisierung" im ersten Halbjahr 1943, Berlin (Ost) 1970 (= Deutsche Akademie der Wissenschaften zu Berlin. Schriften des Zentralinstituts für Geschichte. Reihe I: Allgemeine und deutsche Geschichte, 34).

Bleyer, Wolfgang/Drechsler, Karl/Förster, Gerhard/ Hass, Gerhart: Deutschland von 1939 bis 1945, Berlin (Ost) 1969 (= Lehrbuch der Deutschen Geschichte (Beiträge), 12).

Bleyer, Wolfgang/Drobisch, Klaus: Dokumente zur Ausbeutung ausländischer Zwangsarbeiter durch das deutsche Monopolkapital im Zweiten Weltkrieg, in: Bulletin des Arbeitskreises ‚Zweiter Weltkrieg' Nr. 3 (1970), S. 26—93.

Blunck, Richard: Hugo Junkers. Ein Leben für Technik und Luftfahrt, Düsseldorf 1951.

Boelcke, Willi A. (Hrsg.): Deutschlands Rüstung im Zweiten Weltkrieg. Hitlers Konferenzen mit Albert Speer 1942—1945, Frankfurt/M. 1969.

Ders.: Die Kosten von Hitlers Krieg. Kriegsfinanzierung und finanzielles Kriegserbe in Deutschland 1933—1948, Paderborn 1985 (= Sammlung Schöningh zur Geschichte und Gegenwart).

Ders.: Mit Militärs auf Kriegsfuß. Die kritischen Jahrzehnte zwischen 1923 und 1948, in: Stuttgarter Nachrichten vom 17. Januar 1986.

Ders.: Die deutsche Wirtschaft 1930—1945. Interna des Reichswirtschaftsministeriums, Düsseldorf 1983.

Bongartz, Heinz: Luftmacht Deutschland. Luftwaffe — Industrie — Luftfahrt, Essen 1939.

Boog, Horst: Die deutsche Luftwaffenführung 1933—1945. Führungsprobleme, Spitzengliederung, Generalstabsausbildung, Stuttgart 1982 (= Beiträge zur Militär- und Kriegsgeschichte, 21).

Borchardt, Knut: Noch einmal: Alternativen zu Brünings Wirtschaftspolitik? in: Historische Zeitschrift, Bd. 237 (1983), S. 67—83.

Ders.: Zum Scheitern eines produktiven Diskurses über das Scheitern der Weimarer Republik: Replik auf Claus-Dieter Krohns Diskussionsbemerkungen, in: Geschichte und Gesellschaft, Jg. 9 (1983), S. 124—137.

Ders.: Zwangslagen und Handlungsspielräume in der großen Weltwirtschaftskrise der frühen dreißiger Jahre. Zur Revision des überlieferten Geschichtsbildes, in: Borchardt, Knut, Wachstum, Krisen, Handlungsspielräume der Wirtschaftspolitik, Göttingen 1982, S. 165—182.

Borgward. Ein Blick zurück auf Wirtschaftswunder, Werksalltag und einen Automythos. Text: Ulrich Kubisch, Bildauswahl: Volker Janssen, mit Beiträgen von Arne Andersen, Heinrich Heseding u. Dieter Pfliegensdörfer, Berlin 1984.

Bornemann, M.: Geheimprojekt Mittelbau. Die Geschichte der deutschen V-Waffen-Werke, München 1971.

Borowsky, Peter: Adolf Hitler, Hamburg ³1980.

Borsdorf, Ulrich/Niethammer, Lutz (Hrsg.): Zwischen Befreiung und Besatzung. Analysen des US-Geheimdienstes über Positionen und Strukturen deutscher Politik 1945, Wuppertal 1976.

Borst, Otto: Stuttgart. Die Geschichte einer Stadt, Stuttgart, Aalen 1973.

Bowen, Ezra: Stormy Weather in Academe. A Scholar's Controversial Work Sets Off a Hail of Criticism, in: Time Magazine (14.1.1985), S. 50.

Bracher, Karl-Dietrich/Funke, Manfred/Jacobsen, Hans-Adolf (Hrsg.): Nationalsozialistische Diktatur 1933–1945. Eine Bilanz, Bonn/Düsseldorf 1983 (= Schriftenreihe der Bundeszentrale für politische Bildung, 192 u. Bonner Schriften zur Politik und Zeitgeschichte, 21).

Braumandl, Wolfgang: Die Wirtschafts- und Sozialpolitik des Deutschen Reiches im Sudetenland 1938–1945, Nürnberg 1985 (= Veröffentlichung des Sudetendeutschen Archivs in München, 20).

Braunbuch: Kriegs- und Naziverbrecher in der Bundesrepublik. Staat, Wirtschaft, Armee, Verwaltung, Justiz, Wissenschaft, hrsg. vom Nationalrat der Nationalen Front des Demokratischen Deutschland, Dokumentationszentrum der Staatlichen Archivverwaltung der DDR, Berlin (Ost) 1965.

Brehmer, Günter: Grundzüge der staatlichen Lenkung der Industrieproduktion in der deutschen Kriegswirtschaft von 1939 bis 1945 (unter besonderer Berücksichtigung in der elektrotechnischen Industrie), Diss. Bonn, München 1968.

Breitkopf, Hans: Die deutschen Fernwaffen V 1 und V 2. Wunderwaffen, die keine waren. Britische Jäger brachten die V 1 aus dem Gleichgewicht, in: Der Frontsoldat erzählt, Jg. 18 (1954) H. 8, S. 240–241.

Bross, Werner: Gespräche mit Hermann Göring während des Nürnberger Prozesses, Flensburg, Hamburg 1950.

Broszat, Martin: Die Machtergreifung. Der Aufstieg der NSDAP und die Zerstörung der Weimarer Republik, München 1984 (= Deutsche Geschichte der neuesten Zeit, 16).

Ders.: Der Staat Hitlers. Grundlegung und Entwicklung seiner inneren Verfassung, München ⁶1976 (= dtv-Weltgeschichte des 20. Jahrhunderts, 9).

Broszat, Martin/Fröhlich, Elke/Wiesemann, Falk (Hrsg.): Bayern in der NS – Zeit I. Soziale Lage und politisches Verhalten der Bevölkerung im Spiegel vertraulicher Berichte, München, Wien 1977.

Broszat, Martin/Fröhlich, Elke (Hrsg.): Bayern in der NS – Zeit II. Herrschaft und Gesellschaft im Konflikt, Teil A., München, Wien 1979.

Broszat, Martin/Fröhlich, Elke/Grossmann, Anton (Hrsg.): Bayern in der NS – Zeit III. Herrschaft und Gesellschaft im Konflikt, Teil B., München, Wien 1981.

Dies.: Bayern in der NS – Zeit IV. Herrschaft und Gesellschaft im Konflikt, Teil C., München, Wien 1981.

Broszat, Martin/Möller, Horst: (Hrsg.): Das Dritte Reich. Herrschaftsstruktur und Geschichte. Vorträge aus dem Institut für Zeitgeschichte, München 1983.

Bruck, Werner Friedrich: Social and Economic History of Germany form William II to Hitler 1888–1938. A Comparative Study, New York 1962.

Bruha, Antonia: Ich war keine Heldin, Wien 1984.

Brunn, Johann Heinrich von: Ein Mann macht Auto – Geschichte. Der Lebensweg des Robert Allmers, Stuttgart 1972.

Buchenwald. Mahnung und Verpflichtung. Dokumente und Berichte. Hrsg. im Auftrage der Fédération Internationale des Résistants (FIR) vom Internationalen Buchenwald-Komitee und dem Komitee der Antifaschistischen Widerstandskämpfer in der Deutschen Demokratischen Republik, Berlin 1983, 4. neubearbeitete Aufl.

Buchheim, Hans/Broszat, Martin/Jacobsen, Hans-Adolf/Krausnick, Helmut: Anatomie des SS-Staates, Band 1 u. 2, Freiburg i. Br. 1965.

Bullock, Alan: Hitler. Eine Studie über Tyrannei, Kronberg 1977.

Burchardt, Lothar: Deutsche Rüstungswirtschaft im Zweiten Weltkrieg, in: Deutsche Studien, Jg. 13 (1970), S. 90 – 96.

Buschmann, Arno (Hrsg.): Das Auto – mein Leben. Von August Horch bis heute, Stuttgart 1982.

Caidin, Martin: Die Me 109, München 1981.

Cancellieri, Gianni/De Agostini, Cesare/Schröder, Martin: Auto Union – Die großen Rennen 1934 – 1939, Hannover 1979.

Carr, William: Arms, Autarky and Aggression. A Study in German Foreign Policy 1933 – 1939, London 1972.

Ders.: Adolf Hitler. Persönlichkeit und politisches Handeln, Stuttgart, Berlin u.a. 1980.

Ders.: Rüstung, Wirtschaft und Politik am Vorabend des Zweiten Weltkrieges, in: Nationalsozialistische Außenpolitik, hrsg. von W. Michalka, Darmstadt 1978.

Carroll, Berenice A.: Design for Total War. Arms and Economics in the Third Reich, The Hague, Paris 1968 (= Studies in European History, 17).

Cartier, Raymond: Der Zweite Weltkrieg, 2 Bde., München 1967.

Chamberlin, Waldo: Industrial Relations in Germany. Annotated Bibliography of Materials in the Hoover Library on War, Revolution and Peace and the Stanford University Library, London 1942.

Charlier, Jean-Michel/Launay, Jacques de: Eva Hitler geb. Braun. Die führenden Frauen des Dritten Reiches, Stuttgart 1979.

Chronik der Mercedes-Benz Fahrzeuge und Motoren. Hrsg. von der Daimler-Benz AG, Stuttgart 1966.

Clemens, Hans: Die Entwicklung der deutschen Personenkraftwagen-Industrie unter besonderer Berücksichtigung der Jahre 1945 – 1950, Diss. Köln, Köln 1953.

Collier, Basil: The Battle of the V – Weapons 1944 – 1945, London 1964.

Cooper, Matthew: The German Air Force 1933 – 1945. An Anatomy of Failure, London, New York u.a. 1981.

Czichon, Eberhard: Wer verhalf Hitler zur Macht? Zum Anteil der deutschen Industrie an der Zerstörung der Weimarer Republik, Köln [4]1976.

Czollek, Roswitha/Eichholtz, Dietrich: Die deutschen Monopole und der 22. Juni 1941. Dokumente zu Kriegszielen und Kriegsplanung führender Konzerne beim Überfall auf die Sowjetunion, in: Zeitschrift für Geschichtswissenschaft Jg. 15 (1967), S. 64 – 76.

Die Daimler-Benz Aktiengesellschaft und ihre Ursprungsfirmen 1890—1940. Hrsg. von der Daimler-Benz Aktiengesellschaft Stuttgart-Untertürkheim, Stuttgart-Untertürkheim 1940.

Daimler-Benz feierte seinen 100. Geburtstag: In: deutschland-berichte, Jg. 22 (1986) Nr. 2, S. 43 – 45.

Dam, H.G. van/Giordano, Ralph (Hrsg.): KZ-Verbrechen vor deutschen Gerichten. Bd. 1: Dokumente aus den Prozessen gegen Sommer (KZ Buchenwald), Sorge, Schubert (KZ Sachsenhausen), Unkelbach (Ghetto in Czenstochau), Frankfurt/M. 1962, Bd. 2: Einsatzkommando Tilsit. Der Prozeß zu Ulm, Frankfurt/M. 1966.

Damals in Sachsenhausen. Solidarität und Widerstand im Konzentrationslager Sachsenhausen, Berlin (Ost) o.J. (1961).

Demps, Laurenz: Zum weiteren Ausbau des staatsmonopolistischen Apparates der faschistischen Kriegswirtschaft in den Jahren 1943 bis 1945 und zur Rolle der SS und der Konzentrationslager im Rahmen der Rüstungsproduktion, dargestellt am Beispiel der unterirdischen Verlagerung von Teilen der Rüstungsindustrie, Diss. Berlin (Ost) 1970.

Ders.: Zahlen über den Einsatz ausländischer Zwangsarbeiter in Deutschland im Jahre 1943, in: Zeitschrift für Geschichtswissenschaft, Jg. 21 (1973), S. 830–843.

Deuerlein, Ernst (Hrsg.): Der Aufstieg der NSDAP in Augenzeugenberichten, Düsseldorf 1968.

Diekmann, Achim: Die Automobilindustrie in Deutschland, Köln 1985 (= Wirtschafts- und Gesellschaftspolitische Grundinformationen, 61).

Diesel, Eugen: Philosophie am Steuer, Stuttgart 1952.

Diesel — Motoren in der Luftfahrt. In: Luftwissen, Bd. 10 (1943), S. 77–79.

Dietrich, Otto: Mit Hitler in die Macht. Persönliche Erlebnisse mit meinem Führer, München 1934.

Ders.: 12 Jahre mit Hitler, München 1955.

Dlugoborski, Waclaw (Hrsg.): Zweiter Weltkrieg und sozialer Wandel. Achsenmächte und besetzte Länder, Göttingen 1981 (= Kritische Studien zur Geschichtswissenschaft, 47).

Dohrn, Wilhelm: Der deutsche Personenkraftwagenmarkt nach der Wirtschaftskrise, in: Weltwirtschaftliches Archiv, Bd. 44 (1936) Teil 2, S. 613–632.

Dokumentation zur Massenvergasung. Hrsg. von der Bundeszentrale für Heimatdienst in Bonn, Koblenz 1962.

Doleschal, Reinhard/Dombois, Rainer: Wohin läuft VW? Die Automobilproduktion in der Wirtschaftskrise, Reinbek 1982.

Donath, G.: Die Leistungen der deutschen Rüstungsindustrie im 2. Weltkrieg, in: Wehrwissenschaftliche Rundschau, Jg. 17 (1967), S. 329–339.

Dornier. Eine Dokumentation zur Geschichte des Hauses Dornier, Friedrichshafen 1983.

(Dornier). Dornier Post Sonderausgabe 1984. Zeitschrift für die Freunde des Hauses Dornier, hrsg. von der Dornier GmbH, Friedrichshafen (1984).

Dräger, Werner: Betriebliche Sozialpolitik zwischen Autonomie und Reglementierung — 1918 bis 1977, in: Betriebliche Sozialpolitik deutscher Unternehmen seit dem 19. Jahrhundert. Referate und Diskussionsbeiträge des Wissenschaftlichen Symposiums der Gesellschaft für Unternehmensgeschichte e.V. am 25. November 1977 in Hamburg, Wiesbaden 1978, S. 58–80 (= Zeitschrift für Unternehmensgeschichte, Beiheft 12).

Drobisch, Klaus: Widerstand in Buchenwald, Berlin (Ost) 1977.

Drobisch, Klaus/Eichholtz, Dietrich: Die Zwangsarbeit ausländischer Arbeitskräfte in Deutschland während des zweiten Weltkrieges, in: Bulletin des Arbeitskreises ‚zweiter Weltkrieg‘ Nr. 3 (1970), S. 1–24.

Drobisch, Klaus/Goguel, Rudi/Müller, Werner: Juden unterm Hakenkreuz. Verfolgung und Ausrottung der deutschen Juden 1933–1945, Frankfurt/M. 1973.

(Eberhard, Fritz): Stuttgart im Mai 1945, in: Zwischen Befreiung und Besatzung. Analysen des US — Geheimdienstes über Positionen und Strukturen deutscher Politik 1945, hrsg. von U. Borsdorf u. L. Niethammer, Wuppertal 1976, S. 58–77.

Ebert, Hans J.: Messerschmitt Bölkow Blohm. 111 MBB — Flugzeuge 1913–1973, Stuttgart 1973.

Eichholtz, Dietrich: Geschichte der deutschen Kriegswirtschaft 1939–1945, Bd. 1: 1939–1941, Berlin (Ost) 1969, Bd. 2: 1941–1943, Berlin (Ost) 1984 (= Forschungen zur Wirtschaftsgeschichte, 1).

Ders.: Zur Lage der deutschen Werktätigen im ersten Kriegsjahr 1939/40. Eine Studie über die staatsmonopolistische Kriegswirtschaft des deutschen Faschismus, in: Jahrbuch für Wirtschaftsgeschichte 1967/I, S. 147–171.

Eichholtz, Dietrich/Schumann, Wolfgang (Hrsg.): Anatomie des Krieges. Neue Dokumente über die Rolle des deutschen Monopolkapitals bei der Vorbereitung und Durchführung des zweiten Weltkrieges, Berlin (Ost) 1969.

Eitner, Hans-Jürgen: Der Führer. Hitlers Persönlichkeit und Charakter, München, Wien 1981.

Emessen, T.R.: Aus Görings Schreibtisch – Ein Dokumentenfund, Berlin 1947.

Erdmann, Karl Dietrich: Deutschland unter der Herrschaft des Nationalsozialismus 1933–1939, München 1980 (= Gebhardt, Handbuch der Deutschen Geschichte).

Ders.: Die Weimarer Republik, München 1980 (= Gebhardt, Handbuch der Deutschen Geschichte).

Ders.: Der Zweite Weltkrieg, München 1980 (= Gebhardt, Handbuch der Deutschen Geschichte).

Die berühmten Erfinder, Physiker, Ingenieure. Genf 1951 (= Die Galerie der berühmten Männer, 6).

Erhardt, Paul G.: Quo vadis Deutsche Auto-Industrie?, in: Motor-Kritik, Jg. 11 (1931), Nr. 15, S. 319–328 u. Nr. 16, S. 339–350.

Persönliche Erlebnisse. In: deutschland-berichte, Jg. 22 (1986) Nr. 2, S. 45.

Esenwein-Rothe, Ingeborg: Die Wirtschaftsverbände von 1933 bis 1945, Berlin 1965 (= Schriften des Vereins für Socialpolitik N.F., 37).

Essig, Enno: Die Entwicklung der deutschen Automobilindustrie in der Nachkriegszeit und ihre volkswirtschaftlich wichtigsten Probleme, Diss. München, Rosenheim o.J. (1932/33).

Fabry, Philipp W.: Mutmaßungen über Hitler. Urteile von Zeitgenossen, Düsseldorf 1969, unveränderter Nachdruck Düsseldorf 1979.

Faingar, I.M.: Die Entwicklung des deutschen Monopolkapitals. Grundriß, Berlin (Ost) 1959.

Federau, Fritz: Der zweite Weltkrieg. Seine Finanzierung in Deutschland, Tübingen 1962.

Feldman, Gerald D.: Aspekte deutscher Industriepolitik am Ende der Weimarer Republik 1930–1932, in: Wirtschaftskrise und liberale Demokratie. Das Ende der Weimarer Republik und die gegenwärtige Situation, hrsg. von Karl Holl, Göttingen 1978, S. 103–125.

Ferencz, Benjamin: Lohn des Grauens. Die verweigerte Entschädigung für jüdische Zwangsarbeit. Ein Kapitel deutscher Nachkriegsgeschichte, Frankfurt/M., New York 1981.

Fersen, Hans-Heinrich von: Autos in Deutschland 1920–1939. Mit Zwischenkapiteln über jene Jahre von Dieter Korp. Ein Typenbuch, Stuttgart 1963.

Ders.: Sportwagen in Deutschland. Eine Typen-Geschichte der deutschen, österreichischen und tschechischen Sportwagen 1885–1940, Stuttgart 1968.

Fest, Joachim C.: Hitler. Eine Biographie, Frankfurt/M., Berlin, Wien 1973.

Fiereder, Helmut: Reichswerke ‚Hermann Göring' in Österreich (1938–1945), Wien, Salzburg 1983 (= Veröffentlichungen des Historischen Instituts der Universität Salzburg, 16).

Fischer, Wolfram: Deutsche Wirtschaftspolitik 1918–1945, Opladen ³1968.

Fock, Harald: Schnell-Boote, Bd. 1: Von den Anfängen bis zum Ausbruch des 2. Weltkrieges, Herford 1973; Bd. 2: Entwicklung und Einsatz im 2. Weltkrieg, Herford 1974.

Focke, Henrich: Mein Lebensweg, Köln 1977 (= Deutsche Luft- und Raumfahrt, Mitteilung 77−01 der Deutschen Gesellschaft für Luft- und Raumfahrt).

Ford, Brian: Die deutschen Geheimwaffen, München ²1981.

Forndran, Erhard: Die Stadt- und Industriegründungen Wolfsburg und Salzgitter. Entscheidungsprozesse im nationalsozialistischen Herrschaftssystem, Frankfurt/M., New York 1984 (= Campus Forschung, 402).

Forstmeier, Friedrich/Volkmann, Hans-Erich (Hrsg.): Wirtschaft und Rüstung am Vorabend des Zweiten Weltkrieges, Düsseldorf 1975.

Fraenkel, Heinrich/Manvell, Roger: Hermann Göring, Hannover 1964.

Frankenberg, Richard von: Die ungewöhnliche Geschichte des Hauses Porsche, Stuttgart 1960.

Freund, Michael: Deutschland unterm Hakenkreuz. Die Geschichte der Jahre 1933−1945, Gütersloh 1965.

Fröbe, Rainer/Füllberg-Stolberg, Claus/Gutmann, Christoph u.a.: Konzentrationslager in Hannover. KZ-Arbeit und Rüstungsindustrie in der Spätphase des Zweiten Weltkriegs, Teil I u. II, Hildesheim 1985 (= Veröffentlichungen der Historischen Kommission für Niedersachsen und Bremen, 35).

Führer durch das Untertürkheimer Museum der Daimler-Benz AG. Stuttgart − Untertürkheim 1938.

Das deutsche Führerlexikon. 1934−1935, Berlin 1934.

Führer-Scheine: Wer Hitler finanzierte, in: Capital H. 5 (1985), S. 273−275.

Garliński, J.: Deutschlands letzte Waffen im Zweiten Weltkrieg. Der Untergrundkrieg gegen die V 1 und V 2, Stuttgart 1981.

Gawenus, Fritz: Die Ausbeutung ausländischer Arbeitskräfte unter besonderer Berücksichtigung deportierter Sowjetbürger durch die deutschen Monopolisten, vorwiegend dargestellt am Beispiel der Bayerischen Stickstoffwerke AG Werk Piesteritz und der Gummi-Werke ‚Elbe‘ AG Piesteritz von 1939 bis 1945, Diss. Halle − Wittenberg 1973.

Gebauer, Werner: Die deutsche Wiederaufrüstung vor dem zweiten Weltkriege, in: Der Arbeitgeber, Jg. 7 (1955), S. 166−168.

Gehrisch, Wolfgang: Die Entwicklung der Luftfahrtindustrie im imperialistischen Deutschland bis 1945, Diss. Berlin (Ost) 1974.

Georg, Enno: Die wirtschaftlichen Unternehmungen der SS, Stuttgart 1963 (= Schriftenreihe der Vierteljahreshefte für Zeitgeschichte, 7).

Gessner, Dieter: Das Ende der Weimarer Republik. Fragen, Methoden und Ergebnisse interdisziplinärer Forschung, Darmstadt 1978 (= Erträge der Forschung, 97).

Zerlumpte Gestalten. In: Der Spiegel Nr. 44 (1984), S. 72−73.

Gillingham, John R.: Industry and Politics in the Third Reich. Ruhr coal, Hitler and Europe, Stuttgart 1985 (= Veröffentlichungen des Instituts für europäische Geschichte Mainz, Abteilung Universalgeschichte, Beiheft 20).

Gisevius, Hans Bernd: Adolf Hitler. Versuch einer Deutung, München 1963.

Gladen, Albin: Geschichte der Sozialpolitik in Deutschland. Eine Analyse ihrer Bedingungen, Formen, Zielsetzungen und Auswirkungen, Wiesbaden 1974 (= Wissenschaftliche Paperbacks, 5 Sozial- und Wirtschaftsgeschichte).

Glaser, Hermann: Das Automobil. Eine Kulturgeschichte in Bildern, München 1986.

Görlitz, Walter: Geldgeber der Macht. Wie Hitler, Lenin, Mao Tse-tung, Mussolini, Stalin, Tito ihren Aufstieg zur Macht finanzierten, Düsseldorf 1976.

Granier, Gerhard/Henke, Josef/Oldenhage, Klaus: Das Bundesarchiv und seine Bestände, begründet von F. Facius, H. Booms, H. Boberach, Boppard am Rhein ³1977 (= Schriften des Bundesarchivs, 10).

Grewe, Wilhelm: Kriegswichtige Industrie als militärisches Objekt, in: Der Deutsche Volkswirt, Jg. 11 (1936/37), S. 1068 – 1072.

Grossmann, Anton: Polen und Sowjetrussen als Arbeiter in Bayern 1939 – 1945, in: Archiv für Sozialgeschichte, Bd. XXIV (1984), S. 355 – 397.

Gruchmann, Lothar: Der Zweite Weltkrieg. Kriegführung und Politik, München ⁶1979 (= dtv-Weltgeschichte des 20. Jahrhunderts).

Grunfeld, Frederic V.: Die deutsche Tragödie. Adolf Hitler und das Deutsche Reich 1918 – 1945 in Bildern, Hamburg 1975.

Hachtmann, Rüdiger: Beschäftigungslage und Lohnentwicklung in der deutschen Metallindustrie 1933 – 1939, in: Historical Social Research/Historische Sozialforschung Nr. 19 (1981), S. 42 – 68.

Ders.: Von der Klassenharmonie zum regulierten Klassenkampf, in: Soziale Bewegung, Jahrbuch 1: Arbeiterbewegung und Faschismus, Frankfurt/M., New York 1984, S. 159 – 183.

Ders.: Die Krise der nationalsozialistischen Arbeitsverfassung — Pläne zur Änderung der Tarifgestaltung, in: Kritische Justiz, Jg. 17 (1984), S. 281 – 299.

Hallgarten, George W.F.: Hitler, Reichswehr und Industrie. Zur Geschichte der Jahre 1918 – 1933, Frankfurt/M. 1955.

Hallgarten, George W.F./Radkau, Joachim: Deutsche Industrie und Politik von Bismarck bis heute, Frankfurt/M. 1974.

Hammer, Wolfgang: Adolf Hitler — ein deutscher Messias? Dialog mit dem ‚Führer‘, I. Geschichtliche Aspekte, München 1970.

Ders.: Adolf Hitler — der Tyrann und die Völker. Dialog mit dem ‚Führer‘, II. Politische Aspekte, München 1972.

Ders.: Adolf Hitler — ein Prophet unserer Zeit? Dialog mit dem ‚Führer‘, III. Ideologische Aspekte, München 1974.

Handbuch der Deutschen Aktiengesellschaft. Jg. 40 – Jg. 48 (1935 – 1943), Berlin 1935 – 1944.

Handke, Horst: Zur Rolle der Volkswagenpläne bei der faschistischen Kriegsvorbereitung, in: Jahrbuch für Wirtschaftsgeschichte, 1962/I., S. 22 – 68.

Hanf, Reinhardt: Möglichkeiten und Grenzen betrieblicher Lohn- und Gehaltspolitik 1933 – 1939, Diss. Regensburg 1975.

Hanitsch, Jutta: Auswirkungen nationalsozialistischer Wirtschaftspolitik für Stuttgart. Aufschwung durch Rüstung, in: Stuttgart im Dritten Reich. Anpassung, Widerstand, Verfolgung. Die Jahre von 1933 bis 1939, Stuttgart 1984, S. 122 – 131.

Hansen, Ernst Willi: Reichswehr und Industrie. Rüstungswirtschaftliche Zusammenarbeit und wirtschaftliche Mobilmachungsvorbereitungen 1923 – 1932, Boppard a. Rh. 1978 (zugleich Diss. Hamburg) (= Militärgeschichtliche Studien, hrsg. vom Militärgeschichtlichen Forschungsamt, 24).

Hardach, Gerd: Deutschland in der Weltwirtschaft 1870 – 1970. Eine Einführung in die Sozial- und Wirtschaftsgeschichte, Frankfurt/M., New York 1977.

Hauser, Heinrich: Opel, ein deutsches Tor zur Welt, Frankfurt/M. 1937.

Heiber, Helmut: Das Tagebuch von Joseph Goebbels 1925/26 mit weiteren Dokumenten, Stuttgart o.J. (= Schriftenreihe der Vierteljahrshefte für Zeitgeschichte, 1).

Heiden, Konrad: Adolf Hitler. Eine Biographie, 2 Bände, Zürich 1936/37.

Heinkel, Ernst: Stürmisches Leben, hrsg. von J. Thorwald, Stuttgart 1953.

Henning, Hansjoachim: Kraftfahrzeugindustrie und Autobahnbau in der Wirtschaftspolitik

des Nationalsozialismus 1933−1936, in: Vierteljahrschrift für Sozial- und Wirtschaftsgeschichte, Bd. 65 (1978), S. 217−242.

Hentschel, Volker: So kam Hitler. Schicksalsjahre 1932−1933, Düsseldorf 1980.

Ders.: Deutsche Wirtschafts- und Sozialpolitik 1815 bis 1945, Königstein/Ts., Düsseldorf 1980.

Herbert, Ulrich: Fremdarbeiter. Politik und Praxis des ‚Ausländer-Einsatzes‘ in der Kriegswirtschaft des Dritten Reiches, Berlin, Bonn 1985.

Herbst, Ludolf: Der Totale Krieg und die Ordnung der Wirtschaft. Die Kriegswirtschaft im
Spannungsfeld von Politik, Ideologie und Propaganda 1939−1945, Stuttgart 1982 (= Studien zur Zeitgeschichte, 21).

Ders.: Die Krise des nationalsozialistischen Regimes am Vorabend des Zweiten Weltkrieges und
die forcierte Aufrüstung. Eine Kritik, in: Vierteljahrshefte für Zeitgeschichte, Jg. 26 (1978),
s. 347−392.

Hertel, Philipp: Arbeitseinsatz ausländischer Zivilarbeiter, Stuttgart 1942.

Hildebrand, Klaus: Das Dritte Reich, München, Wien ²1980 (= Oldenbourg Grundriß der Geschichte, 17).

Hillgruber, Andreas: Die Auflösung der Weimarer Republik, in: Die Weimarer Republik, hrsg.
von W. Tormin, Hannover ²¹1982, S. 189−243.

Hitler, Adolf. 20. April 1889−1939. Eine Gabe der Auton Union an ihre Gefolgschaft zum 50.
Geburtstag des Führers am 20.4.1939, Chemnitz 1939.

Hitler. Sämtliche Aufzeichnungen 1905—1924. Hrsg. von E. Jäckel zusammen mit A. Kuhn,
Stuttgart 1980 (= Quellen und Darstellungen zur Zeitgeschichte, 21).

Hitler, Adolf. Monologe im Führerhauptquartier 1941−1944. Die Aufzeichnungen Heinrich
Heims, hrsg. von W. Jochmann, Hamburg 1980.

Hörster-Philipps, Ulrike: Wer war Hitler wirklich? Großkapital und Faschismus 1918−1945.
Dokumente, Köln 1978 (= Kleine Bibliothek. Politik − Wissenschaft − Zukunft, 121).

Hofer, Walter Hrsg.: Der Nationalsozialismus. Dokumente 1933−1945, Frankfurt/M. 1982.

Hofner, Heribert: Mercedes-Benz Automobile, 2. Vom Nürburg zum 540 K, München 1982.

Ders.: Mercedes-Benz Automobile, 4. Vom 190 SL zum 300 SEL, München ²1982.

Holtfrerich, Carl-Ludwig: Alternativen zu Brünings Wirtschaftspolitik in der Weltwirtschaftskrise? in: Historische Zeitschrift, Bd. 235 (1982), S. 605−631.

Ders.: Arbeitslosigkeit, Sozialabbau, Demokratieverlust. Ergebnis zu hoher Löhne in der Weimarer Republik? in: Gewerkschaftliche Monatshefte 11 (1938), S. 714−722.

Ders.: Zu hohe Löhne in der Weimarer Republik? Bemerkungen zur Borchardt These, in: Geschichte und Gesellschaft, Jg. 10 (1984), S. 122−141.

Homze, Edward L.: Foreign Labor in Nazi-Germany, Princeton, New Jersey 1967.

Hopfinger, Kurt Bernhard: The Volkswagen Story, Oxfordshire 1971.

Hübner, Kurt: Zwangslagen oder Handlungsspielräume der Wirtschaftspolitik 1929−32? in:
Sozialwissenschaftliche Informationen für Unterricht und Studium 13 (1984), S. 30−43.

Hüttenberger, Peter (Hrsg.): Bibliographie zum Nationalsozialismus, Göttingen 1980 (= Arbeitsbücher zur modernen Geschichte, 8).

Hundt, Eberhardt: Probefahrt im KdF.-Wagen. Technische Einzelheiten und Beobachtungen
am Steuer des KdF.-Wagens, in: Motor und Sport, Jg. 15 (1938) H. 38, S. 32−33.

Deutscher Imperialismus und polnische Arbeiter in Deutschland 1900—1945. Materialien eines
wissenschaftlichen Kolloquiums der Sektion Geschichte der Wilhelm-Pieck-Universität Rostock, Rostock 1977 (= Fremdarbeiterpolitik des Imperialismus, 2).

Der deutsche Imperialismus und der zweite Weltkrieg. Bd. 3: Der deutsche Imperialismus während des zweiten Weltkrieges und seine militärische, wirtschaftliche und moralisch-politische Niederlage. Materialien der wissenschaftlichen Konferenz der Kommission der Historiker der DDR und der UdSSR zum Thema ‚Der deutsche Imperialismus und der zweite Weltkrieg‘ vom 14. bis 19. Dezember 1959 in Berlin, hrsg. von der Kommission der Historiker der DDR und UdSSR, Berlin (Ost) 1962.

Die deutsche Industrie im Kriege 1939—1945. Hrsg. vom Deutschen Institut für Wirtschaftsforschung, Berlin 1954.

100 Jahre Daimler-Benz. Kein Grund zum Feiern, hrsg. von einer Arbeitsgruppe bestehend aus Mitgliedern der Anti-Apartheid-Bewegung Stuttgart, der Plakat-Gruppe Daimler-Benz Untertürkheim und der Volksfront gegen Reaktion, Faschismus und Krieg (Landesverband Baden-Württemberg), Stuttgart 1986.

40 Jahre Lastwagenbau der MAN. Hrsg. von der Maschinenfabrik Augsburg-Nürnberg AG, Werk Nürnberg, Nürnberg 1955.

75 Jahre Motorisierung des Verkehrs. Hrsg. von der Daimler-Benz AG, Stuttgart 1961.

50 Jahre Nutzkraftwagenbau. 1903 – 1953, o.O. o.J. (Braunschweig 1953).

100 Jahre Porsche im Spiegel der Zeitgeschichte. Hrsg. von der Dr. Ing. h.c. F. Porsche AG, Stuttgart, Esslingen o.J. (1975).

75 Jahre Werk Untertürkheim der Daimler-Benz AG. Untertürkheim 1979.

Jahresbibliographie Bibliothek für Zeitgeschichte. Weltkriegsbücherei Stuttgart, Jg. 56 (1984), Koblenz 1985.

Janssen, Gregor: Das Ministerium Speer. Deutschlands Rüstung im Krieg, Frankfurt/M., Berlin ²1969.

Junck, W.: Die deutschen V-Waffen, in: Allgemeine Schweizer Militärzeitschrift, (1950) H. 6/7, S. 476 – 485.

Kahl, Joachim: Aufbau und Finanzierung der deutschen Großkonzerne, Diss. Berlin 1940.

Kaiser, Peter M.: Monopolprofit und Massenmord im Faschismus. Zur ökonomischen Funktion der Konzentrations- und Vernichtungslager im faschistischen Deutschland, in: Blätter für deutsche und internationale Politik, Jg. 20 (1975), S. 552 – 577.

Kamiński, Andrzej J.: Konzentrationslager 1896 bis heute. Eine Analyse, Stuttgart 1982.

Kannapin, Hans-Eckhardt: Wirtschaft unter Zwang. Anmerkungen und Analysen zur rechtlichen und politischen Verantwortung der deutschen Wirtschaft unter der Herrschaft des Nationalsozialismus im Zweiten Weltkrieg, besonders im Hinblick auf den Einsatz und die Behandlung von ausländischen Arbeitskräften und Konzentrationslagerhäftlingen in deutschen Industrie- und Rüstungsbetrieben, Köln 1966.

Karner, Stefan: Arbeitsvertragsbrüche als Verletzung der Arbeitspflicht im ‚Dritten Reich‘. Darstellung und EDV-Analyse am Beispiel des untersteirischen VDM-Luftfahrtwerkes Marburg/Maribor 1944, in: Archiv für Sozialgeschichte, Bd. XXI (1981), S. 269 – 328.

Ders.: Bemühungen zur Ausweitung der Luftrüstung im Dritten Reich 1940/41. Die Flugmotorenwerke Ostmark und ihr Marburger Zweigwerk 1941 – 45, in: Zeitgeschichte, Jg. 6 (1979), S. 318 – 345.

Ders.: Kärntens Wirtschaft 1938 – 1945. Unter besonderer Berücksichtigung der Rüstungsindustrie, Klagenfurt 1976 (= Wissenschaftliche Veröffentlichungen der Landeshauptstadt Klagenfurt, 2).

Ders.: Österreichs Rüstungsindustrie 1944. Ansätze zu einer Strukturanalyse, in: Zeitschrift für Unternehmensgeschichte, Jg. 25 (1980), S. 179 – 206.

Kater, Michael H.: The Nazi-Party. A Social Profile of Members and Leaders 1919 – 1945, Cambridge (Mass.) 1983.

Kautsky, Benedikt: Teufel und Verdammte. Erfahrungen und Erkenntnisse aus sieben Jahren in deutschen Konzentrationslagern, Zürich 1946.

Kehrl, Hans: Kriegswirtschaft und Rüstungsindustrie, in: Bilanz des Zweiten Weltkriegs. Erkenntnisse und Verpflichtungen für die Zukunft, Oldenburg, Hamburg 1953, S. 265 – 285.

Ders.: Krisenmanager im Dritten Reich. 6 Jahre Frieden – 6 Jahre Krieg. Erinnerungen, Düsseldorf 1973.

Kempner, Robert M. W.: SS im Kreuzverhör, München 1964.

Kens, Karlheinz/Nowarra, Heinz J.: Die deutschen Flugzeuge 1933 – 1945. Deutschlands Luftfahrt-Entwicklung bis zum Ende des Zweiten Weltkrieges, München 1961.

Kesselring, Albert: Die deutsche Luftwaffe, in: Bilanz des Zweiten Weltkriegs. Erkenntnisse und Verpflichtungen für die Zukunft, Oldenburg, Hamburg 1953, S. 145 – 158.

Kienert, Fritz: Werkpiloten. Einflieger und Versuchsingenieure berichten, Berlin 1941.

Kimes, Beverly Rae: The star and the laurel. The centennial history of Daimler, Mercedes and Benz, Montvale 1986.

Kinkel, Walter E.: Unternehmer und Betriebsführer in der gewerblichen Wirtschaft. Unter besonderer Berücksichtigung der Haftungsverhältnisse, München, Berlin 1938.

Kirchberg, Peter: Typisierung in der deutschen Kraftfahrzeugindustrie und der Generalbevollmächtigte für das Kraftfahrwesen. Ein Beitrag zur Problematik staatsmonopolistischer Kriegsvorbereitung, in: Jahrbuch für Wirtschaftsgeschichte, 1969/II, S. 117 – 142.

Kissel, Wilhelm: Treibstoffragen im Kraftverkehrswesen, in: Der Deutsche Volkswirt, Jg. 9 (1934/35), S. 882 – 884.

Ders.: Werdegang eines Typs bis zur Verkaufsreife, in: Der Deutsche Volkswirt, Jg. 11 (1936/37), S. 1011 – 1012.

Klee, Ernst: ‚Euthanasie‘ im NS-Staat. Die ‚Vernichtung lebensunwerten Lebens‘, Frankfurt/M. 1983.

Klein, Burton H.: Germany's Economic Preparations for War, Cambridge (Mass.) 1959.

Kluke, Paul: Hitler und das Volkswagenprojekt, in: Vierteljahrshefte für Zeitgeschichte, Jg. 8 (1960), S. 341 – 383.

Köhler, Henning: Knut Borchardts ‚Revision des überlieferten Geschichtsbildes‘ der Wirtschaftspolitik in der großen Krise – Eine Zwangsvorstellung? In: Internationale wissenschaftliche Korrespondenz zur Geschichte der deutschen Arbeiterbewegung 19 (1983), S. 164 – 180.

Kogon, Eugen: Der SS – Staat. Das System der deutschen Konzentrationslager, München [14]1983.

Kogon, Eugen/Langbein, Hermann/Rückerl, Adalbert u.a.: Nationalsozialistische Massentötung durch Giftgas. Eine Dokumentation, Frankfurt/M. 1983.

Kosthorst, Erich/Walter, Bernd: Konzentrations- und Strafgefangenenlager im Dritten Reich. Beispiel Emsland. Zusatzteil: Kriegsgefangenenlager. Dokumentation und Analyse zum Verhältnis von NS-Regime und Justiz. Mit historisch-kritischen Einführungstexten sowie statistisch-quantitativen Erhebungen und Auswertungen zum Strafvollzug in Arbeitslagern, 3 Bände, Düsseldorf 1983.

Kranig, Andreas: Lockung und Zwang. Zur Arbeitsverfassung im Dritten Reich, Stuttgart 1983 (= Schriftenreihe der Vierteljahrshefte für Zeitgeschichte, 47).

Kraus, Ota/Kulka, Erich: Massenmord und Profit. Die faschistische Ausrottungspolitik und ihre ökonomischen Hintergründe, Berlin (Ost) 1963.

Krieg und Wiederaufbau in Sindelfingen 1939—1949. Verfaßt von der Schülerarbeitsgruppe am Goldberg-Gymnasium, Sindelfingen 1985.

Krohn, Claus-Dieter: ,Ökonomische Zwangslagen' und das Scheitern der Weimarer Republik. Zu Knut Borchardts Analyse der deutschen Wirtschaft in den zwanziger Jahren, in: Geschichte und Gesellschaft, Jg. 8 (1982), S. 415–426.

Kroll, Gerhard: Von der Weltwirtschaftskrise zur Staatskonjunktur, Berlin 1958.

Kruedener, Jürgen von: Die Überforderung der Weimarer Republik als Sozialstaat, in: Geschichte und Gesellschaft, Jg. 11 (1985), S. 358–376.

Kruk, Max/Lingnau, Gerold: 100 Jahre Daimler-Benz. Das Unternehmen, Mainz 1986.

Kube, Alfred: Pour le mérite und Hakenkreuz. Hermann Göring im Dritten Reich, München 1986.

Kubel: Fraueneinsatz in Heeresbetrieben, in: Die Heeresverwaltung, Jg. 8 (1943), S. 222–226.

Kunz, Andreas: Verteilungskampf oder Interessenkonsensus? Einkommensentwicklung und Sozialverhalten von Arbeitnehmergruppen in der Inflationszeit 1914 bis 1924, in: Die deutsche Inflation – eine Zwischenbilanz, hrsg. von G.D. Feldman, C.-L. Holtfrerich, G.A. Ritter, P.-Ch. Witt, Berlin/New York 1982, S. 347–384.

Lärmer, Karl: Einige Dokumente zur Geschichte des faschistischen Reichsautobahnbaus, in: Jahrbuch für Wirtschaftsgeschichte, 1962/I, S. 217–225.

Lang, Jochen von (Hrsg.): Adolf Hitler. Gesichter eines Diktators. Eine Bilddokumentation, Hamburg 1968.

Lanter, Max: Die Finanzierung des Krieges. Quellen, Methoden und Lösungen seit dem Mittelalter bis Ende des zweiten Weltkrieges 1939 bis 1945, Diss. Zürich, Luzern 1950.

Lapp, Klaus: Die Finanzierung der Weltkriege 1914/18 und 1939/45 in Deutschland. Eine wirtschafts- und finanzpolitische Untersuchung, Diss. Nürnberg 1957.

Der Lastkraftwagen im Dienste der Wirtschaft. Berlin 1943.

Lauber, Heinz/Rothstein, Dirgit: Der 1. Mai unter dem Hakenkreuz. Hitlers ,Machtergreifung' in Arbeiterschaft und in Betrieben. Augen- und Zeitzeugen, Daten, Fakten, Dokumente, Quellentexte, Thesen und Bewertungen, Gerlingen 1983.

Laukamm, Wolf: V 1 und V 2. Die Geschichte einer Waffe, in: Soldat und Technik (1964), S. 508–513.

Leeb, Emil: Aus der Rüstung des Dritten Reiches (Das Heereswaffenamt 1938–1945), Berlin, Frankfurt/M. 1958 (= Wehrtechnische Monatshefte, Beiheft 4).

Lehmann, Joachim: Zum Verhältnis des Einsatzes von Kriegsgefangenen und ausländischen Zwangsarbeitern in der Gesamtwirtschaft und Landwirtschaft des faschistischen Deutschlands während des Zweiten Weltkrieges (unter besonderer Berücksichtigung polnischer Kriegsgefangener), in: Fremdarbeiterpolitik des Imperialismus, H. 2 (1977), S. 101–118.

Leipner, Kurt (Hrsg.): Chronik der Stadt Stuttgart 1933–1945, Stuttgart 1982 (= Veröffentlichungen des Archivs der Stadt Stuttgart, 30).

Lerner, Daniel: The Nazi Elite, Stanford 1951 (= Hoover Institute Studies, Series B: Elite Studies, 3).

Liesebach, Ingolf: Der Wandel der politischen Führungsschicht der deutschen Industrie von 1918 bis 1945, Diss. Basel 1957.

Lochner, Louis Paul: Die Mächtigen und der Tyrann. Die deutsche Industrie von Hitler bis Adenauer, Darmstadt 1955.

Ludvigsen, Karl/Frère, Paul: Opel. Räder für die Welt, Princeton 1979.

Ludwig, Karl-Heinz: Strukturmerkmale nationalsozialistischer Aufrüstung bis 1935, in: Wirtschaft und Rüstung am Vorabend des Zweiten Weltkrieges, hrsg. von F. Forstmeier u. H.-E. Volkmann, Düsseldorf 1975, S. 39–64.

Ders.: Technik und Ingenieure im Dritten Reich, Düsseldorf 1974.

Lusar, Rudolf: Die deutschen Waffen und Geheimwaffen des 2. Weltkrieges und ihre Weiterentwicklung, München ²1958.

Maerz, Gerhard: Die Geschichte der Stoewer-Automobile, Stuttgart u.a. 1983.

Mander, Helmut: Automobilindustrie und Automobilsport. Die Funktion des Automobilsports für den technischen Fortschritt, für Ökonomie und Marketing von 1894 bis zur Gegenwart, Frankfurt/M. 1978.

Martens, Stefan: Hermann Göring. „Erster Paladin des Führers" und „Zweiter Mann im Reich", Paderborn 1985.

Maser, Werner: Hitlers Briefe und Notizen. Sein Weltbild in handschriftlichen Dokumenten, Düsseldorf, Wien 1973.

Ders.: Adolf Hitler. Das Ende der Führer Legende, Düsseldorf, Wien 1980.

Ders.: Adolf Hitler. Legende — Mythos — Wirklichkeit, München, Esslingen ³1972.

Mason, Timothy W.: Arbeiterklasse und Volksgemeinschaft. Dokumente und Materialien zur deutschen Arbeiterpolitik 1936—1939, Opladen 1975 (= Schriften des Zentralinstituts für sozialwissenschaftliche Forschung der Freien Universität Berlin, 22).

Ders.: Arbeiteropposition im nationalsozialistischen Deutschland, in: Die Reihen fast geschlossen. Beiträge zur Geschichte des Alltags unterm Nationalsozialismus, hrsg. von D. Peukert u. J. Reulecke, Wuppertal 1981, S. 293—313.

Matzerath, Horst/Turner, Herny Ashby jr.: Die Selbstfinanzierung der NSDAP 1930—1932, in: Geschichte und Gesellschaft, Jg. 3 (1977), S. 59—92.

Matzner, Richard: Die Entwicklung im Kraftwagenbau mit besonderer Berücksichtigung des Dieselmotors in der Kraftverkehrswirtschaft, Diss. Wien 1942.

Mauersberg, Hans: Deutsche Industrien im Zeitgeschehen eines Jahrhunderts. Eine historische Modelluntersuchung zum Entwicklungsprozeß deutscher Unternehmen von ihren Anfängen bis zum Stand von 1960, Stuttgart 1966.

Maull, Otto: Heer und Wirtschaft. Ein Beitrag zu den Fragen des ‚potentiel de guerre' und der ‚totalen Mobilmachung', Diss. Gießen 1936.

Maurer, Hermann: Das Zusammenschlußproblem in der deutschen Automobilindustrie mit besonderer Berücksichtigung der Auto-Union AG, Diss. Zürich, Schaffhausen 1936.

Maybach-Gedächtnis-Ausstellung. Eine gemeinsame Ausstellung der Daimler-Benz AG und der Motoren- und Turbinen-Union Friedrichshafen, Bd. 1: Wilhelm Maybach. Leben und Wirken eines großen Motoren- und Automobilkonstrukteurs. Gedächtnisausstellung anläßlich des 50. Todestages am 29. Dezember 1979, Bd. 2: Karl Maybach. Leben und Werk 1879—1960. Katalog zur Maybach-Gedächtnis-Ausstellung 5. Februar bis 2. März 1980, Friedrichshafen/Heilbronn 1979/80.

Maybach — Motorenbau GmbH (Hrsg.): Gottlieb Daimler — Wilhelm Maybach. Zur Feier der Enthüllung des Wilhelm Maybach-Reliefs im Ehrensaal des Deutschen Museums in München am 15. Juli 1965, Friedrichshafen 1965.

Meinck, Gerhard: Hitler und die deutsche Aufrüstung 1933—1937, Wiesbaden 1959 (= Veröffentlichungen des Instituts für europäische Geschichte, 19).

Meissner, Hans-Otto: Magda Goebbels. Ein Lebensbild, München 1978.

Mercedes-Konstruktionen in fünf Jahrzehnten. Eine Chronik, hrsg. anläßlich der Erinnerung an die ersten Mercedes-Siege von 1901 von der Daimler-Benz AG, Stuttgart-Untertürkheim 1951.

Meurer, Adolf: 40 Jahre Automobil-Rennsport. Jubiläumsausgabe der Daimler-Benz AG, Stuttgart 1935.

Milward, Alan S.: Die deutsche Kriegswirtschaft 1939–1945, Stuttgart 1966 (= Schriftenreihe der Vierteljahrshefte für Zeitgeschichte, 12).

Ders.: Der Zweite Weltkrieg. Krieg, Wirtschaft und Gesellschaft 1939–1945, München 1977.

Minden, Gerold von: Die Vorbereitung der Zivilindustrie auf Erzeugung von Kriegsgerät, in: Der Deutsche Volkswirt, Jg. 12 (1937/38), S. 520–522.

Mönnich, Horst: Die Autostadt. Abenteuer einer technischen Idee, Braunschweig 1958.

Ders.: Vor der Schallmauer — BMW — eine Jahrhundertgeschichte, Bd. 1: 1916–1945, Düsseldorf, Wien 1983.

Mohrdieck, M.: Gepanzerte Ketten- und Räderfahrzeuge in Deutschland zwischen den beiden Weltkriegen, I und II, in: Militärtechnik, Jg. 8 (1968), S. 539–542, Jg. 9 (1969), S. 11–13.

Mommsen, Hans/Petzina, Dietmar/Weisbrod, Bernd (Hrsg.): Industrielles System und politische Entwicklung in der Weimarer Republik, 2 Bände., Kronberg/Ts., Düsseldorf 1977.

Morris, Warren B. jr.: The Weimar Republic and Nazi Germany, Chicago 1982.

Most, Otto: Grundlagen, Entwicklung, neuester Stand des Kraftwagenverkehrs in Deutschland, in: Verkehrstechnik, Jg. 19 (1938), S. 134–139.

(MTU): Erinnerungen. 1934–1984 Flugtriebwerksbau in München, hrsg. von der MTU Motoren- und Turbinen-Union München GmbH anläßlich ihres 50jährigen Bestehens im Jahre 1984, München 1984.

(MTU): Erinnerungen. 1909–1984 Motorenbau in Friedrichshafen, hrsg. von der MTU Motoren- und Turbinen-Union Friedrichshafen GmbH anläßlich ihres 75jährigen Bestehens im Jahre 1984, Friedrichshafen 1984.

Müller, Klaus-Jürgen: Armee, Politik und Gesellschaft in Deutschland 1933–1945. Studien zum Verhältnis von Armee und NS-System, Paderborn 1979.

Müller, Peter: Ferdinand Porsche. Ein Genie unserer Zeit, Graz, Stuttgart 1965.

Müller-Hill, Benno: Tödliche Wissenschaft. Die Aussonderung von Juden, Zigeunern und Geisteskranken 1933–1945, Reinbek 1984.

Nadolny, Burkhard: Bayerische Motoren-Werke AG, München, München 1966.

Neebe, Reinhard: Großindustrie, Staat und NSDAP 1930–1933. Paul Silverberg und der Reichsverband der Deutschen Industrie in der Krise der Weimarer Republik, Göttingen 1981 (= Kritische Studien zur Geschichtswissenschaft, 45).

Ders.: Die Industrie und der 30. Januar 1933, in: Nationalsozialistische Diktatur 1933–1945. Eine Bilanz, hrsg. von K.-D. Bracher, M. Funke u. H.-A. Jacobsen, Bonn, Düsseldorf 1983, S. 155–176 (= Schriftenreihe der Bundeszentrale für politische Bildung, 192)..

Nelson, Walter Henry: Die Volkswagen-Story. Biographie eines Autos, München o.J.

Nocken, Ulrich: Weimarer Geschichte(n). Zum neuen amerikanischen Buch ,,Collapse of the Weimar Republic‘‘, in: Vierteljahrschrift für Sozial- und Wirtschaftsgeschichte, Bd. 71 (1984), S. 505–527.

Nowarra, Heinz J.: Heinkel und seine Flugzeuge, München 1975.

Nübel, Otto: Die amerikanische Reparationspolitik gegenüber Deutschland 1941–1945, Frankfurt/M. 1980.

Ders.: Das Volkswagen-Projekt. Statt Käfer Kübelwagen, in: Stuttgart im Dritten Reich. Anpassung, Widerstand, Verfolgung. Die Jahre von 1933 bis 1939, Stuttgart 1984, S. 98–103.

Olley, Maurice: The Motor Car Industry in Germany during the Period 1939–1945, London 1949 (Reprint 1950) (= B.I.O.S. Overall Report No. 21).

O.M.G.U.S.: (Office of Military Government for Germany, United States Finance Division — Financial Investigation Section). Ermittlungen gegen die Deutsche Bank 1946/47. Übersetzt und bearbeitet von der Dokumentationsstelle zur NS-Politik Hamburg, Nördlingen 1985 (= Die Andere Bibliothek, Sonderband).

Opel 1862—1962. Hrsg. von der Adam Opel AG, Rüsselsheim, Frankfurt/M. o.J. (1962).

Opel im Sport 1934. Hrsg. von der Adam Opel AG, Rüsselsheim o.J. (1934).

Oswald, Werner: Deutsche Autos 1920 − 1945, Stuttgart ⁵1982.

Ders.: Deutsche Autos 1945 − 1975, Stuttgart ⁹1984.

Ders.: Kraftfahrzeuge und Panzer der Reichswehr, Wehrmacht und Bundeswehr. Katalog der deutschen Militärfahrzeuge von 1900 bis heute, Stuttgart ¹¹1983.

Ders.: Mercedes-Benz Lastwagen und Omnibusse 1886 − 1986, Stuttgart 1986.

Ders.: Mercedes-Benz Personenwagen 1886 − 1984, Stuttgart ²1985.

Overy, R. J.: The Air War 1939 − 1945, London 1980.

Ders.: Cars, Roads and Economic Recovery in Germany 1933 − 1938, in: The Economic History Review XXVIII, 3, (1975), (Ser. 2), S. 466 − 483.

Paul, Wolfgang: Wer war Hermann Göring. Biographie, Eßlingen 1983.

Pelzer, Hans: Die freiwilligen Sozialleistungen der gewerblichen Großbetriebe für die Gefolgschaft, Halle 1940 (= Volkswirtschaftliche Abhandlungen, 4).

Petzina, Dietmar: Autarkiepolitik im Dritten Reich. Der nationalsozialistische Vierjahresplan, Stuttgart 1968.

Ders.: Hitler und die deutsche Industrie. Ein kommentierter Literatur- und Forschungsbericht, in: Geschichte in Wissenschaft und Unterricht, Jg. 17 (1966), S. 482 − 491.

Ders.: Soziale Lage der deutschen Arbeiter und Probleme des Arbeitseinsatzes während des Zweiten Weltkrieges, in: Zweiter Weltkrieg und sozialer Wandel. Achsenmächte und besetzte Länder, hrsg. von W. Dlugoborski, Göttingen 1981, S. 65 − 86 (= Kritische Studien zur Geschichtswissenschaft, 47).

Ders.: Die Mobilisierung deutscher Arbeitskräfte vor und während des Zweiten Weltkrieges, in: Vierteljahreshefte für Zeitgeschichte, Jg. 18 (1970), S. 443 − 455.

Ders.: Vierjahresplan und Rüstungspolitik, in: Wirtschaft und Rüstung am Vorabend des Zweiten Weltkrieges, hrsg. von F. Forstmeier und H.-E. Volkmann, Düsseldorf 1975, S. 65 − 80.

Ders.: Die deutsche Wirtschaft in der Zwischenkriegszeit, Wiesbaden 1977 (= Wissenschaftliche Paperbacks, 11).

Petzina, Dietmar/Abelshauser, Werner/Faust, Anselm: Sozialgeschichtliches Arbeitsbuch III. Materialien zur Statistik des Deutschen Reiches 1914 − 1945, München 1978 (= Statistische Arbeitsbücher zur neueren deutschen Geschichte).

Peukert, Detlev/Reulecke, Jürgen (Hrsg.): Die Reihen fast geschlossen. Beiträge zur Geschichte des Alltags unterm Nationalsozialismus, Wuppertal 1981.

Peuschel, Harald: Die Männer um Hitler. Braune Biographien: Martin Bormann, Joseph Goebbels, Hermann Göring, Reinhard Heydrich, Heinrich Himmler und andere, Düsseldorf 1982.

Pfahlmann, Hans: Fremdarbeiter und Kriegsgefangene in der deutschen Kriegswirtschaft 1939 − 1945, Darmstadt 1968 (= Beiträge zur Wehrforschung, 16/17).

Picker, Henry (Hrsg.): Hitlers Tischgespräche im Führerhauptquartier, Stuttgart ³1977.

Piepenhagen, Günther: Die Stellung des gewerblichen Kraftverkehrs in der deutschen Verkehrswirtschaft, Bühl/Baden 1936.

Pingel, Falk: Häftlinge unter SS-Herrschaft. Widerstand, Selbstbehauptung und Vernichtung im Konzentrationslager, Hamburg 1978 (= Historische Perspektiven, 12).

Ders.: Die Konzentrationslagerhäftlinge im nationalsozialistischen Arbeitseinsatz, in: Zweiter

Weltkrieg und sozialer Wandel. Achsenmächte und besetzte Länder, hrsg. von W. Dlugo-borski, Göttingen 1981, S. 151 – 163 (= Kritische Studien zur Geschichtswissenschaft, 47).

Pohl, Hans: Die Daimler-Benz AG in den Jahren 1933 – 1945, in: Mercedes-Benz in aller Welt, Jg. 31 (1986) Nr. 199, S. 31 – 35.

Ders.: Formen und Phasen der Industriefinanzierung bis zum Zweiten Weltkrieg, in: Wandlungen in der Industriefinanzierung. 8. Symposium zur Bankengeschichte am 25. November 1982 im Hause der Commerzbank AG in Frankfurt am Main, Frankfurt/M. 1983 S. 13 – 33 (Bankhistorisches Archiv, Beiheft 9).

Ders. (Hrsg.): Integration ausländischer Mitarbeiter. Referate und Diskussionsbeiträge der 8. öffentlichen Vortragsveranstaltung der Gesellschaft für Unternehmensgeschichte e.V. am 25. Mai 1983 in Köln, Wiesbaden 1984 (= Zeitschrift für Unternehmensgeschichte, Beiheft 32).

Ders.: Zur Zusammenarbeit von Wirtschaft und Wissenschaft im Dritten Reich: ,Die Förderergemeinschaft der Deutschen Industrie von 1942‘, in: Vierteljahrschrift für Sozial- und Wirtschaftsgeschichte, Bd. 72 (1985), S. 508 – 536.

Poliakov, Léon/Wulf, Josef: Das Dritte Reich und seine Diener. Dokumente, Berlin-Grunewald 1956.

Politik und Wirtschaft in der Krise 1930—1932. Quellen zur Ära Brüning. Eingeleitet von Gerhard Schulz, bearbeitet von Ilse Maurer und Udo Wengst unter Mitwirkung von Jürgen Heideking, Teil 1 u. 2, Düsseldorf 1980 (= Quellen zur Geschichte des Parlamentarismus und der politischen Parteien, Reihe 3, 4/I u. 4/II).

Pollux: Qui gouvernait l'Allemagne? Les véritables criminels de guerre: 50 potentats derrière les coulisses, Zürich 1945.

Pool, James/Pool, Suzanne: Hitlers Wegbereiter zur Macht. Die geheimen deutschen und internationalen Geldquellen, die Hitlers Aufstieg zur Macht ermöglichten, Bern, München 1979.

Porsche, Ferry: We at Porsche. The Autobiography of Dr. Ing. h.c. Ferry Porsche with John Bentley, Garden City, New York 1976.

Prinz, Michael: Sozialpolitik im Wandel der Staatspolitik? Das Dritte Reich und die Tradition bürgerlicher Sozialreform, in: Weder Kommunismus noch Kapitalismus. Bürgerliche Sozialreform in Deutschland vom Vormärz bis zur Ära Adenauer, hrsg. von Rüdiger vom Bruch, München 1985, S. 219 – 244 (= Bücher zur Sozialgeschichte und sozialen Bewegung).

Pritzkoleit, Kurt: Männer, Mächte, Monopole. Hinter den Türen der westdeutschen Wirtschaft, Düsseldorf [13] 1963.

Pudor, Fritz: Werner Friedhelm Otto Franz Carp. In: Neue Deutsche Biographie, Bd. 3, Berlin 1957, S. 154 – 155.

Quint, Herbert A.: Porsche. Der Weg eines Zeitalters, Stuttgart 1951.

Radandt, H.: Beteiligungen deutscher Konzerne an Unternehmungen in der Tschechoslowakei 1938 – 1945, in: Jahrbuch für Wirtschaftsgeschichte 1969/II, S. 157 – 201.

Rasmussen, Ove: Die Konkurrenzfähigkeit der deutschen Automobil-Industrie unter besonderer Berücksichtigung der letzten Erfahrungen, Diss. München 1934.

Rathke, Kurt: Wilhelm Maybach. Anbruch eines neuen Zeitalters, Friedrichshafen 1953.

Rautenberg, Hans-Jürgen: Deutsche Rüstungspolitik vom Beginn der Genfer Abrüstungskonferenz bis zur Wiedereinführung der allgemeinen Wehrpflicht 1932 – 1935, Diss. Bonn 1973.

Recker, Marie-Luise: Die Großstadt als Wohn- und Lebensbereich im Nationalsozialismus. Zur

Gründung der ‚Stadt des KdF-Wagens', Frankfurt/M., New York 1981 (= Wolfsburger Beiträge zur Stadtgeschichte und Stadtentwicklung).

Dies.: Nationalsozialistische Sozialpolitik im Zweiten Weltkrieg, München 1985 (= Studien zur Zeitgeschichte, 29).

Reitlinger, Gerald: Die Endlösung. Hitlers Versuch der Ausrottung der Juden Europas 1939—1945, Berlin ⁵1979.

Ders.: Die SS. Tragödie einer deutschen Epoche, Wien, München, Basel 1957.

Reulecke, Jürgen: Die Fahne mit dem goldenen Zahnrad. Der „Leistungskampf" der deutschen Betriebe 1937—1939, in: Die Reihen fast geschlossen. Beiträge zur Geschichte des Alltags unterm Nationalsozialismus, hrsg. von D. Peukert u. J. Reulecke, Wuppertal 1981, S. 245—269.

Römer, B.v./Römer, H.v.: Deutscher Flugmotorenbau im Kriege, in: Technische Blätter. Wochenschrift zur Deutschen Bergwerkszeitung, Jg. 34 (1944), S. 123—124.

Rosellen, Hanns-Peter: Das weiß-blaue Wunder. BMW — Geschichte und Typen, Stuttgart 1983.

Rosemeyer-Beinhorn, Elly: Mein Mann, der Rennfahrer. Der Lebensweg Bernd Rosemeyers, Berlin 1938.

Rost, Gert: Deutsche Automobile auf dem Weltmarkt, in: Der Deutsche Volkswirt, Jg. 10 (1935/36), S. 2541—2542.

rtgn.: Wirtschaft und Rüstung, in: Reichsverband Deutscher Offiziere, Jg. 16 (1937), S. 295—296.

Rumpf, Hans: Luftkrieg über Deutschland, in: Bilanz des Zweiten Weltkrieges. Erkenntnisse und Verpflichtungen für die Zukunft, Oldenburg, Hamburg 1953, S. 159—175.

Salm, Fritz: Im Schatten des Henkers. Widerstand in Mannheim gegen Faschismus und Krieg, Frankfurt/M. ²1979.

Sass, Friedrich: Geschichte des deutschen Verbrennungsmotorenbaues von 1860—1918, Berlin, Göttingen, Heidelberg 1962.

Schadt, Jörg: Verfolgung und Widerstand unter dem Nationalsozialismus in Baden. Die Lageberichte der Gestapo und des Generalstaatsanwalts in Karlsruhe 1933—1940, hrsg. vom Stadtarchiv Mannheim, Stuttgart, Berlin u.a. 1976 (= Veröffentlichungen des Stadtarchivs Mannheim, 3).

Schätzle, Julius: Stationen zur Hölle. Konzentrationslager in Baden und Württemberg 1933—1945, hrsg. im Auftrag der Lagergemeinschaft Heuberg — Kuhberg — Welzheim, Frankfurt/M. 1974.

Schaumburg-Lippe, Friedrich Christian Prinz zu: Als die goldne Abendsonne. Aus meinen Tagebüchern der Jahre 1933—1937, Wiesbaden 1971.

Scheffler, Wolfgang: Judenverfolgung im Dritten Reich, Berlin 1964 (= Zur Politik und Zeitgeschichte, 4).

Scheuer, Lisa: Vom Tode der nicht stattfand. Theresienstadt, Auschwitz, Freiberg, Mauthausen. Eine Frau überlebt, Reinbek 1983.

Schildberger, Friedrich: History of Mercedes-Benz Motor Vehicles and Engines, publ. by the Daimler-Benz AG, Stuttgart-Untertürkheim, Stuttgart-Bad Cannstatt ⁵1972/73.

Schley, Edgar: Rohstoffsicherung und Ausfuhrerfolge der deutschen Kraftfahrzeugwirtschaft, in: Wirtschaftsdienst, N.F., Jg. 22 (1937), S. 266—270.

Schmarsoch, Hubert: Der polnische Kraftfahrzeugmarkt unter besonderer Berücksichtigung der deutschen Absatzmöglichkeiten, in: Weltwirtschaftliches Archiv, Bd. 49/I (1939), S. 137—165.

Schmelzer, Janis: Das hitlerfaschistische Zwangsarbeitssystem und der antifaschistische Wider-
standskampf der ausländischen Kriegsgefangenen und Deportierten 1939–1945, (Dargestellt unter bes. Beachtung der IG-Farben-Betriebe im Bereich Halle-Merseburg), Diss. Halle 1963.

Schmitt, Angelika: Die Geschichte des Konzentrationslagers Mannheim-Sandhofen. Ein Beitrag zur Zeitgeschichte im regionalen Bereich. Zulassungsarbeit an der PH Ludwigsburg
1976.

Schneider, Erich: Technik und Waffenentwicklung im Kriege, in: Bilanz des Zweiten Weltkrieges. Erkenntnisse und Verpflichtungen für die Zukunft, Oldenburg, Hamburg 1953, S.
223–247.

Schoenbaum, David: Die braune Revolution. Eine Sozialgeschichte des Dritten Reiches, München 1980.

Scholz, Hugo: Herr seiner Welt. Der Lebensroman Ferdinand Porsches, Augsburg 1962.

Scholz, Wilhelm: Wirtschaftsaufschwung im Zeichen der Motorisierung, Stuttgart, Berlin 1938
(= Schriften der Deutschen Wirtschaftswissenschaftlichen Gesellschaft).

Schrader, Halwart: Mercedes-Benz Automobile, 1. Vom 28/95 PS zum SSKL, München 1982.

Ders.: Mercedes-Benz Automobile, 3. Vom 170 V zum 300 SL, München ²1982.

Schreiner, Albert: Die Eingabe deutscher Finanzmagnaten, Monopolisten und Junker an Hindenburg für die Berufung Hitlers zum Reichskanzler (November 1932), in: Zeitschrift für
Geschichtswissenschaft, Jg. 4 (1956), S. 366–369.

Ders.: Hitler treibt zum Krieg. Dokumentarische Enthüllungen über Hitlers Geheimrüstungen,
hrsg. von D. Woodman (= Pseudonym von Schreiner), Paris 1934 (Reprint Köln, Frank-
furt/M. 1979).

Schröter, Verena: Die deutsche Industrie auf dem Weltmarkt 1929–1933. Außenwirtschaftli-
che Strategien unter dem Druck der Weltwirtschaftskrise, Frankfurt/M., Bern u.a. 1984 (=
Europäische Hochschulschriften, Reihe III, 251).

Schulz, Gerhard (Hrsg.): Die große Krise der dreißiger Jahre. Vom Niedergang der Weltwirtschaft zum Zweiten Weltkrieg, Göttingen 1985.

Schweitzer, Arthur: Big Business in the Third Reich, Bloomington 1964.

Ders.: Business Power Under the Nazi Regime, in: Zeitschrift für Nationalökonomie, Bd. 20
(1960), S. 414–442.

Ders.: Die wirtschaftliche Wiederaufrüstung Deutschlands von 1934–36, in: Zeitschrift für die
gesamte Staatswissenschaft, Bd. 114 (1958), S. 594–637.

Schweizer, Victor: Die französische Automobilindustrie, Diss. Zürich 1952.

Schwerin von Krosigk, Graf Lutz: Wie wurde der Zweite Weltkrieg finanziert? in: Bilanz des
Zweiten Weltkrieges. Erkenntnisse und Verpflichtungen für die Zukunft, Oldenburg, Hamburg 1953, S. 311–328.

Seeber, Eva: Zwangsarbeiter in der faschistischen Kriegswirtschaft. Die Deportation und Ausbeutung polnischer Bürger unter besonderer Berücksichtigung der Lage der Arbeiter aus
dem sogenannten Generalgouvernement (1939–1945), Berlin (Ost) 1964 (= Schriftenreihe
des Instituts für Geschichte der Europäischen Volksdemokratien an der Karl-Marx-
Universität Leipzig, 3).

Seebold, Gustav-Hermann: Ein Stahlkonzern im Dritten Reich. Der Bochumer Verein
1927–1945, Wuppertal 1981 (= Düsseldorfer Schriften zur Neueren Landesgeschichte und
zur Geschichte Nordrhein-Westfalens, 3).

Seeliger, Karl: Der Unternehmer in der gelenkten Wirtschaft. Vortrag gehalten am 26. März in der Vortragsreihe ‚Gelenkte Wirtschaft' der wirtschafts- und sozialwissenschaftlichen Fakultät der Universität Köln, Leipzig, Berlin o.J.

Seherr-Thoss, Graf Hans Christoph von: Die deutsche Automobilindustrie. Eine Dokumentation von 1886 bis heute, Stuttgart 1974.

Ders.: Wilhelm Kissel, in: Neue Deutsche Biographie, Bd. 11, Berlin 1977, S. 685−687.

Seidler, Franz W.: Das Nationalsozialistische Kraftfahrkorps und die Organisation Todt im Zweiten Weltkrieg, in: Vierteljahrshefte für Zeitgeschichte, Jg. 32 (1984), S. 625−636.

Senger und Etterlin, F. M. von: Die deutschen Panzer 1926−1945, 3. Auflage überarbeitet und ergänzt von F. Kosar und W. J. Spielberger, München 1968.

Seper, Hans: 100 Jahre Steyr-Daimler-Puch AG. Der Werdegang eines österreichischen Industrie-Unternehmens, Wien 1964.

Shirer, William L.: Aufstieg und Fall des Dritten Reiches, Stuttgart, Hamburg o.J.

Sloninger, Jerrold/Fersen, Hans-Heinrich von: Deutsche Hochleistungswagen von 1884 bis heute. Tourenwagen-Sportwagen-Rennwagen, Stuttgart 1967.

Speer, Albert: Erinnerungen, Frankfurt/M., Berlin 1969.

Ders.: Der Sklavenstaat. Meine Auseinandersetzungen mit der SS, Frankfurt/M., Berlin, Wien 1984.

Spielberger, Walter J.: Die 3-t-Lkw-Baureihe im Rahmen des ‚Schellprogramms' 1938−1945, in: Feldgrau 9 (1961), S. 161−165.

Ders.: Die Motorisierung der Deutschen Reichswehr 1920−1935, Stuttgart 1979.

Spielberger, Walter J./Wiener, Friedrich: Die deutschen Panzerkampfwagen III und IV mit ihren Abarten 1935−1945, München 1968 (= Wehrwissenschaftliche Berichte, 2).

Steffahn, Harald: Adolf Hitler in Selbstzeugnissen und Bilddokumenten, Reinbek 1983 (= rowohlts monographien).

Stegmann, Dirk: Kapitalismus und Faschismus in Deutschland 1929−1934. Thesen und Materialien zur Restituierung des Primats der Großindustrie zwischen Weltwirtschaftskrise und beginnender Rüstungskonjunktur, in: Gesellschaft, Beiträge zur Marxschen Theorie 6, Frankfurt/M. 1976, S. 19−91.

Ders.: Antiquierte Personalisierung oder sozialökonomische Faschismus-Analyse? Eine Antwort auf H. A. Turners Kritik an meinen Thesen zum Verhältnis von Nationalsozialismus und Großindustrie, in: Archiv für Sozialgeschichte, Bd. 17 (1977), S. 275−296.

Ders.: Zum Verhältnis von Großindustrie und Nationalsozialismus 1930−1933. Ein Beitrag zur Geschichte der sog. Machtergreifung, in: Archiv für Sozialgeschichte, Bd. 13 (1973), S. 399−482.

Stemmer, Josef: Die Entwicklung des Raketenantriebes in allgemein verständlicher Darstellung. Bd. 2: Die Raketenwaffen des Zweiten Weltkrieges, Zürich 1945.

Stirl, Reinhold: Symptomatische Kraftverkehrswirtschaft, in: Der Deutsche Volkswirt, Jg. 9 (1934/35), S. 890−893.

Stratmann, Friedrich: Chemische Industrie unter Zwang? Staatliche Einflußnahme am Beispiel der chemischen Industrie Deutschlands 1933−1949, Stuttgart 1985 (= Zeitschrift für Unternehmensgeschichte, Beiheft 43).

Streit, Christian: Sozialpolitische Aspekte der Behandlung der sowjetischen Kriegsgefangenen, in: Zweiter Weltkrieg und sozialer Wandel. Achsenmächte und besetzte Länder, hrsg. von W. Dlugoborski, Göttingen 1981, S. 184−196 (= Kritische Studien zur Geschichtswissenschaft, 47).

Studien zur Geschichte der Konzentrationslager. Stuttgart 1970.

Stuhlmann, Friedrich: Munitionsbedarf und Rüstungsindustrie, in: Der Deutsche Volkswirt, Jg. 11 (1936/37), S. 2004–2006.

Stuttgart im Dritten Reich. (Ausstellungsreihe) Anpassung, Widerstand, Verfolgung. Die Jahre von 1933 bis 1939. Eine Ausstellung des Projekts Zeitgeschichte, Landeshauptstadt Stuttgart, hrsg. vom Projekt Zeitgeschichte im Kulturamt der Landeshauptstadt Stuttgart, Stuttgart 1984.

Teichert, Eckart: Autarkie und Großraumwirtschaft in Deutschland 1930–1939. Außenwirtschaftspolitische Konzeptionen zwischen Wirtschaftskrise und Zweitem Weltkrieg, München 1984 (= Studien zur modernen Geschichte, 30).

Teske, Hermann: Die militärische Bedeutung des Verkehrswesens, in: Bilanz des Zweiten Weltkrieges. Erkenntnisse und Verpflichtungen für die Zukunft, Oldenburg, Hamburg 1953, S. 297–310.

Thoennissen: Ein Ausschnitt aus der Friedens- und Kriegsarbeit des Generalbevollmächtigen für das Kraftfahrwesen, in: Grossdeutscher Verkehr, Jg. 35 (1941), S. 82–83.

Thomas, Georg: Geschichte der deutschen Wehr- und Rüstungswirtschaft (1918–1943/45), hrsg. von W. Birkenfeld, Boppard/Rhein 1966 (= Schriften des Bundesarchivs, 14).

Thyssen, Fritz: I Paid Hitler, New York, London 1941.

Todt, Fritz: Reichsautobahn und Motorisierung, in: Die Straße, Jg. 4 (1937), S. 89–91.

Toland, John: Adolf Hitler, Bergisch Gladbach 1977.

Tormin, Walter: 1933–1934: Die Machtergreifung, in: Das Dritte Reich, hrsg. von E. Aleff, Hannover [20]1982, S. 9–176.

Treue, Wilhelm: Die Einstellung einiger deutscher Großindustrieller zu Hitlers Außenpolitik, in: Geschichte in Wissenschaft und Unterricht, Jg. 17 (1966), S. 491–507.

Ders.: 50 Jahre Fusion Daimler und Benz. Vortrag anläßlich des Gedenktages gehalten im Museum der Daimler-Benz AG am 28.6.1976 in Stuttgart-Untertürkheim. Unveröffentlichtes Manuskript im Archiv der Daimler-Benz AG.

Ders.: Wirtschaft im Dritten Reich. Anmerkungen zu zwei Neuerscheinungen, in: Zeitschrift für Unternehmensgeschichte, Jg. 29 (1984), S. 131–149.

Treue, Wilhelm unter Mitarbeit von Günther Frede: Wirtschaft und Politik 1933–1945, Braunschweig [4]1964.

Trevor-Roper, Hugh Redwald: Hitlers letzte Tage, Frankfurt/M., Berlin 1965.

Trumpp, Thomas: Zur Finanzierung der NSDAP durch die deutsche Großindustrie. Versuch einer Bilanz, in: Nationalsozialistische Diktatur 1933–1945, hrsg. von K.-D. Bracher, M. Funke und H.-A. Jacobsen, Düsseldorf, Bonn 1983, S. 132–154 (= Schriftenreihe der Bundeszentrale für politische Bildung, 192).

Turner, Henry Ashby jr.: Die Großunternehmer und der Aufstieg Hitlers, Berlin 1985.

Ders.: Großunternehmertum und Nationalsozialismus 1930–1933. Kritisches und Ergänzendes zu zwei neueren Forschungsbeiträgen, in: Historische Zeitschrift, Bd. 221 (1975), S. 18–68.

Ders.: Hitler aus nächster Nähe. Aufzeichnungen eines Vertrauten 1929–1932, Frankfurt/M., Berlin, Wien 1978.

Tyrell, Albrecht (Hrsg.): Führer befiehl... Selbstzeugnisse aus der ‚Kampfzeit‘ der NSDAP. Dokumentation und Analyse, Düsseldorf 1969.

Ders.: Vom ‚Trommler‘ zum ‚Führer‘. Der Wandel von Hitlers Selbstverständnis zwischen 1919 und 1924 und die Entwicklung der NSDAP, München 1975.

Vaubel, Ludwig: Zusammenbruch und Wiederaufbau. Ein Tagebuch aus der Wirtschaft 1945–1949, hrsg. von W. Benz, München 1984 (= Biographische Quellen zur deutschen Geschichte nach 1945, 1).

Verzeichnis der Haftstätten unter dem Reichsführer-SS (1933—1945). Arolsen ³1979.

Völker, Karl-Heinz: Dokumente und Dokumentarfotos zur Geschichte der Deutschen Luftwaffe. Aus den Geheimakten des Reichswehrministeriums 1919—1933 und des Reichsluftfahrtministeriums 1933—1939, Stuttgart 1968 (= Beiträge zur Militär- und Kriegsgeschichte, 9).

Ders.: Die deutsche Luftwaffe 1933—1939. Aufbau, Führung und Rüstung der Luftwaffe sowie die Entwicklung der deutschen Luftkriegstheorie, Stuttgart 1967 (= Beiträge zur Militär- und Kriegsgeschichte, 8).

Volkmann, Hans-Erich: Aspekte der nationalsozialistischen ‚Wehrwirtschaft' 1933—1936, in: Francia, 5 (1977), S. 513—538.

Ders.: Außenhandel und Aufrüstung in Deutschland 1933 bis 1939, in: Wirtschaft und Rüstung am Vorabend des Zweiten Weltkrieges, hrsg. von F. Forstmeier und H.-E. Volkmann, Düsseldorf 1975, S. 81—131.

Ders.: Zum Verhältnis von Großwirtschaft und NS-Regime im Zweiten Weltkrieg, in: Zweiter Weltkrieg und sozialer Wandel. Achsenmächte und besetzte Länder, hrsg. von W. Dlugoborski, Göttingen 1981, S. 87—116 (= Kritische Studien zur Geschichtswissenschaft, 47).

Ders.: Wirtschaft im Dritten Reich. Eine Bibliographie, Bd. 1: 1933—1939, München 1980, Bd. 2: 1939—1945, Koblenz 1984 (= Schriften der Bibliothek für Zeitgeschichte, 20 und 23).

Ders.: Die nationalsozialistische Wirtschaft in Vorbereitung des Krieges, in: Ursachen und Voraussetzungen der deutschen Kriegspolitik, hrsg. von W. Deist u.a., Stuttgart 1979, S. 177—368 (= Das Deutsche Reich und der Zweite Weltkrieg, 1).

Vorländer, Herwart: Nationalsozialistische Konzentrationslager im Dienst der totalen Kriegführung. 7 württembergische Außenkommandos des Konzentrationslagers Natzweiler/Elsaß, hrsg. von H. Vorländer, Stuttgart 1978.

Vorwald, Wolfgang: Die deutsche Luftwaffenrüstung im Rahmen der Gesamtrüstung (1935—1945), in: Wehrtechnische Hefte, Jg. 50 (1953), S. 8—19.

Kleine VW-Chronik. Eine Veröffentlichung der Volkswagenwerk AG, Wolfsburg 1978.

Wagenführ, Rolf: Die deutsche Industrie im Kriege 1939—1945, Berlin ²1963.

Wagner, Alfred: Die Rüstung im ‚Dritten Reich' unter Albert Speer, in: Technikgeschichte, Bd. 33 (1966), S. 205—227.

Wagner, Raimund: Dokumente zur Entwicklung des staatsmonopolistischen Kapitalismus in Deutschland in der ersten Periode des Zweiten Weltkrieges, in: Zeitschrift für Geschichtswissenschaft, Jg. 17 (1969), S. 497—503.

Wahl, Walter: Zwischenbetrieblicher Vergleich in der deutschen Automobilindustrie, Diss. Köln 1937, Würzburg 1937.

Walter, Gerhard: Zwangsarbeiter im Dritten Reich. Rassenwahn diktierte ihr Leben. Wanderausstellung der Körber-Stiftung bis 29. August im Rathaus, in: Westdeutsche Zeitung (Ausgabe Wuppertal) vom 8.8.1985.

Walz, Werner: Wo das Auto anfing. Die Geschichte einer Weltmarke, Konstanz 1981.

Wegner, Bernd: Hitler politische Soldaten. Die Waffen-SS 1933—1945. Studien zu Leitbild, Struktur und Funktion einer nationalsozialistischen Elite, Paderborn ²1983.

Weidemann, Alfred: Der rechte Mann am rechten Platz. Vom Menscheneinsatz im Zweiten Weltkriege, in: Bilanz des Zweiten Weltkrieges. Erkenntnisse und Verpflichtungen für die Zukunft, Oldenburg, Hamburg 1953, S. 213—221.

Weiß, Hermann: Die Aufzeichnungen Hermann Görings im Institut für Zeitgeschichte, in: Vierteljahrshefte für Zeitgeschichte, Jg. 31 (1983), S. 365—368.

Wengst, Udo: Großindustrie und Machtergreifung. Zu den Beziehungen zwischen industriellen

Führungsgruppen und Nationalsozialismus von 1930 bis 1933, in: Politische Studien, Jg. 34 (1983), S. 37−47.

Ders.: Der Reichsverband der Deutschen Industrie in den ersten Monaten des Dritten Reiches. Ein Beitrag zum Verhältnis von Großindustrie und Nationalsozialismus, in: Vierteljahrshefte für Zeitgeschichte, Jg. 28 (1980), S. 94−110.

Wenke, Bettina: Interviews mit Überlebenden. Verfolgung und Widerstand in Südwestdeutschland, hrsg. von der Landeszentrale für politische Bildung Baden-Württemberg, Stuttgart 1980.

Wer leitet? Die Männer der Wirtschaft und der einschlägigen Verwaltung, hrsg. von Paul C. W. Schmidt, Jg. 1940, Berlin 1940.

Das neue Werk. Zur offiziellen Eröffnung der Lastwagenfabrik der Adam Opel AG in Brandenburg, Brandenburg 1936.

Werk Untertürkheim. Stammwerk der Daimler-Benz Aktiengesellschaft. Ein historischer Überblick, Stuttgart 1983.

Werlin, Jakob: Zur Internationalen Automobilausstellung, in: Völkischer Beobachter vom 14.2.1936.

Ders.: Fortschritte der Motorisierung, in: Der Vierjahresplan, Jg. 3 (1939), S. 70−73.

Ders.: Vier Jahre Aufbau in der Motorisierung, in: Der Vierjahresplan, Jg. 1 (1937), S. 87−88.

Ders.: Acht Jahre Motorisierung − Acht Jahre Vorsprung, in: Der Vierjahresplan, Jg. 5 (1941), S. 316.

Ders.: Rohstoffplan und Motorisierung, in: Der Vierjahresplan, Jg. 1 (1937), S. 12−13.

Ders.: Der wirtschaftliche und soziale Sinn des Volkswagens, in: Der Vierjahresplan, Jg. 2 (1938), S. 472−473, auch in: Deutsche Bergwerks-Zeitung vom 16.8.1938.

Wesen und Kontinuität der Fremdarbeiterpolitik des deutschen Imperialismus. Materialien eines wissenschaftlichen Kolloquiums der Sektion Geschichte der Universität Rostock, Rostock o.J. (1974).

Weyres- von Levetzov, Hans-Joachim: Die deutsche Rüstungswirtschaft von 1942 bis zum Ende des Krieges, Diss. München 1975.

Wiersch, Bernd: Die Vorbereitung des Volkswagens, Diss. Hannover 1974.

Windecker, Carl Otto: Handbuch der Kraftfahrzeug-Typen mit den wichtigsten technischen Angaben und Schmierplänen, 2 Bände. Hannover 1947/1948.

Winkler, Heinrich August: Vorbemerkung, in: Geschichte und Gesellschaft, Jg. 11 (1985), S. 273−274.

Ders.: Vorbemerkung, in: Geschichte und Gesellschaft, Jg. 8 (1982), S. 5−8.

Wistrich, Robert: Wer war wer im Dritten Reich? Anhänger, Mitläufer, Gegner aus Politik, Wirtschaft, Militär, Kunst und Wissenschaft, München 1983.

Wolf, Werner: Luftangriffe auf die deutsche Industrie 1942−45, München 1985.

Wronsky, M.: Die Aufgaben des deutschen Luftverkehrs, in: Wirtschaftsdienst, N.F. Jg. 18 (1933), S. 1118−1121.

Wulf, Joseph: Martin Bormann − Hitlers Schatten, Gütersloh 1962.

Yano, Hisashi: Hüttenarbeiter im Dritten Reich. Die Betriebsverhältnisse und soziale Lage bei der Gutehoffnungshütte Aktienverein und der Fried. Krupp AG 1936 bis 1939, Stuttgart 1985 (= Zeitschrift für Unternehmensgeschichte, Beiheft 34).

Zahnenbenz, Günter: Stuttgart als Industriestandort 1850 bis 1892, Diss. Hohenheim 1984.

Zdrowomyslaw, Norbert: Wirtschaft, Krise und Rüstung. Die Militärausgaben in ihrer wirtschaftlichen und wirtschaftspolitischen Bedeutung in Deutschland von der Reichsgründung bis zur Gegenwart, Bremen 1985.

Zentner, Christian: Adolf Hitler. Texte, Bilder, Dokumente, München, Zürich 1979.

Zentner, Kurt: Illustrierte Geschichte des Dritten Reiches, München 1965.

Zilbert, Edward R.: Albert Speer and the Nazi Ministry of Arms. Economic Institutions and Industrial Production in the German War Economy, London 1981.

Zumpe, Lotte: Wirtschaft und Staat in Deutschland 1933 bis 1945, Vaduz/Liechtenstein 1980 (= Wirtschaft und Staat in Deutschland. Eine Wirtschaftsgeschichte des staatsmonopolistischen Kapitalismus in Deutschland vom Ende des 19. Jahrhunderts bis 1945, Bd. 3).

LÄNDER- UND ORTSREGISTER

Aachen 15
Achern 56
Allenstein 90
Altpaka 84, 90
Amsterdam 45
Asbach 159
Augsburg 15
Australien 117f.

Backnang 69, 77, 88, 131, 135, 146, 151
Baden-Baden 15
Belgrad 37
Berlin 5, 10, 15, 33, 37, 44ff., 48f., 51, 60,
    77, 80, 85, 123, 134
Berlin-Marienfelde 15, 18, 79f., 89, 92, 98,
    102, 104−107, 125f., 128−132, 135ff.,
    139, 146, 149, 156f., 177, 182f.
Bietigheim 89, 151
Bolivien 117
Bonn 10
Brasilien 117
Braunschweig 15
Bremen 15, 96
Breslau 15, 90, 103
Bruchsal 15, 135f.
Brühl bei Esslingen 92
Brünn 85f.
Budapest 15
Bulgarien 115

Cannstatt 89
Chemnitz 15, 107, 110, 121
China 65, 117f.
Colmar im Elsaß vgl. Kolmar
Cottbus 15

Darmstadt 10, 15
Debica 164
Denkendorf 151
Deutschland 8, 14, 28, 62, 70, 113, 181

Deutschoth 92
Deizisau 151f.
Dnjepropetrowsk 40
Döberitz-Elsgrund 55
Dortmund 15
Dresden 15
Dubnitza 87
Düsseldorf 15
Duisburg 15

Ebingen 151f.
Ecuador 117
Eislingen 152
Elsaß 82f.
England 14, 28
Erfurt 15
Esslingen 20, 150f.

Fallersleben 54
Fellbach 150
Frankfurt am Main 10, 15, 121, 123
Frankfurt/Oder 91
Frankreich 28, 62, 116f., 146
Freiburg im Breisgau 5, 15

Gaggenau 15, 18, 45, 55, 68, 71, 78, 91, 93,
    103, 126, 128, 130, 135ff., 139, 146, 150,
    156, 158f., 168, 177
Gaggenau-Weisenbach 159
Gaisburg 150
Genshagen 15, 18, 30, 77, 80−83, 85, 89,
    91f., 126, 130f., 136, 146, 150, 159f.,
    168f., 177, 182
Gera 15
Gleiwitz 15, 22, 90
Graz 85, 159
Griechenland 116
Großbritannien 62
Gumbinnen 22

Halberstadt 15
Halle 15
Hamburg 15, 123
Hannover 15
Happburg 159
Harz 70
Haslach 91, 158f.
Hedelfingen 149, 151
Heilbronn 151
Heuberg 32
Holland 45
Holstein 92

Iselshausen 89
Italien 62, 115

Japan 115, 118
Jerusalem 30
Jitschin 90
Johannesburg 31
Jugoslawien 115f.

Kanada 62
Karlsruhe 5
Kassel 96, 107
Kiel 15
Kirchheim 150
Kirilein 92
Koblenz 5, 15
Kochel am See 56
Köln 10, 15
Köngen 151
Königinhof 84
Königsberg 15, 71, 77, 79f., 90, 126, 135ff.,
    139, 146
Kolmar 15, 77, 82f., 126, 130, 135f., 146,
    149, 159, 182
Krakau 15, 84, 126, 165
Kummersdorf 105

Landau i. d. Pfalz 15
Landsberg 36, 54
Lausanne 8
Leipzig 15
Lettland 116

Litauen 116
London 5, 15
Ludwigsburg 5, 150
Ludwigsfelde 169, 177
Lustnau 151f.

Magdeburg 15
Mainz 15
Mandschukuo 119
Mandschurei 118
Mannheim 5, 15, 24, 30, 32, 34,, 45, 67,
    78, 90f., 94f., 98, 126, 130ff., 135ff.,
    139f., 142, 146, 149, 154, 156f., 160f.,
    163, 171, 174, 181ff.
Mannheim-Waldhof vgl. Mannheim-
    Sandhofen
Mannheim-Sandhofen 149, 157, 160f., 163
Marburg a. d. Drau 85f.
Maulbronn 89
Melk 87
Metterzimmern 152
Mielec 85
Minsk 22, 40, 160
Mühlen 151f.
München 15, 35, 37, 39, 44, 59, 96, 123

Natzweiler 160f.
Neckarbischofsheim 159
Neckarelz 159
Neckargerach 159
Neckartenzlingen 151
Nellingen 33
Neuenbürg 159
Neupaka 15, 77, 83f., 126, 136
Norwegen 116
Nürnberg 15

Obrigheim 82, 91, 159, 163
Österreich 36

Palästina 30
Paris 15
Paris-Billancourt 148
Peenemünde 70

Peru 117
Plauen 15
Pleskau 22, 40
Plochingen 150
Posen 90, 126
Prag 32, 84

Ravensburg 15
Regensburg 15, 96
Reichshof 15, 77, 84f., 90, 126, 136, 160,
   165, 182
Reutlingen 15
Riga 22
Rohracker 151
Rostock 15, 96
Rotenberg 150ff.
Rumänien 115f.
Rüsselsheim 121
Rußland 28, 103f., 115f., 146
Rzeszów vgl. Reichshof

Sachsenhausen 81, 160
Säckingen 15
Schirmeck 158
Schneidemühl 15, 90
Schwechat 159
Schweden 115
Schweinfurt 15
Schweiz 115

Siethen 177
Sillenbuch 151f., 155
Sindelfingen 15, 18, 27, 32, 52, 70, 78, 88f.,
   91, 97, 126, 131, 135ff., 139, 146, 149f.,
   152, 155, 159, 183
Sloup 92
Spanien 116f.
Stablak 22
Strümpfelbach 151
Stuttgart 5, 15, 31, 33, 46, 48, 59, 84, 89,
   92, 133, 141, 151, 177

Stuttgart-Untertürkheim vgl. Untertürkheim
Südafrika 31, 117
Südamerika 117
Sulzgries 151

Tailfingen 151
Teltow (Kreis) 80
Tschechoslowakei 83
Tübingen 56

Ulm 15
Untertürkheim 15f., 18, 23, 27, 31ff., 40,
   68, 71, 77, 79ff., 85, 88–92, 99, 102,
   116, 121, 126, 128–132, 135ff., 139,
   146, 148–152, 168, 170, 180, 182f.
USA 62, 116

Vaihingen 91, 163

Wangen 151f.
Wannweil 151f.
Warschau 37
Weil der Stadt 89
Weimar 15
Weinheim a. d. Bergstraße 90
Wendlingen 89, 132, 150
Wernau 150f.
Wesserling 91, 159
Wien 15, 18, 35, 77, 85ff., 93, 131
Wiener Neudorf 85, 159
Wiesensteig 151
Wolfenbüttel 34, 181
Wolfsburg 54
Württemberg 32f., 82
Würzburg 15
Wuppertal 15

Zülichau 22
Zürich 15
Zuffenhausen 151
Zwickau 15

PERSONENREGISTER

Allmers, Dr. Robert 50
Alvensleben, von 21

Benz, Franz Xaver 83
Benzler, Wilhelm 32
Berg, Josef von 88
Berger 85
Blessing, Karl 34, 42, 46f.
Blinzig, Alfred 42, 44
Bormann, Martin 26, 46
Brandes 97
Brauchitsch, Manfred von 111f.
Braun, Dr. Wernher von 70
Brüning, Heinrich 7
Bruneton, G. 148
Busch, Alfred 42, 48

Caracciola, Rudolf 111f.
Carp, Werner 42
Czichon, Eberhard 3

Dickwach 16, 23f., 29, 37
Dörr, Hans 117
Doertenbach, Dr. Georg von 42, 48
Doppelfeld, Dr. 33
Dorpmüller, Dr. Julius 27

Eckenberg, Dr.-Ing. Wilhelm 17ff., 87
Eichholtz, Dietrich 4
Eltze, Hans 42, 45
Erdmann, Karl Dietrich 3

Fahr, Dr. Otto 42, 46f.
Fischer, Otto 42, 48
Forstmeier, Dr. Friedrich 4
Franco, Francisco 26
Frank, Hans 85
Freisler, Dr. Roland 34
Frick, Wilhelm 117
Funk, Walther E. 11, 47

Gabel, Dr. 47
Gerling, Robert 176
Goebbels, Dr. Joseph 26, 44
Göring, Hermann 11, 20, 23f., 26f., 34, 40,
    44, 59, 64, 87, 168
Grube-Bannasch, Dr. Sybille 5, 160
Gutmann, Herbert M. 42, 45

Haas, Konrad 43
Hagemeier, Ernst 63
Harter, Carl 42, 48
Haspel, Dr.-Ing. Wilhelm 4, 16−19, 23f.,
    27−35, 40, 46, 51, 57, 68, 78, 86ff., 90,
    94f., 97, 103, 142, 154ff., 181
Heim, Paul 78, 155
Heinkel, Ernst 44
Hentig, Wolfgang von 17−20, 26, 39, 55,
    79f., 157
Herzog 88
Heß, Rudolf 20f.
Hildebrand, Klaus 12
Himmler, Heinrich 24, 47
Hitler, Adolf 3f., 8−12, 21−27, 29f.,
    34−41, 44, 50−55, 59ff., 67, 70, 94f.,
    103, 106, 108, 181, 183f.
Hoppe, Dr.-Ing. Otto 16−19, 23ff., 40, 55,
    77f.
Hühnlein, Adolf 26, 54f., 109
Huschke, Hans 17−20, 23f., 40, 77

Jahr, Dr. Carl 42, 47f.
Jungenfeld, Arnold Gedult Freiherr von
    17−20, 55f., 78

Kehrl, Hans 47
Kiemle, Dipl.-Ing. E. 164
Kissel, Dr.-Ing. e.h. Wilhelm 4, 16−21,
    23f., 27−31, 39f., 49f., 53−58, 63, 65,
    67, 71, 77, 80, 86, 89, 100, 107f., 112,
    148, 168, 174, 176, 181
Kleemann, Wilhelm 30, 42, 45

Koehler, Hermann 43, 48
König, Kurt 83
Korsch 30
Kraus, Erwin 55
Kirschbaum, Emil 43
Krumbiegel, Dr. 164
Künkele, Wilhelm 79

Lafferentz, Dr. Bodo 54
Lang, Hermann 112
Lang, Richard 17, 43ff.
Levi, Richard 30
Ley, Dr. Robert 26f.
Lohrmann, Dr. Felix 43, 45
Lukas, Karl Peter 32
Luther, Hans 9

Marx, Dr. Hermann Aaron 43, 45
Maurer, Dr. Werner 83
Maybach, Karl 101
Meindl, Dr. Georg 35, 87
Merck, Wilhelm 43
Milch, Erhard 23, 34f., 67, 82, 85f.
Müller, Hermann 7
Müller, Karl C. 17ff., 30, 79ff., 86, 89, 164, 169
Murr 33

Nagel, Werner 163
Nallinger, Dr. Fritz 17ff., 43, 67, 86, 96f., 103
Nibel, Dipl.-Ing. Dr. e.h. Hans 17ff., 55

Oberländer, Richard 79, 157
Oertzen, Claus Detlof von 31
Oser, Stefan 83

Papen, Franz von 7
Paulus 67f., 94f.
Petzina, Dietmar 11
Popp, Franz-Josef 8, 43, 53f.
Porsche, Dr. Ferdinand 50−54, 107, 112

Quandt, Dr.-Ing. e.h. Günther 43

Rahmig 165

Reinhardt 8
Reska, Robert 32
Riefenstahl, Leni 26
Rohde, Paul 43
Romstedt, Werner 23f., 85
Rosin, Dr. Albert 43, 45
Rummel, Hans 25, 42, 46ff.

Sachsen-Coburg und Gotha, Herzog Carl Eduard von 20, 108
Sailer, Max 17−20
Sauckel, Fritz 13f., 142, 144
Saur, Karl-Otto 34, 95, 104, 157, 180
Scapini, G. 148
Schaaf, Wilhelm 34, 95
Schacht, Hjalmar 9, 11, 47
Schayer, J. 43, 45
Schell, Adolf von 64f., 94, 148, 182
Schindler 85
Schippel, Dr. Hans 43, 48
Schippert, Carl 17ff., 43, 55, 57, 148
Schirach, Baldur von 86
Schleicher, Kurt von 7
Schmid, Max 43
Schmidt, Friedrich 93
Schreiner, Karl 83
Schwerin von Krosigk, Johann L. 27
Seherr-Thoss, Graf Hans Christoph von 4

Siedersleben, Rudolf 43
Sommer, Karl 159
Speer, Albert 4, 13f., 23, 26f., 34, 36, 40f., 46, 67f., 86, 94f., 106, 177
Staelin, Rolf 31
Stauß, Dr. Emil Georg von 23, 33, 38f., 42, 44f., 47, 143, 181
Störlin 177
Stohrer, Dr. von 26
Stuck, Hans 112

Tank, Prof. Dr. Kurt 96
Thiel, Raphael 85
Todt, Fritz 13
Turner, Henry A. 3, 56

Udet, Ernst 68, 86

Umgelter, Adolf 83

Weller, Wilhelm 32
Wendt, Friedrich 79
Werlin, Jakob 4, 17–26, 30, 33–41, 46f.,
    49, 51f., 53–58, 67, 94f., 112, 177, 181
Werner, Dr. Carl 23ff., 30, 34, 78, 95, 163,
    181

Wessig, Max 43
Wolff, Otto 43
Wunderlich, Otto 79
Wychodil, Arnold 83

Zapf, Konrad 150, 153–156
Zeppelin, Ferdinand Graf von 101
Zwicker 85

SACHREGISTER*

Adler Werke AG 52, 61, 63, 66, 113, 121f.

Alfa Romeo 90, 115

Allgemeiner Deutscher Automobilclub (ADAC) 107

Altersversorgung 174ff.

Ansaldo 90

Arbeitsbeschaffungsprogramm 7−10, 98

Arbeitsentgelt 9, 13, 58, 135, 138−143, 148, 158, 165, 172, 182

Arbeitskräfte 11, 81, 83, 85, 135f., 140ff., 144, 158, 167−171, 183
 − ausländische 81, 131, 135ff., 144−148, 150, 152, 158, 167
 − weibliche 13f., 81, 135, 137, 140, 142, 144, 154, 167ff., 183
 − vgl. auch Fach-, Fremd-, Ost-, Zwangsarbeiter

Arbeitszeit 13, 135, 138, 157, 162, 166ff., 170

Automobilclub von Deutschland (AvD) 107f.

Auto-Union AG 25, 31, 35, 52, 61, 63, 66, 107−113, 121f., 125, 127f., 181f.

Auto-Union South Africa (Pty) Ltd. 31

Badenia 90

Bank der deutschen Luftfahrt 85

‚Barbe' 91, 159

Bayerische Motorenwerke AG 8, 27, 44f., 48, 51, 53, 66, 84, 96, 98, 113, 134, 142, 170

Benz & Cie., Rheinische Automobil- und Motorenfabrik AG 15, 44f., 48, 77f.

Berghütte-Konzern 47

Borgward 66, 94

British Mercedes-Benz Ltd. 15

Brown, Boveri & Cie. 100

Cohen 117

Commerzbank 48, 132

‚Dachsbau' 159

Daimler-Benz GmbH, Kolmar 15, 77, 82f., 126, 130f., 135f., 146, 149, 159, 182

Daimler-Benz GmbH, Neupaka 15, 77, 83f., 126, 132, 136

Daimler-Benz Motoren GmbH, Genshagen 15, 18, 30, 77, 80−83, 91f., 126, 130f., 136, 146, 150, 159f., 163, 168f., 177, 182

Daimler-Motoren-Gesellschaft 15, 44f., 77, 81, 85, 98

Darmstädter und Nationalbank K.G.a.A. 45

Debag Ostwerke GmbH vgl. Flugmotorenwerk Reichshof GmbH

Deutsche Schiff- und Maschinenbau AG 97

Deutsche Arbeitsfront 9, 19, 23f., 26, 28f. 33f., 37, 46, 54f., 58, 138, 170, 174, 180

Deutsche Bank 42, 44, 47f., 132

Deutsche Golddiskontbank 134

Deutsche Lufthansa AG 44, 96

Disconto-Gesellschaft 44

Dornier Werke GmbH 96f.

Dräger 97

Dresdner Bank 45, 48, 132

Ernährung 150, 152ff., 156ff., 162, 168

‚Esche' 159

Export 10f., 18, 37, 49, 62, 65, 113−119, 181f.

Facharbeiter 13, 87, 135, 140f., 144, 146ff., 169, 182

Fahrzeug- und Motorenbau GmbH 103

Fiat 90

---

*Nicht aufgenommen sind: Daimler-Benz AG und Begriffe, denen ganze Kapitel gewidmet sind.

Flakscheinwerfermotoren vgl. Motoren
Flugmotoren vgl. Motoren
Flugmotorenwerke Ostmark GmbH 18, 35,
    77, 85ff., 92, 131, 150, 159
Flugmotorenwerk Reichshof GmbH 15, 77,
    84f., 90, 126, 136, 160, 164f., 182
Focke-Wulf AG 96
Ford Motor Companies 66, 116f.
Fremdarbeiter 13, 81, 135, 144—157, 183
Fremdarbeiterlager 149—152, 154ff., 158
G.A. Fröhlichs Sohn 83
Fross-Büssing K.G. 93

Geheime Staatspolizei (Gestapo) 32ff., 148
Gesetz zur Ordnung der nationalen Ar-
    beit 9, 77, 169
,Goldfisch' 82, 91, 159, 163
Gratifikationen 142, 178f., 182
Großmotoren vgl. Motoren

Hannoversche Maschinenbau AG 66
Heinkel AG 85, 96
Heinsteinwerke 90
Henschel und Sohn 65, 84, 93, 96, 104, 107,
    129
Hispano Suiza 117
Holzindustrie Bruchsal GmbH 15, 135f.

I.G. Farbenindustrie AG 3
Isotta Fraschini 90

Jägerstab 34, 68, 168
Junkers Flugzeug- und Motorenwerke
    AG 84ff., 97, 129

Kiener u. Co. 82
Kienzle 97
Klöckner-Humboldt-Deutz AG 40, 93
Kontinentale Öl AG 46
Konzentrationslager 32, 34, 40, 144, 148f.,
    158—163, 181
Konzentrationslagerhäftlinge 13, 81f., 144,
    153, 158—165, 183
Kraft-durch-Freude 54, 180
Kraftfahrzeuge 30, 36, 40, 53, 55f., 58, 60,
    83, 92, 113f., 118, 128, 181f.

— Lkw 15, 63ff., 67ff., 72, 77ff., 93,
    102f., 114, 116ff., 128—132, 182f.
— Pkw 4, 8, 10, 15, 25ff., 51, 60—69,
    71, 77f., 102, 113f., 118, 125, 129,
    181f.
— Omnibusse 53, 56, 62, 72, 78f.
— Rennwagen 69, 77, 107—112, 182
— Spezialfahrzeuge 15, 62, 69, 77, 79,
    102, 118, 125
,Kranich' 91, 159
Krauss-Maffei AG 104
Kriegsgefangene 81, 86, 131, 135f., 144,
    148f., 156ff., 160, 183
Kriegsprogramm 64, 66f., 93, 182f.
Fried. Krupp AG 65, 104f.

Lastkraftwagen vgl. Kraftfahrzeuge
Lizenzen 41, 80, 94, 98, 114—117, 119, 129,
    182
Luftangriffe 14, 88f., 163, 183
Luftfahrtkontor GmbH 80
Luftfahrzeug-Motorenbau GmbH 101
Luftschiffbau Zeppelin 70
Luftschiffmotoren vgl. Motoren

Marinemotoren vgl. Motoren
Mannesmann AG 56
Marx & Goldschmidt 45
Maschinenfabrik Augsburg-Nürnberg 67, 93,
    104—107
Maschinenfabrik Niedersachsen-
    Hannover 107
Maybach 66, 103, 105f.
Mercedes-Benz Automobil AG, Budapest 15
Mercedes-Benz Automobil AG, Zürich 15
Mercedes-Benz Automobilgesellschaft
    mbH 15
Messerschmitt Werke AG 70, 78, 96f.
Militärische Fahrzeuge 70, 102—107
— Geländewagen 27, 102
— ,Maultier' 103f.
— Panzer 15, 67, 69, 76, 79f., 89, 94,
    102, 104—107, 131f., 182f
— Spezialfahrzeuge 54
— Zugkraftwagen 102f.
,Mittelwerk' 70

Motoren 69, 83, 88, 92, 97, 105f., 111f., 114, 118, 131, 169, 183
— Flakscheinwerfermotoren 68, 77, 84, 90
— Flugmotoren 8, 15, 35, 68f., 73, 77, 79−85, 89, 96−100, 114−119, 127−131, 135, 146, 182f.
— Großmotoren 69, 77, 79, 130, 181f.
— Luftschiffmotoren 69, 98, 101f.
— Marinemotoren 15, 69, 74f., 79, 89f., 100f., 118, 130, 132, 182

Nationalsozialistische Deutsche Arbeiterpartei (NSDAP) 10, 12, 18, 20f., 23, 27−30, 32−35, 37, 39, 41, 44, 46, 49, 54, 56−59, 117, 155, 169, 181
Nationalsozialistisches Kraftfahr-Korps (NSKK) 19, 26, 40, 49, 54ff., 58f., 109, 181

Oberkommando des Heeres (OKH) 118
Oberkommando der Marine (OKM) 89, 97
Österreichische Automobilfabrik AG 93
Adam Opel AG 40, 51ff., 61, 63, 66f., 94, 103, 113, 121f., 128, 181
‚Opel-Blitz‘ 67, 78, 93−96
Ostarbeiter 144, 148−156,, 161
Ostarbeiterlager 149, 152, 155

Panzerwagen vgl. Militärische Fahrzeuge
Parteimitgliedschaft 18−22, 24f., 28, 31, 33, 44, 47, 49, 181
Personenwagen vgl. Kraftfahrzeuge
Pittler Werkzeugmaschinenfabrik 34
Porsche GmbH 53, 111

Reichsverband der Automobilindustrie 49−52, 54, 59
Reichswerke Hermann Göring 12
Renault 148
Rennwagen vgl. Kraftfahrzeuge
Reparaturwerke 22, 37, 40f., 79, 90, 118, 135, 160
Rheinmetall-Borsig 45, 100, 104f.
Rohstoffe 10−14, 62f., 90, 103, 166, 182
Rüstung 3f., 11, 13, 70f., 77, 90, 98, 144, 146, 181f.

Saurer-Werke 93
Schell-Programm 64ff., 125, 130, 182
Schutzstaffel (SS) 13, 19, 21f., 24, 28, 47, 58f., 82, 85, 94, 103, 153, 155, 158, 161, 164, 169, 181
Spenden 56−59, 173
Spezialarbeiter 142
Spezialwagen vgl. Kraftfahrzeuge

A. Stern u. Sohn 84
Steyr 35, 85, 87
Stoewer 66
Sturmabteilung (SA) 19, 54, 58, 169
Süddeutsche Automobilfabrik GmbH 78

Tatra 116

Unilever 47
Unterstützungsfonds 133f., 174f., 178

V 2 70, 78
Verlagerungen vgl. auch ‚Barbe‘, ‚Dachsbau‘, ‚Esche‘, ‚Goldfisch‘, ‚Kranich‘, ‚Mittelwerk‘ 41, 82, 87−92
Vierteljahresplan 3, 10−12, 62, 64, 135, 158f., 166, 182
Volkswagen 37, 50−54, 60, 63, 67, 183

Wehrwirtschaftsführer 33, 46
Werke
— Backnang 69, 77, 88, 131, 135, 145
— Gaggenau 15, 68, 71, 78f., 91, 103, 126, 128, 130, 135ff., 139, 146, 155, 156, 158f., 168
— Königsberg 15, 77, 79f., 126, 135ff., 139, 146
— Mannheim 15, 24, 30, 32, 34, 78, 91, 94f., 98, 126, 130ff., 135ff., 139f., 146, 149, 154, 156f., 160f., 171, 174, 181ff.
— Marienfelde 15, 79f., 89, 92, 98, 102, 104f., 125f., 128−132, 135ff., 139, 146, 149, 156f., 177, 182f.
— Sindelfingen 15, 27, 32, 70, 78, 89, 91, 97, 126, 135ff., 139, 146, 150, 152, 155, 159, 183

— Untertürkheim 15f., 23, 27, 31, 40,
    71, 77, 81, 89, 91f., 102, 126,
    128—132, 135ff., 139, 146, 148, 150,
    152, 168, 170, 180, 182f.
— vgl. auch Flugmotorenwerke
Werkswohnungsbau 176ff., 180
Werner & Pfleiderer 46
Wirtschaftsgruppe Fahrzeugindustrie 49f.,
    63f., 166

Wirtschaftsgruppe Luftfahrtindustrie 49, 140
Wolff, Fa. 65, 117f.

Zwangsarbeiter 135, 144, 146, 162, 169
Zwangsarbeiterlager vgl. auch Fremd- und
    Ostarbeiterlager 32, 150, 160, 164f.